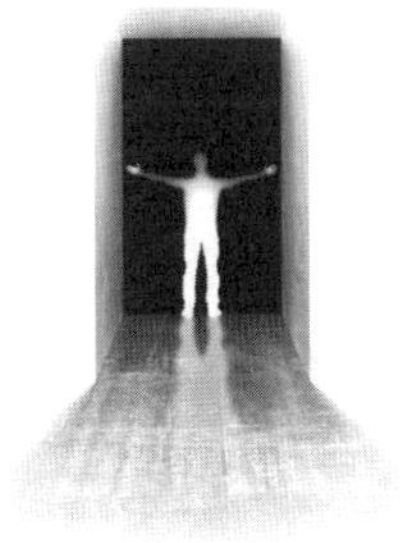

마음의 혁명

REVOLUTION IN MIND

조지 마카리 저 | 한동석 역

씨아이알

REVOLUTION IN MIND

마음의 혁명

REVOLUTION IN MIND

프롤로그

1885년 가을, 29세의 한 젊은 의사가 파리에 도착한 기차에서 내렸다. 그는 실패자였다. 야심이 있었지만 가난했던 그는 여러 가지 과학 분야에 손을 대어 보았으나 미래를 보장할 만한 어떤 것도 이루지 못했다. 코카인이라고 불리는 신비로운 신약에 대한 그의 주장과 그에 대해 점점 거세지고 있던 논쟁의 폭풍을 뒤로한 채 그는 파리로 떠났다. 압박해 오던 약혼자와의 결혼을 추진하면서, 이 의사는 부득이한 것들을 감내해야 했다. 그는 대학 교수가 될 수는 없었고, 생계를 위해서는 개인병원을 열어야만 했다. 영국이나 오스트리아 또는 미국으로 이민가야 할 수도 있었지만 우선은 살고 있었던 빈에서 생활을 꾸리기로 작정했다. 그리고 피할 수 없는 가장으로서의 책임을 짊어지기 전에, 고매한 과학적 포부의 마지막 시도로써 파리에서 공부할 수 있는 후원금을 신청했고 운명적으로 그에게 기회가 주어졌다. 이제부터 이 도시에서 발견하게 될 것은 그의 인생의 멀고 험난한 여정을 위한 초석이 될 것이며, 이 여정은 20세기의 위대한 지적 혁명들 중의 하나로 이어지게 될 것이다.

혹은, 그렇지 않을 수도 있다.

오늘날 이 젊은이의 정체성과 유산은 뜨겁게 논의되고 있다. 지그문트 프로이트는 천재였다. 지그문트 프로이트는 한 명의 사기꾼이었다. 지그문트 프로이트는 진실로 문필가였고, 아마도 철학자였거나 비밀 생물학자였다. 지그문트 프로이트는 자신의 꿈들을 깊이 탐구하고 그의 환자들이 가지고 있던 불가사의함을 통찰하는 것을 통해서 정신분석을 발견했다. 지그문트 프로이트는 그의 좋은 생각들 중 대부분을 다른 사람들로부터 훔쳤고 나머지는 자신의 이상한 상상력으로 발명했다. 프로이트는 20세기에 서구 세계를 지배했던 마음의 새로운 과학을 만든 장본인이다. 프로이트는 거대한 망상을 만들어낸 비과학적인 마법사였다. 프로이트는 누구인가? 프로이트학파 사람들은 누구이고, 프로이트학파 정신분석가들은 누구이며, 정신분석가들은 누구란 말인가? 그리고 우리의 일상의 언어에 스며들어와 있고, 우리 자신에 대해서 생각하는 방식에 가장 심오한 변화를 가져온 정신분석의 용어들과 개념들을 사용하고 있는 우리는 누구인가?

오랫동안 이러한 질문들에 답변이 제공되어 온 것처럼 보였다. 정신분석의 역사는 프로이트의 동료들과 후배들에 의해서 이어져 왔다. 그들은 이 분야의 아버지를 놀랄만한 창의성과 위대한 미덕을 가진 사람 그리고 거의 측량할 수 없는 천재로 그렸다. 프로이트는 변치 않는 마음의 진실들을 발견했다고 말했고 이러한 진실들은 그의 추종자들에 의해서 보존되었다. 전쟁 이후, 미국과 서구 세계에서 프로이트는 지적인 삶의 필수적인 화폐로 통용되었다. 그러나 지난 30년 동안 이러한 일반적인 설명들에 점점 의문이 제기되고 있다. 새로운 문서들, 새로운 자료들, 새로운 역사들이 그동안 흠모해 왔던 초상화를 더 이상 그대로 받아들일 수 없게 만들었다. 프로이트의 천재성과 가치에 의구심이 제기되었고, 이 시대의 정신분석가들은 발전된 약학과 인지 신경과학cognitive neuroscience뿐만 아니라 보험회사의 각박함에 이르기까지 그들의 분야를 침식하는 수많은 힘들과 싸워야 했다. 곧 새로운 화폐가 유통되기 시작했다. 이것은 어떤 이들에게 “프로이트는 죽었다.”를 의미하기도 했다. 21세기가 시작되면서, 우리는 불후의 천재로서의 프로이트 또는 하나의 유물이나 사기꾼으로서의 프로이트를 선택해야만 하는 기로에 놓여진 것처럼 보인다.

그러므로 여기, 이 책은 하나의 다른 선택과 또 다른 방식의 역사를 제시하려 한다. 최근 프로이트를 둘러싼 모든 소란스러움에서, 겉으로 보기에는 정반대의 이야기들이 동전의 양면이라는 것이 종종 간과되었다. 지그문트 프로이트의 가장 열렬한 숭배자와 가장 신랄한 비판자들 모두는 1885년 파리에 도착한 기차에서 내리고 있는 이 젊은이의 전기 속에서 중요한 물음들에 대해 정신분석이 제시한 해답을 발견할 수 있다고 생각했다. 결과적으로 수백 개의 프로이트에 대한 연구들과 전기들이 찬반양론의 입장에서 쓰여졌지만, 어떤 것도 정신분석의 발생지인 서양의 그리고 중부 유럽에서의 정신분석의 기원에 대한 폭넓은 설명을 제공하지 못했다. 그 결과로 광범위한 생각들, 경험들, 판단들, 그리고 논쟁들이 사라졌다. 우리는 인간이 시도했던 논리와 비논리의 상당량을 상실했을 뿐만 아니라 하나의 세계를 상실했는데, 그 세계는 그렇게 멀리 떨어져 있지 않았지만 20세기 유럽의 대학살로 인해서 더욱 멀어지게 된 그런 세계였다. 그 세계가 프로이트, 프로이트학파, 정신분석가들을 만들었고, 그들은 부분적으로 그 세계를 만들었다.

정신분석은 1870년에서 1945년 사이에 유럽의 공동체들로부터 출현했지만 결국 그 공동체들은 섬멸당했고 여러 곳으로 흩어졌다. 정신분석이 외지에서 가까스로 살아남고 있는 동안, 정신분석은 자신의 과거로부터 단절되었다. 마음의 본질에 대한 위대한 논의의 잔존물들과 그것이 지니고 있었던 난처함들은 한때 이러한 논쟁들에 폭넓은 정의definition를 주었던 문맥들 없이 새로운 토양에서 계속되었다. 중부 유럽의 풍요로운 대지가 갈기갈기 찢겨지고 독일이 황폐화 되면서, 단 한 명의 불멸의 인간이 이 낯선 새로운 형태의 깨달음에 책임이 있다고 상상하는 것은 더욱 간단해졌다. 그것이 과학이든 아니면 거대한 거짓말이든 간에.

1993년, 타임지는 "프로이트는 죽었는가?"라는 표지 기사를 실으면서 이 문제를 다루었다. 그것에 지지 않으려는 듯이 13년 후에 뉴스위크의 표지는 "프로이트는 죽지 않았다."라고 선언했다. 1939년 어느 가을날 세상을 떠난 프로이트는 그 후에도 유령같이 시간을 초월해서 걷고 있는 듯했다. 지금까지 많은 역사가들이 보여준 것처럼, 프로이트의 생각의 많은 측면은 고대로부터 그의 동시대에 이르기까지의 의학, 정치, 신학, 문학, 철학, 과학에서 제시된 다른 사람들의 생각들에서 왔다. 이 수정론자의 작업은 매우 풍요롭고, 매우 풍부했고, 때때로 결론에 있어서는 너무 난잡해서 통합하기조차 어려웠다. 우리가 한 걸음 물러서서 이러한 모든 속성들을 받아들인다면, 그것들은 서로를 상쇄하는 것으로 보일 수도 있다. 지그문트 프로이트가 정말로 정신분석을 아리스토텔레스, 소포클레스, 성경과 더불어 셰익스피어, 워즈워스Wordsworth, 괴테, 니체로부터(에른스트 브뤼케, 피에르 자네는 언급하지 않더라도) 끌어 왔을지라도, 이러한 낯선 혼합물을 그의 혼자만의 것으로 결론짓는 것이 꽤 공정한 것처럼 보인다.

하지만 이것은 그런 경우가 아니다. 정신분석은 유럽인들이 자신들을 보는 방식에 급격한 변화가 일어나고 있을 때 나타났다. 그것은 철학, 과학, 의학의 심각한 변화들에 의해서 생겨난 수많은 경쟁적인 이론들로부터 싹을 틔운 것이다. 그래서 이 책은 그러한 거대한 변화들을 연구함으로써 하나의 사고체계이고 운동movement으로서의 정신분석의 특정한 기원을 찾아내고자 하는 시도가 될 것이다. 물론 정신분석을 정의했던 특정한 영향들을 찾아내기 위해서는 커다란 캔버스가 필요하다. 그것은 지그문트 프로이트가 어떤 단일한 사상가나 단일한 분야에서 정신분석의 중심 생각들을 가져오지 않았기 때문이다. 오히려, 그는 여러 영역들로부터 새로운 생각들과 증거를 함께 엮어서 새로운 학문 분야를 만들었다. 그리고 그 목표는 인문적 문화humanist culture의 전통적인 대상인 인간존재의 내적 삶을 과학적으로 규명해내는 것이었다.

영혼에 대한 종교적 교리에서 자유롭게 된 19세기 후반의 많은 유럽인들은 그들 자신의 내적 경험을 과학적 실증주의의 요구들, 즉 아이작 뉴턴의 기계론적 우주와 찰스 다윈의 진화론적 생물학과 조화시키기 위해서 고투했다. 그들은 내적 세계, 정신적 삶, 의식적이 된다는 것, 심리를 가진 인간을 고려한다는 것이 무엇을 의미하는지 이해하려고 시도했다. 프로이트는 내적 삶에 대한 과학을 만드는 것으로 이 같은 혼돈을 헤쳐 나가고자 했던 19세기 후반과 20세기 초반의 많은 지성인들 중의 한 명이었다. 이 새로운 혼성 과학의 규칙들은 단지 진화론적 생물학이나 뉴턴의 물리학에서 생겨난 것이 아니기에 독특하고 명백하게 문제가 되는 어떤 것이 있었다. 어떻게 주관성subjectivity에 대한 객관적인 과학objective science을 만들 수 있겠는가? 수 세기 동안 서구 과학은 믿을만한 지식이란 연구의 대상을 관찰할 수 있거나 수량화할 수 있을 때에만 가능하다는 것을 주장하는 것으로 큰 걸음을 내딛었다. 그러나 양쪽 모두를 만족시킬 수 없는 것으로 보이는 영역인 심리적 삶에 대해서는 어떠한가? 만약 사람들 모두가 심리적 영역이 존재해 온 것을 아직 알지 못하고, 만약 사람들이 의식할 수 있는 면만을 고려한다면, 계속 어려움을 주고 있던 이 영역은 비현실적이라고 간단히 치부해버릴 수도 있다. 이것은 마음을 연구하려는 사람들이 직면했던 중대한 난제였다. 지그문트 프로이트는 이 수수께끼를 해결하려고 했던 수많은 사상가들 중의 한 명이었고, 결국 그의 해답들이 추종자들과 위대한 장래를 그에게 보장했다.

이 책의 전체에 걸쳐서, 프로이트는 어쩔 수 없이 큰 부분을 차지한다. 어쩌면 그것은 마땅하다. 하지만 이것은 단지 한 사람의 이야기라기보다는 뜨거웠던 지적 경연들의 시리즈를 엮은 역사이다. 또한 이러한 분투의 과정 속에서 개인들은 함께 뭉쳐 동맹을 형성했고 그리고 대결했다. 결국, 뜨거운 논쟁들은 하나의 사고방식으로 윤곽을 드러내고 그것은 프로이트의 이름과 밀접하게 결합되었다. 빈에서 온 이 의사와 함께, 앞으로 우리는 창조적인 사람들을 만나게 될 것이다. 그들은 마음에 대한 새로운 사고방식에 커다란 공헌을 하게 된다. 어떤 이들은 회의론자들이었고 반대론자들이었다. 또 다른 이들은 혁신자들이었지만 후에는 변방으로 밀려났거나 명예가 실추되었거나 또는 단순히 잊혀졌다. 프로이트는 시간이 흐르면서, 이 모든 연구자들의 전체를 대변하는 이름이 되었다. 결과적으로, 정신분석을 만드는 데 들어갔던 근본적인 고찰들을 구별해내는 것은 어렵게 되었다. 그리고 그것들은 종종 한 사람의 일대기에 대한 질문처럼 보였다.

하지만, 우리의 초점을 프로이트로부터 거두어들일 때, 숨겨진 새로운 역사가 드러나는 것을 발견할 수 있다. 정신분석의 창조는 빽빽하게 뒤얽혀져 있는 세 개의 순차적인 단계들로 나눌 수 있다. 첫 번째 단계로, 지그문트 프로이트는 이미 존재하고 있었던 세 개의 지적 공동체들과의 교류를 통해서 과학적으로 설득력 있는 마음의 이론과 심리치료를 위한 모델을 만들었다. 프로이트는 다른 연구 분야들에 몰두했고, 각각으로부터 이것저것 상당부분을 취했으며, 중대한 요소들에 새로운 이름을 붙이고, 재개념화 했다. 그런 후에 1905년, 그는 이전의 작업을 새로운 프로이트학파 분야로 결합하는 대단히 중요한 통합을 만들었다. 덕분에, 이후 몇십 년 동안 다른 학문 분야에서 사람들이 프로이트에게로 몰려들었다. 이러한 면에서 볼 때, 지그문트 프로이트가 사람들의 내적 삶을 이해하는 데 있어 혁명을 만든 것이라기보다는 이미 진행하고 있던 혁명들의 수장이 된 것이라고 사람들은 말한다.

두 번째 단계는 20세기 초반 성장하던 프로이트학파 사람들 그룹이 형성되고 그들의 생각들을 유럽과 미국 전역에 퍼뜨릴 때 시작되었다. 불과 10년만에 이 공동체는 권위적이고 비과학적이라는 비난과 함께 부서지고 찢겨졌다. 이러한 분열은 오이겐 블로일러, 칼 융, 알프레트 아들러 등을 떠나게 했고, 프로이트학파를 결속시켰던 주장들이 가지고 있었던 매우 빈약한 본질을 드러나게 했다.

이 역사의 세 번째이자 마지막 단계는 이러한 분열들의 결과로서 생겨났다. 세계 대전 이후, 새롭게 구성된 공동체가 나타났는데 프로이트학파라기보다는 좀 더 일반적인 정신분석 공동체였다. 1920년대와 1930년대 동안, 다양한 측면을 가진 이 공동체는 다른 경계선과 핵심적 의무 조항들을 만들어서 그들의 분야를 안정화시켰고, 다른 사람의 가장 어둡고 은밀한 내적 세계를 어떻게 알 수 있는가에 대한 어려운 질문을 좀 더 잘 다루려고 노력했다. 그들이 안착한 해답들은 그 후 반세기 동안에 또 다른 정신분석을 형성할 수 있도록 기여하게 된다.

지금 21세기를 시작하면서, 정신분석을 정의했던 위대한 논쟁들로 돌아가야 될 강력한 이유가 있다. 이 분야는 지금 혼란 속에 있다. 이것의 미래는 불확실하다고 사람들은 말한다. 어떤 이들은 정신분석은 가망 없는 사이비과학이라고 믿는다. 다른 이들은 정신분석의 과학적 주장들을 지지하면서 그것을 구하길 원한다. 여전히 어떤 이들은 정신분석가들이 그들의 노력이 과학이 아니라 인문학의 작업과 유사하다는 것을 인식할 때에만 구원이 올 것이라고 믿는다. 하지만 이러한 혼란에도 불구하고, 그리고 정신분석의 많은 결함들에도 불구하고, 정신분석은 여전히 내적 생활에 대해서 우리가 가지고 있는 가장 함축성 있는 포괄적인 설명이다. 전기들, 소설들, 소논문적 인물묘사들, 시나리오들의 행간을 읽어보라. 그러면 당신은 이 역사에 깊이 얽히고 설킨 빚을 지고 있는 인간의 성격에 대한 설명들을 발견하게 될 것이다. 어떤 형태로든 정신분석에서 유래된 치료에 종사하고 있는 많은 사람들과 이야기를 나누어 보아라. 그러면 당신은 이러한 과거의 울림을 듣게 될 것이다. 우리는 우리가 누구인가에 대해서 말할 때, 고의든 아니든 종종 정신분석의 언어를 사용한다.

《마음의 혁명》은 인간의 내적 삶에 대한 가장 영향력 있는 이론의 중심에 있는 핵심 질문들에 대한 역사적 검토이다. 이러한 질문들 중의 많은 것들이 오늘날까지도 해결되지 않은 채 남아있다. 이것은 완료되지 않은 콤플렉스의 이야기이며, 아마도 매우 곤란한 노력일 것이다. 이것은 가장 순식간이지만 미치도록 분명한 그것 곧, 마음을 이해하려고 시도했던 의사들, 철학자들, 과학자들, 작가들에 대한 이야기이다. 이것은 짧지만 비옥한 시기 동안 사람들에게 자유를 허용해서 무엇이 우리를 인간이게 하는가의 격정적인 질문을 검토하게 했던 정치적인 세계에 대한 이야기이기도 하다. 이 책은 그러한 과정에서 어떻게 어떤 이들은 실패했고, 어떤 이들은 절망에 빠졌고, 반면 다른 이들은 그들의 방법들을 다듬어서 우리 모두가 우리의 머릿속에 숨겨 놓은 그 장소를 그리려고 거듭 시도했는지에 대한 이야기이기도 하다.

옮긴이의 말

이 책을 번역하면서 정신분석적 용어의 선택이 얼마나 힘든 것인지, 정확한 의미를 전달한다는 것이 얼마나 어려운 것인지 실감할 수 있었다. 이 책은 번역서이기 때문에 번역에 대한 이야기를 하지 않을 수 없다. 번역에 대한 고민은 또한 이론에 대한 고민과 연계되어 있어서 다음의 용어들에 대해서 설명을 덧붙이는 것이 독자가 이 책을 이해하는 데 도움이 되리라 생각된다.

자아, 초자아, 이드 | 프로이트의 개념 중에 가장 보편적으로 알려지고 사용되는 개념들은 아마도 The Ich(The Ego, 자아), The Es(The Id, 이드), The Uber-Ich(The Superego, 초자아)일 것이다. 프로이트는 좀 더 많은 사람들이 쉽게 마음의 개념을 이해할 수 있도록 쉬운 일상용어인 The Ich(나)를 사용했다. 이 책의 저자인 조지 마카리는 이 단어들의 영어번역의 문제를 후반부에서 다루지만, 책 전반에 걸쳐서는 다른 번역어인 'The I', 'The It', 'The Over-I'를 선택했다. 이 용어들을 그대로 한국어로 번역할지 아니면 기존의 한글 번역어인 '자아', '초자아', '이드'를 사용할지 고민한 것은 기존의 한글 번역이 영어 번역보다 원래의 의미에 가깝다고 판단되기 때문이었다. 독일어에서 영어로 번역될 때 선택된 어려운 라틴어인 'ego', 'id', 'superego'보다 한글 번역이 훨씬 프로이트의 생각과 가까운 것으로 보인다. 이 책의 저자는 의도적으로 "the Ego" 대신에 "the I"를 쓰고 있고 구별하는 의미에서 따옴표를 붙였다. 하지만 한글 번역의 "자아"는 매우 적절하게 보여서 굳이 "나"라는 번역을 선택하지 않고 "자아"를 그대로 사용하였다. 그렇지만 "the It"은 뜻이 명확하지 않은 '이드'보다 "그것"으로 번역하는 것이 유리해 보이고, "the Over-I"는 초자아로 번역하는 것도 좋아보였지만 원저자의 의도를 따라 "자아-위에서"로 번역했다.

Pleasure Principle | 프로이트의 글을 이해하는 데 큰 어려움을 주는 번역어는 '쾌락 원칙'이라고 생각한다. 영어로는 'pleasure principle'이라고 번역이 되었고, 한국어로는 '쾌감 원칙'이라고 번역되는 것이 더 나은 것 같다. "쾌락"이라는 용어가 쾌락적인 무엇인가를 추구하는 의미를 함축하고 있고, 도덕적 잣대를 가지고 있는 것으로 느껴지기 때문이다. 쾌감 원칙은 자기보존을 위해서 운영되는 원칙을 말하는데, 배고픔과 같은 불쾌감이 내부에 쌓이면 먹는 것을 통해서 그 불쾌감을 해소하려는 극히 자연적인 운영체계이다. 또한 고통을 피하려는 본능을 포함하고 있다.

Psych- | 접두사 'Psych'를 가진 두 단어가 이미 다르게 번역되어졌다. 즉, psychiatry는 정신의학, psychology는 심리학으로 번역되어 사용되고 있다. 또한 'psychotherapy'는 '심리치료'로 번역되었다. 'psychic cause'와 'psychic conflict'를 '정신적 원인'과 '정신적 갈등'으로 번역하는 것이 적절한지 아니면 '심리적 원인'과 '심리적 갈등'으로 번역하는 것이 적절한지 판단내리기가 어려웠다. 어떤 문장에서는 정신으로 번역하는 것이, 다른 문장에서는 심리로 번역하는 것이 더 적절하게 느껴졌다. 논란의 여지가 있겠지만 접두사 'psych'를 가진 단어들을 그 상황에 맞게 '정신'과 '심리'로 번역했다.

Association | 이 책에서 많이 등장하는 단어들 중의 하나는 'association'이다. 이 개념은 그 당시 사람들이 마음의 법칙을 이해하는 데 매우 중요했던 것으로 보인다. 이 단어는 '관념연합'이라는 생소한 단어로 번역했다. 또한 문맥에 따라 '연상'이라고 번역했다. 'association'은 한데 묶여 있는 사고의 집합이라고 말할 수 있다. 그래서 관념연합이라는 번역어가 더 적합한 것으로 보인다. 모든 사람들이 저마다의 독특한 관념연합을 가지고 있는데, 그 관념연합에서 도저히 받아들일 수 없는 생각이 마음에서 출현하게 되면 우리 마음은 그 생각을 해리시켜dissociate 억압을 하게 된다. 예를 들면 프로이트의 사례 중에서 엘리자베트는 언니가 죽게 되자 자신이 좋아했던 형부를 차지할 수 있게 되었다는 생각이 일어났다. 그녀는 그 생각을 도저히 용납할 수가 없어서 그 생각과 형부에 대한 자신의 감정을 자신의 관념연합에서 떼어내어 억압하게 된다.

Free association | Free association은 자유 연상으로 번역되는데, 자유 연상은 이렇게 관념연합에서 떨어져 나가 무의식 세계로 사라져버린 것들을 자연스럽게 떠오르는 연상의 징검다리를 통해서 발견하고 이해하려는 기법이다. 융의 언어 연상 테스트Word association test는 주어진 단어들에서 떠오르는 생각들(연상)로 무의식적 패턴(콤플렉스)을 발견할 수 있게 해주었고, 프로이트의 무의식의 개념을 과학적으로 증명하였다.

Perversion | Perversion이라는 단어는 이 책의 초반에 많이 등장한다. 이 단어의 번역어는 '변태'라고 하면 무리가 없을 것처럼 보인다. 하지만 이 번역어가 가지고 있는 도덕적 비난의 색채가 과학적 탐구에 적합한 것인가 고민하게 되었다. 그래서 처음에는 좀 더 중립적인 '변종'이라는 단어를 선택했었다. 그런데 변종은 그동안 가지고 있는 사회적 입장을 품지 못한다는 것이 단점이었다. 고민 끝에 미국의 영문학 교수이면서 정신분석가인 한 교수님에게 문의를 했고 논의를 통해서 '변태'가 좀 더 적합한 것으로 생각되었다.

Lay psychoanalyst | 그동안 많은 번역가들이 'lay psychoanalyst'를 '비전문가 정신분석가'로 번역하였다. 그러나 여기에서 lay는 의학 훈련을 받지 않고 정신분석가가 된 사람들을 말한다. 프로이트가 죽은 후 정신분석에서 가장 중요했던 두 인물인 안나 프로이트와 멜라니 클라인도 lay psychoanalyst였다. 이들은 비전문가 정신분석가들이 아니라, 의학교육을 받지 않았지만 전문적인 정신분석가들이었다. 'Lay psychoanalyst'는 '의사가 아닌 정신분석가'로 번역하는 것이 더 적절하게 보인다.

REVOLUTION IN MIND

CONTENT

PART ONE

프로이트학파 이론

마음과 과학

'나는 생각한다.'라고 말하는 것은 틀린 것이다. 이렇게 말하는 것이 낫다. 나는 생각되어진다. … '나'는 다른 어떤 이다.

아르튀르 랭보, 1871

I.

18세기 유럽, 계몽주의가 위로는 우주 천체와 아래로는 꿈틀거리는 인간의 삶에 과학의 합리주의를 드리우고 있을 때, 꿰뚫기에는 불가능할 것처럼 보이는 대상이 있었다. 그것은 인간의 마음이었다. 과학과 합리적 회의주의의 대표주자였던 프랑스의 데카르트는 《방법서설》에서 이것에 대해 확고히 말했다. 그는 "나"는 이성적 연구 너머에 있고, 교회의 교부들이 묘사한 것과 같이 인간은 단지 무형의 영혼이라고 주장했다. 내적 세계와 관련된 종교적 신념들은 좀처럼 없어지지 않고 영향을 주었지만, 19세기 중반 이후 그러한 개념들은 신뢰성을 잃어가기 시작했다. 그리고 그 빈자리에 정신적 삶의 과학이 뿌리를 내리기 시작했다.

지그문트 프로이트가 1885년 파리에 도착했을 때, 프랑스는 심리학적 문제에 대한 최첨단 연구의 중심이 되어가고 있었다. 베를린이나 빈에 있는 몇몇 과학자들은 정신psyche, "나", 영혼, 자아, 즉 마음을 연구하려고 하지 않았다. 그 영역은 종교나 사색적인 형이상학에 의해 얼룩져 있었다. 그러나 파리의 과학자들은 새로운 방법 덕분에 내적 세계의 연구에 빠져 들었다. 〈새로운 심리학*psychologie nouvelle*〉은 프랑스를 몽유병, 인간의 자동현상들human automatisms, 다중인격, 이중의식double consciousness, 보조적 자아들second selves뿐만 아니라 악마에게 사로잡힘, 기억상실증, 신앙 요법, 백일몽 등에 대한 연구의 온상으로 변모시켰다. 경이롭고 초자연적인 현상들이 고립된 마을, 수도원, 순회오락 집회장, 주술사, 돌팔이 의사, 늙은 최면술사들로부터 나와서 프랑스의 학구적인 과학의 대 전당으로 옮겨졌다.

이러한 〈새로운 심리학〉의 탄생은 프랑스 자체가 새롭게 태어남으로써 가능했다. 프랑스 혁명 후 거의 1세기가 되었던 1870년, 프랑스인은 프로이센 사람들에게 치욕적인 패배를 경험했다. 그 결과로 루이스 나폴레옹 3세의 제국은 붕괴되었고 제3공화국이 탄생했다. 많은 사람들은 군대가 패퇴한 탓을 프랑스 과학에 돌렸고, 독일 지역에서 이룩한 진보들을 따라가지 못한 것 때문이라고 비난했다. 프랑스 공화 정치는 반교권주의와 결합하여 과학을 되살리려고 열심히 노력했다. 영혼에 대한 생각을 지배했던 프랑스 가톨릭교회의 권위가 쇠퇴하면서, 대담하고 새로운 과학적 심리학이 나타났다.

그 시기에, 심리학은 과학이 아니라 철학의 한 분야로 여겨졌다. 그런데 〈새로운 심리학〉의 최고 권위자인 띠오둘레 리보Théodule Ribot가 그것을 바꾸기 시작했다. 그는 1839년에 한 지방 약사의 아들로 태어났고 그의 아버지는 그가 공무원이 되기를 원했다. 3년간 힘들고 단조로운 일을 하던 그는 어느 날 엘리트 학교인 고등사범학교에 들어가기 위해 파리로 떠나겠다고 선언했다. 그리고 2년 후에 리보는 그 대학에 들어가게 되었는데, 그 곳에서 그 당시 크게 유행하고 있었던 빅토르 쿠쟁Victor Cousin의 심령주의적 철학spiritualist philosophy에 대해 반감을 갖게 된다. 이성과 믿음의 이상한 조합이었던 쿠쟁의 심리학에는 영혼과 신의 개념들이 마음의 자연주의적 묘사와 함께 혼합되어 있었다.

리보는 이것에 머물 수는 없었다. 그 지역 성직자의 비난에도 불구하고, 그는 심리학을 과학적 탐구에 온전히 적합하게 하는 방법을 찾고자 했다. 영국 사상가의 글들에 빠져들면서, 리보는 1870년에 자신의 저서 《동시대 영국의 심리학(실험적인 학파)》과 함께 떠오르게 된다. 제목은 건조했지만 그 책은 용기 있는 선언으로 시작했고, 이것은 이후 몇십 년간 프랑스에서 심리학을 정의하는 데 쓰였다.

전통적인 철학과 과학의 개념들이 마음에 대한 객관적 연구를 불가능하게 했다고 리보는 설명했다. 그는 데카르트나 쿠쟁의 철학을 공격하면서, 심리학에서 형이상학과 종교적 요소를 제거해야 한다고 주장하였다. 심리학자들은 초자연적인 질문에 대답할 수 없고, 솔직하게 영혼에 대해서도 말할 수 없을 것이며, 철학의 탁상공론에 의지할 수도 없었으므로 자연과학의 방법론을 채용할 필요가 있다고 리보는 주장했다.

이러한 것 때문에 리보는 열렬한 독자들을 갖게 되었다. 리보의 동시대 사람들 중 많은 이들은 영혼에 대한 철학을 버리고 자연과학적 연구를 택할 준비가 되어 있었다. 하지만 어떻게 심리학이 과학의 영역으로 들어갈 수 있을까? 이 질문에 대답하기 위해서 리보는 과학의 열정적인 선각자였던 오귀스트 콩트Auguste Comte에 의해 주도된 다른 방식의 접근을 선택했다. 주변인으로 기인적인 삶을 살았음에도 불구하고, 콩트는 19세기 후반에 유럽의 지식인들, 정치인들, 과학자들에게 큰 영향을 주었다. 1855년, 이 프랑스 학자는 인간에 대한 지식의 역사를 제시하면서, 가장 원시적인 단계는 신학, 신화, 소설이고 그것이 두 번째 단계인 형이상학적인 추상 개념metaphysical abstraction으로 진보된 것이라고 주장했다. 그리고 결국엔 과학적이고 "실증적"인 가장 완벽한 상태의 지식이 철학적 개념들을 뛰어 넘을 수 있게 될 것이라고 생각했다. 이런 이유로 콩트의 강령은 실증주의였다. 1870년 제3공화국의 융성과 더불어, 프랑스의 정치적 엘리트는 진보에 대한 콩트의 시각을 과학과 사회 개혁의 모델로서 채택하게 된다.

콩트의 생각은 리보에게는 커다란 딜레마였는데, 이 실증주의의 창립자가 심리학적 지식의 중심에 해결할 수 없는 문제가 있다고 믿고 있었기 때문이었다. 심리학자들은 자기-관찰self-observation에 의지해서 생각, 느낌, 욕구와 같은 것에 도달하려고 했다. 그러한 내적인 관찰(마음이 그 자체를 보는 것으로부터 오는 지식) 이 주관성을 형성하게 하는 바로 그런 것이다. 그러므로, 콩트는 심리학은 결코 객관적이 될 수 없다고 결론 내린다. 그리고 선행된 연구들에 대한 그의 신속한 조사는 이러한 비관적인 결론을 지지하는 것처럼 보였다.

> 2천 년 동안 심리학에 매달렸음에도 불구하고 그것을 추구했던 사람들은 스스로를 만족시킬만한 단 하나의 이론도 만들어내지 못했다. 그들은 오늘날까지 수많은 학파로 나누어져 있고, 여전히 주관적인 요소들에 대해 아직도 논쟁하고 있다. 이러한 내적 관찰 방법은 관찰자들 수만큼이나 많은 이론들을 만들 것이다.

19세기 후반, 과학적 심리학의 원칙들을 세우려고 했던 사람들(영국의 존 스튜어트 밀, 오스트리아의 프란츠 브렌타노, 미국의 윌리암 제임스를 포함하여)은 콩트가 말한 날카로운 비판을 받아들여야만 했다.

콩트는 실증주의자들이 심리학을 위해 비판에 견딜 수 있는 길을 닦아 놓았다고 강조했다. 그들은 이 분야를 골상physiognomy이나 행동과 같이 관찰할 수 있는 증후들signs에 제한시켜야만 한다고 주장했다. 콩트는 그의 추종자들에게는 당황스러운 일이었지만 심리학의 미래는 골상학에 놓여있다고 예언했다. 처음에 골상학은 뇌의 부분들의 연구로 생각되어지다가 엉터리 치료법으로 변질되었고, 두개골의 종기와 혹의 연구로 쇠퇴하였는데, 이러한 돌출된 부위가 정신적 능력과 결함을 나타낼 거라는 신념을 기반으로 하고 있었다. 그래서 리보가 저술을 시작할 때쯤 되어서는 콩트의 제안은 우스운 것이 되어 있었다.

더구나 리보는 사고, 정서, 다른 내적 경험들을 심리학에서 빼고 싶지 않았다. 대신에 어둡고 변하기 쉬운 그런 영역에 대한 어떤 합법적인 이론들이 만들어 질 수 있는 다른 형태의 마음의 과학을 제안했다. 심리학은 외적인 관찰과 내적인 탐색이 세심하게 섞일 필요가 있었다. 내적 탐색은 정신적 현상에 접근하는 데는 결정적인 것이었다. 그러나 그러한 주관적 인상들은 다양한 방법들을 통해서 안정화시키고 입증할 필요가 있었는데, 그 방법들은 "신호들과 몸짓들의 지각, 신호의 해석, 결과로부터 원인으로 가는 귀납추리, 비유를 통한 추론"을 포함했다. 주관적 방법들과 객관적 방법들 사이의 논쟁은 아무런 소득이 없었고 리보의 과학적 심리학은 두 가지 모두를 필요로 했다.

그러한 것이 리보의 혼합적 방법이었지만, 연구 대상의 범위를 설정할 필요가 있었다. 눈에 드러난 행위 또는 두개골의 혹이 아니라면, 그의 심리학에서는 무엇을 정신psyche이라고 정의할 수 있을 것인가? 리보는 한 가지의 연구법을 채택하기 보다는 관련된 세 개의 입장들을 제안했다. 지각들, 생각들, 느낌들이 어떻게 함께 연결되어 있고, 서로 결합하여 있으며, 의식으로 드러나게 되는지에 대한 가장 기본적인 평가에 의해서 내적 경험을 연구할 수 있을 것이다. "관념연합 심리학associational psychology"은 17세기 영국에서 존 로크와 흄에 의해서 개척되어 있었고, 이 철학자들은 또한 과학적 경험주의scientific empiricism를 창시했다. 이 두 가지 사고 체계는 서로 관련되어 있었다. 경험주의는 어떻게 인간들이 그들을 둘러싸고 있는 세계를 알게 되는가를 설명하려 했다. 관찰observation과 인과관계the causal를 강조했는데, 이러한 종합적인 관계성들은 인간 경험(무대 위의 인간 경험이나 실험을 포함해서)을 통해서 형성될 수 있다고 생각했다. 인간들이 어떻게 외부 세계를 알게 되는가를 설명하려는 이런 시도들은 당연히 인간의 지각 장치, 즉 마음의 도면을 그리도록 했다. 이러한 방식으로 관념연합 심리학이 시작되었다.

그 후에 하틀리, 제임스 밀, 존 스튜어트 밀, 알렉산더 바인 등이 관념연합설associationalism을 발전시켰다. 이 이론은 이성, 상상력, 도덕성 등과 같이 타고난 것으로 여겨졌던 능력을 배제하고, 대신에 그러한 복합적 기능들이 어떻게 생각들ideas과 감각지각sensory perception 같은 기본적인 정신적 요소들의 연합으로부터 나타날 수 있는가를 보여주려고 했다. 그들은 마음을 직조기처럼 생각했다. 그것은 시각, 소리, 생각, 느낌을 함께 엮어서 하나의 통합된 통일체로 만든다. 물론 많은 것이 이 과정에서 잘못되어 질 수 있다. 실수들, 환상들, 망상들은 잘못된 연합으로 설명될 수 있었다. 존 로크는 그러한 잘못된 연결은 불합리성만큼 일반적이고, 어린 시절만큼 일반적이며, "대부분의 사람들"이 지니고 있는 일상의 광기madness만큼 일반적이라고 생각했다.

관념연합설은 과학적 심리학을 위한 커다란 이점을 지니고 있었다. 왜냐하면 이것은 영혼soul에 대해 언급하지 않았고 가설적인 능력들을 주장하지 않았는데, 그것들이 종종 나중에 가서는 일관적이지 않았기 때문이었다. 대신에 이러한 최소한의 이론적 도구는 순식간에 진행되는 내적 경험의 흐름을 면밀히 분석하도록 도와주었다. 더욱이, 이러한 마음의 이론은 경험적 과학에서 설정한 마음과 세밀하게 일치되었다. 다른 사람의 내적 세계를 알기 위해서라면, 다른 사람의 관념연합에 대한 연상들을 탐색하고 묘사하는 것으로 충분했다.

리보는 관념연합설이 심리학적 실험에 견고한 뼈대를 제공할 것이라고 예언했고, 결국에 그의 말은 옳은 것으로 밝혀졌다.

그러나 이러한 영국의 학설 또한 한계점들을 가지고 있었다. 관념연합론자들은 정서와 관련하여 오직 한 가지 단순한 법칙을 강조하고 있었다. 즉, 인간들은 쾌감을 추구하고 고통을 회피한다. 쾌감과 고통은 사랑, 증오, 희망, 슬픔과 같은 인간의 복잡한 열정의 기본 구성 요소로 기능할 수 있다고 그들은 주장했다. 이러한 설득력 있는 개념에도 불구하고, 리보가 지적한 것처럼 관념연합설은 일반적으로 말하는 정감, 감정, 정서적 현상보다는 생각들의 내적 활동에 중점을 두게 된다. 두 번째로, 대부분의 관념연합 심리학이 가정하는 것은 경험만이 마음에 내용을 제공하는데, 그것이 없으면 마음은 비어 있는 상태라는 것이다. 이러한 편견을 상쇄하기 위해, 리보는 심리학에 두 번째 중심점을 제안하였다. 그것은 유전이다. 1873년에 리보는 《유전 : 그것의 현상, 법칙, 원인과 결과에 대한 심리학적 연구》를 출판했다. 이 책에서 리보는 진화와 생물학상의 유전은 심리적 기능에 많은 부분을 담당한다고 주장했다.

이러한 주장을 유지하면서, 리보는 이후 30년간 프랑스의 심리학적 탐구의 튼튼한 뼈대를 만들어 나갔다. 심리적 내용은 연합적 원리들로 연구되어 질 수 있고, 반면에 정신적 능력과 기능에 대한 주장들은 유전적 이론들에 기반을 둘 수 있다. 그런 식으로 그는 그의 연구에 마지막 기둥을 세웠다. 실험실에서의 연구가 뇌와 마음에 적용하기 어렵기 때문에, 정신적 질병은 심리학의 실험적 팔처럼 기능할 수 있다고 제안했다. "지적 질환, 비정상 상태들같이 심리적 체제의 몬스터를 낳는 유기체의 병적인 교란은 우리를 위해서 자연이 준비한 실험과 같고, 이러한 실험이 드물기 때문에 더욱 가치가 있다."

띠오둘레 리보의 해법은 많은 사람들에게 받아들여졌고, 오래 지나지 않아 여러 방면의 심리학적 연구자들의 커뮤니티의 중심에 자리 잡게 되었다. 새로운 생각들로 흥분했고, 뛰어난 동료들로 둘러싸여 있던 그는 말했다. "얼마나 대단한 지적인 탐닉인가!" 1876년에 〈프랑스 국내의 학술지*Revue philosophiqe de la france et de l'etranger*〉의 편집인으로 임명된 리보는 유럽과 미국에 있는 정신병 의학자, 철학자, 의사, 과학자에게 〈새로운 심리학〉을 퍼뜨렸다. 1881년부터 1885년까지 그는 《기억의 병》, 《의지의 병》, 《성격의 병》을 출판했다. 이 모든 책들은 프랑스에서만 20판에서 36판이 출판될 정도로 매우 인기가 좋았다. 1888년에 리보는 명성 높은 프랑스 대학College de France의 실험 심리학 분야 학장이 되었다. 14년 후 그가 은퇴했을 때, 그의 후계자인 피에르 자네는 리보를 프랑스 심리학의 틀을 확고히 하고 무엇보다 독창적이며 풍요로운 성향을 부여한 가장 중요한 인물이라고 칭송했다.

자네가 과장한 것이 아니었다. 1870년과 1900년 사이에, 리보는 과학적 심리학을 구축했고 프랑스를 유명하게 만들었다. 그러나 그의 명성은 오랫동안 심리학을 존중하지 않던 의사들에 의해서 빛을 잃어 갔다. 1884년, 리보는 그 학술지에 실을 새로운 논설들을 얻을 수 있는 쉬운 방법을 발견했다고 천진난만하게 보고했다. "샤르코와 그의 학생들은(살페트리에르 학파the Salpetriere School) 생리학적 심리학 영역으로 진출하고 싶어한다. 그들을 계속 보아왔고 좋은 관계를 유지하고 있기 때문에, 나는 좋은 발판을 가지고 있다."

프랑스 사람 장 마르탱 샤르코 Jean-Marin Charcot는 유럽에서 가장 많이 회자되었던 의사 중 한 명이었지만 1884년 전에는 리보 쪽의 연구에는 거의 관심을 두지 않았다. 의사이면서 신경과 전문의이고 엄격한 실증주의자였던 그는 마음은 뇌가 기능하는 것의 부대현상이라고 믿었다. 마치 바다가 일으키는 거품과 같은 것이라고 생각했다. 그러나 리보가 발견한 것처럼, 이 유명한 신경과 전문의는 이러한 가정을 재고해야만 했고, 이러한 과정에서 정신의 삶에 대한 비상한 주장을 하기 시작했는데, 그러한 주장들이 서구 세계의 의학계를 사로잡게 되었다.

파리에서 태어나고 교육을 받은 샤르코는 1862년에 살페트리에르 병원의 의사가 되면서부터 도약하였다. 살페트리에르 병원은 5,000명의 여성들이 수용되었던 큰 단지였다. 그 여성들 중 많은 사람들은 정신이상자이거나, 정신착란 상태, 결핍된 상태였는데, 겉보기에는 치료할 수 없는 것처럼 보였다. 콩트의 추종자였던 샤르코와 그의 의료진은 고통 받고 있는 혼돈된 집단의 연구를 진행하고 있었다. 많은 의사들이 실험실에서의 병든 조직의 연구가 의학을 더욱 과학적으로 만들 수 있을 것이라고 희망하고 있을 때, 샤르코는 임상적 의학에 실증주의 방법들을 도입했고, 환자에 대한 면밀한 관찰이 질병들을 분류하는 새로운 방법이라고 주장했다. 1870년에 샤르코와 그의 동료들은 근위축성 측삭 경화증amyotrophic lateral sclerosis과 복합 경화증multiple sclerosis에 대한 권위 있는 설명을 성공적으로 제공하였으며, 류마티스, 통풍gout, 관절염, 보행장애의 연구에 중요한 공헌을 하였다.

그리고 샤르코는 모호한 영역이었던 "신경증neuroses" 연구에 발을 들여놓게 되었다. '무엇은 아니다' 정도로 정의되었던 신경증은 뇌나 척추 손상도 없는 신경성 질환이었다. 정의를 내리기 힘든 증상 복합체와 질환들이 얽혀 있는 신경증은 매우 오래되었고 설명할 수 없는 것들 중의 하나인 '히스테리hysteria'를 포함하고 있었다. 샤르코의 조수였던 피에르 마리Pierre Marie에 의하면, 샤르코는 이 수수께끼 같은 질병을 우연한 기회에 조사하기 시작하였다고 한다. 병원의 관리자들은 노쇠해진 시설을 고칠 필요가 있었다. 그래서 간질병 병동을 정신적으로 병든 여성들이 가득했던 곳으로 옮기게 되었다. 그런데 갑자기 여성 히스테리 환자들이 발작을 일으키기 시작했다. 의사들은 히스테리 발작을 진짜 발작과 구별해야 하는 곤혹스러운 상황에 직면하게 되었다. 이런 이유로 샤르코와 그의 동료들은 더욱 난처한 문제에 마주하게 되었다. 히스테리는 무엇인가?

2,500년 전에 처음으로 진단된 히스테리는 오랫동안 여자의 병으로 생각되어왔다. 그 단어의 어원이 의미하는 것 같이, 이러한 고통은 자궁이 정처 없이 떠도는 것으로 간주되었고, 19세기 전반부에도 히스테리는 여전히 여성의 성sexuality과 연결되어 있는 채로 남아 있었다. 그러다가 1859년 파리 사람이었던 의사 파울 브리께Paul Briquet의 획기적인 연구가 출판되었을 때 변하기 시작했다. 400명 이상의 사례들을 조사하면서, 그는 히스테리는 여성에게 많이 발견되는 것은 사실이지만 꼭 그렇지만은 않다는 것을 발견했다. 20명의 여성 사례당 남성 사례 1명을 발견한 것이다. 브리께는 수녀에게는 이 질병의 발생률이 낮고, 매춘부에게는 높다는 것을 보고하였는데, 이것은 성적인 좌절이 이 병을 일으킨다는 예전의 생각을 반박하는 내용이었다. 히스테리는 정서적인 표현을 혼란케 하는 뇌의 신경증이라고 그는 결론 내렸다. 브리께는 더 나아가 어떻게 빈약한 유전형질이 격렬한 정서와 결합하여 작용해서 이 병에 활기를 띠게 하는지 강조하였다. 많은 부인과 의사들이 그때까지도 히스테리는 여성의 생식기

때문에 발생하는 것이라고 주장하였는데, 브리께는 신경과 의사와 정신과 의사들이 이 질환을 새로운 입장에서 볼 수 있도록 기회를 마련해주었다.

브리께와 다른 사람들에 뒤이어 샤르코도 변덕스러운 이 병을 피할 수 없게 되었다. 당혹스러울만한 증상의 변화무쌍함은 오랫동안 그것을 분류하려는 시도들을 좌절시켰고, 히스테리는 객관적인 패턴이 없는 것처럼 보였다. 많은 사람들은 이것은 질병이 아니라 여성의 핑계, 속임수라고 생각했다. 하지만 장 마르탱 샤르코는 다른 사람들이 전혀 보지 못했던 곳에서 어떤 질서를 발견했다. 그는 많은 연구 후에 히스테리 환자는 별개의 병리생리학적 단계들을 가지고 있는 발작들로부터 고통당하고 있다고 결론 내렸다. "장대한 히스테리 grande hysterie"는 "장대한 발작"을 가지고 있는데, 환자들은 정교하게 만들어진 네 가지 단계를 경험하게 된다. 그 증상들은 쉽게 관찰할 수 있고 그 원인은 빈약한 유전형질이기 때문에 히스테리 환자의 사고나 느낌, 심리, 주관적 세계에 대해서는 고려할 것이 아무것도 없다고 생각했다. 그래서 히스테리는 객관적으로 관찰할 수 있는 외적으로 나타난 증후로만 이해할 수 있다고 결론 내리기에 이르렀다.

파리 살페트리에르 병원에서의 최면상태의 히스테리 환자.

점점 샤르코의 성취에 대한 이야기들이 퍼져가기 시작했다. 깜짝 놀란 구경꾼들은 살페트리에르 병원의 강당으로 몰려들었다. 그곳에서 히스테리 환자들은 정교하게 만들어진 발작들을 일으키면서 몸을 비틀고, 흔들고, 얼어붙었다. 샤르코와 그의 의료진은 병의 여러 단계들에 있는 히스테리 환자들의 사진을 찍기 시작했는데, 이것이 과학적 증거가 되기를 기대했고 그들 나름대로는 병리학자의 현미경적인 슬라이드와도 같은 것이었다.

샤르코의 연구는 의학의 범위를 넘어섰다. 정부에 있던 실증주의자들, 개혁주의자들과 가까웠던 그는 종교가 과학에 굴복하게 될 때 진보는 이루어질 것이라는 신념을 그들과 공유하고 있었다. 제3공화국의 첫 번째 시기에 성직자의 힘이 여전히 정치계에서 확고한 지위를 가지고 있을 때 샤르코의 강좌에 참석했던 스파이들은 샤르코가 종종 했던 성직자를 거슬리는 농담을 보고하기도 했다. 하지만 황홀경과 종교상의 환상을 병리로 보려는 연구가 가져온 정치적 충격을 알기 위해서는 스파이가 필요하지 않았다. 샤르코의 동료인 데지레 마글로와 부흐네빌Desire-Magloire Bourneville의 글을 읽기만 하면 알 수 있었는데, 그는 머지않아 기적적인 세계와 악마의 세계가 단순히 히스테리성으로 드러나게 될 것이라고 예견하였다.

신비성을 제거하는 반교권의 문제는 아마도 샤르코가 그 다음의 결정적인 전환을 할 수 있도록 자극시켰을 것이다. 1878년, 신경과 전문의인 샤르코는 최면에 대한 연구를 착수했다. 100년 전, 비엔나의 의사였던 프란츠 앤톤 메스머Franz Anton Mesmer가 파리에 도착했다. 엉터리 치료, 성적 부도덕의 혐의 때문에 고향을 떠나게 되었던 매스머는 파리에서 동물성 자력animal magnetism의 보이지 않는 힘을 사용한 극적인 치료로 센세이션을 일으켰다. 하지만 프랑스 과학 협회는 그의 주장의 시비를 가리기 위해 조사단을 소집하였고, 그를 여자 농락꾼, 사기꾼으로 비난했다. 이렇게 변경된 정신상태들에 대한 연구는 몇십 년 동안 프랑스의 변경의 삼림 지대로 밀려났었다.

저명한 프랑스 생리학자 샤를 리셰Charles Richet는 1870년대에 최면적 상태에 대한 관심의 불을 다시 붙였다. 리셰는 영국의 의사인 제임스 브레이드James Braid의 단어를 이용하면서, "최면"을 생리학적 기능장애에서 기인한 것으로 보았다. 1878년, 샤르코는 이러한 특이한 상태들에 대한 연구를 하게 되었고, 5년 후 그는 매스머를 비난했던 과학 협회 앞에 서서 자신의 최면술에 대한 연구가 어떻게 다른지 증명하려고 했다. 최면은 생리학적이고 신경병리학적인 혼란이지 으스스한 자력의 힘에 의한 것이 아니었다. 선행 연구자들과는 달리 샤르코의 협력자였던 알프레드 비네Alfred Binet와 샤를 페레Charles Fere는 "복합적인 정신적 현상들"에 대해서 신경 쓰지 않은 것은 이러한 것들이 의심할 여지없이 받아들일 만한 구체적인 특징이 부족하기 때문이라고 설명했다. 결과적으로 다시 살아난 최면에 대한 연구는 합법적이 되었는데, 이는 신체의 증상들에 대해 철저히 강조한 덕분이었다. 샤르코는 협회에서 연설하면서, "장대한 최면"의 극적인 근육연축dramatic contractures과 발작들을 세세하게 열거하였다. 이런 모든 것은 최면이 기적적인 것이나 엉터리 치료가 아니라, 단순하게 비정상적 신경성 상태의 슬픈 결과물이라는 것을 증명했다. 놀랄만한 속도로 샤르코는 불멸의 의학 미스테리들이었던 히스테리와 최면술 둘 모두를 정복하게 되었다. 그는 시종 어떤 방식으로든 무형적이고 보이지 않은 힘을 암시할 만한 마술적 인간관계의 힘이나 분명하지 않은 심리상태의 영향들로부터 신중하게 거리를 유지했다. 그에게 있어 이러한 정신적 상태는 모두 신경학적 혼란의 결과였다. 인과관계causality는 오직 몸에서부터 마음으로 달리는 한쪽 방향으로만 이동하는 길이었다. 적어도 그렇다고 샤르코는 생각하고 있었다.

장 마르탱 샤르코의 변화는 단순하게 시작됐다. 그와 그의 동료들은 최면 상태의 히스테리 환자에게 그의 팔이 마비될 것이라고 암시하는 경우에 마비가 일어나는 것을 보게 되었다. 이렇게 기묘한 상태에서는 마비에 대한 생각이 마비를 만들어 내는 것처럼 보였다. 이러한 것이 어떻게 가능한가를 설명하려면, 어떻게 생각이 몸에 영향을 주는가에 대한 모델이 있어야 했다. 말하자면, 샤르코는 심리학이 필요했던 것이다. 이렇게, 이 유명한 실증주의자와 그의 추종자들은 오귀스트 콩트의 금지된 정원으로 곧바로 들어가게 된다.

지그문트 프로이트가 1885년 살페트리에르 병원에 도착했을 때, 샤르코와 그의 팀은 무의식의 생각들과 정서들이 어떻게 신경성 증상들을 발생시킬 수 있는가에 대한 연구에 열중하고 있었다. 신경과 전문의 샤르코는 리보의 모델을 응용하면서 유전적 설명과 더불어 관념연합 심리학을 사용하였다. 최면적 암시는 해리되고dissociated 무의식적이고 고립된 상태의 마음속으로 생각이 들어갈 수 있도록 허용한다고 결론지었다. 암시는 서로 뒤섞여 짜여 있는 관념 연합 집합과는 구별된 공간 속으로 들어간다. 그 어둠의 지역에서 해리된 생각들이 자유롭고 자율적으로 몸에 영향을 미치는 듯했다.

무의식의 생리기능적인 활동에 대한 개념은 19세기 후반에는 널리 퍼져 있었다. 사실 영국의 윌리암 카펜터William Carpenter와 미국의 윌리암 제임스William James는 인간은 아마도 전적으로 무의식의 생리기능에 의해서 운용되는 자동제어기계일 것이라고 추측했다. 그러나 최면적 암시에 대한 샤르코의 설명은 생리기능이 아니라, 그보다는 심리학에 기반을 두고 있었다. 무의식의 생각들은 몸을 제어할 수 있을 것이다. 최면상태의 히스테리 환자에게 그녀의 다리가 마비될 것이라고 암시한 후 보라! 어떤 일이 일어나고 있는지 알지 못한 사이에 그녀의 다리는 무감각해져 버렸다.

살페트리에르 병원의 의사들은 특별히 핀Pin과 포레즈Porez라고 이름 붙인 두 남자들의 이상한 사례에 매료되어 갔다. 이 프랑스 노동자들은 마비를 보였는데, 해부학적인 입장에서 보면 불가능한 것이었다. 그러면서도 핀과 포레즈는 거짓으로 자신의 병을 꾸민 것처럼 보이지도 않았다. 아마도 그들은 무의식적 생각들의 지배 아래 있는 히스테리 환자였을 것이다. 그러나 두 남자 모두 최면에 걸리지 않았다. 이것은 샤르코에게는 그 사람들이 히스테리 환자가 아니라는 것을 의미했다. 그는 모든 히스테리 환자는 최면에 걸리고, 그것이 히스테리 환자의 가장 분명한 특징 중의 하나라고 믿고 있었다.

핀과 포레즈는 그들의 팔에 타격상을 입었다. 그러나 그 상처는 실질적인 신경의 손상을 입히기에는 너무 미미한 것이었다. 각자 정신을 차리고 자신의 삶으로 돌아갔는데, 며칠 후에 마비로 고생하기 시작했다. 샤르코는 이 사례에 매료되어서 그 두 사람을 검사하였고, 그들의 트라우마는 몸만이 아니라 마음에도 영향을 준 것으로 결론을 내렸다. 샤르코는 연구를 시작했고, 최면상태에서 히스테리 환자의 팔에 매서운 타격을 가하면 핀과 포레즈가 고생했던 것과 같은 증상들이 생기게 될 수 있다는 것을 발견하고 놀랄 수밖에 없었다. 타격 그 자체가 마치 언어적 암시인 것처럼 작용했던 것이다.

이러한 것들은 전적으로 심리적인 마비였거나, 상상의 마비였다고 샤르코는 결론지었다. 핀과 포레즈의 사례를 보면서, 최초 트라우마의 충격이 그들의 신경계를 요동치면서 최면상태와 같은 어떤 것으로 들어가게 했고, 그 시점에 그들 각자가 '내 팔을 움직일 수 없다'라는 생각을 품게 된 것으로 추론하게 되었다. 이러한 극심한 공포적 사고는 정상 상태에서는 연합된 생각들 안으로 받아들여질 수 있고 팔을 움직여 보고 괜찮다는 것을 확인하면서 안심하는 행동을 하기도 한다. 그러나 트라우마적 충격으로 인해 생긴 "자아의 붕괴"는 '내 팔을 움직일 수 없다'는 두려운 생각을 고립된 채로 무의식에 남겨놓게 되었다. 거기서부터 그 생각은 최면상태의 명령처럼 순조롭게 실행된다. 마비될 것에 대한 두려움이 자기암시처럼 작용했고 마비는 실제가 되었다.

상상이 사람을 병들게 할 수 있는 것처럼 보였다. 트라우마의 경우에만 그렇다는 것이다. 의학 사전에서 표현을 빌려오자면, 트라우마는 19세기 정신의학과 신경학과에서 나타났는데, 이것은 "기차 척추railway spine"와 "기차 머리railway brain"와 같은 신경성 충격들을 설명하기 위해서였다. 이러한 충격들은 그 당시 새로운 몬스터였던 기관차의 덜컹거리는 승차로 인해 생겨나는 것으로 생각되어졌다. 트라우마적 충격은 뇌에서 연합하는 과정을 혼란케 하는 것으로 받아들여졌다. 그런데 자기 암시self-suggestion에 대한 샤르코의 주장은 새로운 것이었고 혼란을 초래했다. 만약에 자기 암시가 환자 자신의 마음에 기원이 있다면, 어떻게 그 생각이 의식의 제한 범위 밖으로 나올 수 있게 되었을까? 최면술은 외부의 암시가 어떻게 무의식에 심어질 수 있는가를 증명하고 있었다. 하지만 그것이 어떻게 그 사람의 생각들과 연결될 수 있을까? 샤르코는 트라우마를 겪은 마음은 해리dissociation되는 경향이 있어서 의식의 관념연합associations의 안정적인 매트릭스에서 떨어져 나오게 되는 것이라고 추론했다. 또한 분노나 공포같은 강한 정서는 트라우마처럼 기능하고, 해리와 자기암시로 귀결될 수 있다고 생각했다.

샤르코의 심리학적인 이론들은 발전하고 있었고 대단히 흥미로운 치료적 의미를 포함하고 있었다. 만약 생각이 마비를 일으킬 수 있다면, 그렇다면 아마도 생각이 치료도 할 수 있을 것이다. 1885년부터 1886년까지, 샤르코와 그의 동료들은 핀과 포레즈에게 말로 하는 치료법talking treatment을 시도하였다.

처음에 우리는 그들의 마음에 우리 스스로가 완전히 확신하고 있었던 사실을 긍정적 태도를 가지고 확언하는 것으로 영향을 주려 했고, 가능한 한 많이 매일 그것을 계속했다. 우리가 믿고 있었던 것은 그들의 마비는 오래 지속된 것임에도 불구하고 불치의 것이 아니며, 그 병은 적절한 치료 수단을 통해서 확실히 치료될 수 있는데……, 그들은 우리에게 협조하는 만큼 좋아질 것이다.

치료적 암시는 자기 암시에 역으로 기능하고 증상을 완화시키는 것을 목표로 삼았는데, 이것이 치료는 아니었다. 샤르코는 외상적 신경증은 악화된 형질유전으로 결함이 생긴 사람에게만 일어나는 것이라는 자신의 신념에 대해서는 결코 흔들린 적이 없었다. 말하기만으로 고칠 수는 없는 노릇이었다.

1885년의 지그문트 프로이트. 그 해 프로이트는 샤르코에게 배우기 위해 파리로 갔다.

프로이트가 파리에 도착했을 때, 프랑스의 심리학자들과 의사들 전체가 내적 삶을 열심히 추적하고 있었다. 관념연합과 해리, 형질유전의 역할, 그리고 정상적 정신 기능에 빛을 비쳐줄 정신병리학에 대해서 탐구하고 있었다. 과학적으로 모호한 심리학 영역에 들어가지 않고 히스테리와 최면술을 정복한 후, 샤르코와 그의 동료들은 자동운동automatism, 이중 의식dual consciousness, 다중인격, 몽롱한 상태를 가진 사례들에서 무의식적 심리상태의 역할을 논의하고 있었다. 유럽의 여러 지역에 있던 의사들은 최면, 환자들이 벌이는 이상한 춤들, 생각들에 의해서 기인된 기괴한 병들의 놀랄만한 사례들을 직접 보기 위해서 파리로 모여들었다. 그들은 〈새로운 심리학〉의 과학적 방법에 기초한 연구들을 배우고자 왔다. 그러한 연구들은 리보와 샤르코와 같은 권위자가 인증했지만 곧 무너지게 되는 어떤 것에 크게 근거를 두고 있었다. 무엇인가 몹시 잘못되어 가고 있었다.

II.

지그문트 프로이트가 빈 기념 자금 대학the University of Vienna Jubilee Fund에서 준 여행보조금을 받았을 당시, 그는 여러 가지 일들을 시도했지만 자신에게 맞는 어떤 일도 찾지 못하고 있었다. 동물학에 포부를 가지기도 했었고, 그 다음에는 생리학, 신경해부학에도 관심을 가졌다가 의학으로 관심을 돌리게 되었다. 의학에서 그는 신경학과 정신과의 전문의가 되는 것을 고려했다. 29살에, 프로이트는 여전히 가난했고, 이제 더 이상 어리지 않았지만 대학교수 자리에 대한 가능성도 아직 없었다. 그의 약혼자는 프로이트가 결혼할 수 있는 여유를 갖게 되기를 기다리고 있었다. 필사적으로 돌파구를 찾던 프로이트는 신경세포들을 착색할 수 있는 역사적인 새로운 방법에 희망을 걸고 있었다. 그 다음에는 코카인이라 불리는 약물학의 새로운 약품에 대해 기대를 가지기도 했다. 그러나 코카인의 신비한 효능은 어두운 면도 있다는 것이 드러나기 시작했고, 그 즈음에 신경증에 대한 샤르코의 연구에 대해 듣게 된 프로이트는 또 다른 시도를 하고자 파리로 왔다.

1856년 5월 6일, 모라비아의 프라이베르크Freiberg에서 유대인 부모에게서 태어난 프로이트의 원래 이름은 지기스문트 프로이트Sigismund Freud였다. 그가 네 살이었을 때, 그의 가족은 오스트리아-헝가리 제국의 수도, 빈으로 이주했다. 그곳에서 "지그문트Sigmund"는 레오폴드슈타트 김나지움을 다녔는데, 매우 우수한 학생이었다. 라틴어, 그리스어와 오비디우스, 호라티우스, 키케로, 버질, 소포클레스, 호머, 플라톤과 같은 고전을 배우면서 프로이트는 그의 학급에서 가장 선두에 서게 되었다. 유대인으로서 프로이트는 학대받고 무시받는 소수 민족의 일원이었는데, 시기적으로 합스부르크 제국은 개방화의 시기를 맞고 있었다. 황제 프란츠 요제프는 유대인의 인권을 향상시켰으며, 자신의 내각에 몇몇 유대인 장관을 두기도 했다. 이들은 프로이트와 젊은 유대인 친구들에게는 영웅과 같았다. 브루투스와 한니발과 같은 역사적인 인물들에 빠져들면서 소년 프로이트는 자신을 폭정에 대항하는 사람으로 상상했고, 장래에 법조계에 종사할 것을 고려했다. 그는 자신이 반귀족정치, 반교권주의 공화당 지지자, 그리고 충실한 유물론자인 것을 분명히 밝혔다. 1873년 가을, 빈 대학에 등록한 후에 이 젊은이는 다른 사람에게 반대의 입장에 서더라도 거리낌 없이 말하려고 했다. 많은 사람에게 지지를 받기는 했지만, 프로이트는 자신을 둘러싸고 있는 반유대주의를 직면했고, 한번은 “더러운 유대인”에 대항하여 생긴 작은 갱단에 고개를 숙이기도 했다.

프로이트가 대학에 들어갈 때 즈음, 더 이상 정치나 법은 그의 주된 관심사가 아니었다. 자연에 대한 괴테의 에세이에 사로잡힌 프로이트는 자신의 계획을 과학과 의학으로 바꾸었다. 의학 커리큘럼에 등록한 후에, 해부학, 화학, “일반 생물학과 다윈설,” 식물학, 생리학, 물리학 수업에 참석했다. 1874년 겨울, 유일하게 과학 분야가 아닌 철학을 공부하기 시작하면서, 최근 빈으로 피난 온 프란츠 브렌타노Franz Brentano 교수에게 배우게 되었다.

천주교 사제이며 철학자인 브렌타노는 교회가 교황 무과실성을 선언한 후에 교회와 멀어지게 되었다. 이 교리에 대한 그의 강한 경멸로 인해, 그는 더 이상 뷔르츠부르크 대학의 자리를 유지할 수 없게 되었다. 그때쯤 브렌타노는 콩트와 영국의 관념연합 철학자들의 저작을 발견하였다. 브렌타노는 그의 교수직을 사임하고 교회를 떠났고, 새로운 삶을 계획하기 시작했다. 그가 앞으로 하려고 했던 것은 과학적 심리학이었다.

브렌타노는 리보처럼 심리학을 철학에서 분리하면서도 그 전체 영역이 실증 철학자의 과학적 개념 앞에서 무너지지 않게 하려 했다. 이렇게 하기 위해서, 그는 내적 성찰introspection의 문제를 다루었다. 1874년에 출판된 《경험주의 입장에서의 심리학Psychology from an Empirical Standpoint》에서, 브렌타노는 고통의 문제를 통해서 내적 지각inner perception에서 내적 성찰을 구별하였다. 내적 성찰은 일종의 훈련된 내적 관찰인데, 어떤 사람은 그것을 외적 세계에 대한 대략의 경험적 관찰이라고 주장하였다. 브렌타노는 이 모든 것이 불가능하고 부질없는 것이라고 표명하였다. 우리의 마음으로 우리의 마음을 관찰하기 위해서 우리 자신이 마음 바깥에 설 수는 없었다. 그러나 내적 지각은 완전히 다른 문제이다. 그것은 기쁨을 느끼거나 기억을 회상하거나 생각을 하는 것과 같이 일반적인 것이다. 내적 지각은 객관적이 아닐 수도 있으나, 그것이 심리학에서 중대한 출발점인 것은 변하지 않는다. 운 좋게도, 인간의 기억은 회상과 이러한 일시적인 순간들의 고찰을 가능하게 한다. 기억을 안정화시키는 힘을 강조하면서, 브렌타노는 다른 사람의 내적 세계에 대한 우리의 이해를 돕기 위한 하나의 방법으로서 언어와 몸짓을 면밀하게 연구해야 한다고 주장하였다. 그는 심리학자들에게 병든 정신상태와 이상한 심리상태의 발생들뿐만 아니라 어린이와 동물들에 특별한 관심을 가져야만 한다고 충고했다.

이러한 연구의 힘을 기반으로, 브렌타노는 1874년에 빈에서 교수가 되었다. 그 해에 프로이트는 그의 학생 중 한 명이었다. 처음에 프로이트는 브렌타노가 신의 존재에 대해 논쟁하는 것을 재미있어 했지만, 얼마 지나지 않아 브렌타노의 날카로운 논리 앞에서 자신의 유물주의를 변론할 수 있을지 의심하게 되었다. 프로이트와 그의 친구 요제프 파네트Josef Paneth는 브렌타노의 입장에 대한 공식적인 비판을 그에게 보낸 후에, 토론을 위해서 그 교수의 집에 초대받게 되었다. 곧 프로이트는 그 철학자의 영향력 아래 놓이게 되고, 이 젊은이는 자신의 교수를 "신자, 목적론 신봉자teleologist, 진화론자, 지독히 영리한 사람, 그리고 진정한 천재"라고 썼다.

브렌타노는 철학의 전체 전통을 과학으로 안내하는 길로 보라고 그의 학생에게 권면했다. 그는 심리학에 대해 이론적으로 편중된 접근들을 공격하면서, 그들의 생각을 세상에서 검증해보려고 하지 않는 자들을 심하게 비난하였고, "과학의 방법을 철학과 심리학에 적용하는 경험주의학파의 추종자라고 자신의 입장을 주저 없이 분명히 밝혔다." 브렌타노는 자신의 학생들에게 로크, 흄, 칸트와 콩트를 공부하라고 충고하면서, 생리학과 심리학을 결합하려는 시도가 시기상조라고 경고했는데, 마음의 과학은 그러한 결합을 하기에는 아직 미발달 단계에 있다고 주장했다. 프로이트는 몇 년 뒤에야 이 교훈을 받아들일 수 있었지만, 후에 이 사항을 자신의 학생들에게 반복하게 된다.

동시에, 한니발의 숭배자였던 프로이트는 무엇이 사람을 급진적으로 만드는가에 대한 한니발의 생각을 개조하기 시작했다. 프로이트는 자신이 사회주의, 교육 개혁, 부의 재분배 그리고 존재를 위한 진화론적 고투를 완화시켜주는 다른 개혁들에 대해 냉담하지 않다고 밝혔다. 그러나 진정한 급진론자들은 종교적 교리를 거부하고 유물주의와 경험주의의 지시를 받아들임으로써 그들의 혁명적 정신이 드러난다고 믿었다. 프로이트 세대의 많은 사람들은 과학이 정치와 사회의 삶을 개혁할 수 있을 것이라는 신념을 공유하고 있었다. 과학자들은 정치 지도자들에게 공정하고 합리적인 통치를 위해 좀 더 분명한 현실에 대한 시각을 가질 수 있게 정당한 지식을 제공함으로써 종교적 허상들, 이데올로기적 환상의 타파에 공헌할 수 있을 것이라고 생각했다.

2년 6개월 동안 수업을 들은 후에, 프로이트는 동물학에서의 연구를 통해 새로운 지식을 발견하려는 첫 번째 시도를 시작했는데, 이 분야는 진화론의 이론에 매우 많은 증거를 제공하고 있었다. 뱀장어의 생식선을 연구한지 6개월 후, 프로이트는 에른스트 빌헬름 폰 브뤼케Ernst Wilhelm von Brucke의 연구실에 합류했다. 그 후 6년 동안, 프로이트는 브뤼케의 연구실에서 신경세포들을 즐겁게 조사하면서 열심히 일했다. 프로이트는 대수롭지 않은 약간의 발견을 하였고, 새로운 채색법을 개발했으며, 26살 즈음에는 연구 결과에 대한 몇 개의 출판을 할 수도 있었다.

이러한 연구들 가운데, 프로이트는 의무적인 군복무를 일 년간 했는데, 이 기간 동안 그는 존 스튜어트 밀John Stuart Mill이 쓴 여성의 해방 같은 주제의 에세이를 번역하는 데 전념하였다. 빈으로 돌아온 후, 1881년에 마침내 프로이트는 의사시험을 치렀다. 그가 의학 공부를 시작한지 7년 반만의 일이었고, 보통 학생들보다 2년 반 정도 더 걸렸다. 프로이트는 시험을 통과했고, 후에 성공의 비결을 자신의 특별한 기억력에 돌렸는데 그 이유는 이 시험을 그리 철저하게 준비하지 않았기 때문이었다.

사실 젊은 프로이트에게 의사가 되는 것은 과학적 발견을 하는 것과 대학

교수가 되는 것보다는 중요하지 않았다. 프로이트는 브뤼케의 연구실에 머물기를 꿈꿨다. 그러나 1882년 함부르크의 마르타 베르나이스Martha Bernays와 약혼하게 되자, 그의 꿈은 사그라졌다. 프로이트가 결혼할 의사를 브뤼케에게 말하자, 그의 멘토는 프로이트를 한쪽 옆으로 데리고 가서 현실적이어야 한다고 충고했다. 브뤼케의 두 명의 조수들은 뛰어난 과학자였고 은퇴는 너무 멀었다. 약혼자가 기다리고 있는 프로이트에게 급여를 줄만한 다른 자리도 없었다. 낙심한 프로이트는 브뤼케의 충고를 받아들이고 의사로서 일하기 시작했다. 그 후 3년 동안 프로이트는 빈 종합병원의 병동과 진료소로 사라졌다. 그런 이유로 그는 주말에만 집에 왔다. 프로이트는 실험실 연구를 계속하면서, 임상가로서 자신의 길을 찾고자 노력했다. 그는 의학 교수인 헤르만 노트나겔Hermann Nothnagel에게 다가갔고 그 병원에서 지망의Aspirant가 되기를 희망했는데, 그 당시 젊은 의사들은 이것을 통해서 부의사assistant physician가 되기 위한 노력을 할 수 있었다. 한 때 신경병리학자였던 노트나겔은 프로이트의 조직학적 성과를 인정하였다. 그는 프로이트를 채용했고, 그 후로도 20년 동안 중요한 협력자로 있었다.

노트나겔은 다른 실험실 배경을 둔 정신과 의사 테오도르 마이네르트Theodor Meynert로부터 추천을 받았는데, 마이네르트는 프로이트가 1877년 겨울에 가르침을 받았던 사람이었다. 마이네르트는 신경조직에 대한 그의 해부학적 연구에서 명성을 얻었지만 좋지 않은 평판도 가지고 있었는데, 정신병원의 의사들이 그의 임상적 기술을 의심하였기 때문이었다. 1875년, 마이네르트가 있던 정신병원의 원장이 마이네르트의 사임을 요청했는데, 빈 의대의 학장이 재빨리 행동을 취하여 정신의학과에 두 번째 학장 자리를 만들어 주었다. 이 일로 인해 빈 대학은 정신의학과에 두 명의 학장을 두게 되었고 다양한 의견을 허용했는데, 이것은 프로이트같이 개성이 강한 사람들에게는 중요한 것이었다.

대학의 자리가 보장되자 마이네르트는 정신의학을 정의하고 마음과 뇌의 상대적인 역할을 상세히 설명할 수 있는 대작에 심혈을 기울이기 시작했다. 마이네르트에게는 뇌의 질병만이 정신 질환들의 유일한 원인이었고 심리학적인 요소들은 관련성이 없다고 보았다. 마이네르트가 이러한 연구의 첫 번째 책을 거의 끝내가고 있을 때 프로이트가 그의 부서에 들어오게 되었다. 프로이트는 1883년 5월부터 9월까지 중독, 급성마비, 그리고 애매하지만 미친 것으로 진단된 환자들을 만났다. 그는 또한 몇 명의 여성 히스테리 환자들도 마주하게 되지만 그렇게 커다란 인상을 가지고 있지는 않는 듯했다.

임상의학에 몰입되었을 때에도 프로이트의 야망은 계속되었고 획기적인 새로운 치료법을 찾고 있었다. 그는 코카인을 권하는 소논문을 우연히 마주치게 되었는데, 미국에서 이 새로운 약은 모르핀 사용 중지로 나타난 증상을 치료하는 데 사용되곤 했었다. "집을 마련하기 위해서 우리는 이런 종류의 한 번의 행운만이 필요할 뿐이요."라고 그는 자신의 약혼자 마르타에게 썼다. 프로이트는 코카인을 주문했고, 그것을 시험해보았으며, 이 놀란만한 물질이 심장질병, 신경쇠약, 가벼운 우울증을 치료할 수 있다는 확신을 갖게 되었는데, 모르핀 금단 현상의 고통에 대해서는 언급하지 않았다. 브뤼케 실험실에 있던 프로이트의 친구이자 스승이었던 에른스트 플라이슐 폰 마르호프Ernst Fleischl von Marxow는 절단 수술로 인해 만성고통에 시달리게 되면서 모르핀 중독이 되어 있었다. 프로이트는 이 새로운 약이 플라이슐의 중독을 끝나게 해줄 것을 고대하면서 그에게 이 약을 제공했다.

처음으로 코카인을 시도하고 6주 후, 프로이트는 〈종합 치료 핵심 학술지〉에 싣고자 이 약에 대한 열의 넘치는 글을 썼다. 프로이트는 주목 받기를 간절히 바랬다. 특히 프로이트의 권유로 이 약을 수술용 마취제로 성공적으로 사용한 동료가 칭찬을 듬뿍 한 후에는 더욱 그러했다. 프로이트는 코카인의 의료적 그리고 정신의학적 사용을 주창했고, 그의 주장은 관심 받기 시작했다. 코카인에 대한 그의 연구논문은 명성 있는 비엔나의 신문인 〈신 자유 언론〉에 실리게 되었다. 오래 지나지 않아, 정보에 대한 문의가 쇄도하였다. 비엔나 생리학협회와 비엔나 정신의학협회에 자신의 발견을 발표할 때, 프로이트는 이 약이 효과적이며 무해하다고 주장했다.

그러나 코카인은 무해하지 않았다. 1885년 봄 즈음, 프로이트는 플라이슐의 코카인 치료가 그를 모르핀 중독에서 해방시키지 못했으며, 대신에 두 약 모두에 의존성을 갖게 했다는 것을 알게 되었다. 더욱이 플라이슐이 코카인의 사용을 늘리자 무시무시하게 유해한 정신병으로 진행되었다. 다른 사람들이 이러한 위험을 알게 되는 것은 시간 문제였다. 그들은 프로이트가 경솔하게 코카인 사용을 주장했다고 공격하였다. 그러한 공개적인 불명예는 젊은 의사의 명성에는 치명적인 손상이 될 수 있었지만, 프로이트는 아직 대학에 힘 있는 후원자들이 있었다.

프랑스로 떠나기 전에, 프로이트는 종합병원에서 사임했다. 마르타 베르나이스와의 결혼 약속은 3년 반이나 끌고 있었다. 그는 자신을 부양할 수도 없었고 생계를 위해서 돈을 빌려주는 몇몇 후원자들에게 전적으로 의존하고 있었다. 비엔나를 떠날 준비를 하면서, 대학의 권위자들에게 자신은 살페트리에르에서 아동의 위축성 신경병리학atrophic neuropathologies을 공부할 것이라고 설명했다. 하지만 프로이트는 자신의 진짜 계획인 신경질환 분야에서 이름을 떨치려고 한다는 것은 약혼자에게만 말했다. 이 여행은 프로이트를 유명한 신경 전문의로 바꾸어 줄 것이었다. 지원금을 탔을 때, 들뜬 프로이트는 마르타에게 편지를 썼다.

> 얼마나 놀라운 일인가! 나는 돈을 가지고 옵니다. 그리고 오랫동안 머물 것이고, 그대에게 아름다운 것을 가지고 갈 것이요. 그 다음에 파리로 가서 위대한 학자가 될 것이오. 그런 다음 거대하고 큰 영광을 가지고 비엔나로 돌아올 것입니다. 그런 다음 우리는 결혼을 하게 될 것이며, 나는 모든 불치의 신경성 사례들을 치료할 것입니다. 당신 때문에 나는 건강할 것이고 당신에게 입맞춤할 것이오.

1885년 9월 29일, 프로이트는 파리에 도착해서 카르티에라탱에 있는 드 라 페de la Paix 호텔에 방을 잡았다. 그는 신경병리학에 대해서 열정적으로 글을 쓰면서 살페트리에르의 유명한 클리닉을 방문하기 시작했다. 샤르코는 월요일마다 자신의 최근 연구에 중점을 둔 공개강좌를 열었고, 화요일에는 외래환자 진료소에서 보았던 혼란스러운 사례의 진단에 대해서 논의하였다. 수요일은 안과학 강의가 있었고, 나머지 날에는 병원 순회 진찰을 하였다. 여러 가지 다른 강의들은 피하면서 프로이트는 파리 시체보관소에서 이루어진 법의학의 부검에 시간을 내서 참여했다.

샤르코는 병리학적 해부에서 위대한 발견을 했던 시대는 지났다고 선언했다. 미래는 해부학적 손상이 없는 신경질환인 신경증에 놓여 있다. 프로이트가 파리에 머물고 있었던 몇 달 동안, 샤르코는 핀과 포레즈 사례와 같이 외상에 의해서 초래된 남성 히스테리에 관심을 집중하고 있었다. 트라우마로 인한 히스테리는 독일 신경과 전문의들, 특히 베를린의 헤르만 오펜하임Hermann Oppenheim의 저항에 직면했다. 파리에 머문 후에 충실한 프로이트는 베를린을 방문하여 오펜하임을 만났는데, 그는 이러한 병들을 순전히 해부학적 입장에서 보았다. 프로이트는 샤르코가 옳다고 생각하고 집으로 돌아왔다.

프로이트는 또한 최면에서 드러나는 변화된 상태들이 실제라는 것을 확신하면서 파리에서 돌아왔다. 그는 자신이 최면의 놀랄만한 현상들을 목격했다고 후원자들에게 말했다. 그 최면은 "한편에서는 회의론으로부터, 다른 한편으로는 야바위꾼에 의해 곡해되어"졌었다. 프로이트는 살페트리에르에서 일어나는 일들이 너무 기괴하기에 사람들이 직접 목격을 하지 않고는 강한 의심을 가질 수밖에 없다는 것을 이해할 수 있었다. 프로이트 자신도 6년 전 최면술사 카를 한슨Carl Hanson이 빈에 왔을 때, 의심하는 입장이었고 친구에게 "회의적인 입장에 있어야 한다. 그리고 '굉장하다'는 무지에서 오는 감탄의 말이지, 기적을 인정하는 것은 아니다."라고 경고했다.

그렇지만 프로이트가 살페트리에르에서 본 것은 압도할 만한 것이었다. 한 여자가 의자에 앉아 있고, 최면에 걸려 있다. 한 의사가 그녀에게 깨어나게 되면 그녀는 오른팔을 움직일 수 없을 것이라고 말한다. 그 환자가 몽환에서 나오게 되면 오른팔을 움직일 수 없었다. 그녀는 왜 그런지 몰랐고 자신의 상태에 맞게끔 이야기를 만들어 낸다. 의사는 그녀를 다시 몽환상태에 빠지게 하고 그녀의 팔이 괜찮을 것이라고 암시한다. 그녀가 몽환에서 빠져나오게 되자, 그녀의 팔은 괜찮아진다. 이런 것이 일상적으로 보여졌는데, 이것은 단지 굉장한 볼거리일 뿐만이 아니었다. 뇌를 바탕으로 마음에 접근하는 것으로 교육받은 과학자들에게 이것은 충격적인 것이었다. 이러한 놀라운 효과는 단순히 경탄의 자료뿐만 아니라 저명한 실증주의자 샤르코가 분석한 현상이었다. 프랑스의 정신병리학자들이 무의식의 이상한 심리적 상태가 존재한다는 것을 증명한 것이다.

프로이트의 세계가 뒤집히기 시작했다.

> 나는 지금 매우 평온하고, 내가 많이 변하고 있다고 생각합니다. 무엇이 나에게 영향을 주었는지 자세히 설명할 것이요. 가장 위대한 의사들 중의 한 명이며, 상식적 판단력이 천재의 영역에 있는 샤르코는 나의 모든 목표와 의견을 간단히 부수었소. 노트르담에서 나올 때처럼 그의 강의에서 나올 때 때때로 완벽함에 대한 전혀 새로운 생각을 갖고 나오게 됩니다.

후에, 프로이트는 대학에 제출하고자 그의 여행에 대해서 보고서를 썼다. 히스테리와 최면에 대한 샤르코의 연구에 대해 생생한 묘사가 담긴 보고서와 장기질환들에 대해서 작은 시간을 할애한 것에 대해서 마지못한 사과내용을 썼다. 실제로 그는 미안한 마음이 있지는 않았다. 샤르코와 요제프 바빈스키Joseph Babinski, 조르주 질 드 라 투렛Georges Gilles de le Tourette과 폴 리쉐Paul Richer와 같은 명석한 동료들에게 감격한 프로이트는 새로운 목표를 가지고 파리로부터 돌아왔다. 그는 빈에서 샤르코의 사람이 될 것이었다.

프랑스를 떠나기 전에, 프로이트는 샤르코의 측근 그룹으로 들어가기 위해 적극적으로 노력했었다. 자신의 프랑스어 실력이 너무 나빠서 카페에서 요리를 주문하기도 어렵다고 마르타에게 불평하기도 했던 프로이트는 샤르코를 위해서는 독일어 통역자로서 일하고 싶다고 제의했다. 샤르코는 수락했다. "그 일은 독일에서 의사들과 환자들에게 나를 알려주게 되어 있다."고 프로이트는 떠벌렸다. 프로이트가 샤르코의 책 《신경계의 질병들에 대한 강의들》 가운데 세 번째 책을 번역할 때, 이 두 사람은 회신을 주고받았다. 이 책의 대부분은 히스테리, 최면과 트라우마로 인한 마비들에 관한 것이었다. 프로이트는 특히 상상에 의해서 만들어진 마비에 호기심을 갖게 되었다.

빈에서 프로이트는 전쟁을 치를 준비를 했다. 그는 자신의 동료들이 심리적인 것, 생각으로 인해 발생했다고 하는 것, 최면에 관한 것, 히스테리와 관련된 것 등등에 회의적일 것을 알고 있었다. 프랑스에 대해서는 말할 것도 없었다. 그럼에도 불구하고 프로이트는 생리학 학회와 정신의학 학회에서 샤르코의 이론에 대해서 강의를 하기 시작했고, 비엔나 의학협회를 위해 자신의 경험에 대한 보고서를 쓰기로 동의했다. 그 보고서에서, 프로이트는 남성 히스테리에 대한 프랑스 방식의 생각을 서술하였다. 어떤 의사들은 남성에게 히스테리가 생길 수 있다는 것이 가능하다고 인정했고, 다른 사람들은 샤르코가 지정한 단계들에 대해서 날카롭게 문제를 제기했다. 마이네르트는 예리하게 프로이트를 압박해서 빈에서 트라우마로 인한 마비 사례 하나를 찾으라고 했다.

한 달 후, 프로이트는 그 그룹에게 그와 같은 사례를 발표했다. 그러나 그의 승리는 곧 불쾌함으로 바뀌었다. 성난 마이네르트는 어떤 것도 받아들이려 하지 않았고, 그 프랑스 사람이 자신의 학생을 망쳐버렸다고 말했다. 프로이트는 "남자의 히스테리와 히스테리성 마비를 일으키는 암시에 대한 발표로 인해 내가 반대세력으로 들어가게 됐다는 것을 알게 되었다."고 후에 회상했다. 프로이트는 마이네르트가 자신이 "파리의 사악함"에 사로잡혀 있다고 믿고 있는 것을 보고 씁쓸했다.

이러한 논쟁으로 인해 프로이트는 비엔나에서 히스테리, 최면, 심리학, 정신병리학에 대한 프랑스인의 생각을 대표하는 명사가 되었다. 이러한 개념들은 오스트리아 사회에서 강한 거부감을 일으켰지만, 프로이트는 그렇게 흔들리는 것 같지 않았다. 그는 히스테리 환자들이 샤르코의 단계들을 경험하는 것을 보았고, 단순하게 생각을 말하는 것으로 마비가 만들어지는 것을 보았으며, 이러한 것을 자신의 눈으로 직접 확인했다. 비엔나에 있는 동료들이 읽고 경멸한 것을 프로이트는 직접 목격했다. 유대인이면서 아웃사이더로서 그는 눈을 멀게 하는 편견의 힘에 대해서 알고 있었다. 소수자의 무리 안에 있는 것을 두려워하지 않았던 프로이트는 위대한 샤르코와 히스테리, 트라우마, 최면에 대한 샤르코의 이론에 자신을 강하여 연결했고, 관념연합 심리학을 포용하고 한동안은 형질유전에 대해서도 강조했다. 이제 프로이트의 미래는 분명해졌다. 그는 약혼자와 결혼했고, 개인 진료소를 개업했고, 그리고 빈에서 장 마르탱 샤르코 사상의 충직한 대표자의 역할을 감당했는데, 그 즈음에 파리의 신경과 전문의 샤르코의 명성이 추락하기 시작했다.

III.

1886년, 낭시 Nancy의 지방도시에서 온 한 프랑스 의대 교수는 히스테리의 해독의 대가 샤르코가 어떤 종류의 히스테리에 걸렸다고 선언했다. 몇 년 동안, 이것이 사실이라는 것과 그 결과로서 히스테리와 최면에 대한 샤르코의 연구 대부분은 틀린 것이 분명하게 되었다. 프로이트에게, 어렴풋이 드러나고 있던 이 재앙은 프로이트를 압박하여 조수의 위치에서 더욱 독립적인 사상가로 빨리 성숙하도록 만들었다. 프로이트는 필사적으로 자신의 입장을 재정립하려고 재빨리 움직였다. 과학적 심리학의 목표와 정신적 트라우마에 대한 샤르코의 개념들을 유지하면서, 결국에 프로이트는 신경증의 이해에 대해서 이룩한 이 파리 학자의 위해한 성취가 그의 상상의 산물이라는 것을 받아들이게 된다.

의학의 골리앗을 쓰러뜨린 다윗은 이폴이트 베르넴Hippolyte Bernheim이었다. 이 낭시의 의사는 1882년 전에는 신경성 질병과 관련 있는 사람이 아니었다. 그 해, 그의 환자들 중의 한 명이 약간은 평판이 나빴던 앙브루아즈 오귀스트 리에보Ambroise Auguste Liebeault라 불리는 지방 의사에게 좌골신경통 통증을 치료받았다. 리에보는 오래된 최면술사였는데, 최면에 호의적이지 않던 1850년대와 1860년대에 집요하게 이 방법을 계속해서 사용했다. 그는 약간의 허세를 가지고 《잠과 유사한 상태들에 대해서》를 썼다. 그 책에서 최면상태는 암시에 의해서 일으켜지는 수면 형태라고 주장했다. 베르넴은 리에보를 찾아가서 그의 학생이 되었다. 1886년 베르넴은 자신의 기념비적 연구인 《암시 그리고 그것의 치료적 적용에 대해서》를 출판하였다. 그 책에서 그는 최면에 대해서 오직 심리학적 설명만을 하려고 노력했다.

샤르코는 히스테리와 최면을 이러한 미스터리들이 유전된 신경계의 기능장애가 의식의 변형된 상태로 귀결된 것이라고 개념화하는 것으로 정복했었다. 납득하지 않던 베르넴은 최면을 실험하기 시작했고 그러한 상태는 전혀 병리적인 것이 아니라고 판단을 했다. 실제로, 그는 최면적 혼수상태를 모든 기질의 사람들 대부분에게서 이끌어 낼 수 있다는 것을 알게 되었고, 최면은 단순히 심리적 삶의 일반적인 특성을 과대하게 보여주는 것이지 생리기능의 장애가 아니라고 결론짓게 된다.

베르넴은 더 나아갔다. 암시가 다른 사람에 영향을 주는 데 최면이 꼭 필요한 것은 아니라고 믿었다. 생각은 언제나 한 사람의 무의식에서 다른 사람에게 전달된다. 마음의 창은 열려있어서 다른 사람에게서 오는 명령, 암시, 생각을 받아들이며, 그리고 나면 외부에서 오는 개념들을 자기 자신의 것으로 잘못 생각하게 된다. 인간 심리학의 모든 것은 이러한 총체적으로 "쉽게 잘 믿는 성향"으로 특징지을 수 있다. 그릇된 인상들과 생각들이 마음에 의해서 쉽게 받아들여지는 것은 자동적인 무의식적 뇌의 활동, 이성의 허약함, 믿어야 하는 너무나도 인간적인 필요 때문이다. 종교, 교육, 전통, 도덕, 국가에 대한 충성, 사회적 통념, 법조인, 정치가, 교수, 연설가, 돌팔이 의사, 유혹자, 이러한 모든 것들이 암시와 남을 쉽게 믿는 성향에 의해서 지배되는 세계에 대한 증거이다. 남을 쉽게 믿는 성향은 이상하거나 진기한 것이 아니라 오히려 정상적인 심리적 삶에 필수적이다. 샤를 리셰와 다른 사람들은 최면 없이 암시가 받아들여지는 가능성을 알아차렸는데, 과학적 입장에 있는 다른 어떤 사람도 이러한 결정적인 주장을 할 대담성을 가지고 있지 않았다.

프랑스 의학의 변두리 출신이었고, 〈새로운 심리학〉에서 힘들게 이룬 진보와 샤르코의 명성과 완전히 다른 입장에 있었던 베르넴의 이론은 승산이 거의 없는 것처럼 보였다. 게다가 샤르코의 이론은 정확하고, 논리적이며, 넓게 받아들여지고 있는 과학적 원칙들을 근거로 하고 있는 반면, 베르넴의 분석은 모호하고, 부풀려져 있는 듯 보였다. 그러나 베르넴은 강력한 승리의 카드를 쥐고 있었다. 암시와 쉽게 믿는 성향의 주요한 예로서 그는 장 마르땡 샤르코의 연구를 지목했다. 샤르코가 주장한 최면의 단계들은 전적으로 상상의 것이라고 주장했다. 이 낭시의 의사에 따르면, 샤르코와 그의 추종자들은 자신들이 생각했던 최면의 단계들을 그들의 환자들에게 부지중에 암시로 주었고, 그 환자들은 순응했던 것이다. 다른 사람의 마음을 들여다보기보다는, 이 과학자들은 거울을 보고 있었던 것이다. 베르넴은 기대expectation와 흉내mimicry의 이춤을 "히스테리의 문화"라고 불렀다. 그리고 그의 독자들에게 샤르코가 주장한 최면의 보편적인 단계들의 어떤 것도 낭시 지방에서는 볼 수 없다고 진지하게 보고했다.

이렇게 맹렬한 전투는 시작됐다. 살페트리에르의 의사들은 이폴이트 베르넴을 호되게 비난하면서, 과학 바깥에서 일하는 헷갈리는 광대라고 불렀다. 1889년, 파리에서 열린 최면에 대한 국제회의에서 샤르코의 협력자 중에 한 명이었던 피에르 자네는 베르넴의 의견은 반과학적, 반생리학적일 뿐만 아니라 반심리학적이라고 주장했다. 베르넴의 과학적 신뢰성에 대한 공격은 더욱 가혹해졌다. 살페트리에르 학파는 최면의 이론뿐만 아니라 과학적 심리학 전체 프로젝트를 와해시킬 수도 있는 두려워했던 적수를 이 낭시의 의사에게서 보게 되었기 때문이었다. 만약 베르넴이 옳다면, 만약 암시와 쉽게 믿는 성향이 정말 일반적이라면, 어떻게 관찰을 통해서 다른 사람의 내적 세계에 대해서 알 수 있기를 기대한단 말인가? 만약에 모든 사람이 암시와 맹목적 신념에 영향을 받는다면, 누가 치우치지 않는 관찰자가 되고 누가 영향 받지 않는 실험 대상자가 될 수 있다는 것인가? 베르넴의 견해에 의하면, 관찰자와 피관찰자, 암시자와 피암시자, 과학자와 히스테리 환자, 궁극적으로 주체와 객체는 어떤 명확성을 가지고 구별하기는 불가능한 것이었다. 심리학의 과학자들은 이러한 추이 바깥에 서 있을 어떠한 방법도 없었다. 왜냐하면 그들이 암시를 할 때조차 그들 스스로도 암시를 받기 때문이었다.

살페트리에르 출신의 한 의사가 베르넴의 추종자들이 강제로 받아들여야만 했던 불합리해 보이는 결론을 지적했다. 그의 이론에 의하면, "모든 이성적인 사람도 암시의 영향 아래 지속적으로 있을 것이다." 베르넴은 반박하지 않았을 것이다. 그러나 그러한 충격적인 주장들은 불안감을 퍼뜨렸다. 1886년에, 심리적 전염과 대중 히스테리에 대한 보고는 프랑스 언론을 강타했다. 한 여인이 다른 사람의 암시로 인해 그녀의 애인을 살해할 수 있을까? 사람들이 암시로 인해 정부에 대항해서 일어날 수 있을까? 프랑의 혁명과 파리 코뮌Paris Commune의 땅은 또 다른 대중 봉기가 한 명의 악한 최면술사로부터 시작될 수 있다는 공포에 직면하게 되었다.

지그문트 프로이트는 베르넴의 도전을 대수롭지 않게 취급할 수 없었다. 프로이트의 평판과 의사로서의 일은 살페트리에르 학파의 명성과 밀접하게 연관되어 있었다. 그는 베르넴의 주장이 독일에서 최면을 천한 허구라고 생각하는 사람들에게 도움이 될 거라고 해석하고 있었다. 프로이트는 베르넴의 책을 독일어로 번역하기 시작했는데, 이것은 앞으로 있을 수도 있는 대단히 파괴적인 비판에서 피할 수 있게 해줄 것이라고 확신했다.

1888년, 호기심 있는 독일 독자들이 베르넴의 《암시 그리고 그것의 치료적 적용에 대해서》의 독일어판을 샀을 때, 이 책의 저자와는 다른 입장에 있다고 애원하는 번역자를 마주치게 된다. 이 번역자는 베르넴의 연구를 사용하여 최면의 현실성을 부정하는 사람들을 비난했다. 그 사람들은 그러한 이야기들 모두는 천진난만한 신념과 속임수의 혼합물에 기초하고 있다고 결론지었었다. 프로이트는 히스테리를 연구하는 과학자들 스스로가 히스테리적으로 미혹되었다는 혐의로부터 그 과학자들을 변호했고, 샤르코의 연구가 가치 없는 "관찰에서의 실수"라고 묵살하면서 최면은 "과학적 이해 너머에" 있다는 신념으로 후퇴한 사람들을 공격했다.

프로이트는 샤르코의 세심한 연구는 최면기법이 합법적이며 과학적 기준에서 볼 때 사실임을 증명했다고 말하면서 이 신경과 의사를 변호했지만 불행히도 그렇게 주장하는 것이 점점 어려워졌다. 낭시와 살페트리에르의 학파 사이의 논쟁은 연구의 눈사태를 불러왔고, 그 결과는 곤혹스러운 것이었다. 오토 예테스트란트Otto Wetterstrand는 3,589명에게 최면을 걸었다고 보고했다. 그는 샤르코가 주장한 단계들을 보지 못했다. 계속되는 연구에서 정상적인 사람의 상당수가 실제로 최면에 걸린다는 것이 증명되었다. 1892년, 알버트 슈렌크노칭Albert von Schenck-Notzing은 8,705명의 실험대상자의 연구를 출판했는데, 오직 519명만이 최면에 걸리지 않았다. 최면에 걸리는 성향은 히스테리나 다른 병리를 나타내는 특별한 증후가 아닌 듯했고 평범한 것으로 보였다.

프로이트는 딜레마에 빠졌다. 한쪽에는 최면과 히스테리에 대한 정신병리적 연구의 과학적 적법성을 훼손하는 심리학적 이론이 있었다. 다른 쪽에서는, 합법적이었던 정신병리학의 과학적 이론이 명백하게 틀린 것으로 점점 드러나고 있었다. 1888년 이후로 프로이트는 파리의 동료들을 멀리하게 되었고, 샤르코가 주장한 히스테리 혹은 최면의 단계들을 방어하려고 하지 않았다. 오히려 프로이트는 살페트리에르의 연구원들이 이러한 이론들을 증명해야 한다고 노골적으로 말하기도 했지만, 그들은 결코 그렇게 할 수가 없었다.

그러나 살페트리에르의 동료들처럼 프로이트도 과학적 기준에 맞는 이론들을 체계적으로 만들어서 최면의 실재를 열심히 방어했다. 만약 히스테리가 진짜라면, 그것은 분명히 암시와 쉽게 믿는 성향의 되는 대로의 움직임 이외의 다른 어떤 것에 근거를 두고 있을 것이라고 주장했다. 최면은 분명히 규칙의 경계 안에 있을 것이고 어떤 고유의 법칙을 따를 것이다. 이 독일어 번역자는 이폴이트 베르넴이 그러한 법칙이 무엇인가에 대해서 묻지 않았다고 비난했다.

이것을 더 밀고 나기기 위해서, 프로이트는 베르넴의 독자들에게 최면적 대면을 눈을 크게 뜬 최면학자와 황홀경의 최면대상자 사이에 일어나는 어떤 인간관계적 드라마로서 생각하는 것을 멈추라고 제안했다. 대신에 관심을 한 사람이 다른 사람의 암시에 쉽게 걸리게 만드는 정신 내적 상태에 관심을 돌려야만 한다. 만약 그것을 알게 된다면, 이러한 내적인 변화는 베르넴이 설명했던 인간관계의 현상과 샤르코가 분류했던 몸의 변화들, 둘 다 설명할 수 있을 것이다.

이 중대한 전략은 두 개의 마음이 어떻게 상호교류 하는가 하는 극도로 복잡한 문제를 하나의 마음, 즉 환자의 마음 작용들로 축소하게 해주었고, 그의 탐구를 국한시킬 수 있게 해주었다. 프로이트는 모든 암시들은 이전에 있었던 내면의 자기 암시의 결과라고 주장했다. 이것은 외상적 마비에 대한 샤르코의 연구에서 가져왔다. 베르넴은 "암시는 문을 밀어서 연다."고 믿었는데, 프로이트는 사실 그 문들은 "자기 암시 때문에 스스로 천천히 열린다."고 주장했다. 어떤 내면의 해리된 생각들은 암시가 사로잡을 수 있는 단계를 마련한다. 낭시에 있는 의사의 결과물들은 자기 암시로 인해 제공된 수용적인 상태의 결과였다.

프로이트는 베르넴을 번역하면서 자신의 것 중에 가장 손해를 끼치는 주장들을 잘라내고, 히스테리와 최면에 관한 연구의 과학적 지위를 확고히 하려고 했다. 만약 대인관계의 설득에 관한 베르넴의 모형이 내면의 정신적 과정에 뿌리내리고 있다면, 암시에 걸리는 성향suggestibility을 의사의 자극 탓으로 돌리는 것이 아니라 합법적인 연구 대상이 될 수 있다는 것을 프로이트는 알고 있었다. 일상생활의 의식의 영역으로부터 떨어진 곳에서 내적 무의식의 심리 물리학적 변화들이 발생하면 암시에 걸리는 성향의 상태가 만들어진다고 프로이트는 주장했다. 이후의 암시들은 이러한 비옥한 토지에 뿌리를 내리게 되고 히스테리의 특정한 증상들을 유발하게 된다. 만약 이것에 대해 이 빈의 의사가 옳다면, 히스테리의 과학자들은 베르넴의 혼돈스러운 대인 관계적 역동성을 무시하고, 내적 세계의 연구에 헌신함으로 샤르코를 따를 수 있을 것이다.

프로이트의 주장은 설득력 있었고 그의 결론은 인정받았다. 끈질긴 심리 내적상태의 집중은 그 다음 세기 동안 마음에 대한 프로이트학파의 접근 방향을 설정하게 된다. 더구나 프로이트는 논쟁들을 다시 구성하고, 완전히 뒤집어 생각하는 인상적인 능력을 보여 주었다. 베르넴의 관찰들의 현실성을 인정하면서 프로이트는 이 낭시 의사의 핵심적 설명 밑에 있던 양탄자를 걷어 내었다. 이것은 과학적 지식에 있어서 매우 중요한 관찰자와 피관찰자 사이의 경계들을 재차 확인하기 위해서였다. 과학적 방법에 힘썼던 샤르코의 헌신은 지지하면서 그 대가의 최면과 히스테리의 단계들은 버리고, 최면은 근본적으로 무의식적 심리학에 근거를 두고 있다는 베르넴의 논쟁점은 찬성했다. 프로이트가 베르넴의 도전을 창조적으로 다시 구성했을 때 중대한 논쟁들을 이끌어 나갈 수 있는 이 젊은 빈 의사의 능력은 시험을 다시 받겠지만, 샤르코를 지탱했던 기둥과 〈새로운 심리학〉은 금이 가기 시작했다.

19세기 후반기에 형질유전적 원인들은 프랑스 의학에서 특히 정신의학에서 대단한 인기를 누렸다. 신경, 뇌, 마음, 사람, 행동, 사회적 환경의 압도하는 복잡성을 대하면서, 프랑스 의사들은 진실로 헤아릴 수 없었던 질문들에 형질유전이 간단하게 들어맞는 대답으로 보았다. 1870년 후, 생물학적 유전은 정신 기능들의 원인으로서 그리고 우연적인 사건들에서 마음을 깨뜨리는 핵심적인 전제 조건으로서 널리 받아들여졌다. 정신병에 대한 이러한 설명은 독실한 천주교도인 베네딕트 오귀스탱 모렐Benedict-Augustin Morel에 의해 옹호되었다. 형질유전적 퇴화hereditary degeneracy에 대한 그의 개념은 아담 이후로 사람들을 병들게 했던 은혜로부터의 추락을 반영했다. 그의 이론은 발렌틴 매그낭Valentin Magnan 같은 사람들에 의해 채택되었다. 프로이트가 파리에 있었을 때, 발렌틴 매그낭은 의학–심리학협회에서 토론을 이끌고 있었다. 그 즈음, 형질유전은 그것을 의심하고 있었던 대부분의 사람들을 납득시켰다. 몇몇 프랑스 의사만이 정신질환은 다른 방법으로 얻어질 수 있을 것이라고 믿었다.

장 마르땡 샤르코는 형질유전의 가정들을 좀 더 확장했다. 자신의 학생이었던 샤를 페레Charles Fere의 “신경병리적 가족”의 개념을 사용하여 가족 계보를 연구하면서 여러 가지의 병들을 서로 연결했는데, 모든 것이 같은 유전적 결함으로 생겼다고 생각했다. 샤르코는 히스테리, 알콜 중독, 자살, 마비, 졸증apoplexy, 류마티스, 관절염 질환이 만발한 가계도를 그렸다. 샤르코가 이러한 병들의 보편적인 형질유전에 대해 도전 받았을 때, 이스라엘 사람들 가운데서 발견된다는 신경병리적 배열들neuropathic constellations을 들먹였다. 리보 역시 심리학적 형질유전의 가장 좋은 예를 유대인들의 연구에서 찾을 수 있다고 주장했다. 유대인은 혈통의 순수성을 열심히 보존하려 했기 때문에 분명한 형질유전적 힘들의 뚜렷한 예가 되었다. 리보의 사례를 보고, 그는 유대인의 타고난 재능은 그들을 지나치게 감정적이고 상상력이 풍부하게 만들었는데, 시와 음악에서의 소질이 그랬고 조각과 그림에서는 그렇지 못했으며, 지성은 딱할 정도로 과학에 적합하지 않다는 결론에 도달하게 된다.

도표 XXIII
이스라엘인 가족계보

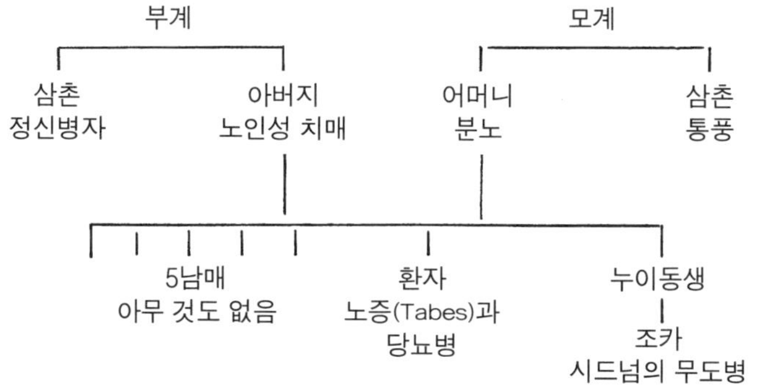

샤르코가 논증한 "신경병리적" 유대인 가족. 정신적 병, 치매, 통풍, 소모증(tabes dorsalis), 시드넘의 무도병, 당뇨병, 이 모든 것들이 유전병이며 형질유전의 퇴화의 결과로 보았다.

파리에 머무는 동안, 프로이트는 자신 또한 신경병리적 유대인의 가족에서 왔다고 믿게 되었다. 이 젊은 의사는 약혼자에게 그의 삼촌 가족은 심성이 유약한 아이와 정신이상이 된 두 아이가 있다고 알렸다. 프로이트는 자신의 가족은 형질유전적 결함으로부터 자유롭다고 생각했는데, 파리에 있는 동안에 이러한 것들을 다르게 보게 되었다고 고백했다. 마르타를 달래기 위해서 "이러한 이야기는 유대인의 가족들에서는 매우 평범한 것이다."라고 알려 주었다.

샤르코가 이러한 가족 집단들에서 발견했던 많은 질병들 가운데 소모증 tabes dorsalis이 있었는데 이것은 또한 보행장애로 알려져 있었다. 샤르코는 이 질병의 권위자였는데, 이 병의 최초 발견에 참여했기 때문이었다. 그러나 1888년대에 이 질환을 매독과 연결시키는 이론이 나타났는데, 어떤 사람들은 이 감염을 정신병원들에서 일반적인 매독성 진행마비paresis로 고생하는 환자들의 전염병의 원인이라고 믿기도 했다.

샤르코는 이것을 비웃었다. 그는 이러한 질병들이 나쁜 형질유전의 결과라는 것을 의심하지 않았다. 그렇지만 최면을 쓴 사례들에서, 그에게 반대되는 경우들이 쌓여가기 시작했다. 1891년에는 연구자들이 소모증 환자의 90퍼센트에서 91퍼센트가 전에 매독에 감염되었었다는 데이터를 발표하였다. 살페트리에르의 의사들을 비롯한 많은 젊은 의사들은 새로운 병균 이론을 받아들였다. 샤르코가 틀렸다는 것이 분명해지자, 다른 질병들(히스테리와 같은)에서 형질유전의 역할에 대한 확신에 찬 그의 주장 또한 의심 받게 되었다.

이러한 먹구름이 샤르코에게 낮게 드리우고 있을 때, 프로이트는 1892년에서 1894년에 연재되었던 이 신경과 전문의의 〈화요 강의들*Lescons du Mardi*〉을 열심히 번역하고 있었다. 다시금, 이 독일어 번역자는 각주에서 말하기를 자신은 형질유전의 문제에 대해서 저자와 입장이 다르다는 것을 간곡히 표명했다. 그러한 변심이 실린 페이지 조판 교정쇄를 받은 샤르코는 그의 빈 학생에게 답변했다.

> 어째든, "강의들"의 페이지 밑 부분에서 마주치게 된 중요한 의견들과 주해에 대해서 나는 매우 반갑다. 그렇게 해라. 괜찮다. 우리가 여기서 말하는 것처럼, 자유 만세! 이 선언 후에 나는 너로부터도 같은 것을 요구하겠다. 소모증의 매독적 성질의 이론과 P.G.P.가 지금 최고의 지성들 가운데에서 얼마나 사정없이 파괴되고 있는가를 보면서 놀라고 있다. 정말, 숫자 90페센트가(정확하다고 가정되는?) 견실한 지성에 그렇게 커다란 영향을 주는가! 그럼 다른 10%에 대해서 어떻게 할 것인가?

신경의 형질유전의 힘에 대해서, 샤르코는 프로이트에게 스스로 점검해 보라고 권유했고, 유대인 가족의 가계도를 연구하는 것이 사냥을 쉽게 해줄 것이라고 충고했다.

샤르코와 부딪쳤던 과학적 분야와 더불어 프로이트는 퇴화degeneration 이론을 반대하는 쪽을 택했다. 가족 신경병리 이론은 재평가가 절실히 요구되며 변호될 수 없었다고 그는 썼다. 프로이트는 각주에서 자신 또한 히스테리의 형질유전적 본질에 대해서 샤르코가 틀렸다고 생각한다는 것을 분명히 밝혔다. 사실 프로이트와 그의 한 동료는 히스테리는 오직 트라우마의 결과라고 생각한다고 고백했다.

이러한 소견들이 쓰여지기 이전에, 지그문트 프로이트는 프랑스 정신병리학에 관심을 두고 그 방법들, 가정들, 논리를 흡수했던 유럽의 사상가들 중의 한사람으로 여겨질 수 있었다. 다른 사람들과 같이 그는 관념연합 심리학과 마음의 어려움에 대한 형질유전적 설명 둘 모두를 포함한 체계를 받아들였었다. 그러나 이러한 이론적 방파제가 실패하기 시작하자, 프로이트는 새로운 것을 만들었다. 베르넴과 샤르코에 대한 프로이트의 비평은 프로이트학파의 명백한 토대가 될 윤곽을 드러냈다. 파리의 사람들이 더 이상 방어하기 어려워진 후에도 퇴화와 관련된 주장들에 집착했던 것과는 달리, 프로이트는 아마도 변경의 유대인으로서 자신의 입장이 자유로웠고, 이러한 이론이 반유대주의로 사용된 점 때문에 이 이론들을 보낼 수 있었을 것이다. 이것은 현명한 결정이었다. 심리학적인 형질유전은 한때 프랑스 심리학자들과 심리병리학자들에게 철학과 신비주의로부터 정신적 현상을 떼 내어 실증적 과학과 생물학으로 옮길 수 있는 수월한 방법을 제공하였다. 그러나 그것은 단순한 편견 그 이상의 것이 되었다. 프로이트는 "샤르코는 히스테리 신경증을 설명하기 위해서 반드시 심리학을 이용해야만 한다는 것을 우리에게 가르쳐준 첫 번째 사람이다."는 것은 이의 없이 인정했지만, 샤르코가 자신의 심리학을 정당화하기 위해 사용했던 생물학적 지지대는 거부했다. 그러한 정박장에서 떨어져 나간 프로이트는 앞으로 흘러갔다. 그는 자기 자신의 닻을 발견해야만 했다.

IV.

1892년 즈음, 프로이트는 정신병리학자들과 암시를 쓰는 치료사들의 영역에서 자신을 구별하기 시작했다. 베르넴의 번역가는 자신은 베르넴과는 반대로 정신 내적 과정을 연구하는 데 헌신한 사상가라고 표현했다. 그는 공격적으로 이 강조점을 밀고 나아갔다. 샤르코의 번역가는 자신은 유전형질의 퇴화가 히스테리와 몇몇 다른 병들을 일으켰다고 믿지 않는 사람으로 알렸다. 대신에, 그는 정신적 트라우마의 힘과 무의식의 자기암시의 힘을 핵심적인 요소로 인식했고, 이 생각을 계속 가지고 갈 것이었다.

프로이트가 그의 이론의 기초를 형성하는 생각들을 발전시키고 있을 때, 최면, 암시, 정신병에 대한 프랑스학자들의 개념들에 대한 격렬한 반대에 부딪치게 되었다. 코카인의 안전에 대해 부족한 판단력을 보였던 젊은 의사 프로이트는 몽환적인 방법이 실제로 정신이상을 일으킬 수 있다고 경고하는 빈의 사람들로부터 최면을 변호하고 있었다. 만약에 프로이트가 혼자였다면 이러한 회의론자들을 대하는 것이 매우 힘들었을 것이다. 그러나 그는 혼자는 아니었다.

빈에는 최면을 지지하는 몇몇 사람들이 있었다. 1870년대에 프로이트의 친구 에른스트 플라이슐Ernst Fleischl과 같은 생리학자들이 이것을 동물들에게 시도했다. 그 방법은 독립적이던 의사 모리츠 베네딕트Moritz Benedikt에 의해 채택되었는데, 그는 찰스 라세Charles Lasegue의 연구에 영향을 받았고 1860대 후반에 히스테리 환자에게 최면을 시도했다. 그 때 당시 베네딕트의 선임자인 요제프 브로이어Josef Breuer는 베네딕트를 직면하였고, 그에게 그러한 이상한 조처들을 중지하라고 말했다. 베네딕트는 동의했지만 1878년에 샤르코를 만난 뒤에 최면을 다시 사용하였다. 1880년, 최면학자인 카를 한센Carl Hansen의 시술 작업이 더 이상 빈에서 공개되는 것이 금지 당했을 때, 베네딕트는 의사협회에서 최면을 변호했다. 프로이트를 위해 샤르코에게 소개서를 써준 사람도 베네딕트였고, 1886년 이전에 비엔나에서 최면에 대해 약간의 신뢰성을 만들어낸 것도 그였다.

프로이트가 파리에서 집으로 돌아왔을 때, 매우 저명한 두 명의 정신과 의사 리하르트 폰 크라프트에빙Richard von Krafft-Ebing과 오귀스트 포렐Auguste

Forel도 최면을 사용하고 있다는 것을 발견하였다. 크라프트에빙은 1889년에 빈 대학의 정신의학과 부학장이 되었다. 포렐은 스위스 의사인데, 뇌 해부학자로서 나무랄 데 없는 신임을 얻고 있었다. 그는 취리히 부르크휠츨리 정신병원의 원장이 되었고 후에 프로이트를 위해 베르넴과 리에보에게 소개장을 써 주었다. 프로이트는 비슷한 생각을 하는 크라프트에빙의 등장에 환성을 질렀고, "한 사람이 뇌 해부학자가 될 수 있지만, 그럼에도 불구하고 최면에서 어리석음 외에 다른 어떤 것을 보았다."고 말한 포렐을 증거로서 인용했다.

히스테리와 최면에 대한 프로이트의 연구에 가장 중요한 지원을 보낸 사람은 내과의사이면서 생리학자였던 요제프 브로이어였다. 브로이어는 진보적인 유대인 학자의 아들이었고, 어머니는 어렸을 때 돌아가셨는데, 그는 1864년 비엔나 대학을 의학 학위로 졸업했다. 4년 후 생리학자였던 에발트 헤링Ewald Hering과 함께 작업하면서, 브로이어는 호흡은 자동 신경 과정automatic nervous process에 의해 통제된다는 확신을 갖게 되었다. 그 후 브로이어는 이것을 증명하는 데 성공하였다. 생리학자로서 그의 명성은 1873년 귀의 반고리관을 발견하면서 더욱 커졌다.

브로이어는 반사작용이 인간의 삶을 조절하고 안정시키는 방법들을 연구 조사했다. 큰 성공에도 불구하고 웬일인지 브로이어의 대학에서의 경력은 지지부진했다. 몇 번의 거절과 좌절 후, 1885년에 그는 대학에서의 자리를 사임하고 개인병원을 열었다. 물론 그는 다른 사람과 같지는 않았다. 브로이어는 빈에서 가장 많이 찾는 의사로 발전했고, 상류계층의 사람들과 빈의 엘리트들의 의사가 되었다. 1870년대 중반 프로이트와 친분을 쌓지 않았다면 브로이어는 계속 그렇게 남아 있었을 것이다. 1882년, 에른스트 플라이슐, 요제프 파네트, 사무엘 해머슈레그Samuel Hammerschlag와 함께 브로이어는 프로이트의 재정적인 후원자가 되었다. 젊은 프로이트는 종종 브로이어의 집에 손님으로 갔다. 이러한 방문을 하던 어느 날 브로이어는 한 환자의 이야기를 했다. 그녀가 베르타 파펜하임Bertha Pappenheim이었고, 그녀의 사례는 많은 정신분석가들에 의해 정신분석의 기초가 되었던 것으로 여겨지게 될 것이고, "안나 오Anna O" 라고 알려지게 될 것이었다.

베르타는 정통 유대인가족 출신이었다. 그녀의 부모와는 달리, 그녀는 종교보다는 문학과 극장에 깊이 매료되어 있었다. 1880년 여름 그녀의 아버지가 병이 들었고, 얼마 지나지 않아 그녀도 격렬하고 혼돈된 증상들로 고생하게 된다. 브로이어는 베르타를 치료해 달라는 요청을 받았다. 그것은 쉬운 일이 아니었다. 2년 후 이 젊은 여성이 입원하게 되었을 때, 브로이어는 그녀의 병에 대해 광범위한 보고서를 쓰게 되는데, 이 놀라운 사례를 이해하기 위해서 초기의 시도들에 대해 이야기 나누려는 것이었다.

그녀의 의사에 따르면, 베르타는 자극적인 영향들과 결합된 형질유전의 결함에 의해서 생긴 히스테리의 전형적인 징후를 보였다. 베르타는 사랑하는 아버지의 병이 심각해지자 아버지 옆에서 밤새도록 병간호를 했다. 그러다가 갑자기 뱀의 환상에 사로잡히게 되었다. 그 후, 반복적으로 "정신이 없는 상태absences"로 고생하고, 환상, 마비, 생리학적인 이상도 가지게 된다. 그녀는 자신이 "두 개의 자신, 즉 진짜 자신과 악마적 자신"으로 분열된다고 호소했다. 베르타는 그녀의 팔을 오직 오른쪽으로만 움직일 수 있었고, 다른 사람의 얼굴의 일정 부분만을 볼 수 있었다. 그녀는 이상한 근육 수축, 지각마비, 경련, 그리고 일정기간 귀가 들리지 않는 증상들을 가지게 되었다. 더욱 기괴한 것은 베르타는 자신의 모국어로 말할 수 없었지만 영어로는 자유롭게 의사소통했다.

이러한 증상들은 매우 극적이었지만 브로이어의 눈에는 신비스러운 것만은 아니었다. 베르타는 심각한 히스테리로 고생하고 있었는데, 히스테리가 변형된 정신상태와 종잡을 수 없는 정신과 몸의 병을 야기시켰던 것이었다. 그런데 그것의 치료는 매우 놀란만한 것이었다. 한 때 베네딕트의 최면 사용에 반대했던 브로이어는 베르타에게 이 방법을 사용했다. 얼마 지나지 않아서 최면을 쓸 필요가 없다는 것을 발견하게 되었다. 왜냐하면 베르타는 이미 종종 그것과 비슷하게 변화된 정신상태에 있었기 때문이었다. 베르타의 안내로 브로이어가 알게 된 것은, 그러한 상태에 있을 때 그녀가 자신의 내적 환상을 이야기하게 되면 증상들이 약해진다는 것이다. 단순히 이야기하는 것으로 베르타의 증상들 중의 어떤 것들이 없어졌다.

1881년 4월, 베르타는 그녀의 아버지가 죽은 후에 악화되었다. 그녀는 자살 충동에 사로잡혔고 어떤 때에는 사랑하는 자신의 의사 외에 다른 사람이 주는 음식도 거절했다. 브로이어는 베르타를 더욱 자주 보기 시작하면서 그녀가 명명해서 유명해진 "토킹 큐어talking cure"를 진행했다. 그 치료에서 그녀는 언어적으로 자신의 마음을 깨끗하게 했다. 낮 동안, 베르타가 심리적인 일들을 병리적으로 처리했지만, 그러한 것들을 이야기하게 되면 그런 심리적 자극들이 그녀를 손상시킬 수 있는 힘을 잃어버리게 된다는 결론에 브로이어는 이르게 되었다.

베르타의 이상한 환상들은 어느 정도의 진실의 씨를 가지고 있기도 했다. 예를 들면, 베르타는 고집스럽게 긴 양말을 신고 잠자리에 들겠다고 주장했는데 이것은 그녀를 돌보는 사람을 당황케 했다. 그녀는 그녀의 아버지가 아팠을 때 의사의 지시를 무시하고 간호하기 위해서 밤에 아버지의 방으로 몰래 들어갔던 날을 기억하게 되었다. 그녀는 이러한 밤의 순례를 준비하기 위해서 긴 양말을 신고 침대에 갔었다. 이것을 생각해낸 이후 베르타는 조용히 양말을 벗고 잠자리에 들었다. 기억해내는 것이 증상을 해소시켰다. 베르타는 또한 마시는 것을 거부하고 대신에 과일과 멜론으로 살아갔다. 베르타는 개가 컵으로 물을 마시는 것을 보았고, 역겨웠다는 것을 기억해낸 후 물을 요청해서 마셨다. 무엇인가 힌트를 주는 이러한 사건들을 통해 배우게 된 브로이어는 잃었던 기억을 회복하게 하는 것으로 이 환자를 치료하기 시작했다. 매일 저녁, 이 의사는 베르타의 마음에 남아 있던 그 날의 잔여물들을 깨끗이 청소했다.

이것은 생각과 언어를 이용하여 히스테리의 증상들을 제거하고자 한 의학적 시도의 뜻밖의 전개였다. 브로이어와 베르타 파펜하임은 함께 방법을 만들었는데, 의사의 명령하는 암시가 아니라 환자의 이야기와 기억의 회복이 증상의 제거를 가져왔다. 유감스럽게도 이러한 제거는 종종 오래가지 않았다. 베르타의 증상들은 브로이어의 시간을 점점 더 빼앗아 갔고, 그래서 그는 수면제와 모르핀을 쓰게 되었다. 결국 그는 베르타를 강제로 입원시켰다. 1882년 7월 21일, 정신병원에 입원하게 되었을 때 그녀는 모르핀에 중독되어 있었다. 입원치료를 맡은 의사가 그녀에게 이 약을 그만 먹게 하고, 다른 치료제들(거머리, 유도감응전류, 비소arsenic)을 썼지만 모든 것이 소용없었다. 그러는 동안 브로이어는 정신병원 원장에게 베르타의 병이 거짓이 아니라는 것을 진땀나게 설명해야 했다.

지그문트 프로이트가 샤르코와 공부하기 위해 파리에 도착했을 때 그는 베르타 파펜하임의 사례를 알고 있었다. 프랑스의 수도에서, 그는 자기 최면의 상태와 트라우마로 인한 신경증들에 대해 많은 것을 배웠고 샤르코가 베르타의 사례에 관심을 가질 수 있도록 노력했지만 성공하지 못했다. 프로이트가 이 프랑스 사람의 학설에 가득 차서 빈으로 돌아왔을 때, 요제프 브로이어는 견실한 협력자이며 환자를 보내주는 안정된 공급원이 되어주었다. 베르타 후에, 브로이어는 다시는 히스테리 환자를 치료하지 않겠다고 다짐했고 새로운 환자들을 자신의 어린 동료에게 열심히 보내주었다. 이 두 사람은 지속적으로 이러한 환자들에 대해서 논의했고 얼마 지나지 않아 브로이어는 자신의 생각을 바꾸었다. 1882년, 브로이어가 베르타의 병리를 심리적 자극과 생리학적 흥분에 대해서 말하는 것(정신물리학psychophyiscs에서 보편적으로 사용되는 언어)으로 개념화했다면, 브로이어는 프로이트의 영향을 받아서 샤르코의 언어를 채용한 것이었다. 자기 최면상태는 트라우마와 신경성 충격에서 온다. 베르타의 증상들은 해리된 관념연합associations과 관계가 있었다. 그녀가 물을 마시는 것을 거부하는 것은 팔을 움직이는 것에 대한 포레즈의 거부와 비슷한 것이다. 그것은 고집이 아니었고 거부는 더욱 아니었으며 오히려 그녀의 몸을 자유롭게 지배하는 무의식적 생각의 결과였다.

1887년, 프로이트는 브로이어의 방법을 포함하여 암시적 치료를 실험하기 시작했다. 알프레드 비네Alfred Binet와 요제프 델뵈우프Joseph Delboeuf 같은 사람들은 트라우마로 인한 마비의 사례에서는 환자를 설득해서 트라우마를 생각해내게 하고, 의사가 모든 것이 괜찮다고 암시할 수 있어야 된다고 충고하기도 했지만, 누구도 기억해내는 것만으로 치료가 된다고 생각하지 않았다. 1888년, 프로이트는 이 새로운 비법을 선전하기 시작했다. 1년 뒤, 히스테리의 신경 기능은 발병시키는pathogenic 생각에 의해서 달라질 수 있다고 프로이트는 주장했다. 만약 그 생각이 제거되거나 그 기억이 약해지면, 그 질환은 치료될 수 있을 것이다.

1892년 즈음, 프로이트와 브로이어는 신경성 충격, 트라우마, 내면의 해리, 무의식적 생각들, 기억하는 것remembering을 통한 치료 등 이러한 요소들을 독특한 방법으로 엮기 시작했다. 곧 프로이트는 중대한 요소를 첨가하고 생각들의 내적 전투, 즉 심리적 갈등의 중심적 역할을 가정함으로써 이러한 생각들을 통합하게 될 것이었다. 이러한 독창적인 통합의 첫 번째 힌트가 생긴 것은 프로이트가 최면으로 치료된 환자의 사례를 쓸 때였다. 한 여성이 하룻밤 사이에 히스테리에 걸리게 되었고 프로이트는 이 여성을 보기 위해 갔다. 프로이트는 이 가족을 잘 알고 있었다. 그래서 그들이 형질유전적 결함이 없다고 확신했다. 이 환자는 신생아를 분만하는 과정에서 갑자기 병이 들게 된 일시적 히스테리 환자였다. 과거에 수유의 어려움이 있었음에도 불구하고 이 엄마는 모유로 기르려고 계획했었다. 그러나 그녀는 먹을 수도 없었고 수유할 수도 없었으며 때때로 아이를 자신의 젖가슴까지 들어 올릴 수도 없게 되었다. 프로이트는 일반적인 암시치료를 시작했다. '그녀는 먹게 될 것이고 수유도 하게 될 것이며 아기는 잘 자랄 것이다.'라고 프로이트는 집요하게 주장했다. 그날 늦게, 그녀는 먹을 것을 먹고 그녀의 아이도 먹였다. 하지만 하루 뒤에 그녀는 이전 상태로 다시 빠지게 되었다. 아이를 젖가슴까지 들어 올릴 수 없게 되자 그녀는 프로이트의 치료를 비웃었다. 그는 새로운 방법을 시도했다. 최면상태에서, 그가 그녀에게 말한 것은 이런 것이다. 그가 떠난 후에, 그녀는 음식을 요구하게 될 것이고, 그녀의 가족들에게 그녀가 아이에게 젖을 주기 위해서는 음식물이 필요한 것을 알면서도 어떻게 그들이 그녀를 굶주리게 할 수 있는지를 묻게 될 것이다. 그녀는 그렇게 했고, 그녀의 어려움들은 끝나게 되었다.

이러한 반전을 설명하기 위해서, 프로이트는 우선 암시와 역암시의 언어가 정신 생활의 어떤 영역에 의해서 의도intentions와 예상expectations으로 대체되었다고 주장했다. 보통 때는 밀접하게 연결되어 있었던 예상('나는 실패할 것이다, 나는 먹을 수 없을 것이고 수유할 수 없을 것이다.')은 수유하려는 의도로부터 해리되었다. 그것이 무의식의 생각으로 존재하면서, 환자의 의식적 의도에 "반대하는 의지counter-will"로 영향력을 발휘하게 되었던 것이다. 프로이트의 암시는 미묘하게 이러한 반대하는 의지를 그 어머니의 의식으로 끌어 올려서 그것이 정상적인 관념연합의 묶음으로 돌아갈 수 있도록 하였고, 그곳에서 그것은 신속하게 힘을 잃었다.

프로이트는 해리된 반대의 힘들이 보편적이라고 말하면서, 독자들에게 중세 시대에 악마에 사로잡혔던 사람들에 대한 샤르코의 연구를 생각해보라고 했다. 신을 모독하거나 난폭한 성애적 행동에 탐닉하게 된 것이 종종 독실한 수녀가 아니었던가? 히스테리 발작 동안에 고삐 풀린 난폭한 사람이 된 것이 예의 바른 소년이 아니었던가? "그것은 억제된(애써서 억제된) 생각들의 그룹이 이러한 사례에서 행동으로 나온 것이었다."라고 프로이트는 선언했다. 따라서 히스테리 상태는 아마 "애쓴" 억제에 의해서 생산된 것이라고 말할 수도 있다. 프로이트는 이 놀랄만한 생각으로부터는 재빨리 물러났지만 곧 그것으로 돌아갈 것이었다.

샤르코는 영향 받기 쉬운 사람들 중에 트라우마가 신경증을 일으킬 수 있다고 주장했다. 하지만 프로이트는 이 여성은 유전적 퇴화degeneration의 증후가 없다고 주장했다. 그녀는 다른 것이 아니라 그녀 자신의 생각들에 의해서 트라우마를 입었다. 그녀는 공격을 받은 것도 아니고 넘어진 것도 아니었다. 그녀가 병에 굴복하게 된 것은 생각들의 심리 내적 싸움 때문이었다. 최면학자들은 오랫동안 의사와 최면 대상자 사이에 벌어졌던 대인관계적 전투로 어려워했다. 프로이트는 낭시를 방문했던 기간 동안에 그러한 의지의 시험을 목격했는데, 그 때 베르넴은 자신의 암시가 받아들여지지 않자 환자를 호되게 꾸짖었다. "너는 네 자신에게 반대하는 암시를 했다!"고 이 의사는 격노해서 소리쳤다. 후에, 프로이트는 다른 사람이 어떤 사람을 암시로 복종시키려할 때 반대암시counter-suggestion로 자신을 방어할 권리가 없는지 생각하게 되었다. 프로이트는 이러한 싸움을 내면화했는데, 의사의 암시와 환자의 방어적인 반대암시 사이에 있는 갈등을 변형시켜서, 한 개인의 의도와 이러한 생각들을 억제하려는 그 자신의 욕구 사이에 있는 갈등으로 만들었다.

그 당시의 뇌 과학은 아마도 이것들을 재개념화하는 데 있어 프로이트에게 도움을 주었을 것이다. 프로이트의 예전 교수였던 테오도르 마이네르트Theodor Meynert는 뇌는 원초적인 충동에 대해 내적 통제를 필요로 하는데, 이러한 종류의 억제inhibition는 정상적인 뇌 기능에 매우 중요한 것이라고 가정했다. 물론 마이네르트의 모형은 신경학적이었고, 통제가 심리적으로 될 수 있다는 것을 의미하지는 않았다. 프로이트는 마음 그 자체가 혼란된 생각들을 통제할 수 있고 이러한 과정에서 병을 만들어 낼 수 있다고 생각했다. 이런 방법으로, 프로이트는 마음은 스스로 조절self-regulating한다는 것을 제안했다. 이것은 대단히 흥미로운 제안이고 그를 비롯한 다른 학자들도 몇십 년 동안 추구하게 될 것이었다.

1892년, 지그문트 프로이트와 요제프 브로이어는 그들의 발견들을 자세히 썼다. 일 년 후 그들은 "히스테리 현상들의 정신적 구조에 대하여: 예비적인 커뮤니케이션"을 서둘러 내놓았는데, 한참 열띤 분야에서 그들의 우선권을 보장받기 위해서였다. "외상적 히스테리traumatic hysteria"에 대한 그들의 개념을 샤르코의 외상적 마비들의 연장선으로 정의하면서, 이 빈 사람들은 그들의 모형이 스승인 샤르코와 알프레드 비네, 피에르 자네, 요제프 델뵈우프 같은 그의 추종자들에 의해서 이미 고려되었다는 것을 인정했다. 그들은 환자가 가진 생각들이 히스테리 증상을 유발할 수 있다는 샤르코의 논쟁점을 지지하면서, 이러한 면에서 몇 명의 다른 독일 연구원들, 특히 파울 뫼비우스Paul Mobiius가 자신들과 생각을 함께 하는 점을 주목했다. 그들은 트라우마의 개념을 확장해서 심한 공포와 같은 정서들을 포함시켰는데, 이러한 정서는 해리된 생각들로 이어지며 상징적으로 관련된 증상들을 일으킨다고 믿었다. 히스테리의 사례에서, 트라우마는 의식을 분열시켰다고 그들은 결론지었고, 이것은 프랑스 사례연구에서 매우 빈번하게 발견되는 이중 의식double conscience이었다.

이러한 모든 것에서, 브로이어와 프로이트는 살페트리에르 학파의 연구를 확장했지만, 두 사람은 또한 자신들이 새로운 중요한 공헌을 했다고 믿었다. 프로이트는 심리적 갈등과 생각의 억제는 히스테리를 만들어내기에 충분하다고 생각했다. 브로이어의 중대한 생각은 기억 치료였는데, 해리된 생각들의 기억이 증상의 해결을 가져올 수 있었다. "히스테리 환자는 주로 옛 생각으로 고통 받는다."고 이 저자들은 함께 선언했다. 정상적인 관념연합체로부터 분리된 어떤 기억들은 이질적 조직체처럼 활동하고 결코 흩어져 없어지지 않는다. 최면으로 하는 치료는 이러한 기억들을 의식으로 가져오고 강력한 안도감을 준다. 이것을 "카타르시스 효과"라 한다. 고대 용어인 카타르시스는 아리스토텔레스가 극적인 비극이 관객에게 가져다주는 정서적 효과를 설명하기 위해서 사용했었다. 프로이트의 아내 마르타의 삼촌인 야곱 버네이스Jacob Bernays는 이러한 이론에 대한 학구적인 논문을 썼고, 브로이어의 혁신을 명명하는 데 도움을 주었다. 이것이 카타르시스 요법이었다.

브로이어와 프로이트가 그들의 "예비적 커뮤니케이션"을 출판한 지 얼마 지나지 않아 샤르코가 갑자기 죽었다. 궁지에 몰린 그의 학문적 유산은 다른 사람에게 남겨졌다. 2년 후 브로이어와 프로이트는《히스테리에 대한 연구》를 출판했는데, 이 책은 그 유산의 한 면을 확장하고자 했다. 이 책은 5개의 사례 연구를 중심으로 구성되었다. 첫 번째는 베르타 파벤하임이었는데 이 책에서는 "안나 오"로 다시 태어났다. 이 놀라운 이야기를 다시 말하면서, 브로이어는 안나 오 양이 그의 치료법으로 치료되었다는 인상을 남겼다. 이러한 기만은 난처한 것이었는데, 브로이어와 프로이트 둘 모두 베르타가 1883년과 1887년 사이에 요양소를 들어갔다 나왔다 했다는 것을 알고 있었다. 더욱이 이 여성의 치료 실패는 거의 비난의 이유가 되지 않았는데 브로이어가 증상의 제거만을 화제로 삼았기 때문이었다. 프로이트 또한 이러한 위조를 거의 문제 삼지 않았는데, 그는 브로이어가 이 사례를 다루었던 방식으로부터 분명한 거리를 두고 있었기 때문이었다. 그는 선임 저자의 진단이 잘못되었고, 다른 방법들이 예를 들면 프로이트의 것이 그 환자를 더욱 효과적으로 도왔을 것이라는 의견을 넌지시 내비쳤다.

다른 4개의 사례들은 1888년에 프로이트가 치료한 것이다. 에미 폰 N. 부인은 프로이트가 1888년에 치료한 빈의 귀족이었다. 그녀는 틱을 가지고 있었고 갑작스러운 공포 발작을 일으켰는데, 그녀는 "가만히 있어라! 아무것도 말하지 마라! 나를 만지지 말라!"라고 비명을 질렀다. 카타리나는 성적으로 폭행을 당한 시골소녀였는데, 프로이트가 알프스 산에서 등산을 하다가 만났다. 또한 1892년부터 치료한 두 개의 중요한 사례가 실렸는데, 루시 R.양과 엘리자베 폰 R. 양이었다. 두 환자 모두 프로이트가 최면적 몽환의 상태로 빠지게 하는 데 어려움이 있었다. 그래서 최면 없이 브로이어의 카타르시스 요법에 의지하게 되었다. 처음에 프로이트는 환자를 눕게 하고 눈을 감고 집중하라고 요청하는 방법을 시도했다. 베르넴은 만약 의사가 단호한 명령을 내리고 환자의 머리에 압박을 가한다면 최면상태에서 깨어났을 때 기억해 낼 수 있다고 말했는데, 프로이트는 그것을 기억하고 있었고, 같은 것을 해리된 기억에도 적용할 수 있을 것이라고 생각했다. 프로이트는 그렇다는 것을 발견하게 된다.

이러한 사례 연구들을 진술한 후, 요제프 브로이어는 히스테리에 대한 자신의 이론을 설명했다. 그는 자신의 훈련과 생리학자로서의 명성에도 불구하고, 지금은 과학적 심리학자로서 글을 쓰고 있다는 것을 분명히 했다. "아래의 글에는 뇌에 대해서는 언급이 거의 없을 것이며 분자molecules에 대한 어떤 것도 언급하지 않을 것이다. 정신의 과정들은 심리학의 언어로 다루어질 것이며, 정말 다르게는 할 수 없다." 어떤 다른 어휘도 이 연구의 중심 주제인 '히스테리에서 무의식적 생각들의 힘'을 논의하는 데 사용될 수 없다. "우리가 반드시 인식해야 되는 사실은, 프랑스 연구자들에 의해서 실행된 소중한 연구에서 보여준 것같이 생각들의 큰 복합체와 중요한 결과들을 가져오는 정신적 과정들은 많은 환자들에게 전적으로 무의식으로 남아 있고 의식의 정신적 삶과 함께 존재한다는 사실이다."

브로이어의 사고는 프랑스인과 프로이트에게로 옮겨졌다. 그러나 그는 그의 동료의 핵심적인 혁신은 받아들이지 않았다. 브로이어는 모든 히스테리가 병리적인 생각들에 의해서 발생된다는 생각을 조롱했다. 이 이론은 그가 정책적으로 파울 뫼비어스에게 공을 돌린 이론이었고 그의 공동저자인 프로이트가 이러한 관점을 포용한 것을 잘 알고 있었다. 브로이어는 이 이론이 어리석은 것이라고 생각했다. 생각이 발기를 일으킨다면, 생각만으로 모든 발기가 일어난다고 결론짓는 것과 같다는 것이었다. 아마도 정서적으로 충전된 어떤 생각들은 의도적인 추방에 의해 무의식이 될 수 있을 것이다. 그러나 이것은 어떤 그럴싸한 것 때문이 아니라 단순히 관심의 결함 때문이다. 더욱 중요한 것은 결코 관심의 대상이 될 수 없는 생각들이다. 그것들은 비정상적인 뇌 상태인 "최면적 상태들hypnoid states"에서 존재하는데, 오직 병리적인 유전형질을 가지고 있는 사람들에게서만 발달된다고 두 저자는 주장했다.

이러한 이론은 파리에서는 꽤 익숙한 것이었다. 그러나 브로이어의 급진적인 공동저자는 다른 생각들도 가지고 있었다. 1894년, 프로이트는 하나의 글을 발표하는데, 심리적 의도들과 방어들에 대한 초기 단계의 생각들을 발전시켰다. 그는 이로 인해 생긴 내면의 싸움이 히스테리, 강박적 신경증, 환각적 정신이상의 획득된 형태를 일으킨다고 이론화했다. 프로이트는 의식으로부터 관념연합의 분열은 마음 스스로가 그 자체에 역으로 작용해서 생기는 것이고, 형질유전의 문제는 아니라는 것을 증명하려고 노력했다.

프로이트는 마음 자체에 상처를 입힐 수 있는 힘을 부여하였다. 너무 많은 것을 아는 것과 느끼는 것은 당신을 병들게 할 수 있다. 공격하는 생각들은 마음을 혼란케 하고, 이에 대응하여 마음은 그 자체를 호위하는 능력을 발전시킨다. 억제는 위협적인 생각에서 그 힘을 빼앗고, 그것에서 정서를 제거하는 것으로 마음을 돕는다. 두렵게 하는 생각은 추방될 수 있지만 비정신병적 nonpsychotic 병들에서 공포의 느낌은 남아서 의식 속에 떠돌아다니다가 보이기에 악의가 없는 생각에 붙게 되고, 그 다음에는 이상하게 강렬하게 된다. 이것은 불합리한 공포증phobia이나 강박증이 어떻게 생기게 되는지 설명했다. 다른 사례들에서 분리된 정서detached affect는 히스테리의 마비에서와 같이 몸의 변화로 전환될 수도 있다. 이러한 신경증적 병리들은 내적 위협과 방어로부터 발전되어 분열된 생각과 오류가 있는 연결들을 낳게 되는데, 이것을 프로이트는 "잘못된 연결들false connections"이라고 불렀다.

잘못된 연결을 명명하는 것에서, 프로이트는 자기 자신이 가지고 있던 어떤 연결들을 깼다. 오스트리아와 독일에서 최면을 되살리는 데 가장 중요한 역할을 했던 오귀스트 포렐은 이 같은 과정을 자기암시라고 불렀을 것이다. 실제로 포렐은 프로이트의 연구를 자기암시 이론의 연장이라고 여겼다. 그러나 자기암시에서 잘못된 연결로 옮기면서 프로이트는 최면의 분야로부터 자신을 분리하기 시작했다. 브로이어와는 다르게 프로이트는 좀 더 관념연합 심리학과 관련된 언어를 사용했는데 중요한 이유가 있었다. 그는 자신이 하기 힘든 최면을 포기했다. 그 《연구》에서, 프로이트는 자신의 방법은 관념연합에서의 갈라진 틈새와 잘못된 연결을 찾는 의식적인 탐색을 포함하고 있다고 밝히면서, 이러한 과정을 "정신적 분석psychical analysis"이라고 불렀다.

더 나아가, 프로이트는 최면상태에 대한 브로이어의 이론과 관련하여 중대한 의문점이 있다고 고백했고, 이러한 마음의 분열은 병리적인 뇌 기능 때문이 아니라 오히려 정신적 갈등 때문이라고 과감히 주장했다. 정신신경증을 위한 타고난 기질은 없고 오직 트라우마, 갈등, 생각들이 내적 방어들과 싸우고 있는 것이다. 요제프 브로이어는 자신보다 연하인 공동저자가 자신을 훼손하는 것을 기뻐할 수는 없었을 것이다. 실제로 브로이어와 프로이트는 다시는 어떤 것도 함께 저술하지 않았다. 프로이트가 샤르코와 그렇게 했던 것처럼, 브로이어에게 빌려오고 그런 다음에 그의 멘토의 생각들로 무장하고 그 후에 축을 바꾸어 자신의 스승에게 맞섰다. 그는 다른 사람을 열심히 따랐지만 개방적이고 종종 공격적인 지적 투쟁에서 그들에게 반대하는 입장에 섰다. 이것은 마음의 한니발 장군이라 할 만한 가치가 있는 영웅적인 자세였다.

프랑스 심리학과 심리병리학의 이론에 몰두한 후 지그문트 프로이트는 이제는 자기 자신의 독창성을 간절히 알리고 싶어 했다. 《히스테리에 대한 연구》를 통해 그는 단순히 또 한 명의 샤르코의 추종자가 아니라는 것을 주장했다. 왜냐하면 그는 정신적 질병의 설명으로서 형질유전을 거절했고, 다른 이들에게 "우리가 〈퇴화〉와 〈불균형〉의 비정상적 뇌를 다루고 있다는 이론적 편견"을 피해달라고 주의를 주었다. 반대의견을 가진 프로이트의 입장이 가져올 이득은 잠재적으로 거대했다. 그는 의사들을 위해 생물학적으로 손상된 뇌에서의 증상을 경감시키는 것보다 더 많은 것을 할 수 있는 문을 열었다. 그들은 이제 생각의 결과인 질병을 치료할 수 있을 것이다.

그러나 혼동이 생기는 것을 원치 않았던 프로이트는 그가 이폴이트 베르넴의 자식도 아니라는 것을 분명히 했다. 베르넴 또한 심리적 원인들을 옹호했지만 프로이트는 치료로서 암시를 지지하지 않았고 대신에 정신적 분석을 주장했다. 분석가들은 정신적 삶의 층을 파고 들어가야 하는데, 저항을 뚫고 나아가야 하고 중심점에 이를 수 있는 실마리를 쫓으며 어떤 병의 원인이 되는 조직의 핵심에 다가갈 수 있는 기억들을 추적해야 한다. 프로이트의 묘사는 낯선 땅에 있는 모험가를 상상하게 한다. 그리고 환자의 저항은 반드시 "깨뜨려야"만 하는 한편, 그 모험가는 자신의 객관성에 대해서는 걱정할 필요가 없었다.

> 우리는 놀라움과 함께 이러한 것을 배웠다. 표면상으로 모르고 있는 어떤 것을 환자에게 강요하거나, 기대를 불러일으키는 것으로 분석의 성과에 영향을 주게 하는 입장에 우리는 있지 않다. 나는 기억의 새생이나 사건들의 연결들을 변경하거나 왜곡할 수 있는 어떤 것을 예언하는 것으로 결단코 한번도 성공을 해보지 못했다.

몇몇 사람들이 암시와 쉽게 믿는 성향으로 가득 차 있다고 묘사했던 그 분야에서 프로이트는 의사의 과학적 입장을 굳게 하려고 애썼다. 지금 프로이트는 멀리, 더 멀리 나아갔다. 많은 사람들이 암시할 수 있는 환자로 특징지웠던 히스테리 환자들은 그들의 내적 세계의 세밀한 분석 동안에는 암시에 영향을 받지 않는다고 명확하게 언급했다. 프로이트는 이렇게 썼다. "그러므로 우리는 환자에게 우리가 생각하기에 그 다음 사고의 연결이 무엇이 될 것인가를 말하는 것을 두려워하지 않는다. 이것은 해를 끼치는 것이 아니다." 이것이 프로이트학파 기법의 초기 이론이었는데 이 방법은 환자의 내적 관념연합을 드러내는 것을 목표로 삼았다. 즉, 생각, 정서, 기억, 내적 경험 간의 거리에 집중된 것이며, 이 탐구 방식에서는 암시가 문제가 되지 않는다고 생각했다. 심리학적 연구를 위한 과학적 토대를 견고히 하기 위하여, 프로이트는 자신의 신뢰성의 위험한 경지까지 밀고나갔다. 그의 이론은 기억의 회복에 토대를 두고 있기 때문에, 혹여 의사들이 시도는 했을지라도 거짓된 기억들을 암시할 수는 없다는 것을 거대한 문헌들에 대항하여 기필코 주장해야만 한다고 느꼈다. 이것은 그가 나중에 후회하게 될 입장이었다.

프로이트는 대인관계적 어려움들이 정신의 분석을 복잡하게 할 수도 있다는 것을 인정했다. 하지만 낭시학파와는 달리, 그는 그러한 어려움에 작고 부차적인 자리만을 내주었다. 개인적인 멀어짐은 가능하다. 또는, 아마 환자(항상 "그녀"로 언급하며)는 의사와 성적으로 연루되는 것의 두려움에 사로잡힐 수도 있다. 더욱 중요한 것은, "전이transference"가 의사라는 인물에게 들러붙을 수도 있다. 프로이트는 한 여성에 대해서 썼는데, 그녀는 한때 남자에게 키스하고자 하는 충동을 가졌었다. 이 소망은 그녀를 몸서리치게 했고 그녀는 오래전에 그 갈망을 몰아냈다고 믿었다. 지금은 히스테리 환자가 되어서 치료를 받기 위해 의사 프로이트에게 왔다. 그녀의 분석 과정에서 그 때에 모든 기억으로부터 해리되었던 그 느낌이 돌아왔고 그녀의 의사에게 연결되면서 전이를 일으켰다. 프로이트는 그 여성에게 그에게 키스하라고 암시하지 않았지만 오랫동안 잃어버린 사랑하는 사람에게 키스하고 싶은 욕구가 우발적으로 그에게 묶이게 되었다.

전이는 의사와 환자 사이에 있는 실제 상호작용에 근거를 두고 있지 않기 때문에 이것은 프로이트를 성적 유혹의 고발로부터 자유롭게 했다. 그러한 고

발은 오랫동안 메즈머리적mesmeric, 암시적, 정신적, 최면적 치료에 먹구름을 드리웠었다. 프로이트는 이렇게 썼다. "나는 이것을 발견한 이후로, 내가 인간적으로 비슷하게 연루될 때마다 전이 그리고 허위의 연결이 발생하고 있다고 가정할 수 있게 되었다." 전이는 최면과 히스테리의 대인관계적 드라마 밑에 놓여 있는 법칙에 따라 작동하는 심리적 힘을 발견하고자 했던 프로이트의 탐구의 열매였다. 이것은 모의실험장치simulators, 쉽사리 믿는 관찰자들, 의사와 환자 사이에 보이지 않게 흐르는 착각들로 인해 어려움을 겪었던 분야의 객관성에 대한 염려를 불식시키는 무기가 되었다. 전이는 의사와 환자 사이의 경계를 재확인했고 이러한 경계의 본질에 대해서 점점 커지고 있는 불안을 약화시켰다.

한때 빈에서 샤르코의 사람이었던 프로이트는 〈새로운 심리학〉을 샅샅이 파헤쳤고, 그것에서 과학적 심리학의 본질과 관련된 논리와 이론들의 많은 부분을 채택했다. 그 분야가 공격 받게 되자 그는 정신 내적 주안점에 기초한 통합적인 입장을 고안해 냈으며, 히스테리가 결함 있는 형질유전 때문이라는 주장을 적극적으로 거부했다. 그는 최면상태의 심리학적 본질에 대해서는 베르넴에 동의하면서도 그의 암시 이론에는 이의를 제기하고 대신에 욕망과 내적 방어들 사이의 갈등의 모델을 선택했다. 1895년 즈음, 방어 신경증, 심리적 갈등, 심리의 분석과 전이에 대한 개념으로 지그문트 프로이트는 프랑스 경향을 가진 다른 정신병리학자들로부터 자신을 구별했다. 이러한 과정에서 그는 고대의 격언인 '너 자신을 알라'를 되새기기 시작했다. 만약 프로이트가 옳다면, 인간은 자신을 완전하게 아는 것을 견딜 수 없어 할 것이다.

프랑스 의학과 깊은 교류를 통해 지그문트 프로이트는 하나의 모델을 제시했는데 이 모델은 정신병리학의 연구를 재정의할 수 있는 잠재력이 있었다. 그렇지만 그의 생각들 때문에 파리에서는 평생의 적이 생겼고, 이후 몇십 년 동안 프랑스는 프로이트학파에게 적대감을 갖게 되었다. 프로이트에 대항한 싸움에 선봉에 선 사람은 오랫동안 샤르코의 후계자가 될 거라고 여겨졌던 사람이었다. 저명한 가문 출신이며 철저하게 훈련을 받은 피에르 자네Pierre Janet는 1882년 22살의 나이에 고등사범학교Ecole Normale Superieure에서 철학 공부를 마치고 가르치기 위해서 아브르Le Havre로 이사한다. 거기서 그는 오래된 동물성 자기학자들animal magnetists의 작은 조직과 우연히 마주치게 된다. 그는 그들과 함께 히스테리 환자를 치료하는 최면 연구를 시작했다. 1886년, 자네는 리보의 〈철학논평〉에 소논문 시리즈를 발표하고 그곳에서 의식의 변경된 상태에 대한 자신의 이론을 펼친다. 2년 후, 그는 《심리적 자동운동*Psychological Automatism* : 인간 활동의 하위 형태에 대한 실험 심리학의 에세이》를 출판했는데, 이것은 철학자, 최면학자, 법의학자에 의해서 진행된 다양한 물줄기를 한 곳으로 통합하는 거대하고 박식한 연구였다.

자네에게 심리학적 분석의 근본 요소는 무의식적 자동운동 활동이었다. 자네는 실험적 연구를 지휘하기 위해서 리보가 개척한 접근법을 사용했다. 몸짓, 언어, 몸의 신호는 정신적 상태를 간접적으로 확증하고 객관적 심리학을 위한 견실한 기반을 제공한다. "자아"의 변하기 쉬운 상태에 대해서 그때까지 프랑스에서 이루어진 방대한 연구를 정리하면서 자네는 동시적이지만 구별된 의식의 상태들을 가정했는데, 그것들은 변동을 거듭하고 때로는 완전히 의식에서 벗어나 있다고 생각했다. 그는 자동운동 작용의 다수의 중심들multiple centers과 여러 개의 대등한 셀프들parallel selves을 묘사했다. 이러한 잠재의식subconscious적 자기self는 심리적 해리의 결과였다. 피에르 자네는 그의 연구로부터 데카르트의 유명한 경구를 변경했는데, "나는 생각한다, 그러므로 나는 존재한다."에서 "우리는 생각한다, 그러므로 나는 존재한다."로. 또는 더욱 흥미롭게, "우리는 생각한다. 그러므로 우리는 존재한다."

어린 나이에도 불구하고, 자네의 심리학적 연구는 그의 동료들의 어떤 것보다 미묘하고 정교했다. 1890년에 샤르코는 그를 프랑스로 불러 들였고, 그는 의학공부를 시작했다. 그리고 1893년에 공부를 끝마친 그는 곧바로 살페트리에르에서 심리학 연구실의 수장이 되었다. 브로이어와 프로이트가 1893년에 《예비적 커뮤니케이션》을 서둘러 발표할 때, 자네는 그 책에 대한 논평을 했다. 옴니버스 논평집에서 그는 그들의 연구가 히스테리를 정의하는 새로운 노력들 중에서 가장 중요하다고 언급했다. 그런데 저자들의 이름을 제대로 쓸 만큼 중요하지는 않았나보다. 자네는 "브레너와 프렌드Brener & Frend"라고 언급했고, 그들의 연구는 단순히 자신의 연구의 검증으로써 받아들였다. "우리는 이 저자들이 그들의 독립적인 연구에서 정확성을 가지고 우리의 것을 입증해줄 수 있었다는 것에 매우 행복하다. 그리고 호의적인 인용에 감사한다." 프로이트의 이름을 잘못 쓴 것이 그의 무덤까지 쫓아갈 것을 알았다면 제대로 썼을 것이다. 1895년, 자네는 《히스테리에 대한 연구》의 저자들 중 누구도 자신을 샤르코의 법적 계승자로 인정하지 않는 것을 발견했을 것이다. 사실, 그들이 그를 대신하려는 듯했다.

1893년, 자네는 최면적 상태에 대한 브로이어의 개념은 단지 현존하고 있는 프랑스 이론들을 보강하는 것이라고 그의 독자들에게 말했다. 그 점에 대해서 브로이어와 프로이트는 《예비적 커뮤니케이션》에서 이미 많은 것들을 인정했지만, 1895년 즈음에 브로이어는 히스테리 환자가 퇴화된 열등한 형질유전을 가진 사람들이라는 자네의 신념으로부터는 거리를 두고, 그 환자들이 심리적인 과도함의 형태로 인해 고통을 당하고 있을 가능성이 많다고 말했다. 하지만 여전히 브로이어의 이론이 자네의 이론의 변형이라는 것은 피할 수 없는 사실이었다. 자네는 브로이어의 카타르시스 치료가 자신이 발표한 치료적 작업과 관계있다고 주장하기도 했다. 그 치료적 작업에서 자네는 환자들에게 있는 깨어진 관념연합을 꿰매어 붙이려고 노력했다. 과학적 우선권과 창의성의 문제에서는, 피에르 자네는 요제프 브로이어에 대해서 걱정할 이유가 거의 없었다.

하지만 자네는 덜 알려져 있던 프로이트를 그렇게 쉽게 무시할 수는 없었다. 프로이트는 신경증에 대한 자네의 이해의 근본적 부분인 퇴화 이론을 공격적으로 거부했다. 자네는 트라우마적 경험이 그러한 해리된 섬들과 이차적 셀프들의 출현을 부추길 수 있다는 것을 인정했다. 그렇지만 그러한 해리들은 유전적 퇴화로 고통을 겪고 있는 사람들에게만 발생할 수 있다고 주장했다. "다른 모든 정신적 질병들과 같이" 나쁜 형질유전이 히스테리에서 지배적인 여할을 한다고 자네는 믿었다.

퇴화 이론을 거부하는 것으로 프로이트는 다른 사람들로부터 자신을 구별했다. 그러나 그것에 대응하는 대가도 치러야 했다. 리보 이후로 형질유전에 대한 헌신은 그것을 믿는 사람들에게 사고와 느낌에 대한 생물학적으로 그럴싸한 기반을 제공해주었다. 정신을 연구하는 사람들은 더 이상 보이지 않는 내적 경험의 영역에 있지 않았다. 그들은 오귀스트 콩트의 과학의 사랑받지 못한 의붓자식이 아니었던 것이다. 당연한 것으로 여겨지던 정신병리학의 생물학적인 원인으로서의 형질유전 없이 프로이트는 계속적으로 다가오는 많은 비평가들과 씨름해야 했을 것이다. 비평가들은 그의 노력을 물질적인 세계로부터 끊겨져 있는 마음의 형이상학적 자료에서 떠다니는 것으로서 보았을 것이다. 하지만 아직은 프로이트에게 이것이 최우선의 걱정거리는 아니었다. 만약 카타르시스 방법과 정신의 분석이 히스테리 증상을 없앨 수 있다면, 만약 어떤 생각이나 다시 깨어난 기억이 마비를 사라지게 할 수 있다면, 이것은 드라마틱한 과학적 증거가 된다는 것을 프로이트는 알고 있었다. 중대한 임상적 가치가 있는 치료적 효율성은 프로이트를 위한 것일 뿐만 아니라, 또한 회의론자에 대항해서 사용했던 과학적 증거이기도 했다. 만약 생각들이 병을 치료한다면, 누가 생각들이 병을 일으키지 않는다고 말할 수 있겠는가?

무의식적 생각의 심리학을 향한 그들의 공통적 헌신에도 불구하고, 심리치료에 대한 그들의 헌신에도 불구하고, 샤르코로부터 나온 그들의 공통 계보에도 불구하고, 아니면 이러한 모든 것 때문에 지그문트 프로이트와 피에르 자네는 격렬한 경쟁자가 되어야 했다. 자네는 프로이트의 연구를 파생물이라고 무시하고 그 연구가 가지고 있는 중요한 혁신적인 면들을 결함이 있는 것으로 하찮게 여겼다. 프로이트도 히스테리 환자들의 유전된 연약한 마음의 상태에 대해서 주장했던 자네를 계속 공격하면서 자신의 연구가 옳다고 주장했다.

결국엔 어떻게 되었을지 피에르 자네의 찬미자들은 궁금해 할 것이다. 이 사상가는 그의 출중함과 연줄들로 보아 프랑스의 과학적 심리학을 짊어질 운명처럼 보였지만 한때 "친구Frend"라고 불렀던 사람의 그늘에 점점 가려졌다. 이것은 자네만은 아니었다. 앞으로 20여 년 동안 프랑스의 정신병리학자들과 심리치료사들은 그들의 전통, 그들의 연구, 그들의 발견들이 잊혀져가고 있다고 점점 더 불평하게 된다. 지그문트 프로이트는 그들을 흡수했고 그들은 어떤 면에서는 자신들이 옳다고 주장했다. 프로이트는 프랑스의 과학적 심리학과 정신병리학의 개념들을 흡수한 후 이러한 원천으로부터 자신을 분리하였다. 낭시의 사람들은 프로이트에게서 그들 자신의 핵심개념인 암시에 대해서 더욱 세밀하고 과학적으로 논리정연한 설명을 가진 진정한 라이벌을 보게 된다.

샤르코와 함께 하였고 그 후 반대했으며, 베르넴과 함께 하고 그 후 반대했고, 브로이어와 함께 한 후 반대하면서 지그문트 프로이트는 프랑스 정신병리학과는 구별된 분파를 만드는 과정에서 뒤로 갔다 앞으로 갔다 하는 것을 반복했다. 1895 이후로, 당신이 프랑스 정신병리학에 매력을 느꼈거나 암시적 심리치료에 관심이 있었다면, 지그문트 프로이트의 연구를 공부함으로써 이러한 것 중 하나를 쫓아갈 수 있을 것이다. 피에르 자네가 1913년에 프로이트를 향해 전면적 공격을 퍼부었을 때에는 이미 너무 늦었다. 이 프랑스 교수는 자신이 헌신적인 프로이트학파 사람들과 논쟁하고 있다는 것을 알게 되었다. 그들은 몇 년 전에는 〈새로운 심리학〉에 대한 그의 관심사를 따랐으나 이제는 빈의 의사를 따르고 있었다.

더욱이, 1913년 즈음에는 프로이트에 대한 자네의 비난은 효력이 없었다. 그때 즈음에는 지그문트 프로이트를 프랑스학파에서 파생된 한 명의 정신병리학자로서 무시할 수는 없었다. 그는 계속해서 자신의 이론을 발전시켰고 프랑스의 것과는 다른 사고체계로 변형시켰기 때문이었다. 1895년 이후에 정신적 원인들의 연구를 추가하면서 지그문트 프로이트는 프랑스 사람들이 선택하지 않았던 위험한 여정을 시작했다. 이 의학적인 사람 앞에 놓인 길은 색다른 것이었는데, 일반적으로 소설가와 시인을 위해 마련된 땅으로 향하고 있는 듯 보였기 때문이었다.

> 다른 신경병리학자와 같이, 나도 국부 진단local diagnosis과 전기적 예후 진단법electro-prognosis을 사용하는 것을 훈련받았다. 그리고 내가 쓴 사례사들은 단편소설같이 읽어야 하고, 아마 누군가는 말하겠지만 그것들이 과학의 진지한 인증이 부족하다고 하는 것을 들으면 아직도 나는 이상한 기분이 든다. 나는 이것이 나 자신의 기호라기보다는 분명히 이 주제 자체가 가지고 있는 본질에 그 책임이 있다고 생각하며 스스로를 위안해야만 한다. 사실 국부 진난과 선기적 반응electrical reactions은 히스테리 연구에서 어떠한 진보도 이루지 못했지만, 반면에 상상력이 풍부한 작가들의 작품들에서 발견하곤 했던 정신의 과정들에 대한 정밀한 묘사는 여기에 약간의 심리학적 공식을 사용하면 적어도 감정의 흐름에 대해 어떤 종류의 통찰력을 얻는 데 도움이 되었다.

프랑스 정신병리학을 뒤로 하고 프로이트는 문학과 정신병리학 사이 어디엔가 자리 잡고 있는 자신의 새로운 발견들을 시험해보고 확고히 하게 될 것이었다. 그는 인간의 마음에 대해서 과학적으로 지지할 수 있는 모델 안에 그러한 것들의 자리를 찾고자 했다.

거울들의 도시인가, 꿈들의 도시인가?

"낯선 그림, 낯선 수감자들"
"우리보다 더 낯설지 않다."고 나는 말했다.

플라톤

I.

프로이트가 《히스테리에 대한 연구》를 끝마칠 때쯤, 또 다시 도전적인 일에 에너지를 쏟기 시작했다. 그는 심리적 갈등에 대한 자신의 이론들이 합리적으로 설명될 수 있는, 마음의 모델을 발전시켜야만 했다. 마음은 어떻게 그 자체에 반대하여 분열될 수 있는가를 이해해야 했다. 생각들과 감정들은 어떻게 병을 만들 수 있을까? 마음의 어떤 능력이 그러한 것을 가능케 할까?

이러한 질문들은 이미 지난 천 년 동안 철학자들을 괴롭혀 왔던 수수께끼를 다시 검토하게 만들었다. 프로이트는 결국 마음과 몸 사이에 흐르는 이 위험한 강물을 힘들여 건널 수밖에 없었다. 물론 한 가지 문제는 해결된 것처럼 보였다. 19세기 후반의 뇌 과학자로서 프로이트는 영혼에 대한 어떤 힌트도 당연히 과학적 논리와 지식에 대한 어리석은 도전으로 거부할 수 있었을 것이다. 그리고 '뇌는 마음의 근원이다'라고 외치는 동료들처럼 그것을 기꺼이 반복할 수 있었을 것이다. 하지만 그에게는 해결되지 않고 남아 있는 많은 난처한 질문들이 그대로 있었다. 마음은 뇌에 의해서 완전히 통제되는가? 마음의 기능은 오로지 뇌의 기능으로 설명되는가? 시, 예술, 도덕성은 신경생리기능으로 충분히 설명될 수 있는가?

심리적 원인들을 강조하면서, 프로이트는 이러한 난제들을 다루고자 했다. 이를 위해 독일 철학과 과학에서 오랫동안 씨름 해왔던 마음의 본질에 대한 논의들을 참조했다. 수백 년 동안의 논쟁은 매우 복잡하고 경쟁적인 많은 모델들을 탄생하게 했다. 프로이트는 그러한 모델들에서 적절한 것들을 선택해서 마음의 이론들을 종합하기 시작했고, 심리적 갈등에 대한 그의 생각이 타당하게 들어맞기를 원했다.

이 전통의 시작에는 쾨니히스베르크의 철학자 임마누엘 칸트가 있다. 1781년, 칸트는 당시 철학에서 대립하고 있던 경험주의empiricism와 이성주의rationalism를 통합했다. 이것은 “코페르니쿠스적 혁명”과 같았다. 경험론자들은 아리스토텔레스를 따라서 마음은 현실을 반영한다고 믿었다. 그러므로 세계는 감각의 경험을 통해서 직접적으로 알 수 있다는 것이다. 많은 경험론자들에게 마음이란 본질적으로 수동적이고 사건들에 의해서 빚어지는 찰흙이지 스스로 자발적으로 빚어지지는 않는 것이었다. 반면에, 데카르트와 같은 이성주의자들은 “나”를 지각과 현실의 핵심적 건설자이자 조직자organizer로 보았다. 이러한 입장들 각각은 오랫동안 그 나름의 약점을 가지고 있었다. 엄격한 경험론자들은 시각적 환상같은 현상들을 설명할 수 없었고, 이성주의자들은 실제 세계를 거의 마음의 제작물이며 그 이상은 아닌 것으로 보아 현실은 오랜 기간 동안 인기 있었던 격언처럼 단지 한편의 꿈일 뿐이었다.

마음은 거울인가 아니면 꿈꾸는 기계인가? 칸트는 《순수이성비판》에서 감각으로부터 생겨나는 경험적 지식의 견실함에 커다란 무게를 두었다. 그러나 그는 또한 그러한 지식의 한계점을 지적했다. 마음은 단순히 현실을 반사만 하는 것은 아니다. 그것은 선험적 형태들priori forms을 의지해서 현실에서 경험되는 감각들의 밀물과 썰물을 체계화하는데, 그렇게 하지 않으면 세상은 혼돈된 것으로 보이게 될 것이다. 공간, 시간, 인과관계는 단순히 지각되는 것이 아니다. 그것들은 초월적으로 제공된 카테고리들이지 경험으로부터 획득되는 것이 아니다. 우리가 이미 가진 이러한 선험적인 카테고리들은 “현상적phenomental” 세계를 구조화하여 통합된 의식의 경험을 할 수 있게 한다. 이러한 추론에 의하면 세계란 인간의 지각력 바깥에 있다. 즉, 세계는 인간의 지식 너머에 있다. 칸트는 이것을 알 수 없는 물자체things-in-themselves의 "본체noumenal"의 영역이라고 불렀다. 칸트의 모델에 의하면 마음은 유원지에 있는 유령의 집의 거울과 같은 것인데, 그것은 좀 더 깊이 있는 보이지 않는 현실을 구체화하고 왜곡한다.

이러한 칸트의 이론은 과학적 논증을 위한 중요한 의미들을 가지고 있었다. 경험론자들은 과학적 연구에서 오로지 관찰의 역할을 강조했는데, 이것은 마음이 어떻게 작동하는가에 대한 그들의 관념연합적 모델과 일관성을 가지고 있었다. 칸트는 다른 종류의 과학을 제안했는데 그것은 자신의 마음의 이론과 의미가 상통했다. 그는 종합적인 선험적 원칙들에 제한적이지만 결정적인 역할을 부여했는데 그 원칙들이 사실과 관찰을 체계화했다. 과학적 지식은 연역적 이론들deductive theory에 의하여 능동적으로 함께 연결된 관찰들로 만들어진다. 그러한 연역적 이론들은 궁극적으로 경험에서 얻어지는 것이 아니라 철학적이다. 이를 설명하기 위해서 뉴턴의 물리학이 유클리드 기하학과 수학에 기본적으로 의존했다는 것을 거론했다. 이 예는 어떤 의미가 있었다. 칸트는 결국 과학적 지식은 수학에 의지한 영역들에서만 발견될 수 있다는 결론을 내렸다. 심리학은 수량화할 수 없기에 칸트도 그것이 결코 과학이 될 수 없다고 믿는 사상가들의 합창에 참여했다.

《순수이성비판》은 몇십 년 동안 독일의 지적 삶을 지배했다. 사람들은 이 책을 열심히 읽었고 오해했고 인용했고 무단으로 도용했다. 아마도 프리드리히 셸링의 자연철학이 칸트 이후에 나타나게 되는 가장 영향력 있는 철학이었을 것이다. 셸링은 칸트의 연구가 두 개의 구별된 세계들, 즉 현상적phenomenal 영역과 본체적noumenal 영역에 대해 주장하는 것으로 여겨져서는 안 된다고 제안했다. 칸트는 그것보다는 같은 세계의 두 개의 면들 사이를 구별 지으려 했다고 셸링은 믿었다. 주체와 객체, 어린아이와 돌멩이, 의식과 원자들, 살아있는 것과 죽은 것, 이 모든 것은 같은 것oneness의 두 개의 면이다. 자연 그 자체는 살아있는 유기체이다. 그러므로 그러한 대조법은 하나의 용어를 다른 것에 귀속시키려는 시도 없이 함께 생각되어져야만 한다. 심리학에 대한 셸링의 핵심 메시지는 마음과 뇌는 같은 통일된 본질에 접근하는 다른 방법들이라는 것이다. 양쪽 모두는 다른 하나로 설명될 수 없고, 둘 다 같은 전체의 면으로 이해되어야 한다. 이러한 입장은 이중 양상 일원론dual aspect monism으로 알려지게 된다.

자연철학은 19세기 초기의 독일 예술과 철학에 폭넓은 영향을 주었다(영국 낭만주의와 미국의 선험론은 언급하지 않더라도). 독일의 낭만주의 시인들과 작가들은 셸링의 연구를 받아들였는데, 그들의 내적 삶과 자연적인 세계 사이에 근본적인 연결을 형성할 수 있도록 했다. 자연철학은 또한 과학자들을 고무시켜서 겉으로 보기에 이질적인 현상들에서 있을 법한 일치성을 연구하도록 했다. 물리학자들은 전기와 자력 같은 힘들 안에 있는 통일성을 연구하기 시작했고 놀랄만한 결과들을 보게 되었다. 생물학자들은 거대한 진화적 범위에서 비유기체와 유기체적 생명의 다른 형태들을 연결시켰다. 예를 들면, 카를 카루스Carl Carus는 자연의 무의식적 세계를 지나서 인간의 의식으로 들어가는 도식을 만들었다. 자연철학은 의사들이 신체의 질병을 위해서 정신적 치료를 실험할 수 있도록 했다. 낭만주의 의학의 계승자들은 정신적인 것과 신체적인 것은 밀접하게 연결되어 있기 때문에 마음을 다루면 결국에 몸을 치료할 수 있을 것이라고 생각했다.

자연철학자들이 마음과 몸의 하나 됨을 추구하고 있을 때, 다른 이들은 칸트에게는 커다란 실망이었겠지만 그의 생각에서 초월적인 면들은 포기했고, 그의 연구를 인간의 주관성에 대한 이론의 발전을 위한 촉매제로 사용했다. 칸트는 정신적 삶과 생각들의 형성 발달의 특성에 대한 많은 이론적 입장들이 생기게 했다. 예를 들면, 야코프 프리스와 프리드리히 베네케는 심리주의psychologism라고 불리는 이론을 만들었다. 그 이론에서 그들은 철학적 질문들을 주관적이고 심리적인 것들로 축소시켰다. 영향력 있었던 요한 피이테는 칸트의 초월적인 세계를 유령, 망령, 신의 영역으로 치부했지만, 다른 한편으로는 칸트를 게걸스럽게 받아들여서 주관성과 자기-의식self-consciousness의 연구가 철학을 위한 매우 중요한 작업이라는 자신의 신념을 정당화했다.

형이상학적 영역이 포기되었을 때 포스트-칸트 철학은 뇌 과학에서 약간의 거리를 두었다. 이 두 개의 세계에 다리를 놓은 뛰어난 인물은 염세주의자 쇼펜하우어였다. 의학도였고 피히테의 학생이었던 쇼펜하우어는 괴테의 격려로 시각에 관한 연구를 하게 된다. 쇼펜하우어는 이러한 연구를 통해서 색깔에 대한 이론을 발전시키고 영향력 있는 자신의 철학을 위한 토대를 만들게 된다.

계속되는 오해에 대해서 쇼펜하우어는 칸트의 선험적 카테고리들이 초월적인 것이 아니라 구체적인 것, 즉 인간 뇌의 활동의 결과물이라고 주장한다. 뇌는 색을 세계에 투사하고 그것들이 사실상 밖에 존재하고 있다고 잘못 지각한다. 노란색과 오랜지색을 만드는 것은 다름 아닌 뇌인 것이다. 즉, 석양에 그러한 색조는 없는 것이다. 4년 후 쇼펜하우어는 《의지와 표상으로서의 세계*the World as Will and Representation*》에서 이 개념을 확장한다. 우리의 모든 정신적 표상들은 내적 심리적 활동의 결과이고 세계로 투사되어진다. 쇼펜하우어는 이러한 투사들을 일으키는 내적 힘들을 "의지Will"라고 불렀다. 이것이 칸트가 말한 인간의 지식 너머에 있는 알 수 없는 물자체라고 주장했다. (어떻게 쇼펜하우어는 자신이 알 수 없다고 정의한 것을 안다고 말할 수 있는가? 이것은 좀 난처한 질문이다.) 의지는 분별없이 분투하는 힘이고 무의식적이고 생물학적이다. 이것이 우리 안에 있는 자연의 폭풍인 것이다. 의지는 압박하고 밀어붙인다. 이것은 지성을 못살게 굴고 그리고 세계에 대한 우리의 정신적 표상들을 눈에는 보이지 않게 형성하고 왜곡한다.

쇼펜하우어의 철학에 대한 지지자들이 과학 분야에서 생겨났는데 그들은 정신적 삶 속에서 왜곡하는 힘을 연구하기 시작했었다. 포스트-칸트 철학과 과학을 연결하는 데 가장 많은 일을 했던 과학자는 인간 생리학의 아버지인 의사 요하네스 뮐러Johannes Müller였다. 자신의 환각 경험에 영향을 받은 뮐러는 "시각의 환상적인 유령들"을 조사하기 시작했다. 1833년 그는 《인간 생리학의 안내서》를 출판하였는데, 이 방대한 책에서 쇼펜하우어의 논쟁점들에 대한 과학적 증거를 제시했다.

뮐러의 실험적인 발견들은 사람의 마음이 정확한 세상의 형상들을 사람들에게 제공하고 있다는 상식적 개념을 고수해 오던 이들을 놀라게 했다. 뮐러는 매우 다른 자극들이 하나의 감각 신경에서 같은 감각을 일으킨다는 것을 논증했다. 시신경을 전기, 발광체, 또는 압박으로 자극했을 때 그 결과는 항상 동일했다. 실험대상은 빛과 색을 보았다. 그러므로 뮐러는 감각의 외적인 원인은 우리가 보는 것과 제멋대로 연결되어 있다고 증명했다. 감각기관들의 신경들은 분명히 그것 자체만의 특정한 성질을 가지고 있다고 주장했다. 자극이 빛과 색에 기인하든 그렇지 않든 시신경은 자극을 빛과 색으로 기록한다. 뮐러는 세상에 대한 우리의 경험적 지식은 현실과 어떤 직접적인 관련성을 가지고 있지 않다는 주목할 만한 결론에 도달하게 된다. 세상에 대한 우리의 지각은 마음이 환각, 환상, 꿈을 만들어 낸 같은 방법으로 마음속에서 만들어진 것이라고 생각했다.

II.

만약 프로이트가 1830년경에 심리적 원인들과 정신적 갈등에 대한 자신의 개념들을 정당화하는 마음의 이론을 찾았었다면, 자연철학자였던 독일의 낭만주의 의사들과 포스트-칸트 철학자들과 과학자들이 주장했던 많은 모델들 가운데 하나를 골랐을 것이다. 그러나 1895년 프로이트의 길은 그렇게 분명하지 않았다. 1850년 이후 낭만주의 의학, 자연철학, 그리고 포스트-칸트 철학의 평가는 나빠졌다. 독일 형이상학은 과학에서 크게 반발하였고, 앞으로 몇십 년 동안 있을 마음에 대한 어떤 다른 철학적 접근도 어렵게 했다. 19세기 중반, 프랑스의 오귀스트 콩트가 추상적인 독일 철학은 거짓되고 실패했다고 비난했을 때, 그는 많은 사람들을 대신하여 말한 것이었다.

형이상학에 반대하는 움직임의 그 선두에는 요하네스 뮐러의 학생들이 있었다. 뮐러는 베를린에 생리학의 연구를 위한 실험실을 만들었다. 1847년, 그의 조수들(에밀 뒤브아 레이몽, 헤르만 헬름홀츠, 에른스트 브뤼케)은 마르부르크의 교수였던 카를 루트비히Carl Ludwig를 만난다. 그들은 베를린 물리학회를 함께 조직하고 그들의 목적은 형이상학에 의지하지 않고 인간의 삶을 연구하는 것이라고 선언한다. 그들은 특별히 살아있는 것들에게 생기를 주는 가장 근본적인 생명life의 힘에 대한 뮐러의 신념에 집중했고, 생명의 힘에 대한 형이상학적 추측은 엄하게 금지되어야만 한다는 데 동의했다. 그들은 몸에 생기를 주는 생명의 힘 혹은 마음의 힘을 추정하지 않고, 마치 생명은 전적으로 기계적 과정들에 의해서 결정되는 것으로 여기고 연구를 계속했다. 생명 그 자체는 단지 화학적 그리고 물리적 분석으로 설명되어질 수 있다고 그들은 믿었다. 이것을 그들의 결속력으로 삼으면서 생물물리학 운동Biophysics Movement은 그 탐구를 시작했다.

그 수가 증가하면서 독일 과학자들의 새로운 세대는 이러한 관점에서 인간 생리학에서의 문제점들을 공략했고, 많은 중요한 발견들로 보상을 받았다.

헤르만 헬름홀츠Hermann von Helmholtz는 그 그룹에서 가장 유명한 사람이었는데 그가 전체를 대표하는 것은 아니었다. 대기만성형의 사람이었던 헬름홀츠는 학교에서는 우수하지 못했고, 집에서는 포츠담의 교사였고 피이테의 열렬한 추종자였던 아버지에게 가르침을 받았다. 헬름홀츠는 과학자가 될 것을 열망했지만 좀 더 실용적인 길을 선택했고 의사로서 훈련을 받았다. 그 후 그는 요하네스 뮐러의 실험실에 들어갔고 26살에 두각을 나타낸다. 근본적인 생명의 원천에 대한 뮐러의 신념을 면밀히 조사하면서 에너지의 본질에 대한 질문들을 하게 된다. 1847년, "힘의 보존의 법칙"을 통해서 헬름홀츠는 힘force은 다른 형태들(화학적, 전기적, 자기적)로 그 자체를 드러낼 수 있지만 에너지의 전반적인 양은 변하지 않은 채로 있다는 것을 보여주었다. 단일한 생명의 힘에 대한 자연철학의 주장은 이러한 기념비적인 발견을 할 수 있게 도와주었는데, 공교롭게도 이것이 그 철학을 죽이는 데 일조했다. 만약 누군가가 단순하게 에너지의 다른 변형들을 쫓아간다면 자연의 비밀들은 드러나게 될 것이라는 신념을 진전시켰다. 그 때에는 무기물의 힘들도 유기물의 힘이 될 수도 있는 것처럼 보였다. 생명의 비밀은 비밀이라는 것이 없다는 것이었다. 모든 생명은 활력dynamics, 기계학mechanics, 그리고 뉴턴의 법칙으로 단순화될 수 있다고 여겼다.

헤르만 루트비히 폰 헬름홀츠, 1894. 독일 과학자, 칸트학파, 그리고 생물물리학 운동의 창시자들 중의 한 명.

이러한 기계론적인 관점은 1850년대와 1860년에 두각을 나타냈는데, 영soul, 영혼spirit 그리고 생명의 힘에 대한 감성적인 추론들의 접근을 막았다. 생물물리학 운동의 지도자들이 명망을 얻게 되면서 지식 자체의 본질에 대한 가정들을 새롭게 하고자 노력했다. 에밀 뒤브아 레이몽은 왜 독일어에서 "과학*Wissensechaft*"은 프랑스어의 단어에서처럼 자연과학*Naturwissenschaft*을 내포하고 있지 않고, 그것보다는 인문과학*Geistwissenschaft*을 내포하고 있는가 질문했다. 인문과학human science은 1843년 한 독일 역사가에 의해서 만들어진 용어이다. 그는 철학, 지리학, 심리학, 사회학 같은 분야들을 망라하고자 이 단어를 사용했는데, 독일 엘리트 교육의 핵심이 되는 연구들이었다. 뒤브아 레이몽은 더 나아가 인문학cultural science이 자연과학의 방법론을 따라야만 타탕하게 된다고 주장함으로써 많은 사람들을 놀라게 했다. 이후 20여 년간 각각의 과학들의 성격에 대한 논의가 계속해서 일어났고, 생물물리학의 눈부신 부상은 점점 이러한 논의를 자연과학의 우월함 쪽으로 나아가게 했다.

프로이트가 자랑스러워했던 빈의 뇌 연구자들인 에른스트 브뤼케, 지그문트 엑스너, 테오도르 마이네르트는 생물물리학에 전념했다. 베를린에서 생물물리학의 최초 창시자들 중 한 사람인 브뤼케는 이 운동의 연구과제들을 가지고 빈으로 왔고, 그곳에서 1849년에 생리학 실험실을 열었다. 그는 뇌의 기능을 포함하여 모든 신경 기능은 반사활동이라고 생각했는데, 그것에 의하여 들어오는 자극은 감각신경을 통해 움직이고 운동신경에 의해 발산된다. 심리적 사건들은 반사활동의 부작용들이고 그 자체로는 결코 생물학적인 사건들을 일으킬 수 없다는 것이었다. 브뤼케의 모델은 인간적 힘이나 자유의지에 대한 여지가 없었다. 사람은 반사행동에 이끌리고 휘돌아가는 기계였다.

프로이트는 괴테의 에세이 〈자연에 대하여〉를 읽은 후에 의학을 공부하기로 결심했다. 그 에세이에서 시인은 자연을 '모든 것을 감싸 안는 어머니'로 낭만적으로 그렸다. 하지만 1876년 프로이트가 브뤼케의 실험실에 들어갔을 때, 자신의 지성의 고향을 발견했다고 느꼈다. 그 후 6년 동안 프로이트는 신경해부학의 연구과제에 행복하게 전념했고, 브뤼케의 실험실 내부와 주위의 연구자들의 공동체와 밀접하게 제휴하게 되었다. 프로이트는 그의 교수를 이상화했는데, 2명의 재기 있는 조수들인 지그문트 엑스너와 에른스트 플라이슐은 매우 인상적이었다. 프로이트가 불행하고 모르핀에 중독된 플라이슐과 가까워질 때 엑스너가 실험실에서는 더욱 영향력이 있었다.

엑스너는 베를린에서 헬름홀츠와 공부했는데 그곳에서 시각에 대한 참신한 연구 결과를 얻음으로써 자신을 증명하였다. 그리고 1875년, 그는 청각의 생리학에 대한 공헌으로 많은 관심을 모았다. 프로이트의 친구 요제프 파네트Josef Paneth와 마찬가지로, 엑스너는 뇌 기능의 위치 측정 전문가가 되었는데, 1894년 그의 책《정신적 현상의 생리학적인 설명의 개요》에서 당시 급증하고 있던 신경해부학, 생리학, 기능에 대한 지식을 통합하려는 시도를 했다. 엑스너는 모든 심리적 현상들은 반사활동, 신경에너지의 흐름, 타고난 고통과 쾌감의 중심들로 설명되어질 수 있다고 주장했다. 인간 존재는 하나의 인형이고 의식은 인형 안에 있는 메커니즘인데, 억제되어지고 흥분한 전기적 자극들의 경로들로 구성되어져 있다고 생각했다. 엑스너는 심리적 요소들을 버림으로써 마음과 뇌의 문제를 해결했다. 하지만 자유의지의 종결에 대해서는 약간의 애석함을 가지기도 했는데, 그것이 교육과 형사법 같은 문제에 폭넓은 의미를 내포하고 있었기 때문이었다.

브뤼케의 실험실을 떠난 후에도, 프로이트는 자신이 배웠던 기계론적인 견해들에 충실하기 원했고 그것이 어렵지는 않았다. 빈의 종합병원에서 프로이트는 테오도르 마이네르트 밑에서 일했다. 이 교수는 후에 프로이트가 히스테리에 대한 프랑스 개념들에 관심을 갖게 되자 침통해 하였다. 프로이트가 병원에 도착했을 때 마이네르트는 유명했는데, 1867년 그는 뇌피질의 얇은 판들은 다른 종류의 뉴런들의 층이라는 것을 증명했기 때문이었다. 이 발견은 뇌에서 세포 구조의 연구를 출범하게 했다. 그의 해부학적 연구는 다른 여러 발견들을 가져왔는데, 미엘린myelin이 발달기간 동안 신경세포들 위를 덮으면서 형성된다는 것을 포함하고 있었다. 신경의 기능들은 태어날 때 준비되어진 것이 아니라 시간을 두고 발달한다는 것을 의미했다. 이 발견을 통해서 신경계의 어떤 질병들은 태어날 때 형질유전에 의해서 결정되는 것이 아니라, 성숙과정의 결함의 결과일 수도 있었다는 것을 생각하는 것이 가능해졌다. 이러한 생각을 프로이트는 후에 받아들였다.

브뤼케와 엑스너처럼 마이네르트는 정신적 삶을 기계론적인 에너지와 힘의 상호작용으로 이해하는 데 계속해서 전념했다. 1877년, 그는 뇌와 마음에 대한 자신의 생각들을 요약하고, 정신병리학과 정신과 치료의 해설이 실린 종합적인 교과서를 쓰기 시작했다. 그리고 《정신의학 : 뇌의 구조, 기능, 영양의 연구를 기초로 한 전뇌부Fore-Brain의 질병들에 대한 임상적 보고서》를 1884년에 출판했다. 이 역작은 신경세포들과 생리기능이 어떻게 자동반사활동에 의해서 조직화되고, 이러한 기능들이 어떻게 인간의 심리와 행동을 설명할 수 있는가에 대한 전면적인 모델을 제시했다. 마이네르트의 책은 세심하였고 야심찼는데 여기에는 유럽에서 가장 위대한 뇌 과학자로서 그의 명성을 굳건히 하려는 의도도 가지고 있었다. 그것은 또한 정신의학을 프랑스의 유전 퇴화 이론degeneration theory으로부터는 거리를 두고 발달론적이고 해부학적인 생각으로 옮기려는 시도였다. 서론에서 마이네르트는 퇴화적 설명에 기대고 있던 "신비주의적" 의존을 비판했다. 이러한 입장은 프로이트가 때마침 그러한 가정들에 의구심을 품었을 때 프로이트를 고무시켰을 것이다.

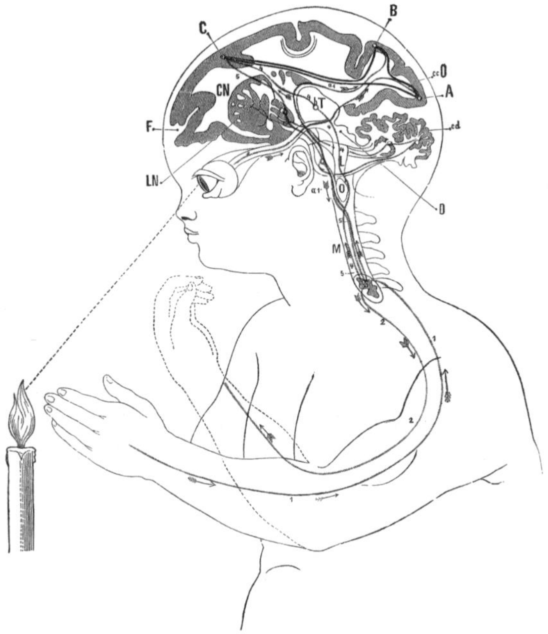

테오도르 마이네르트가 그린 뇌의 반사작용의 결과로서의 의식적 움직임의 도해.

섬세하고, 교양있고, 예리한 마이네르트는 여러 가지 가능성을 함축하고 있는 풍부한 모델을 만들었다. 뇌는 하위와 상위 뇌 기능으로 나누어진다고 주장했는데, 두 부분 모두 반사작용reflex으로 작동된다. 피질하부의 자동적이고 타고난 핵심기능인 반사작용은 뇌피질의 상위 영역에서 습득된 관념연합적 반사작용들에 의해서 반대되고, 통제되고, 억제된다. 마이네르트는 그의 독자들에게 밝게 깜박거리는 불을 만지려고 천진난만하게 손을 뻗치는 어린아이를 상상해보라고 요청했다. 그의 하부의 반사작용에 의해서 그 어린이는 그의 손을 뻗친다. …… 그리고 불에 덴다. 후에 이와 같은 반사작용에 의해 어린이의 손이 불로 향하게 될 때, 밝고 깜박거리는 불빛과 예리한 고통을 연결시키는 학습된 반사작용에 의해서 저지되고 중단된다.

이러한 두 개의 가닥으로 배열된 모델로 마이네르트는 심리학이 전적으로 반사작용에 의해서 작동되는 뇌로 설명되어질 수 있는 일종의 정신해부학을 확립했다고 믿었다. 결정적으로 마이네르트는 복잡한 정신적 기능들을 뇌의 특정한 지점에 위치 지음으로써 이러한 논쟁점을 지나치게 밀고 나갔다. 비평가들은 그가 단순히 관념연합적 심리학을 해부학적, 생리학적 언어로 바꾼 것이 아닐까 생각했다. 그건 맞는 말이기도 하지만 마이네르트는 자신의 모델을 다른 것으로부터 차별화하는 어떤 것을 발견했다. 관념연합주의자들은 오랫동안 내적 동기, 욕구, 작용하는 힘을 지나치게 인지적인 도식들 안에 위치 지으려고 씨름했었다. 마이네르트는 관념연합 심리학과 내면의 몰고 가는 힘internal driving force을 결합하는 방법을 발견했다. 그는 이렇게 하면서 쇼펜하우어의 철학에 의존했다.

쇼펜하우어는 1819년 그의 위대한 저작 《의지와 표상으로서의 세계》를 출판한 후에, 그의 삶의 대부분을 조용히 살았다. 하지만 그는 죽음 바로 전에 갑작스러운 회복을 경험했다. 그의 천재성은 1880년 즈음에 프리드리히 니체와 리하리트 바그너에 의해서 알려졌다. 쇼펜하우어의 명성은 애두아르트 폰 하르트만의 《무의식의 철학 : 자연과학의 귀납적인 방법에 따른 추론적 결과들》의 성공에 의해 더욱 높아졌다. 하르트만의 책은, 과학에 헌신했지만 인간존재를 기계로 귀속시켰던 주장으로 인해 낙담하고 있던 많은 사상가들의 마음을 움직였다. 이 책은 15년 동안 9판이 나오는 성공작이었다. 이 책에서 하르트만은 쇼펜하우어의 철학이 인간을 기계적 인형들로 만들었던 모델들보다 더욱 개선되어진 정신적 활동의 모델을 제시한 최근의 생리학적 사고와 일치하다는 것을 논증했다.

마이네르트도 동의했다. 그는 강의들에서 쇼펜하우어를 인용하면서 우리의 지각들과 관념연합들은 의지-충동Will-impulse에 의해서 흐릿해지고, 채색되고, 관리되고, 변형된다는 견해를 제안했다. 그는 마음은 거울이 아니라, 내면의 형판template들로부터 내적 경험을 창조한다고 믿었다. 쾌감에 대한 신체의 원초적 추구의 과정에서 이러한 의지가 사람을 몰고 간다. 프로이트 이론의 전조이기도 한데, 마이네르트는 원초적 "나"를 쾌감적인 신체적 감각들의 집합으로서 묘사했다. 불쾌한 감각들은 방어들에 의해서 자기로부터 밀쳐진다. 더욱이, 이차적 "나"는 시간을 두고 나타나고 근본적인 신체 "나"와 격렬한 갈등을 일으키게 된다. 이것은 프로이트의 정신적 갈등의 모델과 유사함에도 불구하고, 마이네르트는 매우 중요한 면에서 달랐다. 그는 생각들이 이러한 과정들에서 원인이 되는 역할을 하지 않는다는 믿음을 고수했다. 싸우는 반사작용들의 마음이 그의 견해였다.

당시 이것은 뛰어난 통합이었지만 마음-뇌의 문제에 대한 해결을 찾으려는 사람들에게는 마이네르트 모델은 눈으로 확인할 수 있는 것이 많지 않았다. 마이네르트는 생각들의 발생이 특정한 피질의 지역에서 일어난다고 단순하게 주장했다. 불행히도, 할당된 신경계들이 생각들을 잔뜩 채우고 있다는 증거가 없었다. 박식한 미국인 윌리암 제임스는 마이네르트를 존중했는데, 1890년 과학적 심리학에 대한 대규모의 평가에서 그의 연구를 처음에 언급했다. 그럼에도 불구하고 제임스는 마이네르트의 정신해부학을 거부했고, 어떤 심리학도 반드시 생각과 느낌에 어떤 원인적인 역할을 주어야 한다고 말했다. 마이네르트의 모델은 이러한 것을 제공하고 있지 않았다. 제임스는 그의 독자들에게 마이네르트의 체계를 순수한 심리학으로 바꿔서 해석하라고 요청했다. "따라서 우리는 의심스러운 해부학과 생리학에 우리 자신들을 얽어매지 않고 마이네르트의 도식들이 가지고 있을 어떤 심리학적 진실을 얻는다."

III.

지그문트 프로이트가 1895년에 새로운 마음의 이론들을 만드는 연구에 접근했을 때, 그는 가장 뛰어났던 스승들의 역작들을 다시 보았다. 엑스너와 마이네르트 모두 과학적 수량화와 기계론적 해설에 헌신했다. 두 사람 모두 마음은 뇌의 생리활동과 해부학으로 설명될 수 있다고 믿었다. 그들은 이러한 신념을 될 수 있는 한 최대한 멀리 밀고 나갔지만, 커다란 문제가 드러났다. 엑스너의 설명은 요제프 브로이어에게 공개적으로 비난받았고 자신의 형제에게도 비난받았다. 그것은 상식적으로 요청되는 것, 즉 인간적인 기능human agency에 대한 영역을 거부했기 때문이다. 마이네르트는 자신이 생각들과 뉴런을 동일시하려는 시도 때문에 "뇌 신화학자brain mythologist"로 치부되고 있다는 것을 알게 되었다. 두 사람 모두 생물물리학의 논제를 심리학적 연구의 어두운 숲으로 데리고 갔다가 도리어 얻어맞고 피 흘리면서 돌아올 수밖에 없었다.

브뤼케의 실험실에는 프로이트의 훈련과 생물물리학에 대한 충성이 자리 잡고 있었다. 하지만 병의 심리적 원인이 자리할 마음의 모델을 만들려고 하면서 생물물리학은 어떤 도움도 주지 못한다는 것이 분명해졌다. 이것은 광범위한 실패의 일부였고, 1880년대에 생물물리학 연구 과정은 좌초했다. 물리학자들은 자연에 대한 단순한 기계론적 이론은 부적합하다는 것을 깨닫게 되고, 생리학자들은 그들의 에너지를 다른 프로젝트로 돌렸다. 생물물리학의 한계는 다른 곳보다 심리학에서 더욱 분명했다. 생물물리학은 연구 대상이었던 정신을 제거했고 모든 심리적 일들을 뇌의 일과 동일하다고 주장한 것을 제외하고는 심리학을 이해할 수 있는 어떤 방법도 제시하지 못했다. 생물물리학의 확고한 지지자들조차도 결국에는 패배를 시인했다. 1872년, 라이프치히에서의 강의에서 에밀 뒤브아 레이몽은 의식의 문제는 과학이 도달할 수 있는 범위 너머에 있다고 선언했다. 8년 뒤, 그는 7개의 "세계의 수수께끼" 목록을 만들었고 헤아릴 수 없는 것 중에 의식, 자유의지 등 심리학에 반드시 필요한 이슈들을 포함시켰다. 이 베를린 과학 협회 수장의 이러한 비관적인 발표는 만약 심리학을 연구하기 위한 다른 과학적 방법이 나타나지 않았다면 절망의 이유가 될 만했다. 다행히 그런 일은 일어나지 않았다. 생물물리학이 한계를 드러내자, 마음에 대한 다른 과학적 접근들이 나타났다. 생물물리학biophysics에서 대안인

정신물리학psychophysics으로 전환한 과학자들 중의 한사람이 프로이트였다.

정신물리학을 개척한 사람은 비범한 재주를 지녔던 구스타브 페히너Gustav Fechner였다. 의사이고, 물리학자였으며, 때때로는 신비주의 철학의 저술가였던 페히너는 셸링의 자연철학을 과학적 토대 위에 세우고자 했다. 그는 자연을 죽은 기계로 생각하지 않았다. 어떻게 죽은 엄마가 아이를 낳을 수 있겠는가? 페히너는 '의사 미제스'라는 필명으로 《죽음 이후의 삶에 대한 작은 책》을 출판했다. 그 책에서, 자연에서 의식까지 이르는 모든 유기물과 무기물을 연결하는 발달상의 도식의 윤곽을 그렸다. 사람은 세 단계에서 산다. (1) 자궁 내에서, 그는 잔다. (2) 삶에서, 그는 무의식적 수면과 의식을 교대한다. (3) 죽음에서, 그는 영원히 깨어있음으로 들어간다. 의식적 생각들과 동기들은 종종 무의식에서 나오는데, 광기와 예지력에서 가장 분명히 드러난다.

구스타브 페히너. 자연철학자, 정신물리학의 창시자.

물리학자였던 페히너가 이러한 생각들을 발표할 때 가명 뒤에 숨을 이유가 있었다. 과학자들에게 자연철학은 골칫거리가 되어 있었다. 페히너는 상관하지 않았다. 정신이상의 언저리까지 몰고 갔던 3년간의 병으로부터 회복된 후에 자연의 모든 것은 "욕망Lust" 혹은 쾌감 원칙pleasure principle에 의해서 좌우되는 것이 확실하다고 느꼈다. 쾌감의 추구와 고통 회피 추구는 마치 뉴턴의 법칙이 돌과 공기를 다스리는 것처럼 삶을 인도한다고 페히너는 생각했다. 1848년, 페히너는 《나나Nanna 또는 식물의 영적 삶》을 출판한다. 이 책에서 자연에 편재하는 어떤 영적 힘에 대해서 주장한다.

만약 페히너가 유물론적인 1850년대와 1860년대까지 이러한 맥락을 계속 유지했다면, 퇴보자 또는 괴상한 사람으로 취급당하며 귀퉁이로 밀려났을 것이다. 그러나 1850년 구스타브 페히너의 연구는 그를 정신과학의 영웅으로 만들게 되는 선회를 한다. 페히너의 스승 베버E. H. Weber는 생리학자였는데 외부 자극과 내적 감각 사이의 관계에 대한 법칙을 가정했다. 1850년에 페히너는 외부의 자극들과 그것들의 정신적 표상에 대한 실험적 연구에 착수했다. 10년간의 독창적인 탐구 후에, 그는 역사적인 저작 《정신물리학의 요소들》을 출판했다. 이 책은 마음과 몸의 관계를 연구할 수 있는 혁명적인 접근을 제공하였다. 생물물리학과는 달리, 정신물리학은 내적 심리적 경험들을 생물학적인 토대로 환원시키려 고집하지 않는다. 셸링의 양면적 접근을 따르면서 페히너는 심리적인 것과 물질적인 것을 같은 실체의 두 가지 면들로서 보았다. 즉, 마치 굽은 표면의 볼록면, 오목면과 비슷한 것이다. 내적 영역은 내면으로만 경험될 수 있으며 필연적으로 주관적이고 심리적이다. 외적 영역은 객관적이고 물질적이다. 정신물리학은 이 둘을 그것들의 상호작용의 연구에서 묶고, 신체적 자극으로부터 질적인 정신적 경험으로 가게 될 때 나타나는 에너지의 전환을 추적하려 했다.

페히너는 몇 년 동안 내적 세계에 미치는 다양한 종류의 자극의 영향을 유심히 관찰했다. 그의 대체 자아였던 의사 미제스와는 다르게, 구스타브 페히너는 엄격한 과학적 방법을 이용했고 끊임없이 의문을 가지고 질문을 계속했다. 페히너는 자신의 가설들이 가지고 있는 문제들을 신속하게 고려했고 우선권을 다른 사람들에게 양도할 준비가 되어 있었다. "나는 결코 이 연구의 내용들이 절대적으로 새롭다고 말하고 싶지는 않습니다. 그리고 만약 그것들이 그렇다고 할지라도, 그것은 어설픈 권고입니다."라고 재치 있게 말했다.

페히너는 부분적으로는 옳았다. 그와 베버는 철학자 요한 프리드리히 헤르바르트Johanna Friedrich Herbart에게 영향을 받았다. "경계적liminal" 일들을 연구함으로써(예를 들면, 소리가 마침내 들을 수 있는 것이 되는 것) 정신적 변화를 측량할 수 있다고 제안한 것은 헤르바르트였다. 페히너는 이러한 생각들을 이용해서 그가 "문턱" 효과들이라고 부른 것을 시험하였다. 예를 들면, 페히너는 낮이 밖으로 될 때 별들이 처음으로 보이게 되는 순간을 지켜보았다. 그는 촛불이 시각으로부터 사라지게 되는 정확한 거리를 측량했을 것이다. 그는 이러한 방법으로 내적 문턱들을 발견했다. 잠재적 자극들은 마음에 기록되고 그것들이 선을 넘어서 의식으로 넘어갈 때까지 쌓여 간다고 그는 생각했다.

1860년, 구스타브 페히너는 일상에서 존재하는 무의식적 정신적 내용들을 가정했다. "자극 혹은 자극의 차이가 문턱 밑에 남아 있는 한, 그것의 지각은 누군가가 말한 것처럼 무의식적이다." 그는 시각, 청각, 느낌에 대한 의식의 문턱들을 검토하고, 의식에로의 이러한 관문들은 생존을 위해서 결정적인데, 윙윙거리고, 빙빙돌고, 요동치는 세계의 계속적인 폭격으로부터 인간을 보호하기 위해서 활동하기 때문이라고 결론지었다. 만약 어떤 정신적 기운이 어느 정도의 에너지 수준 밑으로 내려가면, 그것은 무의식적으로 지각될 수 있지만 의식적으로는 보거나 들을 수는 없다.

페히너는 그의 획기적인 연구를 "외적 정신물리학Outer Psychophysics"이라고 불렀다. 그리고 언젠가는 더욱 온전한 심리학이 정신이 어떻게 무의식적 내면의 자극들과 상호작용하는가의 연구를 포함했으면 하는 희망을 표현했다. 그는 그것을 "내적 정신물리학Inner Psychophysics"이라고 불렀다. 《정신물리학의 요소들》이 1860년에 출판되었을 때 많은 사람들이 그 책을 칭송했는데, 그 중에는 젊은 물리학자인 에른스트 마흐도 있었다. 구스타브 페히너는 임마누엘 칸트와 오귀스트 콩트가 불가능하다고 믿었던 것을 해냈다. 그는 심리학(적어도 지각의 심리학)을 과학적이고 수량화할 수 있게 만드는 방법을 발견했다.

과학적 심리학을 찾고 있었던 지성들은 페히너를 칭송했다. 저명한 감각 생리학자이고 심리학자인 에발트 헤링Ewald Hering은 요제프 브로이어를 포함하여 그의 학생들에게 페히너의 접근을 채택하라고 격려했다. 유명한 독일 동물학자 에른스트 헤켈Ernst Haeckel은 페히너의 논리를 채택하고, 뒤브아 레이몽의 신념에 도전했다. 레이몽은 의식에 대한 과학이 있을 수 없다고 말했었다. 그가 말한 세계의 수수께끼는 생물물리학의 원칙들에 굴복되지 않은 과학에 의해서 풀 수 있다고 헤켈은 반박했다. 이 과학은 이중 현실을 껴안았는데, 즉 "영혼 없이 물질은 존재하거나 작동될 수 없고, 물질 없이는 영혼도 마찬가지다."라는 것이다.

헤링과 헤켈은 독일 과학에서 강력한 영향력을 가지고 있었다. 그렇지만 구스타브 페히너의 가장 저명한 두드러진 협력자는 다른 사람이 아닌 헤르만 헬름홀츠였다. 1860년 즈음, 한 때 생물물리학 운동Biophysics Movement의 영웅이었던 그는 지각에 대한 연구에 그의 굉장한 재능을 바쳤다. 이 과정에서 그는 생물물리학의 환원주의reductionism를 버렸고 마음과 뇌의 이중적 접근을 채택했다. 외적 세계는 수학적, 과학적 연구에 의해서 알아갈 수 있는 반면, 우리가 내면적으로 지각하는 세계는 (요하네스 뮐러가 증명한 것처럼) 우리의 감각기관들에 의해서 기록된 성질qualities에 근거를 두고 있다. 질적인 신호들은 마음 안에서 무의식적 매칭 과정matching process에 의해서 파악되는데, 그 과정은 새로운 신호들을 그와 비슷한 것의 기억들과 연결할 것이다. 이것을 헬름홀츠는 "무의식적 추리unconscious inference"라고 불렀다. 이 과정은 환상에서는 왜곡되는데, 보는 사람은 과거의 기억으로부터 무의식적으로 온 어떤 것과 낯선 현재와 혼동을 일으킨다.

지각에 대한 헬름홀츠의 이론은 포스트-칸트주의자의 사고에 힘입은 바가 컸는데, 연로했던 쇼펜하우어가 헬름홀츠를 표절자라고 비난할 만큼 그러했다. 생물물리학계의 동료들에게 헬름홀츠의 무의식적 추리 이론은 배반과 같았고, 그들이 꽝 닫기를 원했던 문을 다시 여는 것 같았다. 그 문을 통해서 영spirit, 영혼soul, 그리고 비신체적인 마음의 힘에 대한 낭만주의적 공론들로 돌아갈 것을 두려워했다. 아직 헬름홀츠는 무의식적 정신 과정이 더 많은 역할을 할 수 있다는 것을 포기한 것은 아니었다. 우리가 꿈에 빠져들었을 때 그것이 얼마나 정교하게 만들어졌고 실제처럼 느껴지는가를 고려해볼 때 헬름홀츠는 극단적인 주관적 관념론자들이 옳을 수도 있다는 가능성을 도외시할 수는 없었다. 우리의 마음이 매우 강력하게 우리의 지각들을 건설해서 우리가 알고 있는 세계가 마치 꿈과 비슷할 가능성은 없는가? 독일 과학에서 가장 걸출한 사람들 중의 한 명이 이러한 가능성을 버리려고 하지 않았다.

헬름홀츠는 자연과학과 인문과학의 경계에서 생리학과 심리학의 상호작용의 이해에 전념하는 새로운 학문 분야를 만들기 원했다. 이러한 경계 영역은 곧 많은 사람들로 붐비게 되었다. 1874년, 헬름홀츠의 조수 중 한 명이었던 빌헬름 분트Wilhelm Wundt는 새로운 분야에 대한 야심찬 논제를 제시하는 《생리

심리학의 원칙》을 출판했다. 정신생리학 또는 생리심리학은 뉴런 역학의 세계 그리고 느낌, 생각, 정신적 표상의 세계 사이에 다리를 놓을 수 있었다. 생리학이나 심리학은 다른 하나에 귀속 되어서는 해결점을 발견할 수 없었다.

19세기 후반 몇십 년 동안, 정신물리학은 독일과 오스트리아에서 번성했다. 1894년에 헬름홀츠가 죽었을 때, 카를 슈툼프Carl Stumpf는 그가 "생리학과 심리학 사이의 틈에 다리(수많은 사람들이 지금은 끊임없이 오고 갈 수 있는 다리)를 놓는 일"에 누구보다도 많은 일을 한 사람으로 칭송했다.

파리에서 돌아온 후 오래 지나지 않아, 프로이트는 신경과학적neuroscientific 소논문들을 발표하면서 마음에 대한 생물물리학적 모형의 불충분함에 대해 암암리에 언급했다. 1888년, 의학 사전을 위해 출품하고자 쓰여진 뇌에 대한 글에서 자신의 이름을 밝히지 않은 프로이트는 독자가 "신선한 뇌"를 가지고 있다고 가정하고, 이 기관이 반사활동의 이론이 말한 것처럼 어떻게 에너지를 처리하는 것을 통해서 작동하는지를 충실하게 묘사했다. 의식의 여러 가지 상태들은 이러한 변화들에 의해서 생겨나는데, 의식적 경험 자체는 단순하게 뇌의 반사작용의 결과만은 아니고, 내적 성찰과 감각적 인지의 내적 경험들을 통해서 연구될 필요가 있다고 주장한다.

1888년, 프로이트는 더 나아가 심리적 인과관계psychic causation에 대해서 설명하지 않은 그 어떤 이론도 일반 상식에 어긋난다고 주장했다. 심리적 인과관계는 관심과 이름을 떠올리는 것과 같은 일상의 행위들, 즉 생각을 의식으로 끌어 올리는 자발적인 행위들로 증명될 수 있다. 인간의 행동은 본질적으로 심리적이다. 한 사람이 포도를 향해 손을 뻗는데 그것은 단지 그의 신체적 기계장치가 움직이기 때문이 아니라 그것을 원했기 때문이다.

이름을 아직 밝히지 않은 이 저자는 생각들과 기억들은 만약 윤리적인 고려가 그 길에 서 있으면 무의식으로 남아 있을 것이라고 말했고, 몇 개의 심리적 의도들이 서로 경쟁적으로 작용할 수도 있다고 주장했다. 독일 독자들은 이러한 개념들을 정신물리학의 선조들 중 한 명이었던 요한 프리드리히 헤르바르트의 어떤 추종자의 것으로 생각할 수도 있었을 것이다. 헤르바르트는 심리적 문턱에 대한 생각을 시작했을 뿐만 아니라, 정신적 갈등에 대한 정교한 이론도 고안했다. 그 이론에서, 생각들이 의식으로 나가려고 할 때 그것들은 격렬하게 서로 대립한다. 이것은 어떤 생각들에는 억제가 일어나게 하고, 다른 생각들은 우리의 의식적 지각에 접근하게 만든다. 프로이트는 헤르바르트의 연구를 알고 있었는데, 김나지움에 있을 때 구스타브 아돌프 린드너Gustav Adolf Lindner가 쓴 헤르바르트학파의 심리학 교과서로 공부했기 때문이었다.

프로이트는 생물물리학에서 떠나 그의 멘토 요제프 브로이어의 경향을 따르고 있었다. 브로이어는 페히너의 열렬한 찬미자이고 에발트 헤링의 학생이었다. 프로이트는 1884년에 프라하에 있는 헤링의 실험실에 일자리를 제안 받았었고, 그 생리학자의 에세이를 "걸작"이라고 부르면서 크게 찬양했었다. 그 시대의 많은 사람들같이, 프로이트도 헤르만 헬름홀츠의 연구를 존경했고 이 생물물리학자가 무의식의 심리학을 연구하기 시작한 후에도 존경심은 줄어들지 않았다.

그러나 정신물리학을 받아들이기 전에 프로이트는 어떤 심각한 비평과 씨름해야만 했다. 프란츠 브렌타노는 이 방법이 욕구와 의지의 작용과 같은 대부분의 심리학적 현상을 다룰 수 없다고 지적했다. 지그문트 엑스너도 정신물리학에 반대의견을 내놨다. 프로이트가 감각기능의 생리학에 대한 엑스너의 강의에 참석하고 있을 때, 질적 지각들qualitative perceptions과 함께 양적 감각quantitative sensations을 연구하는 것은 신뢰할 수 없다고 그가 주장하는 것을 듣게 되었을 것이다.

프로이트는 마음을 연구하기 위해서 정신물리학적 모델의 대안들을 고려하고 있었다. 같은 의학 사전에서, 프로이트는 실어증aphasias에 대한 두 번째 익명의 출품작을 썼는데, 말하기 또는 언어의 이해에 결함을 일으킨 병에 대한 것이었다. 사전의 출품작을 완성한 뒤 프로이트는 실어증 연구에 깊이 들어갔고, 3년 후 《실어증에 대해서 : 중대한 연구》를 출판했다. 이 얇은 책에서, 그는 이 병에 대한 마이네르트의 엄격한 해부학적 접근을 거부했다. 프로이트는 마이네르트의 심리학적 언어와 해부학적 언어의 혼합은 단지 혼란만 가중시킨다고 주장했던 사람들의 의견을 반영했다. 누구도 신경이 언어나 생각을 담고 있다고 자신 있게 말할 수는 없었다.

빌헬름 분트는 후에 실어증에 대한 프로이트의 연구를 정신물리학적 분석을 위한 논증으로 생각했다. 그러나 실어증을 연구하는 동안 프로이트는 마음과 뇌에 대한 다른 접근을 탐구하고 있었다. 프로이트는 "심신평행론psychophysical parallelism"을 옹호했던 영국 신경학자 존 잭슨John Hughlings Jackson을 인용하면서, 아마도 어떤 사람은 마음과 뇌의 일들이 평행으로 운영될 거라고 생각할 수 있다고 말했다. 잭슨은 신경학을 단순화하기 원했는데, 신체적 시스템과 정신적 시스템을 서로에게 영향을 주지 않는 두 개의 구별된 영역으로 분리했다. 이 두 영역들의 교차 지점의 부족은 신경학자를 심리학의 문제로부터 자유롭게 했고, 반대로 심리학자가 몸의 신비스러운 영향들에 대한 근심을 멈출 수 있도록 해주었다. 잭슨은 이것이 실용주의적인 구분이고 너무나도 복잡한 분야의 연구를 촉진하기 위한 것이라고 곧바로 인정했다. 그는 이러한 분리가 정신적인 것과 신체적인 것이 어떻게 상호작용하는가의 문제를 단순히 우회하려는 투박하고 견실하지 못한 시도들을 중단시키기를 원했다.

심신평행론은 언어능력 연구를 위해서는 유용했을지 몰라도 결국에는 프로이트에게는 쓸모없는 것이 되었다. 몸으로부터 마음을 봉인하는 것은 히스테리 연구에 깊이 몰두하고 있는 의사를 도와줄 수는 없었다. 살페트리에르에서의 경험은 마음이 뇌와 몸에 영향을 준다는 것을 확신하게 했다. 프로이트는 마음을 통해서 몸에 영향을 주는 시도들과 밀접하게 관련되어 있었고, 바로 그런 것을 하기 위해서 암시치료, 최면, 정신적 치료를 해 왔다. 프로이트는 뇌에서 마음을 분리할 수가 없었다. 그는 다른 방법을 발견해야만 했다.

IV.

《히스테리에 대한 연구》의 출판을 앞두고 있을 때, 지그문트 프로이트는 마치 열병에 걸린 듯 마음의 기능에 대한 웅대한 이론을 만들고 있었는데, 그 안에는 심리적 갈등과 방어의 역할이 있었다. 이러한 열정적인 노력을 자신의 개인적인 "군주"라고 불렀다. 하루 동안의 긴 임상 작업 뒤에 프로이트는 저녁 11시 정도에 책상에 앉아 물리학, 생물학, 신경학, 심리학을 통합하려고 밤늦도록 애썼다. 코카인으로 힘을 얻으면서 신경학자들을 위한 심리학을 만들고자 했다. 이 연구는 프로이트의 "과학적 심리학을 위한 프로젝트"로 알려지게 된다.

심리적 방어에 대한 프로이트의 방어는 점점 커졌다. 그는 "성질, 잠, 기억, 짧게 말하자면 심리학의 모든 것"에 대한 이슈들의 큰 그림을 만들 필요가 있다고 생각했다. 흔들림 없이 그는 앞으로 나아갔다. 여름에서 가을로 접어들면서 그는 많은 기록들과 오랫동안 씨름했다. 가장 기본적인 신경계의 과정들에서부터 내적 경험의 복잡성에 이르기까지 포함할 수 있는 마음의 모형에 대한 밑그림을 공책 한권 한권에 채워갔다. 당연히 프로이트는 스승들의 다양한 가정에 의지했다. 1895년 9월 25일에 쓰여진 초고는 마치 1850년대의 생물물리학의 성명서처럼 시작되었다. "목적은 자연과학이 될 수 있는 심리학을 제공하는 것이다. 즉, 정신적 과정을 양적으로 한정된 특정한 물질적 입자의 상태들로 나타내는 것이다."

하지만 이렇게 하기 위해서 프로이트는 오히려 칸트철학의 방법을 택했다. 1880년대에, "칸드로 돌아가자"는 운동은 독일 지역에서 가속도가 붙었다. 이 운동은 추론적인 형이상학뿐만 아니라 과학의 기치 아래 일반적으로 통과됐던 유물론적 추론들도 거부할 것을 요청했다. 이 기간 동안에, 프로이트는 칸트의 "《순수 이성 비판》을 샀고 그 책에 주해를 달았다. 칸트의 영향은 이 "프로젝트"에 명백하게 드러난다. 그 철학자처럼 프로이트는 연역적인 이론들이 실험적인 증거를 위한 탐구를 안내할 것이라고 인정하고, 사실들을 연결할 수 있는 2개의 선험적 일반원리a priori theorems를 중심으로 그의 과학적 심리학을 체계화했다. 결국, 이러한 일반원리는 새로운 증거들과 일치하게 재형성되고 수정될 수 있을 것이다.

프로이트의 선험적 일반원리는 물리학과 생물학에서 왔다. 첫 번째는 뉴턴의 운동과 에너지 보존 법칙들에서 왔다. 1892년, 프로이트는 이러한 생각들을 심리학에 효과적으로 적용할 수 있다는 것을 알게 된다. 브로이어에게 쓴 편지에서 프로이트는 이렇게 설명했다. 신경계는 들어오는 흥분들을 연상association이나 움식이는 행위를 통해 처리하는 것으로 항구성을 추구하고 있다. 생각 또한 신경계의 평정상태를 혼란시킬 수 있는데 생각들과 연관되어 있는 정서는 밖으로 방출될 필요가 있기 때문이었다. 프로이트의 "프로젝트"에서, 이 원칙이 모든 정신적 기능을 안내할 수 있을 것이다.

프로이트의 두 번째 일반원리는 신경계, 즉 뉴런의 기본적인 해부학적 단위에 근거를 두고 있다. 이러한 세포들은 신경계의 에너지를 처리하기 위한 필수적인 단위이며 에너지로 충전되어 있다. 어떤 것들은 에너지를 이동시키므로 에너지를 분산시킬 수 있고, 다른 것은 그렇게 할 수 없다. 심리학에 대한 어떤 추정도 신경이 작동하는 방법들과 일관되어야만 한다.

이러한 주된 법칙이 정해지자, 그것을 가지고 프로이트는 가설을 세우기 시작했다. 신경계가 운동 뉴런들과 감각 뉴런들을 진화시키는 것 같이 뇌는 다른 기능들을 수행하는 특정한 뉴런들을 발달시킨다고 가정했다. 투과성 "피Phi" 신경세포들은 새로운 자극들을 받아들이며 지각에 결정적인 역할을 한다. 좀 더 비투과성인 "프시Psi" 세포는 그것들의 내용을 단단하게 제어하며 기억의 성질을 설명해준다. 끝으로 프로이트는 대담하게 세 번째 체계인 "오메가Omega" 뉴런을 가정한다. 오메가 뉴런은 에너지의 양을 심리적 성질로 변형한다. 이러한 세포들은 에너지를 내적 경험, 의식, 지각으로 바꾸어주는 마법적인 실제들인 것이다.

그렇지만, 이러한 마법 같은 것이 어떻게 발생할 수 있을까? 프로이트는 요하네스 뮐러의 영향을 받은 많은 과학자들과 같이, 그런 질적인 것들qualities은 세상에서 발견되는 것이 아니라 뇌에서 만들어진다고 주장했다. 그는 주기적 리듬과 양적quantitative 자극들의 패턴이 질적인 것으로 지각되어지는 것이 분명하다고 제안했다. 프로이트는 오메가 시스템은 양적 주기를 지각하고 그것을 신호로 변형시킨다고 추론했다. 그것에 의해서 의식이 나타난다.

"프로젝트"는 또한 마음의 역동적 모델을 포함하고 있었다. 쇼펜하우어나 마이네르트와 같이, 프로이트는 소망이 가지고 있는 몰고가는 성질wishful driveness을 정신적 삶의 중심에 놓았다. 만족을 위한 내면의 압박에 의해서 주의력이 집중된다. 우리는 우리가 발견하기 원하는 것을 찾는다. 마이네르트 같이, 프로이트는 상위의 과정들이 이러한 몰아가는 행위를 억제한다고 주장했다. 정신적 방어들은 코드화되고, 기억되고, 필요할 때마다 재생산 된다. 방어들은 단순히 병리적인 것뿐만 아니라 건강에도 중요한데, 사람이 내적 욕구와 외적 실체의 차이를 구별하게 해주고, 동물적 욕구를 넘어서 이성을 발전시킬 수 있게 도와준다. 제한받지 않은 소망은 오직 한 곳, 꿈에서만 지속된다.

심리학에서 정신병리학psychopathology에 이르기까지 이러한 열정적인 스케치 안에 더 많은 것이 있었다. 결국, "모든 것은 톱니바퀴가 맞물리듯이 각자 자리로 들어간 듯 보인다. 그것은 지금은 정말 하나의 기계machine이고 곧 그것 자체로 기능하게 될 것이라는 인상을 받았다."고 프로이트는 보고했다. 그러나 이 프랑켄슈타인의 몬스터는 결코 눈을 깜박거리고 실험실 책상으로부터 서서히 일어나지 않을 것이었다. 11월 말에, 프로이트는 고백했다. "나는 그 심리학을 생각해 냈던 나의 마음의 상태를 더 이상 이해하지 못한다." 그것은 "일종의 광기"였다. 그는 이 초안을 포기했고 발표하지 않았다.

그 "프로젝트"는 마음에 대한 다양한 철학적 그리고 과학적 개념들을 평가할 수 있게 해주는 시도였다. 이러한 노력의 핵심은 피, 프시, 오메가 뉴런들에 기초해서 마이네르트가 했던 것과 같은 심리학과 해부학을 결합하는 시도였다. 그러한 생물학적 토대가 엄청난 이점들을 제공하는 듯했지만, 프로이트는 궁극적으로 그것이 빛 좋은 개살구 같다는 결론을 내렸을 것이다. 브로이어가 경고한 것 같이, 만약 "우리가 '생각idea' 대신에 '대뇌 피질의 흥분'에 대해서 이야기하는 것을 선택한다면, 후자의 용어는 우리가 망토를 두른 옛 친구를 알아보고, 조용히 그 '생각'을 복귀시키는 경우에만 어떤 의미를 갖게 될 것이다." 현실은 피, 프시, 오메가 뉴론들과 같은 것은 없다는 것이다. 그들은 단지 심리학적 기능들의 설명을 위해서 만들어진 것이고, 모조-과학적 이름이었다.

"프로젝트"에서, 프로이트는 정신물리학의 기대에 대한 평가를 하기도 했다. 프로이트는 그의 뇌 모형에서 심리적 영역을 주장하면서, 의식, 인력human agency, 심리적 인과관계, 심리적 방어에 대한 자리를 마련했고, 내적 성찰에서 온 자료들을 활용할 수 있었다. 그러나 이 모델은 꽤 제한적이었는데, 심리학은 어떻게든 물질적 변화들과 연결될 수 있는 현상에만 집중해야 했다. 이러한 틀은 지각의 심리학을 가능하게 했지만, 브렌타노가 지적한 것처럼 다른 심리학적 문제들에 대해 제시할 것은 거의 없었다. 정신물리학은 내면의 심리적 경험들과 생리학적 변화들 사이의 결합을 주장했는데, 그 부분들의 그러한 결합이 가능하건 그렇지 않건 결합을 밀고 나갔다. 1890년에 정신물리학의 가장 저명한 대변인이었던 빌헬름 분트는 공개적으로 이러한 접근의 포기를 선언했고 오로지 심리학을 연구하는 것을 지지했다. 이러한 배신에 충격을 받은 헤르만 헬름홀츠는 그의 생애의 마지막에 많은 에너지를 정신물리학을 지원하는

데 전념했다. 그것은 헛된 노력이었다. 분트의 실험적인 심리학이 인기와 명망을 점점 얻으면서, 더욱 오래되고 기세가 꺾기고 있었던 정신물리학에 대한 비판으로서 작용하게 되었다.

이러한 이론적인 풍경의 변화 속에서, 지그문트 프로이트의 "프로젝트"는 집필되었고, 버려졌다. 1896년에 늙은 사자들(브뤼케, 마이네르트, 헬름홀츠)은 모두 죽었다. 프로이트는 아직 마음의 거대한 도식을 만드는 꿈을 좇고 있었지만 길을 잃은 듯했다. 1896년 2월, 그는 이렇게 썼다. "나는 계속해서 심리학, 정말이지 메타심리학metapsychology에 몰두되어 있다." 그리고 10개월 후에도 "이상적이고 비통에 잠긴 자식-메타심리학metapsychology"을 헛되이 추구하고 있다고 보고했다. 이러한 추구는 철학적 지식을 향한 젊은이 특유의 욕구로 가득 차 있었고, 포스트-칸트철학적 심리학을 지배하고 있었던 현상들에 집중되었다. 프로이트는 아쉬운 듯이 이렇게 썼다. "내가 지각에 대한 심리적 특성을 완전하게 설명할 수 있다면……, 나는 새로운 심리학을 묘사했어야 했다." 그러나 이 프로젝트의 끝은 보이지 않았고 프로이트도 그것을 알고 있었다. 1897년이 되었을 때 그는 용감한 표정을 짓고 동료 빌헬름 플리스에게 소리쳤다. "우리는 조난 당하지 않을 것이다. 우리가 찾고 있는 해협 대신에, 우리는 대양을 발견할 수도 있다……. 나에게 10년을 더 주시오. 그러면 나는 신경증들과 새로운 심리학을 끝낼 수 있을 것이오."

V.

1896년 10월 23일, 프로이트의 아버지 야코프가 죽었다. 이것은 40세였던 의사를 흔들고, 비통과 자기 성찰의 시기를 시작하게 하는 격변의 사건이었다. 후에 프로이트는 아버지의 죽음을 "한 남자의 삶에서 가장 중요한 사건이었고 가장 통렬한 상실이었다."고 회상했다. 프로이트는 자신을 돌보기 위해서 심리적 자기 분석을 시작했다. 그는 자신이 신경증의 문제를 가지고 있는지 의심했었다. 의사들은 자기 자신들에게 실험하고, 자신들을 심리학적인 탐구의 대상으로 삼는 존중할 만한 오랜 역사적 전통이 있었지만, 이것은 좀 낯선 것이었다. 왜냐하면 누가 자기 자신의 주관성의 무의식적 경향을 어떻게 객관적으로 탐구할 수 있겠는가?

만약 훈련된 자기 관찰self-observation이 의식적 삶의 관찰을 위해서 커다란 결함을 가지고 있다면, 그런 자기 관찰을 통해서 당연히 프로이트는 정신적 분석에서 찾고자 하는 자신의 해리된 무의식적 내용들은 볼 수 없을 것이다. 마음의 무의식 깊숙한 곳을 찾으려 했던 낭만파 사람들은 대마초라든가 취하게 하는 다른 것들로 시도했었다. 그러나 만약 프로이트가 그러한 것을 했다면, 자연주의적 연구라고 주장할 수 없게 되었을 것이고, 보들레르가 말한 "인위적인 낙원les paradis artificiels"에 들어갔을 것이다. 자기 최면이 가능성을 제공했었지만, 실험실과 자신을 관찰할 보조자들 없이 프로이트는 이 잃어버린 시간들 중에 어떤 것을 기억해 낼 수 있겠는가?

프로이트는 그의 꿈들로 관심을 돌렸다. 최면은 잠의 한 형태라는 낭시학파의 신념을 기반으로 프로이트는 꿈의 삶을 무의식, 즉 최면적 환영과 비슷하다고 생각하게 되었다. 프로이트는 그의 아버지 죽음 훨씬 전부터 꿈들에 대해 호기심을 가지고 있었고 신경증 환자들의 분석에 꿈들이 등장하면서 그 꿈들을 더욱 진지하게 받아들이기 시작했다. 1895년 7월에 빈이 내려다 보이는 칼렌버그에 있는 벨뷰 호텔에 머무는 동안, 프로이트는 길고 생생한 꿈을 꾸었고 거듭이 꿈을 꾸게 된다. 그 꿈에서 그는 파티에 있었고, 다른 의사들과의 대화는 크게 잘못된 치료에 대한 이야기로 흘러갔다. "이르마의 주사"의 꿈을 통해서 프로이트는 결국에는 이러한 방법으로 무의식을 접근할 수 있다고 확신하게 되었다. 이러한 내적 광경의 분석은 프로이트가 몇 년 전에 가정했던 것을 확증해 주었다. 꿈은 사막에서 사람들이 보는 이미지들과 같다. 그것들은 욕구의 환영들이다.

그 여름밤 이후에, 프로이트는 그의 꿈들에 더욱 주목하기 시작했다. 일 년 후 그의 아버지가 묻히던 날 밤, 그는 다른 꿈을 꾸었다. 그는 "당신은 눈을 감아야 합니다."라는 표시가 있는 낯선 장소에 있었다. 프로이트는 그 장소를 알아보았다. 그곳은 그가 가던 이발소였다. 그의 아버지 장례식 날에, 그는 그곳에서 오랫동안 머물렀고 장례식장에 늦게 도착했다. 그가 왔을 때, 가족은 화가 나 있었고 기분이 상해 있었다. 프로이트는 그 꿈을 자식으로서의 의무를 수행하라는 명령과 아버지에게 소홀히 했던 것에 대한 자기 비난으로 해석했다.

"당신은 눈을 감아야 합니다." 이 명령은 프로이트가 지각의 심리학에 대한 관심이 줄어들고, 잠의 환영적 세계에 관심을 두게 되면서 더 많은 의미를 지니게 되었다. 1897년 봄, 그는 꿈의 이론에 대해서 드디어 연구하기 시작했는데 이번에는 "매우 확실하다"는 느낌이 왔다. 몇 달 후에 체계적으로 자신의 자기 분석을 시작했다. 모든 꿈에는 고집스러운 충동이 숨겨져 있다는 가정을 하면서 프로이트는 그의 아버지의 죽음 이후의 꿈들을 기록해 나갔다. 자신 안으로의 창문을 비집어 열기 위해서 자신의 꿈들을 적고, 시간차를 두고 또 다시 그 꿈들을 적은 다음 그 초안들의 차이점을 분석하는 것과 같은 기법을 개발했다. 차이점들은 자기 자신의 방어들의 결과이고 갈등의 영역들을 나타내고 있을 것이라고 프로이트는 생각했다. 이것은 독창적인 방법이었는데 사람이 자기 자신에 맞서서 생각하게 하는 수단이었다. 프로이트는 자신의 자기 분석에 더 많은 시간을 투자하게 되었다. "나의 자기 분석은 실제로 내가 현재 가지고 있는 가장 근본적인 것이다."라고 1897년 10월 15일 빌헬름 플리스에게 말했다.

같은 편지에서, 프로이트는 그가 발견한 원초적 소망을 누설했다. "나는 나의 엄마와 사랑에 빠졌었고 나의 아버지를 질투했다는 것을 발견했다. 그리고 나는 지금 이것이 초기 어린 시절에 일어나는 보편적인 사건이라고 생각한다. 만약 그렇다면, 우리는 오이디푸스 렉스Oedipu Rex의 사로잡는 힘을 이해할 수 있을 것이다……. 청중 중에 모든 사람들은 한 때는 환상 속에서 어린 오이디푸스였고, 각자 이러한 꿈의 성취가 현실로 될까봐 공포심에 뒷걸음질 친다." 프로이트는 자신의 꿈을 음미하면서, 그의 어린 시절의 질투와 경쟁심이 그에게 커다란 죄책감을 주었는데, 특히 그의 동생 율리우스가 죽은 후에는 더욱 그랬다는 것을 알게 되었다.

프로이트는 꿈에 대한 새로운 책의 상당 부분을 완성했다. 이러한 내적 극장에 대한 관심은 "내가 상상했던 것보다 심리학으로 더욱 깊이" 인도해주었다. 사실이 그랬다. 많은 부분을 쓰고 다시 쓰면서, 지그문트 프로이트는 1899년 11월에 《꿈의 해석》을 출판했다. 이 책이 완성이 되었을 때, 두 권의 책이 되었다. 하나는 꿈의 진정한 의미를 발견하기 위한 새로운 방법들을 자세히 묘사했다. 두 번째 것은 마음의 정신물리학적 모형이었는데, 마음의 전형적인 활동으로서 꿈꾸는 것dreaming을 선택했다. 지각perception이 아니었다. 프랑스의 심리학자들이 쓴 어떤 것과도 다르게 프로이트의 꿈 책은 부분적으로 칸트와 쇼펜하우어였고, 부분적으로 브뤼케, 엑스너, 마이네르트였고, 부분적으로는 헬름홀츠, 헤링, 페히너였다. 그리고 그것의 최종 종합적 형태에는 프로이트가 있었다.

꿈의 세계는 오랫동안 철학자들과 시인들, 작가들이 매료되었던 분야였다. 왜 우리는 꿈을 꿀까? 꿈들은 무엇을 나타내는 것일까? 꿈꾸는 것은 본질적으로 의식의 다른 형태인가? 왜 우리는 어떤 꿈은 기억하고 어떤 것은 기억하지 못하는가? 《꿈의 해석》에서 프로이트는 이러한 오래된 미스터리를 다시 두드리며 자신의 생각들을 아리스토텔레스, 아르테미도로스, 칸트, 셸링, 쇼펜하우어 같은 철학자들의 생각들과 어우러지게 했다.

오랫동안 괴롭게 했던 질문들이 꿈의 과학적 연구에서도 나타났다. 프로이트가 그의 연구에 착수했을 당시, 꿈은 정신적 삶의 내면적 흐름을 실증적으로 연구하기 위해 잘 구축된 경기장이었다. 1894년, 미국의 심리학자들이 영국, 프랑스, 독일의 기고자들부터 모은 모든 학문적 연구들의 목록을 실은 《심리학적 목록》을 편집하고 있었을 때, 한 분과를 "수면, 꿈, 잠재의식"에 할애했다. 그 기간 동안에 매년 이 주제에 대한 10개에서 20개 정도의 연구들이 발표되고 있었다. 이러한 연구들은 서로 다른 접근을 취하였는데, 꿈을 이해하는 데 가장 중요한 두 개의 도식은 프로이트가 잘 알고 있었던 최면술사들과 정신물리학자들의 공동체에서 왔다.

앙브루아즈 오귀스트 리에보Ambroise Auguste Liébeault는 최면은 꿈꾸는 것의 한 형태라는 그의 논점을 적극적으로 추구해 나갔다. 이 주장은 꿈은 일종의 잠잘 때의 광기라는 오래된 신념을 상기시켰다. 프로이트는 독자들에게 다음과 같은 정보를 제공했다. "칸트는 어딘가(1764)에서 미친 사람은 깨어있는 꿈꾸는 사람이라고 썼다……, 쇼펜하우어는 꿈은 잠시 동안의 정신착란이고 정신착란은 긴 꿈이라고 말했다." 이러한 경구를 진지하게 받아들인다면, 꿈을 꿰뚫는 것을 통해서 아마도 정신병의 미스터리를 밝혀줄 수 있다는 것을 의미했다.

정신물리학자들도 연구한 적이 있는 꿈의 세계는 그들에게 커다란 어려움을 주었다. 정신물리학은 외적 자극들이 지각과 의식에 기록되는 방식에 집중했다. 꿈은 그것과 대조되는 것처럼 보였다. 꿈은 눈을 감고 있는 동안 일어나는 생생한 경험이었다. 만약 지각적 자극들의 영향을 받았다면 그것은 매우 작은 부분이었을 것이다. 그럼에도 불구하고 정신물리학자들은 그들의 방법을 고집했고, 외적 자극이 잠 의식으로 조용히 침범해서 정신적 활동의 동요를 부추겼을 것이라고 가정했다. 분트는 잠자는 사람에게 밤에 일어나는 시끄러운 바람은 울부짖는 늑대의 무리가 될 수 있다고 주장했다. 꿈은 자극을 받아 일어난 환영illusions이라고 그는 주장했다.

정신적 삶을 과학적으로 알 수 있다면 그것은 반드시 법칙lawful이 있어야 하고, 결정론적deterministic이어야 하지, 우연한 사건들에 기초해서는 안 된다고 프로이트는 주장했다. 꿈들은 단지 밤에 문이 꽝 닫는 소리의 결과일 수는 없고 기본적으로 내적으로 결정되었을 것이다. 암시에 대한 논쟁에 직면했을 때, 프로이트는 물었다. "내적이며 법칙이 있는 꿈의 원인은 무엇일까?" 많은 이들이 굶주림의 고통이나 소화불량 같은 내적 신체적 자극들이 꿈의 촉매작용을 했을 것이라고 이미 제안했었다. 그러나 내적 심리적 원인들은 어떤 관련이 있을까? 분트는 이 가능성을 부인했고, 프로이트는 분트와 그의 추종자들을 그들 자신들의 신념의 포로가 된 관념론자라고 일축했다. 심리학적 실험주의자들로서 그들은 실험에 공개된 모든 것을 과대평가했다. 그는 그들과 정신과 의사들에게 도전했는데 그들은 심리학적 힘들을 꺼려했고, "마치 그러한 것들을 인정하는 것이 자연철학의 시대와 마음의 본질의 형이상학적 견해를 불가피하게 다시 가지고 올 수도 있다고" 생각하는 듯했다. 과학자들이 정신적 삶에서 생물학과의 관계성을 발견할 수 없었다 할지라도, 그 문제로부터 숨을 이유는 없었다.

프로이트는 이러한 비평과 함께 견실한 기반 위에 있었다. 분트와 그의 동료들은 외부의 신호들이 꿈에서의 모든 지각적 경험들을 일으킨다는 설득력 없는 개념을 주장함으로써 정신물리학의 한계점만을 드러낼 뿐이었다. 대조적으로, 프로이트는 내면의 심리적 원인들을 연구하는 방법을 제안했다. 그가 1895년 히스테리에 대해서 저술할 동안에 직관적이었던 것같이, 그 방법은 문학과 물리학 사이 중간쯤 있는 것이었고 몸의 에너지 과정들을 위한 모델뿐만 아니라 문학적 분석을 요구할 수 있었다.

프로이트의 접근은 1895년 벨뷰 호텔에서 꾼 이르마의 주사에 대한 꿈 이후로 상당히 발전되었다. 실제로 그는 자신이 바로 그 호텔에서 미래의 장식판plaque을 상상했다는 확신을 가지게 되었다. "1895년 7월 24일, 꿈의 비밀이 의사 지그문트 프로이트에게 스스로를 드러냈다."라고 선언했다. 《꿈의 해석》에서 이르마의 주사의 꿈은 독자들을 위해서 심리학적으로 해부되어지는 견본으로 기능했다. 프로이트가 그 꿈을 이야기하는 데에는 1페이지도 필요하지 않았지만 그것을 설명하는 데에는 10페이지가 필요했다. 마치 고대의 시를 읽는 것 같이, 프로이트는 한줄 한줄, 표현 하나 하나, 잃어버린 정황들과 관계들을 찾기 위해 아주 상세하게 그것을 다루었다. 그는 깨어있는 주체에게 일으키는 느낌들, 기억들, 빗나간 생각들에 크게 의지했고, 언제나 세부사항들을 살폈는데, 그것들이 더 큰 의미를 드러낼 수 있었기 때문이었다. 마치 꿈이 히스테리적 환상인 것처럼 생각하면서 진행했다. 그의 임무는 깨어진 관념연합들을 재건하여 그것을 전체적이고 의미 있는 것으로 만드는 것이었다.

이러한 해석학적 접근은 어려운 것이었는데, 히스테리의 증상과는 다르게 꿈은 관찰할 수 없었기 때문이었다. 더욱 어려운 것은 그것들은 종종 기억되지 않았고, 찢어진 조각들로만 의식에 이르렀다. 프로이트는 꿈을 혼란케 하는 사고들은 무작위적이지 않고 그것들 안에 단서가 있다는 생각을 고수했다. 단지 환자들이 사건들을 그들이 경험한대로 착실하게 보고해주면 되었다. 불운하게도 그것 또한 문제가 있었다. 이러한 방법이 효과적이기 위해서 프로이트는 상상하기 힘든 수준의 협조와 솔직함을 요구했다. 그 꿈 책에서 프로이트는 일종의 훈련된 내적 성찰을 제안했는데, 이것은 철학자들이 오랫동안 옹호해 왔고 콩트, 브렌타노, 다른 사람들이 문제를 제기했던 논란이 많았던 방법이었다. 그럼에도 불구하고 프로이트는 환자들에게 그들의 내적 삶, 지나가는 생각들, 느낌들을 주의 깊게 보고, 그들이 관찰한 것에 가감하지 말라고 요구했다. 그들은 비평하거나, 삭제하지 말아야 하고, 단순히 보고해야 했다. 이러한 자기 성찰을 돕기 위해서, 프로이트는 환자들에게 그의 터키산 침대에 누우라고 했다. 그들에게 눈을 감으라고 요구했는데, 이는 시각을 통해서 오는 압도할 만큼 많은 자극들을 차단하고, 환상, 생각, 느낌의 내적세계에 집중하는 것을 용이하게 하기 위해서였다. "당신은 눈을 감으셔야 합니다."

이르마의 주사 이야기를 분석하면서, 프로이트는 죄책감에서 벗어나고자 하는 숨겨진 소망을 꿈이 어떻게 드러내는가를 보여주었다. 그것으로부터 꿈은 원초적 소망의 성취라는 매우 단순한 주장을 밀고 나갔다. 다양한 종류의 소망들은 수많은 꿈들의 이유가 된다. 만약 당신이 잠자리에 들기 전에 짠 멸치를 먹었다면, 아마도 물을 마시는 꿈을 꾸게 될 것이다. 프로이트는 한 젊은 여성에 대해서 이야기했는데, 그녀는 병든 아이를 간호하고 있는 동안에 사회로부터 격리되어 있었다. 그 기간 동안에, 그녀는 알퐁스 도데Alphonse Daudet 같은 고귀한 사람들이 참석하는 축제 파티에 대한 꿈을 꾸었다. 그것은 분명하고 단순하게 보였다.

만약 꿈이 만족스러운 원초적primal 경험으로 돌아가고자 하는 환각적 시도라면, 어떻게 파티에 가는 것이, 그것이 중요한 파티라고 해도, 원초적 경험이 될 수 있는가? 악몽은 어떤가? 그것들도 소망의 성취인가? 모든 꿈의 근원적인 의미가 소망의 성취라고 주장하면서, 프로이트는 이러한 단서를 덧붙였다. 원초적 소망들은 그것들의 존재를 직접적으로 드러내지 않는다. 그것들은 변장을 하고 나타난다. 마음은 "정치적 작가"와 같은데, "권력이 있는 사람들을 불쾌하게 할 진실을 가지고 있다." 그리고 간접적인 상징들을 통해서만 검열을 피해서 그런 것들을 말할 수 있다. 소망은 그것이 정신적 검열을 피할 수 있을 때만 표현될 수 있다. 사람들이 그들의 꿈에 대해서 기억하는 것은 단순히 거슬리지 않는 드러난 내용manifest content이다. 더욱 깊이 있고, 더욱 마음을 어지럽게 하는 소망들은 유명인과 저녁을 즐기는 젊은 여성과 같아서 악의가 없어 보이는 그 꿈 밑에 놓여 있다. 더욱 심오한 층은 상징을 푸는 것을 통해서 꿈의 숨어 있는 의미latent meaning를 알게 되는 것에 도달할 수 있다.

더욱이, 꿈들은 그것 자체의 문장 구성법을 가지고 있다. 그것들은 직선적이지도 논리적이지도 않지만, 압축되었고 매듭으로 만들어진 상징적 언어이다. 이러한 각각의 상징들은 빙산의 일각이며 숨겨진 의미의 그물망에 있는 교차점이다. 어떤 하나의 꿈 요소는 단지 하나의 심리적 요소의 결과가 아니라 다수의 숨겨진 다른 자료들에 의해서 결정된 것이다. 꿈은 또한 프로이트가 전위displacement라고 부르는 것으로 구축되어 있다. 매우 격렬한 생각들은 검열을 살짝 지나갈 수 있는 부드럽지만 관련된 요소들에 부착되어 의식 속으로 몰래 들어온다.

분명히 지그문트 프로이트는 꿈에 대해 근본적으로 새롭게 생각하는 방법을 제시했다. 그러나 그는 자신이 그 이상의 것을 이루었다고 믿었다. 꿈은 의식과 마음의 구조에 대한 "보편적 타당성의 발견"에 이르게 해주었다. 본질적으로 마음은 꿈을 짜는 직공이었다. 그러므로 꿈의 연구는 "우리가 철학에게 기대했지만 허사가 되었던", 즉 정신적 삶에 대한 타당하고 광범위한 모형을 제공해줄 수 있을 것이다.

《꿈의 해석》의 두 번째 임무는 그러한 전제를 가지고 좋은 것을 만들어 내는 것이었고, 그 결과물이 프로이트의 마음의 지형학적 모델topographic model이었다. 이러한 생각은 단지 꿈의 탐구를 통해서만이 아니라 구스타브 페히너를 읽는 것을 통해서도 자극을 받은 것이었다. 1898년, 프로이트는 빌헬름 플리스에게 편지를 써서 그가 겨우 다 읽을 수 있었던 무수히 많은 꿈에 대한 재미없는 수많은 책들에 대해 불평했다. 하지만 한 작가가 무엇인가 생각하게 했다. 유일하게 "사리를 갖춘 것은 빼어난 단순성을 지닌 페히너의 생각이었다. 꿈 과정은 어떤 다른 정신적 영역에서 벌어진다. 나는 그 영역의 첫 번째 투박한 지도에 대해서 보고할 것이다." 프로이트는 그의 책에서 이것을 약간은 다르게 표현했다. "위대한 페히너는 이러한 생각을 내세웠다. '꿈의 현장은 깨어 있을 때의 관념적인 삶의 현장과는 다르다.' 이것이 꿈-생활의 특별한 독특성을 이해할 수 있는 유일한 가정이다." 이러한 통찰력에 감명을 받은 프로이트는 새로운 이론을 만들어 냈다.

그렇게 하기 위해서, 프로이트는 모든 정신적 현상들이 우주의 물리학 법칙들에 입각해 있다는 것을 주장했던 선험 원칙을 버리지 않았지만, 정신적 법칙을 어떤 특정한 뉴런이나 뇌의 영역과 연결시키려는 시도는 버렸다.

> 나는 우리가 여기에서 생각하고 있는 정신의 기관이 해부학적 표본의 형태에서도 우리에게 알려져 있다는 사실을 전적으로 무시할 것이다. 그리고 심리적 위치를 어떠한 해부학적 형식에서 결정하려는 유혹을 신중하게 피할 것

이다. 나는 심리학적 토양에 계속 머무를 것이다.

프로이트는 뇌의 이 부분 혹은 저 부분에 위치를 정하는 것으로써가 아니라, 그것보다는 조직화된 심리적 구조로 무의식과 의식을 개념화 했다. 이러한 심리적 위치의 투박한 지도는 꿈 책의 일곱 번째 장에서 다룬 이론에 나타났다. 여기서 저자는 의식과 무의식의 심리적 영역들은 벽으로 나뉘어져 있다고 주장했다. 페히너의 자극 문턱에 대한 간단한 개념과 다르게 프로이트는 적극적인 방어벽이 의식과 무의식의 영역을 분리시킨다고 주장했다. "검열"은 지장을 주는 요소들이 의식을 침범하는 것을 막는 국경 경비대로서 기능한다.

이러한 것을 가지고 프로이트는 이론을 만들었다. 그는 심리적 방어들이 잘 들어맞는 세련된 마음의 모델을 만들어 냈다. 마음은 단지 감각들과 경험들을 수동적으로 담는 그릇이 아니라, 능동적으로 자기 조절을 하고 의식을 보호한다. 정신적 내용들은 세 개의 카테고리로 나뉜다. 그것들은 "의식", "무의식" 또는 잠재적 의식인 "전의식"이었다. 정신적 일들은 이제는 두 개의 반대하는 힘들인 '소망들'과 '검열'의 분석을 통해서 이해되어질 수 있다. 칸트가 말한 것 같이, 프로이트의 무의식은 그 자체로는 알 수 없고 시간, 공간, 인과관계의 개념으로 구성되어 있지 않다. 그것은 반대도 없고, 대립도 없고, 논리적 카테고리도 없고, 그것보다는 동물적 열정과 같은 것이다. 이러한 숨겨진 영역의 힘은 그것이 의식에 미치는 영향을 통해서만 간접적으로 알 수 있다. 무의식의 어떤 것도 방어를 통과하지 않고는 의식에 도달하지 못한다.

지그문트 프로이트는 독일의 낭만주의자들과 자연철학자들과 같이 정신적 삶에 무의식이 매우 중요한 역할을 한다고 믿었고, 꿈에 의해서 분명하게 된다고 생각했다. 꿈에 대한 이러한 강조가 낭만주의의 맛을 풍길지라도 프로이트는 기계학적인 논리에 강하게 의존함으로 그것을 보완했다. 자극은 지각체계로 들어오고 운동행동을 일으키며 그 체계는 에너지가 낮은 상태로 돌아간다. 긴장tension은 불쾌한unpleasurable 것이고, 긴장의 방출이 바로 쾌감pleasure의 정의이다. 잠자는 동안, 운동적 발산의 억제는 신경의 흥분을 거꾸로 흐르게 하여 무의식적 기억들을 다시 살아나게 한다. 이것을 프로이트는 "퇴행regression"이라고 불렀다. 이러한 에너지의 역행은 어린 시절로부터 보존해 오던 만족에 대한 이미지를 자극하게 된다. 수면에서 퇴행은 환각hallucination으로 이어지고, 반면에 깨어 있을 때의 쓰라린 경험은 환각들이 그 자체로는 만족을 주지 못한다는 것을 입증해준다. 물의 이미지가 누군가에게는 갈증을 해소시켜주지는 못하기 때문에 이러한 마술적인 갈망은 고통스럽고 좌절스러운 것으로 점점 보류되어진다. 검열은 이러한 소망들이 의식으로 스며드는 것을 막는다. 그것들이 자유여행권을 얻는 유일한 시간은 잠을 자고 있는 동안이다.

프로이트에게 마음은 꿈들의 도시가 되었다. 꿈꾸는 것은 더 이상 이상한 현상이 아니었다. 오히려 그것은 의식과 지각의 문제들을 구조화하고 설명했다. 주관적 시각, 망상, 환상, 꿈들 그리고 의지의 왜곡된 힘 곧, 거의 100년 동안 독일 철학자들과 과학자들은 이러한 개념들을 사용해서 세계에 대한 지식을 구축하는 데 있어서의 정신의 역할을 얼핏이나마 보려고 했다. 프로이트의 모델에서 이러한 힘들은 근본적이었는데, 너무 근본적이어서 다른 것에 대해서는 거의 여지를 남겨두지 않았다.

그래서 프로이트는 또 다른 문제에 직면했다. 누구든지 생리학적 또는 심리학적 무의식에 대해 중요한 주장을 한 사람은 필연적으로 어려운 문제에 직면했다. '의식의 역할은 무엇인가?' 프로이트는 이 질문에 대답할 수 있는 도움을 동시대의 독일 철학자와 심리학자의 연구에서 발견했다. 뮌헨의 교수 테오도르 립스Theodor Lipps는 공감empathy의 개념을 발전시킨 사람으로 기억될 것이었다. 그는 또한 무의식의 과정들에 대한 생각들도 정교하게 만들었다. 1898년 여름, 프로이트는 자신의 생각들이 립스의 글에서 언급된 것을 발견하고는 놀랐다. 거의 한 달 후 프로이트는 자신과 립스가 "의식, 질quality 등등"에 대해서 같은 개념들을 만들었다는 것에 주목했다. 프로이트가 립스의 글에서 발견한 중대한 생각은 이런 것이었다. 의식은 일종의 내적 눈, 즉 생각들과 느낌들의 감각기관으로 볼 수 있다.

꿈 책에서 프로이트는 이러한 비유를 사용했다. 무의식의 힘을 수용하는 사람은 의식의 적절한 역할을 찾는 데 큰 어려움이 있다고 그는 썼다. 하지만 "다른 한편으로 우리는 우리의 의식체계와 지각체계 사이의 유사점으로 인해서 어려움을 극복할 수 있다." 이러한 체계를 사용하면서 프로이트는 지각이 작동하는 방법에 기초해서 무의식과 의식의 상호작용을 정의했다. 무의식은 미지의 외적 세계와 다를 것이 없다. 그것은 알 수 없는 양unknowable quantities을 의식에 드러내는데, 의식은 눈 또는 귀 같이 기능하고 이러한 양을 지각할 수 있는 심리적 질quality의 형태로 전환시킨다. 무의식적 내적 삶의 혼돈상태의 윙윙거림, 휘 하는 소리는 의식에 의해서 일관성 있고 지각할 수 있는 것으로 만들어진다.

이러한 생각을 이해시키기 위해서 프로이트는 이렇게 썼다. "가장 깊은 곳에 있는 무의식은 외적 세계의 현실만큼이나 우리에게 알려지지 않았다. 그리고 마치 우리가 외적 세계를 우리의 감각기관들의 커뮤니케이션에 의해서 불완전하게 알게 되는 것처럼, 무의식도 의식의 자료들에 의해서 불완전하게 알게 된다." 밖에 있는 세계도 그 자체는 알 수 없다. 내적 세계도 그와 비슷하게 알 수 없는 무의식의 영역 자체로 가득하다. 의식은 안과 바깥의 어둠 가운데 깜박거리는 약한 램프이다.

의식의 왜곡들을 연구하는 것을 통해서만 무의식의 숨겨진 손길을 인식할 수 있다. 무의식은 의식으로의 미묘한 침투를 통해 그 자체를 드러낸다. 이 과정을 프로이트는 "전이transference"라고 불렀다. 프로이트는 이전에 같은 단어, 'Übertragung'을 사용했는데, 뉴런의 에너지의 이동을 나타내는 방법과 히스테리의 잘못된 연결들을 묘사하는 심리학적 개념으로 썼다. 지금 그는 이전에 사용했던 두 의미들을 연결했고 그것들을 그의 새로운 방법의 중심에 놓았다. 무의식적 소망은 그것의 에너지를 전의식적 생각이나 지각으로 이동시킨다. 꿈에서 전의식은 인상들과 최근의 기억들로 차 있고, 그러한 것들이 "전이가 붙을 수 있는 접착점"을 제공한다. 이러한 설명에서, 잘못된 지식에 대한 프로이트의 이론은 헬름홀츠와 테오도르 립스가 묘사한 시각적 환상의 과정과 다르지 않았다. 그렇지만 그러한 모델들은 의지적인 오해라기보다는 인지적 실수였다. 프로이트는 우리가 잘못 받아들이는 것은 우리가 원하기 때문이라고 생각했다.

이것이 어둠의 내부로 가는 프로이트의 길이었다. 꿈의 해석은 그에게 "무의식으로 가는 왕도"였다. 꿈들, 즉 무의식적 삶의 극장에서 출현하는 잠의 비현실적인 아무것도 아닌 것들, 이러한 미스터리들이 실로 인간의 마음의 토대가 된 것이다. 이러한 신념을 공유했을 낭만주의 시인들과는 달리 프로이트는 꿈을 단일하고 법칙 있는, 보편적인 기계론적인 원인으로 압축했다. 꿈들은 원초적 소망들에서 시작된다. 마음은 소망하는 것의 기운과 그 힘에 반하여 일어나는 방어들로 조직화된다. 소망들은 환상적 꿈의 환영의 엔진이며 일상 속에 있는 욕구의 엔진이다. 오직 검열만이 우리가 환상에서 지속적으로 사는 것을 막고, 논리, 합리성, 그리고 더욱 슬픈 것은 방어적 신경증을 만들어 낸다.

《꿈의 해석》으로 프로이트의 심리적 인과관계와 정신적 갈등을 설명하려는 노력은 완성되었다. 히스테리를 연구하고 프랑스 정신병리학을 공부한 것을 통해서 프로이트는 심리적 원인들이 현실이라는 것을 인식하게 되었고, 5년 후 칸트 이후 철학자들, 생물물리학자들, 정신물리학자들이 가정한 먼 길을 여행한 후에 마음의 모델에 도달하게 되었다. 이것은 앞으로 더욱 발전하게 될 그의 생각들의 기반이 될 것이다. 생물물리학, 정신물리학, 심신평행론을 실험한 후에 프로이트는 생물학적 환원주의나 형이상학에 굴복하지 않으면서 그의 연구 대상인 마음과 뇌를 과학적으로 연구함에 있어서 심리적 원인들에 대한 공간을 만드는 방식을 만들어 냈다. 그의 모델은 심리학을 더욱 과학적으로 보이게 하려고 추론적인 해부학을 사용하고자 하는 유혹을 피했다. 그렇지만 프로이트는 마음은 여전히 뉴턴 이론의 법칙과의 조화 속에서 활동한다고 주장했다. 생각들을 에너지와 융합시키면서, 즉 정신적인 것을 신체적인 것에 융합시키면 내적 주관성, 운영자agency, 의도에 대한 자연주의적 연구를 할 수 있는 경계가 있고 풍요로운 공간을 열었다.

지그문트 프로이트의 꿈에 대한 책은 그것 안에 많은 것을 내포하고 있었지만, 그 가치를 알아챈 것은 단지 몇 명에 불과했다. 《꿈의 해석》은 거의 팔리지 않았다. 독일인과 오스트리아인 문인 사회의 몇 사람의 관심을 끌기는 했지만, 의사들과 과학자들 대부분이 그 책을 외면하게 되자 저자는 큰 실망을 하게 되었다. 그렇지만 프로이트는 소망을 바라는 무의식a wishful unconscious에 대한 자신의 이론에 의해 생겨난 다른 질문으로 넘어갔다. 무엇이 이러한 소망들인가? 모든 인간이 소망하는 것은 같은 내적 원천에서 오는 것일까? 무의식 안에 뉴기니의 원주민들에서부터 런던의 점원 그리고 로마의 수녀들에 이르는 모든 인간 존재를 연결하는 보편적이고 법칙이 있는 어떤 것이 숨어 있을까? 인간이 욕구의 근원을 밝혀내는 것이 마음에 대한 프로이트 이론의 마지막 단계가 될 것이었지만, 그곳에 도달하기 위해서 그는 오랫동안 자신을 난감하게 했던 미해결 미스터리로 다시 돌아가야 했다.

싸이키와 에로스의 불행한 결혼

> 그녀가 반드시 결혼해야 하는 것은 맹렬한 뱀이었다. ……
>
> *아풀레이우스*

I.

새로운 세기가 시작되면서, 지그문트 프로이트는 지난 15년간 일반 심리학과 정신신경증에 잘 들어맞는 이론들을 낳게 한 수고를 돌아보았을 것이다. 두 이론 모두 정신(psyche, 싸이키)이 내적 안정성을 유지하기 위해서 정신 자체의 내적 힘들로부터 그 스스로를 어떻게 방어할 필요가 있는지에 집중했다. 그러나 그는 아직도 마음을 어지럽히는 그 힘들의 정체를 정확하게 밝혀낼 수는 없었다. 무엇이 꿈 세계의 무의식적 소망들이고, 무엇이 히스테리를 일으키는 억압된 기억들이란 말인가? 《꿈의 해석》에서, 프로이트는 이러한 질문들이 완전히 해결될 수는 없다고 넌지시 말했다. 무의식은 칸트 철학의 누메논noumenon(실체), 즉 그 자체로는 알 수 없는 것과 같다고 생각했다. 그러나 불과 5년 뒤, 지그문트 프로이트는 그가 무의식의 내용들을 알고 있다고 확실하게(비평가들은 '너무 확실하게'라고 말할 것이다.) 말했다. 이러한 주장과 함께 그는 자신의 전체 이론에 필요한 퍼즐의 마지막 조각을 맞추었다. 그것은 몸에 뿌리를 둔 마음, 동물적 열정 안에 있는 인간의 이성, 그 종species 안에 있는 개인이었다. 이 빠진 조각을 발견하기 위해서 프로이트는 발전하고 있었던 과학의 한 분야에 관심을 돌렸는데, 그것은 오랫동안 은밀하게 진행되어왔던 침실, 사창가, 뒷골목, 비밀단체, 대중목욕탕, 술집, 시체안치소의 숨겨진 비밀들을 추적하는 그런 것이었다. 결국 신경증에 대한 프로이트의 이론과 일반심리학을 통합하는 핵심은 성생활에 대한 과학적 고찰에서 왔다.

성sexuality은 오랫동안 의사들의 고려 대상이었지만 제한적이었다. 의사들은 성적 습관들이나 성과 관련된 사고들이 병에 어떤 역할을 하는지에 관심이 있었다. 프로이트가 아직 젊었을 때, 그는 신경증에서의 성의 역할에 대해 관심을 갖게 되었다. 반면 샤르코와 그의 동료들은 여성들이 성적인 좌절로 인해서 히스테리가 된다는 옛날 방식의 생각을 부수는 강력한 연구를 세워가고 있었다. 샤르코와 그의 팀이 히스테리와 성적 문제를 연결시키는 생각을 "일종의 모욕"이라고 생각했다고 프로이트는 회상했다. 그럼에도 불구하고 어떤 의사들은 히스테리는 생식기의 문제라는 생각을 고수했다.

그런 의사들 중의 한 명이 베를린의 소아과 의사였던 아돌프 바진스키Adolf Baginsky였다. 그는 자위행위가 유아의 히스테리를 일으킨다고 믿었다. 파리에서 고국으로 돌아오는 길에 프로이트는 바진스키를 방문해서 앞으로 일하게 될 빈의 막스 카소비츠Max Kassowitz의 소아과 클리닉에서 의사로서의 일을 준비하고자 했다. 그 후 11년 동안 프로이트는 카소비츠 클리닉에서 아동기 신경성 질환들을 진료했고, 그 기간 동안 어린 시절에 받은 지나친 성적 자극이 어떤 신경성 질환들 뒤에 숨어 있다고 믿기 시작했다. 동시에, 프로이트는 외상으로 인한 히스테리를 가진 성인들을 치료했는데, 이러한 트라우마가 본질적으로 성적이라고 어렴풋이 느끼기 시작했다. 이러한 생각들에 대해서 진지하게 연구하고 있을 때, 프로이트는 그의 친구 빌헬름 플리스Wilhel Fliess에게 의지하고 있었다.

세파르디 유대인의 아들이었던 플리스는 베를린에서 학교를 다녔다. 그곳에서 헬름홀츠와 뒤브아 레이몽 밑에서 의학을 공부했다. 1883년 그는 베를린에 일반내과병원을 열었다. 그러나 그의 건강이 악화되었고 1886년에는 회복을 위해서 1년간 쉬기로 결정했다. 그는 이탈리아와 프랑스로 여행을 했고 1887년에 베를린에서 3개월 머물렀다. 그 시간동안 플리스는 프로이트를 만났고 깊은 우정이 시작되었다.

언뜻 보기에 이 두 남자는 어울릴 것 같지 않은 사람들이었다. 빌헬름 플리스는 코의 문제에 집중한 내과의사였고, 지그문트 프로이트는 신경증과 마음을 설명하는 데 열중했던 사람이었다. 그러나 둘은 신경계의 반사작용들이 생리학적인 삶을 만들어 내는 방법에 매료되었다는 공통점을 가지고 있었다. 두 사람 간의 서신왕래는 1893년 즈음에는 더욱 열정적이 되었다. 같은 해, 플리스는 신체 증상들의 거대한 복합체가 그가 "코의 반사운동 신경증"이라고 부른 것과 얽혀져 있다는 이론을 발표했다. 플리스는 코의 문제는 반사행동을 통해서 인체 전체에 영향을 주게 되고 성적 기관에 영향을 주고, 역으로 성적 장애는 코를 통해서 드러난다고 주장했다. 플리스에 따르면 어떤 코의 문제들은 신경쇠약으로부터 왔는데, 그와 "외국인 동료"는 신경쇠약은 "성적 남용"에서 기인한다고 믿었다.

신경쇠약은 미국인 의사인 조지 베어드George Beard에 의해서 소개된 정신과 진단인데 극도의 신경성 피로, 막연한 불안, 무감각으로 묘사되는 증상들의 뒤범벅이었다. 베어드는 이러한 사례들에서는 과잉으로 들어오는 신경의 자극들이 과잉 방출을 초래한다고 주장했다. 이 결과로서 일어나는 쇠약 뒤에는 어떤 알 수 없는 형질유전적 취약함이 있었는데, 지나치게 빠른 도시의 생활 속도와 직면하게 되었을 때 제대로 기능하지 못하게 된 것이라고 생각했다. 또한 베어드는 특정한 성적 신경쇠약에 대해서 주장했는데, 그것은 성적 약함과 무기력에서 드러난다. 그는 어린 시절 지나친 자위행위와 성적 활동의 자연스럽지 못한 형태들, 즉 오르가즘 없이 오래 끄는 흥분, 질외 사정, 콘돔의 사용 같은 것이 이 장애의 잠재적 원인들이라고 주장했다.

베어드는 신경쇠약을 "미국인의 신경과민"이라고 명명했지만, 이 질병은 그 국가의 경계 안에서만 있지는 않았다. 플리스의 외국인 동료인 지그문트 프로이트는 그의 임상에서 상당수의 신경쇠약 환자들을 보기 시작했다. 걷잡을 수 없이 조마조마하거나 드라마틱한 히스테리 환자들과는 달리, 이러한 환자들은 기력이 떨어져 있는 것처럼 보였다. 베어드의 성적 신경쇠약을 따라서, 프로이트는 그들의 신체적 붕괴에 기여하는 성적인 역할에 초점을 맞추었다. 결국 프로이트와 플리스는 과도한 자위행위가 성적 남용이고 신경쇠약을 일으킨다고 결론지었다.

자위행위는 오랫동안 의사들을 염려하게 했지만, 1870년대에 와서는 한때 의사들이 이 행위 탓으로 돌렸던 무서운 병들의 목록을 의학서적의 저자들이 조소하는 것은 흔히 있는 일이었다. 동시에, 이러한 권위자들은 비뇨기, 위장, 신경질환들의 목록을 작성했는데, 신경질환들이 자위하는 사람들을 괴롭히고 있다고 믿었고, 간질, 발기부전, 신경쇠약, 동성애, 히스테리를 포함하고 있었다. 플리스와 프로이트는 이러한 엄한 합창에 그들의 목소리를 더했다.

19세기 후반 유럽에서, 자위행위와 다른 성적인 행위들은 수치감, 거짓말, 침묵의 벽 뒤에 숨겨져 있었다. 프로이트는 그 벽을 부수고 그의 환자들을 손상시키고 있는 행위들을 발견하고자 했다. 그러한 발견 후에, 그는 자랑스럽게 이렇게 썼다. "누군가가 내가 한 것 같이 한 목표에 매진하여 그것을 찾으려고 하지 않았다면 이것을 못 보고 넘어갈 수도 있었을 것이다." 암시가 그의 결과물들을 왜곡할 것이라는 염려에도 단념하지 않고 프로이트는 연구를 계속 진행했다. 하지만 점점 더해 가는 고립을 어찌할 수는 없었다. 1894년 봄, 프로이트는 플리스에게 자신의 빈 동료들에 대해 불평하는 편지를 썼다. "그들은 나를 거의 편집광으로 본다. 하지만 나는 인간 본성에 대한 위대한 비밀들 중의 하나를 다루고 있다는 분명한 느낌이 있다."

그 위대한 비밀은 외상적 히스테리의 원인이 공장에서의 사고들, 기차의 덜컹거림, 혹은 무작위로 일어나는 넘어짐이 아니라, 오랫동안 잊고 있었던 신경계에 가해진 성적 충격으로부터 온다는 것이었다. 1894년 5월, 프로이트는 "주요한 신경증들에 대한 원인론과 이론"이라고 부른 자신의 이론의 간단한 개요를 플리스에게 보냈다. 내면의 성적 흥분들은 정상적으로는 항상성 이론에 따라 운용된다. 그러나 성적 "병독noxae"은 그러한 균형을 붕괴시킨다. 이러한 교란은 몸을 통해서 신체의 긴장으로써 마음으로 전달되고, 그 다음 심리적 긴장으로 변형되는데 이것이 억압과 정신신경증에 이르게 한다.

프로이트의 이 같은 언어와 전제는 생물물리학과 정신물리학의 영향을 받은 것이었다. 플리스의 코의 지짐술nasal cauterizations은 언급하지 않더라도, 그것은 카타르시스 방법에 대한 요제프 브로이어의 이론적 설명과 비슷했다. 이 생각은 내면의 심리적 혹은 신체적 자극을 감소하고자 하는 것이었고 그것에 의해서 히스테리 환자들에게 치료를 제공하고자 했다. 더욱 불길하게도 독일의 외과 의사들과 부인과 의사들은 내면의 자극들을 줄이기 위해 여성 거세를 실행하였고, 신경증, 히스테리, 혹은 단순히 성적으로 제어하기 어려운 것으로 보이는 여성들을 치료하려는 시도를 했다.

과잉 자극과 그것에 상응하는 발산에 대한 이론은 프로이트가《히스테리에 대한 연구》에서 자신의 분량을 쓰고 있을 때 나왔다. 마음이 움직이기는 했지만 결국에는 이러한 생각들을 그 책에 더하지 않기로 결정했다. 대신에 분리된 논문을 발표했는데 그 글에서 신경쇠약은 자위행위에 의해서 생긴 것이라고 대담하게 선언했다. 항상 그렇다는 것이었다. 그 연결이 오랫동안 부정확한 진단으로 인해 모호했었다고 프로이트는 주장했다. 의사들은 신경쇠약 사례들을 프로이트가 지금 "불안 신경증"이라고 부르기 원하는 것과 혼동했었다. 무감각한 신경쇠약과는 다르게, 이러한 환자들은 두려움에 사로잡혀 있었다. 그들은 불안 발작과 갑작스러운 심장 박동으로 고통스러워했다. 신경쇠약이 성적인 탐닉에서 기인했다면, 불안 신경증은 처녀들, 내숭을 떠는 사람들, 성적으로 절제하는 사람들, 질외사정을 하는 사람들에게서도 일어났다. 그것은 성적으로 좌절한 사람들의 장애였다.

프로이트가 이러한 이야기를 쓰면서 스스로 자신이 애용하는 시가 담배를 절제하게 되었을 때, "끔직한 비참함"을 경험했다. 가슴의 통증에 놀란 그는 브로이어와 플리스에게 진단을 받았다. 둘 모두 티코틴 중독으로 진단했고 프로이트에게 담배를 끊으라고 요구했다. 하지만 니코틴을 철회하자 프로이트는 비참함을 느꼈다. 또한 금연만이 그에게 닥친 유일한 박탈은 아니었다. 몇 달 전, 프로이트는 6년 동안 5명의 아이를 낳은 후에 더 이상 그의 아내와 어떠한 성적인 활동도 하지 않는다고 플리스에게 고백했었다.

과도한 성적 자극과 좌절에서 오는 유해한 영향은 신경생리학의 반사호 reflex arc 모델에 자연스럽게 잘 맞았고, 프로이트의 동료들에게 타당하게 들렸을 것이다. 그러나 그의 생각들은 한편으로는 너무나 충격적이었다. 프로이트는 자위행위가 어떤 경우에 신경쇠약을 일으킨다고 말하지 않았고, 항상 그렇다고 했다. 한 가지 종류의 트라우마가 변함없이 특정한 신경증을 일으킨다는 주장은 들어보지 못한 것이었다. 대부분의 19세기 임상가들은 있음직한 자극의 원인들을 긴 목록으로 제시했고, 그것들을 이미 가지고 있던 형질유전 흔적과 느슨하게 연결시켰다. 프로이트의 주장은 정밀하고, 일반적이고, 확실했다. 그는 "특정함의 논제"라고 부른 그의 접근에 대한 이론적 방어까지도 발전시켰다.

이 논제는 당시 세균 이론을 의학적 기적으로 만든 접근법의 프로이트식 응용이었다. 1880년대에, 로베르트 코흐Robert Koch의 방법은 결핵과 콜레라를 따로 떼어낼 수 있게 해주었고 임상 의학에서 새로운 증거 기준을 세웠다. 코흐의 유명한 가정들은 특정한 병의 특정한 원인을 구별하고자 했다. 따로 분리시킨 원인적 동인은 그것이 일으켰다고 생각되는 그 병의 모든 사례에서 반드시 발견되어야만 한다는 것이 그의 규정 중에 있었다.

거의 즉각적으로 세균 이론은 수많은 생명들을 구했고 형질유전이라고 생각했던 어떤 질병들도 실제로는 전염성이고 방지할 수도 있을 거라는 희망이 생겨났다. 그러한 낙관주의가 프랑스사람 앨프레드 푸르니에Alfred Fournier를 통해서 정신과에도 들어오게 되었다. 그는 정신병원에 만연한 매독이 무서운 질병인 정신이상자의 전신마비의 원인이라는 확신을 갖게 되었다. (결국에는 그가 옳았다.) 파리에 있는 프로이트의 스승 중에 한 명인 폴 브루아르델Paul Brouardel 또한 세균 이론에 헌신했고 이 이론의 원리를 확장해서 알코올 중독, 트라우마, 성폭행 같은 환경적 독소의 영향들을 포함시켰다. 브루아르델은 독일인 루돌프 피르호Rudolf Virhow와 다른 이들과 함께 의사들이 접촉전염병으로부터 일반 국민을 보호하는 책임을 질 것을 권했다.

지그문트 프로이트는 이러한 밝은 빛에서 성적 트라우마의 비밀을 보았다. 그의 이론은 진부한 형질유전적 이론적 근거를 대체하고 만연되어 있던 질환을 치료할 수도 있을 거라는 희망을 제시했다. 신경쇠약에 접근함에 있어, 프로이트는 하나의 중요한 환경적 요소를 분리하고 그것이 그 질병에 항상 존재한다고 주장함으로써 코흐의 규칙들을 따랐다. 만약 그것이 옳다면, 프로이트는 그것으로 있음직한 영향들의 목록을 완전히 없애고, 그것들을 정확한 원인으로 대체할 수 있을 것이고 예방할 수도 있을 것이다. 프로이트는 건강하지 않은 성적 행위들이 일반 국민을 위협하는 전염병이라고 확신했다. 성적 개혁은 반드시 일어나야만 하고 그래서 미혼 남성들과 여성들이 자위행위를 하고 신경쇠약에 걸리고 원하지 않은 임신을 하고 매춘부와 성적 관계를 맺고 치명적인 성병에 걸리는 드라콘식의 선택Draconian choice을 직면할 필요가 없게 되어야 한다고 프로이트는 빌헬름 플리스에게 말했다. 개혁이 없다면 이 사회는 "치료할 수 없는 신경증의 희생자가 될 운명"에 있는 것처럼 보인다고 절망적으로 예견했다.

프로이트는 성적 남용에 대한 그의 이론을 세균 이론의 정신의학적 동등물로 보았지만, 그의 동료 중 많은 사람들은 그렇게 생각하지 않았다. 그들도 성적인 요소들이 정신병을 일으키는 가능한 원인이라고 생각했었고 성적인 요인들이 그들의 목록에도 있었다. 그러나 어떻게 한정된 환자들과 작업했던 한 임상가가 한 요소가 항상 어떤 병을 일으키는 것을 안다고 주장할 수 있겠는가? 그러한 주장은 실험실의 실험을 통해서 가능할 수는 있을 것이다. 하지만 그것이 임상적 관찰을 근거로 해서도 가능할 수 있는 것인가? 유명한 뮌헨의 의사인 레오폴트 뢰벤펠트Leöpold Löwenfeld는 프로이트에 대해 동정심이 있음에도 불구하고 프로이트의 생각에 완강하게 반대하는 글을 발표했다. 프로이트는 반격했다. 그는 신경증은 환자의 성생활로부터 오는 특정한 혼란에 의해서만 초래된다고 주장했다.

개인적으로 프로이트는 자신의 이론을 다른 질환들에도 확장하기 시작했다. 1895년 10월 15일, 그는 빌헬름 플리스에게 편지를 써서 애매하게 말했다. "히스테리는 성적으로 발달되기 이전의 성적 충격이다." 1896년 1월 1일, 프로이트는 그의 생각을 상세하게 설명했다. 히스테리는 오로지 어린 시절의 성적 학대에 의해서 발생한다.

어린이 성적 학대는 19세기의 법의학 의사들에게 알려지지 않은 것은 아니었다. 베를린의 전문가인 요한 루트비히 카스파Johann Ludwig Caspar는 자신의 법의학 안내서에서, 모든 성폭행의 70퍼센트 이상이 12살 이하의 어린이에게 일어난다는 것을 보여주는 통계를 수집했다. 거의 같은 시기에, 그러한 성적 학대에 대한 프랑스 연구논문은 암브로우스 타르디외Ambrose Tardieu에 의해서 시작되었는데, 그는 어린이의 성폭행을 증명하는 소름끼치는 숫자를 발표했다. 파리에서 프로이트는 타르디외의 후계자인 브후야흐델의 법의학 부검에 참여했는데, 브후야흐델도 그러한 사례에 문외한이 아니었다. 그는 4살 어린이를 성폭행하고 살해한 루이스 메네스클로Louis Menesclou의 1880년 재판의 감정인이었다.

그러나 프로이트는 단순히 학대받은 어린이들이 히스테리에 걸리게 된다고 말하지는 않았다. 그는 어린 시절의 학대는 성인 히스테리를 발생시키기 전에 오랜 기간 동안 조용히 곪아간다고 주장했다. 매독같이, 이 잠재해 있는 혼란은 나중에 정신병으로 발발한다. 프로이트는 그 사건은 활동하지 않는 채로 남아 있다가 성숙된 성의 출현과 함께 병의 원인이 되는 힘들을 모으기만 한다고 추론했다. 그 다음에야 성적 학대의 기억들은 의미를 지니게 되고, 공포를 불러일으키고, 억압을 낳을 것이다. 따라서 아동기의 성적 학대는 프로이트가 말한 "지연된 활동"에 의해서 작동된다. 이 대단히 흥미로운 개념은 폭넓은 영향력을 지니고 있었는데, 과거의 기억들이 현재로 계속해서 얽혀 들어오고 현재에서는 그것들에게 새로운 의미와 위치가 주어진다는 의미를 가지고 있었기 때문이었다.

자신의 발견들로 인해 의기양양해진 프로이트는 독일과 프랑스 학술지에 세 개의 글을 싣고 히스테리의 수수께끼가 풀렸다고 선언했다. 유럽에 있는 동료들의 반응을 기다리고 있었지만 프로이트는 빈에서 가장 충실한 협력자의 지지를 잃기 시작했다. 1896년이 되어서는 요제프 브로이어와의 관계는 퉁명스럽게 되어 갔다. 이 둘은 브로이어가 프로이트를 위해 대단히 의리있는 행동을 한 후에 공개적인 갈등으로 들어갔다. 1895년 10월, 프로이트는 빈 의사협회에서 세 편의 강의를 했다. 저명한 청중들 앞에서, 그는 여러 가지 신경증의 특정한 원인들과 관련된 그의 확신을 제시했다. 그 후, 그 그룹은 모여서 이 강연에 대해서 논의했다. 예상대로, 어떤 의사들은 히스테리와 신경쇠약이 특정한 종류의 성적 학대 때문이라고 믿는 것을 거부했다. 예를 들면, 크라프트에빙은 체질상의 요소에 대해서 프로이트가 축소한 것과 성적인 병인론을 확장해서 강박적 신경증의 모든 사례를 설명하려고 하는 것을 받아들일 수 없었다.

이러한 공개적 논의는 프로이트에게는 위험성이 매우 컸다. 요제프 브로이어는 그의 젊은 후배를 보호하려고 했다. 브로이어는 자신 또한 처음에는 그의 동료의 성적 이론에 대해 회의적이었는데, 결국에는 임상적 증거들의 무게로 인해 믿게 되었다고 고백했다. 그렇다면 혹시 프로이트가 이러한 성적인 문제들을 그의 환자들에게 암시했는가? 절대로 그렇지 않았다. 브로이어는 성적 학대에 대해서 상상하려고 하지 않는 과학자들을 비웃으면서, 그들 스스로가 히스테리 환자들처럼 행동한다고 말했다. 그러나 이러한 비판을 한 이후, 브로이어는 프로이트의 성적 이론들이 과장되었다면서 모든 히스테리의 증상들이 성적인 기원을 가지고 있다는 것에 동의하지 않는다는 것을 분명히 했다. 그럼에도 불구하고 브로이어는 프로이트의 이론은 위대한 진보라고 환영했다.

그 변론은 지방 신문에 실렸고 빈에서 가장 저명한 의사들 중의 한 명이 그러한 대담한 개념들을 적극적으로 지지하는 것은 사소한 일이 아니었다. 후에 프로이트는 필요한 시기에 지지를 보여준 것에 대해서 그의 멘토에게 감사했다. 하지만 브로이어가 중얼거리는 것을 듣고 프로이트는 놀랐다. "그러나 줄곧, 나는 그것을 믿지 않았다!" 브로이어는 신경증에서 성을 하나의 중요한 요소로 받아들이기는 했지만, 모든 히스테리가 성적 학대에서 기인했다는 것을 믿을 수는 없었다. 브로이어에게는 안나 오의 사례가 어떤 히스테리는 성sex과는 상관없는 트라우마 때문이라는 충분한 증거가 되었다.

그 후 몇 년 동안, 지그문트 프로이트는 재정적, 정서적, 전문적 후원자였던 사람을 점점 경멸하게 되었다. 그는 브로이어가 성적인 이슈에서 고상한 체하며 물러났다고 말했고, 반면에 브로이어는 두 사람을 함께 있게 만든 것은 과학이었지 성이 아니라고 주장했다. 1907년에 브로이어는 "프로이트는 절대적이고 배타적인 공식에 빠졌다."고 불평했다.

프로이트는 앞으로 계속 밀고 나갔다. 1896년, 빈 정신과와 신경과협회에서 그의 이론들을 발표했다. 이 때 크라프트에빙은 좀 더 공감적이었지만 프로이트의 도식을 "과학적 동화"라고 불렀다. 쓰라렸지만 단념하지 않은 프로이트는 비평가들이 어린이에게 가해진 성적인 폭행을 언급하기에는 지나치게 겁이 많고 관습적이라는 신념으로 스스로를 위로했다. 세균 이론이 자신의 이론화의 방법에 적절한 원리를 제공했다는 신념은 흔들리지 않았고, 계속해서 생각을 다른 신경증으로 확장해 갔다. 만약 성적인 학대가 각각 다른 발달적 기간들에 발생했다면 그러한 폭행들은 다른 신경증을 낳을 것이라고 추론했다. 성적 폭행들은 히스테리를 초래할 수 있고(만약 그것이 출생부터 4세 동안에 발생했다면), 강박 신경증(4세부터 8세), 피해망상paranoia(8세부터 12세)를 초래할 수 있다.

홀로 자신의 연구를 하면서 프로이트는 착실히 앞으로 나아갔다. 그렇지만 뢰벤펠트, 크라프트에빙, 브로이어 같은 사람들로부터 오는 이의들을 무시할 수는 없었다. 이전의 반대자들과는 달리 이 사람들은 신경증의 심리적 요소들의 역할을 지지했고 심리치료를 존중한다는 것을 프로이트가 모르는 바가 아니었다. 하지만 그들 모두는 그의 트라우마 이론에 반대하는 입장에 있었다. 프로이트가 신경증의 로베르트 코흐가 되는 것이라면 다른 사람을 설득하기 위해 많은 노력을 해야 했다. 프로이트는 그의 이론에 대한 더 많은 증거들을 찾으려고 했다. 그래서 성적 학대를 열심히 연구하고 있던 성 과학자들의 연구물에 관심을 돌렸는데, 이는 프로이트의 이론이 그 때 당시 크게 의존하고 있던 바로 그 주제였다.

II.

19세기 후반기 동안 성에 대한 과학적 연구는 유럽과 북아메리카에서 두드러졌다. 미국에서는 "섹스학sexology" 독일에서는 "성 과학sexual science"이라고 명명된 이 새로운 분야는 오랜 기간 동안 연구자들에게 상스럽고, 부도덕하고, 구역질나고, 죄스러운 것이라고 여겨졌던 문제였지만 자연과학자들의 냉철한 눈으로 보려고 했다. 성 과학자들은 인간의 다양한 성적 경험들을 부도덕, 죄악, 범죄로서가 아니라 자연계의 필수적 부분으로서 연구하려고 했다. 그들은 성sexuality 그 자체를 연구하려 했다.

이것은 변화를 의미했다. 의사들이 종종 성을 그것의 유해한 영향들과 관련해서 생각하였고 과학자들은 일반적인 성에 대한 사회적 관행을 교회와 정부에 넘겨주었다. 그러나 19세기의 후반 몇십 년 동안 밀려오는 다윈설의 물결은 인간의 성에 대한 과학적 관심을 고조시켰다. 다윈의 이론은 성적 선택의 중요성을 강조했고 짝짓기 의식을 생물학의 주요한 부분으로 생각하게 했다. 진화론적 이론은 과학자들을 자극해서 성적 문제들을 도덕주의자들, 종교 지도자들과 분리시켜서 연구하고, 의미 있는 성생활의 과학을 발전시키도록 했다.

동시에 의사들과 공무원들은 성병 감염의 순환을 차단하고 치명적인 매독에 대한 연구를 위해서 사창가로 들어가게 했다. 연구자들은 감염을 감소시키기 위해서 왜 사람들이 그들의 생명을 무릅쓰고 매춘부를 자주 찾는가를 이해하는 것이 필요하다고 느꼈다. 벤자민 타르로프스키Benjamin Tarnowsky와 이완 블로흐Ian Bloch 같은 초기의 성 과학자들은 매독이 퍼지는 것을 잡기 위해서 화류계로 들어갔고 그곳에 오랫동안 숨겨져 있던 성적 욕구와 관행들을 연대순으로 기록하려고 했다.

이러한 성 과학자들과 함께 상당수의 의사들이 개혁가들이 되어서 성적 행위를 법률로 금하는 것을 대담하게 공개적으로 반대했다. 가장 영향력 있는 사람은 하노버의 동성애자 법학자였던 카를 울리히Karl Heinrich Ulrichs였는데, 그는 1862년에 독일에 있던 소도미 법Sodomy laws을 폐지하는 개혁운동을 시작했다. 울리히는 체질상 양성에 대한 다윈의 주장을 사용하고 하등 동물들에게서 나타나는 암수 한몸의 사례들에 대한 기록을 인용하면서, 같은 성에 대한 열정이 사악한 것이 아니라 인간의 변형이라고 주장했다. 울리히에게 남성 동성애는 단순히 남성의 몸 안에 있는 여성 영혼의 결과였다.

울리히의 작은 책자는 베를린의 의사인 칼 베스트팔Carl Westphal과 같은 정신과 의사들의 손에 들어가게 된다. 베스트팔은 동성애에 대한 최초의 정신의학 논문들 중 하나를 쓰게 되고, 젊은 법의학 정신과 의사였던 크라프트에빙도 그 중의 하나를 쓴다. 만하임에서 태어났고 하이델베르크에서 교육을 받은 크라프트에빙은 그라츠에서 정신과 교수가 되었다. 그곳에서 법의학 정신의학의 전문가로서 성장한다. 그 기간 동안 크라프트에빙은 프랑스에 일어난 혁신들을 주목했고, 개인 클리닉을 설립해서 신경성 병들의 가벼운 사례들을 최면과 암시치료법을 통해서 치료했다. 이러한 이유로 크라프트에빙이 1889년 빈 대학 정신과의 두 개의 학장직 중 하나를 수락하자 프로이트는 크게 기뻐했다. 1892년 마이네르트가 사망하게 되었을 때 크라프트에빙은 더욱 권위 있는 학장으로 승진하고 정신병원의 권한도 가지게 된다. 그 후 10여 년 동안 그는 오스트리아에서 가장 영향력 있는 정신과 의사가 되었다.

다른 기여들도 있었지만 크라프트에빙은 성 과학에 관한 연구에서 명성을 얻었다. 1870년대, 크라프트에빙은 그가 "변태perversion"라고 칭한 주제에 대한 논문들을 발표했다. 성에 대한 연구는 오랫동안 창의적인 신조어들을 낳았고 종종 라틴어로 어수선했는데 이는 의학을 공부하지 않은 독자들의 호기심을 방해하기 위해서였다. 크라프트에빙은 "변태"란 용어를 좋아했는데 문자 그대로의 의미는 "길을 잘못 들다."였다. 그의 광범위한 연구는 1886년 《정신병적 성 : 임상적 법의학 연구*Psychopathia Sexualis : A Clinical Forensic Study*》를 출판했을 때 절정에 달했다. 이 책은 그 후 오랜 기간 동안 성적 연구들을 지배하게 되는 기념비적인 편집물이었다. 그 책에서 크라프트에빙은 네 개의 주요 변태를 상세하게 기술했다. 다른 사람에게 고통을 가함으로 쾌감을 느끼는 가학자Sadist는 악명 높은 프랑스 작가인 마르키 드 사드Marquis de Sade로부터 명칭을 취했다. 자기 자신이 고통을 겪음으로 쾌감을 가지는 피학자Masochist는 《모피 코트 안의 비너스》의 저자인 레오폴트 폰 자허마조흐Leopold von Sacher-Masoch의 이름에서 가져왔다. 인류학적인 용어 "주물 숭배자fetishist"는 크라프트에빙에 의해서 채택되었는데, 비성적인 대상들(신발 같은)에 대한 에로틱한 숭배가 원시적인 사람들의 토템 숭배와 비슷해서였다. "전환inversion"은 같은 성의 사람들에게 욕구를 느끼는 사람을 묘사하기 위해서 사용되었다.

빈의 의사이자 성 과학자인 크라프트에빙의 소장품에 있는 여장 남자의 엽서. 크라프트에빙은 독일과 오스트리아 의학에서 성적 "변태"의 연구를 정당화하는 데 도움을 주었다.

그 후 17년 동안 크라프트에빙은 더욱 많은 사례들을 자신의 개요서에 채워 넣었다. 그 책은 12판이 나왔고 근친상간, 동물과의 성애, 시체 성애를 포함한 다양한 성행위들을 자세히 묘사하는 300개가 넘는 사례들이 실려 있었다. 이 거대한 작업 전반에 걸쳐서 크라프트에빙은 성적 야생화의 계통을 열심히 세우는 식물학자 같았다. 그는 또한 성적 차이점들을 과감하게 설명했고 그것이 미성숙했던 성 과학 분야가 갈라지는 지점이 되었다.

울리히는 동성애는 자연발생적인 변종이며 의학적 치료가 필요하지 않다고 주장했다. 크라프트에빙도 동성애는 타고난 것이라는 것에는 동의했지만, 이것은 히스테리, 신경쇠약과 다른 많은 병들을 일으킨 같은 원인에 의해서 야기된 질병이라고 생각했다. 프랑스의 샤르코와 발렝땅 마냥Valentin Magnan을 따라서, 크라프트에빙은 그 때쯤에는 잘 알려져 진부하게 된 과학적 개념에 의지해서 동성애는 퇴화된 형질유전의 결과라고 선언했다. 대부분의 성 과학자들은 같은 논리를 따랐고 퇴화를 통해서 성적인 차이점들을 설명했다.

그러나 크라프트에빙은 시간이 지나면서 자신의 입장을 바꾸었다. 그는 발생학의 연구들에 확신을 갖게 되었는데 발생학은 정상적 발달이 일상적으로 반대 성의 성적 기관들의 잔존물을 남겨둔다는 것을 보여주었다. 이 교수는 내재된 원초적인 양성bisexuality이 증명되었다고 결론 내렸다. 그러므로 발달의 변형은 여성의 뇌 부위가 남성의 뇌 안에서 지속되어 존재하거나 혹은 역으로 되는 것으로 귀착될 수 있다. 1901년에 크라프트에빙은 성적인 차이들은 매우 빈번하게 나타나는 자연 발생적인 변형이라는 견해 쪽으로 움직이게 되었다.

성적 욕구에 대한 생물학적 설명들에 도전하는 다른 이론들이 나타나지 않았다면 크라프트에빙의 견해를 중심으로 합의가 형성되었을 것이다. 그런데 뮌헨의 의사 알베르트 폰 슈렌크노칭Albert von Schrenck-Notzing은 한 사례 보고에 강력한 흥미를 느끼고 깊은 인상을 받았는데, 이 사례에서 크라프트에빙은 "일마"라고 명명한 동성애자인 헝가리 여성을 치료하기 위해서 최면을 사용했다. 일마는 수녀원에서 살았는데, 그녀가 19살이 되자 그곳에서 도망쳤다. 도망 나온 후 그녀는 푸가상태fugue state와 특이한 부재absence로 고생했다. 그녀는 도둑이 되었고 자신을 남자로 변장했으며 여성 애인들을 가졌다. 그러한 애인들 중의 한 명이 그녀를 경찰에게 넘겼다. "선천적 변태적 느낌"으로 고통을 받고 있는 히스테리 환자로 진단받은 일마는 그라츠로 도망오기 전에 부다페스트에서 치료를 받았다. 그라츠에서 그녀는 절도로 체포되었고 크라프트에빙에게 치료를 받기 위해 넘겨졌다. 그는 일마가 습득된 동성애를 가진 드문 사례라고 결론지었으며 최면과 암시의 방법을 이용해서 그녀의 증상들을 치료하려고 했다. 그 병원에서 일하던 자선 단체의 수녀에게 향하는 일마의 억제할 수 없는 연정이 물의를 일으켰다. 크라프트에빙은 최면적 암시를 이용해서 일마가 그 수녀에게 수작을 거는 것을 방지하려고 했다. 보고에 의하면 그 치료는 효과적이었다.

영감을 얻은 슈렌크노칭은 다양한 성적 행위들을 최면과 암시치료로 실험하기 시작했다. 1892년, 그는 《정신병적 성의 암시적 치료》에서 놀라운 발견들을 발표했다. 이 뮌헨의 의사는 자신이 암시와 심리치료를 사용해서 70개의 성적 변태의 사례들을 치료했다고 보고했다. 슈렌크노칭의 발견들은 변태들이 보통 본질적으로 심리적이라는 것을 증명하는 듯했다. 그렇게 함으로 그것들이 생물학적 변형이든지 또는 유전형질의 퇴화로 인한 병이라는 견해를 반박하였다. 만약 이것이 사실이라면 변태의 생물학적 원인은 크게 과장된 것이었다.

이러한 발견들을 설명하기 위해서 슈렌크노칭은 변태는 아직 미분화된 어린아이를 사로잡는 강력한 생각들에서 기인한다고 주장했고, 이러한 변태의 원인들이 생각들과 그것들의 관념연합이기 때문에 심리적인 방법으로 치료될 수 있을 것으로 생각했다. 베스트팔과 크라프트에빙의 획기적인 사례들을 거쳐, 슈렌크노칭은 간과했던 심리학적 요소들이 형성 발달에 어떻게 중요한 것이 될 수 있는지를 보여주었다. 1899년에 영향력 있는 독일의 정신과 의사 에밀 크레펠린Emil Kraepelin은 슈렌크노칭의 인상적인 증거들을 받아들였는데, 그 증거들은 그러한 사례들에서 "폭넓은 향상과 치료까지도" 기대할 수 있는 새로운 희망을 의사들에게 주었다.

1890년대 전반에 걸쳐서 다수의 작가들은 어린 시절의 때 이른 성적 자극과 우연한 관념연합이 성적 변태를 일으키기에 충분하다는 슈렌크노칭의 이론을 따랐다. 하지만 아직 이러한 사례들에서 성적 자극의 특성에 대해서는 합의가 이루어지지는 않았다. 가장 일반적인 것은 성적 추행으로 생각되었다. 성인 남성이 소년에게 가한 성적 추행은 그 소년의 관념연합을 발전시키게 해서 후에 동성애적 욕구를 초래하게 할 수 있다고 언급되었다. 슈렌크노칭은 이러한 추론을 이용해서 고대 그리스와 남자 학교에 동성애의 만연을 설명하려 했다.

더욱 많은 의사들이 1880년대에 성에 관한 연구에 관심을 돌리면서 끓고 있던 논쟁에 직면했다. 어떤 성 과학자들은 성적 차이점들은 분명히 생물학적인 변형일 것이라고 주장했고, 어떤 사람들은 퇴화된 형질유전의 결과라고 주장했고, 또 어떤 사람들은 여전히 그러한 상태는 때 이른 성적 자극으로 인한 심리적 영향 때문이라고 말했다. 이러한 논쟁으로 지그문트 프로이트가 들어갔다.

III.

성 학대에 대한 프로이트의 이론이 성 과학의 분야로 건너가게 되었을 때 프로이트는 따라간다. 거기서 어린이의 성적 학대와 강간에 대한 그의 주장을 견고하게 지지해줄 것을 발견했다. 일반 의사들은 아마도 비웃었을 것이지만, 성 과학자들은 그런 섬뜩한 사건들의 실체를 알고 있었다. 성 과학자들은 성적 추행자들의 목록을 작성하기도 했다. 크라프트에빙은 학대자들을 술 중독자, 간질환자, 또는 더욱 병적인 기질을 가진 소아성애자, 그리고 게으른 난봉꾼, 겁 많은 자위하는 사람, 음란한 하녀, 여자 가정교사, 보모 등으로 서술했다. 프로이트가 만든 성적 학대자들의 첫 번째 프로파일은 그러한 발견들과 일관성이 있었다. 그는 낯선 사람, 연상의 어린이, 하녀, 가정교사, 친척들을 지목했다. 프로이트는 그의 환자 중에 한 명이 고향으로 돌아가서 자신을 성적으로 유혹했다고 시인하는 예전의 보모와 직면했을 때 용기를 얻었다. "크레프트가 서술한 변태들과 일치한다는 것은 새롭고 가치 있는 현실적인 확인이다."라고 그는 썼다.

프로이트의 이론의 여러 면들이 성 과학에서의 합의와 조화를 이루었지만 그의 유혹 이론은 그들의 유혹 이론들과 극명하게 반대되는 면도 있었다. 환경 중심의 성 과학자들은 아동기 성적 학대가 변태perversion를 만들지만 신경증neurosis은 아니라고 믿었다. 만약 성적 유혹이 변태로 이어진다면 그것은 신경증의 원인도 되는가? 그렇다면 프로이트의 특정한 병인론은 전혀 특정한 것이 아니었다. 프로이트는 자신이 교착 상태에 봉착해 있다는 것을 발견했다.

1년 후, 프로이트는 놀랄만한 생각의 변화를 가지고 이러한 문제들로 돌아온다. 그는 지금 성적 폭행이 나쁜 가정교사, 연상의 어린이, 낯선 사람에 의해서 범해진 것이 아니라 항상 그 아이의 아버지에 의해서 범해진다고 결론지었다. 아버지의 성적 학대의 사례들이 기록됨에 따라, 아버지가 정신신경증의 모든 사례들의 범죄자라는 프로이트의 신념은 그야말로 선례가 전혀 없던 것이었다. 표면적으로 이것은 불필요하게 무모한 것처럼 보였다. 왜 몇몇 혹은 많은 사례들이 아버지의 성적 학대로 기인한 것이라고 주장하지 않았나? 프로이트의 많지 않은 임상 경험을 고려해볼 때 왜 모든 사례에서 아버지에게 혐의를 제기하는가? 아버지에 의해서 학대 받은 어떤 환자들의 사례들이 프로이트를 고무시켜서, 아마도 불을 붙여서 전반적 비난에 이르게 했다. 또한 이 주제에 대한 의사들의 불편함이 아마도 부지중에 침묵의 공모로 이어지게 했을 수도 있다고 보았다.

프로이트는 이 가설이 가지고 있는 잠재적인 설명의 힘에 흥분되었다. 만약 아버지가 비밀스럽게 그의 아이들을 추행했다면, 그 전체 집안이 심한 형질유전의 결함을 가지고 있는 것으로 보였다. 그들의 가계도는 샤르코의 퇴화된 종들 중의 하나처럼 보일 것이고, 프로이트가 "모조 형질유전"이라고 부른 것의 패턴을 따르게 될 것이다. 프로이트는 "히스테리의 본질적인 부분은 유혹자가 가지고 있는 변태가 원인이고, 형질유전이란 것은 아버지에 의한 유혹처럼 보인다,"라는 내용의 편지를 1896년 12월에 플리스에게 보냈다.

이렇게 프로이트는 자신의 유혹 이론과 이미 존재하고 있었던 유혹 이론들을 합성할 수 있었다. 때 이른 성적 자극은 결과적으로 신경증이나 변태를 낳을 수 있다. 왜냐하면 남자와 여자는 이러한 경험을 다르게 처리하기 때문이다. 학대 받은 남자 아이들은 자라서 변태, 즉 소아성애적 아버지가 되어 자신의 아이들에게 트라우마를 가하는 순환을 계속한다. 학대 받은 여자 아이들은 억압으로 반응하고 신경증 환자가 된다. 신경증과 변태가 가득 찬 계보는 나쁜 피로 지배당하는 것이 아니고 아버지의 성적 범죄 때문에 고통을 겪는 것으로 생각했다.

성 과학자들은 변태가 남자들에게 더욱 보편적이고 정신과 의사들은 특히나 두드러졌던 신경증인 히스테리는 여자들에게 더욱 보편적이라고 생각했기 때문에 이러한 것이 덧붙여졌다. 하지만 변태 여자들과 신경증 남자들은 프로이트의 모델에는 그 자리가 없었다. 그것들을 설명하기 위해서 프로이트는 어디에나 있는 양성애bisexuality에 호소했다. 타고난 양성애는 성적 담론에서 일반적인 요소였는데 처음 시작부터 울리히와 크라프트에빙에 의해서 거론되었다. 1896년, 플리스는 타고난 양성애가 어떻게 생물학적 기능에 결정적 요소가 될 수 있는지 생각하기 시작했다. 프로이트는 이러한 이론적인 생명선을 움켜

잡았고, 남성 신경증 환자들과 여성 변태들은 남자 안에 여성과 여자 안에 남성의 결과임이 분명하다고 주장했다.

프로이트는 이러한 생각을 하나의 추측으로 정리했다. '히스테리는 변태의 음성negative이다.' 이것은 사소한 문제가 아니었다. 왜냐하면 이러한 추론에 의하면 히스테리를 일으키는 무의식의 기억은 변태를 정의하는 행위들과 같은 것이 되기 때문이었다. 그것들이 같은 것으로 가정되었기 때문에, 실험과 관찰을 통해 성적 변태들을 연구하게 되면 신경증 환자의 무의식적 내용을 간접적으로 알아낼 수도 있을 것이다. 그 후 몇 년 동안 프로이트는 변태 행동은 내용면에서 히스테리 환자들의 억압된 환상들과 정확하게 같다고 반복적으로 강조했다. 한 때 방대하게 기록되었던 변태는 프로이트와 신경증의 이론에 장애물이었다. 이 유사함으로 인해 그것들은 알 수 없을 것으로 보이는 영역인 무의식을 알기 위한 로제타 석Rosetta stone이 되었다.

물론 이러한 모든 것은 추측에 근거한 것이었다. 하지만 1897년 5월, 펠릭스 가텔Felix Gattel이라는 베를린의 한 학생이 프로이트에게 배우기 위해 왔고, 그는 스승의 이론들을 확인하고자 했다. 크라프트에빙의 클리닉에서 가텔은 3개월 동안 연속적으로 100개의 사례들을 인터뷰 했고 신경쇠약과 불안 신경증과 관련된 프로이트의 가설을 검사했다. 사실 카텔의 인터뷰는 자위행위와 신경쇠약 사이의 상호관계뿐만 아니라 성적 절제와 불안 신경증 사이의 상호관계를 확인했다. 가텔은 당황스러운 조사 결과들 또한 얻게 되었다. 그의 표본에서 모든 히스테리 사례들을 제외시켜려고 했지만 뜻하지 않게 4명의 히스테리 환자들과 히스테리가 부분적으로 있는 혼재된 13개의 사례들을 포함하게 되었다. 이 17개의 사례에서 오직 두 사례만이 어린 시절의 성적 유혹의 유효함을 확증했다. 어느 것도 아버지에 의한 것은 아니었다. 그것만으로는 그렇게 절망적인 것은 아니었는데 프로이트의 이론은 학대의 기억들이 무의식에 있을 수 있다고 말하기 때문이었다. 그러나 가텔의 사례들 중에 히스테리가 아닌 사례들의 17퍼센트가 어떠한 히스테리의 요소를 가지고 있는 것으로 나타나자 결국에 프로이트는 자신이 해온 주장을 잠시 멈출만한 이유를 갖게 됐다. 이것은 히스테리의 발생 정도가 매우 높다는 것을 의미하는가? 1년 전, 프로이트는 히스테리의 발생 정도보다 어린이들이 훨씬 더 빈번하게 학대 받는다는 주장을 어렵게 받아 넘겼고, 동시에 성 폭력은 모든 히스테리 사례들을 설명하기에는 그렇게 보편적인 것이 아니라는 주장을 반박했었다. 그런데 지금 가텔에 의해서 곰곰이 생각할 만한 숫자들이 프로이트 앞에 놓이게 되었다.

가텔의 연구가 한창 진행 중일 때, 프로이트는 지적 마비에 대해서 호소하기 시작했다. 이탈리아로 휴가를 다녀온 후 프로이트는 더 이상 자신의 성적 트라우마 이론을 믿지 않는다고 선언해서 빌헬름 플리스를 놀라게 했다. 그는 이 이론에 기반을 둔 그의 치료가 실패했다고 인정했다. 그의 환자들은 치료되지 않은 채로 떠났다. 또한 "예상 밖의 많은 히스테리"가 그에게 매우 많은 소아성애 아버지들을 가정하게 했다는 것을 깨달았고, 그 중에는 자신의 아버지도 포함하고 있었다. 이것은 정말 그럴 법하지 않았다. 상황을 더욱 어렵게 만든 것은 현실과 무의식에 있는 환상을 구별할 수 있는 분명한 방법이 없다는 것이었다. 아마도 그가 액면 그대로 받아들였던 임상적 병력 중에 어떤 것들은 외상적 사건들이라기보다는 사실은 환상이었다. 결국, 히스테리 환자들이 완전히 정신착란이 되거나 아무런 제약을 받지 않는 상태에서도 억압된 아동기 학대의 기억이 나오지 않는 것을 프로이트는 나쁜 징후라고 생각했다.

의기소침하게 된 프로이트는 노력을 했음에도 불구하고 형질유전의 역할이 다시 머릿속에 들어오게 되는 것을 어쩔 수 없이 인정할 수밖에 없었다. 그러나 그는 그러한 관습적인 사고를 그렇게 오랫동안 갖고 있지는 않았다. 대신에 코흐이론의 논점이었던 특정성에 대한 그의 주장을 포기했다. 이것은 프로이트가 자신의 임상적 지식으로 입증할 수 없었던 것을 논쟁점으로 만들게 해주었었다. 트라우마를 입히는 사건들의 광범위함을 인식하면서 프로이트는 전적으로 성적 학대를 강조하는 것에서 돌아서서, 자기 학대, 즉 자위행위의 역할을 강조했다.

많은 성 과학자들은 어린이의 자위행위의 위험성에 대해서 경고했었지만 그러한 경고들의 중심에는 미스터리가 있었다. 어린 아이들은 성적인 추동drive이 없어야만 했다. 그래서 아이들이 자신을 자극하기 원한다는 것은 이치에 맞지 않았다. 어떤 성 과학자들은 성적 유혹이 아이들에게 그러한 음란한 행위를 부추긴다고 주장했다. 1897년 가을, 프로이트는 이러한 논리를 자신의 이론 안으로 받아들였다. 아버지의 성 학대 범죄는 성적 흥분의 불특정한 원인으로 대체되었고 그러한 성적 흥분은 그 후에 아이에게 금단 상태를 남기게 된다. 그 아이는 갈망의 시기로 빠지는데, 이것을 프로이트는 히스테리의 가장 현저한 특징이라고 여겼다. 이러한 강한 욕구 상태 동안에 아이는 성적 환상들을 만들어내고 자위행위를 하기 시작하여 이미 지나치게 자극된 신경계에 연료를 더 넣는다. 그러한 자위행위가 결국 억압되게 될 때 신경증이 시작된다고 생각했다.

이것은 실패한 이론을 구하기 위한 필사적인 시도였다. 그러나 거의 무심코 이러한 전환적인 생각들에 새로운 중대한 요소를 덧붙였고 그것은 프로이트의 사고 변화에 대단한 기여를 하게 된다. 과학적 논쟁에서 이 빈의 의사는 우연한 것들과 외부요인들에 반하는 입장을 거듭 유지하면서, 내면적이고 법칙있는 결정요인들에 연구를 집중했다. 그는 지금 새로운 내적 힘인 환상을 덧붙였다. 성적 공상들은 아동기 자위행위를 강요하고, 그렇게 함으로써 병의 원인이 되는 역할을 한다. 히스테리성 사람들이 어린 시절의 환상에 의해서 자극되어 자위행위를 계속 하게 되는 경우에만 그들의 병에 대한 토대가 놓이게 된다는 것이다.

이 이론 전에는 환상이 프로이트의 이론화에서 원인적 역할을 하지 않았다. 그러한 몽상은 단순히 외상적 기억들을 감추고, "보호적인 구조, 사실들의 승화, 그것들의 윤색"을 하는 기능으로 작용한다고 생각했다. 하지만 이러한 심리적 책모들이 히스테리를 만들어내게 했다고 프로이트는 생각했다. 자위행위는 지금 정신과 몸 사이에서, 마음과 뇌 사이에서, 몽상과 신경의 자극 사이에서 아슬아슬하게 균형을 이루고 있다. 프로이트는 이것이 히스테리에 대한 열쇠라고 더욱 확신하게 되면서, 이렇게 썼다. "자위행위가 하나의 주요한 습관, 즉 '근본적인 중독'이라는 통찰력이 나에게 점점 분명해졌다. …… 히스테리에서 이 중독이 작용하는 역할은 매우 크다." 매우 클 것이다, 아마도. 그렇지만 모호했다. 그 후 수년에 걸쳐서 프로이트는 이 이론과 몸부림 쳤고 아무런 진전도 이루지 못했다.

1899년 1월에, 프로이트는 한 명의 성 과학자로부터 편지를 받았는데 자위행위에 대한 폭 넓은 생각을 할 수 있는 방법이 소개되어 있었다.

지브롤터의 해브록 엘리스Havelock Ellis로부터 편지가 왔습니다. 이것은 내

> 가 당신에게 쓰려고 했던 유쾌한 그런 것이었습니다. 그는 성의 논제에 대해서 생각하는 저자이고 매우 지성적인 사람입니다. 〈정신병 의사와 신경과 의사(1898년 10월)〉에 실린 그의 글은 히스테리와 성생활의 관계를 다루고 플라톤에서 시작해서 프로이트로 끝납니다. 그는 후자에게 대부분 동의하고 《히스테리에 대한 연구》와 그 이후의 소논문들에게 매우 현명한 방식으로 마땅히 받아야 할 칭찬을 보냈습니다.

해브록 엘리스는 영국에서 가장 중요한 성 과학자가 될 것이었지만 1899년에 그는 상대적으로 알려지지 않았었다. 엘리스는 1898년에 쓴 글 〈성적 정서에 관련된 히스테리〉를 프로이트에게 보냈다. 이 영국의 작가는 브로이어와 프로이트의 연구에 존경을 표했고 빈의 연구자들이 히스테리를 "자기성애 autoerotism의 변형"으로써 공식적으로 연구를 시작한 것에 대해서 축하했다. 이것 자체가 상당한 변형이었는데 브로이어나 프로이트 누구도 그러한 관계를 의미하지는 않았다. 엘리스는 1898년에 쓴 글, 〈자기성애 : 심리학적 연구〉에서 다른 사람이 없을 때 자연스럽게 발생하는 성적 느낌을 분리시키려 했다. 엘리스에 의하면, 그러한 자기성애는 정상적이고 낮 시간의 몽상과 밀접하게 연관되어 있었다. 엘리스는 적당한 자기성애적 자위행위는 해롭지 않지만 청소년기에 너무 많이 하면 "나르시스 같은" 자기 몰두에 빠지게 될 수도 있다고 경고했다. 히스테리성 사람들이 다른 사람들과 다른 것은 그들의 자기성애적 삶이 갈등을 만들어 냈기 때문이었다.

프로이트와 이 영국의 성 과학자는 따뜻한 서신을 주고받기 시작했다. 프로이트는 자기성애에 대한 엘리스의 에세이를 읽고 그 용어를 채택했고, 성적 충동과 환상들에 보다 큰 역할을 부여하기 시작했다. 그러나 이 두 남자를 나누는 중요한 차이점이 있었다. 프로이트는 히스테리 사례의 경우에 성적 트라우마가 성 발달 이전의 아이의 신경계를 혼란케 한다고 믿은 반면 엘리스는 히스테리 사람들은 갈등을 만들어 내는 자발적인 성적 힘을 가지고 있다고 주장했다. 프로이트의 자위행위 가설은 점점 환상의 몰아치는 힘에 대한 강조를 더 하게 되면서 프로이트는 자신이 엘리스에게 더욱 가까이 가게 되는 것을 발견했다.

1899년 12월 9일, 프로이트는 빌헬름 플리스에게 근본적인 지적 변화를 알렸다. 이제 그는 정상적인 성적 발달의 가장 초기 단계는 성 발달 이전 단계가 아니라 엘리스가 주장하듯이 자기성애적autoerotic이라고 가정했다. 자위행위는 더 이상 트라우마가 아니었고 아이가 자기 자신의 몸을 성적 만족의 대상으로 취하는 정상적 발달 단계의 부분이었다. 이 단계 뒤에는 더욱 성숙되고, 대상 관계된 성이 따라온다. 이것을 프로이트는 대상성애alloerotism(동성 혹은 이성성애)라고 불렀다.

성생활의 본질과 관련된 총괄적인 공식화는 일반 의사의 분야가 아니었다. 성적 트라우마의 제한된 영역으로부터 인간의 성 발달에 대한 일반적인 질문으로 이동하면서 지그문트 프로이트는 그 경계를 넘었다. 즉, 그는 성 과학자가 되었다. 그러면서 성sexuality이 마음에 대한 그의 모델에 어떻게 잘 들어맞게 될 수 있을지 숙고하기 시작했다.

IV.

1899년 10월에 글을 쓰면서 프로이트는 자신의 이론을 만들려고 했던 지난 십 년을 요약했다.

> "정신의 기구 Ψ
> 히스테리-임상적
> 성. 유기적."

"아주 묘하게도, 어떤 무엇인가가 낮은 층에서 작동하고 있소. 성의 이론은 꿈 책 바로 뒤에 오는 후임자가 될 것 같소."라고 플리스에게 말했다.

프로이트는 점점 더 성적 힘의 고유한 위력에 대해서 조사했다. 만약 정신에 대한 그의 이론과 임상적 이론들이 신뢰할 만한 성적 생물학 이론과 관련되어 있다면 뇌해부학이나 퇴화된 형질유선에 대한 추측들이 더 이상 필요없게 될 것이다. 마음은 몸과 관련되어 있을 수 있고 정신적인 것은 신체적인 것에 뿌리를 내리고 있을 것이다. 하지만 이렇게 가장 낮은 층으로 내려가는 발걸음은 방심할 수 없는 것이었다. 프로이트의 스승들이 반복적으로 그것을 보여주었다. 동요치 않은 프로이트는 의기양양하게 말했다. "나는 사실 과학자도 아니고, 관측자도 아니고, 실험자도 아니고, 사상가도 아니오. 나는 기질적으로 정복자이며 모험가요. 이 말이 무슨 의미인지 설명해주길 원한다면, 내가 이러한 일을 하는 사람의 특성인 호기심, 대담성, 집요함 모두를 가지고 있다는 겁니다."

성sexuality은 정복하기 어려운 것으로 보였다. 프로이트는 "꿈과 히스테리"라고 제목을 붙인 장(章)으로 꿈 책을 끝마치기를 희망했었고 그 장에서 무의식을 해독하는 방법과 신경증에 대한 이론을 통합하고자 했다. 하지만 아직 모든 것의 체계를 세울 수는 없었다. 꿈의 해석의 힘이 어떻게 히스테리를 일으키는 근본적인 성적 요소들을 알아낼 수 있을 것인가? 그는 그것들이 무엇인지 확신이 없었다. 1900년 여름 즈음, 프로이트의 기분은 가라앉았다. "큰 문제들이 아직 전혀 해결되지 않았소. 모든 것이 유동적이고 이제 막 나타나기 시작했는데, 지적 지옥이며 층 위에 층이 겹겹이 쌓여있군요. 극도로 어두운 구석에서 루시퍼와 아모르Amor의 윤곽이 잠깐 보입니다."라고 그는 썼다.

그리고, 1900년 겨울에 이다 바우어Ida Bauer라는 18세 여성이 프로이트의 치료실로 들어왔다. 이 의사의 생각에 이다는 히스테리 환자였고 그녀와 함께 이 질환의 미스테리를 이해하기 위해서 다시 노력하게 될 것이다. "그 때는 활기가 있던 때였다. 18세 소녀가 새로운 환자로 왔고 이 사례는 자물쇠를 여는 도구들이 있는 곳으로 부드럽게 문을 열었다."라고 프로이트는 흥분하여 썼다. 자물쇠를 여는 도구들은 꿈 해석에서 왔다. 꿈 분석은 이다의 비참함의 무의식적 원인들을 보여주는 현미경이 될 것이다.

그 결과가 《히스테리 사례에 대한 소논문》이었다. 이 글은 지그문트 프로이트의 비상한 수사학적 솜씨를 드러내는 짧은 소설적인 이야기였다. 그 주장은 매우 강력하고 설득력 있어서 프로이트는 자신도 더 이상 믿지 않고 있던 어떤 것을 독자들에게 설득시키게 되었다. 빈의 유명한 유대인 가족에서 태어난 18세의 젊은 여성의 괴로움 하나하나가 이 소논문에서 자세히 이야기되었다.(이다의 오빠 오토는 후에 오스트리아에서 중요한 정치적 인물이 된다.) 프로이트는 그녀를 "도라"라고 불렀는데 그녀는 이미 몇 명의 의사를 만났었다. 그 의사들은 그녀의 우울증과 계속 변하는 신체적 병들을 전기요법으로 치료하려고 했다. 그녀의 부모는 그녀가 써 놓은 자살 쪽지를 발견한 후 그녀를 프로이트에게 데리고 왔다. 도라는 우울증으로 고생하고 있었고 히스테리적인 발작적 기침, 흥미로운 헐떡이는 호흡도 가지고 있었다. 이것은 프랑스 사람에 따르면 사소한 히스테리로 쉽게 분류할 수 있는 사례였다. 그러나 프로이트는 독자들에게 분류하는 것을 넘어서 도라의 히스테리의 원인을 쉽게 이해할 수 있도록 설명하겠다고 약속했는데, 그 원인은 이 소녀의 성생활의 교란을 중심으로 설명하게 될 것이었다.

성은 프로이트의 이야기에서 도약했다. 도라는 원하지 않는 육욕적인 애정을 보이는 관계의 진전과 부모의 배신의 거미줄에 빠져들었다. 그녀의 아버지는 K 여인과 가까운 교우관계를 맺었고 그녀의 남편 K씨는 도라에게 관심이 있었다. 이 관심의 본질은 K씨가 14세 소녀를 그의 집으로 불러들이고 문을 닫은 후 그녀에게 강제적으로 키스를 하려고 했을 때 분명해졌다. 도라는 역겨워서 도망갔다. 2년 후, K씨는 다시 그녀를 유혹하려고 했다. 이번에는 그를 때리고 성큼성큼 걸어 나와서 자신의 부모에게 알렸다. 그들은 K씨와 직면했다. 하지만 도라의 부모는 이 모든 일을 도라가 만들어 낸 것이라는 K씨의 말을 받아 들였고 도라는 경악했다. 분노와 원한을 품은 도라는 아버지에게 K 부인과의 불륜을 중단하라고 요구했다. 그는 거절했다. 2년 후 불쌍한 도라가 프로이트의 문 앞에 나타났을 때, 그녀의 아버지는 프로이트에게 자신의 딸의 문제들은 그러한 불행한 사건들과 관계가 많이 있을 거라고 말했다.

바우어 가족의 일련의 사건에는 프로이트를 계속 괴롭히던 질문들이 들어 있었다. 히스테리에서 유혹의 역할은 무엇인가? 성적 환상들을 어떻게 증명할 수 있는 기억들로부터 구별할 수 있을까? 프로이트는 지금 그의 견해를 발표했다. 도라의 이야기는 환상이 아니라 사실이었다. K씨는 14살 소녀를 유혹하려고 했다. 그러나 거기에는 뜻밖의 전개가 있었다. 도라는 14세가 되기 이전에 이미 히스테리 증상들을 나타냈다. 프로이트는 자신이 얼마나 동물적이고 생리학적인 성 개념을 고집하고 있는지를 보여주면서, K씨의 키스 후에 생긴 도라의 역겨움은 그녀가 이미 억압으로 인한 증상을 나타내고 있다고 주장했다. K씨가 구애할 시기에 도라는 이미 "전적으로 그리고 완전히 히스테리"였다고 프로이트는 말했다. 그녀는 이미 외상을 가지고 있었다. "만약 트라우마 이론을 포기하지 않아도 되는 것이라면, 우리는 반드시 그녀의 어린 시절로 가서 트라우마와 비슷하게 영향을 끼쳤을 수도 있는 어떤 영향력이나 인상들을 찾아야 한다."

그리고 나서 프로이트는 충격적인 자료에 대해서 독자들을 준비시켰다. 성적인 문제들에 대한 솔직함이 히스테리의 치료에는 절대적으로 필요하다. 독자들은 그들의 편견들을 한쪽으로 제쳐두어야만 하고, 변태들 중에 사회적으로 가장 경멸받고 있는 동성애가 뛰어난 문명이었던 고대 그리스에서는 매우 존중을 받았다는 것을 기억해야만 한다. 모든 면에서 성 개혁자같이 들릴지 모르지만 프로이트는 더 약한 변태들, 예를 들면 오랄 섹스 같은 것은 널리 퍼져있고 의사들을 제외한 모든 사람이 알고 있는 것처럼 보인다고 덧붙였다. 변태는 짐승같은 것도 퇴화된 것도 아니고, 오히려 어린 시절의 발달의 연구를 통해서 이해되어야만 한다고 주장했다. 이런 유아적인 성적 양식에 매달리는 성인들이 사회에서 변태로 간주되어진 것이다.

이러한 점에서, 저자는 주제를 벗어나는 것처럼 보인다. 왜 그는 히스테리 사례 연구에 변태에 대해서 열심히 논의하려는 것일까? 그 답은 곧 나왔다. 히스테리 환자들은 모든 신경증 환자들과 같이 강하게 억압된 변태적 성향으로 고생하고 있다고 프로이트는 주장했다.

> 결과적으로 그들의 무의식적 환상들은 문서에 기록된 변태자들의 행위들과 정확하게 같은 내용을 보인다. 크라프트에빙의 《정신병적 성》을 읽지 않았더라도, 단순한 사람들은 그러한 큰 부분의 공통점을 변태적 경향들의 생성의 원인으로 돌릴 것이다. 말하자면, 신경증은 변태의 음성이다.

히스테리성 사람들은 그들의 무의식적 환상들에서 변태적 사람들이 행동하는 것을 상상으로 한다. 충족되지 않은 변태적 욕구들이 도라의 무의식에 숨어 있었다. 이러한 주장을 변호하기 위해 프로이트는 이 젊은 여성의 꿈에 의지했다.

도라는 프로이트에게 되풀이 되는 꿈에 대해서 말했다. 그 꿈 안에서, 그녀의 집은 불이 났고 그녀의 아버지는 그녀의 침대 옆에 서서 그녀를 깨운다. 그녀가 옷을 입고 있을 때 도라의 어머니가 도망가는 것을 멈추고 그녀의 보석함을 구하고 싶다고 말하는 것을 듣게 된다. 아버지는 거절하며 가족이 그것 때문에 죽게 둘 수는 없다고 말한다. 이 젊은 여성이 털어놓은 이것은 K씨가 그녀를 유혹하려고 한 그 집에 있었을 때 처음으로 꾸었던 꿈이었다.

프로이트는 꿈에 나오는 각각의 요소에 대해서 연상하라고 요청하면서 면밀한 해석학적 해부를 시도했다. 결국, 도라는 그녀의 아버지를 향한 사랑을 K씨에게 방어적인 변형으로 표현했다고 프로이트는 주장했다. 그녀의 아버지는 그 집 안에 있었다. 그곳에서 그녀는 거의 유혹 당할 뻔했는데 타오르는 성적 욕구의 불꽃에서 딸을 구해냈다. 그러나 더 밑 부분에서 그 꿈은 더 오래되고 특이한 어떤 것을 나타냈는데 그것은 자위행위에 대한 숨겨진 자기비난이었다.

도라는 어린 아이였을 때 손가락을 빠는 습관을 가지고 있었다. 자신을 자극하는 습관을 못하게 되었을 때 이 소녀는 흥분된 갈망이 좌절된 상태에 처하게 되었다고 프로이트는 믿었다. 몇 년 후, 그녀가 다른 사람을 향한 성적 욕구가 일어나는 것을 경험하기 시작할 때 그녀는 아버지와 오랄 섹스를 하는 것을 상상했다. 그러한 환상은 그것 자체로는 병리적인 것이 아니었지만 도라의 경우에 그것은 지나친 갈망으로 가득 차 있었다. 그래서 이 소녀는 자위행위를 했다. 8세 때, 그녀는 의식하는 근친상간적 자기도취 환상들을 억압했고 히스테리에 걸리게 된다. 도라가 병이 걸린 것은 그녀의 오이디푸스적 사랑 때문이 아니다. 그것보다는 아버지에 대한 그녀의 지극히 인간적인 사랑을 자위행위가 병리적으로 강화시켰다. 프로이트가 그녀에게 자신이 추정한 것을 말했을 때 그녀는 자위행위를 부인했다. 그러나 어떤 몸짓에서 프로이트는 상징적인 확인을 얻었는데, 그녀는 초조하게 작은 지갑을 가지고 놀기 시작했다. 그것을 열고, 손가락을 집어넣고 그리고 닫았다.

곧이어, 이다 바우어는 프로이트의 사무실을 성큼 성큼 걸어 나갔고 다시는 돌아오지 않았다. 그럼에도 불구하고 이 의사는 전율을 느꼈다. 그는 이 사례를 쓰기 시작했고 1901년 1월 25일에 플리스에게 말했다. "나는 〈꿈 그리고 히스테리〉를 어제 끝마쳤소. 그리고 오늘은 진정제가 그립구려." 이 사례는 "전체 그림에서 성적-유기적 토대의 일면"을 포함하고 있고, "지금까지 내가 쓴 글 중 가장 미묘하오." 5일 후에 프로이트는 몇 글자를 첨가했는데, 이 사례는 몸의 성감대를 어렴풋이 보여주고 양성애에 대해서도 포함하고 있다고 말했다. 이 설명이 어리둥절하게 들릴 수도 있는데, 사실 발표된 사례 이야기는 양성애와 K 부인에 대한 도라의 사랑에 대해서는 오직 1개의 각주만을 할애했기 때문이었다. 그 혼동은 아마도 지그문트 프로이트와 빌헬름 플리스 사이에 급속히 식어가고 있던 친분에서 생겨났을 것이다.

플리스는 코의 반사작용에 대한 그의 연구를 확장하면서, 프로이트가 동의하지 않을 이론적 방향으로 나가기 시작했다. 플리스는 월경 주기에 호기심을 갖게 되었고 남성과 여성의 생리 주기에 대한 야심찬 이론을 고안해 냈다. 1897년 플리스는 《코와 여성의 생식기관 사이의 관계, 생물학 중요성을 중심으로》를 출판했고, 남성의 성적 주기는 여성의 28일 주기와 견주어 23일로 존재한다고 주장했다. 이러한 타고난 주기는 요동치는 많은 생물학적 과정들을 결정하는데, 출생 날짜, 성별과 두통, 불안발작, 간질, 통풍, 천식발작과 같은 주기적인 병들을 포함했다. 놀랍게도 플리스는 "죽음의 시기도 월경 주기적이다."라고 선언했다.

플리스는 남성과 여성의 주기 둘 모두가 모든 인간에게 존재하는데 보편적인 양성애 기질 때문이라고 주장했다. 이 베를린 의사는 우세한 주기가 태아의 성별을 결정한다고 제안했다. 그는 23일과 28일에 관련된 일들의 혼합을 그려냈고, 그것들의 결합한 합과 차를 이용해서 한 개인의 삶에서 일어나는 많은 일들의 정확한 날짜를 설명할 수 있을 것이라고 믿었다.

프로이트가 도라의 사례에서 양성애의 일면이 들어 있다고 말한 것은 플리스의 이론에 대해 우호적인 자세를 취한 것이었다. 프로이트는 1896년에 유혹 이론을 발전시키면서 플리스의 이론을 사용한 적이 있었다. 1897년 이 두 남자가 만났을 때 플리스는 억압은 남성 주기와 여성 주기 사이의 싸움 때문에 생겨난다고 주장했다. 남자들은 그들의 여성 주기를 억압하고 여자들은 그들의 남성 주기를 억압한다고 과감하게 말했다. 이 두 친구가 후에 브레슬라우에서 만났을 때 플리스는 어떤 사람이 오른손잡이일지 왼손잡이일지를 설명하는 데까지 이 이론을 확장했음을 드러냈다. 프로이트는 플리스의 양성적-양면적 또는 "양-양bi-bi" 이론이 너무 지나치다고 생각하고 의문점들을 표현했다. 그럼에도 불구하고, 이 빈의 신경전문의는 성에 대한 플리스의 생각들에 대해서 기대감으로 흥분되어 있었고 1899년 여름에는 이렇게 선언했다. "하지만 양성애! 그것에 대해서 그대는 분명히 옳다. 모든 성적 행위는 4명이 참여하는 과정으로써 생각하는 데 나는 익숙하다."

프로이트는 매료되기도 했고 가끔은 설득되기도 했지만, 결국에는 남성과 여성의 주기에 대한 베를린 동료의 열의와 함께 할 수는 없었다. 플리스는 이 타고난 주기가 생물학적 정신적 발달과 병리의 많은 부분을 미리 결정한다고 생각했다. 만약 그것이 사실이라면, 병의 다른 원인들은(프로이트가 제안한 것들과 같은) 단순히 부적절한 것이었다. 사실상 플리스의 이론은 프로이트의 것을 완전히 약화시켰다. 프로이트는 친구에게 보내는 사적인 편지에서 자신이 들뜬 마음으로 플리스의 주기들을 실험한다고 했지만, 그것들에 대한 열의를 활자로 보이는 것에 대해서 신중했다. 1897년 2월, 그는 플리스에게 주기에 대한 친구의 생각을 사용하지 않을 것이라고 안심시켰다. "사실 그대의 플루트로 연주할 생각을 심각하게 생각하지도 않았지만 포기한지 오래되었소."

프로이트의 이런 외교적인 시도들에도 불구하고, 그가 도라를 보기 시작할 때 즈음에는 두 사람 사이에 갈등은 끓어 넘치기 시작했다. 1900년 가을에 이 의사들이 티롤의 알프스 산맥에 있는 아헨 호수에서 만났을 때 그들은 격렬하게 싸웠다. 플리스는 프로이트가 자신의 원대한 이론을 받아들이지 않은 것에 격분했다. 알프스에서 플리스는 조소적으로 프로이트의 해석들 중에 하나를 묵살하며 말했다. "생각들을 읽는 사람들은 자신의 생각들을 다른 사람에게 넣어서 읽는다." 이것은 콩트와 다른 철학자들이 다른 사람의 내적 삶을 객관적으로 알고자 하는 사람들에게 던졌던 냉혹한 비평의 변형이었다. 이것을 자신의 가장 열렬한 지지자로부터 듣는다는 것은 프로이트에게는 곤혹스러운 것이었다. 두 사람 사이의 적대감은 더욱 나빠져서 플리스는 후에 프로이트가 자신을 신체적으로 공격했다고 비난했다. 플리스의 가족들은 몇십 년이 지난 후 플리스는 프로이트가 자신을 죽이고 싶어했다고 믿고 있었다고 회상했다.

아헨 호수에서의 만남은 프로이트에게도 오랫동안 영향을 주었다. 오랜 시간이 지난 후에도 플리스의 비난은 프로이트의 귓가에 울렸다. 거의 1년이 지난 후, 프로이트는 그 친구가 자신을 마음을 읽으려는 사람으로 무시했다고 강하게 비난했다. 한 달 후 프로이트는 다시 플리스의 비평에 대해서 언급하며 이렇게 말했다. "만약 나의 해석이 당신을 불편하게 하자마자 당신이 '생각을 읽으려는 사람'은 상대방에게서 아무것도 지각하지 못하고, 단지 자기 자신의 생각을 투사할뿐이라는 비평에 곧바로 동의했다면, 당신은 더 이상 나의 독자가 아니고 나의 연구방법 전체를 다른 사람이 그렇게 하는 것처럼 가치 없는 것으로 여기는 것이 분명하다."

지그문트 프로이트는 프랑스의 정신병리학과 독일의 정신물리학에서 가지고 온 것으로 과학에 부합되는 마음의 모델을 만들어 냈다. 그렇지만 그는 아직도 그의 과학이 그의 상상력의 산물, 자기 자신의 주관성의 투사라는 고발과 씨름해야만 했다. 애석하게도 프로이트의 이론이 그러한 추측을 조장했는데, 인간은 자신에 대한 불편한 지식으로부터 자신을 방어해야만 한다는 신념에 기반을 두고 있기 때문이었다. 니체와 쇼펜하우어처럼, 그는 우리는 틀림없이 우리 자신을 속이고 있다고 믿었다. 그러므로 프로이트는 그의 연구의 대상들로부터 그의 추측에 대한 확증을 쉽게 얻는 것을 기대할 수 없었다. 오히려 환자들이 그러한 불편하게 하는 지식을 저항하고 거부한다는 것을 의미했다. 외적 확증 없이 프로이트의 방법은 각종 주관적 왜곡들에 치우치게 되는 것인가? 도라의 사례에서, 이것에 대한 충분한 증거가 드러난 것으로 보였다. 프로이트는 젊은 처녀를 부추기고, 제안하고, 강한 압박을 가했는데, 해석을 그녀에게 퍼부으면서 그녀가 만약 동의하지 않는다면 적어도 적극적으로는 이의를 달지 않게 만들려고 했다. 플리스는 프로이트가 도라의 꿈들에서 발견한 것으로 보이는 기이한 병인학적 설명이 그녀를 만나기도 전에 잠정적으로 설정한 이론과 정확하게 같다는 것을 알았다. 그것은 우연인가, 아니면 프로이트가 단순히 자신의 생각들을 그녀 안에 넣어서 읽은 것인가?

프로이트와 플리스의 관계가 틀어지기 시작했음에도 불구하고, 이 빈의 의사는 그 베를린 의사에게 새로운 작업인 《일상생활의 정신병리학》을 보냈다. 프로이트는 그의 해석적 방법을 작고 일상에서 생긴 일들에 적용했는데, 작은 언어적 실수들, 사소하게 실수한 행동들, 잘못된 인식들에 매우 독창적으로 집중했다. 이러한 것들이 상징적 의미를 지닌 무의식으로부터의 분출이라고 보았다. 프로이트는 플리스가 이 책을 단지 그의 투사에 불과하다고 무시할까봐 염려했다. 이것도 그런 경우라면 한 때 절친한 친구였던 그에게 그 책을 쓰레기통에 버리라고 말했다. 십 년 넘게 프로이트는 정신의 경험적 관찰자로서의 위치를 가지려고 노력했다. 하지만 아직도 그는 암시자!, 독심술사!, 이와 같은 조소에 쉽게 상처 받는 것 같았다. 빌헬름 플리스의 신뢰를 상실한 후 프로이트는 자신에 대한 확신을 잃게 되었다. 그래서 그는 이미 완성한 이다 바우어의 분석을 4년 동안이나 발표하지 않았다.

플리스와의 관계는 끝났지만, 프로이트는 그들의 공동연구를 구하고, 자신의 이론을 강화하기 위해서 필사적으로 노력했다. 프로이트는 이렇게 썼다.

> 이제, 주요 안건이오! 생각하기에 나의 다음 작업은 “인간의 양성애”라고 불리울 것이오. 그 문제의 뿌리로 가서 내가 해야만 하는 결정적인 것을 말할 것입니다. 결정적이고 가장 심오한 것. 당장에는, 나는 그것에 대해서 오직 하나만을 가지고 있소. 주된 생각은 억압에 대한 생각 위에 오랫동안 세워졌고 나의 핵심 문제이기도 하오. 이것은 두 개의 성적 흐름들 사이의 반응들을 통해서만 가능하오. 그러한 자료들을 함께 엮는 데에는 6개월 정도가 필요하고, 그 작업을 수행하는 것이 가능하다는 것을 발견하기를 기대하오. 그 생각 자체는 당신의 것이오. …… 아마도 나는 당신에게 더 많은 것을 빌려올 필요가 있소. 아마도 솔직하게 말하면 당신에게 이 작업을 함께 저술하자고 권하고 싶소. 그렇게 함으로써, 나 혼자 하게 될 때 빈약하게 될 부분인 해부학적 · 생물학적 부분이 전문적 형태를 가지게 될 것이오. 나는 양성애의 심리적 측면과 신경증의 설명에 주력하려고 합니다.

만약 프로이트가 그의 심리학적 이론의 유기체적 기초에 대해서 합법적인 정의를 할 수 있다면, 아마도 그의 해석적 작업은 필요했던 안정성을 얻을 수 있을 것이다. 그 타당한 설명이 플리스의 이론과 같다면 이 두 사람은 화해할 수도 있었다. 불행하게도, 플리스는 자신의 발견에 대한 공동연구 제안에 마음이 움직이지 않았다. 플리스는 자신의 혁신적 이론들이 생체리듬의 주기현상과 양싱애를 연결한다는 것을 프로이트에게 상기시켰고, 프로이트가 이 부분에서 자신을 지지하지 않았다고 비난했다. 프로이트가 인정했듯이 이 문제에서 플리스를 따라 갈 수 없었고 넌지시 자신의 수학 실력이 부족한 탓으로 돌렸다. 더 이상 할 말이 없었다. 혼동과 분노와 함께 이 열정적인 공동연구는 끝이 났다.

V.

프로이트는 억압을 설명하기 위해서 플리스의 양성애 이론을 빌리지 않았지만, 계속해서 그의 성적 이론을 트라우마로부터 내적 환상과 생물학적인 힘쪽으로 이동시켰다. 프로이트는 불행한 사건들에 대한 이전의 강조에 질문을 제기했고, 지금은 그것이 어느 정도는 자신의 피해망상paranoia의 결과물이 아닐까 생각했다. 티놀 산에서 플리스와의 고통스러운 만남 후에 프로이트는 자기 자신의 생각에 질문을 던지기 시작했는데, 미신적인 신념을 붙잡고 있는 자신의 경향성도 포함하고 있었다. 그는 플리스에게 편지를 썼다. "우리가 외부에서 발생한 사건에 중요성을 부과할지라도, 우리는 외부세계에 우리의 지식, 즉 내적 사건은 반드시 의도되었다는(무의식적으로) 것을 투사하는 것이다." 거슬러 올라가면 1895년에서부터 프로이트는 그러한 투사들이 자기 방어로 사용된다고 가정했었다. 지금은 그의 외상 이론이 단지 방어적인 것이었을까 생각했다. 좋은 사람들에게 발생한 나쁜 것들에 대한 그의 이론은 인간 본성에 대한 더 깊고 더욱 충격적인 그림을 모호하게 한 것은 아닐까?

1901년 후 어느 시점에, 지그문트 프로이트는 샤르코를 만나 이후에 의지해 왔던 트라우마 이론으로부터 단호하게 떨어져 나왔고, 신경증은 보편적인 성적 추동drive에서 발생한 갈등들에서 생긴다는 견해 쪽으로 전환했다. 그는 성폭력이 가지고 있는 영향력을 무시하지는 않았지만, 더 이상 그것을 억압의 중심 원인으로 여기지는 않았다. 몇 년간의 침묵 후에 프로이트의 새로운 이론이 1905년 드러났고, 그것은 논평가들을 놀라게 했다.

《성 이론에 대한 세 편의 에세이》는 오해할 만큼 수수한 제목을 가진 얇은 책이다. 번개같이 빠른 속도로, 저자는 성 과학에 던져졌던 주요 질문들을 분석하고, 재구성하고, 재진술했다. 무엇이 성적 차이를 만드는가? 무엇이 타고난 것이고, 무엇이 경험의 결과인가? 정상적인 성적 발달을 구성하는 것은 무엇인가? 어떤 종류의 성적 욕구들이 비정상인가? 사랑이란 무엇인가? 세 편의 에세이에서 프로이트는 널리 퍼져 있는 성적 이론들에 대한 강력한 비평들을 했고, 그런 잔해에서 성적 추동drive이론에 중심을 둔 종합적 이론을 들어 올렸는데, 그것을 "리비도libido"라고 불렀다.

타고난 성적 추동drive의 개념은 빌헬름 플리스와 그의 주기적인 변화 이론의 전유물이 아니었다. 《종의 기원》과 《인간의 유래》에서 찰스 다윈은 자연발생적 선택natural selection과 성적 선택sexual selection이 자연세계의 근본적인 법칙이라는 이론을 주장했다. 자연발생적 선택에 의하면, 한 종a species의 가장 적합한 자가 성공적으로 재생산을 하고 살아남는다. 성적 선택은 짝을 성공적으로 끌어당기는 자들에게 진화론적 이점을 준다. 자연은 한 가지, 즉 재생산과 종의 생존을 위해서 준비가 되어 있다. 다윈 이후 동물적 성의 변천이 자연사의 핵심적인 축이 되었다.

프로이트는 소년이었을 때 다윈의 글들에 매료되었다. 1873년 가을, 빈 대학에 도착했을 때 곧바로 명성 있는 자연주의자이며 다윈주의자였던 카를 크라우스Carl Claus를 찾았다. 크라우스는 그의 학생에게 발생학의 수수께끼를 내주었다. 시르스키Dr. Syrski는 암수 한 몸으로 추정되었던 장어에서 고환의 위치를 찾아냈다고 발표했다. 1876년, 젊은 프로이트는 트리에스테에 있는 현장 연구소에 보내졌다. 거기서 그는 시르스키의 주장들을 점검하기 위해서 장어를 해부했다. 결국, 프로이트는 이 연구가 매력 있게 다가오지 않았지만 크라우스의 연구소를 떠날 때에는 성에 대한 깊은 이해를 가지게 되었는데 사회적 통념의 시각을 통해서가 아니라 과학적 분석과 진화론적인 원칙을 통해서였다.

성 과학자들도 거의 같은 기치 아래 꿋꿋이 행진했을 것이다. 프로이트도 장어를 해부하는 사람의 냉철함으로 성을 조사하려고 했다. 자연과학자들의 냉정하고 거리를 두는 표현을 채택하면서, 프로이트는 성과 관련되어 널리 퍼진 개념들은 극도로 믿을 수 없는 그림을 제공하며 오해와 부정확함을 통해서 그려진 것이라고 1905년에 자신의 생각을 발표했다. 그는 크라프트에빙, 알베르트 몰Albert Moll, 파울 뫼비우스Paul J. Mobius, 해브록 엘리스, 슈렌크노칭과 같은 성 과학자들의 과학적 연구에 의지했다.

그러나 성 과학의 친절한 요약을 기대했던 독자라면 실망하게 되어 있었다. 100페이지가 약간 안 되는 책에서, 프로이트는 성 과학자들의 주장들을 언급하고, 그들이 발견한 많은 부분을 재작업하고, 새로 이름을 붙이고, 위치를 바꾸었다. 그리고 마침내 그들의 자료들과 이론들을 회전시켜 성질이 다른 어떤 것으로 만들었다. 시작하는 말로써, 프로이트는 대부분의 성 과학자들이 성적 추동drive이라고 부른 것은 구성요소들로 분해해서 분석될 필요가 있다고 주장했다. 이러한 결정적인 구분을 통해서만 타고난 것과 양육에 의한 것nature and nurture, 정상적인 것과 변태의 이분법을 극복할 수 있을 것으로 생각했다.

그러한 분석의 가치를 증명하기 위해서 프로이트는 성 과학의 핵심 논쟁인 동성애로 뛰어 들었다. 프로이트는 같은 성의 사랑same-gender love은 하나의 개체가 아니라 복잡한 행위들의 집합을 포함하는 것이라고 주의를 주었다. 어떤 사람들은 초기 아동기부터 동성애인 반면 다른 사람들은 후천적 경험 뒤에 그렇게 되었다. 어떤 사람들은 같은 성에게만 끌리는 반면 다른 사람들은 자꾸 바뀐다. 어떤 사람들은 자신들의 성적 성향을 받아들이지만 다른 사람은 거부한다. 이러한 인간의 다양성은 성 과학자들이 눈가리개를 쓰고 배타적으로 하나의 작은 부분에 집중해서 그들이 선호하는 그러나 결함 있는 이론을 지지할 수 있게 한다고 경고했다. 한 때 20여 명의 환자들과의 경험을 토대로 히스테리의 수수께끼를 풀었다고 믿었던 사람이 지금은 그렇게 제한적으로 만들어진 주장들의 위험성을 인정했다. 프로이트는 자신이 공정한 생각을 가지고 더욱 설득력 있는 설명을 찾아가면서 독자들에게 부분적인 이론들을 철저하게 안내할 준비되어 있는 조정자로 위치를 정했다.

유전형질의 퇴화가 동성애를 발생시키는 것은 아니라고 말하면서 시작했다. 사실 퇴화는 의미 없는 단어가 되었는데, 분명히 외상적이지도 전염성도 없는 많은 사례들에서 분별없이 사용되었다. 이것은 풍자적이었다. 그들은 동성애 외에는 정상이었는데 어떻게 퇴화가 동성애를 설명하는 데 사용될 수 있을까? 이 집단은 다른 능력이 약화되었다는 비난은 거의 받지 않았다. 인간 종족에서 가장 교양 있고 지성적으로 진보된 구성원들 중에도 동성애자들은 있을 수 있었다. 아마도 동성애는 선천적인 변형일 수도 있었다. 하지만 만약 그렇다면, 삶의 후기에 동성애가 된 사람들은 어떻게 되는가? 더군다나, 성 과학자들은 유혹이나 동성의 사회적 환경 같은 초기 인상들이 동성애를 부추길 수 있다는 것을 보여 주었다. 게다가 동성애는 암시에 의해서 치료된 사례도 있었기 때문에, 획득된 심리학적 특성일 수 있음을 증명했다. 프로이트는 자신 또한 처음에는 성적 차이가 획득된 것이라 결론을 내렸고, 그 후 자신이 상상한 외상적 원인인 성폭력이 어떤 사람에게는 영향을 주지만 모든 사람에게는 아니라는 것을 발견하게 되었다는 것을 인정했다.

이러한 지적 겨루기와 함께, 프로이트는 널리 퍼져 있던 세 개의 해결책들이 부분적이고 보충할 필요가 있다고 말했다. 후에, 그는 선천적 기질과 우발적인 요소들 사이의 논쟁은 "과학적으로 생각하는 사람들이 협력을 왜곡해서 안티테제antithesis로 만드는 경우"라고 소견을 말했다. 리비도는 타고난 것이나 또는 획득된 것만은 아니다. 그러한 잘못된 이분법은 어떻게 선천적인 요소들과 환경적 자극들을 중간에서 만나게 되는가를 보여주는 이론과 바꿀 필요가 있다. 그러한 다듬어진 이론을 만들기 위해서 프로이트는 리비도를 세 부분, 즉 충동impluse, 대상object, 목적aim으로 나누는 것을 제안했다.

체질에 근거를 둔 이론들은 성적 충동이 이성애거나 동성애라고 주장한다. 이러한 논리에 따르면 동성애는 암수 한몸의 심리학적 형태이다(남성의 몸 안에 있는 여성의 뇌). 그러한 주장들에 대한 부족한 증거들을 고려하면서 프로이트는 발생학embryology에서 인간의 심리학으로의 이러한 비약을 거부했다. 결국, 그러한 이론들이 오히려 혼란스럽다고 말했는데, 욕구의 대상이 성적 추동drive 자체 안에 내재한다고 가정했기 때문이었다. 동성애자들은 그들의 생물학적인 성적 충동에 있어서는 다른 사람들과 다르지 않고, 그것보다는 성적 대상의 선택에 있어서 다르다. 그래서 정상적인 선천적 성적 추동과 매우 이례적인 성적 대상을 가지는 것이 지극히 가능하다. 소아성애자를 생각해보라. 교사들과 가정부들에 의한 아동의 성적 학대의 많은 빈도수는 쉬운 기회들 때문일 것이지 비정상적 성적 추동drive 때문은 아닐 것이다. 그러한 열정이 다른 종species에게 넘어가는 동물성애자를 생각해보라. 프로이트는 그것이 축산업자에게 꽤 흔한 것으로 여겼다. 이러한 변형들에서, 성적 충동은 변함없는 반면 환경적 요소들이 욕구의 일탈적인 대상 선택의 의미를 설명해준다. 또한, 프로이트는 성적 충동impulse에서 성적 목적aim을 구분했다. 이러한 분리로, 입과 입술의 성적 활용 또는 페티시fetish의 사용 같이 해부학적으로 경계를 넘어선 것들을 연구할 수 있었다.

도라의 사례에서 프로이트는 정상적 성과 변태적 성 사이에 분명한 차이를 주장했지만, 그러한 차이들은 이제 무너졌다. 프로이트는 성 과학자들이 세웠던 경계들을 힘껏 밀쳤고 변태들이 꽤 보편적이라고 주장했다. 그러한 비정상적 행위들이 적절한 환경이 되면 많이 나타날 수 있는데, 그것은 변태가 일반적으로 수치심과 도덕적 염려에 의해서만 억제되기 때문이다. 말하자면 그것은 억압되었던 것이다. 변태의 극단적 경우에서는 그러한 자기-억제가 존재하지 않는다. "우리에게 다가온 결론은 이런 것이었다. 변태 뒤에는 분명히 어떤 선천적 기질이 있지만 모든 사람에게도 어떤 선천적인 기질이 있다. 그리고 기질 면에서 그것의 강도는 다양하고 실제 삶의 영향에 의해서 증대될 수도 있다."

《세 편의 에세이》의 25페이지를 지나면서 이 책이 폭탄선언이라는 것은 매우 분명해지는데, 성 과학 분야에 결정적인 카테고리들에 대해 그야말로 전면적인 재정립을 시도했다. 프로이트는 다른 경쟁적인 모델들의 빈약함과 결함들을 순식간에 드러나게 했고, 성적 차이에 대한 논쟁 양쪽이 모두 부분적으로 틀리다고 주장한다. 이것은 더욱 큰 명료함을 제공해주는 새로운 개념적 구별들을 위한 토대를 마련했다. 간단히 말하자면, 이것은 프로이트의 새로운 이론이었다. 게다가, 이 빈의 의사는 이전에 있었던 성적 이론들과 이미 자신이 가지고 있던 이론들을 통합하고자 했다.

이러한 통합이 드러난 것은, 프로이트가 변태의 경향성들은 일반적으로 억압되었다고 말하고 어떻게 성적 충동이 변태에서뿐만 아니라 또한 억압의 병들인 정신신경증들에서도 결정적인지에 대한 논의를 시작했을 때였다. 신경증을 가진 사람들은 그들의 변태적 성 욕구를 억압하고 그래서 일반적인 변태적 요소들의 많은 부분이 그들의 억압된 정신생활에서 나타난다는 것이다. 프로이트는 더 나아가서 우리 모두가 어느 정도는 히스테리적이라고 선언했는데, 그것은 우리 모두가 어느 정도는 변태라는 것을 의미하기도 한다.

모든 사람이 조금은 변태? 어떻게 그러한 충격적인 주장이 변호될 수 있을까? 그 대답은 곧이어 나타났다. 변태는 퇴화에 의한 것도 생물학적 변형도 아니며, 그것은 보편적인 성적 충동의 결과라고 주장했다. 이러한 선천적 충동을 이해하기 위해서, 물건을 성적 대상으로 삼는 자들fetishist이나 가학 · 피학자들이 아니라 아동들에게 관심을 돌리라고 그는 독자들에게 제안했다.

이것은 도발에 도발을 더하는 것으로 어떤 독자들에게는 충격을 주었을 것이다. 대부분의 19세기 성 과학자들은 어린이들이 성적이라고 믿지 않았다. 어린아이 안에서 드러나는 성의 조숙한 징후는 무엇인가 좋지 않은, 가족에 유전하는 퇴화나 성적 학대의 결과로 여겼었다. 이탈리아의 성 과학자 파올로 만테

가자Paolo Mantegazza가 쓴 것 같이, 사춘기는 “순진함에서 청소년기와 성생활로 가는 숙명적인 다리를 건너는 여행”이었다. 그러나 프로이트의 몇몇 동료들은 동의하지 않았다. 빌헬름 플리스의 이론은 성적 주기들은 삶의 처음부터 시작된다고 말했다. 베를린의 성 과학자 알베르트 몰Albert Moll은 1897년에 성적 리비도에 대한 두 권의 연구를 출판했는데 성적 충동은 초기에 시작한다고 제안했다. 프로이트는 그의 연구를 잘 알고 있었다. “전희contrectation” 추동은 어린 시절에 깨어나고 육체적 접촉에 대한 욕구를 만들어낸다. 이것은 어린아이가 껴안고, 만지고, 사랑의 대상들에 대해서 공상하게 한다. 사춘기에 이러한 추동drive은 생식기 추동과 섞여서 형성되고, 이것이 성숙한 성을 만들어 낸다고 몰은 주장했다.

프로이트는 더 나아갔다. 그는 아이들이 애매하게 자극되어서 서로를 만지고 로맨스를 상상하는 것이라고 주장하지 않았다. 충격적이게, 이 작은 순수한 아이들이 변태라고 주장했다. 변태의 성은 사회적으로 해로운 그룹을 나타내기 위해서 매우 신중하게 세워진 것이지 어린 로사나 오토 때문이 아니었다. 대담무쌍하게 프로이트는 앞으로 나아갔다. 냉정한 수사학을 침착하게 쓰면서 피부, 점막, 자극을 언급했는데, 마치 어떤 바다 생물의 생식샘에 대해서 쓰는 흔들림 없는 동물학자 같았다.

그것 또한 메시지였다. 아동기는 감상적인 회상으로 이해될 수 없었다. 그것은 기억으로부터 숨겨진 잃어버린 땅이며 생경한 장소였다. 그 시기로부터 남아 있는 지속적인 자료들이 아무 의미가 없다는 것은 아니다. 오히려 우리의 초기단계의 불편한 잔존물들이 억압되었다는 것을 의미했다. 어린 시절에 대한 기억상실은 모든 인간에게 있는 히스테리의 한 조각이라고 프로이트는 과감하게 말했다. 한 때 창피함을 모르는 아이는 초기 기억들을 억압했고, 성인이 되어서는 순수하고, 친절하고, 좋은 것으로 위안이 되는 아동기 신화를 만들었다. 우리는 부분적으로 망각하는 것으로 성인이 된다.

어른이 되면서 잊어버린 것을 알기 위해, 프로이트는 다르지만 겹치는 부분이 있는 분야의 자료들에 관심을 돌렸다. 성 과학에서 몰과 크라프트에빙과 다른 이들은 정상적인 아이들은 크게 자극될 수 있는 몇 개의 몸의 부분들, 즉 성감대erotogenic zones를 가지고 있다고 믿었다. 프로이트는 이미 이러한 생각들의 어떤 부분을 그의 성적 트라우마 이론으로 받아들였는데, 보통은 잠재적인 이러한 영역들이 때 이른 자극들에 의해서 깨어날 수 있고 그것으로 인해 변태적으로 활동한다고 주장했었다. 지금 그는 이러한 영역들은 아이가 성숙하게 되면서 깨어나고, 시간이 흐르면서 생식기의 성으로 형성된다고 말했다. 그러나 변태에서는 성감대가 어린 시절에 존재했던 대로 남아 있는 것이다.

프로이트에게 아이들은 변태이고, 변태를 가진 사람들은 아직 아이였다. 그는 유아의 성의 가장 기본적인 형태는 입과 입술–구강영역의 자극으로부터 시작한다고 설명했다. 여기서 이 빈의 의사는 성 과학자들의 의견과 헝가리의 소아과 의사인 랭더S. Linder의 의견을 반영했다. 빨기는 젖가슴에서 시작되는 최초의 아동기의 쾌감이고, 손가락 빨기 같은 쾌감으로 이어진다. 프로이트는 성적 충동의 이러한 가장 초기의 형태를 "자기성애"적이라고 불렀다. 성적 대상은 자기 자신의 몸이고, 쾌감은 자극되는 부분을 자극함으로 얻어진다. 다른 성감대는 항문이다. 거의 초자연적 어조unearthly tone를 가지고 프로이트는 이 영역은 어린아이에게 쾌감의 근원지인데, 변을 보유하고 손으로 그것을 자극하려는 그들의 욕구에 의해서 증명된다고 말했다. 마지막으로 프로이트는 요도 영역과 소변을 보는 동안 신체적 쾌감으로서 경험되는 점막의 자극을 포함했다. 프로이트는 움칠하는 그의 독자들에게 어린아이는 무엇보다도 수치심이 없다고 상기시켰다. 어린아이는 아직 사회적 추방에 포함되지 않았다. 어린아이는 느끼는 것, 보는 것, 만지는 것, 그리고 잔인함 등 모든 쾌감을 허용한다. 아이는 자기 자신 외에는 다른 대상을 원하지 않는다. 하지만 발달의 과정에서 이러한 유아적 충동과 목적은 일반적으로 억압되고, 승화되고, 대상 지향적 성으로 변형된다. 생식기적 성이 억압될 때에만 그러한 핵심부의 억누름이 오래되고 바싹 마른 강의 지류들의 범람을 일으킨다. 그 때에 성감대는 다시 살아나고, 그 무의식은 유아적 성에서 오는 변태적 환상들로 가득 차게 된다. 정반대로, 만약 성의 초기 형태들이 억압된 적이 없다면, 그것들은 방해물이 없이 존재하면서, 오로지 구강 혹은 항문의 성적 욕구들, 소위 말해 변태를 만들어낼 것이다.

이렇게 프로이트는 신경증, 변태, 정상적 발달을 엮어서 모델을 만들었는데, 그것은 깨어있는 성적 충동과 억압의 변화들 사이의 복잡한 상호교류에 중심을 두고 있었다. 성적 대상의 선택에 대해서 분리된 발달 과정을 제시하면서, 사춘기 기간 동안 어린아이의 욕구는 자기 자신에서 다른 사람들에게로 중대한 이동을 한다. 외부에서 사랑 대상을 찾는 것은 이미 준비되어 있는데 엄마의 젖가슴에서 출발했다. 프로이트에게 만족을 주는 대상의 발견은 항상 첫 번째, 최초의 대상의 재발견을 수반한다. 이러한 설명에 의하면, 연인을 발견하는 것은 향수의 요소를 포함하고 있는데, 엄마가 아이를 달래주고, 키스해주고, 안아주는 것으로 그 안에 있던 성적 충동을 처음으로 깨어나게 했던 그 시간을 회복하려는 헛된 노력인 것이다.

부모가 사랑을 줄 때 겉으로 보일만한 어떤 성적 자극도 세심하게 피하려고 했을지라도, 프로이트는 어린아이의 첫 번째 성적 느낌은 그의 부모에게 향한 것이라고 가정한다. 이것을 설명하기 위해서 그의 독자에게 익숙한 이야기를 언급한다. 소포클레스의 비극인 오이디푸스 왕의 드라마였는데, 그 소년 왕은 무엇엔가 이끌리어 아버지를 살해하고 어머니와 결혼한다. 프로이트에게, 이러한 어린시절의 정열은 좌절되는 것이 중요했다. 왜냐하면 그렇게 될 때에만 어린아이는 가정에서 떠나서 세상에서 성적 사랑을 발견할 수 있기 때문이다. 후에, 커플은 서로에게 어린아이같이 속삭이며 좋아할 것이고, 그렇게 알지 못하는 사이에 무의식의 근친상간 환상들에 원군을 제공한다. 이것은 변태도 아니고 신경증도 아니다. 이것은 일반적인 사랑이다.

프로이트는 독자들을 놓아주기 전에 그의 주장 중에서 가장 놀랄만한 것으로 돌아간다. 모든 인간은 선천적으로 다양한 형태의 변태적 기질을 가지고 있다. 프로이트는 독자들에게 이 주장을 인류학과 진화의 관점에서 고려해 달라고 요청한다. 다양한 형태의 변태적인 아이 안에서, 인간의 기원을 알아보지 못하는 것이 불가능하다고 주장했다. 억압되지 않은 아이는 우리의 원시적 선조들의 흔적이다. 즉, 우리 모두 안에 있는 크로마뇽인 남자와 여자이다. 다양한 형태의 변태성이 인간의 무의식 안에 있는데, 그것은 억압된 문명의 초기 시대이다.

이러한 주장은 프로이트와 저명한 생물학자 에른스트 헤켈을 따르는 많은 독자들이 모든 인간의 역사는 우리의 마음 어디인가에 있다고 믿고 있었기 때문에 충분히 설득력이 있었다. 이것은 시작부터 성인기까지의 개인의 발달의 역사가, 정확하게 가장 원시적인 기원부터 현재의 상태까지의 인류의 진화를 반영한다는 것을 의미했다. 모든 사람은 그들의 발달 과정에서 인간 종족의 진화 전체를 재현한다. 헤켈의 마음–뇌 입장 때문에, 이것을 마치 폐에 적용하는 것같이 마음에도 적용했다. 이렇게 해서 어린아이는 석기 시대 사람의 마음을 가지고 있다고 추론하게 된다.

그러나 모든 정신적 삶의 역사가 유전되는 것이 어떻게 가능한가를 상상하는 것은 어려웠다. 1870년, 브로이어의 멘토였던 에발트 헤링은 무의식의 기억이라는 설명을 제시했다. 정신의 경험들은 신경의 자극들이 되어서 생식세포들로 이동하고 다음 세대로 전해 내려온다. 만약 한 부모가 피아노를 치는 것 같은 몸에 깊이 밴 기술을 발전시키면, 그 음악적 능력에 대한 무의식적 기억이 아마도 유전될 거라고 생각했다. 거미가 거미줄을 치는 것이나, 새가 둥지를 만드는 것이 이러한 것과 관련되어 있는지, 아니면 모차르트의 작곡의 재능이 그러든지, 학습된 행동들도 습득된 본능처럼 무의식의 기억을 통해서 전해져 내려 올 수 있다는 것이었다. 무의식적 기억의 가장 간단한 예는 배고픔과 성적 본능인데, 이러한 힘들은 대대로 모든 유기적 생명체에 힘을 행사하고 있다. 헤링은 이 생명 또는 죽음의 본능은 보호되어 있고 무의식에 저장되었기 때문에 개인에서 개인으로 안전하게 전해진다고 생각했다.

헤링의 이론의 열정적인 찬미자였던 프로이트는 무의식의 기억에 대한 비슷한 정의를 선택했다. 성에 대한 무의식적 기억에는 매우 많은 것이 보존되어 있다. 쾌감 원칙pleasure principle은 변하기 쉬운 의식의 도움 없이 이러한 동물적 필요를 충족시키기 위한 진화론적 계책이다. 구강 영역은 빠는 조건을 가진 추동drive인데, 유아에게 영양을 공급하기 위해 없어서는 안 된다. 구강 영역과 항문 영역은 진화론적 사닥다리를 올라갔다 내려왔다 하고, 아메바 같은 더욱 원시적인 삶의 형태의 필요와 연결되어 있는 것으로 설명했다. 인간 문명의 도래와 함께 이러한 고대의 추동들drives은 억압되었다. 그것들은 오직 부끄러움을 모르는 어린아이, 변태, 원시종족, 야만인, 그리고 완전히 문명화되지 않은 인간인 여성에게서 계속 나타난다고 프로이트는 주장했다. 프로이트가 가지고 있는 이러한 강한 여성 혐오는 후에 그의 이론에 심각한 손상을 주게 된다.

성 이론을 진화론적 생물학에 연결 지음으로써 프로이트는 그의 설명을 강화했고, 자연과학에 있는 사람들에게 그것이 더욱 타당하게 보이도록 만들었다. 더 많은 지지를 얻기 위해서, 그는 또한 이완 블로흐Iwan Bloch가 발견한 인류학적 증거에 의존했다. 프로이트의 생각과는 극명하게 대조적으로, 사람들은 유럽의 문명화는 쇠퇴하고 있고 많은 변태적인 성적 행위로 인해서 무너질 것이라고 믿고 있었다. 이러한 가설을 시험하기 위해서, 블로흐는 현장 연구를 했고, 변태적 성이 소위 말해서 진보된 문명들에서도 원시적이라고 여겨지는 문명과 마찬가지로 흔한 것을 발견했다. 사실, 그는 원시적 사회는 빈번하게 변태적인 성행위와 상대를 가리지 않은 성행위에 기반을 두고 있다고 결론지었다.

1914년, 프로이트는《세 편의 에세이》제3판 서문에서 "인간의 기질은 궁극적으로 인간 종족의 초기 경험의 침전물"이라고 대담하게 말했다. 어린아이는 종species 안에 있는 진화의 축적된 것을 나르며 원시적 변태 충동들에 의해서 움직인다. 문명화된 사회에서 이러한 힘들은 숨겨져 있고 무의식을 만든다. 이러한 과정의 얇은 판 밑에는 생명 그 자체에 중요한 원시적 성적 힘이 놓여 있다고 말했다. 몇 년 후, 프로이트는 어린이, 미개인들, 원시종족들 모두가 억압에서 자유롭게 살았을 것이라고 주장했다. 이러한 존재들로 일반적으로 망각되고 내적 관찰로 이해하기 불가능한 것을 아는 것의 난점을 극복할 수 있을 것이다. 그들 안에서, 무의식의 미스터리를 파악하는 것이 가능하다고 프로이트는 생각했다.

VI.

1885년과 1905년 사이에 프로이트는 병을 일으키는 것처럼 보이는 심리적 힘들을 이해하기 위해서 프랑스의 정신병리학, 독일의 생물물리학, 정신물리학, 성 과학을 받아들였다. 그는 이러한 분야들의 하나하나에 들어갔고, 각 분야의 세부사항을 숙달하고, 그리고 나서 각 학문 분야가 직면했던 어려운 문제들에 대한 해결책들과 변형, 또는 수정안을 제시했다. 프로이트의 해결안들은 오랫동안 지속되어온 두 개의 임무에 의해서 체계화되었는데, 1870년 띠오둘레 리보가 명확하게 표현했다. 그는 심리학에서 주관적이고 내적인 경험을 배제하는 것을 거부했지만, 그럼에도 불구하고 심리학적 지식은 어쨌든 과학적이 될 수 있다고 주장했다. 이러한 대립되는 고려들은 프로이트가 만든 새로운 형세를 체계화하고 활기를 돋우었다. 그리고 결국 그것은 새로운 프로이트학파 분야의 중추가 되었다.

이르면 1899년에 프로이트는 자신 앞에 어렴풋이 보이기 시작한 이 비상한 통합체의 윤곽을 보았다. 꿈에 대한 책을 완성한 후에 그는 빌헬름 플리스에게 그가 거대한 작업에 3분의 1을 거의 끝냈다고 말했다. 그리고 그는 그 작업의 요소들을 나열했다. "(1) 유기체인 것-성적인 것, (2) 사실에 기반을 둔 것-임상적인 것, (3) 메타심리학적인 것." 1905년에 프로이트는 그 일을 완성했다. 리비도는 신경증에서 심리적 교란을 일으키고 꿈에서는 무의식적 소망의 원천이다. 둘 모두 성적 추동drive의 압박으로부터 생겨난다. 지금까지 그 자체로는 알 수 없었던 무의식은 새로운 방법에서 정의되어졌는데 프로이트 이론의 기반을 명확하게 했다. 무의식은 개개의 사례에 따라 발견될 필요는 없었다. 왜냐하면 프로이트는 무의식 안에 보편적으로 매우 잘 보존된 추동이 있다는 것을 진화론적, 인류학적 자료들과 더불어 일관성 있게 정의했기 때문이다. 이제 다른 사람의 내적 세계를 아는 것에 대한 문제가 감소되었다. 즉, 모든 인간은 리비도에 의해 이끌려진다는 것이다.

리비도는 마음의 에너지의 원천이고 끊임없는 심리적 갈등의 원인이다. 프랑스 정신병리학자들에 의해 연구된 해리되어진 이상한 정신상태들은 재정립될 수 있었다. 그것들은 퇴화된 형질유전으로 인한 것이 아니라, 그보다는 억압과 무의식적 성적 추동으로 인해 발생한 의식에서의 파열에 의한 것이다. 정신물리학자들이 조사한 주관적인 왜곡과 환상은 내적 정신물리학을 통해서 연구될 수 있는데, 무의식의 리비도가 의식을 왜곡했다고 말할 수 있었다. 프로이트의 리비도는 또한 성적 차이에 대해서 타고난 것nature과 양육에 의한 것nurture의 역할에 대한 논쟁을 명확하게 했고 성 과학의 영역을 크게 확장했다. 프로이트는 단순히 겉으로 보이는 성적인 행위, 행동, 욕구들의 조사보다는 성sexuality을 모든 심리적 작업들의 중심으로 만들었다.

성 이론은 프로이트의 빠져있던 연결고리였다. 《세 편의 에세이》는 단지 프로이트의 전작들에 더해진 추가사항이 아니었다. 그것은 그의 초기 이론들에서 미해결로 남아 있던 질문들에 대한 대답들이었다. 리비도는 기반이 되었고 그 위에 그의 이론적인 체계의 나머지 부분을 세우게 되었다. 1905년에 그는 이렇게 썼다. "누구도 성적 기능에서 유기체적 요소를 부정하고 싶지는 않을 것이다. 그리고 나는 총체적으로 성적 기능을 히스테리와 신경증의 기반으로 여긴다."

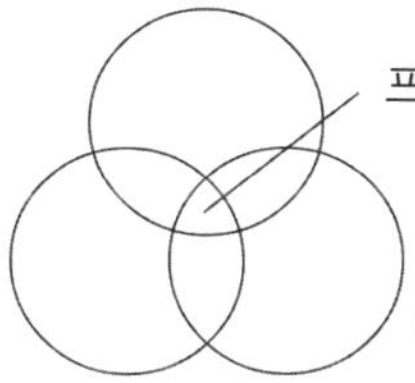

프로이트의 통합인 성심리(psychosexuality)는 프랑스 사람들에 의해서 개척되어진 심리적 인과관계의 개념을 받아들였고, 이것을 뉴턴의 이론과 어울리는 마음/뇌 모델 안으로 가지고 왔다.

리비도 이론은 마음과 몸 양쪽에 걸쳐져 있고 또한 이 두 영역을 연결시킨다. 이제 퇴화 이론이나 정신해부학적 추론이 필요하지 않았다. 이러한 전략들이 부족하다는 것이 입증되었고 지금은 쓰지 않아도 되었다. 성은 분명히 보편적이었다. 그것은 생물학적이며 심리적이고, 추동들drives의 상호작용이고 정신적 표상들이었다. 브로이어가 기발하게 말한 것 같이, 모든 발기가 생각들에서 왔다고 말하는 것은 어리석은 것인데 어떤 발기도 생각들에서 오지 않았다고 하는 것도 어리석은 것이다. 프로이트에게 리비도는 심리적 세계에 영향을 주는 신뢰할 수 있는 근본적인 생물학적 힘을 가정할 수 있도록 해주었다. 순수하게 심리학적인 방법으로 나아가면서, 그는 언젠가 화학 물질이 리비도의 근원을 더욱 잘 설명해줄 것이라고 말했지만 이것이 정신물리학적 현상이기 때문에 그는 그의 모든 관심을 심리적 징후들에만 집중하려고 했다.

리비도는 또한 프로이트의 모델의 과학적 지위에도 커다란 이점을 가지고 있었다. 과학에서 모델을 만들어 갈 때 종종 일관성을 계속해서 찾는다. 만약 어떤 과학적 영역에서의 생각들이 다른 영역의 증거들과 조화를 이룬다면, 견실한 증거가 없을지라도 그것들은 신뢰성을 획득한다. 리보가 내면의 주관적 상태들의 연구를 유전형질에 근거를 두는 것으로 자신을 강화한 것 같이, 프로이트는 성sexuality을 진화적 이론과 생물학적 기능에 대한 그 당시의 이론들과 일치하는 방법에서 사용했다.

결국, 리비도 이론의 출현은 정신의 분석 방법에 대한 프로이트의 생각을 즉각적으로 바꾸었다. 《세 편의 에세이》를 출판했던 그 해, 그는 이다 바우어의 분석을 마침내 출판했다. 그것은 이상한 결정이었는데 4년이 지난 이 사례 원고는 그가 지금은 거부하는 트라우마 이론에 기반을 두고 있었기 때문이었다. 프로이트는 전체 원고를 고쳐 쓰거나 트라우마의 역할을 제거하지 않고, 그 원고를 살펴보고 "예비적 소견"라 붙이고 약간의 새로운 인용들을 덧붙였다. 더욱 중요한 것은, 이 사례의 실패를 곰곰이 생각하고 그렇게 함으로써 다른 사람의 마음을 분석하는 새로운 방법을 명확하게 표현한 "후기"를 첨부했다.

트라우마 이론은 정신의 분석가를 숨겨진 고통스러운 기억을 발견해야만 하는 탐정으로 만들었다. 이 방법은 개인사적인 기억의 신뢰성과 이러한 발견들의 안정성에 대한 질문을 낳게 했는데, 인간들은 자신들의 삶을 각색하는 교묘한 방법을 가지고 있었다. 또한 기억해내야만 하는 과거의 트라우마가 있다는 의사의 요구는 왜곡하는 영향력을 지니고 있었다. 리비도 이론은 프로이트의 관심을 기억의 회복으로부터 욕구의 지속적인 힘으로 돌리게 했는데, 이 힘은 단지 과거에만 있는 것이 아니라 전이transference에서 드러났듯이 현재에도 있었다.

이다 바우어를 만나기 몇 달 전, 프로이트는 그러한 변화의 가능성을 인지하기 시작했다. "치료의 끝없음이 정기적으로 발생하고 있고 그것이 전이와 관계되어 있다는 것을 이해하기 시작했소."라고 그는 플리스에게 말했다. 도라 사례에 대한 초기 밑그림에서 프로이트는 이 이슈에 대해서 직접적으로 언급하지 않았다. 프로이트가 4년 뒤에 삭제하지 않은 시기착오적인 각주에서, 그는 털어놓았다, "현 시점에서는 나의 해석은 '전이'의 주제를 잠시 동안만 다루고 있다. 이것은 임상적으로, 이론적으로 매우 중요한 주제이지만 지금의 글에서는 더 이상 이것을 다루지 않을 것이다." 그러나 1905년에 프로이트는 리비도 이론에 의해서 가능해진 새로운 명료성을 가지고 전이로 되돌아갔다.

전이란 무엇인가? 이것은 분석 작업이 진행되는 동안에 일깨워져서 의식으로 알게 된 경향성들과 환상들의 신판들new editions 이거나 또는 복사판들 facsimiles이다. 전이는 과거의 어떤 인물을 의사 개인으로 대체시키는 특이한 점을 가지고 있는데, 이것이 그것의 특성이다. 다른 말로 표현하자면, 심리적 경험들의 전체 시리즈가 되살아나는데, 그 심리적 경험들이 과거에 속한 것으로써가 아니라 현재 그 순간에 의사의 인물에 적용된다.

전이는 과거를 현재에서 되살린다. 은밀한 환상들, 옆길로 가버린 연상들, 사소한 행위들, 그리고 격정적인 대인관계의 드라마 안에 숨겨져 있는 전이는 망각하고 있던 초기 대상들에게 환자가 리비도적으로 묶여있음을 드러나게 한다. 프로이트는 이러한 과거의 일깨움이 정신분석가의 관심의 핵심이 되어야 한다고 주장했다. 신경증을 가진 사람이 정신분석적 치료에 들어오게 될 때, 신경증의 증상들의 구조는 이러한 새로운 정신의 구조들에 대체된다. 전이는 잃어버린 시간이 되돌아 온 것이다. 하지만 그것의 힘은 여전히 무시할 수 없는 존재이고, 그래서 의사는 사랑의 대상들(어머니, 아버지, 형제, 자매)의 옛 원형을 위한 대역이 된다. 프로이트는 자신이 도라의 사례를 서툰 방식으로 다루었다고 고백했는데, 오직 고통스러운 기억과 트라우마만을 찾으려고 하면서 자신과 자신의 젊은 환자 사이에 일어나고 있었던 매우 풍요로운 드라마를 무시했기 때문이라고 고백했다. 전이는 지금, 여기here and now에서 오랫동안 망각하고 있는 것으로 곧바로 가게 한다.

한 때 고전적인 시인들은 싸이키Psyche와 에로스Eros의 결혼에 대해서 노래했다. 1905년, 여러 해 동안의 작업 후에 이 빈의 의사는 비슷한 결합을 주재했다. 정신psyche에 대한 프랑스의 역동적인 개념과 성 과학을 통합하면서 프로이트는 심리적 원인들과 의도들을 감안하였고, 생물학적으로 뿌리를 둔 마음의 모델을 만들었다. 보편적인 성 추동drive은 무의식의 내용들에 합법적인 정의를 제공해주었고, 의식을 몰아간다. 프로이트의 견해에 의하면, 어린아이들은 마치 그들이 선사시대의 미개인들인 양 자극하고, 찌르고, 빨고, 빤히 쳐다본다. 그러나 나이가 들면서, 그들의 정신세계는 내적 자아의 이러한 동물적 부분들과 싸울 수 있는 능력을 발달시킨다. 이 싸움은 결코 끝나지 않을 것이다. 프로이트 이론에서, 싸이키와 에로스의 결혼은 갈등과 불편함으로 가득 차 있었다.

아리스토텔레스 이후로 과학은 극도로 복잡한 것을 간단한 본질적인 실체로 만들려고 시도해 왔다. 그러한 기준에 의하면 프로이트는 만약 그의 통합이 옳다면 무엇인가 놀랄만한 것을 해낸 것이다. 그는 심리학과 정신병리학에서 벌어지는 복잡한 논쟁들을, 즉 마음과 뇌, 타고난 것과 양육에 의한 것, 내적 원인과 외적 경험, 변태와 신경증, 정상과 비정상적 행위, 개인적 발달과 진화, 두려움과 욕구, 이와 같은 것들에 대한 논쟁들에 참여했고, 결국에는 고도로 이론화된 한 단어, 〈성심리psychosexuality〉 안에서 그의 대답들을 요약할 수 있었다. 리보, 샤르코, 베른하임, 자네, 브뤼케, 헬름홀츠, 엑스너, 마이네르트, 브로이어, 플리스, 페히너, 헤링, 립스, 분트, 크라프트에빙, 슈렌크노칭, 몰, 뫼비우스, 헤켈, 라마르크, 다윈. 이러한 모든 사람들이 같은 질문에 대답하려고 서로 다투며 노력했다. 반복되었던 노력, 극적인 실패들, 그리고 결국, 이론적 논의들에 연속적으로 참여한 후에, 프로이트는 이러한 문제들의 거대한 복잡성을 다루고, 정신에 대한 이론을 통합해냈다. 그 이론이 내포하는 것과 설명하는 힘은 풍부했지만 놀랄 만하게 간단했다. 그게 바로 〈성심리〉였다.

1895년에서 1905년 사이에, 프로이트는 히스테리, 꿈, 성 이론에 대한 세 개의 중요한 연구를 발표했다. 1905년 이후에는 이 세 개 모두가 심리적 인과관계와 결정요소, 무의식적 소망, 그리고 성심리에 기초를 둔 신경증과 변태의 이론들을 위한 논거로서 제시되었다. 이러한 방법으로 뼈대를 만들면서, 이 작업들을 통해서 정신생활의 연구를 위한 새로운 접근이 만들어 졌다. 프로이트의 통합은 히스테리적 경련을 사라지게 하는 방법 그 이상의 것, 즉 심리학을 자연과학으로 가져오는 광범위한 새로운 공간이었다. 자연과학을 확장시켜서 인간 내면에 대한 중요한 질문들을 받아들일 수 있었다. 인간의 내면은 프랑스인들, 러시아인들, 영국인들의 위대한 심리학적 소설들과 시에서 탐색된 공간이었고, 아이스킬로스Aeschylus와 셰익스피어에서부터 입센Ibsen과 슈니츨러Schnitzler까지 극장에서 표현된 성격에 대한 연구들이고, 인간 역사의 시각을 열어주는 가르침, 환상의 연대기와 종교, 동화, 우화에서의 신념에서 드러났다. 이 통합을 통해서, 과학은 당혹스러운 빈곤으로부터 구출될 수 있고, 인문학은 보편적인 법칙에 따라서 이해될 수 있는 듯 했다.

성심리psychosexuality는 인간의 가슴heart과 마음mind에 대한 폭 넓은 연구들을 가능하게 했다. 그래서 뉴턴의 세계, 다윈의 생물학, 진실이 과학의 인식론적 요구에 의해서 결정되는 세계 안에서 이러한 연구들의 이치가 잘 맞게 되었다. 프로이트의 종합이 바쁘게 태어나고 있을 때 몇몇 경쟁적인 견해들은 시들해지고 있었다. 정신세계에 대한 정교한 모델을 가지고 있었을지라도 프랑스의 정신병리학자들은 완고하게 퇴화 이론에 전념한 채로 있었다. 그것은 일반심리학으로 확장할 수 있는 그들의 능력을 제한시켰다. 암시를 이용했던 치료사들은 그들의 치료에 대한 믿을 만한 과학적 토대를 확립하려고 씨름했다. 프로이트는 같은 역동적 무의식적인 정신상태를 과학적 모델의 기준에 맞춰서 진화론적 생물학과 조화를 이루게 설명할 수 있었다. 마음을 뇌로만 설명하려는 생물물리학에서의 노력은 의식에 관해서는 막다른 길이었다. 정신물리학을 시작한 사람들은 이 학문의 이름이 가지고 있는 극도로 어려운 전제에 의해서 제한받는다는 것을 알게 되었다. 마음에 대한 프로이트의 모델은 정신의 질quality과 에너지의 양quantity을 포함했지만 순전하게 심리학적 방법으로써 계속 나아갔다. 성 과학자들은 성적 행위들을 그것들을 수행하는 마음이 필요 없는 몸의 이론과 쾌감을 찾는 몸이 없는 마음의 이론 사이에서 갈라졌다. 과학적 육지를 찾는 과정에서 성 과학자들은 몸과 마음의 상호교류를 설명해야 됐을 때 허물어졌다. 리비도 이론은 그러한 종합적인 설명을 제공했다. 지그문트 프로이트는 그런 모든 학파에서 연구했던 내면의 문제들에 해결책을 제시했고, 제한적이었던 해결책들을 함께 모아서 새로운 용어와 새로운 방법들을 가지고 모든 것을 포괄하는 새로운 이론을 만들었다. 이러한 학문 분야들로부터 새로운 학문 분야가 탄생되었다. 그것은 프로이트학파였다.

이러한 같은 원천들로부터 프로이트는 많은 적들을 만들었다. 마음에 대한 프로이트의 과학은 종교 지도자들을 불쾌하게 했는데, 이 이론이 불멸의 영혼을 유물주의적으로 격하시킨 것으로 보았다. 그는 프랑스의 정신병리학, 정신물리학, 성 과학의 적들도 그대로 물려받았다. 역동적 심리학을 거부하는 정신과 의사들, 엄격한 뇌 중심의 신경병리학에 헌신한 사람들, 성 과학을 경멸하는 사람들은 프로이트도 또한 거절할 것이었다. 게다가 자신이 열심히 파고 있는 바로 그 분야로부터 온 격렬한 대항자들과도 맞붙고 있었다. 프랑스의 정신병리학자들은 프로이트의 이론이 그들의 것을 표절했다고 매섭게 비난했지만, 1895년 이후 프로이트의 이론적 발전은 프랑스인들과 거의 관련이 없었다. 독일의 학구적인 심리학자들과 정신과 의사들은 정신물리학에서부터 경험주의적 심리학까지 빌헬름 분트를 따르고 있었는데, 그들이 실험실에서 실험과정을 통해서 세운 과학적 신뢰성이 프로이트의 연구에는 부족하다고 격렬하게 주장했다. 이러한 공격들과 직면하면서, 프로이트는 자신의 생각들의 힘을 과소평가하지 않았다. 그것은 아마도 이러한 심리학자들은《광란의 오를란도*Orlando Furioso*》에 나오는 거인들 같다고 말할 것이다. 그 거인들은 자신들의 머리가 이미 잘려 나간 오랜 후에도 그들의 적에게 계속 주먹을 휘둘렀다.

적들이 앞으로 나왔지만 도처에 숨겨진 동맹들도 그랬다. 이제 프로이트로 올 수 있는 많은 길들이 생겼다. 그리고 추종자들은 그에게로 향한 길들을 발견하기 시작했다. 만약 당신이 성, 최면, 히스테리, 꿈 또는 기억을 공부하고 있다면, 그것들 중 어느 것이라도 프로이트가 획득한 연구로 당신을 인도해 줄 것이다. 만약 당신이 정신병리학자가 되어서 심리치료로 심인성 병들을 치료하기 원한다면, 당신은 프로이트를 의지할 수 있다. 만약 당신이 변태를 연구하고 치료하는 성 과학자가 되기 원한다면 당신은 프로이트에게 의지할 수 있을 것이다. 만약 당신이 원하는 것이 정신물리학을 연구하고 무의식과 의식, 마음과 몸의 에너지의 관계를 분석하는 것이라면, 당신은 이제 또한 프로이트에게 기대할 수 있을 것이다. 그렇게 초심자들은 이러한 길 모두이거나 아니면 그중 어떤 길을 통해서 새로운 프로이트학파의 연결체로 들어가게 되는데, 그것은 정신병리학, 정상 심리학, 성 과학, 진화론적 생물학과 기억, 상징, 꿈의 해석학적 연구에까지 폭 넓게 연결되어 있었다. 오래 지나지 않아 이 작은 공동체는 이러한 생각들과 접근법들을 중심으로 견고하게 될 것이다. 그리고 그들은 프로이트학파 사람들Freudians로 알려지게 된다.

PART TWO

프로이트학파 사람들

빈

> 영혼을 위한 새로운 의사는 어디에 있는가?
>
> *니체, 1881*

I.

프로이트를 중심으로 모여든 첫 번째 지식인 단체는 빈에 있는 그의 집에서 모였다. 그들은 정신과 의사들, 신경과 전문의들, 약물치료사들, 작가들, 문화비평가들, 사회개혁가들이었는데 그들 각자는 광범위한 범위에서 그들의 관심사를 통합하고 있던 이 사상가로 향하고 있었다. 그렇지만 그들 대부분은 아직 그들의 가설, 목적, 방법들에 있어 서로 다른 입장을 가지고 있었다. 그래서 초기 얼마동안 이러한 빈의 추종자들은 그들이 누구이며, 이루고자 하는 것이 정확하게 무엇인가에 대해 소란스럽고, 때로는 악의 넘치는 논쟁을 벌여야만 했다.

대학의 강사로서 지그문트 프로이트는 1880년대 중반부터 토요일 저녁에 작은 그룹에게 강의하였다. 1902년, 프로이트가 명예로운 교수 칭호를 받게 되면서 그의 학문적인 위신이 올라갔지만 그의 강의는 아직은 적은 수의 사람만을 끌어 들였다. 같은 해에 프로이트는 그 지역의 몇몇 의사들이 그의 작업에 대해 진지한 관심을 가지고 있다는 것을 알게 되었다. 1902년 겨울, 프로이트는 4명의 동료들에게 초대장을 보내서 자신의 집에서 심리학과 신경병리학에 대한 문제들을 논의하자고 제안했다. 그래서 이 회합 날을 기념하여 자신들을 수요심리학회라고 불렀고, 세기가 바뀔 무렵에는 빈에서 번성했던 다른 많은 작은 그룹들, 협회들, 클럽들, 단체들이 합류했다. 금주자들, 남녀 평등주의자들, 인종집단들, 사회주의 의사들, 페이비언협회 회원들, 반유대주의자들, 범게르만주의자들, 교육개혁가들과 분리 독립을 지지하는 예술가들과 함께, 수요심리학회는 공동 관심사를 가지고 있는 몇몇의 빈 사람들을 함께 묶어주었다.

학회를 구성하는 것은 프로이트의 생각이 아니었다. 추동력은 그 지역 의사였던 빌헬름 슈테켈Wilhelm Stekel에게서 나왔다. 슈테켈은 빈 의대에서 공부했고, 그곳에 있는 크라프트에빙 밑에서 작업했다. 학교를 떠난 후 개업을 했으나 환자들의 문제를 진료할 준비가 되어 있지 않았다고 느꼈다. 지루해진 그는 빈의 신문 하단에 실린 짧고 종종 개인적인 에세이였던 문예란의 기사를 열심히 썼다. 슈테켈은 의사인 막스 카하네Max Kahane를 만났고, 그가 슈테켈에게 프로이트의 토요일 저녁 강의에 대해서 말했다. 누구의 이야기를 믿느냐에 달려있지만, 슈테켈의 변화는《꿈의 해석》을 읽은 뒤이거나, 그의 성적 문제를 프로이트에게 성공적으로 치료받은 후에 생겼다. 그 후 슈테켈은 프로이트의 꿈 책을 극찬하는 논평을 〈새로운 빈 신문〉에 실었고, 그 글에서 심리학의 새로운 시대가 시작됐다고 선언했다. 슈테켈은 프로이트에 대한 더 많은 기사를 쓰기 시작했는데 위기 상황에 있었던 편집자들은 그에게 어떤 것이든 더 많이 쓰라고 요구했다.

막스 카하네도 베르크가세 19번지에 있는 프로이트의 집에 초대 받았다. 카하네는 프로이트와 비슷한 경험을 가진 옛 친구였다. 이 사람은 프로이트와 같은 중학교와 대학교를 다녔고, 젊은 의사로서 둘은 프랑스 정신병리학에 매료되었고, 프랑스 연구들 중의 일부를 독일어로 번역했다. (카하네는 샤르코와 자네에 관한 책들을 번역했고, 프로이트가 번역한 베른하임의 책 재판을 다시 번역하였다.) 두 사람은 아동기 질병에 관심이 있었고, 서로 다른 길을 가기 전에 막스 카소비츠의 소아과 연구소에서 의사로 일했다. 하지만 카하네는 프로이트의 대학 강의를 참석하는 것으로 친구의 연구를 파악하고 있었다. 대학의 학문적 의사들 사이에 있던 의기양양한 엘리트주의에 비판적이었던 카하네는 실용적인 면에서 의학의 긴급한 것들에 전념했으며 프로이트의 치료적 혁신에 강한 흥미를 느꼈다. 카하네가 1901년에 의료행위에 대한 교과서를 출판했을 때 프로이트의 새로운 심리학적 치료에 대해서 언급하는 것을 잊지 않았다. 그 해, 그는 요양소를 설립했고 일 년 뒤에는 수요 그룹의 창립 멤버가 되었다.

이 학회의 최초 회원들은 모두 유대인이었지만, 루돌프 라이틀러Rudolf Reitler는 가톨릭으로 개종했던 저명하고 부유한 유대인 가족의 아들이었다. 이러한 전향은 빈에 있는 반유대주의에 적응하기 위해서 사용했던 것으로 보기 드문 것은 아니었다. 카하네와 같이 라이틀러는 프로이트의 어린 시절 친구 중 한 명이었다. 그 또한 빈 대학에서 의학을 공부했고, 토요일 저녁 강의에 참석하면서 프로이트의 혁신들에 계속 주목하고 있었다. 카하네가 요양원을 개업했던 같은 해에 라이틀러는 자신의 연구소를 열고 온천 치료에 전념했다.

그 모임에서 가장 어린 멤버는 알프레트 아들러Alfred Adler였다. 빈 의대에 있었을 때 아들러는 크라프트에빙과 프랑스 정신병리학에 깊은 인상을 받았고, 다른 사람들처럼 프로이트의 저녁 강의에 몇 번 참석했다. 사회주의자였던 아들러는 대학의 추상적 의학 개념들에 대해 막스 카하네처럼 경멸했다. 그리고 사회 개선에 공헌할 수 있는 의학에 헌신했다. 1898년, 아들러는 재단사의 직업병에 대한 책을 썼고, 문예란에 기사들을 써서 사회 의학social medicine을 위한 자리를 대학에 마련하라고 요구하면서 위생 불량, 가난, 무지에 의해서 발생하는 문제들을 계속 다뤘다. 아들러는 1899년에 일반내과병원을 열었고, 얼마 지나지 않아 자신의 환자 중 한 명에 대해서 프로이트에게 자문을 구했다.

슈테켈, 카하네, 라이틀러, 그리고 아들러. 이들 모두는 임상현장에서 자신들의 방법을 찾으려고 애쓰고 있었던 의사들이었다. 모두가 경제적인 면에서 그리고 어떤 사례에서는 사상적인 면에서 치료법에 전념하고 있었다. 그리고 프로이트에게 합류했을 때 그들 모두는 공통의 어려움에 직면하고 있었다. 그들은 유럽 의학의 엘리트 메카였던 빈 의대에서 훈련을 받았는데, 그곳에서 의사들은 고결한 과학자같이 생각하라고 배웠다. 어떻게 보면, 그들이 인정사정없이 상아탑에서 떨어져 나와야 할 때, 일상에서 직면해야 될 삶과 죽음의 문제에 대해서 그들을 안내할 수 있는 것은 거의 주어지지 않았다.

1900년, 빈이 유럽에서 의학 공부를 하는 데 있어 가장 중요한 곳이라는 사실은 의심의 여지가 없다. 빈 의대는 유명한 과학자들과 발견자들로 구성되어 있음을 자랑하고 있었다. 이 대학은 독일어권의 다른 의대들과 함께 유명해졌는데, 그 대학들은 19세기 하반기 동안 의학적 연구들이 자연과학에 기반을 두도록 앞장섰다. 병원에 기반을 둔 클리닉에서 의사를 훈련시켰던 프랑스의 의대와는 달리, 독일 학교들은 대학 안에 위치하고 있었고 의대 학생들은 화학, 물리학, 생리학과 다른 과학 커리큘럼을 통해서 폭넓게 통합할 수 있었다. 프랑스에서는 침대 옆에서 환자를 보면서 가르치는 것이 선호하는 방법이었던 반면, 독일의 의대 훈련은 실험실과 강의실에서 이루어졌다. 1870년 즈음, 독일의 과학적 의학은 많은 과학적 성취 덕분에 서양 세계에서 부러움의 대상이 되었다.

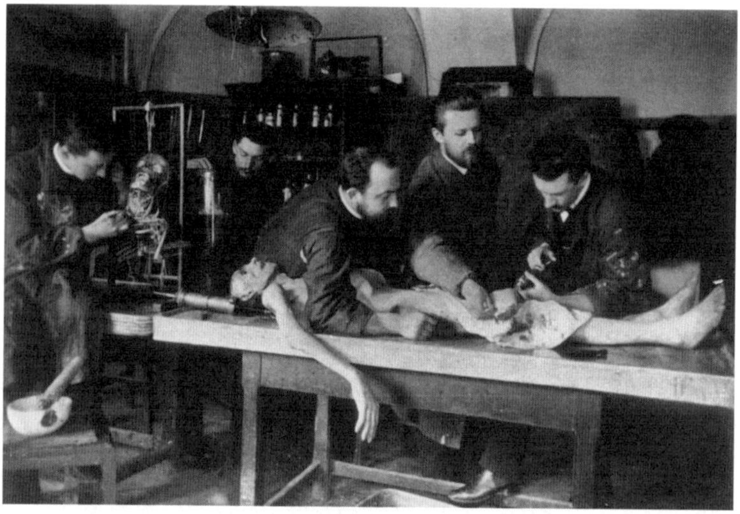
해부연구소의 해부실에 있는 빈 의대 학생들.

빈에서, 의학적 화용론pragmatics으로부터 과학으로의 전환은 해부학자이면서 의대의 학장이었던 카를 로키탄스키Carl Rokitansky에게 영향을 받은 것이었다. 그는 병리의 해부학은 모든 분야의 중심에 있어야 한다고 주장했다. 해부와 병든 기관들, 세포조직들을 현미경으로 연구하는 것은 의학의 기반이 되어야 했다. 로키탄스키가 실권을 가지고 있을 때 빈의 연구자들은 대단한 과학적 진보를 이루었지만 이러한 진보는 대가를 치러야 했다. 교수들이 실험실에서의 작업에 열중함에 따라 빈의 병원들은 황폐화되어 갔다. 1887년, 빈의 장관이었던 엥겔베르트 페르너스토르퍼Engelbert Pernerstorfer는 도시의 병원들이 그들의 환자를 범죄적으로 등한시하고 있다고 비난했다. 10년 후에도 큰 변화는 이루지지 않았다.

이것은 우연한 것이 아니었다. 독일의 과학적 의학은 치료법을 중시하지 않았다. 대부분의 치료들은 과학적으로 증명될 수 없었고, 경험있는 의사들의 산발적인 경험과 전해들은 말 정도에 기초하고 있었다. 합리적인 치료 가능성에 대한 회의론과 함께 치료법에 대한 허무주의적 태도는 빈에서 매우 강했다. 1850년에서 1880년 사이 이 의대의 저명한 지도자들은 치료법들에 대해 기껏 잘 해야 무익하고 최악의 경우엔 위험하다고 주장했다. 이러한 신념들은 요제프 디틀Joseph Dietl 같은 교수에 의해 옹호되었는데, 그는 현재의 지식 상태는 과학에 기반을 둔 치료법을 제공하는 것이 불가능하다고 주장했다. 그는 의사들에게 질병을 치료하는 것이 아니라 단지 질병을 이해하는 데 집중하라고 제안했다. 디틀은 자연의 힘만이 치료할 수 있다고 자주 반복해서 말했다.

디틀은 연구가 언젠가는 과학과 의료행위 사이의 틈을 좁혀줄 것이라 희망했지만, 그것은 병든 사람들에게 아무런 위안이 되지 못했다. 그리고 매년 의료현장으로 쏟아져 나오는 의대 졸업생들 대부분에게도 그리 도움이 되지 못했다. 프로이트가 발견을 해 나가고 있을 때, 거의 대부분의 학생들은 대학에서 과학자로서의 위치를 확고히 할 수 없었다. 독일에서 훈련받은 대부분의 의사들은 광범위한 실험실 훈련과 몇 년의 학문적 강의를 들은 후에, 의료현장으로 나갔지만 현장에서 직면하게 될 임상적 문제들을 다룰 준비는 되어 있지 않았다. 의사들은 자연과학에 바탕을 둔 학생으로서 자신의 정체성을 빨리 벗어버리고 의료행위를 하면서 환자들의 아픔을 조금이라도 덜어주기 위해서는 증명이 되었든 그렇지 않았든 상관없이 다양한 치료법들을 받아들여야만 했다. 결과적으로 상당히 이질적인 두 개의 의료문화가 세기말 독일과 오스트리아에 나란히 존재했다. 작으나마 명성이 있는 한 대학의 교수는 과학을 진전시켜야 한다고 주장했지만 의료행위를 하는 대부분의 의사들은 입증되지 않은 치료법들을 배울 수밖에 없었다. 이러한 상황에 대해서 루돌프 피르호Rudolf Virhow는 냉담하게 논평했다. "대학의 학문적인 의사는 아무것도 할 수 없고, 의료행위를 하는 의사들은 아무것도 모른다고 사람들은 말한다."

그러나 그런 때에 빈 대학에 약간의 예외가 있었고, 치료에 대한 관심이 많았던 교수들이 최초의 프로이트학파를 형성하는 데 중대한 역할을 했다. 1850년, 요한 오폴처Johann von Oppolzer가 대학교수 전체의 소망과는 반대로 교수로 임명받았다. 오폴처는 치료법 활동가였는데 로키탄스키Rokitansky 같은 사람들에게서 멸시를 받았다. 그러나 환자들은 그에게 모여들었고, 그는 유럽에서 사람들이 가장 많이 찾는 의사 중 한 명이 되었다. 오폴처는 다양한 수(水)치료법들hydrotherapy을 실험했다. 더욱 중요한 것은 자신의 환자들을 포기하지 않았던 것이다. 그의 정열적인 접근은 젊은 요제프 브로이어를 포함한 몇몇 학생들에게 인기가 있었고, 브로이어는 1867년에 오폴처의 조교가 되었다. 1871년, 오폴처가 죽었을 때 브로이어는 개업을 했고, 그곳에서 병든 베르타 파펜하힘을 위해서 엄청나게 야심찬 치료를 생각해 냈다.

1880년대에 의료 치료법의 몇몇 다른 신봉자들이 빈으로 왔다. 헤르만 노트나겔Hermann Nothnagel은 베를린에서 훈련을 받았고 처음에는 연구 병리학자가 되고 싶어했다. 하지만 그는 임상적 의료를 하게 되었고 1870년에 약물치료에 대한 임상적 안내서를 썼다. 1882년 노트나겔은 빈 대학에 왔고, 병리와 실용적인 치료법의 거대한 안내서를 편찬하기 시작했다. 노트나겔은 질병의 과학적 연구가 아니라 고통을 덜어주는 것이 의사들의 최고의 윤리적 의무라고 믿었다. 루돌프 피르호를 따라서 노트나겔은 질병을 변화된 조건들 속에 있는 생명체로 보았다. 그는 각 개인을 주의 깊게 연구하면 의사들이 그 사람의 병리의 고유한 본질을 이해할 수 있게 되고, 적절한 환경을 제공하게 되면 그 개인은 아마도 그 환경에서 효과적으로 자신을 치유할 수 있을 거라고 믿었다.

프로이트가 1882년에 자기 자신을 노트나겔에게 소개한 이후 이 연상의 의사는 충실한 동맹자가 되었다. 프로이트의 가장 헌신적인 추종자들 중 몇몇은 노트나겔의 치료적 이상들을 흡수한 후에 프로이트에게 왔다. 알프레트 아들러는 노트나겔이 의대에서 그에게 가장 중요한 영향을 준 사람이라고 말했다. 슈테켈 또한 노트나겔의 학생이자 환자이며 친구였다. 그러나 슈테켈은 노트나겔이 의사로서 치료에 대한 좋은 말들을 하고 있음에도 불구하고 그의 치료법들은 매우 제한적이라는 것을 알게 되었다. 1901년 그가 두통을 덜기 위해 노트나겔을 찾았을 때 이 위대한 스승은 거머리를 이용해서 피를 뽑게 만들었다.

1889년, 빈에 크라프트에빙이 도착한 후 더 많은 운동가의 입장이 대학의 정신과에 전달되었다. 로키탄스키의 후배 테오도르 마이네르트Theodor Meynert는 치료법을 중시하는 병원 의사들의 항거에도 불구하고 정신과 부서를 신경해부학의 연구에 맞추어 정력적으로 조정했었다. 크라프트에빙이 마이네르트의 반대에도 불구하고 임명되었을 때, 그는 임상에 바탕을 둔 더 많은 임상병리학적 관점들을 가져왔다. 그라츠에서 크라프트에빙은 최면과 암시치료를 채용했고 그것을 심리치료라고 불렀다. 크라프트에빙이 1892년에 마이네르트가 했던 학장으로 승진하면서 갑자기 빈은 대부분의 독일어권 정신과 부서들과는 달리 해부학적 연구를 고집하지 않는 대학의 학장을 갖게 되었다. 그의 강의는 많은 학생들의 관심을 임상쪽으로 돌리게 했다.

빈의 의학이 일반적으로 치료법의 비관주의로 알려졌을 때, 1902년 프로이트와 합류한 의사들은 모두 노트나겔과 크라프트에빙 같은 사람들에게 배웠고 열, 공기, 물, 전기 치료 같은 치료법들에 대한 호기심을 가지고 있었다. 그들 중 다수가 프랑스인들이 개척한 역동적 치료에 진지한 관심을 보였다. 그러므로 그러한 심리치료에 있어서 현실적으로 빈의 대표주자를 찾는 것은 이해할만 했다. 프로이트는 그들에게 다른 방법으로 치료할 수 있다는 희망을 주었다.

또한 프로이트는 이 사람들에게 다른 것도 주었다. 1900년, 이상한 의학적 치료법들이 많이 퍼져 있었을 때, 지그문트 프로이트만큼 고도로 이론화된 사람은 거의 없었다. 1900년에 프로이트는 자신의 생각들을 샤르코와 자네의 연구뿐만 아니라 브뤼케, 헬름홀츠, 페히너의 연구에도 연결시키고 있었다. 그는 어떻게 그의 치료가 작용하고, 마음의 복잡한 모델이 어떻게 설명적인 심리학, 생물물리학, 정신물리학에 뿌리를 내리고 있는지 상세하고 결정론적인 해설을 가지고 있었다. 이러한 야심차고 그럴듯한 모델 덕분에, 프로이트는 그의 추종자들에게 임상적으로 향상된 효과뿐만 아니라 자연과학자들로서 그들의 정체성에 활력을 가져다주었다. 프로이트를 따르는 것만으로 상아탑에서 버림받은 사람들 스스로가 임상적 운동가, 자연과학자 둘 모두라고 말할 수 있게 되었다. 그들은 히스테리를 치료할 수 있었고 마음의 과학자가 될 수 있었다.

이렇게 상당수의 의사들이 1902년 하반기에 베르크가세 19번지로 향했고, 과학적 심리학과 신경병리학의 논의를 위해서 프로이트에게 합류했다. 그리고 그 뒤를 잇는 사람들이 끊이지 않았다. 1903년, 파울 페데른Paul Federn이 이 그룹에 합류했는데, 노트나겔이 그를 프로이트에게 보냈다. 1905년, 페데른의 친구 에두아르트 히치만Eduard Hitschmann이 그 무리에 합류했고, 1906년에는 내과 전문의인 알프레드 배스Alfred Bass, 물리치료사 아돌프 도이치Adolf Deutsch와 수치료학자인 이지도어 자드거Isidor Sadger가 들어왔다. 이들은 자신들의 환자를 위해 오기도 했지만 때로는 스스로를 위한 새로운 치료법을 찾으려고 왔다. 과학적 의학의 독일 전통에서 교육받은 그들은 프로이트의 방법을 치료의 방법만이 아니라 정신psyche을 공부하는 것으로 받아들였다. 그렇게 이 작은 그룹은 성장하기 시작했고 더 많은 의사들이 새로운 뭔가를 찾아 헤매다가 마침내는 지그문트 프로이트의 문을 두드렸다.

II.

수요학회에 있었던 의사들은 빈의 광범위한 문화적 소용돌이 속에서 의사가 아닌 사람들과 함께 하게 되었다. 1902년 즈음, 프로이트의 의학 이론과 형질유전의 퇴화, 억압, 성에 대한 입장이 오스트리아인의 정치적, 사회적 삶에 대한 폭 넓은 논쟁으로 스며들기 시작했기 때문이었다. 많은 사람들은 오스트리아, 헝가리 제국이 병들었고, 이 병이 치명적이 되기 전에 근본적인 조치가 취해질 필요가 있다고 생각했다. 그들은 프로이트가 그들의 문화가 갖고 있는 문제들을 치료할 방법을 가지고 있을지 모른다고 결론지었다.

이러한 세기말의 개혁가들과는 달리 중년의 프로이트는, 정치철학이 합리적인 진보와 계몽에 대한 큰 소망을 지니고 있었을 때 성년이 된 1860년대의 진보주의자였다. 그러한 소망은 프란츠 요제프Franz Josef 황제가 처음으로 1861년에 범 오스트리아 의회 구조를 확립한 후 번성하기 시작했다. 낙관주의가 더욱 팽배해진 것은 1867년의 국민행정부Burgerministerium의 부상 이후였다. 같은 해, 오스트리아–헝가리의 유대인들은 시민의 평등성을 부여받았는데 이것은 실질적으로 그들을 자유롭게 이동할 수 있게 해주었고, 많은 사람들이 빈으로 왔다. 1868년, 결혼에 대한 가톨릭법이 폐지되었는데 이는 진보주의 개혁의 힘과 교회의 후퇴를 보여주는 것이었다.

프로이트 세대의 많은 남성들과 여성들은 이성과 과학의 힘으로 사회가 변화될 수 있다고 믿었다. 헤르만 헬름홀츠가 공개강의에서 전통적 권위에 근거한 지식들은 텅 비어 있을 뿐만 아니라 부도덕한 것으로 일축했을 때, 그의 메시지는 교회와 법정으로까지 크게 울려 퍼졌다. 그는 과학만이 자연, 사회, 정치의 세계를 이해하는 합법적인 수단을 제공한다고 소리 높여 주장했다. 진화이론이 독일과 오스트리아에 전해지자 이러한 도전은 고조되었다. 1860년 후반 즈음, 에른스트 헤켈은 교회를 계속 공격했고, 미신과 종교적인 신념이 사회의 진보를 방해하는 것에 대해 비탄해 했다.

하지만 19세기의 마지막 몇 십년동안 오스트리아-헝가리 제국에서 합리적 사고의 진행은 지지부진해졌다. 1873년, 빈의 증권거래소 붕괴는 은행의 도산과 파산의 급증을 초래했고 오랜 경기 침체를 가져왔다. 이러한 암울한 시기에 진보를 반대하는 거대한 당들이 형성되었고, 개인의 자유와 합리성보다는 유권자의 민족주의와 국가의 정체성에 호소했다. 반자본주의와 반유대주의적 대중 영합주의자들populist은 유대인들을 시민의 자격으로 빈으로 오게 했던 진보주의 정책은 묵인하면서도 빈의 증권거래소의 붕괴 책임을 유대인들에게 전가시켰다. 점점 더, 게오르크 리터 폰 쇠네러Georg Ritter von Schonerer 같이 증오를 퍼뜨리는 사람들이 적의에 찬 형태로 반유대주의 등 보수적인 정치를 충동질했다.

진보주의자들의 빛나던 희망은 사회개혁이 대중영합주의자의 분노와 직면하게 되었을 때 힘없이 주저앉기 시작했다. 대학에서조차도 인종적 증오가 득세하고 어디에서도 안식처가 없었다. 1876년, 유명한 의사인 테오도르 빌로트Theodor Billroth는 갈리시아와 헝가리에서 온 유대인 의대 학생들의 의료행위를 문제시했는데, 그 학생들은 허영심이 많고, 재능도 없고, 독일인이 아니라고 막무가내로 특징지었다. 뒤이어 1889년, 대학협회는 비(非)아리아인non-Aryans들을 회원에서 제외시켰고, 몇 년 후 오스트리아 협회의 총회는 유대인들이 결투하는 것을 금지시키면서, 그들은 방어할 특권이 없다고 주장했다. 1896년, 오스트리아에서 유대인 장인들이 기능보유자들을 대체하는 것을 막기 위해 반유대주의 연맹이 형성되었다. 아리아인 어린이들을 보호한다는 명목하에 피를 부르는 비방 사례들이 유대인들을 향해 계속 일어났고, 1899년에는 유죄 평결을 받았다. 이 모든 것에 더하여, 반유대주의 기독교 사회주의자 정치가인 카를 뤼거Karl Lueger가 1897년에 빈의 시장으로 당선되었다.

갈수록 더해가는 적대적인 분위기에서, 프로이트 세대의 학식 있는 진보주의자들은 자신들이 궁지에 몰리게 된 것을 알게 되었다. 많은 사람들은 공무원이나 전문가로서 일하기 위해서 그들의 정치적인 희망을 활용했다. 정부직원들, 변호사들, 판사들, 의사들, 과학자들로서, 그들은 이성이 개혁으로 인도해 줄 것이라는 신념을 굳게 지켰다. 하지만 1900년 즈음, 그들의 신념은 약화되었다. 이러한 분위기는 프로이트가 의대 교수직을 따내려고 맹렬한 시도들을 하게 하는 배경이 되었다. 프로이트의 환자들 중에 프로이트가 냉소적으로 "금붕어"라는 별명을 붙인 부유한 귀족 환자가 정부 관리들을 중재하고 나서야 그에게 직함이 부여되었다. 이러한 쓰라린 에피소드는 실력과 지적 성취에 대한 강조에도 불구하고 진보주의가 반유대주의와 옛 합스부르크가의 방법들, 즉 귀족의 부, 접근통로, 힘을 통해서 일하는 것에 대해서 효과적으로 맞서지 못했다는 것을 보여주었다.

무엇이 잘못된 것일까? 세기말 즈음, 진보주의자들은 그들의 실패한 프로젝트를 이해하려고 했다. 이성reason의 붕괴에 대한 하나의 설명은 정신의학에서 온 퇴화 이론이었다. 이 이론의 가장 유명한 주창자는 헝가리계 유대인 막스 시몬 수트펠트Max Simon Sudfeld였는데, 막스 노르다우Max Nordau라는 필명을 사용했다. 의사로 훈련받은 노르다우는 샤르코와 함께 공부했고 파리에 정착했다. 그곳에서 그는 독일어 신문에 정치적 논평뿐만 아니라 소설, 희곡, 문화비평들을 계속 실었다. 노르다우는 과학이 사회적 진보로 이어질 것이라는 신념에 전념했지만, 이러한 진행이 좌절되자 절망감에 1892년에 《퇴화*degeneration*》를 저술하여 내놓았다. 사회 비판 작품인 《퇴화》는 검시관의 보고서처럼 읽혔다.

노르다우에 따르면 세기말의 유럽인들은 그 문화를 대변하고 있던 작가들과 예술가들에 의해서 드러난 것과 같이 퇴화로 특징지을 수 있었다. 그들은 현실의 지식이 적응과 생존에 결정적이기 때문에 가장 위험스러운 특징인 비합리적이고 신비주의적인 것들을 받아들였다. 심미적 모더니즘을 가진 퇴화된 사람들은 일종의 도덕적 광기로 괴로워했는데, 그들의 성적 향락 생활은 유아적이고 극단적으로 자기 중심적이었다. 그들의 선지자들은 입센, 톨스토이, 바그너, 오스카 와일드, 졸라, 그리고 가장 중심적으로 프리드리히 니체 같은 사람들이다. 이러한 광기의 사도들 덕분에, 퇴화는 도시의 교양 있는 계층들 사이에 심각한 정신적 전염병이 되었다. 노르다우는 만약 이것을 잡지 못한다면 이 전염병은 유럽 전역에 살인, 자살, 성적 변태, 마약 중독, 문맹을 퍼뜨릴 것이라고 예견했다.

노르다우는 그의 전면적인 고발에서 주저없이 자기 민족을 비난했다. 샤르코와 마찬가지로 그는 유대인이 불균형적으로 퇴화되었다고 믿었다. 이러한 형질유전의 저주를 개선하기 위해서 노르다우는 설득력이 없지만 체조를 하라고 권했다. 다른 이들은 더욱 극단적인 해결책들을 내놓았다. 노르다우의 비평은 현대의 타락을 유대인의 병이라고 보는 우익 반유대주의 사람들에 의해 채택되었다. 그들은 독일 사람들이 그들의 내적 존재를 아리아인으로서 새롭게 하고 현대성, 산업화, 그리고 무엇보다도 유대인들이 가지고 있는 병을 거부하는 생활개선운동을 요청했다.

이러한 배경에서 젊은 지그문트 프로이트가 신경증의 문제를 밝히기 위해 퇴화 이론에 반대하는 입장을 취함과 동시에 유럽 진보주의의 몰락에 대한 거대한 정치적 논쟁에서도 자신의 입장을 드러냈다. 퇴화에 대한 프로이트의 반박은 협력자일 것 같지 않았던 옛 진보주의자들을 움직이게 했다. 그들 중에는 현대주의자들modernists도 포함되어 있었는데 노르다우는 그들을 질병을 뿌리는 사람들이라고 고발했었다. 이러한 작가들과 예술가들은 그들 자신들이 문제라는 개념을 거부했고, 프로이트의 연구에 관심을 돌려서 그들 주위의 무질서함을 부분적으로나마 설명하려고 했다.

빈의 현대인들은 그들의 문화가 비정상적인 역겨운 전통에 의해 편협해지고 부패되어가고 있다고 보았다. 오랫동안 그 시대 상황의 보증인이었던 합스부르크가는 빠르게 그 권위를 잃어갔다. 프란츠 요제프는 소수민족에게 동등한 권리를 보장하면서 많은 사람의 환심을 얻었지만, 1889년에 그의 유일한 계승자였던 루돌프 왕자가 자살하면서 합스부르크가는 이제 혼돈 사회가 되어가고 있는 나라를 계속 통치할 수 있다는 희망도 잃게 되었다. 1900년 즈음, 오스트라아인들은 그들이 사모하는 늙은 군주에게 애정을 가지고 있었을 것이지만 그 외에는 공유하는 것이 거의 없었다. 1907년, 오스트리아에서 시민투표권이 남성에게 주어졌을 당시, 의회는 자국이 독일인, 이탈리아인, 폴란드인, 체코인, 슬로바키아인, 루마니아인, 마자르인, 루테니아인, 크로아티아인, 슬로베니아인을 비롯한 모든 인종의 고국이라는 사실을 극적으로 보이게 하려고 노력했다. 의회는 실제로 30개가 넘는 당으로 구성되었는데, 범독일인, 시온주의자, 사회주의자, 기독교사회주의자, 사회민주당을 포함하고 있었다. 구성원들은 10개의 다른 언어로 그 단체들에 대해 언급했다. 각 대표들은 그들의 모국어로 말할 수 있었지만, 놀랍게도 통역이 있지는 않았다. 이렇게 또 다시 진보적 개혁들은 바벨탑과 비슷한 예비적 정부로 이어졌다.

어떤 이들에게 이것은 사회 전반에 잠재한 폭넓은 딜레마에 대한 상징적 의미를 지니고 있었다. 빈 사람이 되는 것은 물음표가 되는 것이라고 사람들은 말할 정도였다. 국적, 종교, 언어, 정치에 대한 이슈들이 모두 경쟁을 벌였다. 오스트리아 과학에서 저명한 목소리들은 인간의 자기self는 거기에 있는 것이 아니라고 주장했다. 에른스트 마흐Ernst Mach는 자기self는 서로 전혀 다른 감각들의 안정된 묶음에 불과한 것이라고 가정했는데, 이것은 생물물리학의 환원적 논리의 연장이었다. 정신적 질qualities을 그것들의 에너지의 양quantity으로 바꾸는 것으로 마흐는 인간의 정체성을 환상으로 만들었다. 이러한 생각을 마흐의 학생인 오스트리아 소설가 로베르트 무질Robert Musil이 받아들였다. 그는 잘 알려진 대로 질qualities이 없는 인간을 묘사했다.

> 한 나라의 거주자는 적어도 9개의 성격들, 즉 전문적인 것, 국가적인 것, 시민적인 것, 계층적인 것, 지역적인 것, 성적인 것, 의식, 무의식, 그리고 은밀한 것을 가지고 있다. 그는 그것들 모두를 자신 안에서 결합했지만, 그것들은 그를 해체시켰다. 그래서 그는 정말 이러한 졸졸 흐르는 모든 시냇물들에 의해서 씻긴 작은 통로에 불과하다.

로버트 무질은 열 번째 성격을 더하였는데, 그것은 다른 모든 것을 비현실적으로 만드는 비어 있는 보이지 않는 공간이었다. 자아의 비현실성이 뚜렷해지고 명백해지는 것처럼, 무질은 오스트리아-헝가리 군주제도 그렇게 될 것이라고 예견했다.

카페 지성인들과 근대주의의 사도들은 이러한 상태를 종교 · 사회적 관습의 무게와 과학적 실증주의 탓으로 돌렸다. 과학적 실증주의는 죽어 있고 열매를 맺지 못하는 과도한 이성주의를 낳은 것처럼 보였다. 이러한 비평은 프리드리히 니체의 격정적인 글들에서 가장 강력하게 표현되었다. 니체는 종교적 믿음을 잃은 후 쇼펜하우어의 매력에 영향을 받게 되었고 자신을 병든 문화를 치유하기 위한 의사로 생각하기 시작했다. 니체는 관습적이고 반쯤은 죽어있는 존재에게 정서적인 것과 비이성적인 것을 불어넣음으로써 도덕적 재건이 생길 것이라는 신념에 고무되어 사회적, 지성적 신념들을 섬멸하기 시작했다. 그는 사회적 관념에 의해 계몽된 사람들은 자신을 속이는 존재들이며, 스스로가 진실이라고 여기는 것을 계속 찾고 있지만 그것은 사실 그들에게 혼돈된 세계 속에서 순간의 안도감을 제공해주는 단순화되고 위조된 개념들에 지나지 않는다고 니체는 생각했다. 결국 이성적인 지식의 기저에는 배고픔이 존재하고 그것은 무언의 심리적 결핍이라고 했다. 《연애 문학》에서 니체는 그러한 결핍을 충족시키고 유럽 문화의 건강을 회복하는 과학을 세우려고 시도했다.

> 나는 아직도 철학적인 의사를 기다리고 있다. 그는 이 말에 대한 특출한 감각을 가지고 있으며, 사람들의 전인적 건강, 시간, 민족, 인간성의 문제를 추구하는 사람이다. 그는 용기를 다해서 나의 의심을 한계까지 밀어붙이고, 위험을 무릅쓰고 다음과 같은 제안을 할 것이다. 지금까지 철학에서 심각하게 다루어 왔던 것은 "진실"이 전혀 아니고 다른 어떤 것, 말하자면 건강, 미래, 성장, 힘, 삶이다.

니체는 독자들에게 인간은 그들의 종족을 유지하기 위해서 작동되는 동물임을 상기시켰다. 이 종족이 반드시 해야 하는 것들은 의식의 약간만을 필요로 한다. 무의식적 사고, 느낌, 의지, 기억, 활동이 인간의 행위를 몰고 간다. "사람은 다른 모든 생명체와 같이 자신도 알지 못한 채 계속 생각한다. 의식으로 올라오는 생각은 정말로 그 모든 것의 지극히 작은 부분이다." 1890년, 니체는 제3기 매독으로 인해 튜린Turin에서 쓰러졌다. 그는 10년 후 요양소에서 죽게 되었지만 생의 마지막 시기에 그의 연구는 대중에게 받아들여지기 시작했다. 독일과 오스트리아의 사회주의자들, 무정부주의자들, 진보주의자들 모두는 자유에 대한 니체의 요구를 받아들였고, 개인의 건강이 관습적인 규범들, 과학, 교회의 도덕보다 선행한다는 윤리관을 받아들였다.

빈에서 그러한 해방의 선두적인 기수는 헤르만 바르Hermann Bahr였다. 진보적인 오스트리아 가톨릭 가정에서 태어난 바르는 파리로 여행을 한 후 변화된 사람으로 돌아왔다. 다른 사람들이 데카당스(퇴폐)라고 부르는 것을 비평하기보다는, 세계를 기계론적으로 그리려는 허위의 이성적 시도들에서 벗어나서 내부로 향하는 것을 보여주는 것으로 포용했다. 데카당스는 성적, 심리적, 그리고 정신병리적 자기self로 향하는 변화이다. 과학적 실증주의와 종교적 신념들은 바르가 "신경낭만주의"라고 부른 것으로 대체되어야만 했다. 내면에 집중함으로써 바르는 현대의 신경적 자기self와 그것의 우주를 그림으로 그려내기를 기대했다.

바르는 빈으로 돌아와서 그로센반 카페 또는 과대망상 카페라고 불리운 그린슈타이들 카페에서 재미있는 이야기를 들려주었다. 그가 몰두하고 심취해 있던 문학적인 작업들은 빈의 문화적 엘리트들을 열광하게 했다. 얼마 있지 않아 구스타프 말러의 아내가 될 젊은 알마 쉰들러는 "나는 다른 어떤 것에서도 그의 지저분한 에피소드가 주는 육체적인 전율을 경험한 적이 없었다."고 일기에 적으며 바르의 소설들 중의 하나에 대해 표현했다. 바르의 주위에 아르투어 스니츨러Arthur Schnitzler, 후고 폰 호프만슈탈Hugo von Hofmannsthal, 펠릭스 잘텐Felix Salten, 리처드 비어 호프만Richard Beer-Hoffmann과 같은 여러 명의 작가들이 모여들었다. 그들은 뭉뚱그려 '젊은 빈Jung Wien' 작가들로 알려졌고 함께 오스트리아의 문학적 모더니즘을 유명하게 만들었다.

바르가 내면을 바라보라고 소리쳤을 때, 또 다른 '젊은 빈' 작가는 그러한 내면으로의 후퇴를 필요하게 만드는 세계를 공격했다. 피터 알텐베르크Peter Altenberg는 법과 의학을 시도해보았으나 신경과민에 걸렸고 그 일에 부적합함만 오히려 드러났다. 책임으로부터 자유롭게 된 알텐베르크는 완전히 자유분방한 사람이 되어 낮과 밤을 카페에서 보내며 술을 마셨고 또한 매춘부들과 함께 신나게 즐겼다. 그리고 그는 짧은 산문체 글들을 써서 빈 문화의 부자연스런 성질에 대해서 공격하기 시작했다. 1897년, 빈의 동물원에 서부 아프리카 마을을 만들게 되었는데 그 때 알텐베르크는 영감을 얻어 〈아샨티*Ashantee*〉라는 제목의 문집을 출판했다. 이 마을의 거주자들은 자연과 조화를 이루고 사는 남자와 여자의 원형이 되었고, 쓰러진 합스부르크의 병리적인 영향으로부터 자유로웠다. 알텐베르크는 관습적인 윤리를 버리고 자연의 원시성으로 돌아가고자 했다. 이러한 목표를 위해 그는 여러 가지 생활방식의 수정을 주장했는데, 의복 특히 여성들이 거추장스러운 속옷으로부터 벗어나기를 바랐다. 그의 모토는 "지나치게 조금 입을 수는 없다!"였다. 한 겨울 그는 폐렴에 걸려서 죽었다.

바르와 알텐베르크는 한 세대에 영감을 주었다. 그 세대는 귀족정치와 교회에 대해 냉소적이 되었고 그들 부모들의 진보적인 이상들에 대한 믿음도 상실하게 되었다. "누구도 정확하게 무엇이 다가올지 알지 못한다,"라고 로베르트 무질은 그의 시대에 대해서 썼다. "누구도 그것이 새로운 예술, 새로운 사람, 새로운 도덕성, 혹은 사회의 개편이 될지 말할 수 없다. 그래서 모든 사람이 그것을 자신이 좋아하는 쪽으로 생각한다. 하지만 사람들은 모든 면에서 예전의 삶의 방식과 당당히 싸우고 있었다." 이러한 활동적인 무리들 중 어떤 이들은 성애적, 신경적, 현대적 자기를 포용했고, 그렇게 함으로써 더욱 자연스럽고 건강한 삶의 방법을 갖기를 희망했다. 이러한 노력을 하는 가운데 그들은 지그문트 프로이트의 연구에서 지지와 정당성과 지침을 발견했을 것이다. 프로이트의 정신분석이 빈에 뿌리를 내리기 시작했을 때 빈은 정신분석에 뿌리를 내리기 시작했다.

III.

프로이트는 성과 관련된 억압적인 관습들이 병을 만들 수 있다고 믿었고, 사회적 요구 때문에 젊은이들이 직면하는 성적 딜레마에 촉각을 세웠다. 이런 까닭에 그는 늘어가는 빈의 성 개혁가들과 공동의 노력을 기울였다. 오스트리아 작가 슈테판 츠바이크Stefan Zweig는 이렇게 말했다. "우리가 예전에 믿었던 모든 권위들(학교, 가족, 공공의 도덕)이 성의 문제에 있어서는 놀랄만한 불성실함을 보여주고 있다는 것을 발견하는 데에는 그리 오래 걸리지 않는다." 성 개혁을 밀고 나가는 데 있어서 윤리학자, 페미니스트, 보헤미안 심미주의자, 비평가들 모두 의사 프로이트에게 끌렸고, 그들은 그의 생각들을 사용해서 과학적 무게를 자신들의 입장에 주려고 했다.

오스트리아에서 거대한 적대자인 가톨릭교회와 맞서고 있었기 때문에 개혁가들은 스스로를 강화할 수 있는 것이 필요했다. 가톨릭 교리는 혼외 성관계를 죄라고 정의했다. 그렇지만 공공연한 비밀인 혼외정사는 이미 빈에서 번창하는 사업이었다. 이 도시에는 츠바이크가 말한 것처럼 매춘부의 "거대한 군대"가 주둔하고 있었다. 어떤 이들은 비밀스런 성적 활동이 도덕과 중산층의 겉치레인 일부일처가 유지되게 하는 유일한 방법이라고 주장했다. 1912년, 한 여론 조사에서 빈의 의대생들에게 그들의 첫 번째 성관계 상대가 누구인지 물었다. 4퍼센트는 앞으로 배우자가 될 여자를 말했고, 17퍼센트는 시녀 혹은 여자 급사, 그리고 75퍼센트는 매춘부에 의해서 성생활이 시작되었다고 고백했다.

성 윤리에 대한 논쟁들은 소위 말하는 여성 문제로까지 확장되었다. 오스트리아 진보주의는 남자들에게 자율성과 자기실현을 약속했다. 그러나 가톨릭 중심의 오스트리아에서 여자들에게는 같은 기회들이 주어지지 않았다. 여자들은 전문직에 들어갈 수도, 대학 교육을 받을 수도, 투표할 수도 없었다. 그들은 결혼하고 아이들을 키워야만 했고, 남편이 무엇을 하든지 상관없이 일부일처로 남아 있어야만 했다. 그리고 그들은 성에 대해서 큰 관심을 보여서는 안 되었다. 중산층의 관행은 여자들이 겹겹의 옷들에 그들의 몸을 숨기게 했고, 젊은 여자들은 성과 관련된 것에 무지하도록 강요했다. 이러한 모든 것으로 사회는 성욕이 없는 고결한 여자의 개념을 유지하고자 희망했다. 그래서 자신의 성애적 갈망을 인정하는 여자는 정도를 벗어난 것으로 여겨졌다. 깊이 괴로워하던 젊은 알마 쉰들러는 그의 일기에 이렇게 썼다. "나에게 있는 저주와 나의 관능적인 기질……. 나는 왜 이렇게 한없이 음란한가? 나는 강간을 갈망한다! 그가 누구이든 간에." 프로이트의 젊은 여성 히스테리 환자들은 이와 같이 숨쉬기 힘든 세계에서 왔다.

19세기 말 즈음, 여자들에게 가해진 제약들은 도전받기 시작했다. 1897

년, 빈 대학은 여성들에게 문을 열었다. 하지만 가톨릭신자 여성에게 벗은 남자를 봐야만 하는 의학 공부는 허용되지 않았다. 동시에 여성 해방 운동은 도약하기 시작했다. 로사 마이레더Rosa Mayreder, 마이젤 헤스Grete Meisel-Hess, 엑스타인 자매the Eckstein sisters, 베르타 파펜하임Bertha Pappenheim 같은 빈 사람들과 베를린 사람 헬렌 스토커Helene Stocker가 그 운동을 이끌어 나갔다. 초기 몇몇 페미니스트들은 새로운 사회주의 질서를 요구하는 것으로 여자들을 해방시키려고 애쓴 무산 계층 급진주의자들이었고 다른 한편에는 중산층 개혁가들이 있었다. 마이젤 헤스는 사회주의자였고, 자본주의와 당시의 성적 풍습이 남성들과 여성들을 병들게 한다고 주장했다. 헬렌 스토커와 그녀가 만든 '어머니 보호 연맹'과 베르타 파펜하임과 그녀의 '유대인 여성 연맹' 같은 좀 더 전통적인 진보주의자들은 매춘과 백인 매춘부를 통한 여성의 성적 착취를 멈추게 하려고 노력했다. 모두가 전통적인 여자의 역할이 부당하다고 생각했다. 마이젤 헤스 같은 몇몇 사람들은 프로이트의 억압에 대한 생각에 의지해서 그들의 주장을 지원 받으려고 했다. 두 명의 다른 저명한 페미니스트들도 프로이트의 이론이 자신들에게 중요한 역할을 했기 때문에 잘 알고 있었다. 베르타 파펜하임은 브로이어의 '안나 오Anna O'였고, 엠마 엑스타인Emma Ecktein은 프로이트의 초기 환자들 중의 한 명이었다.

'젊은 빈' 작가들 또한 자신들의 입장에서 여성의 쟁점을 다루었다. 피터 알텐베르크는 남성과 여성 사이에 새로운 관계를 구상했는데, 그 관계에서는 여성이 성적으로 수치스럽고 억압되고 착취되지 않았다. "원초적인 것The Primitive"이라 불린 1896년의 이야기에서, 수치심 없이 자신의 욕구에 대해 말하는 여자를 선택해서 그녀가 마치 "백악기 시대의 지구"와 같았다고 묘사했다. 그녀는 부끄러운 줄 모르고 옷을 벗어 던지고 말했다. "나는 나의 몸을 사랑한다. 그리고 나는 나의 몸을 신성한 어떤 것 같이 생각한다." 처음으로 그녀는 착취가 아니라 자유와 이해 속에서 한 남자를 경험했다고 소설의 화자는 외쳤다. 왜? 왜냐하면 화자는 성적인 것, 신체적인 것, 원초적인 것이 모든 사람들의 무의식에 존재한다는 것을 이해했기 때문이었다. 그는 "'아름다운 무의식'에 철학적 기반과 심리학적 해석을 부여했다. 그는 원초적인 것을 '발견'했다!"

성적인 것, 자연적인 것, 원초적인 것의 포용은 쉽게 성적 억압의 위험에 관한 프로이트의 의학적 주장들로 이어졌고, 이 의사도 개혁을 위한 노력들 가운데 자신이 있다는 것을 알게 되었다. 이혼은 오스트리아에서 엄하게 제한되었고 피임과 낙태도 그러했다. 비평가들은 이러한 건강하지 않은 상태를 끝낼 새로운 법을 주장했다. 그러한 개혁을 끊임없이 옹호한 사람이 프로이트의 친구인 크리스챤 폰 에렌펠스Christian von Ehrenfels였다. 에렌펠스는 문명의 억압적인 요구들이 이중 의식을 만들어 냈다고 생각했다. 문명은 낮과 밤, 위와 아래, 사회적으로 인가된 것과 성적인 것 사이에 병리적인 분열을 만들었다. 여성에게 문제가 더욱 심각했는데, 문명이 여자에게 자신의 모든 성적 충동을 부인하라고 요구했기 때문이었다. 그렇지 않으면 그녀는 매춘부로 취급을 받았다. 다른 한편, 남자들은 일부일처제는 자연법칙이라는 문화적 신념에 고뇌했고, 그들의 일부다처제적 충동은 사악하거나 병든 것으로 느끼게 되었다. 낮에는 점잖은 척하면서 밤에는 매춘부를 몰래 찾았는데, 그 탓에 성병에 걸렸다. 에렌펠스는 이러한 정신적 분열이 브로이어와 프로이트에 의해서 설명되었고, 그들의 방법으로 치료될 수 있다고 썼다. 그러나 어디까지 어떻게 성적 개혁을 해야 할지 그도 역시 그 한계가 궁금했다.

1907년, 에렌펠스는 그 시대의 성적 풍습들에 대한 장문의 비평인 그의 책 《성적 윤리학》에서 더 나아갔다. 에렌펠스는 일부다처제에 기초한 새로운 윤리를 요구했다. 프로이트를 인용하면서, 에렌펠스는 남자들과 여자들이 불가능한 결합 안에 놓여 있다고 주장했다. 남자들이 성적 절제에 대한 문명의 요구에 순응한다면 그들은 병들게 된다. 의사들은 젊은 남자들에게 성관계를 가지거나, 그렇지 않으면 신경쇠약이 될 위험이 있다고 말해야 한다. 하지만 도덕적인 젊은 남자들은 종종 강직한 처녀를 유혹하기를 꺼리고, 큰 고통 뒤에 결국엔 "매춘의 하수도"에 도달하게 된다. 그들은 신경질환에 걸리는 대신에 매독에 걸린다. 새로운 도덕 규약은 자연 선택에 기초해서 규정되어야 한다. 대부분의 성년 남자들이 많은 여자들과 재생산을 한다면 자연 선택은 촉진될 수 있을 것이다. 그러므로 자연(그리고 에렌펠스)은 "일부다처"를 선호하는데, 대부분의 원기 왕성한 남자들은 한 여성과 일부일처한 후에 다른 여성과 일부일처를 하거나, 동시적으로 몇 명의 여자들과 관계하여 수태시킬 수 있을 것이라고 주장했다.

에렌펠스는 자신이 서명한 《성적 윤리학》을 프로이트에게 보냈다. 프로이트는 신중하게 그 연구에 주석을 달았다. 이에 답하여, 프로이트는 1908년 자신의 개혁적인 에세이인 〈문명화된 성 윤리학과 현대 신경성 병〉을 발표하고, 널리 퍼져 있는 억압의 위험에 대해서 자신도 염려하고 있다는 것을 분명히 했다.

에렌펠스의 비평의 본질은 성 관계의 자연적 상태에 대한 시각이다. 다윈의 원시 부족을 믿었던 에렌펠스는 일부다처는 자연의 방법이라고 주장했지만 다른 사람들은 여자가 다혼적이었지 남자가 아니라고 주장했다. 자연스런 상태에서 여자는 그녀의 욕구를 자유롭게 누린다고 생각했는데, 그러한 생각의 틀은 매춘부를 자연적인 여성으로 만들었고 존경받는 인물로 만들었다. 어린이의 책 《밤비*Bambi*》를 쓴 사랑받던 작가 펠릭스 잘텐Felix Salten은 대단한 에너지를 쏟아서 익명으로 《조세핀의 기억들》을 썼는데, 무모한 성적인 장난들과 창녀들의 트라우마를 종종 영웅적인 방식으로 자세히 묘사한 외설적인 작품이었다.

〈횃불〉의 출판인이고 작가였던 카를 크라우스, 1908년.

빈에서 매춘부의 이상화와 가장 관련된 인물은 카를 크라우스Karl Kraus였다. 크라우스는 그의 문학가로서의 경력을 '젊은 빈' 사회에서 시작했고 그 그룹과 갈라선 후 1899년에 독설에 찬 주간지 〈횃불*Die Fackel*〉을 설립했다. 편집자의 위치에서 크라우스는 빈의 문화를 조사했고 보수적 진보주의 〈신자유 언론〉 같은 경쟁사들을 무자비하게 공격했다. 1902년 가을, 크라우스는 〈횃불〉에서 문화의 타락한 성적 도덕성을 폭로했다. 동성애, 간음, 매춘, 혼외정사가 합법화 되어야 한다고 그는 주장했다. 낙태와 피임도 이용할 수 있어야 한다. 중산층 여자들은 전통의 위선 때문에 고통 받아서는 안 된다. 그러한 전통은 여자들에게는 성적 자유를 주지 않고 반면에 남자들에게는 낮에는 도덕적인 순수성을 가장하고 밤에는 매춘부와 함께하는 것이 허용되었다고 말했다.

크라우스의 증오에는 색다른 점이 있었지만 여자와 성에 대한 견해는 그렇지 않았다. 쇼펜하우어, 니체와 다른 사람들 같이 크라우스는 남자를 이성의 구현으로 보았고 여자는 정서와 동물적 욕구의 구현으로 보았다. 크라우스는 페미니스트를 반대했는데 여자를 남자의 구세주로 보았기 때문이었다. 말하자면 자연적인 성적 여자는 건조한 남자를 회복시킬 수 있다는 것이었다. 이러한 구원의 영광스러운 인물은 엄마도, 누이도, 부르주아의 딸도 아니고 매춘부라고 생각했다.

비슷한 견해가 오토 바이닝거Otto Weininger의 놀랄만한 작품에서 상세히 설명되었다. 빈의 많은 개혁가들처럼 바이닝거는 중산층 유대인 가족의 아들이었다. 그는 빈 대학에서 공부하였고 철학과 심리학에 관심을 갖게 되었다. 그의 친구 헤르만 스보보다Hermann Swoboda와 제4회 국제심리회의를 위한 파리로의 여행을 가기 전에 그는 크라프트에빙의 강의를 들었다. 두 친구가 파리에서 돌아왔을 때 스보보다는 프로이트와의 정신분석적 치료에 들어갔다. 스보보다는 바이닝거에게 그의 의사가 모든 인간은 양성이라고 믿는다고 말했다. 그 말을 들은 바이닝거는 발상을 얻어 그의 걸작을 썼다고 전해졌다.

1903년 《성과 성격》의 출판 후에 바이닝거는 문학계의 센세이션을 일으켰다. 많은 사람들에게 그는 인간의 성과 성 정체성의 수수께끼들을 푼 것처럼 보였다. 바이닝거는 그의 책에서 모든 여자와 남자는 부분적으로 남성이고 부분적으로 여성이며, 이러한 성질들이 한 사람의 성격과 그의 또는 그녀의 성적 욕구의 대상을 결정한다고 주장했다. 모든 사람들은 그들 자신의 남성적 그리고 여성적 성질의 균형에 적합한 대상을 찾는데, 한 쌍을 통해서 하나의 온전한 남성과 여성을 이루어 내기 위해서이다. 이 이론을 사용하면서, 바이닝거는 동성애와 매춘의 자연스러움에 대한 주장을 지지했다. 동성애자와 매춘부는 단지 남성과 여성의 다른 체질상의 합성인데, 성격의 결핍에 기초해서 대상을 찾게 된다는 것이다.

남성과 여성이 무엇을 의미하는지 분별하는 것은 어렵다. 바이닝거는 이러한 개념들을 성별gender에서 떼어냈다. 바이닝거에게 진정한 여성은 순수한 성이다. 여성에게 성은 자연적인 것이다. 순결은 부자연스럽고 불가능하다. 따라서 "매춘의 기질이나 경향성은 여자에게 모성을 위한 능력이 그런 것처럼 고유한 것이다." 두 종류의 여자(엄마와 창녀)는 섞여 있을 것이다. 그러나 여자들은 대체적으로 일처다부제이고, 남자들은 일부일처제이다. 여자들은 의식적 도덕성이나 이성의 능력이 없고, 완전히 성취된 상태는 성적이고 불합리한데, 이는 바로 창녀이다.

바이닝거는 그의 생각들이 충격적인 것은 사회가 비뚤어진 시각을 가지고 있기 때문이라고 주장했다. 자연스럽게 살지 못하게 되었을 때 여자들은 트라우마를 갖게 된다는 것이다. 히스테리는 성적 트라우마의 결과라는 브로이어와 프로이트의 개념을 인용하면서, 여자들이 자신들의 성에 대한 남성의 개념들을 받아들이도록 강요받았기 때문에 트라우마가 일어났다고 덧붙였다. 문명화된 여자들은 남몰래 성욕이 왕성한 것 때문에 자신을 증오하는 것을 배웠다. 결국 바이닝거는(거의 쇼펜하우어같이) 번식을 위해서조차도 성의 완전한 포기를 권했다. 그는 자신의 대표작을 출판한 그 해에 자살했다. 이런 비극적 결말 후에 바이닝거는 유럽의 지성들에게 열광적으로 많은 인기를 얻었다.

크라우스는 바이닝거의 책을 읽고 깊은 감명을 받았다. 그는 여자들과 그들의 일처다부제의 본성을 이해하지 못하는 비평가들을 상대로 싸우기 시작했다. 이러한 마음으로 1904년 크라우스는 허비Hervay 사례를 택했다. 뮐르츠슈라크Murzzuschlag의 지방 도시에서 허비 부인이 일처다부제로 고소를 당했다. 뒤이어 드러나는 추문 과정에서 모욕감을 느낀 그녀의 남편은 자살했다. 그 사례에 대한 준혹한 해설을 발표한 후에 크라우스는 어떤 축하 카드를 받았는데, 그의 "통찰, 용기, 작은 일에 내포된 많은 의미를 인식한 능력"을 축하하고 있었다. 이 카드는 연장자였던 빈의 한 의사에게서 왔는데, 그도 성에 대해 깊은 관심이 있었다.

지그문트 프로이트는 중요한 시점에서 크라우스와 다른 빈의 성 개혁자들과 연계되었다. 1904년, 프로이트는 대학에서 명성이 있었고 약간의 의사들이 따르고 있었지만 유명하지는 않았다. 그는 브로이어와 헤어지고 플리스와 헤어지자 고립감을 느꼈다. 그의 집에서 만나고 그의 강의에 참석하는 의사들이 유일한 청중이었다. 그의 책은 형편이 없었다. 《히스테리에 대한 연구》는 13년간 626권이 팔렸고, 《꿈의 해석》은 8년 동안 600권이 팔렸다.

그러던 중 갑자기 이 중년의 진보주의 의사는 자신이 새로운 문화를 꿈꾸는 일반사람들에게 받아들여지고 있다는 것을 알게 되었다. 그들의 세계는 대학이나 클리닉, 실험실이 아니었고 빈의 커피점이었다. 예술가들, 작가들, 개혁가들, 몽상가들은 카페들에 모였고 그곳에서 제공하는 신문이 그들 일상의 음식 중 하나였다. 꿈에 대한 책 덕분에, 20세기 초반에 프로이트의 이름은 이러한 신문에 등장하기 시작했지만 그렇게 인상적이지는 않았다. 그는 과학적 인정을 얻기를 간절히 원했으나 그의 연구가 동료들 사이에 반응을 일으키지 않자 실망했었다. 1902년, "나는 전문적 학술지에서 겨우 2개의 논평만을 받았을 뿐이다."라고 불평했다. 신문의 논평은 거의 위안이 되지 못했다. 1904년, 프로이트는 의학계의 관심을 얻기 위해 몇 개의 요약적인 에세이를 쓰기 시작했지만 대중들의 인기에 영합하지 않은 것을 자부심 있게 고백했다. 플리스가 빈의 친구에게 베를린에 있는 〈새로운 평론*Neue Rundschau*〉에 실을 꿈의 책에 대한 짧은 글을 쓰라고 권했을 때, 프로이트는 비굴하게 그런 방법을 사용하지 않겠다고 말했다.

그러나 프로이트는 결국 빈의 대중에게 접근하기 시작했다. 1903년, 그는 〈신자유 언론〉에 짧은 글들을 실을 것에 동의했는데, 2년 동안 모두 5개의 논평과 하나의 사망기사를 기고하기로 했다. 한 논평에서 프로이트는 자신이 새로운 세대를 대변하는 위치에 있음을 밝히고, 한 저자를 일축하면서 "누군가가 이전 세대의 사람들에 의해서 '자명하다'거나 또는 '터무니없는' 것으로 묘사된 많은 것들이 오늘날 우리들에게 역으로 터무니없다거나 또는 자명한 자리를 차지하게 된 것을 보여줄 수 있다면, 그것은 정말 유용한 경고로서 기능할 것이다."라고 말했다. 프로이트가 크라우스에게 보낸 카드는 의학과 관련 없는 청중들과 기꺼이 관계를 맺겠다는 표현이었을 것이다. 빈의 문화적 엘리트들 사이에서 크라우스를 읽는 것은 사회 관례상 필요한 것이었다. 알마 쉰들러는 그녀의 저널에서 크라우스와 그의 최근의 비판을 둘러싸고 벌어지는 소동에 대해 거듭 언급했는데, 화가 구스타프 클림트Gustav Klimt를 향한 모욕, 헤르만 바르가 그를 상대로 한 소송, 그리고 유명한 인물들에 대한 그의 반복되는 맹렬함 등이 그런 것이었다. 익살맞고, 잔인하고, 종종 아주 우습기도 하지만 크라우스가 좋아하고 싫어하는 것들이 빈의 지식인들을 사로잡았다.

그가 좋아하는 표적 중의 하나가 빈의 정신의학이었다. 허비 사례에 대한 에세이 후에, 크라우스는 법정신의학에 대해서 야단법석을 떨었다. 그는 사람들을 정신질환자 보호시설에 보내는데 의사들이 사용했던 무분별한 이론적 근거에 경악했다. 루이즈 폰 코부르크Louise von Coburg의 사례에서 공주는 강력하고 귀족적인 남편을 사랑하지 않았기 때문에 미친 것으로 간주되었다. 크라우스는 "경찰과 군대는 새로운 기능을 가졌다. 즉, 원하는 방향으로 성적 추동drive을 보내는 것이다. 하나의 결과로서 오스트리아에는 질투의 부서라고 불릴 수 있는 관청이 있다. 그 부서는 보이는 힘으로 다스리지 않는다. 즉, 독살하거나 교살하지 않는다. 대신에 정신의학을 이용한다."고 썼다. 프로이트도 이러한 문제들에 대한 전통적인 정신의학적 생각을 경멸했기에 크라우스의 공격은 이 두 사람들 간에 신의를 형성하게 했다.

더욱 중요한 것은 이 두 사람은 성 개혁에 관심이 있었다. 이러한 사실은 프로이트가 공개적으로 결혼법의 개정을 지지하는 선언을 했을 때 드러났다. 1904년에 오스트리아 정부는 개혁을 고려하는 조사위원회를 설립했다. 사회주의와 자본주의의 통합에 모든 것을 바친 페이비언 단체였던 〈정치-문화협회〉는 이와 같은 종류의 조사를 하기로 결정했다. 법조인들과 그레타 마이젤헤스Grete Meisel-Hess를 포함한 유명한 페미니스트들은 이 조사위원회에 와 달라고 요청받았고, 빌헬름 슈테켈과 지그문트 프로이트를 포함해서 성과 의학 문제의 전문가들도 초대받았다.

의사 프로이트는 정치적인 논쟁을 넘어서 답변하기 위해서 노력했다. 그는 의사로서 그의 전문지식과 직접적으로 연관되지 않은 질문들에 대답하는 것은 정중히 거절했다. 그러나 문서로 된 일련의 대답들에서, 이 의학 전문가는 그의 신념들을 숨기지 않았다. 성공적인 일부다처제는 문명의 요구들과 양립할 수 있는가? 프로이트는 그럴 수 있고 그러한 법적 변화는 이미 존재하고 있는 상태를 인가하는 것이라고 대답했다. 도덕성은 혼외정사를 합법화하는 것으로 좀 더 좋아질 수 있는가? 프로이트는 그럴 것이라고 믿었다. 보다 큰 성적 자유는 실제적으로 도덕성을 장려하는 유일한 방법이라고 과감하게 말했다. 프로이트는 여자들에 대해 재생산에서 그들이 가지고 있는 다른 생물학적인 역할 때문에 성에서 완전히 동등한 것은 불가능하다고 말했다. 하지만 결혼의 영구성은 여자에게 커다란 손해이고, 모든 결혼법정에 여성 대표자들이 있어야 된다고 주장했다.

프로이트는 성적 절제로 인한 건강상의 영향들에 대해 매우 대범했다. 많은 의사들은 현존하고 있는 성적 질서를 교란할 수도 있다는 두려움 때문에 이 이슈를 회피했다. 하지만 대부분의 남자들이 오랜 기간 동안 절제를 유지하는 것은 불가능하다고 느꼈다. 그러한 절제로 인한 신체적 해는 실질적이었고, 신경과민에 걸릴 경향을 갖게 했다. 심리적 손상은 더욱 심각했는데, 그것은 "자기 확신, 에너지와 용기"를 약화시켰다. 여자들은 성적 절제가 가능한 것으로 보였지만 그것은 환상이었다. 여자들은 더 큰 심리적 대가를 지불해야 한다. (프로이트는 1년 후에 "여자들의 해방"을 위한 과학적 정당성이 있다고 주장했다.) 결국, 프로이트는 뜨거운 38번째 질문에 대답했다. 만약 절제가 신체적으로 심리적으로 가능하지 않다면, 성적으로 죽은 결혼에서 간통은 합법화 될 수 있는가? 그렇다고 프로이트는 대답했다. 절제가 병리적이라면, "결혼이 더 이상 정상적인 성적 본능을 충족시켜 주는 임무를 수행하지 않을 때, 결혼의 존재 자체는 성적 의무에 대한 기반이 아니다." 프로이트의 답변은 개인적 경험에 의해서 지지되었을 수도 있다. 1895년 이후 마르타와의 결혼은 차가워졌다. 그리고 1898년 이후 어느 즈음에 그는 그의 처제인 미나 베르나이스Minna Bernays와 불륜 관계를 맺었을 수도 있었다.

카를 크라우스에게 지그문트 프로이트는 타락하고 무지한 정신과 의사들의 무리 중 몇 안 되는 이성의 목소리였다. 〈횃불〉의 독자들은 크라우스가 이 의사에 대한 좋은 느낌을 가지고 다른 정신과 의사들의 보편적인 부도덕성에 반대하고 있다는 것을 알게 되었다. 그는 "동성애자들이 감옥에 속한 것도 정신병원에 속한 것도 아니라고 말하는 프로이트 교수에게 사람들은 동의해야만 한다."고 썼다. 1906년, 프로이트는 크라우스에게 따뜻하게 안부를 전하면서 편지를 보냈다. "〈횃불〉에서 나의 이름이 거듭 언급되는 것을 발견하게 되는데, 그것은 아마도 당신의 목적과 의견이 부분적으로 나의 것과 일치하기 때문일 것입니다."

6주 후에 프로이트는 기뻐할 만한 더 큰 이유가 생겼다. 1905년 12월 21일, 〈횃불〉의 독자들은 프로이트의 새로운 책인 《성 이론에 대한 세 편의 에세이*Three Essays on the Theory of Sexuality*》의 첫 번째 논평을 읽게 된다. 논평자는 의사가 아니었고 성 윤리학에 관심이 있던 젊은 작가였다. 이 논평에서, 그는 프로이트의 《세 편의 에세이》를 취리히의 정신과 의사인 오귀스트 포렐Auguste Forel의 연구와 나란히 놓았다. 나이가 들어가던 스위스 정신의학의 권위자인 포렐은 젊은 사람들은 성적인 생각을 제거하는 데 최선을 다함으로 그들의 건강을 지키라고 권했다. 그 논평자는 "포렐의 논문은 현대 성 과학에 만족할 만한 수준에 전혀 도달하지 못했다. 프로이트는 그것보다는 훨씬 앞서갔다."고 평가했다. 그 비평가는 계속해서, 프로이트는 유럽의 정치, 윤리, 문화를 지배했던 전통적인 도덕성과 형이상학에 질문을 던졌고, 사랑의 심리학과 생리학에 대한 포괄적인 설명을 처음으로 제공했다고 논평했다.

이 강렬한 논평을 쓴 사람은 23세의 오토 조이카Otto Soyka였다. 조이카는 이미 크라우스에 대한 정신의학의 비평도 썼고, 곧 성적 도덕성에 대한 글을 〈횃불〉에 싣게 되었다. 1906년, 그는 《도덕성의 경계 너머에》를 출판했는데, 이것은 프로이트의 성심리 이론을 새로운 성 윤리의 토대로 사용한 첫 번째 책이었다. 조이카에 따르면, 유일하게 진실한 도덕성은 자신의 욕구들과 추동drive의 표현이다. 프로이트를 인용하면서 그는 성적 욕구들은 단지 출산을 위한 것이 아니고, 성적 변태는 질병이 아니라고 주장했다. 그는 동성애가 교사와 학생 사이에 유용한 교육적 수단으로 사용될 수 있다고 했고, 사디즘과 마조히즘의 수용을 요청했다. 그 해에 조이카는 필립 프레이Philipp Frey의 추천으로 프로이트의 수요심리학회에 가입했다. 필립 프레이는 교사였고 1904년 자신의 논문인 《성들의 전투*The Battle of the Sexes*》를 출판했다. 조이카는 그 단체에서 곧 나오게 되지만 다른 사람들이 벌인 성 윤리학에 대한 논쟁들을 통해서 수요학회로 오게 된다.

《세 편의 에세이》에 대한 조이카의 칭찬에 이어 선두적인 페미니스트였던 로사 마이레더Rosa Mayreder도 찬사를 보냈다. 《빈 임상 평론*Wiener klinische Rundschau*》에서 그녀는 프로이트는 성 문제들에만 공헌한 것이 아니라, "새로운 이론을 위해서 견고한 원칙들"을 만들었다고 말했다. 마이레더는 그녀의 비평에서 자신이 전에 썼던 《여성성의 비평을 향하여》에서 주장한 논점을 반복했다. 여자에 대한 대부분의 개념들은 한 가지 공통점이 있었다. 즉, 그것들은 남자들에 의해서 쓰여졌다는 것이다. 이러한 추상적이고 모순적인 그리고 종종 우스꽝스런 개념들 모두가 여자를 성적 페티시즘 대상으로 투사한 남성들의 몽상적인 혼합이었다.

그녀의 견해에 의하면 프로이트는 그것과는 달랐다. "매우 적은 관찰자들만이 관습적인 편견에서 스스로를 자유롭게 할 수 있고, 그들의 연구에 진정한 과학적 가치를 줄 수 있다."고 마이레더는 논평했다. 그녀는 "관습적인 모조 심리학과 그것의 쌍둥이 자매인 관습적인 모조 도덕성"을 거부한 것에 대해 프로이트를 칭송했다. 프로이트는 억압이 여성의 심리학을 특징짓는다고 제시함으로써 여성의 성에 대한 깊은 통찰력을 제공했다.

개혁가들의 열정과 함께 프로이트의 《성 이론에 대한 세 편의 에세이》는 그의 의학 동료들에 의해서 따뜻하게 받아들여졌다. "모든 부모들과 교육자들은 이 저자의 이론과 친숙해져야만 한다."고 어떤 이는 썼다. 존경받던 성 과학자 알베르트 오일렌베르크Albert Eulenberg는 탁월한 프로이트가 "풍요로운 수확"을 거두었다고 평가했다. 스위스계 미국인 정신과 의사인 아돌프 마이어Adolf Meyer는 이 얇은 책을 본질적이라고 불렀다. 《세 편의 에세이》와 함께 프로이트는 신경학자들, 정신의학자들, 성 과학자들과 문화비평가들과 성 개혁가들에게 깊은 인상을 심어주었다. 이 작은 책은 프로이트가 논쟁에 참여하고, 다른 입장들의 결점들을 발견하고, 놀랄만한 새로운 통합을 제시하는 능력을 가졌다는 것을 두드러지게 했다. 그는 전에 다른 영역에서도 이런 것을 했었다. 그러나 이것은 그의 가장 극적인 성취였고, 이 성공은 전문성을 넘어서 더 넓은 독자들에게 다가가게 되었다.

《세 편의 에세이》의 출판은 프로이트를 빈의 카페의 영웅으로 만들었다. 그것은 그를 예술가, 작가, 저널리스트, 페미니스트, 개혁가들의 정보망의 중심에 자리 잡게 했다. 그들은 합스부르크가가 통치했던 빈의 부패가 퇴화적인 형질유전 때문이 아니라, 그보다는 오랜 기간 동안의 병든 규범과 법규 때문이라고 믿게 되었다. 프로이트는 그들의 문화를 치유하기 원하는 사람들에게 받아들여지면서 그들의 제안에 대답하기 시작했다. 그는 더 많은 지식인들을 수요심리학회에 끌어들이는 것을 고려했다. 막스 그라프Max Graf는 프로이트가 '젊은 빈'의 작가들의 리더였던 헤르만 바르의 관심을 끌기를 기대하기도 했다고 회상했다. 바르는 아니었지만, 프로이트는 곧 비슷하게 유명한 그 집단의 회원이었던 아르투어 스니츨러Arthur Schnitzler와 서신을 왕래하게 되었다.

전직 의사였던 스니츨러는 작가이자 자유분방한 사람으로서 그리고 여자들과 노닥거리기를 좋아하는 남자로서, 삶의 즐거움에 에너지를 쏟고 있었다. 그의 연극들은 전통적인 성 윤리학의 위선과 고통을 대담무쌍하게 파고들었고 종종 격노를 불러일으켰다. 1906년에 스니츨러는 자신의 작품이 프로이트로부터 영향을 받았다는 것을 공개적으로 인정했고, '교수님'은 감격했다. 프로이트는 이 극작가에게 편지를 썼다. "오랫동안 심리학적, 성애적 문제들에 대한 당신의 의견들과 나의 의견 사이에 존재하고 있는 폭넓은 일치를 인식하고 있었습니다. 최근에 나는 이러한 일치를 명확하게 강조하는 용기를 보게 되었습니다. …… 당신 또한 나의 글에서 영감을 얻었다는 것을 읽으면서 내가 얼마나 기뻐하고 의기양양하는지 지금 당신은 상상할 수 있을 것이오."

의사들은 새로운 치료적 도구를 위해서 프로이트를 찾았고, 성 개혁가들도 그의 성심리 연구를 사회개혁의 핵심 열쇠로서 환영하고 있었기 때문에 자신의 이론이 인정받기 원했던 프로이트의 기다림은 끝난 것처럼 보였다. 그때 스캔들이 터졌다. 1904년 여름, 빌헬름 플리스가 몇 년간의 침묵 끝에 갑자기 예전의 막역한 친구에게 편지를 썼다. 그는 최근에 오토 바이닝거의 《성과 성격》을 우연히 읽게 되었고, 그 책에서 저자가 내세운 양성bisexuality에 대한 자신의 이론을 발견하고 경악하게 되었다. 바이닝거의 친구 헤르만 스보보다는 프로이트의 환자였기 때문에, 어쨌든 프로이트가 이 표절에 연루된 것인가? 이 베를린 의사가 유명하게 될 수 있는 기회를 그가 망쳐버린 것인가? 프로이트는 자신이 스보보다의 치료에 양성에 대한 생각을 이용했다고 대답했다. 만약 스보보다가 이 생각을 그의 친구에게 전해주었다면, 이것에 대해서 프로이트는 무엇을 한 것인가?

플리스는 이 문제에 대해 중단하는 것을 거부했다. 그들의 친구인 오스카르 리에Oskar Rie가 그에게 말한 것처럼, 프로이트가 오토 바이닝거의 사본을 읽은 것이 사실인가? 이 베를린 의사는 추궁했다. 곤경에 처한 프로이트는 그것이 사실이라고 인정하면서 읽은 것을 잊어버렸다고 말했고, 이러한 망각이 플리스의 생각들을 훔치고 싶은 무의식의 소망들을 나타낸다고 인정했다. 이 인정으로 지그문트 프로이트와 빌헬름 플리스 사이의 서신왕래는 끝이 났다. 여전히 플리스는 그 문제가 사라지는 것을 원치 않았다. 1906년, 프로이트가 카를 크라우스, 아르투어 스니츨러, 로사 마이레더, 알베르트 오일렌베르크 같은 사람들의 박수갈채를 받게 되자, 플리스는 책 한 권 분량의 보고서를 하나하나 차례로 발표했다. 자신의 예전 친구를 거짓말쟁이, 표절자로 공격하고, 프로이트가 자신의 잘못을 시인한 마지막 편지를 공개함으로써 고소를 뒷받침했다.

이것은 프로이트에게 위험한 순간이었다. 그는 이미 과학적 스캔들로 얼룩져 있었다. 다행히 지금은 출판계에 힘 있는 친구들이 있었다. 프로이트는 호의적인 청중을 발견하기를 희망하면서 카를 크라우스에게 편지를 썼다. 이 문제가 터졌을 때, 크라우스는 플리스의 고소를 덮고 바이닝거와 프로이트를 지지했다. 후에 프로이트는 카를 크라우스가 정신분석적 운동을 세우는 데 매우 중요한 역할을 했다고 인정했지만, 지나치게 신랄한 크라우스와의 협력을 후회하게 되었다.

IV.

프로이트의 명성이 알려지면서 수요심리학회도 성장했다. 1906년, 이 단체는 공식적인 회의록을 작성할 서기를 고용했다. 그 즈음, 협회는 더 이상 빌헬름 슈테켈이 1902년에 그렸던(5명의 의사들이 저명한 신경학자의 집에 모여서 시가 담배를 피우고 성적 문제들에 대해서 여유롭게 농담을 주고받는 그런 모임으로 슈테켈은 묘사했었다.) 안락하고 비공식적 집단이 아니었다. 1906년, 이 단체의 회원은 17명으로 급속히 늘어났고 불과 몇 달 후에는 22명이 되었다. 사람들은 그때 과학적 발표와 공식적인 토론을 위해서 모였고, 모든 회원들이 참여해야만 했다.

최종 발언은 프로이트의 것이었지만 그 전까지는 회원들이 특별히 '교수님'에게 집중할 필요는 없었다. 청중에게 강의하고 질문을 던지면서 무대를 통솔했던 대학에서의 강의와는 다르게, 이 학회에서 '교수님'은 말을 장황하게 늘어놓거나 자신의 연구를 자주 발표하지도 않았다. 대신에, 수요심리학회는 다수의 사람들이 자신의 생각들을 말하고 논쟁하고 모든 것을 심리학적으로 폭넓게 고려하면서 프로이트와 함께 능동적으로 참여하는 것이 허용되었다.

새로운 회원들은 아돌프 도이치, 파울 페데른, 에두아르트 히치만 같은 의사들뿐만 아니라 막스 그라프, 데이비드 바흐David Bach, 후고 헬러Hugo Heller 같은 작가들과 지식인들도 포함되어 있었다. 거대한 빈의 문화 세계에서 가장 영향력 있는 협회 회원은 헬러였다. 출판인이고 책을 파는 사람이었던 그는 '젊은 빈' 모임의 작가들과 정치적 분리와 독립을 지지하는 예술가들의 강력한 후원자였다. 후에 프로이트가 정신분석적 간행물들을 발행할 출판인이 필요하게 되었을 때 헬러를 고용했다.

새로운 서기인 오토 랭크Otto Rank가 1906년 펜을 들었을 때, 모임들을 가득 채운 자유로운 생각들의 흐름과 거리낌 없는 독설들을 기록했다. 인신공격은 학회의 분위기를 흥분시켰다. 몇 년 후, 프로이트는 이 단체가 개인적인 적대감을 한쪽으로 치워 놓고 순조롭게 함께 일할 수 없었다는 사실을 애석해 했다. 이러한 적대감은 이 단체의 방법과 목적에 대한 혼란으로 계속해서 악화되었다. 이 단체는 자연과학에 헌신된 것인가? 아니면 인문과학인가? 그것도 아니면 아직 발견되지 않은 제2의 길인가? 어떤 종류의 지식을 찾고 있는 것인가, 그리고 어떤 종류의 실천을 그들은 지지하는가? 더욱이 프로이트의 역할에 대한 합의도 없었다. 이 단체는 '교수님'에게 배우기 위해서 함께 온 것인가, 그들은 학생들인가, 그렇지 않으면 공유하는 관심 때문에 함께 모인 독립된 연구자들의 단체인가?

이 협회가 성제성을 정의해야 할 때가 되었을 때 합의의 부족은 극적으로 드러났다. 1907년 1월, 막스 에이팅곤Max Eitingon이 취리히에 있는 명성있는 부르크횔츨리 클리닉에서 특사로 빈에 왔다. 그곳에서는 프로이트의 글에 대한 관심이 대단했다. 에이팅곤은 빈학파의 견해를 구체화하기를 원했다. 모여든 수요학회의 회원들 앞에서 그는 신경증의 원인, 정신분석적 치료의 본질,

그러한 임상적 방법을 통해서 기대할 수 있는 결과들에 대한 그들의 생각에 대해서 물었다. 에이팅곤은 사람들의 대답들을 들으면서 점점 낙담해 갔다.

학회 회원들로부터 쏟아져 나온 답변들의 거대한 행렬은 그야말로 놀랄만한 것이었다. 샤르코의 클리닉에서 방문자는 그곳의 젊은 의사들이 설명하는 샤르코의 견해를 들을 수 있었다. 프로이트 세대의 의사인 오귀스트 포렐은 의대에서 학생들이 어떻게 그들의 교수들에게 세심하게 반론하지 말아야 하는지 묘사했다. 에이팅곤은 프로이트 '교수님'의 견해를 그의 학파의 회원들에게서 듣기 위해서 취리히에서부터 왔다. 그러나 '교수님'의 집에서, 모든 이들은 각자 자신들의 독특한 견해를 가지고 있었다. 정신분석은 예방법이었거나, 아마도 치료적이거나, 아마 교육적이었다. 신경증의 병인론에 대해서 말하자면, 어떤 이는 기질적인 경향에 대해서 말할 것이고, 다른 이들은 부자연적으로 증가한 변태 리비도를, 세 번째 부류는 결함있는 기관들을, 네 번째는 성적 트라우마를, 다섯 번째는 일반적인 심리적 갈등을, 그리고 여섯 번째는 출산의 심리적인 잔여물들을 말할 것이다. 결국엔 취리히에서 온 방문자는 몹시 화가 나서 그곳의 사람들과 논쟁하기 시작했고, 그들이 구체적이고 강력한 잠재력을 가진 프로이트의 이론의 힘을 약화시키고 있다고 말했다.

드디어 '교수님'은 최종적인 발언을 했다. 그는 성심리적 갈등이 신경증을 유발한다는 그의 견해를 반복했지만, 수요학회의 대부분의 사람들이 그의 입장을 받아들이지 않고 있거나 이해하지 못하고 있다는 사실은 언급하지 않았다. 오히려 프로이트는 방문자에게 노여움을 드러냈다. "에이팅곤 선생께서는 질문을 하면서 신경증의 성적 병인론에 대한 이론적 부정을 무심코 드러냈습니다. 취리히학파는 항상 그러한 부정을 주장하지는 않았습니다." 에이팅곤의 간단한 질문이 기록된 것 같이 성적 병인론을 가정하지 않은 것이 사실일지라도, 성sexuality의 역할을 부인한 것도 아니었다. 그 모임에서 빈의 프로이트의 추종자들 중 많은 이들은 숨김없이 그러한 부정을 보였었다. 프로이트는 마치 자신의 단체에 합의가 있는 것처럼 행동하면서 그 외부사람에게 계속 공격적이 되었고, 빈 그룹 가운데 부자연스러운 일체감을 강화하려고 했다.

그러나 이것을 숨길 수는 없었다. 이 방문자는 수요학회가 이단자들의 느슨한 연합이라고 폭로했다. 그 회원들은 같은 이론을 공유하지 않았고 같은 연구 방법론을 주장하지도 않았다. 프로이트는 정신적 현상을 연구하는 창의적인 뼈대를 세웠고 아직 계속 수정하고 있었다. 이것은 그때까지의 프로이트의 공헌 중에 아마도 가장 색다르고 독창적인 부분일 것이다. 하지만 학회 회원들은 방법론에 대해서 그들 자신의 생각들을 가지고 있었다. 어떤 이들은 그러한 정신분석적 접근은 일종의 심리적 훈련을 통해서 심리적 분야를 강화하는 것으로 이루어졌다고 말했다. 또 다른 이들은 환자를 자신의 치료사로 만든다고 주장했고, 또 어떤 이는 전이에 대해서 강조하면서 프로이트를 따랐고, 다른 사람들은 분석이 정신적 물요법 같이 건강하지 않은 요소들을 깨끗하게 한다고 믿었다.

학회 회원들의 이러한 불일치가 에이팅곤에게는 특별히 실망스러웠을 것이다. 왜냐하면 1907년, 다른 사람의 마음을 알아차리는 프로이트의 임상적 기법은 쉬운 것이 아니었다. 빈에서, 학회 회원들은 프로이트의 월요 상담 시간에 참여할 수 있는 이점을 가지고 있었다. 그 시간에 그들은 프로이트에게 자신들의 사례들을 발표하고 임상감독을 받을 수 있었다. 그러나 수요학회의 만남에서는 정신분석적 기법이 토론의 정기적인 주제가 아니었다. 빌헬름 슈테켈은 기법의 문제가 법칙으로 발전될 수 없고 환자에게 맞게 해야 한다고 믿었다. 알프레트 아들러는 정신분석적 방법은 가르칠 수 있는 것이 아니라는 견해를 피력했다. 프로이트는 동의하지 않았고 정신분석적 방법은 배울 수 있고, "각 정신분석가들의 제멋대로의 방법들이 검증된 규범들에 의해서 억제되는" 상황이 올 거라는 희망을 드러냈다.

그렇게 수요학회는 검증된 몇 개의 규범들과 함께 제멋대로의 의견들이 뒤범벅되어 있었다. 더욱이 다양한 의견들을 점검할 수 있는 분명한 지침이 존재하지 않았다. 그래서 아마도 그들은 편견 없이 주장할 수도 있었고 거절할 수 있었을 것이다. 그들에게는 안정된 방법이 없었고 이유를 밝히는 원칙들도 발전시킬 수 없었나. 이렇게 원칙이 없는 한 그들은 계속적으로 많은 설명을 해야 할 필요가 있었다. 하나의 공통적 방법을 발전시키는 문제는 발견의 흥분 안에 묻혀버렸다. 프로이트는 자신의 성심리psychosexuality 이론을 굳건히 하려고 열심히 작업했다. 예를 들면, '어린 한스'라고 부른 한 아동의 사례에서 막스 그라프가 그 아동의 분석가이고 또한 그의 아버지라는 사실이 일으킬 수 있는 갈등에 대해서는 그렇게 걱정하지 않았다. 에른스트 란처Ernst Lanzer의 사례에서도 비슷하게, 프로이트는 그 사례에서 발생한 특별한 기법적 문제에 대해서 논의할 필요성을 느끼지 않았다. 프로이트가 란처의 성심리적 역동성을 해석하려고 할 때, 이 환자는 의사와 의사의 딸을 더럽히는 환상들을 분출하면서 "매우 역겹고, 아주 더러운 욕"을 그에게 퍼부었다. 란처의 비방은 프로이트의 현미경 렌즈에 계속 묻는 먼지 같았고 이 과학자는 그저 계속 닦아 냈다.

탐험에 휘말리게 되면 그 목적지에 도달하는 것이 여행을 어떻게 하는가보다 더 중요해 보일 수 있다. 프로이트와 그 학회의 다른 사람들은 수많은 방향을 선택해서 정신병리학의 야생상태로 달려 나갔고 환자들의 과거로 돌아왔다. 그들에게는 많은 혁명들에서처럼 수단은 결과보다 덜 중요했다.

방법에 대한 문제가 한동안 허술하고, 정의되지 않은 채로 있는 동안 활짝 열려 있던 빈의 수요심리학회의 특성은 1906년과 1908년 사이에 변화하기 시작했다. 어떤 종류의 주장들이 이 공동체에서 받아들여질 수 있는가를 판단하는 일련의 규범들이 생기기 시작했다. 이러한 기준은 일련의 갈등들이 표출된 후에 나타났고 그 처음은 빌헬름 슈테켈과 관련이 있었다. 슈테켈은 실제로 임상적인 정신분석을 실행한 몇 명 안 되는 회원들 중의 하나였다. 그의 임상적인 경험은 이 학회에 위기를 초래했는데, 프로이트의 권위에 대한 직접적인 도전이 되었고 프로이트의 권위가 어디까지인가를 이 단체가 정확하게 결정하게 했다.

슈테켈은 다작의 작가였다. 1907년 그는 신경과민의 원인에 대한 대중적인 작은 책자를 썼다. 수요그룹은 그 책을 읽고, 슈테켈이 모든 신경증들은 심리적 갈등에 기초하고 있다고 주장한다는 것을 알게 되었다. 프로이트보다 더욱 프로이트로 보일 수도 있는 것이 '교수님'의 신념들을 반박하는 것이 되었다고 한 회원은 신랄하게 말했다. 프로이트는 정신신경증psychoneroses과 달리 현실신경증actual neuroses(신경쇠약과 불안 신경증)은 순전히 성적 어려움에 기인하고 심리적인 것과는 관련이 없다고 주장했다. 이 학회에서 슈테켈의 상반된 견해는 경멸을 받게 되었다. 유명한 요정을 다시 호리병 안에 넣는 것이 어려운 것처럼, 루돌프 라이틀러는 신경증에 대한 슈테켈의 이론은 그의 신경증의 증상이라고 주장하며 비판을 시작했다. 실제 성적 원인들을 부인하는 것으로 보아 그는 억압에 굴복되었다고 비난했다.

프로이트는 이러한 인신공격에 참여하지 않았지만 한때 슈테켈의 의사로서 자신의 환자의 비밀유지를 위반하지 않고는 이것을 할 수 없었을 것이다. 대신에, '교수님'은 자신의 이론적 진척에 슈테켈이 따라오지 않는 것에 대해 비난했다. 신경증은 현실신경증이건, 정신신경증이건 모두 성적인 문제들에 근거를 두고 있고, 오직 약간의 것만이 심리적 갈등에 근거한다고 프로이트는 참을성 있게 설명했다. 좌절한 슈테켈은 그 소책자를 깊은 우울증 상태에서 썼다고 고백했다.

그 다음 회의에서 슈테켈은 자신의 충직함을 장황하게 증명하려고 했다. 알프레트 마이슬Alfred Meisl은 본능의 삶에 대한 글을 발표했는데, 그 글에서 배고픔의 본능과 사랑의 본능을 구별하려고 했다. 슈테켈은 이 저자가 프로이트의 우선권을 인정하지 않았다고 혹평했고 그 글에서 좋은 부분조차도 독창적인 것이 아니라고 덧붙였다. 라이틀러가 슈테켈에게 가한 공격과 비슷한 것을 반복하면서, 슈테켈은 "발표자의 개인적 억압이 종족을 보존하려는 비성적 요소에 대한 마이슬의 가설 뒤에 숨어 있다."고 주장했다. 프로이트는 결국 불쌍한 마이슬을 보호하기 위해 나섰다. 마이슬은 그 후 다시는 그룹에서 발표하지 않았고, 얼마 지나지 않아 그 단체에서 나가게 되었다.

그러한 공격의 가혹함과 침범적인 경향은 영향력이 있었다. 어떤 회원들은 감히 그룹에서 발표하려고 하지 않았다. 다른 이들은 토론 동안에 의견을 말하는 것을 최선을 다해서 피하려고 했다. 이것은 간단한 문제가 아니었다. 이 학회는 번호가 쓰여진 종이들이 가득 찬 항아리를 돌리는 관습을 가지고 있었다. 각 회원들은 그 항아리에서 숫자를 뽑게 되어 있었고 순서대로 발표를 해야 했다. 그 항아리가 나타나는 날이면 상당수의 과묵한 회원들은 등을 돌리고 서둘러 그 자리를 떠났다.

학회의 회의록은 그 혹평에 대한 책임을 프로이트에게 돌리지 않았다. 오히려 프로이트가(그의 문화에서 의대 교수들이 가지고 있는 권위주의적인 기준을 고려해 볼 때) 반대 견해들에 직면하게 되었을 때 얼마나 합리적으로 관대할 수 있는지, 또한 새롭고 때로는 별난 제안들에 대해서도 얼마나 관심이 있는지를 보여주었다. 그러나 슈테켈과의 논쟁에서 프로이트는 다른 면을 보이며, 그의 경쟁자의 이론을 무너뜨리려 많은 애를 썼다. 질책을 당했음에도 불구하고 빌헬름 슈테켈은 소위 말하는 불안 신경증을 포함한 모든 신경증들이 심리적 갈등에서 기인한다는 주장에서 물러서지 않았다. 더욱이 그는 자신의 주장을 뒷받침하는 증거를 가지고 있다고 확신했다.

1907년 즈음에 불안해 하는 은행직원이 슈테켈을 찾아왔다. 그 사람은 공공 광장을 지나는 것을 두려워했다. 광장 앞에 서 있으면, 그는 불안이 엄습하는 것을 느끼게 되어 돌아가게 되었다. 프로이트의 이론에 의하면, 이 공포증과 그것에 수반하는 공황상태는 그 은행직원의 현재 삶에서의 성적 기능장애, 아마도 성적 절제나 질외 사정에서 기인해야만 했다. 그러한 것에서 원인을 찾는 것이 헛되이 되자, 슈테켈은 심리적인 원인을 찾기 시작했다.

그는 이 사람이 사랑에 빠진 적이 한 번도 없다는 것을 발견하게 되었는데, 이것으로 슈테켈은 그가 부모에 고착이 되어 있다고 추정하게 된다. 그리고는 그 고착의 대상인 그의 어머니가 위중한 병에 걸려 있음을 알게 되었다. 그 은행원은 의사가 처방한 치료를 감당할 여유가 없다는 사실에 고통을 받으면서 심리적 갈등을 발전시켰는데, 그것은 그가 다니는 은행에서 돈을 훔쳐서 사랑하는 어머니를 구하고, 단지 그 광장을 지나는 것이 아니라 대양을 가로질러 미국으로 도망을 가려는 충동으로 인한 것이었다. 이러한 무의식적 싸움을 의식으로 만듦으로써 공포증을 가진 그 사람을 치료할 수 있었다고 슈테켈은 보고했다. 슈테켈은 또한 두 개의 다른 사례들에서도 비슷한 치료를 할 수 있었다고 주장했다.

실험실에서 가장 독단적인 교수조차도 자신의 견해를 바꿔야만 하는 경우가 생긴다. 포렐은 그의 교수의 이론들 중 하나에 이의를 제기하는 실험을 한 경험을 기억했다. 격노한 그 교수는 자기 학생의 실험을 반복한 후에 납득할 수밖에 없었다. 그러나 임상 의학에서는 그럴 가능성이 없었다. 의사가 치료할 수 없을 것처럼 보이는 환자를 치료했다는 한마디는 치료에 있어서 과학적 승인에 가장 가까운 것이었다. 슈테켈의 치료는 그 학회의 논쟁을 이론적 가설 논쟁에서 임상적 증거에 무게를 두는 것으로 바꾸었다. 프로이트는 현실신경증은 심리치료로 치료할 수 없다고 생각했기 때문에 슈테켈의 치료를 자신의 것으로 맞설 수 없었다. 슈테켈은 청중들이 받아들일 수밖에 없는 임상적 증명을 해낸 것으로 보였다.

슈테켈은 흥분하면서 불안에 대한 과학적 연구에 대해 쓰고 싶다고 프로이트에게 말했다. 프로이트는 서문을 써주겠다고 약속했지만 한 가지 조건을 내세웠다. 슈테켈은 이렇게 회상했다. "우리는 전체 책을 함께 검토해야만 했다. 그것은 내가 그의 이론과 부합하지 않는 것을 쓰지 않기 위해서였다." 슈테켈은 동의했다. "나는 이러한 사례들의 저변에 있는 심리적 메카니즘을 프로이트에게 설명한다는 것이 자랑스러웠다." 슈테켈이 프로이트의 이론의 한 측면을 반박했을지라도, 그는 다른 면은 확장하였고 정신분석의 치료적 범위를 넓혀가고 있었다. 요컨대 정신분석적 치료법을 발전시키는 데 관심이 있는 사람에게는 환영할만한 소식처럼 보였다.

그럼에도 불구하고 지그문트 프로이트는 기뻐하지 않았다. 그는 슈테켈의 사례들은 불안과 히스테리가 섞인 사례임이 틀림없고, 그의 특출한 치료는 그러므로 극히 평범한 오진의 결과였다고 주장했다. 슈테켈은 실망한 채로 돌아갔다. 그가 다시 찾아왔을 때 '교수님'은 절충안을 제안했다. "나는 그대에게 훌륭한 선물을 주겠소. 우리는 심리적 뿌리를 가진 모든 불안 사례들을 '불안히스테리'라고 부르고, 불안이 성생활의 손상으로까지 거슬러 올라갈 수 있는 사례는 '불안 신경증'이라고 부릅시다." 이 제안 후에 프로이트는 슈테켈의 연구가 진행됨에 따라 검토하기 시작했다. 스무 번의 일요일 동안 이 후배는 베르크가세 19번지에 원고를 들고 갔다.

슈테켈은 또한 수요그룹에 그의 생각들을 가져왔는데 그 모임에서 교수님과 자신의 차이점을 숨기지 않았다. 심리적 갈등은 모든 불안 신경증의 핵심이라고 그는 주장했다. 즉, 이러한 장애는 그가 "에로스"와 "타나토스"라고 부른 삶과 죽음의 힘 사이의 갈등의 결과라고 말했다. 슈테켈은 그룹에 발표한 사례들이 질외 사정의 병력을 포함하고 있다는 것에 주목하는 것으로 프로이트와의 직접적인 직면은 피했지만 그의 글은 환영받지 못했다. 페데른은 모든 공포증이 억압된 성적 생각들에 기초한다는 것은 상상도 할 수 없는 것이라며 거들었고 다른 이들은 슈테켈이 그들을 혼란에 빠뜨린다고 불평했다. 프로이트는 그런 슈테켈의 사례들을 모두 오진이었다고 간단하게 일축했다.

몇 주 후, 슈테켈은 돌아와서 불안에 대해서 강의했다. 다시 그의 발표는 좋지 않게 흘러갔다. 약 한 달 후에 그가 다시 학회에서 발표했을 때 그의 목소리는 한층 달라져 있었다. 그는 노래할 수 없는 가수의 사례를 발표했고, 그 남자를 불안히스테리로 진단했다. 학회에서 나온 반응은 극적이었다. 슈테켈의 신랄한 비평가들 중에 한 명이었던 에두아르트 히치만조차도 그에게 박수갈채를 보냈다. 프로이트 또한 슈테켈의 장점들을 자랑스럽게 언급하면서 한 사례의 본질을 관통하는 그의 통찰력에 대해서 칭찬했다.

1908년, 슈테켈이 《신경 불안의 조건들과 치료》를 출판했을 때, 정신분석적 이론과 방법의 미묘한 차이에 대한 안내서를 찾던 독일 독자들은 그 책을 반겼다. 그는 치료의 목표를 억압을 들어 올리는 것으로 설명했고, 프로이트의 자유 연상 과정, 저항의 문제, 꿈 해석의 규칙들을 그 책에 실었다. 그 책의 중심(프로이트에 따라)은 불안 신경증과 불안히스테리 사이의 차이점이었다. 슈테켈은 심리적 갈등만이 불안히스테리를 일으킬 수 있다고 공손하게 제안했다. 그러나, 그는 자신이 불안히스테리에 대한 부분의 서론을 쓸 수 없었고, 후에 그 부분은 그 상황에 좀 더 적합한 프로이트가 썼다고 말했다. 하지만 슈테켈의 임상적 발견들은 재단되고, 쪼개지고, 재정립되어 무의미한 것이 되어버렸다. 프로이트는 자신이 히스테리는 심리적 갈등 때문이라고 1895년에 주장했던 것을 꺼내들었다. 거기서 어떤 혼합된 히스테리의 실재 또한 심리적 갈등으로 생겼다고 말했었다. 당황한 슈테켈의 굴욕은 거기서 끝나지 않았다. 서문을 줄 시간이 되었을 때, 프로이트는 전혀 열의가 없는 글을 써서 건네주었고 슈테켈은 그것을 한 번이 아니라 두 번이나 거절해야만 했다. 심지어 출판을 바로 앞두고 프로이트는 불안히스테리에 대한 전체 부분을 삭제해 달라고 슈테켈에게 요구했다. 다른 말로 하면 어떻게든 발표된 프로이트의 이론에서 벗어난 부분을 삭제해 달라고 했던 것이다. '교수님'에게 직접적으로 맞설 수 없었던 슈테켈은 출판자를 통해 그런 변화를 주기에는 너무 늦었다고 말하도록 만들었다.

프로이트는 학회 안에서는 반대의견을 가진 이론적 견해들을 기꺼이 받아들일 수 있었다. 그러나 이론적 차이들은 단지 이론적 가설일 뿐이었다. 그것들은 경험적인 무게가 없었고 다른 사람들에게 수용하라고 요구할 수도 없었다. 하지만 슈테켈의 도전은 달랐다. 그의 치료는 정확하게 대부분의 임상을 통해 드러난 일종의 증거였다. 이것은 더 이상 이론들 사이의 추론 논쟁이 아니었다. 만약 제지를 하지 않는다면 학회는 슈테켈의 견해를 받아들일 수밖에 없었다.

더욱이 만약 슈테켈이 옳다면 프로이트가 그동안 치료할 수 없다고 말한 많은 환자들은 잘못된 판단이 되었다. 만약 프로이트가 이러한 임상적 문제에 대해서 틀렸다면 그의 다른 관찰은 어떻게 되는가? 프로이트 '교수님'은 그 논쟁을 슈테켈의 임상적 판단의 문제로 돌리는 것으로써 숙련된 임상가 그리고 객관적인 관찰자로서의 자신의 권위를 강력하게 세우며 능숙하게 방어하려 했다. 불안 신경증과 불안히스테리의 차이점을 식별하는 것은 그만의 판단력이다. 교수님은 처음부터 신경쇠약의 모호한 카테고리에서 불안 신경증을 분리했던 사람이었고, 그 그룹에서 가장 존경받는 임상의였다. 슈테켈은 일반 의사였고, 이론을 대중화하는 사람이었으며, 학회에서는 독설로 이미 적들을 만들었다. 그는 자신의 사례들이 불안과 히스테리가 혼재된 사례들이 아니라고 증명할 수는 없었다. 그리고 이러한 방향으로 흘러간 논쟁의 결과는 확실했다.

프로이트는 거기서 멈추지 않았다. 그는 오히려 슈테켈이 이룬 혁신적인 이론을 끌어와서 자신의 이론으로 통합시켰다. 그리고 그 이후로도 되풀이해서 프로이트는 이 같은 전략을 채용했다. 반대에 부딪혔을 때, 그는 자신의 입장을 고수하기 위해서 맹렬히 싸우고, 경쟁자를 좌절시킨 후에 자신이 가장 감탄했던 부분을 자신의 모델로 받아들여 통합하고 확장시켜나갔다. 프로이트학파의 분야는 정복된 대항자들을 기반으로 더욱 커져갔고, 그 중 한 명이 빌헬름 슈테켈이었다. 1909년, 프로이트는 모든 공포증(이전에는 불안 신경증과 실제 성적 기능장애의 탓으로 여겼던)은 실제로는 불안히스테리의 사례였다고 공언했다. "나는 슈테켈이 신경증적 불안 상태들을 묘사하려고 시도했을 때 그에게 이 단어를 제안했었다."고 프로이트는 썼다. 그는 이 진단이 넓게 이용되기를 기대했고, 지금 불안히스테리는 모든 정신 신경증적 질환들에서 가장 보편적인 증상이라고 믿었다. 한때는 불가능했던 것이 이젠 흔하게 존재하게 된 것이다.

불안 신경증을 치료했다는 슈테켈의 주장은 창조적으로 새로운 이름을 붙임으로써 이음매도 없이 매끈하게 프로이트의 이론으로 짜여져 들어왔고 프로이트는 이러한 과정에서 어느 것도 포기하지 않았다. 현실신경증에 대한 그의 이론은 도전받지 않은 채 아직 남아 있었다. 그의 임상적 전문성 또한 전혀 손상되지 않았다. 이것은 프로이트는 물론 모두에게 유리한 결과였다. 하지만 빌헬름 슈테켈에게는 그렇지 않았다.

슈테켈에 대한 이런 거칠고 가치를 절하시키는 취급은 빈의 프로이트학파에서 무엇이 용인되고 그렇지 않은지의 경계를 명확히 보여줬다. 누구든 프로이트의 임상적 권위와 경험적 관찰자로서 그의 정확성과 임상적인 주장들에는 도전할 수 없었다. 적어도 그렇게 보였다. 하지만 좀 더 추상적이고 이론적인 도전들은 알프레트 아들러Alfred Adler를 수요학회가 수용한 것에서 볼 수 있듯이 또 다른 문제였다.

의대 졸업 후, 아들러는 빈의 노동자 계급의 제2 구역에서 진료소를 열었다. 그곳의 환자들은 브로이어와 프로이트를 자주 찾았던 부유한 환자들과는 달랐다. 사회주의에 매혹된 그는 병의 환경적 요소들에 대한 에세이들을 썼다. 그리고 그 배경에서 프로이트의 연구를 참조하게 되었다. 1902년 그가 프로이트의 요청에 따라 수요그룹에 합류했을 때 아들러는 아직도 대학의 학문적인 의학으로 돌아가기를 소망하고 있었다.

1906년 가을, 아들러는 "신경증의 신체기관의 근거에 대해서"로 제목을 정한 주제를 발표하기로 예정되어 있었다. 결국엔 서기의 회의록은 그 제목을 "신경증의 근거에 대해서"로 기록했는데, 사실 중심 단어는 "신체기관"이었다. 이 글은 아들러가 곧 발표하게 될 《신체기관들의 열등함에 대한 연구들》의 전주곡이었다. 그 글에서 그는 신경증의 신체적 원인에 대해 주장한다.

아들러는 자신의 이론이 지그문트 프로이트 보다는 지그문트 엑스너와 에른스트 헤켈의 전통에 있다고 생각했다. 프로이트가 성감대에 부여했던 부분적인 추동들drives과 함께 시작한 아들러는 그러한 추동들을 다양한 신체기관들에 할당하고, 모든 기관의 추동들 사이에는 갈등이 있다고 가정하면서 문화적 요구들이 그것들에게 부과된다고 주장했다. 이 모델에서 많은 신체기관 추동들은 갈등에 빠질 수 있고 신경증을 유발할 수 있었다. 아들러는 모든 병든 기관은 또한 2차적으로 병든 성적 기관과 연계되어 있다고 말하는 것으로 성에 우선권을 주는 약간의 시도를 했다. 하지만 아들러는 근본적으로 프로이트의 이론을 고쳐썼다는 결론을 피하기는 어려웠다.

더욱이, 아들러의 이론은 프로이트가 십 년 넘게 싸워던 학설인 퇴화 이론의 생물학에 입각했다. 아들러는 퇴화된 기관들은 자신이 명명한 뇌의 "과잉보상"으로 치료될 수 있다고 가정했다. 이러한 예로, 말을 더듬던 데모스테네스Demosthenes는 고대 그리스에서 가장 위대한 연설자가 되었다. 음악가들은 종종 귀의 이형들을 가지고 있고, 화가들의 70퍼센트는 시각적 특이함을 가지고 있다고 아들러는 주장했다. 이러한 추론에 의하면 어린 시절의 기관의 결함들과 뇌의 과잉보상은 신경증을 지배했다.

결국 리비도 이론은 오류였다는 것이 뒤따랐다. 열등한 성적 신체기관들은 비대한 심리 구조들을 만들어 내고, 그 구조는 성적 추동을 성인기까지 강력하게 지속되도록 만든다. 그러한 강렬한 성적 추동은 정상이 아니다. 그것은 하나의 과잉보상이다. 아들러는 이러한 설명이 의미하고 있는 것을 감추지 않았다.

> 내가 꼭 언급하고 싶은 것은, 프로이트가 그의 정신분석에서 논증했고 나 또한 정신신경증의 가장 중요한 구성요소들이라고 생각하는 억압, 대체, 변환의 흥미로운 심리적 현상들이 열등한 기관들의 사례에서는 위에서 묘사한 심리 구조를 기반으로 발전한다는 것이다. 유사한 방식으로, 신경정신증들의 성적 근거들에 대한 일반적인 진술은 말끔히 정리되었다.

간단히 말하자면, 프로이트의 성심리 이론은 잘못되었다.

아들러가 그러한 견해를 그 학회에서 발표했을 때 수요그룹의 사자들이 으르렁거리기 시작했을 거라고 상상할 수 있을 것이다. 그러나 실제로 아들러의 발표는 따뜻하게 받아들여졌다. 한 의사는 '나 역시 항상 신경증의 신체적 요소들을 찾고 있었다.'고 의견을 밝혔다. 프로이트 자신도 아들러의 노력을 칭찬했다. "첫눈에 봐서는 아들러가 말한 대부분이 옳은 듯하다."고 말했다. 후고 헬러는 그것을 "인상적인 지적 성취", "프로이트의 생각들의 연속과 보충"이라고 불렀다. 오직 몇 명의 반대론자들만이 그 칭찬에 합류하지 않았다.

놀랍게도 아들러는 예정된 인신공격들을 받지 않았다. 그는 이미 많은 의사들이 그들의 어린 시절에 병으로 고생했고 의사가 됨으로써 과잉보상이 되었다는 사실을 거론했다. 아들러 자신도 병약한 어린 시절을 보냈는데, 심신을 연약하게 하는 구루병과 호흡과 언어능력의 문제로 고생했었다. 이 그룹의 회원들이 이것을 알았는지는 알 수 없지만, 아마도 그들은 슈테켈의 성생활에 대해서 모르는 만큼 아들러의 병에 대해서도 모르고 있었을 것이다. 하지만 누구도 이러한 과학적 이론의 창작자가 남몰래 그 병의 대상자였는지 묻지는 않았다. 적어도 아직까지는 아니었다.

아들러의 이론적인 발표는 임상 의학과의 연결점을 제시하는 한에 있어서는 청중의 호기심을 불러일으켰다. 하지만 그의 사례 발표는 성공적이지 않았다. 예를 들면, 아들러는 한 부유한 젊은 러시아 학생을 묘사했는데, 그는 "열등한 소화관" 문제로 치료를 받으러 왔다. 그는 목욕을 하는 동안 물 밑에 얼굴을 박고 있고 싶은 강박적 욕구를 가지고 있었다. 몇 명의 회원들이 이 사례의 해석이 말이 안 된다고 생각했다. 프로이트는 그것이 아들러 자신의 이론과도 일치하지 않는 것을 알았다. 그러나 아들러는 열등한 신체기관들에 대한 그의 견해를 밀고 나갔고, 작가인 장 파울Jean Paul은 열등한 콩팥으로 고생했다고 주장하면서 상징과 열등한 신체기관 사이의 관계를 찾으려고 애썼다.

시간이 지나면서, 아들러의 해석들은 사람들의 분노를 일으키기 시작했다. 하지만 그의 이론은 전반적으로 커다란 여지를 가지고 있었다. 아들러의 이론은 심리학적인 생각을 광범위한 의학의 문제로 가져오는 대규모의 확장으로 여겨질 수도 있었다. 학계에 약간의 후원자만을 가지고 있던 풋내기 학문 분야였던 정신분석이 이러한 잠재력이 있는 이점들을 쉽게 무시할 수 없었을 것이다. 아마도, 아들러가 시도한 병리적 위치에 대한 강조, 결함있는 형질유전에 대한 의존, 그리고 생물학적인 가정들은 의학적 병들에 대한 온전한 정신생물학적 이론을 위해서는 지불해야 할 대가였다. 아들러는 모든 질병에서 생물학적 연약함과 문화적 요구는 증상을 일으키는 심리적 구조들을 낳게 되는데, 이는 마음이 몸의 약함을 보상하려고 시도하기 때문이라고 주장했다. 아들러가 리비도 이론 그리고 심리적 갈등의 중요성을 반대했음에도 불구하고 그의 연구는 존중을 받았다.

그런 면에서 슈테켈과 아들러에 대한 반응의 차이는 그들이 도전한 것의 특성과 관계가 있었다. 알프레트 아들러는 그의 주장을 지지할 실제적 자료를 가지고 있지 않았다. 그의 이론은 즐겁게 생각할 수 있는 추상적인 것이었고, 누구도 그가 제시한 미심쩍은 증거들 때문에 그의 견해를 채택해야 할 위협을 느끼지 않았다. 아들러의 연구는 마음에 대한 정신분석적 이론들과는 직접적으로 경쟁하지 않는 대단히 흥미로운 이론적 생리학으로 여겨질 수 있었다. 사실, 아들러의 편이었던 칼 푸르트뮐러Carl Furtmüller는 프로이트가 아들러의 연구를 생리학으로 칭찬했다고 기억했다. 아들러는 다양하고 폭넓은 의학적 병들에 프로이트의 모델을 부분적으로 적용시킨 것으로 보여질 수 있었다. 내부심리intrapsychic의 갈등과 성심리 이론을 퇴화적인 변형들과 심리적 힘들을 결합한 역동적 모델 때문에 포기할 수 있는가? 아들러는 수요그룹의 회원들에게 이 질문에 대해 생각해줄 것을 요구했고 많은 이들의 대답은 '어쩌면'이었다. 그들은 그때까지 그것을 결정해야 할 절실한 필요가 없었다.

V.

성장하고 있던 수요심리학회에는 과학자들과 의사들과 인문주의자들humanists, 비평가들, 사회개혁가들이 함께 있었는데, 그들은 그 시대의 용어로 인문학 또는 인문과학의 학자들이었다. 1907년 즈음에 협회의 거의 3분의 1이 이러한 지식인들이었다. 그들은 이러한 문제들에 깊은 관심이 있었던 의사들에게 합류했던 것이다. 이러한 사상가들 중에는 도발적인 혁명론자들도 있었는데, 그들은 프로이트의 생각을 포장해서 화염병처럼 신성불가침의 사회적, 문화적 이상들에게 던졌다. 그리고 주로 의학적 치료에 관심이 있던 사람들과 함께 있는 그들의 존재는 마찰을 일으켰다. 질병과 치료에 관한 강의들은 임상적 의학과 자연과학의 증거에 의거한 규칙들에 의지했던 반면, 다른 프로이트학파 사람들은 과학적 증거가 아니라 설득력 있는 논리와 폭넓은 해설적 힘을 지향하는 발표들 속에서 문화, 역사, 사회를 탐색했다. 곧 학회는 무엇이 실재하는 것이고 상상된 것인가, 무엇이 이치에 맞는 것이고 무의미한 것인지에 대한 경쟁적인 개념들이 조화를 이루지 못하고 있다는 것을 알게 되었다.

학회의 젊은 서기인 오토 랭크Otto Rank는 문화적 연구자들 가운데 있었고, 그가 프로이트에게 왔던 경로는 신경증을 치료하는 데 관심 있었던 의사들과는 달랐다. 1884년 그가 태어날 때에는 오토 로젠펠트Otto Rosenfeld란 이름을 가졌는데, 랭크는 경제적인 이유로 인해서 대학에 가기 보다는 기술학교에 가게 되었다. 행복하지 않았고 때로는 절망적이었던 19세의 유대인 소년은 자신의 성을 랭크로 바꾸고 어느 종교에도 소속되지 않았다. 자기 혐오와 다른 사람들에 대한 경멸로 가득 찬 그는 무의미함으로 괴로워했고 종종 자살을 생각했다. 희망은 랭크가 위대한 작가들을 발견하게 되었을 때 생겼다. "나는 쇼펜하우어란 사람을 절대로 잊지 않겠다고 맹세했다."고 그는 자신의 일기에 썼다. 젊은 오토는 그 후에 니체를 그의 세대에 "영양분을 주는 사람"으로 찬양했다. 다윈을 열정적으로 읽었고, 오토 바이닝거에게는 숨이 멎을 정도였다. 개인적으로 그는 문화의 성적 위선에 항거했고, 여성의 본질과 성을 동등하게 여겼으며, 결혼에서의 경제적 교환을 매춘과 다르지 않다고 보았다. 시간이 흐르면서 바이닝거와 니체에 대한 그의 열정은 이 철학들을 만들게 한 심리적 결핍에 대해서 질문을 던지면서 식게 되었다. 이러한 사상가들은 "그들이 가지고 있지 않은 것에 감탄하고, 그들이 하고 있는 것을 경멸했다."고 랭크는 말했다. 그는 철학에서 프랑스 심리학으로 관심을 돌렸고, 1904년 파리로 가기 위해서 자금을 열심히 모았다. 그는 프랑스어를 배워서 심리학적 연구들을 번역하고자 했다.

랭크의 신낭만적 지적 열정은 세기말의 빈에 있는 많은 동연배의 관심을 반영했다. 그들 또한 정치와 자연과학으로부터 미학, 자기self, 심리학의 문제로 전환하고 있었다. 랭크의 여정은 변화를 겪었는데 1904년 10월 일기에 이렇게 적었다. "명가수(프로이트–꿈의 해석) 꿈노래." 이 젊은이는 프로이트학파의 무의식과 쇼펜하우어의 의지를 결합시키려 한 것처럼 이전의 지적 우상들과 이 사람을 종합하려고 했다. 성이 모든 심리적 삶의 본질이라고 결론지었다. 그리고 1905년 5월, "성은 모든 것을 추동drive하는 힘이다."라고 썼다.

오토 랭크의 의사는 알프레트 아들러였고 그가 랭크를 그의 새로운 영웅에게 소개시켜주었다. 이 젊은이는 한 원고로 무장하고 왔고 프로이트에게 좋은 인상을 남겼는데, 이 책이 대부분의 과학적 심리학이 다루기 두려워했던 영역인 예술적 창조성의 심리학을 야심차게 다루었기 때문이었다. 지그문트 엑스너와 테오도르 마이네르트는 자율적인 정신 기능을 설명할 수 있는 과학적 모델들을 고안했지만, 예술에서 극적으로 구현되는 인간의 의도와 선택에 직면하게 되었을 때 허우적거렸다. 어떻게 엑스너의 인형같은 자동장치가 위대한 시를 쓰거나 심포니를 작곡할 수 있을까? 젊은 랭크는 이것과 관련하여 다른 모델들이 실패했던 지점을 프로이트의 성심리 이론이 성공할 수 있다는 것을 보여주려고 시도했다. 그는 이 원고를 프로이트의 감독 하에 재작업했고, 1907년 《예술가 : 성 심리학을 향하여》를 출판했다. 예술가는 신경증을 가진 사람과 같지만, 예술가들은 자신들의 무의식이 세상에 미치는 영향력을 인지하는 것으로 그들의 무의식을 알 수 있는 능력을 가지고 있다고 랭크는 주장했다. 투사된 것들을 인식함으로써 자신의 내적 존재를 아는 것에 대한 랭크의 이론은 쇼펜하우어에게서 왔고, 프로이트의 전이의 이론으로 쉽게 바꾸어질 수 있었다. 랭크는 일기에서 이렇게 썼다. “만약 세계가 나의 투사라면, 나의 투사를 의식하게 되는 것이 나의 탄생이다.” 랭크는 수퍼맨과 같은 예술가의 시각을 이야기하는 것으로 그 책을 끝마쳤다. 예술가는 투사에 대한 지각을 통해서 자신의 성적 추동을 명료함과 통제를 가지고 안내할 수 있다고 랭크는 말했다.

1906년 10월 10일, 랭크는 수요심리학회에 가입하고 급여를 받는 서기가 되었다. 그는 입회하면서 자신의 연구를 발표했다. 저녁 8시 30분에 연상의 의사들과 비평가들 앞에 서서 성 심리학과 예술에 대한 그의 생각을 발표했다. 기록된 논의를 보면, 랭크는 창조성에 있는 성적 본능과 예술에 있는 오이디푸스적 주제와 근친상간적 주제에 대해서 강한 입장을 취했다. 아직 젊고 경험이 부족했던 랭크는 더 학식 있는 사람들을 대면하면서 자신의 이론에 대해 교수님과 함께 작업했다는 사실에 위안을 얻었다. 덕분에 교수님의 학생들 앞에서 그는 걱정할 것이 거의 없었을 것이다.

그러나 수요학회의 많은 사람들은 자신들을 교수님의 충직한 학생이라고 생각하지 않았다. 그래서 랭크에게는 충격이었겠지만 그의 지식이 지나치게 프로이트적이라고 공격받았다. “이 글의 경향은 프로이트의 방법에 따라 모든 것을 해석하려고 했고, 그러므로 자료들을 지나치게 그것에 따라 의미를 부여하고 해석하려고 했다.”고 한 회원이 불평했다. 다른 사람은 그러한 넓은 주제를 “설득력 없는 관점”에서 해석하는 것에 대해서 경고했다. 3분의 1은 랭크가 프로이트의 생각들을 확장시키면서 너무 지나치게 멀리 갔다고 느꼈고, "고무줄을 지나치게 늘였다."고 말했다.

비평가들(빌헬름 슈테켈, 막스 카하네, 에두아르트 히치만 같은 임상가들을 포함해서)은 랭크가 정의한 포괄적인 개념으로서의 성심리psychosexuality의 사용을 거부했다. 이 사람들은 성심리 이론에 중요성을 부여했을지라도, 모든 무의식적 요소와 모든 문화적 산물에 보편적으로 적용할 수 있다는 가정으로부터는 뒤로 물러났다. 그들은 또한 자신들이 자유롭게 생각하고, 협회에 참여하는 것이 단순히 프로이트의 개념들을 배우고 적용하기 위한 것이 아니라는 것을 분명히 했다.

하지만 랭크는 그러한 망설임이 없었다. 그는 이미 프로이트의 학생이었기 때문에 프로이트의 이론의 가치에 대해 굳이 논쟁하고 싶지 않았다. 그는 오히려 이러한 해석학을 예술과 문화로 확장하는 것이 흥미로웠고 그 영역은 치료에서의 호전 또는 실패, 치료나 질병, 경험적 증거 같은 이슈들로부터는 훨씬 자유로웠다. 프로이트의 해석적인 기법들로 무장한 랭크와 상당한 수의 인문학자들은 마치 굶주린 사냥꾼들같이 리비도의 숨겨진 표현들을 추적했다. 이 추종자들의 무리에서, 프로이트의 성심리적 합성은 가장 시끄러운 추종자들을 만나게 된 것이다.

프로이트 이론들의 인문학적 적용 이후에 19세기 후반 유럽에서의 사회, 문화, 정치적 문제들에 대한 정신의학적 글들의 물결이 뒤를 이었다. 신체적 질병들을 의학적으로 분류하는 질문들이 아직 미해결 상태였음에도 불구하고, 야심차고 잘 알려진 정신과 전문의들은 사회적 영향의 중요성에 대한 그들의 견해를 제시했다. 어떤 이들은 문화적인 문제들을 과학적인 것으로 바꾸려 했으며, 복잡한 현상들을 하나의 진단 범주 안으로 무리하게 집어 넣으려고 시도했다. 이러한 방식으로, 신경과 의사들과 정신과 의사들은 예술과 정치에서의 많은 복잡한 현상들을 퇴화적이건 혹은 신경쇠약이건 뇌의 질병의 결과라고 주장했다. 그리고도 여전히 남겨진 거대한 분야는 철학자, 작가, 예술가에게 넘겨졌다.

정신과 의사들은 전기문학의 새로운 방식을 통해서 문화적 문제들에 관여했다. “성격 분석적 전기psychobiography”는 1870년 즈음에 프로이트의 경쟁자들 중 한 명이었던 파울 뫼비우스Paul Mobius에 의해서 시작되었다. 뫼비우스는 역사적인 인물을 의학적, 정신의학적 평가 없이 이해하는 것이 가능하지 않다고 믿었다. 퇴화된 형질유전의 우선성의 견해에 영향을 받은 뫼비우스는 병든 천재들의 삶을 분석했고, 그가 죽은 해인 1907년에는 루소, 괴테, 쇼펜하우어, 니체의 전기들을 써냈다. 다른 의사들도 퇴화된 형질유전의 렌즈를 통해서 본 위대한 사람들의 이야기를 뒤이어 썼다. 정기 간행물들이 이런 종류의 작품들을 촉진하기 위해서 만들어졌다. 프로이트의 친구이자 경쟁자였던 레오폴트 뢰벤펠트Leopold Löwenfeld는 한스 쿠렐라Hans Kurella에 합류해서 질병 역사의 시리즈를 출판했는데, 오토 바이닝거, 입센, 베를리오즈, 톨스토이에 대해서 자세히 썼다.

프로이트는 성격 분석적 전기에 새로운 접근법을 제공했다. 그의 이론은 심리학을 뇌와 생물학으로 한정하지 않고 자연과학과 인문과학 사이에 다리를 놓았는데, 생물학적 세계 안에서 심리적 삶의 법칙을 정연하게 정리했다. 꿈, 환상, 사고에 대한 과학적 접근을 안정적이게 함으로써 프로이트는 단지 병을 연구하는 것뿐만 아니라 마음, 자아, 성격 그리고 그것들이 문화에 주는 영향들을 연구할 수 있는 방법을 제공했다. 1906년 즈음부터 프로이트는 그런 연구를 시도했는데, 그의 이론을 희곡에 탁월하게 적용한 짧은 글을 썼다. 이것은 부분적으로는 헤르만 바르가 쓴 희곡으로부터 영감을 받은 것이었다. 프로이트는 “무대에서의 정신병적 성격들”을 발표하지는 않았지만 다른 사람들은 그들의 연구를 대중들에게 보여주는 데 주저하지 않았다.

이지도어 자드거Isidor Sadger를 생각해보자. 1906년 11월, 자드거가 수요학회에 가입할 즈음에, 그는 성격 분석적 전기의 전통적인 접근에 노련한 사람이었는데 헨릭 입센Henrik Ibsen, 니콜라우스 레나우Nikolaus Lenau, 독일 사람들의 영웅이었던 괴테에 대한 연구들을 출판했다. 자드거는 1895년에서 1904년 사이에 ‘교수님’의 대학 강의에 참석하며 십 년 이상 프로이트와 연락하고 있었다. 수요그룹 가입을 기해서 자드거는 레나우 사례를 다시 점검하고 그 사람의 조증mania이 형질유전에서 기인했다는 신념을 다시 한 번 표명했다. 자드거의 연구는 정중히 받아들여졌지만 프로이트는 형질유전의 결함에 대한 강조는 저지했다. 이것에 대해서 의사 자드거는 "어떤 현상들은 성심리 논쟁으로 설명할 수 없다"고 그 그룹에게 참을성 있게 말했다.

그 후 몇 달 동안 자드거는 전통적인 형질유전적 요소에 대한 신념을 집요하게 재차 단언했고, 때로는 에로틱한 심리적 요소들을 성격 분석적 전기 형식에 첨가했다. 그는 그룹에게 프로이트의 가르침의 중요성을 과대평가하지 말라고 경고하면서, 심리학에서 성과 무의식의 중요성이 너무 지나치게 강조될 수 있다고 말했다. 1907년 12월 4일, 자드거는 스위스 작가 콘라트 페르디난트 마이어Konrad Ferdinand Meyer에 대한 글을 발표하며, 다시 퇴화된 형질유전 영향과 에로틱한 영향들을 혼합했다.

이번에는 독설에 찬 토론이 벌어졌다. 막스 그라프는 자드거가 형질유전에 입심 좋게 기대고 있고 그 사람의 내적 세계는 헤아리지 않았다고 말했다. 페데른은 자드거가 이 작가의 성적 발달에 대해서 아무것도 하지 않은 것에 분노했다. 성격 분석적 전기의 자극적인 면에 대해서 이미 경고했던 빌헬름 슈테켈은 소스라치게 놀랐고 이 저자가 학회에 큰 해를 끼칠 것을 두려워했다. 사랑받고 있었던 문화적 영웅들을 퇴화한 사람들로 만드는 것은 여러 곳에서 증오를 불러일으킬 수 있었다. 슈테켈은 이미 뫼비우스가 그런 일을 했다고 비난했고, 지금은 자드거가 같은 일을 하고 있었고, 어쩌면 학회를 난처하게 할 수도 있었다. 슈테켈은 이 저자에게 그 작업의 출판을 철회하라고 요청했다. 이러한 쇄도하는 비난에 대하여 자드거는 인격 모독이라고 격렬하게 말했다. 그날 밤, 자드거의 조카인 프리츠 비텔스Fritz Willtels가 청중 안에 있었고, 자신의 삼촌을 방어하려고 노력했지만 헛되이 끝났다. 자드거는 떠났다. 프로이트학파의 생각을 문화적으로 적용하는 것으로 학회에 해를 입힐 수 있는 사람이 어떻게 취급당하는지 목격하고 떠났다. 남은 비텔스는 머지않아 그러한 질책을 직접 경험하게 될 것이다.

다수의 프로이트 지지자들과 같이 프리츠 비텔스는 의사이면서 작가였다. 비텔스는 빈 대학 부속병원 의사를 거친 후에 빈의 종합병원에서 4년 동안 훈련을 받았고 '교수님'의 강의에 참석하면서 프로이트를 만났다. 그 기간 동안에, 비텔스는 문학과 문화 비평에 자신의 재능을 썼고, 카를 크라우스와의 관계 덕분에 각광을 받기 시작했다.

1906년 12월, 비텔스는 크라우스에게 편지를 썼는데 자신의 단편들이 스트린드베리Strindberg의 것보다 괜찮다고 대담하게 주장했다. 비텔스가 동봉한 글 한 편을 크라우스가 좋아해서 출판하게 되었다. 비텔스는 크라우스의 인맥에 들어가면서 〈횃불〉의 작가가 되었다. 그 여름, "개인적인 경험"이 비텔스에게 펜을 들게 했다. "형법전에서 가장 큰 범죄"라는 논박글에서 비텔스는 낙태를 법률로 금지하는 것에 반대했다. 다른 성 개혁가들과 같이 그는 프로이트에 의지해서 질외 사정과 같은 피임법들이 불안 신경증을 일으킨다고 주장했다. 그는 더 나아가서 낙태를 법률로 금하는 것은 신생아들의 살인으로 이어지며, 자본주의, 군대, 교회의 힘들이 이러한 현재의 상황을 지탱하고 있는데, 이는 그들의 공장들을 위해서 값싼 노동력을 모으고, 전쟁에 총알받이로 쓰고, 믿는 자들로 교회를 채우기 위해서라고 주장했다. 하지만 의사로서의 자신의 명성이 훼손될 것을 염려해서 비텔스는 이러한 격정적인 글은 아비센나Avicenna라는 가명으로 출판했다.

프로이트는 비텔스가 그 글을 쓴 것을 알고 있었다. 토요 강좌 후에 교수님은 젊은 선동가에게 다가가서 말했다. "그대가 이것을 썼소? 소송사건 적요서 같네. 이 글에 있는 한자 한자 모두를 지지하오." 비텔스는 수요그룹에 가입하라고 초대되었다. 이것은 '교수님'이 후회하게 될 결정이었다. 26세의 비텔스는 명성의 맛을 보았고 그것을 좋아했다. 그는 카페 세계에 몰두해 있었다. 이곳에서 크라우스 인맥의 한 일원으로서 그의 편집자가 여성에 대한 이론들을 해설하는 것을 주의 깊게 들었다. 그리고 비텔스는 펜을 들었다.

비텔스는 크라우스의 여성 혐오에 프로이트의 생각을 결합했고, 유럽사회에서의 여성의 역할에 대한 논박을 만들어냈다. 1907년 3월 27일, 그는 이러한 생각을 수요그룹에서 발표했다. 겉으로 보기에 그 주제는 여성 암살자들에 대한 것이었는데, 그들은 성적으로 모욕을 받은 후에 살인을 하는 히스테리성 사람들이라고 저자는 주장했다. 하지만 그 강연은 여자와 히스테리성 사람들에 대한 일반적인 비난도 있었다. 자신만만한 비텔스는 그들이 "그의 개인적인 혐오 대상"이라고 고백했다.

이것은 좋은 시작이 아니었다. 슈테켈은 이렇게 말하는 것으로 토론을 시작했다. "오늘의 발표자는 자기 자신의 중요하지 않은 히스테리에 대한 불편한 자기 이해를 해롭지 않은 사람들에게 투사했다." 일련의 비평들에서, 이것은 처음으로 비텔스의 주장뿐만 아니라 그의 동기까지도 도전하는 일이었다. 그의 논박은 너무도 명백하게 소용돌이치는 자신의 성심리적 딜레마의 산물이었기 때문에 비텔스는 청중들이 더 큰 이슈에 대해서 논의하게끔 했다. 누가 심리학의 중심인가? 프리츠 비텔스인가 아니면 히스테리성 여자들인가? 이 문제는 심오하고 친숙한 것이었는데, 불안에 대한 슈테켈의 이론에 대한 논쟁들, 프로이트를 "독심술사"라고 했던 플리스의 비난, 암시의 본질에 대한 프랑스 사람들의 논쟁, 심리학을 비과학적이라고 한 오귀스트 콩트의 맹렬한 비난 속에서 거론되고 있었다. 만약 이러한 것을 담아 낼 수 없다면, 모든 심리학적 주장들은 연구 대상들과 연구자 자신들 사이에서 왔다 갔다 할 것이다.

비텔스의 발표는 이상스럽고 피상적이라고 비난 받았다. 프로이트는 그 강연은 저자의 신경증으로 얼룩져 있다는 것에 동의했다. 1907년 5월 3일, 비텔스는 〈횃불〉에서 여자 의사에 반대하는 논박문을 발표했고, 2주 후에는 수요 그룹에 다시 서게 되었다. 여성들은 그때에서야 비로소 독일 의대에 입학이 허락되기 시작했었고, 비텔스는 반대했다. 여자들은 오로지 성적 존재들이기 때문에 교육에 대한 그들의 관심은 분명히 히스테리적 억압에 기인한다고 주장했다. 여자 의사들은 위험스럽고 환자들은 그들을 믿지 않을 것이다. 여성 정신과 의사들에 대해서 말하자면, 그들은 남자의 심리를 결코 이해할 수 없다고 비텔스는 믿었다. 비텔스는 이러한 신념의 논리적 중요성에 대해서는 잠시 멈추고 생각하려 하지 않았다. 그는 여자들의 내적 세계에 대해 지나치게 확신있게 이야기함으로 자신의 권위를 깎아내렸다.

다른 사람들은 그렇게 근시안적이지 않았다. 비텔스의 논란은 학회 회원들에게 프로이트학파 이론의 그러한 개인적인 사용을 어떻게 다루어야 하는지에만 집중하게 했다. 한 가지 가능한 방법은 비텔스가 무엇을 말하는가에는 관심을 적게 두고 그의 동기에 더욱 집중하는 것이었다. 막스 그라프는 비텔스의 발표에 있던 격앙된 감정을 인식하고, 이것은 학문을 추구한다기 보다는 그와 성관계를 가지기 원했던 여자들에 대한 분노에서 왔다고 주장했다. 프로이트 '교수님'은 비텔스가 반쪽 진실만을 다뤘고 여자들에 대한 예의가 부족하며, 그들이 의학전문직에 들어오는 것에 대해서 공정성을 가지고 있지 않다고 그를 꾸짖었다. 비텔스는 그의 성적 결핍에서 여성의 성을 왜곡하고 폄하하는 유치한 견해를 표현했다. 하지만 여전히 프로이트는 여자는 남자의 문화적 성취들에 도달할 수 없다는 자기 자신의 편견을 덧붙였다.

이후에 기록된 회의록은 점점 혼돈스러워진다. 이어지는 토론의 대부분은 여성 의사에 대한 비텔스의 글에 향해져 있고, 다른 논평들은 비텔스가 그 다음 모임에서 전달한 글에 대한 것이다. "위대한 고급 창부"라고 제목이 붙여진 이 주제 역시 학회가 기록하기에는 수치스러운 것이었다고 한 학자는 추측했다. 그렇다하더라도 그것은 〈횃불〉에서는 그렇게 불명예스러운 것은 아니었을 것이다. 6주 후에 〈횃불〉은 그 글을 실었다. 크라우스의 젊은 연인 이르마를 모델로 삼아서 비텔스는 매우 성적인 한 여자에 대해서 썼다. 그녀는 아이일 때 성생활을 시작했고 그녀의 남은 생애 동안에 매우 성적으로 남아 있었다. 완전히 억압되지 않은 그녀는 차분하고 신경증과는 거리가 멀었다. 그녀의 감각적 본성은 사회로부터 음탕한 여자로 박해받도록 운명지워져 있었다. 이 여자는 매춘부가 아니라 고대 그리스 헤테라Hetera의 이상이 구현된 것이다. 이러한 미화된 시각을 지지하면서 비텔스는 지그문트 프로이트를 인용했다.

프로이트는 여성 의사들에 대한 비텔스의 공격에 대해서 비평한 후에, 관심을 헤테라 주제로 옮겼다.

> 고급 창부Hetare의 이상은 우리의 문화에서는 그 위치가 없다. 우리는 성sexuality을 알고자 애쓰고 있다. 하지만 성이 설명되어지자, 우리는 성의 억압 전체가 의식으로 되어야 하는 것과 그 개인은 그것을 문화적 요구들에 종속시키는 것을 배워야 한다고 요구한다. 우리는 억압repression을 건강한 억제suppression로 대체하고자 한다. 성적 문제는 사회적 문제를 고려하지 않고는 해결할 수 없고, 누군가가 비참한 성적 상태보다 절제를 선호할지라도, 그는 항의를 하면서 절제하는 것이다.

프로이트는 고급 창부같이 행동하는 여자들은 부랑자같이 믿을 만하지 못하고 가치가 없다고 말했다. 대답할 기회가 주어졌을 때 비텔스는 프로이트가 자신의 이상적 매춘부를 부랑자라고 부른 것이 매우 충격적이며 할 말을 잃게 되었다고 말했다.

비텔스에 대한 프로이트의 불쾌감은 사석에서 더욱 고조되었다. 그는 비텔스에게 고급창부에 대한 글을 발표하기 전에 자신에게 읽어줄 것을 요구했다. 비텔스가 그렇게 하였을 때 프로이트는 실망감을 감추지 않았다. 그는 세상을 아무 제약도 받지 않는 광란으로 인도하는 것이 그의 의도가 아니라, 그것보다는 남성들과 여성들이 무엇을 하고, 무엇을 하지 않을지를 의식적으로 결정할 수 있도록 도와주는 것임을 분명히 했다. 51세의 진보주의자가 27세의 성적 급진주의자에게 문화적 구분에 대해서 말해야 했다. 이러한 세계관의 충돌은 프로이트가 가지고 있었던 비텔스와의 관계뿐만 아니라 선동에 편승한 다른 사람과의 관계에서도 드러났다. 프로이트는 개인의 자유의 가치가 우선적이라고 생각했지만 어떤 것은 부득이하게 이성과, 법적으로 그리고 사회·정치적으로 구체화한 제도들에 의해서 제한되어야 한다고 생각했다. 오토 조이카Otto Soyka 같은 극단주의자들과 프리츠 비텔스는 이 견해에 동의하지 않았다. 비텔스는 성적 혁명을 외쳤다. 옛 구조들의 뿌리를 뽑고, 이성이 아니라 본성을 적절한 곳으로 복귀시킬 수 있는 그런 혁명. 프로이트의 비평을 들은 뒤, 비텔스는 자신의 견해를 약간 수정해서 에세이를 발표했다. 이 글은 프로이트의 추종자들 가운데서는 격분을 일으켰지만 카페에서는 히트를 쳤다고 비텔스는 후에 회상했다. 그는 이렇게 덧붙였다. “우리는 억압된 성적 본능들이 신경증을 만들고, 전체 사회를 악화시킬 수 있다는 것을 프로이트를 통해서 배웠다. 그때 우리가 알지 못했던 것은 이전의 금욕주의자들이 제멋대로 날뛰게 되는 것 또한 도움이 되지 못한다는 것이다.”

1907년 겨울, 크라우스는 비텔스에게 〈횃불〉의 특별호를 만들 수 있는 기회를 주었다. 비텔스는 그 특별호에서 성병과의 싸움을 전적으로 다루기로 했다. 그 주제에 대한 에세이를 출판하기 전에 비텔스는 수요모임에서 그것을 읽었다. 또 다시 랭크는 기록하는 것을 거부했다. 그 에세이에서 비텔스는 일절 타협하지 않았다. 그는 지배계층과 교회가 청교도적 도덕성과 그들 자신의 힘을 유지하는 방법으로 성병을 사용하고 있다고 공격했다. 크라우스를 인용하면서 비텔스는 이렇게 썼다. “산초 판자Sancho Panza가 돈키호테 뒤에서 탄 것처럼, 매독은 기독교 뒤에서 그랬다.” 학회에서 히치만은 즉각적으로 이 글을 쓰게 된 비텔스의 신경증적 동기에 대해서 공격했다. 그는 세 가지, 즉 수태, 여성 의대생들의 순결, 성병이 비텔스의 성sexuality을 좌절시켰다고 결론지었다.

이것이 끝이 아니었다. 1908년 3월 11일, 비텔스는 이번에는 어지러운 반이상향dystopian적 환상을 발표했는데, 자유롭고 다양한 형태의 변태적 성적 에덴으로 시작해서 현재 남자가 되기 원하는 여자들의 슬픈 이야기로 마쳤다. 비텔스의 삼촌인 이지도어 자드거는 다른 발표 때에는 이 젊은이를 지지했지만, 그 조차도 더 이상 지지를 계속할 수는 없었다. 자드거는 비텔스에게 그 글이 진지하게 받아들여지기를 바랬냐고 물었다. 슈테켈은 그 에세이를 하나의 환상이라고 비난했고 히치만은 비텔스의 작업을 신경증적 반응에서 나온 것이라고 묵살했다.

슈테켈과 아들러의 연구에 대한 논쟁이 학회의 임상적 논의의 경계를 정하는 데 기여한 것처럼, 랭크, 자드거, 비텔스 같은 저자들을 어떻게 받아들여야 하는가를 통해서 프로이트학파는 인문과학에 대한 규범들을 정하기 시작했다. 주요 염려는 이러한 작업들이 폭넓은 대중적 담화로 들어간 것은 긍정적인 것이었지만 그룹의 입장을 손상시킬 수도 있다는 것이었다. 프로이트가 이제 막 추종자들을 갖기 시작할 시기에, 선동적인 저널리즘은 많은 것들이 위험하다고 공격하고 있었다. 학회는 프로이트의 문화적 비평을 추구하는 사람들에게 자신들을 적절하게 검열하라고 조심시켰다.

비텔스의 발표들은 또 다른 중대한 질문을 전면에 그리고 중심에 서게 했다. 프로이트의 방법이 성심리psychosexuality를 통해서 다른 사람의 주관성의 이해와 윤곽을 제공할지라도, 그것은 그 저자의 성심리의 부분이 그 연구를 손상시키지 않을 때에만 가능했다. 자기 자신의 무의식을 다른 사람의 무의식에 투사할 위험은 임상적 작업에서는 매우 높지만 문화적, 정치적, 사회적 저술에서는 아마도 더욱 클 것이다. 비텔스가 조소 받은 것은 그가 드러낸 부분들이 그의 성적 충동의 표현을 꾸미는 것으로 보였기 때문이었다. 이 젊은이의 독설과 환상들은 그룹에게는 경고로서 기능했다. 그래서 지금 그들이 가진 이론들이 개인적으로 좋아하는 것이나 싫어하는 것에 대한 구실로 오만하게 사용되어서는 안 되었다.

비텔스의 격앙시키는 강연들로 이 그룹은 집단의 목적이 엄격히 임상적이고 심리학적인지, 아니면 또한 사회적 실천주의에 헌신하는 정치적이고 개혁적인지에 대해서 생각하게 되었다. 만약 프로이트가 관습적인 성 윤리가 신경증의 원인이 되었다고 믿는다면, 이 그룹이 그러한 관습들을 공격할 수 있다고 생각하는 것은 논리적이었다. 그렇다면 이 학회는 그러한 싸움에 참여한 것인가? 만약 그렇다면, 그들은 얼마나 멀리 가고자 하는가?

학회의 많은 사람들은 프로이트와 같이 임상적 치료와 성 개혁 모두에 관심이 있었다. 하지만 비텔스는 이 둘 사이에 있을만한 갈등을 두드러지게 했다. 그는 "사실들을 지속적으로 간과하고, 이론적 · 심리학적 면들에만 관심 있는 몇몇 신사들에게서 보여진 심리학자들의 오만"을 비난함으로써 자신의 입장을 분명히 했다. 비텔스에게는 이데올로기적 정치적 헌신이 과학적 심리학을 세우는 것보다 우선했다. 그는 논쟁과 사회적 실천주의가 새로운 과학에 대한 희망을 없앨 것을 걱정하지 않았다.

그러나 비텔스가 프로이트학파에게 한 정치적 요청은 받아들여지지 않았다. 이 전달자는 서툴렀고, 더욱 중요한 것은 그의 메시지가 그룹의 많은 사람들이 소중하게 생각하는 입장을 침해했다. 지그문트 프로이트는 과학의 원칙들을 따른다고 주장할 수 있는 정신에 대한 접근법을 세우기 위해서 많은 노력을 해왔었다. 지나치게 정치화된 수요학회는 이러한 주장들을 무효화할 수 있는 위험을 안고 있었다. 지그문트 프로이트는 그의 임상적인 이론들을 택한 성 개혁 운동에 대해 동정심은 있었지만 과학적 연구들이 사회 개혁을 이끌어야지 반대 방향은 아니라고 완강하게 주장했다. 수요학회에 온 개혁가들은 이미 그들의 안건들을 가지고 있었고, 프로이트를 의지한 것은 프로이트가 그들이 깊이 헌신하고 있었던 사회에 대한 신념들을 위한 무기를 제공해주었기 때문이었지 마음의 과학 때문이 아니었다. 학회의 많은 회원들에게, 프리츠 비텔스는 이러한 헌신이 정반대의 것을 나타내는 것으로 받아들여졌다. 그는 모임을 움직이려는 많은 시도에도 불구하고 배척당했고 비난받았다.

VI.

수요학회는 다양한 관심을 가진 사람들을 수용했다. 어떤 사람들은 히스테리를 공부하고 나서 정신치료법을 사용한 1895년의 프랑스 프로이트에게 끌렸다. 그들 가운데에는 프로이트의 그 후의 생각들에 대해서 회의적인 사람들도 있었는데, 특별히 성심리적psychosexual 합성에 대해 그랬다. 꿈 책과 해석학적 방법이 신화와 문학에 제시할 수 있는 것에 매료된 다른 사람들은 과학적 인식론의 요구에는 거의 관심이 없었다. 또 다른 사람들은 사회적 성 개혁을 아직도 동경하고 있었고, 임상적 심리학에는 보다 적은 에너지를 투자했다. 요약해서 말하면, 프로이트는 사람들을 매혹시켜서 그가 강탈한 바로 그 분야에 관심을 갖게 했다. 이러한 학회 회원들은 그들의 프로이트를 역동적 심리학, 퇴화 이론, 뇌 과학, 성 과학에 대한 그들 자신의 생각들과 섞었고 결합시켰다. 이러한 혼잡함에서 갈등들이 불가피하게 일어났다. 프리츠 비텔스, 에두아르트 히치만, 알프레트 아들러 모두는 서로 다르고 프로이트와도 다른 목적들을 가지고 있었다. '이러한 차이점들이 어떻게 해결되야 하는가? 이 공동체에서 무엇이 받아들여지고 받아들여질 수 없는가에 대한 최종적인 결정권을 누가 가지고 있는가?'가 본질적인 질문이 되었다.

1908년 즈음에 계속되는 논쟁이 그룹의 가장 창조적인 몇몇 회원들의 연구들에 대해서 벌어졌고, 이러한 갈등들이 잠정적인 경계선을 정하기 시작했다. 프로이트의 임상적 권위에 대한 직접적인 도전은 허락되지 않았지만, 회원들은 마음의 본질에 대해서는 자유롭게 이론을 만들 수 있었다. 프로이트학파의 성심리 이론을 맹종하는 과도한 확장은 비난 받았지만, 성적 요소들을 어떠한 형식으로든 인정하는 것이 요구되었다. 과학적 주장들 위에 기초를 둔 사회적 비평은 권장되었지만, 혁명을 위한 논쟁적인 요구들은 지지받지 못했다. 자연과학과 인문과학 모두에 의지한 수사학과 논법은 받아들여졌지만, 불합리하고 주관적인 욕구들에 의해 이끌려진 주장들을 피하기 위해서 빈틈없는 경계가 요구되었다. 지그문트 프로이트, 파울 페데른, 빌헬름 슈테켈, 에두아르트 히치만, 그리고 학회의 다른 회원들은 이러한 경계선들이 침범 당했을 때에는 단호한 경고, 개인적인 청원, 사나운 공격을 통해서 그 선을 지키려고 노력했다.

이러한 논쟁들이 진행되면서 수요심리학회는 이 단체의 임무를 다시 생각하기 시작했다. 1908년, 근본적인 규범들을 변경하려는 움직임이 있었다. 알프레트 아들러는 무서운 항아리 관습을 폐지하고 자발적인 참여자를 만들자고 제안했다. 게다가, 그는 또한 새로운 회원들은 비밀투표로 정하자고 요청했다. 그 때까지는 교수님과 몇몇 다른 사람들이 사람들에게 가입하라고 초대했고 공개 투표에 붙였다. 회의록에 기록된 모든 투표는 만장일치였는데, 그것은 회원들이 자신들의 반대의사를 밝히는 것을 편안하게 느끼지 않았을 것을 암시하고 있다. 약간의 주저함도 있었지만 아들러의 제안들은 따뜻하게 받아들여졌다. 막스 그라프는 말했다. "재조직에 대한 이러한 제안들은 거북한 느낌들에서 나온 것입니다. 우리는 더 이상 예전에 모였던 그런 모임이 아닙니다. 우리는 아직도 교수님의 손님들이지만, 단체가 되기 시작하는 지점에 있습니다." 이러한 변화하는 정체성을 인식하면서 그라프는 더 이상 교수님의 집에서 만나지 말고 대학의 장소에서 만나자고 제안했다.

진행 절차는 프로이트의 힘이 나누어지는 변화된 학회로 향하고 있는 듯했다. 그러나 파울 페데른이 개입했고, 이 그룹이 "지적 공산주의"에도 종지부를 찍어야 한다고 주장했다. 그는 하나의 생각은 그 저자의 분명한 동의 없이는 사용하지 말 것을 진심으로 요구했다. 페데른이 표적으로 삼았던 이름은 거론되지 않았지만 그의 비난이 슈테켈에게 향하고 있다는 사실은 모호하지 않았는데, 슈테켈이 그의 글들에서 프로이트의 생각들을 '교수님'을 거론하지 않은 채 사용하고 있다고 생각했다. 슈테켈은 자신을 변호하였고 비텔스는 뛰어들어 그를 지지하면서 말하기를 그도 역시 교수님의 생각들을 사용하지 않고는 어떤 것도 쓸 수 없고 그의 자료들을 항상 인용할 수 없다고 했다.

아들러의 제안들은 이 그룹이 더욱 민주적이고 학문적인 구조를 고려하게 했고, 페데른의 행동은 지그문트 프로이트에 대한 의존을 실제보다 덜 중요해 보이게 만드는 회원들을 비난했다. 무엇이 프로이트의 지적 소유이고, 무엇이 그룹의 연구 작업과 관련된 보편적인 가정인가? 정해진 어휘들과 개념들을 공유하는 단체를 세우려는 노력에서 수요심리학회는 온갖 종류의 지적 집합이 되어가고 있었다. 그러나 페데른의 용어인 "지적 공산주의"는 사회적 응집력이 개인의 권리를 빼앗을 수도 있다는 우려를 나타낸 것이다. 공산주의(1908년에는 프랑스 코뮌을 나타내는)는 집단적 소유권을 의미했다. 수요심리학회에서 무엇이 공유하는 자산인지, 무엇이 프로이트에게만 속한 것인지 누구도 알지 못했다. 그러한 곤혹스러움이 회원들로 하여금 언제고 돌아가서 프로이트의 지적 기원과 부채를 생각하게 만들었다. 엄밀히 말하자면 대부분의 그의 용어들과 이론들이 다른 사람들로부터 왔다. 이것은 헌신된 프로이트학파 사람들의 그룹인가, 아니면 프로이트의 은혜를 입기는 했지만 무수한 원천들로부터 나온 공동 이론들을 중심으로 조직화된 학회인가?

궁극적으로 이러한 질문들은 신사적인 해결방안을 찾기 위해서 연기되었다. 학회는 지적 자산을 통제하지 않았고, 그것을 개인적인 명예의 문제로 남겨두었다. 지적 자산 이슈에 가장 정통한 사람은 출판업자였던 후고 헬러였는데, 슈테켈을 변호했고 모임에서 언급된 생각들을 자유롭게 이용해야만 한다고 주장했으며 그 반대 방향으로의 해결은 창조성을 심각하게 제한할 수 있다고 경고했다. 슈테켈은 그룹의 많은 생각들은 아직 미정인 상태로 있고, 한 사람에게 속한 것이 아니라고 주장했다. 프로이트는 부유한 자의 관대함으로 헬러의 견해를 지지했고, "각 사람은 자신의 생각들이 어떻게 받아들여지기 원하는가를 진술할 수 있습니다."라고 덧붙였다. '교수님'에 대해 말하자면, 그는 "개인적으로 자신의 소견들에 대한 모든 권한들을 포기했다."

대중적 인정에 대한 그의 욕구, 자신의 업적에 대해 다른 사람들이 인정해주지 않음에 대한 비통함, 지적 자산의 문제에서 자신의 우선권에 대한 매서운 방어를 고려해볼 때, 프로이트의 너그러움은 진실 되지 못한 것일 수도 있었다. 그러나 왕의 보호 아래 있는 농노의 제한적인 역할과는 대조적으로 그의 진술은 동료들에게 공통의 가정들과 공통의 정체성을 발전시키는 데 필요한 융통성을 제공해주었다. 슈테켈은 '내 탓이로소이다'를 실행했고, 페데른은 그의 제안을 철회했다. 그 후에 '학회에서 논의된 생각들은 저자가 분명하게 그것들의 사용을 금지하지 않는 한 다른 사람들이 사용할 수 있다.'는 수정된 제안이 만장일치로 통과되었다.

이 문제가 가라앉으면서 아들러의 제안들이 다시 거론되었지만 투표에 부쳐지지는 않았다. 대신에, 관료체제화의 초기 징후들에서 보여지는 것처럼, 이러한 제안들은 특별위원회로 넘겨졌다. 일주일 후, 위원회가 결정들을 전달했다. 항아리는 폐지되었다. 그러나 비밀투표에 의해서 회원들을 선출하자는 제안은 이전에 나타났던 강한 지지에도 불구하고 이상하게 통과되지 않았다. 새로운 회원들은 옛 방식으로 받아들여지게 되었다. "이 회합은 프로이트 '교수님'에 의해서 초대된 그룹과 학회 사이의 어떤 것이다. 그러므로 교수님에게 받아들여지는 사람은 다른 사람들에게도 받아들여져야만 한다."고 위원회는 설명했다. 모임은 프로이트의 집에서 계속되었다.

위원회의 그러한 결정에 프로이트의 개입을 추론하는 것은 어렵지 않다. 세 명 중에 두 명(아들러와 히치만)은 이미 비밀투표를 선호한다고 공개적으로 밝혔다. 히치만은 자신의 심경의 변화에 대해서 침묵했고, 아들러는 위원회의 보고와 의견을 달리하지 않을 수 없었다. 그는 대학 장소에서 모임을 갖는 것과, 3분의 2의 회원들이 회원 선출을 위해 필요하다고 요구했다. 결국, 그는 그의 제안을 철회했다.

아들러는 수요심리학회에서 변화에 대해 가장 큰 목소리를 내는 대변인이 되어 갔다. 열렬한 사회 민주주의자로서 민주적인 규칙에 대한 생각은 진심에서 우러난 확신에 기반을 두고 있었다. 더욱이, 대학 장소의 사용은 학회 안에서 그의 생각들을 위한 좀 더 큰 공간을 만들 수도 있었을 것이다. 회원자격이 프로이트의 손 안에 있지 않다면, 아들러의 생각에 관심 있는 사람들이 좀 더 쉽게 이 그룹으로 들어올 수 있을 것이고 그것은 그렇게 나쁜 것은 아니었다. 그의 요구들이 좌절된 후, 1908년 5월 아들러는 사직서를 제출했다. 프로이트는 아들러가 그룹에서 가장 예리한 정신을 가지고 있는 사람이라고 말하면서 계속 있을 것을 설득했다. 그러나 중대한 분열은 이미 발생했고 학회는 프로이트의 지도 아래 그의 집에서 계속 모였다.

이 그룹은 일 년 전 다양한 의견들로 막스 에이팅곤Max Eitingon을 당황케 했지만 지금은 더욱 초점이 모여 있었다. 모든 것에 우선하는 성심리psychosexuality 이론을 중심으로 학회에서의 논쟁들을 조직화하기 시작했다. 많은 사람들은 조심스럽게 이러한 생각을 순환시켰고, 점점 더 마음과 몸, 싸이키psyche와 소마soma, 칸트와 다윈, 샤르코와 크라프트에빙, 헬름홀츠와 스니츨러를 연결하는 방법에 집중했다. 그들은 프로이트학파의 성심리 이론이 어떻게 프랑스 정신병리학, 정신물리학, 성 과학을 일관성 있는 새로운 분야로 변형했는지 탐색하기 시작했다.

1907년 학회의 한 모임에서 프로이트학파의 성심리 이론에 대한 절대적인 헌신이 비록 경솔하기는 했을지라도 처음으로 거론되었다. 프로이트는 경쟁자인 파울 뫼비우스의 연구를 논의하면서 뫼비우스가 자신의 연구를 한번도 인정하거나 논평하지 않았다고 불평했다. 뫼비우스는 히스테리에서 사고적 기원ideogenic을 강조했고, 성을 채용했으며 대부분의 정신적 과정들이 무의식이라고 믿었다. 이 토론에서 막스 카하네는 다음과 같은 솔직한 개요를 말했다. "프로이트의 학설에 관해서는 오직 두 가지 가능성만이 있다. 그것들을 신봉하느냐 아니면 그것들을 무시하느냐." 하지만 이것 아니면 저것의 입장은 부분적으로 지지하는 다양한 사람들에 의해서 구성된 당시의 학회를 잘 설명한 것은 아니었다.

1908년 봄, 학회 회원들은 자신들의 정체성을 공고히 하기 위한 큰걸음을 내딛었다. 회원들은 베를린 성 과학자 마구누스 히르슈펠트Magnus Hirschfeld와 협력하여 성에 대한 질문서를 가지고 대중에게 나아가는 것을 논의했다. 이 질문서를 지지하면서, 학회는 처음으로 단일한 목소리를 가지고 공적인 태도를 취했다. 1908년 4월 15일에 과반수 의결에 의해서, 6년간 심리 학회로서 모였던 빈 공동체는 "정신분석 학회"로 변모했다. 이 변화는 랭크의 회의록에 논평 없이 기록되었지만 중대한 것이었다. 정신분석psychoanalysis은 프로이트의 말이었다. 이미 1894년에 그는 공개적으로 "psychische Analyse" 혹은 "정신적 분석"이란 용어를 사용하기 시작했다. 그리고 2년 후에 프랑스어로는 'la psychoanalyse' 그리고 독일어로는 'Methode der Psychoanalyse'를 처음으로 사용했다. 1904년과 1905 사이에 프로이트는 제법 많은 짧은 에세이들을 써서 카타르시스 요법 이후 방법을 정신분석적인 것으로 통합 정리하고 구별하고자 했다. 이 새로운 이름은 학회가 특별히 지그문트 프로이트에 의해서 설립된 심리학적 방법과 이론에 헌신하겠다는 것을 인정했다.

빈에 있는 학회가 정신분석적이 되면서, 유럽에서 다른 사람들도 프로이트학파 단체에 가입하기 원한다는 것을 알려왔다. 1907년, 프로이트는 취리히의 의사 칼 융이 모든 프로이트의 추종자들을 위해서 오스트리아의 잘츠부르크에서 집회를 열자고 제안했다고 말했다. 수요심리학회가 자신들의 이름을 변경하고 12일 후에 회원들은 첫 회합congress에 참석하기 위해서 잘츠부르크로 이동했다. 프로이트학파 심리학의 첫 번째 집회는 빈 학회 회원들이 아니라 취리히의 프로이트 추종자들이 지휘했다. 취리히의 의사들은 프로이트를 포용했지만, 그들 자신이 이미 가지고 있었던 의무들과 그들의 전통에 준하는 방식 안에서 그렇게 했다.

취리히

I.

1900년 즈음, 취리히를 빈으로 착각할 수는 없었다. 빈은 이제 쇠망하고 있던 제국의 중심으로 천주교와 군주제로 겨우 유지되고 있었던 수도였고, 다양한 인종들이 모여 있었다. 그에 반해 취리히는 스위스 안에 있는 22개의 주들 중 하나인 개신교 수도였다. 각 주들은 상당한 자율성과 민주주의를 가지고 있었다. 취리히에서는 프로이트가 본 것처럼 자치단체의 규칙들이 강력하게 존중되었다. 빈에서처럼 취리히에서도 독일어를 사용했지만 스위스는 프랑스, 이탈리아, 독일 시민들이 각각 자신들의 지역을 가질 수 있도록 허락함으로써 사람들을 언어적으로 단일화시켜주는 독특한 면이 있었다. 극렬한 민족주의가 프랑스인들과 독일인들을 갈라놓았던 1870년 이후로도, 스위스는 생각들의 공개시장으로 유지되고 있었고 이런 문화들이 섞일 수 있었다. 이러한 이점들로 인해, 스위스는 마음에 대한 프랑스인들과 독일인들의 생각들을 종합하려는 시도들에서 기대 이상의 역할을 할 수 있었다. 또한 프랑스 영향을 받은 지그문트 프로이트의 심리학을 수용하는 데 결정적 역할을 하게 된다.

19세기 후반에 스위스는 자유로운 사상가들에게 피난처가 되어주었다. 특별히 1840년대, 프랑스와 독일에서 자유주의 혁명들이 실패했을 때 그들은 스위스로 몰려들었다. 당파심이 강한 사람들은 스위스 국경에 바리케이드를 쳤지만 유럽의 지도적인 몇몇 정신과 의사들과 심리학자들을 포함한 상당수의 지식인들은 스위스 국경을 넘었다. 망명자였던 어거스트 진August Zinn은 1863년 취리히 시 의회에 계획서를 제출했는데, 수용인원이 지나치게 많고 형편없이 운영되던 정신병원들의 개혁에 관한 것이었다. 이것은 때마침 취리히 대학의 의학 교수인 빌헬름 그리징어Wilhelm Griesinger를 지지하는 것이었는데, 유명한 독일인 망명 정신과 의사였던 그리징어 또한 변화를 주창하고 있었다. 작은 대학에 기반을 둔 클리닉에 대한 그들의 계획은 의회에 의해서 좌절되었고, 의회는 '부르크휠츨리Burghölzli'라 불리는 좀 더 큰 병원을 짓기로 결정하였다. 드디어 1870년, 부르크휠츨리가 문을 열었을 때는 불만을 품고 있던 그리징어가 이미 취리히를 떠난 후였다. 이 병원은 또 다른 저명한 독일인 뇌 연구자인 베른하르트 구덴Bernhard Aloys von Gudden의 지휘 아래 놓이게 되었다. 그는 병원을 운영하는 데 특별한 관심이 있지는 않았고 2년 후 취리히를 떠났다. 그후 그의 자리는 에드워드 히트치히Eduard Hitzig가 대신했다.

베를린에서 태어난 히트치히는 주로 뇌의 연구에 전념하고 있었는데, 개의 뇌에 전기 자극을 실험하고 있었다. 그러나 취리히에서 그는 고지 독일어High German를 사용했기 때문에 어색한 입장에 처하게 되었다. 이것은 환자들이 말하는 스위스계 독일어 지방 사투리를 그가 이해할 수 없다는 것을 의미했다. 분명히 이것은 그를 어렵게 했는데, 히트치히는 환자와 말하는 데 많은 시간을 쓰지 않았다. 결국 1878년 즈음, 그 역시도 떠날 준비를 하고 있었다. 그 때 병원은 심각한 혼란 상태에 있었고 새로운 원장을 찾으려고 했지만 찾을 수가 없었다. 결국 이 자리는 젊고 강직한 31세 스위스 의사인 오귀스트 포렐Auguste Forel에게로 넘어갔다. 그러자 그는 곧바로 부르크휠츨리 병원을 정신의학적 교육, 연구, 돌봄을 이끄는 중심으로 변화시켜 나갔다.

스위스인 아버지와 프랑스인 어머니 사이에서 태어난 포렐은 젊은 나이에 열렬한 자연주의자가 되었다. 동시대의 많은 사람들처럼 포렐도 다윈을 읽은 후에 바뀌었다. 그는 취리히에 있는 의대를 다녔고 정신과 의사가 되었다. 그리고 프로이트의 스승인 테오도르 마이네르트에게 뇌 해부학을 배우기 위해서 빈으로 갔다. 빈에 도착한 이 젊은이는 주위에 널린 음탕함과 도덕적 추잡스러움에 소름이 끼쳤다. 마이네르트와의 경험도 좋은 것이 아니었다. 그 위대한 뇌 해부학자의 도식은 이 젊은이에게는 공상적으로 다가왔다. 포렐은 그것에 대해서 냉담하게 말했다. "나는 마이네르트가 보았던 것을 항상 볼 수는 없었다."

1873년, 포렐은 파리로 옮겼다. 그 곳에 널리 퍼져 있는 술 취함과 매춘에 다시 충격을 받고 곧 뮌헨에 있는 베른하르트 구덴의 연구실로 돌아갔다. 그곳에서 그의 멘토와 뇌 해부학의 연구를 계속해 갔다. 그래서 부르크횔츨리 병원이 그에게 일자리를 주었을 때, 매우 제한적인 임상적 기술을 가지고 있다는 사실에도 불구하고 그는 그것을 받아들였다. 아마도, 그는 이러한 결함이 그의 선임자들과 그렇게 다르지 않다는 것을 알았을 것이다.

부르크횔츨리 병원의 "오전 보고", 1890년경. 왼쪽부터 오른쪽으로 델브뤼크, 오귀스트 포렐, 바흐, 고트샬.

부르크횔츨리 병원에서, 포렐은 신경해부학적 연구를 계속했고 그의 과학적 명성을 진전시켰다. 포렐 전에 지휘권을 가진 사람들 중 몇몇과는 다르게 그는 임상적 돌봄에 대한 열정도 드러냈다. 환자들과 쉽게 의사소통할 수 있었던 그의 능력은 환자들의 삶을 향상시키고자 하는 그의 열정을 촉진할 수 있었다. 그의 가장 중심적인 치료적 방안들 중의 하나는 그 지방에서 우연히 알코올 중독자를 치료한 적이 있는 어떤 마을 사람과의 대화에서 나왔다. 그는 변변찮은 그 마을 사람에게 어떻게 그것을 해냈는지 물었고, 그 사람은 다른 사람이 술을 먹지 않게 할 수 있는 것은 자신 스스로가 금주하고 있기 때문이라고 대답했다. 그 이후로, 오귀스트 포렐은 술의 맹렬한 적이 되었는데, 자신의 직원들, 환자들, 그리고 자신도 금주를 강행했다.

새로운 치료법을 찾고 있던 중에, 포렐은 1885년 어느 시점에 최면에 대한 프랑스 연구에 눈을 돌리게 되었다. 1887년, 그는 히폴리테 베른하임Hippolyte Bernheim을 방문했고, 얼마 지나지 않아 취리히 대학에서 많은 청중에게 최면에 대한 강의를 시작했다. 포렐과 그의 의사들은 최면적 암시를 서로에게 시도했고, 신체적 병에 암시와 최면 치료를 제공하는 외래환자 진료소를 열었다. 포렐은 이러한 정신 치료에 깊이 헌신하게 되었고, 정기 간행물을 편집하고 이 주제에 대하여 폭넓게 발표했다. 이 기간 동안 그와 후배 의사들은 몇 가지 심리치료적 방법들을 실험했는데, 피해망상paranoid 환자들이 가지고 있는 망상의 상징적 의미를 해석하는 것을 포함하고 있었다. 프랑스의 심리적, 암시적, 최면적 치료에 대한 포렐의 공적인 인정은 오스트리아, 독일, 그리고 독일어를 쓰는 스위스에서 큰 의미가 있었다. 만약 위대한 독일 신경과학자가 암시와 최면에 무엇인가 있다고 믿는다면, 다른 이들도 이 연구를 프랑스인의 어리석음으로 쉽게 무시할 수는 없었기 때문이었다.

포렐의 열정 덕분에, 부르크휠츨리 병원은 뇌 연구와 임상적 치료 모두 첨단에 서게 되었다. 포렐의 조수들은 다른 정신병원에 원장으로 가게 되었고, 명성 있는 교수들은 취리히를 방문했고, 부르크휠츨리 병원은 정신과 훈련의 중심이 되었다. 그러나 1898년 이러한 변화에 영향을 주었던 그 사람이 갑자기 사임하게 된다. 50살의 나이에 포렐은 병원 경영에 대한 열의를 잃어 버렸고 그의 지도권은 그의 학생 중의 한 명이었던 파울 오이겐 블로일러Paul Eugen Bleuler에게 넘어갔다.

블로일러는 취리히 밖에 있는 조그마한 농촌 마을인 졸리콘Zollikon에서 태어났다. 1874년 오이겐이 17세가 되었을 때, 그의 누이가 긴장증catatonia을 앓게 되어서 부르크휠츨리 병원에 입원했다. 그녀의 입원 기간 동안, 가족은 그때 원장이었던 히트치히의 오만한 태도에 분노했었다. 그는 병든 블로일러의 누이가 말하는 것을 한마디도 이해하지 못했다. 가족의 이야기에 의하면, 이 경험이 블로일러의 어머니에게 깊은 인상을 남겨서 그녀는 자신의 아들에게 정신병으로 인해서 찢겨진 삶을 사는 사람들을 이해하고 도울 수 있는 정신과 의사가 되고자 하는 욕구를 심어주었다.

블로일러는 취리히 의대를 1881년에 졸업했고 다른 많은 사람들처럼, 유럽의 가장 유명한 실험실과 진료소들을 방문하는 과학 순회여행을 했다. 그는 파리에서 샤르코와 자네에게서 배웠고, 최면과 무의식적 정신 과정들의 힘에 깊은 인상을 받았다. 그리고 6개월 동안 그는 뮌헨에 있는 구덴 연구실에서 뇌해부학을 연구했고, 1885년 포렐을 쫓아 취리히에 와서 그의 조수가 되었다.

그 조수 자리는 블로일러가 금주를 맹세한 후에 가능했는데, 이것은 포렐이 제시해 오던 필수요건이었다. 하지만 부르크휠츨리 병원에서 자기 절제를 하겠다고 맹세한 이 두 사람은 인간의 자기 통제가 얼마나 제한된 것인지를 설명하기 위한 실험을 하였다. 그들은 서로에게 최면을 걸었다. 1887년 블로일러는 최면에 대한 그의 첫 글을 발표하였고, 2년 후에 최면에 걸린 경험을 일인칭 시점 이야기로 발표했다.

부르크휠츨리에서 조수로 일한 지 일 년만에, 블로일러는 라이나우Rheinau에 있는 정신병원의 원장이 되어달라고 요청을 받았다. 라인 강의 섬에 위치하고 수도원도 있었던 라이나우는 부르크휠츨리에서 치료할 수 없는 사람들의 마지막 종착지였다. 그곳에는 800명 이상의 환자들이 있었다. 블로일러만큼이 어려운 임무를 감당할 적임자는 없었다. 그는 포렐에게 훈련 받아서 호기심이 많았고 탐구적이고 치료에 대해서 낙관적이었다. 그는 미혼이었기 때문에 가족의 의무로 인해서 마음이 다른 데로 분산되지 않았고, 가족사의 개인적인 상처가 환자에 대해서는 결코 포기하지 않게 했다. 블로일러는 그 일에 자신을 내던졌다. 그는 열심히 일했고, 너무 열심히 했다. 라이나우에 도착하고 얼마 지나지 않아 그는 포렐에게 잠이라는 것이 나쁜 습관에 불과하다는 생각을 하게 된다고 말했다. 잠을 필요악으로 받아들이면서, 결연하고 원기를 회복한 블로일러는 자신의 일로 뛰어 들어갔다.

그 후 12년 동안 오이겐 블로일러는 정신병 옆에서 살았다. 그는 환자들의 행동을 주의 깊게 관찰했다. 그들이 좋아하고 싫어하는 것들, 그들의 추론할 수 있는 능력, 광기의 형태들을 자세히 관찰했다. 결과적으로, 정신이상에 대한 지배적인 비관론은 틀렸다고 결론지었다. 1896년 에밀 크레펠린Emil

Kraepelin은 조발성 치매dementia praecox에 대해 영향력 있는 이론을 발표했다. 이 이름을 제안하면서 크레펠린은 이런 종류의 정신병은 젊은 나이에 필연적으로 치매로 들어가게 되는데 인지적 능력을 점점 상실한다고 믿었다. 포렐 또한 정신이상 환자들은 저능할 수밖에 없다고 믿었었다. 그러나 라이나우에서 블로일러는 정신이상 환자들 중에 많은 이들이 정신착란 상태에 있지 않다는 것을 보았다. 그는 노력을 두 배로 늘려 그들에게 무엇이 잘못되었는지 발견하려고 했다.

오이겐 블로일러, 1902년 그 즈음에 그는 부르크휠츨리 병원의 원장으로 임명되었다.

정신이상 환자들의 말과 행위를 자세히 관찰하면서 블로일러는 그들의 정신적 삶이 소멸되지는 않았다는 것을 점점 더 확신하게 되었다. 각 환자는 특유의 지적, 정서적 범위를 가지고 있었고, 각 환자들은 그(그녀)의 환경에 심리적으로 반응했다. 가장 좋아하는 숙모나 혐오하는 형제에게는 다른 반응들을 보였다. 어떤 때에는 반대의 성을 가진 사람들이 격렬한 환자들을 갑자기 사회적으로 적합하게 만들기도 했다. 이러한 것은 어떤 증상들이 심리적인 반응들이라는 것과 그 병을 항상 타고난 과정의 탓으로 돌릴 수 없다는 것을 의미했다. 그의 환자들이 생물학적인 병을 가지고 있다는 것을 결코 의심하지는 않았지만, 블로일러는 심리상태가 그들의 기능장애에 어떤 역할을 하고 있다고 확신했다. 그래서 그는 고통의 경감을 위해 심리적인 치료를 고려하게 되었고 심리적 충격 치료를 발전시켰다. 예를 들면, 블로일러는 퇴행한 환자에게 갑자기 퇴원시키라고 명령하거나, 폭력적인 환자에게 원장의 집에서의 공식적인 저녁

식사에 초대하기도 했다.

이 기간 동안에 오이겐 블로일러는 정신이상에 대한 자신의 이론을 만들기 시작했다. 그는 생물학적 병리와 직접적으로 연관된 그 병의 주요 징후들을 그 병과 환경에 대한 심리적인 반응들인 이차적인 징후들로부터 구별했다. 블로일러가 프랑스 정신병리학, 최면, 히스테리에서 출현하게 된 정신의 새로운 모델에 대한 연구에 몰두하게 되면서, 그의 이론은 연합하기 시작했다. 의학 주간지 신문인 〈뮌헨 의학 신문*Munchener Medizinische Wochenschrift*〉에 실은 서평에서 블로일러는 마음의 변형된 상태에 대한 프랑스인의 글들에 대한 최근 정황을 계속 전달하고 있었고, 그러한 역할에서 그는 히스테리에 대한 요제프 브로이어와 지그문트 프로이트의 연구를 포함한 많은 중요한 연구들을 논평했다. 블로일러는 브로이어와 프로이트의 연구에 깊은 인상을 받았는데, 그 책을 "정상적, 병리적 심리학 분야에서 최근 이루어진 가장 중요한 성과들 중 하나"로 간주했다.

1898년 블로일러가 부르크휠츨리에 돌아갔을 때 이러한 경험들을 가지고 갔다. 그곳에 도착했을 때 그는 그 기관이 발전되어 있다는 것을 발견했고, 첫 10년 동안 블로일러는 그의 지도력으로 그러한 상승을 가속시켰다. 그 병원의 예산은 1900년에 8,000프랑이었는데, 1913년에는 그것의 열 배가 되었다. 1900년에 의료 직원은 4명이었는데 블로일러는 13년 동안 두 배 이상을 만들었다. 같은 기간 동안에 부르크휠츨리의 입원환자는 203명에서 578명으로 늘어났다.

블로일러는 도착하면서 자신의 임상적 철학에 대해 설명했다. 대부분은 전통적인 지혜였는데, 새로운 것이 있었다면 최면이 증상을 완화시키는 데 효과적일 수 있고 어느 정도 치료를 가져올 수도 있다고 제안한 것이었다. 그러한 언급이 새로운 취리히의 원장과 지그문트 프로이트 사이에 다리가 되어주기는 했지만 이 두 사람은 다른 많은 견해들에도 동의했다. 라이나우에서 블로일러는 심리학이 어떻게 자연과학이 될 수 있는지의 문제를 열심히 연구했으며, 형이상학적 철학적 개념들에 반대하는 개요를 서술했고, 무의식과 의식의 정신적 내용들은 질적으로 다르지 않다고 주장했다. 프로이트와 같이 블로일러는 복잡한 정신의 과정들은 무의식적일 것이라고 결론지었고, 이러한 심리

상태의 무의식은 해리된 행동들, 기억상실증, 히스테리 증상들, 분열, 이중 혹은 다중 의식들의 사례들과 관련되어 있다고 생각했다.

프로이트와 마찬가지로(훨씬 더 약한 정도일지라도), 블로일러는 인간의 성에 대한 논쟁에 참여했는데 어느 정도는 예전 상사였던 오귀스트 포렐에게서 자극을 받았다. 다년간 포렐은 취리히에서 성에 대한 도덕적 접근에 대한 주창자들 중의 한 명이었다. 1888년, 〈도덕성 연맹〉이 취리히의 엘리트들에 의해서 설립되었을 때, 그 도시의 지도자들과 개신교 성직자뿐만 아니라 그도 포함시켰다. 이러한 그룹들이 남자와 여자에게 주어진 이중적인 성적 기준들을 공격했지만, 그들은 빈 개혁자들과는 정확하게 반대되는 해결책을 처방했다. 여성의 성애적 삶에 대한 제약들을 느슨하게 하기 보다는, 취리히 사람들은 남성의 성을 눌러서 고정시키고 절제를 강하게 주장했다. 〈취리히 도덕성 연맹〉은 극장과 춤은 그대로 두었지만, 매춘부의 집은 진정한 악의 뿌리로 취급하면서 매춘에 대해서 엄격한 형사상의 접근을 주장했다. 성병이 치명적으로 퍼지는 것을 제한시키는 방법으로서 합법화와 위생적인 개입이 더욱 효과적일 것이라고 어떤 의사가 주장했을 때, 포렐은 그가 틀렸다는 반대 주장을 지지하였다.

1898년, 은퇴 후에 이 강직한 스위스 의사의 마음은 점점 변했다. 그는 평생 해오던 곤충 연구를 계속했는데, 이것이 그를 진화, 성적 선택, 인간의 성에 대한 논의로 이끌었다. 몇 년의 연구 후에 포렐은 《성적 질문》을 1905년에 출판했다. 빈의 급진파 사람들은 그 책을 대단치 않은 것으로 여겼지만 스위스에서는 다이나마이트였다. 〈취리히 도덕성 연맹〉의 창립 회원들은 이 시대의 성적 절제는 자연스럽지 못하고 좋지 않게 끝날 수밖에 없다고 주장했다. 프로이트와 다른 성 과학자들처럼 포렐은 성적 추동drive은 통제되어야 하지만, 철저한 절제는 그 사람의 건강을 손상시킬 수도 있다고 결론지었다. 성은 기본적 인간의 권리이고 창조성과 행복의 원천이라고 포렐은 주장했다.

《성적 질문》은 의학 간행물에서 찬사를 받았고, 스위스 취리히 신문과 취리히 포스트에서는 진보적이란 평가를 받았다. 블로일러 또한 포렐을 지지하는데 뛰어들었다. 그러나 도덕성 연맹 회원들과 성직자들은 격노했고, 그 책을 도덕적 탈선으로 비난했다. 스위스의 몇몇 지역에서 포렐의 대중연설은 금지되었다.

오귀스트 포렐은 최면, 프랑스의 정신병리학, 진화론적 생물학, 성 과학에 대한 관심을 통해서 프로이트와 어느 정도 같은 길을 가게 되었고, 이 영역에 대한 친숙함이 프로이트의 연구에 대한 공개적인 평가의 토대를 마련했다. 포렐의 학생이었던 오이겐 블로일러는 자기 스승의 열정을 흡수했고, 최면, 암시치료, 프랑스 정신병리학, 성 과학에 능통하게 된 후에 부르크횔츨리를 맡게 되었다. 블로일러는 무의식의 심리적 과정들을 포함한 정신에 대한 자연과학적 연구에 전념했고, 지그문트 프로이트의 열정적인 독자가 되었다. 하지만 그는 또한 자기 자신의 연구 관심사도 있었다. 이러한 관심사와 프로이트 이론의 통합은 부르크횔츨리에게 국제적인 칭송을 가져다 주었다.

II.

그 당시 대학의 몇몇 학문적인 정신과 의사들처럼, 오이겐 블로일러는 해부학적 연구가 임상적 이해와 정신병의 치료를 위해 많은 것을 밝힐 수 있을 거라는 기대를 포기했다. 대신에, 그는 더 많은 직접적 이득을 가져올 수 있다는 희망을 가지고 과학적 심리학으로 관심을 돌렸다. 실험 심리학experimental psychology의 출현은 양적 방법에 기반을 두고 있는 정신의학을 위한 새로운 과학적 토대의 가능성을 제공했다.

블로일러는 그의 경력 초기에 공감각synesthesia을 연구함으로써 심리학적 연구에 손을 대었는데, 연구대상이 소리를 보거나 색깔을 듣는 이상한 혼합에 대한 것이었다. 낭만주의 시인들이 좋아했던 이러한 현상은 또한 과학자의 흥미도 끌어 어떻게 마음이 경험을 통합하는지 또는 통합을 실패하는지 이해하려고 노력했다. 때마침 라이나우에서 블로일러는 정신이상자들이 비슷한 어려움을 가지고 있다고 믿게 되었다. 그들은 연관된 것들을 서로 연결시켜서 결합하는 선천적 능력의 문제로 인한 비정상적인 관념연합 과정으로 고통을 겪고 있었다. 블로일러가 부르크횔츨리에 왔을 때, 이것과 그리고 다른 정신이상을 언어 연상word-association 실험으로 연구하기 시작했다.

사실은 찰스 다윈의 조카이며 괴짜이던 재기 넘치는 영국의 박식가 프랜시스 골턴Francis Galton이 언어 연상 검사를 시작했다. 1879년에 골턴은 이렇게 썼다. "나의 목적은 어떻게 이러한 연결된 생각들의 전체를, 그것들의 대부분이 매우 빨리 지나가고 불명료해서 거의 우리 의식의 문턱을 넘지 못할지라도 그것을 포착해서 밝은 빛으로 가지고 나와 기록할 수 있는지를 보여주는 것이다." 일단 기록이 되면 이러한 어렴풋한 사고들은 좀 더 깊은 동기들에 대한 이해를 제공해주었다. "누구든지 자신의 뇌에서 휙 스치는 무시된 미완의 생각들과 희미한 형상들을 점검하고 그것들이 자신의 의식적 삶에 어떤 영향을 미칠 수 있는지 점검한 후에야 하나의 생각을 가질 수 있다."고 그는 썼다. 거의 의식되지 않는 관념연합을 더욱 명백하게 밝히는 그의 기법은 독창적이었다. 그는 갑자기 인쇄된 단어를 휙 지나가게 한 다음, 그 반응으로 나타나는 몇몇 생각들을 말하게 하고 마음에서 사라지기 전에 그 생각들을 기록했다.

골턴은 언어 연상 검사를 고안해 냈고, 빌헬름 분트는 그 방법을 규격화하고 대중화 했다. 1879년 라이프치히에서 그는 실험 심리학을 위한 첫 번째 연구실을 세웠고 연구자들은 연상과정들을 연구할 수 있는 간단한 방법을 사용했다. 실험자가 한 단어를 말하고 실험대상자는 마음에 떠오르는 첫 번째 단어로 대답한다. 분트는 이러한 연상들을 분류하고, 그 자료로부터 정신의 운용체계를 종합했다. 《심리학의 개요》에서 분트는 관념연합들이 더욱 복잡한 합성으로 융합되는 것을 추적하고, 상상력, 이해, 환상, 환각, 꿈, 최면의 현상들 모두가 그것으로 설명될 수 있다고 주장했다. 정신적 현상들을 그것의 요소들로 나누고, 어떻게 이러한 요소들이 연결되는지를 분석하고, 그것들의 관계의 법칙을 결정하는 것으로 마음을 이해할 수 있다.

분트의 방법들은 퍼져나갔다. 심리학 연구소들이 괴팅엔, 베를린, 본, 뮌헨, 제네바, 코펜하겐에서 세워졌고, 정신병리학자들과 정신과 의사들의 관심을 불러 일으켰는데, 그 중에 에밀 크레펠린도 있었다. 크레펠린은 뇌 연구자로 시작했지만 분트와 함께 작업한 후에, 정신병리학은 정확하고 조직적인 심리학적 연구에 의해서 잘 이해될 수 있다고 판단했다. 하이델베르크에 자리를 잡은 후에 크레펠린은 연구 그룹을 모으고, 1895년 〈심리학 연구〉를 통해 그들의 발견들을 발표하기 시작했다. 첫 번째 책에서 크레펠린은 분트에게 경의를 표했고 심리학적 실험이 과학적 정신병리학의 미래가 될 것이라고 예견했다.

크레펠린의 생각들은 빠르게 대학의 정신의학 학자들의 마음을 사로잡았는데, 현장에서 어려움을 겪고 있던 위기 상황에 해결책을 제공했기 때문이었다. 몇 십 년의 연구에도 불구하고 특별히 정신적 질병과 관련된 뇌 손상들에 대한 정확한 연구는 수확이 거의 없었다. 《정신의학의 교과서》에서, 크레펠린의 학생이었던 테오도르 치헨Theodor Ziehen은 신경학이 아니고 심리학이 정신병리학 연구의 토대가 되어야 한다고 말했다. 정신적 병을 조사하기 위해서 크레펠린과 그의 동료 구스타프 아샤펜부르크Gustav Aschaffenburg는 단어 연상 검사를 했다. 아샤펜부르크는 의미에 근거를 둔 내적 연상들(예 박쥐-동굴-어두움)과 소리에 기반을 둔 외적 연상들(예 bat:박쥐-rat:쥐-cat:고양이)을 구별하였다. 이를 통해 피로하거나 병든 연구 대상자들은 외적 연상을 하는 경향이 있음을 발견했다. 그래서 그는 정신병리적 상태들은 아마도 각기 다른 관념연합 패턴들에 의해서 특징지워질 수 있을 것이라고 가정했다. 다른 사람들도 같은 생각을 추구하고 있었는데, 그들 중에 중요했던 인물은 치헨이었다. 그는 1898년에 어린이의 연상들에 대한 연구들을 발표하기 시작했다. 그는 불편한 기억들을 일깨우는 연상들이 발생하는 데에는 시간이 더 걸린다는 것을 보여주었다. 치헨은 이러한 지연된 답변들을 주제별로 연결하고, 방해하는 정신적 내용들을 규정지을 수 있다는 것을 발견했다. 그는 이러한 것을 정서적으로 충전된 '생각 콤플렉스idea-complex' 라고 불렀다.

1901년, 오이겐 블로일러는 이러한 실험적인 방법을 정신병을 연구하는 데 채용할 준비가 되었다. 그는 그의 새로운 의사 중 한 명인 프란츠 리클린Franz Riklin을 뮌헨으로 보내서 크레펠린의 팀에서 연구하게 했다. 리클린이 돌아왔을 때, 블로일러는 그에게 다른 의사와 협력해서 부르크횔츨리의 환자들에게 단어 연상 검사를 집행해 달라고 요청했다. 그 다른 의사가 바로 칼 구스타프 융Carl Gustav Jung이었다.

융은 자신의 역동적 심리학을 창시하고자 떠나기 전까지 프로이트학파의 정신분석에서 중요한 역할을 하게 된다. 스위스의 북동쪽에 있는 도시인 케스빌에서 태어난 칼 융은 바셀의 의사 고 칼 구스타프 융의 손자였는데, 융의 할아버지는 자신을 열렬한 민주주의 옹호자이고 낭만주의자라고 구별했고 정신병의 심리학적 모델에 매료되었다. 융의 아버지 파울 아킬레스 융Paul Achilles Jung은 대학 출신 문헌학자이자 언어학자였는데 개신교 성직자가 되었다. 그의 어머니 에밀은 바젤의 유명한 가문이었던 프라이스베르크Preiswerks 출신이었다.

융의 가족은 그리 행복하지 않았다. 융의 아버지는 우울증과 폭발적인 분노를 가지고 있었다. 그의 어머니의 친밀한 신뢰는 융에게 자신이 아버지의 자리를 대신하고 있다는 느낌을 주었다. 칼 융도 기분 변화가 심했고 심각한 혼란을 겪기도 했다. 1890년대에 10대 소년이었던 융은 아르투어 쇼펜하우어를 발견했고, 잘 보이지 않는 욕구에 휘둘리는 인간에 대한 그 철학자의 비극적인 견해에 사로잡혔다. 칸트에게 관심을 돌리면서, 융은 자신이 쇼펜하우어의 잘못된 부분을 이해했다고 믿었다. 즉, 그 철학자는 알 수가 없는 물자체thing in itself에 특정한 성질을 부여했는데 그것이 인식론적 실수였다. 칸트 덕분에 이 물자체는 신성 자체만큼이나 설명할 수 없다고 융은 생각하게 되었다. 훗날, 융은 이 알지 못하는 것의 영역을 자신의 심리학적 모델에서 보존하게 된다.

1895년, 융은 독일어를 쓰는 스위스 바젤 시에서 의대를 다니기 시작했다. 바젤의 대학은 그 도시에서 진보주의의 요새였다. 또한 종말론적 개신교 성향의 본거지였다. 주말에 칼 융은 칸트와 무의식의 철학자인 에두아르트 폰 하르트만Eduard von Hartmann을 공부했다. 그는 또한 큰 감명을 받은 프리드리히 니체에 열중했다. 1896년, 융이 의대에 있을 때 그의 아버지가 죽었다. 성직자였던 파울 융은 병들어 있었고 말년에는 믿음의 위기를 가졌다. 병원에서 죽어가던 그는 자신을 괴롭히는 것을 이해하기 위해서 최면적 암시에 대한 책들을 보았다.

그는 아버지의 죽음 이후에도, 술친구들에게 '말 술'로 알려진 융은 여전히 자신감 있고 활동적인 대학생이었고 초핑기아Zofingia 학생 협회의 회원이었다. 융은 선행연맹이라고 불리던 다른 대학의 클럽과 언제나 싸울 준비가 되어 있었다고 한 친구는 회상했다. 그 클럽은 혼외의 성과 다른 부도덕을 공격했던 도덕성 연맹이었다. 융은 초핑기아 협회의 회원으로서 신낭만주의적 욕구가 과학을 제한하고, 미스터리와 인간의 주관성의 영역을 차단하고 있다는 것을 밝히는 강의를 했다.

이러한 젊은이 특유의 연설은 칼 융과 선배 의대생들 사이를 더욱 갈라놓게 되었다. 그의 선배들은 종교적인 교리를 끌어내리고 삶에 대해서 기계론적, 합리적, 과학적 철학을 주창하려는 욕구로 인해 달아올랐었고, 반면 융과 그의 세대의 많은 이들은 지나치게 합리적인 과학에 반대해서 자신들의 위치를 세웠다. 융은 앵무새처럼 "아버지, 뒤브아 레이몽"을 되뇌는 사람들을 조롱했다. 그의 종교적 확신에 대해서는 언급하지 않더라도, 신낭만주의로부터 영향을 받았고, "우리의 위대한 스승인" 칸트와 쇼펜하우어, 니체로 학문을 익힌 융은 비합리적이고 주관적인 것에 대한 공간을 열고 싶어했다. 그렇지 않다면 세상은 기계화될지도 몰랐다.

이러한 영역을 밝혀내기 위해서 융은 자신 스스로를 연구대상으로 삼았다. 그는 자신의 가족 내력에 대해 가지고 있던 일련의 질문들을 알아내려고 했다. 프라이스베르크 가문은 당시 유행했던 심령술spiritism에 꽤 관심이 있었는데, 이것은 1840년대의 미국의 대각성에서 출현해 곧바로 유럽으로 널리 보급되었다. 특히 죽은 자들에게서 메시지를 받는 것, 신비스런 탁자 돌리기, 그리고 영매를 포함하고 있었는데, 이런 것은 일반 사람들에게만 국한된 것은 아니었다. 이것은 마이어스F. W. H. Myers와 윌리암 제임스William James같은 학자들과 과학자들도 매혹시켰다.

의대에 들어간 첫해에 융은 가족 교령회seance에 참석하기 시작했다. 그 모임은 테이블을 돌리는 것으로 시작했다. 그의 숙모들과 사촌들은 오래된 오크 테이블 주위에 앉아서 저쪽 다른 세계로부터 전해오는 울리는 소리, 두드리는 소리와 다른 징후들을 기다렸다. 그 징후들이 15세였던 그의 사촌 헬렌을 통해서 다양하게 나타났는데 헬렌은 죽은 자들을 대변해서 말하는 것처럼 보였다. 융도 아버지의 죽음 후에 호기심을 가지고 그 교령회에 종종 참석했지만 4년이 지나자 그의 관심은 시들해졌고, 특히 헬렌이 속이는 것이 발각된 후에는 더욱 그러했다. 아마도 그 때 즈음에 융은 정신의학을 공부하기로 마음먹었다. 그는 그의 사촌과 초월세계로의 이상한 여행을 주제로 자신의 의대논문을 쓰기 시작했다. 그러나 곧 대학의 어느 누구도 그러한 연구를 잘 받아들이지 않는다는 것을 알게 되었고, 결국 융은 그것을 일단 묻어두기로 했다.

이 젊은 의대 졸업생은 1900년 12월 11일 부르크휠츨리의 의사로 고용되었다. 스승인 블로일러는 이상한 무의식적 그리고 정신이상적 정신 현상들에 매료되어 있었고 이 신참에게 이러한 주제에 대한 가장 최근의 문헌에 대해 공부해보라고 격려했다. 취리히에 도착한 지 6주 후에, 칼 융은 지그문트 프로이트가 쓴 꿈에 대한 최근의 연구 개요를 동료들에게 발표함으로써 이 임무를 완수했다.

블로일러는 계속 융에게 광범위한 정신병리학적 연구에 몰두해보라고 격려했다. 이 "말 술"은 금주를 맹세하고, 정신이 흐트러질 것이 거의 없는 병원으로 깊이 들어갔으며, 독일에서 가장 오래된 정신의학의 정기 간행물들 중 하나인 〈정신의학 학술지*Allgemeine Zeitschrift fur Psychiartrie*〉의 50회를 꼼꼼히 다 읽었다. 편협하게 해부학적이고 생리학적이었던 정기 학술지들과는 다르게, 이 학술지는 성 과학, 최면, 히스테리, 신경증, 다양한 치료법들의 연구에 열려 있었다. 융은 거기서 막스 데소이르Max Dessoir가 성생활의 심리학에 대해서 쓴 논문들, 오이겐 블로일러가 쓴 무의식의 정신 현상들에 대한 주장, 크라프트에빙이 동물성애에 대해 쓴 글을 발견했다.

더욱 수용적인 환경을 만나자 융은 자신의 논문을 다시 작업하고자 했다. 1902년, 그는 그것을 완성했는데, 내용면에서 의대 시절과는 뚜렷한 변화를 보여주었다. "신비로운 현상의 심리학과 병리학에 대해서"는 영혼에 대한 어떤 주장도 하지 않았고, 초자연적인 사건들을 인정하지 않았다. 대신에, 이 논문은 심령술의 이상한 사건들에 대해 자연과학적 설명을 통해서 수수께끼를 풀려고 했다. 융은 16세의 영매와 정신이상으로 가득 찬 그녀의 가족사를 소개했다. "미스 S. W."란 가명을 사용하면서 융은 그의 사촌의 몽유적 에피소드, 그녀의 몽상, 그녀의 목소리를 묘사했다. 그는 교령회를 자세히 묘사했는데, 그 교령회에서 헬리는 저 너머로부터 말했고 다른 사람의 마음을 읽고 인생의 우주적 질서를 밝혔다. 융은 이론적인 버팀목으로서 프랑스 정신병리학적 문헌들에 의지했는데 샤르코의 "히스테리", 자네의 정신적 "분리desagregation", 무의식적 과정들에 대한 샤를 리셰Charles Richet의 연구를 간간히 인용했다. 프로이트와 뢰벤펠트는 제외시켰지만, 대부분의 독일 정신과 의사들이 이러한 무의식적 상태를 무시하고 있다고 썼다.

그러나 융이 가장 많이 의지했던 권위자는 스위스인 동료 테오도르 플러노이Théodore Flournoy였다. 플러노이는 과학자였는데 심령술을 존중하면서 연구하려고 노력했다. 분트에게서 수학한 뒤 플러노이는 제네바에 갔고, 1891년에 심리학과 학장이 되었다. 1882년, 그는 스위스에서 첫 번째 실험 심리학 연구실을 열었고, 8년 뒤에는 걸작인 《인도에서 화성까지》를 발표했다. 이 책은 헬렌 스미스Hélène Smith라 불린 영매에 대한 사례 연구였는데, 그 여성의 변화된 상태를 히스테리의 결과로 보았다. 히스테리는 정서적 충격, 정신적 트라우마, 최면상태의 결과였다. 이러한 방식에서, 플러노이의 설명은 요제프 브로이어의 병인론적 생각과 거의 일치했다.

융의 논문은 이러한 플러노이의 견해를 따랐는데, 그의 사촌은 무의식적 2차 성격을 가지고 있고, 의식적 "나"로부터 떨어져 분리되어 있어서 그것 자체가 복잡한 임무들을 수행할 수 있다고 가정했다. 그 소녀의 독심술은 그녀의 무의식의 특별한 감수성으로 인한 것이며 그녀의 히스테리에서 오는 선물이었다. "몽유병자는 모든 암시적 생각들을 자신에게 합체시킬 뿐만 아니라 실제로 그 암시처럼 산다."고 융은 썼다. 헬리는 무의식적으로 그녀를 둘러싼 암시들에 맞추어서 살았던 것이다. 융은 억압, 히스테리적 망각, 히스테리적 동일시, 꿈에 대한 프로이트의 이론을 잠깐 언급했지만 결국 그녀의 히스테리에 대한 견해는 좀 더 전통적이었다. 즉, 헬리는 병리적인 체질을 가지고 있었다고 주장했다.

융은 그의 논문을 끝낸 후, 1902년 10월에 그의 사촌 발레리 프라이스베르크Valerie Preiswerk와 함께 파리로 가서 독심술을 하는 사촌인 헬렌을 만났다. 그 해 파리에서의 겨울 동안, 그는 프랑스 대학에서 피에르 자네의 강의들에 참석할 수 있었고 1903년 취리히에 돌아와서 리클린과 함께 연상 실험을 재개했다.

1902년 겨울, 피에르 자네는 강의에서 피곤함이 어떻게 정신병리학의 모습들을 드러낼 수 있는지 그리고 더 깊은 곳의 정신상태를 나타나게 할 수 있는지에 대해서 논의했었다. 융의 지도하에 취리히의 연상 실험은 초점을 마음의 깊은 곳의 상태를 드러낼 수 있는 비슷한 힘들, 특별히 테오도르 치헨의 정서적으로 집중된 콤플렉스의 개념에 집중하는 것으로 바뀌었다. 융은 만약 그러한 콤플렉스들이 프로이트가 말한 무의식에 있다면, 그것들이 피곤함이나 혼란에 빠진 관념연합처럼 작용할 수 있는지 자신에게 물었다. 그는 이런 방향으로 취리히의 연상 실험이 가야 한다고 생각했다. 1904년에 융의 논제에 대해 적대적인 논평가가 융이 프랑스의 정신병리학에 신세를 진 것에 대해서 조롱하자, 융은 자신의 분석 방식은 프랑스인의 생각에 의지한 것이 아니라 히스테리에 대한 프로이트의 연구라고 반박했다. 어쨌든 그 논평가는 1902년의 융의 논제에 대해서는 정확했지만, 1904년 즈음 칼 구스타프 융은 지그문트 프로이트의 추종자가 되어 있었다.

"연상은 정신 활동의 근본적인 현상이다."라고 1906년 오이겐 블로일러는 부르크횔츨리 연구원들이 수집한 주목할 만한 발견들의 서문에서 선언했다. 그러므로 연상들을 연구하는 것만으로 한 사람의 온전한 심리상태를 이해할 수 있었다. 더욱이, 연상들을 분석하는 것으로 마음에 가해지는 병의 영향을 이해할 수 있고 다양한 정신병의 특성을 기술할 수도 있었다. 블로일러는 칼 융, 프란츠 리클린, 부르크횔츨리 연구진들이 그 모든 것을 해냈다고 알렸다. 만약 정신병에 대한 경험적 분류법이 정신의학의 성배라면, 내면의 주관적 상태를 관통하는 양적 방법quantifiable method은 심리학의 성배이다. 블로일러는 해답을 찾기 위한 오래된 탐구는 해결되었다고 주장했다. 그리고 분트와 다른 사람들에게 진 빚을 인정하면서, 이러한 획기적인 약진이 대학의 학문적 심리학 밖으로부터 온 견해에 크게 영향을 받았다는 것을 분명히 했다. 특히 지그문트 프로이트가 이러한 새로운 세계의 한 부분을 밝혀냈다고 블로일러는 선언했다.

프로이트에 대한 이 취리히 학자의 흥분은 1903년에서 1906년 사이에 그들이 실험을 실행하면서 높아졌다. 블러일러는 우선적으로 정신이상을 연구하기 위해서 정상적인 연상적 패턴을 위한 기준을 세워야 할 필요가 있었다. 그래서 융과 리클린은 이 일을 시작하면서 자신들과 다른 병원 직원들을 대상으로 연상 실험을 감행했고, 1904년 놀라운 결과물을 발표했다. 4백 개의 유사한 단어들에 대한 38명의 정상적인 실험대상자들의 대답들을 수집한 후 융과 리클린은 다른 성격 유형에 따라 다른 연상적 패턴들을 분류했다. 연상들을 분류하는 대신에, 그들은 사람들을 주관적, 객관적 성격으로 분류하기 시작했다. 주관적인 사람들은 다시 대상들을 그것들 자체로 평가한 사람들과, 자극 단어로부터 강한 정서적 "콤플렉스들"을 불러일으켰던 사람들로 세분화했다. 후자 그룹을 논의하면서, 융과 리클린은 콤플렉스들은 억압 때문에 무의식일 거라고 주장하는 것으로 정서적으로 충전된 콤플렉스에 대한 치헨의 개념을 변형시켰다. "브로이어와 프로이트가 말한 그 의미에서 그렇다. 그들의 연구는 우리의 연구에서 귀중한 자극제가 되었다."

이 연상의 연구들은 억압에 대한 프로이트의 이론과 실험에 의한 심리학적 발견들을 놀랍게 통합했다. 그러나 더욱 놀랄만한 것은 융과 리클린이 정상적인 사람들을 통해서 무의식의 콤플렉스를 발견했다고 주장한 것이었다. 그렇다면 우리 모두는 정서가 잔뜩 실린 생각들의 억압으로 항상 고통을 겪고 있다는 것일까? 우리 모두는 한 환자가 말한 "큰 것 안에 있는 작은 영혼, 그것이 깨어날 때 그것을 독살해야 할까?"라고 말한 것을 하고 있는가? 내포하고 있는 의미는 분명했다. 즉, 억압이 편재해 있다는 지그문트 프로이트의 가설은 과학적인 확증을 확보한 것으로 보인다는 것이었다.

II. 검사: 옳다	아무것도 없다, 그것은 존재하지 않는다
I. 검사: 틀리다	여자들: 5초
II. 검사: 틀리다	남자, S (그 사람이 그릇되게 조직화된 견지에서)
II. 검사: 틀리다	남자의 변질, S (성적인 의미에서)
III. 검사: 맞다	모두는 아니다, S
I. 검사: 불공평	러시아: 2.8초

프란츠 리클린의 1906년 취리히 연구는 카테리나 H의 사례에서 온 단어 연상들을 포함했는데, 그녀에게 퇴짜 맞은 러시아인 남자친구는 자살했고 그녀는 히스테리 상태로 들어갔다. "S"는 성적 콤플렉스의 존재를 나타냈다.

1905년 즈음에 융은 프로이트의 생각들을 더욱 명백하게 받아들였다. 그는 연구 대상들의 반응 시간을 연구했고 어떤 것은 다른 것들보다 길다는 것을 발견했다. 이러한 지연은 무의식의 억압된 콤플렉스 때문이었다. 더 나아가서, 같은 콤플렉스들은 개인들의 심리상태를 특징짓기 때문에 핵심적이라고 주장했다. 융은 한 결혼한 여자를 묘사했는데, 그녀의 성애적 콤플렉스erotic complex가 그녀의 연상들의 18%에서 나타났다고 했다. 한 젊은 남성의 가족 콤플렉스는 54%에서 나타났다. 이러한 무의식적 콤플렉스들은 각 사람의 특징을 나타냈다. 취리히의 실험 덕분에, 남성 또는 여성의 무의식적 세계의 성질을 실험으로 찾아내고, 정의하고, 양으로 나타날 수 있게 되었다.

1904년에서 1905년 사이에, 취리히 사람들은 히스테리, 간질, 백치 행위에 있는 무의식적 콤플렉스들을 정의하고자 했던 일련의 연상 연구들을 발표했다. 이러한 콤플렉스들에서 어떤 것들은 생물학적인 질환의 심리적 징후로 이해되었지만, 융은 심인성 질병에서 콤플렉스 자체가 병을 일으킨다고 믿었다.

이러한 연구 결과들이 일으킨 돌풍은 큰 의미를 가지고 있었다. 하지만 블로일러는 한걸음 물러서서 그것들이 마음의 이론에서 의미하는 것에 대해서 생각해보고 날카로운 비평을 하기 시작했다. 어찌되었든 독일인들이 가진 심리상태에서의 무의식에 대한 회의론은 이러한 과정들의 과학적인 연구를 프랑스인들에게 넘겨주게 했다. 이러한 문제의 시작은 빌헬름 분트였다. 실험에 의한 심리학을 하는 모든 독일인들을 실질적으로 훈련시킨 분트는 관념연합은 명확하게 의식이고, 무의식적 과정과 해리된 정신의 상태들을 연구하는 것은 불가능하다는 가정을 사람들에게 주었다. 한편 블로일러는 독자들에게 지난 20년 동안 그가 무의식과 의식의 정신적 내용들이 질적으로 같다고 주장했다는 것을 상기시켰다. 그것은 헤르만 헬름홀츠와 지그문트 프로이트가 동의했던 신념이기도 했다.

취리히의 연상 연구들은 1906년에 폭발적인 책으로 발표되었다. 하지만 이 책을 열면서, 분트와 크레펠린의 실험의 세계로 들어갈 것을 기대했던 독자는 낯선 땅에 도달한 자신을 발견하면서 책을 덮게 될 것이다. 융의 "정신분석과 연상 실험들"은 파리의 진료소들, 라이프치히와 뮌헨의 실험실들에서부터, 빈의 베르크가세 19번지에 위치한 사무실까지의 취리히 사람들의 여정을 나타내고 있었다. 결국 취리히 사람들은 지그문트 프로이트의 추종자들이 되었다. 프로이트의 이론을 묘사하면서, 융은 이 빈의 의사의 임상적 방법은 자료를 수집하는 데에는 안정된 구조를 제공하지 못했다고 지적하기도 했다. 오히려 그러한 구조를 만든 것은 취리히 프로이트학파 사람들의 위대한 업적이었던 것이다.

이러한 취리히의 실험은 과학적 심리학의 중요한 시점에서 이루어졌다. 그로 인해 1900년 이후, 빠른 속도로 정신과 의사들과 심리학자들은 실험실, 학문적인 정기간행물들, 단체들을 만들기 시작했다. 실험 심리학의 첫 번째 국제회의가 1906년 열린다고 했을 때, 그 소식은 취리히의 연구 결과들의 뉴스를 실었던 학술지의 네트워크를 통해 퍼져나갔다.

융과 그의 동료들에게 그들의 작업에 대한 가장 중요한 토론장은 〈심리학과 신경학 학술지〉였는데 이 학술지는 포렐과 부르크휠츨리 출신 오스카르 보그트Oskar Vogt가 편집한 스위스 출판물이었다. 1893년에 〈최면, 암시치료, 암시학과 유사 심리학 연구 학술지〉로 창간된 이 학술지는 1896년에는 암시치료와의 협력을 그만 두었고, 〈최면, 심리치료 및 정신병리학 연구 학술지〉가 되었다. 1902년 편집자들은 마침내 최면과 심리치료와 관련된 모든 것을 버리고 〈심리학과 신경학 학술지〉로 변모했다. 보그트는 이 학술지가 정상적, 병리적, 그리고 비교 심리학과 신경생물학에 대한 연구들을 다루는 것으로 확장되었고, 정신적 병인론과 치료에 대한 특별한 강조는 유지한다고 설명했다.

융과 리클린은 1904년 이 학술지에 그들의 초기 연구들을 발표했고, 이 과정에서 지그문트 프로이트를 실험 심리학의 세계 속으로 안내했다. 프로이트는 아직까지 실험실도 없고 양적 결과들도 가지고 있지 않았다. 1904년, 대부분의 실험 심리학자들과 정신과 의사들은 프로이트를 히스테리에 대한 1895년 그의 연구와 연결시켰을 것이다. 그러나 취리히의 연구들은 억압된 무의식에 대한 프로이트의 광범위한 이론들에 양적인 과학적 실증을 부여함으로 그것을 바꿔놓았다.

프랑스어를 사용하는 제네바에서 〈심리학 문집*Archives de Psychologie*〉은 취리히 연상 실험에 대한 뉴스를 실었다. 1901년에 창간된 이 학술지는 플로노이와 에두아르 끌라빠레드Édouard Claparède가 편집 발행했다. 이 편집자들은 프로이트의 꿈 책, 융의 논문, 프로이트의 《일상생활에서의 정신병리학》을 논평했고, 그 후에 융과 리클린의 "매우 중요한" 연상 연구들을 다루었다. 프랑스어를 쓰는 심리학 과학자들에게 지그문트 프로이트가 갑자기 중요하게 되었다.

독일에서, 융과 리클린의 실험들은 대체로 따뜻하게 받아들여졌다. 〈심리학 학술지〉의 예를 들어 보면, 이것 역시 19세기의 마지막 10년 동안 여러 가지 협력관계를 바꾸는 데 애쓰고 있었고, 심리학과 정신의학 모두가 자신들을 정의하려고 고군분투했다. 1890년, 이 학술지는 〈감각기관의 심리학과 생리학 학술지〉로 불리었고 정신물리학에 주력하는 학술지였다. 1906년, 이 학술지는 두 개로 나뉘어졌는데 한쪽 학술지는 이전의 이름과 이전의 임무를 유지했고, 다른 쪽인 〈심리학 학술지〉는 분트를 따르는 생리학과 관련된 모든 것을 버렸다. 실험 심리학자인 헤르만 에빙하우스Hermann Ebbinghaus가 편집했던 이 학술지는 취리히의 연상 연구들에 세심한 주의를 기울였고, 무비판적이지는 않았지만 6개의 광범위한 논평을 실었다.

진단적 연상 연구들은 프로이트의 생각들을 분트와 실험 심리학에 관심이 있던 사람들과 연결시켜주었는데, 그들은 내적 삶에 대한 과학적 연구에 헌신한 정신psyche의 과학자들이었다. 이것은 또한 31세의 칼 융을 하룻밤 사이에 유명하게 만들었다. 그래서 1906년 즈음에 융의 글들과 연구는 널리 인정받았다. 억압된 것들에 대한 그의 개념인 무의식적 콤플렉스는 대학의 심리학과 정신의학 분야로 들어갔다.

취리히의 연구에 대한 소식은 대서양을 건너갔다. 새롭게 창립된 〈심리학 회보〉에서 스위스계 미국 정신과 의사인 아돌프 마이어Adolf Meyer는 정신의학은 반드시 심리학에서 과학적인 발판을 찾아야만 한다는 견해를 받아들였다. 그리고 그는 정상적인 연구 대상에서 드러난 무의식적 콤플렉스에 대한 융과 리클린의 논문이 "지난해 정신병리학에 대한 최고의 공헌"이라고 흥분하여 보고했다. 8페이지의 논평 끝에서, 마이어는 브로이어와 프로이트의 연구와 융과 리클린의 연구를 비교하며 융과 리클린의 연구가 그렇게 강력한 과학적 입증을 제공하면서 받았던 그러한 위상을 프로이트의 연구가 성취했는가에 대해 질문했다. 이 미국인은 같은 학술지에서 취리히 사람들의 논문들 중 5편을 열성적으로 논평함으로 자신의 질문에 대답하려고 했다.

후에, 마이어는 칼 융과 서신을 왕래하기 시작했다. 융은 자신을 프로이트를 더욱 과학적인 분야에 적합하게 하도록 시도하는 연구 심리학자research psychologist로 소개했다. "나는 얼마 동안 정신분석의 실험적인 규칙들을 발견하고자 연구해 왔는데, 이것은 쉬운 작업은 아니었습니다."라고 그는 썼다. "정신분석으로 어떤 사람은 잘못된 길을 택할 수도 있습니다. 하지만 연상 실험은 절대적으로 확실한 길잡이가 될 것입니다." 융은 지연된 반응 시간이 콤플렉스를 드러내지만, 자극 단어의 의미는 여전히 주관적이라고 설명했다. 그러므로 연상 실험은 정신분석을 하기 위한 개요만을 끌어냈다. 이러한 경고에도 불구하고, 마이어는 융의 실험 중심의 방법이 프로이트의 주장들을 객관적으로 확증할 수 있다는 것을 감지했다. 유명한 미국인 심리학자인 티치너E. B. Titchner에게, 마이어는 프로이트의 심리학이 "2세대" 뒤진다는 비난으로부터 프로이트를 변호했고, 콤플렉스에 대한 융의 이론이 프로이트를 최신 실험을 기반으로 하는 심리학으로 견인해 왔다고 언급했다.

유럽과 미국을 중심으로 취리히 사람들은 지그문트 프로이트가 과학적 심리학자들 가운데에서 청문회를 갖게 해주었다. "지금, 그대와 블로일러, 그리고 어느 정도는 뢰벤펠트Löwenfeld까지도 내가 과학적 문헌들의 독자들 가운데 청문회를 가질 수 있게 해주었다."고 프로이트가 후에 융에게 썼다. "힘을 잃어가고 있는 권위자들의 모든 노력에도 불구하고 우리의 새로운 생각들에 대한 호의적인 움직임은 거부할 수 없이 계속될 것이다." 이렇게 취리히 연구의 무게는 명성 있고 제대로 잘 갖추어진 기관과 연계되면서 더욱 증가되었다. 그 센터는 프랑스인과 독일인들과 연결되어 있었고, 두 언어로 출판을 했으며, 양쪽 사회로부터 오는 학생들을 환영했다. 오귀스트 포렐은 유럽에서 가장 눈에 띄는 정신과 의사들 중 한 명으로 남아 있었는데, 글을 쓰고 강의를 하는 한편 이전의 동료들과 학생들에게 충성심을 요구하였다. 블로일러의 사회적 위치는 점점 높아지고 있었고, 그의 학생들인 칼 융과 프란츠 리클린은 부르크횔즐리를 마음의 연구를 위한 국제적 중추로 만드는 데 일익을 담당했다.

1904년, 블로일러는 또 한 명의 의사를 채용했는데, 브레멘의 카를 아브라함Karl Abraham이었다. 1906년, 잘 알려진 정신과 의사였던 오토 빈스방거의 조카인 크로이츠링엔의 루트비히 빈스방거가 병원의 직원으로 들어왔고, 젊은 러시아 의대생인 막스 에이팅곤도 들어왔다. 융과 리클린은 이 새로운 의사들과 함께 프로이트의 정신분석에 대해서 열띤 논의를 벌였다.

III.

오이겐 블로일러와 지그문트 프로이트는 비슷한 점이 많았다. 그들은 과학의 힘에 전념한 정치적 진보주의자들이었다. 그들은 뇌 해부학자들로서 일을 시작했고, 프랑스의 정신병리학과 최면에 매료되었다. 더욱 중요한 것은 이 두 사람이 복잡한 무의식의 심리적 과정들이 마음의 미스터리를 설명할 수 있다고 확신하게 된 것이다. 하지만 프로이트가 환자를 치료하면서 생계를 꾸려나갔던 빈의 의사인 반면 블로일러는 취리히의 교수였고, 실험실의 감독이었고, 심각하게 병든 환자들을 돌보는 큰 병원의 리더였다. 이러한 차이점들은 두 사람이 가깝게 되면서 더욱 드러나게 되었다.

두 사람 사이의 첫 번째 장문의 편지에서, 블로일러는 프로이트를 존경한다고 말했고, 자신의 의혹들이 공식화되는 것을 두려워하지 않았다. 재치에 대한 프로이트의 책과 《세 편의 에세이》를 막 읽은 블로일러는 농담에 대한 이론을 칭송했지만, 성에 대한 그의 생각에 대해서는 의문들을 표현했다. 《세 편의 에세이》는 블로일러가 프로이트의 다른 연구에서 볼 수 있었던 세부적인 부분과 증거가 부족했다. 이 취리히 사람은 프로이트가 성인 신경증 환자의 분석들에서 나온 자료들을 정상적인 어린이의 이론에 대한 실증으로 사용한 것을 받아들이기를 주저했다. 그는 프로이트의 성 이론들은 계통 발생적 그리고 목적론적 논증으로 강화될 수 있다고 제안했고, 테오도르 립스에 대해서 좀 더 비판적인 태도를 가지라고 권유했다. 블로일러는 프로이트가 그의 솔직한 반론을 건방진 것으로 받아들이지 않기를 희망한다고 말하면서 편지를 마쳤다. 그것으로 오이겐 블로일러는 자신을 프로이트를 존경하고 있는 사람으로, 그리고 프로이트의 판단과 논리에 기꺼이 질문을 던질 수 있는 동료가 될 수 있는 확신에 찬 전문가로 소개했다.

그러나 블로일러의 다음 편지에서 드러난 것처럼, 취리히 사람들은 프로이트와 생각을 논의하는 것에만 관심이 있었던 것이 아니었다. 1903년 이후로 그들은 정력적으로 정신분석을 해보려고 노력했다. 취리히에서 발표된 초기의 사례 보고들 중의 하나가 프란츠 리클린의 케이스인 "리나 H."였다. 이 사례 보고는 전환성 히스테리와 심각한 감정 기복mood swings을 가지고 있던 29세의 여성에 대한 1903년의 분석이었다. 최면을 사용하면서 리클린은 그녀의 증상들을 추적해서 그녀의 아버지가 행한 성적 학대를 찾아냈다. 최면과 함께, 그는 리나의 강렬한 억압된 정서적 콤플렉스를 캐내기 위해서 연상 검사와 상징적 해석들을 사용했다고 보고했다. 전반적으로, 리클린의 사례 연구는 여러 가지 방법들이 혼합되어 있었다.

블로일러는 임상적인 가르침으로 도움을 받을 수 있다는 생각으로 프로이트에게 도움을 요청했다. 이 원장은 어려운 환자의 분석에 애쓰고 있었는데 그 환자는 다름 아닌 자기 자신이었다. 다른 취리히 사람들같이 그는 자신의 꿈들과 동료들의 꿈들에 대해서 프로이트의 분석적 방법을 사용하고 있었다. 하지만 블로일러의 자기 분석은 잘 진행되지 않았다. "당신의 책을 처음 읽자마자 그 꿈 책이 옳다는 것을 인식했지만, 나 자신의 꿈을 성공적으로 해석하는 데에는 어려움이 있었습니다."라고 고백했다.

그는 이렇게 장거리에서 서신으로 하는 분석을 시작하게 되었다. 블로일러는 그 편지에 4개의 꿈을 동봉하면서, "대가Master"에게 길을 보여 달라고 간청했다. 닷새 후, 불로일러는 프로이트에게 그의 분석에 대해 고마워했다. 블로일러는 자신에게 주어진 프로이트의 비평의 무게를 없애기 위해서 하나의 "카타르시스"로 즉시 대답해야만 했다고 고백했다. 사실 그가 자신의 꿈의 어떤 것도 해석할 수 없었다는 것은 사실이 아니었다. 그는 수차례 성공했었다. 그러나 그의 해답이 꿈 그 이후에 발생한 사건을 나타내는 것이 되면서, 그것이 틀린 것임이 분명했다. 블로일러는 자신의 꿈 중 하나를 의사들과 그들의 부인들에게 재차 발표했었는데, 그 그룹은 그것을 풀 수가 없었다. 그가 방을 떠났다 돌아오자, 그 그룹은 확연히 잘못된 결론에 도달해 있었다. 이 원장의 부인이 그 그룹의 해석을 말했을 때, 그것은 그의 부인의 무의식적 콤플렉스의 작용을 반영하고 있었지 자신의 것은 아니라고 블로일러는 프로이트에게 확신하며 말했다.

다른 이의 마음을 알려고 하는 마음의 노력을 흐리게 하는 이 익숙한 그늘이 다시 드리워졌지만, 오이겐 블로일러는 걱정하지 않았다. 잘못된 해석들은 털어낼 수 있다고 그는 믿었다. 반면, 맞는 해석들은 번개 같이 강타한다. 불행히도 블로일러는 프로이트의 해석들이 번쩍이는 힘을 가지고 있지 않다고 느꼈다. 그의 편지에서, 그는 갑자기 토론의 주제를 자신의 분석으로부터 그가 가지고 있던 프로이트의 성 이론에 대한 의구심으로 바꾸었는데, 성적 의미들은 프로이트의 해석 중에 맞지 않은 부분이라는 것을 의미하고 있었다. 프로이트에게 이것은 블로일러가 프로이트의 성 이론에 대해 생각할 수 없다는 것과, 똑같은 방식으로 그의 꿈들에 대한 프로이트의 성적 해석을 이성적으로 생각할 수 없다는 것을 의미했다. 블로일러는 자신의 지적 개방성에 대해 자긍심이 있었다. 그는 프로이트에게 성은 그에게 수치심을 느끼게 하지 않으며 자신은 적어도 억압되어 있지 않다고 장문의 편지로 안심시켰다.

이 스위스 의사는 이러한 말 뒤에 전형적인 프로이트학파가 말하는 말실수를 했다. "나 자신은 어린 시절에 유혹 당하지 않았습니다. 하지만 나의 성적 추동drive은 매우 어린 시절부터 나에게 분명했어요. 그리고 나는 나의 ~~어머니~~ 아내가 우리 세 살짜리 아들이 성별을 구별할 수 있다는 것을 분명하게 인식하고 있다고 믿습니다."라고 썼다. 블로일러는 처음에는 어머니라고 썼다가 줄을 그어 지웠는데, 그는 "아내"를 쓰려고 했기 때문이었다. 같은 편지에서, 블로일러는 바로 되돌아가서 자신이 프로이트가 가정하고 있는 콤플렉스를 가지고 있다는 것을 인정하면서, 자신의 편지를 손상시켰던 글 실수는 분명히 자신의 콤플렉스의 결과일 것이라고 덧붙였다. 여전히 이 원장은 계속 인내하면서, 프로이트가 해석해주길 원하는 일련의 연상들을 동봉하면서, "매우 특별한 어떤 것이 당신에게서 나오지 않는 한" 그 자료들을 돌려줄 필요가 없다고 덧붙였다. 그런데 여기서 또 다른 실수가 있었다. 그는 '당신'이 아니라 "그것들"로 쓰려고 했었다.

프로이트는 이러한 실수들을 해석하려는 유혹을 거부할 수 없었다. '교수님'의 생각들을 읽은 후에 블로일러는 프로이트의 저서들로 돌아갔다. "나는 《세 편의 에세이》를 방금 다시 읽었습니다. 나는 지금도 어떤 특정한 추론에 대한 나의 저항이 감정적인 저항이 아니라고 믿습니다." 블로일러는 이전에 그가 했던 비평과 자신의 심리학적 생각을 변호했고, 그것들이 억압에 의해서 얼룩지지 않았다고 말했다. 마치 이러한 점을 강조하듯이 다음 편지에는 병원의 직원들과 그의 아내의 자매에 대한 성적 꿈들이 들어 있었다.

몇 주 후에, 블로일러는 프로이트에게 "뛰어난" 도라 사례를 보내준 것에 감사했고 그와 그의 동료들은 이 글을 열심히 탐독했다. 이 사례 연구는 프로이트가 지금까지 어떻게 분석을 하고 있는지에 대한 가장 광범위한 논증이었고, 취리히인들은 실마리를 찾기 위해서 그것을 세심하게 읽었다. 그러나 블로일러는 우편으로 하는 자신의 분석에 대해서는 싫증이 나기 시작했다. 그의 편지들은 짧아졌고 띄엄띄엄 보내졌다. 그리고 더 이상 프로이트에게 자신의 꿈들을 분석해 달라고 요구하지도 않았다. 1906년 1월 이후, 부르크휠츨리의 원장은 권총과 아가씨들에 대한 꿈을 나누지 않았고, 자신의 무의식에 대한 의견을 더 이상 묻지 않았다.

그러는 동안, 칼 융은 변하고 있었다. 한 때 과학적 합리주의의 지나친 확장을 알아보았던 이 젊은 낭만주의자는 인간 내면의 가장 깊은 지층을 과학적인 수량으로 나타냄으로써 유명해졌다. 그는 대담하게 자신을 먹여주던 손을 물었고, 자신의 입장을 단지 실험적인 연구자뿐만이 아니라 심층 심리학자로 재정립했다. 그가 후에 말한 것처럼, 그는 외부에서 보는 것에서 내면을 보는 것으로 옮겨가기를 원했다.

1906년 4월, 융은《진단적 연상 연구들*the Diagnotic Association studies*》이 완성되자 첫 번째 책을 프로이트에게 보냈다. 빈의 의사는 편지에서 그 연구를 너무 읽고 싶어서 벌써 서점에 가서 샀다고 말했다. "나는 그대가 종종 나를 지지해줄 위치에 있을 것을 확신하오. 그러나 나는 수정도 또한 기쁘게 받아들일 것이오."라고 편지에 썼다.

프로이트는 당장에 지원군이 필요했다. 취리히 연구의 발표가 대학의 심리학자들과 정신과 의사들에게 프로이트의 과학적 합법성을 증가시켜 주었지만, 그것은 또한 강력한 새로운 적들을 앞으로 나오게 했다. 구스타프 아샤펜부르크, 테오도르 치헨, 에밀 크레펠린 같은 사람들에게 취리히의 연구는 위협적이었다. 연상 연구가 발표되기 전에 이 대학교수들은 프로이트를 무시하기가 쉬웠다. 그러나 취리히 사람들은 이러한 과학자들의 방법을 사용해서 분트의 학생들이 철저하게 반대했던 어떤 것을 입증했다. 즉, 무의식적 동기에 대한 프로이트의 생각이었다. 그들은 자신들의 검으로 죽임을 당할 것을 짐작하면서 가만히 앉아서 그런 일이 일어나게 내버려 두지는 않을 것이었다.

1899년에, 에밀 크레펠린은 히스테리에 대한 브로이어와 프로이트의 이론들을 두 번 생각할 것도 없이 무시해 버렸다. 하지만 1906년에 크레펠린의 동료였던 구스타프 아샤펜부르크는 프로이트의 생각에 강력한 공격을 퍼부었다. 사실 프란츠 리클린에게 어떻게 연상 검사를 하는지 가르쳐 준 것은 아샤펜부르크였고, 그 당시 그는 이 방법론에 있어 선두에 있었던 전문가 중의 한 명이었다. 재미있는 것은, 이 비평이 발표되었을 때 지그문트 프로이트는 이전에 아샤펜부르크에 대해서 들어본 적이 없었다. 빈의 의사와 뮌헨의 정신과 의사는 한때 분리된 영역에서 존재했지만, 취리히의 연구는 그러한 영역들을 충돌하게 만들었다. 무엇이 일어나고 있는가를 자각한 프로이트는 융에게 편지를 썼다. "지금, 두 개의 세계가 서로 싸우고 있다."

취리히 사람들은 싸우려고 하지 않았다. 취리히 학자들은 아샤펜부르크와 뮌헨 그룹과 매우 깊은 교제를 나누고 있었고, 융은 그와 편지를 활기 있게 왕래하고 있었으며 최근에는 프로이트의 이론을 열심히 설명했다. 하지만 이러한 해설은 아무런 소용이 없었다. 1906년 5월 27일, 아샤펜부르크는 독일 신경과 의사들과 정신과 의사들 앞에서 다시 공격적인 연설을 했고 프로이트에 대해 더욱 세밀한 공격을 퍼부었다. 이 연설은 프로이트의 과학적 입장을 분쇄하기 위한 일관된 시도였고 〈뮌헨 의학 신문〉에 발표되었다.

아샤펜부르크에 따르면, 프로이트의 성적 결정론은 명백하게 불합리했다. 히스테리는 심리 작용psychogenic에 의한 질병이지 성심리적psychosexual인 것은 아니라고 주장했다. 아샤펜부르크는 "히스테리 사례에 대한 단편"에 격노했는데, 이 사례에서 젊은 아가씨의 성생활이 한 의사의 관심의 초점이 되었다. 더 나아가 이 과학자는 프로이트의 방법을 강력하게 비판했다. 그 의사는 성적 콤플렉스를 발견하는 것이 아니라, 성적 생각들을 환자의 머리에 암시로 넣었다고 주장했다. 환자들의 사고에 성을 연결시킨 것은 바로 프로이트였다는 것이다. 환자에게 손상을 주는 것을 피하기 위해서 의사들은 성을 논의해서는 안 된다고 아샤펜부르크는 말했다. 또한 이 뮌헨의 전문가는 융이 주장하는 실험적인 접근도 무시되어야 한다고 말했다. 기록된 연상들에서 무의식적 내용들로 가기 위해서 융이 추론의 비약에 빠졌다고 주장했다.

이런 일을 당하고 나서야 취리히 사람들은 이것이 전투라는 현실을 받아들인 듯했다. 프로이트는 아샤펜부르크에게 반응하지 않았지만, 칼 융과 오이겐 블로일러는 답변했다. 그들은 아샤펜부르크의 전제들을 알고 있었고, 그의 청중을 이미 알고 있었으며, 그들이 바로 이러한 싸움을 시작한 사람들이라는 것도 알고 있었다. 1906년 11월에 아샤펜부르크에게 보내는 융의 답변이 〈뮌헨 의학 신문〉에 기재됐다. 그 글에서 융은 프로이트의 성 이론과 자신의 심리학 사이의 차이점을 분명히 하면서, "목욕물을 버리면서 목욕물과 함께 아이를 버리지는 않는다."고 했다. 프로이트에게 보내는 편지에서, 융은 자신의 항변을 미리 보여주었다. 항변에서 그는 아샤펜부르크에게 프로이트의 일반적 심리학의 가치를 보지 못했다고 훈계했고 프로이트의 성 이론에 대해서도 같은 말을 "되뇌이고" 있다고 비난했다. 성 문제는 융도 시인하고 있었고, 그 또한 의문들을 가지고 있었던 문제였다. 프로이트는 젊은 동료에게 시간이 흐르면서 성에 대한 자신의 입장에 더 가까이 오기를 희망한다고 대답했다.

융은 반박글을 발표하면서 다른 변론을 덧붙였다. 프로이트의 성취는 "프로이트의 생각의 과정들을 실험해보지 않은 사람들"에 의해서 도전 받을 수 없다. 이것은 비장의 카드였다. 과학자들은 그들이 좋아하거나 싫어하는 것에 따라서가 아니라, 어떤 실험의 결과들을 자신의 실험 속에서 재현하려는 신중한 시도 후에야 그 연구의 결과들을 받아들이거나 거절해야만 한다. 어쨌든, 어떤 과학자가 갈릴레오의 망원경을 통해서 본 것을 거절하는 사람들처럼 행동하기 원하겠는가? "우리는 '실험'과 '경험'에 대해서 많이 들었다. 그러나 우리의 비평가 자신이 그 방법을 사용했다고 보여지는 것은 아무것도 없다." 융은 천연덕스럽게 계속 말했다. 아샤펜부르크가 단지 해야 할 것은 연상 검사이다! "이전의 글들에서, 내가 고안한 연상 실험이 원칙적으로 같은 결과들을 보여주었고, 정신분석은 연상 실험과 정말 다르지 않다고 이미 언급했었다." 암시가 연상 실험의 일부가 아니라는 것은 분명한데, 왜 아샤펜부르크는 그것이 정신분석에서 이루어지고 있다고 생각하는가? 융은 정교하게 청중들에게 아샤펜부르크가 연상 검사에 뛰어난 공헌을 했고, 그 실험이 프로이트의 무의식을 입증하고 있다고 상기시켰다.

결과적으로 융의 답변은 이 적대적인 강력한 정신과 의사가 아니라 전혀 다른 사람을 모질게 비난하는 것으로 마무리되었다. 아샤펜부르크는 도라 사례에 대한 발터 스필마이어Walter Spielmeyer의 비평을 인용한 적이 있었다. 조소로 가득 차 있는 이 논평은 성적 상징들에 대한 프로이트의 해석에 집중했고 이성적인 반박보다는 비꼬는 말을 썼다. 스필마이어는 분트와 크레펠린의 유명한 협력자는 아니었고, 단지 프로이부르크Freidburg에서 온 젊은 의사였다. 그는 융의 핵심 내용을 위한 매력적인 목표물이 되어주었다. "어떤 사람이 그가 시험해보지도 않은 어떤 이론의 실험적 토대뿐만 아니라 그것을 애써 시험하려고 노력한 사람들까지 과학적이지 않다고 욕할 때, 과학적 연구의 자유는 위태로워진다." 스필마이어의 비평은 과학자에게는 경멸할 가치도 없는 것이었다.

융이 취한 이런 받아넘김은 전술적으로 매우 뛰어났다. 처음에, 그는 성 이론의 어떤 부분을 포기했었다. 그러나 아샤펜부르크의 비평에 대한 실험적인 기반에 대해 질문을 던진 후에 융은 성으로 돌아갔고, 그가 처음에 동의했던 영역을 다시 받아들였다. 이러한 통렬한 변론은 존중받고 잘 갖추어진 아샤펜부르크에게 향한 것이 아니라 상대적으로 잘 알려지지 않은 사람에게 향하고 있었다. 그리고 그의 분노는 자기 자신이나 프로이트를 대변하려는 것이 아니라 과학적 이상의 타락 때문으로 보여지도록 했다. 프로이트 이론들의 과학적 가치에 대한 공격은 프로이트의 비평가들의 과학적 가치에 대한 공격으로 변형되었다. 블로일러 또한 스필마이어를 비난하는 그 논쟁에 참여했다.

학문적인 동료들과 논쟁하는 동시에 프로이트와의 관계를 만들려고 시도함으로써, 블로일러와 융은 적들의 진영 사이에서 그들의 입장을 유지하려고 노력했다. 취리히 대학 출신 과학자들로서 그들의 독립성과 과학적 객관성을 변호하는 것은 그들에게 중요했다. 동시에, 그들의 결론의 방향이 프로이트의 생각들에 기초를 두고 있었기 때문에 지그문트 프로이트를 적어도 부분적으로나마 변호해야만 했다. 이 취리히 사람들은 '심리적인 것'과 '성적인 것'을 구분하는 것으로 이것을 성사시켰다. 그들은 프로이트의 이론의 절반을 지지한다고 선언했지만 리비도 이론에는 신중했다. 이러한 방법으로 그들은 자신들의 균형과 독립성을 재차 확언하는 것으로 보였다. 이 취리히 사람들은 무의식적 관념작용과 그것이 증상을 일으키는 작용에 대한 프로이트의 개념을 지지하는 실험적인 자료들을 제시할 수 있었고, 과학으로 무장한 강한 입장을 취할 수 있었다. 그러나 그들은 성적 콤플렉스들과 모든 신경증을 확실하게 연결시킬 수 있는 것은 아무것도 가지고 있지 않았고, 자유롭게 그렇다고 말했다.

동시에, 취리히 사람들은 프로이트를 멀리하지 않으려고 노력했다. 그들은 프로이트를 향하여 달려가고 있었고, 동시에 멀어지려고 했다. 1906년 12월 29일에 융은 프로이트에게 글을 하나 보냈는데, 융은 빈의 '교수님'에게 블로일러가 독일의 학문적인 독자들을 위해 글을 쓰고 있고, 아샤펜부르크의 비평은 "당신에게 반대하는 폭풍을 일으켰다."는 것을 기억하라고 요청했다. 융은 프로이트에게 그들의 차이점들은 아마도 그들이 서로 다른 환자 집단을 만난 것과 경험의 부족과 "나의 양육 경험, 나의 환경 그리고 나의 과학적 전제들"에서 기인한다는 것을 고려해 달라고 프로이트에게 요청했는데, 그러한 것들은 '교수님'의 것과 상당히 다른 것이었다.

〈다른 양육 경험. 다른 환경. 다른 과학적 전제들〉. 이 짧은 말에, 융은 취리히 프로이트학파 사람들과 빈의 프로이트학파 사람들의 차이점의 핵심을 간파했다. 한 그룹은 유대인이었고, 다른 그룹은 개신교였다. 한 그룹은 성적으로 개방적인 빈에 살았고, 다른 그룹은 꽉 막혀 있었던 취리히에 살았다. 한쪽은 생물물리학과 정신물리학에 발을 들여 놓고 있었고, 다른 쪽은 그러한 접근들을 거부하면서 나오게 된 실험실에 기반을 둔 새로운 형태의 심리학 연구에 전념하고 있었다. 융은 대학의 학문적인 심리학과 정신의학에서의 자신의 좋은 지위와 입장을 포기하고 싶은 의도가 없음을 분명히 했다. 적어도 아직은 아니었다. 그래서 그는 프로이트가 좋아할 것 같지 않지만 분트의 심리학과의 연결을 촉진시킬 수 있는 새로운 개념을 소개했다고 프로이트에게 즐겁게 보고했다.

프로이트는 이 모든 것을 잘 받아들이는 것처럼 보였다. 그는 융의 조심스러움을 정서적 저항이라고 해석하지 않았다. 1907년 1월, 그는 융에게 그러한 비평들에 대해 그렇게 신경 쓰지 말라고 정중하게 충고했다. "정신의학의 주요 인물들이 실제로 많은 것을 이루지 못했다."고 프로이트는 썼다. "미래는 우리의 견해와 우리의 것이다." 그는 융에게 이러한 권위자들을 달래기 위해서 어떤 것도 포기하지 말고, 자신의 견해에서 너무 멀리 벗어나지 말라고 말했다. 만약 그렇지 않다면, 프로이트는 "우리는 언젠가는 서로에게 대항하게 될 것"이라고 경고했다. 프로이트는 융에게 충고 하나를 더 했다. "나는 저항을 하는 동료들을 우리가 같은 상황에서 환자를 다루는 것과 똑같이 취급하는 경향이 있다." 이것은 아마도 미묘한 경고였을 것이다.

'교수님'과 블로일러는 그렇게 낙관적이지는 않았다. 1907년 1월 10일, 이 취리히의 교수는 프로이트에게 엽서를 보내면서 성적 트라우마가 히스테리의 원인인지 물어 보았다. 많은 사람들이 프로이트가 성적 트라우마 이론을 포기한 것을 아직 인지하지 못하고 있었다. 하지만 블로일러는《세 편의 에세이》를 읽고 또 읽었고, 성 이론에 대해서 프로이트와 서신을 교류하고 있었다. 프로이트는 블로일러가 자발적으로 이해하지 않으려고 한다고 비판했고, 스필마이어를 공격할 때 블로일러의 불충분한 변호에 대해서 거론했다. 블로일러는 "하지만 당신이 주장하는 것을 변호하는 것에 어떤 어려움들이 있는지 깨닫게 되면 그때는 당신이 나를 용서할 수 있을 것이다."라고 답변했다. 은연중에 블로일러에 대한 프로이트의 짜증은 융에 의해서 더욱 커졌다. 융은 이 "이 반백의 총각"이 리비도 이론에 대해서 유보하고 있다고 보고했고, 이것은 그 주제에 대한 융 자신의 유보로부터 초점을 돌리는 데 효과적인 방법이었다.

프로이트에게 더 가까워지려는 융의 욕구는 빈으로의 여행을 자극했다. 이 여행은 그의 아내와 젊은 후배인 루트비히 빈스방거가 함께 했다. 이 일행은 1907년 3월의 어느 일요일 빈에 도착했다. 빈스방거는 프로이트가 그들을 자신의 집에 초대했고 도착한지 얼마 지나지 않아 두 사람에게 그들의 꿈을 이야기해 달라고 요청했다고 회상했다. 융의 꿈은 프로이트를 대체하려는 위장된 소망으로, 빈스방거의 꿈은 프로이트의 딸과 결혼하고자 하는 욕구라고 프로이트는 해석했다. 융과 프로이트는 13시간 동안 계속 이야기했고, 융은 프로이트의 성 이론에 대한 몰두에 깊은 인상을 받았던 것으로 후에 회상했다. 융은 특히 문화의 모든 것을 동물적 힘으로 귀속시키는 것으로 보이는 성심리에 대한 프로이트의 해석을 불편해 했다. 융에 따르면, 프로이트는 후에 그에게 결코 성 이론을 버리지 말라고 요구했다고 했다. "그대는 우리가 그것에 대한 교리, 흔들리지 않는 방어벽을 반드시 만들어야만 한다는 것을 알게 될 것이다."라고 프로이트가 말했다고 융은 회상했다. 융이 그것이 무엇에 대한 방어벽이냐고 물었을 때, 프로이트는 "신비주의의…… 진흙의 검은 물결에 대한"이라고 프로이트는 대답했다. 하지만 그러한 검은 물결에 융의 가족은 깊이 몰두하고 있었고, 융은 그것으로부터 정신분석을 보호하라고 요구받았던 것이다. 3월 6일, 이 두 명의 취리히 사람은 수요심리학회에 참석했다.

프로이트는 빈스방거를 옆으로 세우고, 빈 추종자들을 훑어보고 냉소적으로 말했다. "자, 이제 여러분들은 일당gang을 본 것입니다." 빈 사람들 중 누구도 대학의 학자의 위치를 가지고 있지 않았다. 누구도 블로일러, 융, 또는 리클린과 비교되지 않았다. 취리히 사람들 옆에서 빈 사람들은 오합지졸 같았다. 그날 저녁, 알프레트 아들러는 기관의 열등성에 대한 논의를 시작했다. 어쨌든 그 논쟁은 기관의 열등성에서 유대인과 기독교인의 성기의 크기로 바뀌었다. 취리히에서 온 실험에 의거한 정신과 의사들이 앉아 있는 가운데, 오토 랭크는 숫자 7과 49가 작고 큰 성기를 나타냈다고 말했다. 프로이트는 숫자 3은 기독교인을 나타내고, 7은 작은 것, 49는 "유대인의 큰 성기"를 나타낸다고 맞장구를 쳤다. 실험실에서 하얀 옷을 입고 있는 대부분의 실험 심리학자들은 이러한 이상한 해석학에 경악했었을 것이다.

몇 주 후에, 블로일러는 프로이트에게 편지를 썼다. 그는 취리히 사람들의 방문에 대해 언급하면서, 그래도 약간은 생각을 할 수 있는 학생들과 같이 있었던 것이 유쾌했을 거라고 말했다. 의미하는 바는 예리했고 분명했다. 융은 빈의 프로이트학파 사람들이 단순히 '교수님'을 따라가고 있었다고 보고했음이 틀림없었다. 열흘 후에, 융은 오토 랭크의 리비도 이론의 전적인 수용을 비난하는 편지를 프로이트에게 썼다. 랭크한테서 스승의 이름으로 맹세하는 제자의 불편한 느낌이 있었다고 말했다.

1907년 즈음, 프로이트학파 사람들은 빈과 취리히에 두 개의 다른 센터를 가지게 되었다. 모든 이들이 주류 의학과 정신의학으로부터의 수용을 희망하고 있을 때, 빈의 프로이트학파 사람들은 개인병원 의사들의 지지와 성개혁에 헌신한 사회적, 문화적 개혁가들의 네트워크에 의지하고 있었다. 반면, 취리히 사람들은 정신병리학의 과학적 연구에 전념하여 성장하고 있던 대학의 정신의학 사회의 일부였다. 취리히 사람들이 공격을 받게 되고, 프로이트의 무의식의 심리학을 변호하기로 선택하면서 이러한 차이점들은 확연해졌는데, 그들이 프로이트의 성 이론을 받아들이지 않았기 때문이었다. 리비도 이론을 받아들이는 것을 꺼리는 것은 취리히 사람들만은 아니었다. 수요학회에서도 조용히 리비도 이론을 전적으로는 시인하지 않는 이론가들이 늘어났다. 그러나 취리히 사람들은 그들의 주저함을 프로이트의 과학적 가치에 대한 공적인 싸움의 일부로 만들었다. 그들이 공개적으로 프로이트의 생각의 이러한 면들을 논의의 중심으로 삼았을 때 프로이트는 점점 자신의 위대한 통합이 실패로 끝날 지도 모른다는 염려에 사로잡히게 되었다. 그래서 자신의 가장 저명한 후원자들에게 이러한 유보를 그만하라고 압박을 가했다.

이러한 상황에서, 모든 관련된 모임들은 어쨌든 그들이 프로이트의 생각들에 저항하거나 아니면 주로 자신들의 정서적 필요를 채우기 위해서 진정한 추종자가 되느냐 하는 생각과 씨름하고 있었다. 무의식적으로 작동된 동기에 대한 이론을 평가하면서, 자신의 동기에 의문을 갖지 않는 방법이 있을까? 정서적인 거부감이나 또는 어린아이같이 쉽게 믿는 경향성의 그물망에 얽히지 않은 채 어떻게 이러한 생각들을 취할 수 있을 것인가?

프로이트는 사람들이 성심리 이론에 직면하게 되었을 때 생기는 저항을 환자들에게서 나타난 것처럼 의사들과 과학자들에게서도 예측할 수 있었다. 그러한 이유로, 과학적 비평도 본질적으로는 정서적인 것으로 다루라고 융에게 강조했다. 그 시점으로부터, 프로이트는 개인적 혐오에서 나온 합리화들로부터 타당한 비평을 구분하는 노력을 점점 포기하게 되었다. 동시에, 블로일러는 자신의 거부와 저항을 심각하게 고려하기 시작했고, 그러한 행동의 뿌리를 구체적으로 설명하는 이론을 발전시켰다. 그 과정에서 빈의 프로이트학파 사람들을 그의 임상적 세계, 즉 정신이상의 세계로 더욱 깊이 들어오게 했다.

IV.

1900년, 부르크휠츨리 병원에 수용된 203명의 환자 중 한 명만이 히스테리 환자로 판단되었다. 아무도 강박적 신경증으로 진단받지 않았고 오직 두 명만이 피해망상paranoid으로 분류되었다. 프로이트가 그의 사무실에서 정신신경증psychoneurosis을 치료하고 있을 때, 부르크휠츨리 병원은 체질적, 기질적, 간질, 그리고 중독 형태의 미친 상태들로 가득했다. 가장 많은 그룹은 "특이한 병리적 정신이상"으로 진단 내려졌는데, 누구도 그 원인을 추측조차 할 수 없다는 것을 의미했다. 그들의 임상 세계로 프로이트를 들어오게 하기 위해서 취리히 사람들은 이러한 환자들에게 그의 방법을 적용해야만 했다.

블로일러의 병동에 있는 정신이상 남자들과 여자들은 무엇이 잘못된 것이었을까? 블로일러가 프로이트와 관계를 갖게 되면서 이러한 곤혹스러움에 새로운 견해를 얻게 되었고, 오랜 기간 동안 이러한 것을 생각하고 있었다. 정신이상에 대한 안정적인 카테고리를 쉽게 발견하는 것은 매우 어려웠고, 이것은 19세기 후반 유럽의 정신의학을 사로잡고 있었다. 1883년, 분트의 학생 에밀 크레펠린은 그의 스승이 정상적인 심리학을 분류했던 방법으로 정신적 질병들을 분류하려고 했다. 그는 문헌을 검토하면서 용어들과 개념들이 무질서한 혼란 상태라는 것을 발견하고 병은 원인, 발달과정, 예측에 따라 그 특성을 설명할 수 있다는 신념에 기초해서 다시 체계를 잡기 시작했다. 원인이 거의 알려지지 않았기 때문에 크레펠린은 대부분을 병의 진행과정과 예측에 의존했다. 그의 용어인 조발성 치매dementia praecox는 일찍 발생해서 영구적인 인지적 손상으로 이어지는 정신이상을 말했다. 마비상태, 치매성 피해망상을 같은 카테고리에 넣고 환각, 망상, 그리고 다른 이상한 행동들을 이 병에 일괄했다.

크레펠린에 의하면, 이 질환은 다른 두 개로부터 구별되어야 한다. 조울적 정신이상manic-depressive insanity은 기분의 조절 곤란이 핵심적인 문제이고 장기적인 인지적 손상이나 피해망상paranoia을 가지고 있지는 않았다. 피해망상은 크레펠린이 재정립할 때 중요성을 상실하게 되는데, 이 용어가 한때는 상당히 많은 병들을 설명하는 데 있어 여기저기에서 부정확하게 사용되었기 때문이다. 크레펠린은 피해망상을 고착된 사고 질환에 의해서 특징지워질 수 있는 정신이상의 작은 한 부분으로 생각했다. 이것은 시간이 지나도 악화되거나 정서적인 붕괴를 보이지 않는다고 생각했다. 피해망상은 좀 더 심리적 원인들과 연결되었고, 치료에 효과를 보이기도 하고 자발적으로 완화되기도 했다.

대부분의 정신이상 환자들psychotic patients이 필연적으로 인지적 악화가 발생한다는 크레펠린의 신념에 회의적이었던 블로일러는 그의 병동에 있는 어떤 환자들이 보이는 흥미로운 현상에 관심을 갖기 시작했다. 그들은 의사들의 소망에 완강하게 저항했다. 이러한 정신이상자의 "부정적 경향"이 환자들을 지배할 수도 있고, 매우 간단한 요구들도 거부하게 만들었다. 그러한 환자들은 착란상태에 있는 것인가, 아니면 그들은 제안을 받아들일 수 없는 상태, 즉 최면학자들이 말했던 "부정적 암시성negative suggestibility" 안에 있는 것인가? 블로일러는 이러한 두 개의 부정적 경향의 상태들이 관계되어 있는 것은 아닐까 생각했다.

동시에 블로일러 자신이 부정적 경향으로 어려움을 겪었다. 프로이트에 의하면, 블로일러가 그의 성적 해석들을 받아들이기를 거부하는 것은 지성의 문제가 아니라 정서적 문제에서 기인한 것이었다. 블로일러는 이러한 비난이 머릿속에서 맴돌았고, 프로이트의 《세 편의 에세이》를 다시 읽었을 때, 성적 변태에 대한 어떤 충동들은 두 개의 반대되는 쌍들로 일정하게 발견된다는 주장을 만나게 되었다. 이것을 읽으면서 블로일러는 직관적인 깨달음의 순간을 가졌다. 흥분에 들뜬 그는 프로이트에게 편지를 썼다. "우리의 전체 삶이 대조되는 힘들의 상호작용에 의해서 조절되고 있군요. 우리는 화학에서만이 아니라 신경증과 정신의 영역에서도 이것을 발견합니다." 저항이 협력해서 취하는 어떤 행위에 결정적일 때의 소근육의 움직임들을 생각해보자. 블로일러는 계속 말했다. 강력한 성적 추동과 그것이 직면하게 되는 강력한 저항을 생각해보라. 격렬한 부정적 경향과 전적으로 암시를 받아들이는 과장된 상태들을 생각해보라. 이런 모든 것들이 보편적이고 근본적인 과정에서 기인한 것이다. 후에 그 과정을 블로일러는 "양가감정ambivalence"이라고 불렀는데, 그는 그 글자 그대로의 뜻을 의미했다. 즉, 모든 정신적 현상들은 화학 요소들과 같이 긍정적이고 부정적인 것들을 가지고 있다는 것이었다.

블로일러는 정신적 과정들이 어떤 방식으로 융의 표현처럼 "상반되는 것들의 작용"이 되는지를 부정적 경험들이 어떻게 밝혀주는지 보여주려고 노력했다. 신경증을 가진 사람들은 상반된 느낌들을 나란히 경험한다. 그러나 정신이상자들은 그러한 느낌들을 함께 유지시키는 접착제를 상실했다. 그들은 섞인 것이 없는 긍정적 상태, 또는 부정적 상태에 종속되어 있다. 부정적 성향은 상반되는 긍정적인 느낌들이 분열되고 분리되어 있는 상태이다. 이것을 근본적으로 본 블로일러는 그 결과로 생긴 병을 "정신분열증schizophrenia"이라고 불렀는데, 그 뜻은 글자 그대로 분열된 마음들이었다.

블로일러는 1906년에 출판한 책에서 양립적인 정신 과정들에 대한 자신의 생각들을 확장했다. 정서들이 마음을 몰고 가기 때문에 이것들은 암시성suggestibility과 같은 인지적인 문제도 통제하고 있는 듯하다. 암시는 사람과 사람 사이에서 퍼지는 정서들의 산물이다. 이것의 진화론적 가치는 아프리카 영양의 무리에서 위험에 대한 인식이 퍼져 나가는 것을 본 사람들이라면 분명히 알 수 있을 것이다. 암시를 받아들이는 상태suggestibility는 정서들이 교류되었던 언어 이전의 형태이다. 이것은 한 사람에게서 다른 사람에게로 느낌들이 전송되는 정상적인 것이다. 사랑하는 사람에게서 나온 생각은 받아들이기 쉬운데, 그것이 사랑의 날개를 타고 전달되기 때문이다. 마음에 들지 않은 사람에게서 나온 개념들은 같은 정서적인 이유로 인해서 거절하기 쉽다. 암시를 받아들이는 상태는 철저한 신뢰와 무조건적 거부의 양극단으로 나뉠 수 있다. 부정적 경향, 암시를 받아들이지 않는 상태, 암시를 잘 받아들이는 상태 모두는 부정적 그리고 긍정적 정서들 사이에 있는 정상적인 균형에 방해가 일어난 것에서 기인한 극단적인 상태이다.

블로일러의 이런 생각의 흐름은 프로이트에게는 개인적인 응답으로 해석될 수 있었다. '나는 당신을 좋아하지 않습니다. 그것이 당신의 권위에 복종하지 않는 이유입니다.' 그러나 이것은 더 많은 것을 내포하고 있었다. 부정적인 성향에 대한 다른 측면의 생각들을 고찰한 후에 블로일러는 프로이트와 씨름했고, 빈의 의사와 자신의 갈등들을 검토했으며, 결국에는 부정적인 정서상태에 대한 새로운 이론을 만들었다. 1880년에 프로이트는 암시를 받아들이는 상태는 무의식적 성적 느낌의 전이에서 기인한 것이고, 저항은 이러한 억압된 성적 느낌들에 반응적인 것이고 이차적인 것이라고 믿었다. 블로일러는 부정적인 상태는 아마도 일차적인 것이고, 두 개의 원초적 정서인 사랑과 증오 사이의 깨어진 춤으로 잘 설명될 수 있다고 주장했다.

블로일러의 이론은 절망적인 병에 새로운 접근을 제시했다. 만약 정신이상의 부정적 상태가 뇌의 유전적 퇴화에서 기인한 것이 아니라 정서의 분열로 인한 것이라면, 아마도 심리적 치료가 어떤 도움을 줄 수도 있을 것이다. 블루일러는 라이나우에서도 비슷한 입장을 취하고 있었고, 지금은 자신의 신념을 지지해줄 더 충분한 이론을 가지고 있었다. 그는 그의 이론을 실행하는 것에 대한 도전들이 강력할 수도 있다는 것을 알고 있었다. 많은 정신이상자들은 그들의 의사들에게 영향을 받지 않았다. 그러한 환자들과 심리치료를 하기 위해서는 어떻게든 그들에게 도달해서 그들의 철수되어 있는 상태를 관통하는 것이 필요했다.

그러한 것을 하기 위해서 취리히 사람들은 전이의 개념을 연마했다. 이지도어 자드거를 제외하고 빈의 프로이트학파 사람들 대부분은 이 혁신적인 생각에 깊은 관심을 갖지 않았다. 그러나 블로일러와 융은 내향적이고 매우 혼란스러운 환자들에게 접근하는데 그것이 열쇠가 되어 줄 수도 있다는 것을 곧바로 알아차렸다. 융은 정신분석의 치료의 수단에 대해서 프로이트에게 쓴 첫 번째 편지에서 물었다. 프로이트는 대답했다. 전이는 메커니즘이고, "전체 과정 밑에 흐르는 추동drive이 본질적으로 성적이라는 주요한 증거"이다. 6주 후에, 프로이트는 정신분석적 치료는 분석가에게 향한 리비도의 고정에 의해 영향을 받는다고 융에게 말했다. 그것 없이는 환자는 노력을 하지 않을 것이고, 그들의 분석가의 해석을 들으려 하지 않을 것이다. 따라서 전이는 신경증을 치료하는 데 결정적이다. 그러나 불행히도 정신이상자들psychotics은 전이를 일으키지 않고 오직 저항만 한다고 프로이트는 말했다. 이것은 부르크횔츨리에 있는 환자들에게는 거의 희망이 없는 것처럼 말하는 듯했다.

1906년 1월, 프로이트는 피해망상 사례의 정신분석을 블로일러에게 보냈다. 블로일러는 프로이트에게 감사했지만, 진단에 있어서는 그에게 동의하지 않았다. 그는 조발성 치매의 증상들을 설명하기 위해서 프로이트의 꿈 이론과 히스테리에 대한 연구를 사용하기 쉬울 것이라고 무심코 덧붙였다. 만약 꿈들이 잠자는 정신착란의 형태라면, 꿈 분석에 대한 프로이트의 방법은 정신이상을 해명하는 데 사용될 수 있을 것이다. 1906년 블로일러는 〈정신이상의 증상학에서의 프로이트의 구조들〉을 썼다. 이 글에서, 그는 피해망상적 망상들과 환각들은 바로 위장된 소망적인 꿈들이며, 현실은 박해적인 타인으로 상징화되었다고 주장했다. 프로이트는 이러한 분석과 의견을 달리했지만, 덧붙여 말하기를 "이 분야에서 나의 경험은 빈약하오. 그러한 이유로, 나는 당신을 믿으려고 노력할 것입니다."라고 했다.

이 취리히 사람들은 곧 몇 개의 정신이상에 대한 프로이트학파 연구를 만들어 냈다. 1907년, 융은 그 주제에 대한 중요한 연구를 발표했는데, 연상 연구들과 프로이트학파 이론을 활용했다. 《조발성 치매의 심리학》에서, 융은 히스테리 증상들과 조발성 치매 사이에 겹치는 부분이 있다고 주장했다. 이것은 히스테리에 대한 프로이트의 견해를 정신이상으로 확장하는 것을 정당화했다. 히스테리와 같이 조발성 치매는 무의식적 콤플렉스에 근거를 두고 있다. 그러나 히스테리와는 달리 조발성 치매는 어떤 독소-X 요소에 의해서 발생한다.

유독성 정신이상은 어느 정신과 의사도 지나칠 수 없는 확실한 존재였다. 사실, 그러한 정신이상의 가장 좋은 예는 부르크휠츨리 병원에서 그리도 싫어하는 알코올에 의해서 발생했다. 융은 조발성 치매는 알지 못하는 내적인 독에 의해서 급격하게 변형된 히스테리의 한 형태라고 주장했다.

융은 프로이트뿐만 아니라 에밀 크레펠린도 인용했다. 블로일러는 '교수님'에게 조발성 치매에 대한 연구가 프로이트의 생각들에 대한 "찬사"가 될 것이라고 편지를 썼다. 하지만 크레펠린도 지그문트 프로이트도 이렇게 제시된 융합을 그대로 받아들이지는 않았다. 융의 책이 나온 후에 크레펠린의 후배 중의 한 사람인 막스 이세르린Max Isserlin은 신랄한 비평을 발표했다. "크레펠린의 보조원이 나를 죽이려고 한다는 것을 당신도 곧 주목하게 될 것입니다.", "적어도 그들은 대포를 사용하기 시작했습니다."라고 융은 프로이트에게 편지를 썼다. 동시에, 블로일러와 프로이트 사이의 관계는 점점 차가워졌다. 융은 프로이트에게 블로일러가 자기성애에 대한 개념을 거부하고, 구스타프 아샤펜부르크의 책에 있는 "자폐증"에 대한 자신의 경쟁력 있는 개념을 발전시키고 있다고 알렸다. 이것은 놀랄 소식이었다. 이것은 블로일러가 리비도 이론의 어떤 측면에 대해 등을 돌렸고, 프로이트에 대한 가장 격렬한 비평가들 중의 하나를 위해서 그의 거부를 주장하는 논문을 쓰기로 동의했다는 것을 의미했다. 조발성 치매를 프로이트의 이론에 대한 찬사로 만들었던 그 사람은 적과도 춤을 출 준비가 되어 있었다.

하지만, 오이겐 블로일러는 부인할 수 없이 프로이트학파 운동에서 가장 중요한 일원이었다. 부르크휠츨리의 원장으로서 그 병원의 문을 프로이트의 생각에 계속 열어놓을 수 있는 힘을 가지고 있었다. 진단적 연상 검사를 지지한 것도 블로일러였고, 라이나우 병원을 운영하라고 프로이트학파 사람인 프란츠 리클린을 보낸 것도 블로일러였다. 블러일러는 융을 지지했고, 블로일러와 그의 동료들 덕분에 프로이트의 생각이 유럽의 정신과 병원의 합법적인 부분이 되었을 것이다.

1907년 가을, 블로일러의 중요성은 융과 리클린과 함께 취리히에서 '의사들의 프로이트학파 학회'를 만들게 되면서 더욱 커졌다. 같은 해 11월에 학회의 두 번째 모임을 갖게 되었을 때, 블로일러 교수는 프로이트의 비평가들을 조소하는 우스꽝스러운 시로 행사를 시작했다. 25명의 사람들이 참석했는데 빈의 수요 저녁 모임에 참석했던 사람들보다 더 많았다.

몇 년 동안, 취리히 사람들은 프로이트의 이론을 받아들였고 그것을 키우는 데 많은 공헌을 했다. 그들의 연상 실험은 많은 대학의 학자들이 프로이트의 생각에 진지한 관심을 갖게 했다. 융의 콤플렉스 개념은 프로이트의 억압을 실험주의자들의 사전에 들어가게 하는 세련된 통합물이었다. 블로일러의 부정적 경향에 대한 이해와 미친 상태를 꿈과 같은 것으로 분석하려는 노력은 프로이트의 생각을 모든 정신병원에 들어가게 하는 가능성을 열었다.

포렐이 심리적 이론과 치료를 받아들이는 획기적인 사건 이후에 오이겐 블로일러와 그의 취리히 동료들은 지그문트 프로이트를 받아들였고, 스위스에서 번성하는 프로이트학파의 중심지를 만들었다. 그 기반으로부터 그들은 또한 유럽 전역에 프로이트의 생각을 널리 퍼뜨렸다. 부르크횔츨리 병원은 의대학생들과 최근에 졸업한 학생들이 선도적인 연구소들과 클리닉들을 순회할 때, 고향으로 돌아가서 자신의 경력을 쌓기 전에 꼭 들리는 순회여행지가 되었다. 그들이 취리히에 왔을 때 프로이트의 생각에 노출되었는데, 생각의 틀만이 아니라 실험적으로 증명되고 임상적으로 이용되는 것을 보게 되었다. 1907년, 융은 프로이트에게 부르크횔츨리 병원이 불과 3주 동안 6명의 미국인, 러시아인, 헝가리아인, 이탈리아인을 맞아들였다고 보고했다. 같은 여름, 칼 융은 취리히에 와서 융과 함께 연구를 하고 싶어 하는 학생들로부터 세 개의 지원서를 받았다. 상당수의 학생들이 취리히에 왔고, 그들은 프로이트의 이론을 가지고 집으로 돌아갔다. 그리고 이러한 순회여행은 누구보다도 프로이트학파를 국제적인 운동으로 변형시켜주었다.

프로이트학파의 국제화

I.

작았던 프로이트학파 운동은 점점 커져갔다. 지그문트 프로이트는 여러 분야들의 생각들을 모아 자신의 이론을 세웠는데, 역동적인 프랑스 정신병리학자들과 심리치료사들, 성 과학자들과 성 개혁자들, 좀 더 효과적인 치료법을 찾는 의사들, 니체, 바그너, 크라우스를 공부한 신낭만주의자들의 관심을 끌기에 충분했다. 취리히 사람들은 프로이트에게로 중요하고 새로운 청중들을 데리고 왔는데, 그들이 프로이트의 심리학을 병원에 적용한 덕분이었다. 1907년, 융은 프로이트에게 크게 기뻐하며 편지를 썼다. "모든 길들이 당신에게로 모이고 있다."

그러나 프로이트와 대학의 정신의학을 결합시키려는 시도 과정에서 취리히 사람들은 독일의 정신의학에 있는 몇몇 사람들을 자극하는 바람에 역공격을 당해야 했다. 격한 논쟁이 대학의 학술지들과 학술 회담들에서 벌어졌고, 프로이트학파 사람들에게는 위험성이 높았다. 1907년, 정신의학, 신경학, 심리학, 법정에서 증언하는 정신과 의사들이 모이는 기념비적인 첫 번째 국제회합이 암스테르담에서 열렸다. 그해 여름, 융은 프로이트에게 자신이 아샤펜부르크와 함께 히스테리 이론에 대해서 논의하도록 초대받았다고 알렸다. 융은 예전의 동지와의 난투에 대비해야 했다. 그 회의의 주최자가 프로이트에게도 접촉을 했었다. 프로이트는 이런 서신을 융에게 보냈다. “명백히 피에르 자네와 나 사이에 결투가 계획되어 있네. 그러나 나는 고결한 사람들 앞에서 벌이는 검투사의 싸움을 몹시 싫어하네. 지금, 그대는 자신을 아샤펜부르크와 비교하여 판단해야만 하네. 나는 무자비함을 권하네. 우리의 상대자들은 후피동물들이니, 그대는 그들의 두꺼운 가죽을 고려대상에 넣어야 할 것이네.”

암스테르담 회의 전 몇 주 동안 융은 신경과민이 되었다. 그는 존엄하고, 영향력 있고, 회의적인 청중 앞에서 지그문트 프로이트를 공개적으로 변호해야만 했다. 준비하는 과정에서 명확하게 하려고 프로이트에게 되물었다. 정말로 그는 오직 성적 콤플렉스들만이 신경증 증상들을 만든다고 믿고 있는가? 프로이트는 성적 콤플렉스의 결정적 역할은 이론적 필수 사항이라고 대답했다. 융은 이 정도의 자유재량권을 가진 것으로 만족하고 “사도의 여정”을 떠났는데 다만 그가 암스테르담에서 유일한 프로이트학파 사람이 아니길 희망했다.

정신의학, 신경학, 심리학, 법정에서 증언하는 정신과 의사들의 첫 번째 국제회합은 세계 여러 나라에서 실력 있는 정신과 의사들, 신경병리학자들, 심리학자들을 한 곳에 모이게 했다. 이 회의의 거창한 제목은 아직은 불안정한 학문 분야의 한계를 드러냈지만, 그래도 이런 모든 연구자들이 마음 – 뇌 영역에 함께 모일 수도 있다는 희망을 나타냈다. 임상적 심리학과 실험실을 기반으로 한 심리학 연구에 대한 토론들과 함께 뉴런 이론과 병리 분야의 해부학에서의 획기적인 진전들이 발표되었다. 25개국에서 온 600명이 참석했고, 46개의 의학협회, 신경학협회, 정신의학협회, 최면학협회, 알콜협회, 정신병원 관련 협회, 그리고 심리학협회들에서 온 공식적인 파견인들도 포함되어 있었다.

드디어 1907년 9월 4일 아침, 정신의학과 신경학 부서가 “히스테리의 근원에 대한 현대 이론”을 토론하기 위해 모였다. 발표자는 피에르 자네, 아샤펜부르크, 융, 회의 대표였던 G. 옐헤르스마G. Jelgersma였다. 프랑스인 자네의 발표로 아침이 시작되었다. 그는 해리, 고정된 생각들, 잠재의식subconscious에 대한 그의 개념들로 히스테리의 특징을 설명하려고 했다. 그 다음은 아샤펜부르크였다. 그는 브로이어와 프로이트의 1895년 연구를 발표하면서 곧 비평을 시작했다. 프로이트학파와 융의 견해 모두가 실험으로 증명되지 않았으며 성에 대한 강조는 완전히 잘못된 방향으로 가버린 오류라고 비난했다.

다음으로 융이 단상에 올랐다. 하지만 발표시간을 잘 조절하지 못하고 너무 길게 답변하는 바람에 그에게 할당된 30분의 변론은 불충분하게 끝이 나고 말았다. 그 후에 출판물에 기재된 것처럼, 융은 프로이트에 대한 질문들은 하나의 실험적인 질문으로 귀결될 수 있다고 주장했다. "진실로 프로이트가 주장하는 연상적인 연결들이 존재하는가, 그렇지 않은가?" 이것에 대해 융은 상당량의 증거를 가지고 있었고 그것을 제시했다. 이 취리히 사람은 그 당시 프로이트 식의 분석의 예를 제시했는데, 그것은 초기 브로이어와 프로이트의 이론들보다 훨씬 많이 진보된 것이었고, 억압된 유아적 성이 무의식적 콤플렉스를 만들어 내고 그것은 전이를 통해서 나타나게 된다는 것에 입각하고 있었다.

토론 동안에 드디어 그 후피동물들의 항의가 시작되었다. 첫 번째 반대자는 심리치료 영역에서의 경쟁자인 두멩 베졸라Dumeng Bezzola였다. 금욕 운동의 스위스 지도자였던 베졸라는 프로이트의 방법을 빌려와서 자신의 "정신통합psychosynthesis" 치료법을 주장하는 데 사용했다. 그 다음은 독일 정신과 의사였던 알트Alt 교수였는데, 그는 프로이트를 비난하면서 프로이트가 한 명의 환자도 프로이트학파의 의사가 있는 요양소로 보내지 않았다고 주장했고, 심지어 의장으로부터 박수와 지지를 얻어냈다. 또한 위트레흐트Utrecht의 교수인 하일브론Heilbronner은 연상 실험들이 프로이트학파 이론에서 유일하게 가치 있는 것이긴 하지만 프로이트학파의 무의식에 대한 융의 증거들은 몽땅 사기라고 주장했다. 취리히 의사인 루트비히 프랑크와 뮌헨에서 온 오토 그로스Otto Gross가 나서서 이러한 비난들을 저지하고 융과 프로이트를 변호했을 때 의심할 바 없이 융은 안도했다. 이 후의 모임에서도 그로스는 프로이트와 융의 이론을 자신의 글에서 인용하기까지 했다.

독일과 스위스의 의사들이 융이 "중대한 프로이트 논쟁"이라고 부른 논의에 휩쓸릴 때, 프랑스 사람들은 그렇게 깊게 관여하지 않았다. 프랑스 의사들은 히스테리에 대한 프랑스의 공헌들에만 집중했고, 라인 강 건너의 소동에는 침묵했다. 하지만 피에르 자네는 최종적인 발언을 해야 했기에 전체 과정을 점검해야만 했다. 자네는 "브로이어와 프로이트의 연구는 15년 동안 최면과 반사적인 글쓰기automatic writing를 통해서 히스테리 환자들의 정신상태를 분석했던 프랑스 의사들의 걸작에 대한 흥미로운 기여"라고 말했다. 이 프랑스 사람은 잠재의식적 생각들의 가치에 대해 이야기하면서 그 빈 사람이 어떤 히스테리성 사람들의 성에 대하여 "고정 관념"을 가지고 있다는 사실에 주목했고, 그것을 지나치게 일반화했다고 피력했다. 결국 프랑스 정신병리학에서 파생된 프로이트의 이론은 거대한 독일의 철학적인 추론에 휘말리게 되었다. 이로써 이 회의는 프로이트와 융에 대한 공격으로 끝나게 되었다.

전보다 훨씬 더 암스테르담 회의는 새로운 저항들을 보여 주었고, 이제 막 날기 시작한 프로이트학파 사람들은 이 문제에 직면해야 했다. 막상 심리학적 과학, 심리적 원인들, 또는 심리치료법의 개념 자체를 무시하는 심리-해부학자들psycho-onatomists과 신경정신과 의사들은 그들을 공격하지 않았다. 그리고 이러한 점들에 대해서 프랑스 사람들은 유럽의 의사대표단의 지지를 얻었다. 프로이트, 융, 그의 동료들은 이제 독일과 스위스의 경쟁자들과 맞붙게 되었는데 그들 중에 베졸라는 심리적 원인과 치료에 대한 자신의 이론을 주장했다. 프랑스 의사들은 프로이트의 이론에서 좋은 것은 그의 것이 아니며 그의 것은 좋지 않다고 노골적으로 무시했다. 프랑스인들은 그들의 이론과 치료법이 그 분야에서 기준이며 프로이트는 각주에 불과하다고 확신했다. 이 회의의 토론자들은 프랑스의 암시적 치료법들로부터 나온 다양한 치료법들의 장점과 약점에 대해서 계속 이야기하며 심리치료의 다양한 것들을 합의하는 데 주력했다. 하지만 프로이트학파의 정신분석에 대해서는 어떤 언급도 하지 않았다.

조용한 프랑스인의 경멸과 함께 독일 대학의 정신과 의사들, 그중에도 심리학적으로 생각했던 분트와 크레펠린의 추종자들이 소란스럽게 들고 일어났다. 취리히의 연상 실험들 때문에, 이 정신과 의사들은 자신들의 실험적인 방법들이 프로이트의 연구를 지지해주기 위해서 사용되는 것을 보았다. 만약 프로이트의 연구가 무의미하다면, 그들의 방법들도 신용을 잃게 될 것이다. 그들은 프로이트의 성 이론을 공격하였고, 그의 실험에 의한 발견들을 암시 탓으로 돌렸다. 더군다나, 그들은 자신들의 동료인 블로일러와 융이 터무니없는 판단의 실수를 범했다고 질책했다. 이러한 반대자들의 공격은 몇 달 동안이나 계속됐다. 하지만 융은 프로이트에게 "한 가지 확실한 것은, 우리의 운동은 결코 다시 잠들지 않습니다. 최악은 사람들의 침묵에 의해서 죽임을 당하는 것입니다. 하지만 그러한 시기는 이미 지나갔습니다."라고 썼다. 포위 공격이 계속되었지만, 프로이트는 융을 안심시켰다. "많은 적들, 더 많은 영예."

II.

융은 옳았다. 더 이상 프로이트와 그의 지지자들을 죽음으로 몰고 가는 침묵은 없었다. 의대생들과 의사들은 훈련을 위해서 취리히로 왔고 독자들은 프로이트, 블로일러, 융, 리클린, 아들러, 자드거, 비텔스, 슈테켈의 글들에 완전히 몰두했다. 정신의학회의 참가자들은 논란이 있는 이론과 방법을 숙지하고 와야 했기 때문에 프로이트학파는 유럽 정신의학의 지도 위에 자리하게 되었다.

그렇지만, 프로이트의 인지도가 상승되었다고는 해도 아직도 초심자들에게 제공할 것이 거의 없었다. 브레슬라우에서 그의 학생이 되기 원하는 사람이 프로이트와 접촉했을 때, 프로이트는 자신이 환자의 입원실도, 실험실도, 연속 강의도 제공할 수 없고, 제공할 수 있는 것이 정말 적다는 것을 시인해야만 했다. 그는 그 방문을 반대하면서 짧은 방문기간 동안에 많은 것을 가르칠 수 없다고 말했다. 이와는 대조적으로, 부르크휠츨리는 지속적으로 밀려오는 젊은 의사들을 수용할 수 있는 의과대학 부속병원이었다. 그들은 취리히에서 일정 기간 동안 머물다가, 런던, 뉴욕, 부다베스트, 예나, 제네바, 뮌헨으로 프로이트가 "전염병의 핵심"이라고 농담처럼 말한 것을 가지고 고향으로 갔다.

이렇게 널리 퍼진 프로이트학파 사람들은 국제 회합을 요구하기 시작했다. 1907년 11월 30일, 융은 프로이트에게 편지를 써서 한 명의 영국인과 두 명의 헝가리인이 프로이트 추종자들의 회합에 대한 생각을 거론했다고 전했다. 프로이트는 매우 기뻤다. 그러나 이 일은 융과 영국인 어니스트 존스가 프로이트학파의 연구들을 알리는 국제학술지를 만드는 데 관심을 쏟게 되면서 멈추게 되었다. 학술지는 프로이트가 제안한 것처럼 정신병리학과 정신분석을 앞세운 이름을 가질 수도 있었고, 또는 결연하게 정신분석만을 위해서 만들어 질 수도 있었다. 프로이트는 "우리 생각들의 생사가 걸린 문제"일 수 있다고 다소 격앙된 서신을 보내왔다. 융은 열정적으로 답변했지만, 학술지를 〈정신병리학의 기록*Archive for Psychopathology*〉으로 하자고 제안했다. 하지만 이 이름에서는 공교롭게도 프로이트의 창조물에 대한 어떠한 흔적도 보이지 않았다.

국제학술지가 프로이트학파 사람들의 적은 수로는 잘 진행될 수 없었기 때문에, 융은 공통의 관심사를 가지고 있는 심리치료사들과 정신병리학자들이 운영하고 있는 학술지를 통합 정리할 것을 고려했다. 그는 제네바로 가서 클레파레드와 플라우노이에게 그들의 잡지인 〈심리학의 기록Archives de Psychologie〉을 접고, 당장은 돈을 좀 잃을지라도 국제학술지로 만들지 않겠냐고 제안했다. 그들은 프로이트학파 학술지의 독자가 적을 것이라는 걱정에도 불구하고 동의했다. 융은 미국의 모턴 프린스Morton Prince에게도 그의 〈비정상 심리학 학술지〉 대신에 새로운 국제학술지를 만들어 보자고 제안했는데, 프린스는 이중으로 출판하기를 원했고 융은 이 제안을 받아들일 수는 없었다.

학술지에 대한 협상이 여기서 멈추자, 융은 회합을 조직하는 데로 에너지를 다시 돌렸고 얼마 지나지 않아 광고지가 융의 이름으로 나갔다.

> 다방면에서 프로이트의 가르침을 지지하는 사람들은 그들의 임상적 경험들을 논의하고 생각들을 나누는 기회를 가질 수 있는 연간 모임을 갖고 싶다고 누누이 말해왔다. 프로이트의 지지자들이 비록 현재 수가 적을지라도 유럽 각지에 흩어져 있기 때문에, 우리의 첫 번째 모임은 서유럽에서 온 동료들이 참석할 수 있도록 올해 프랑크푸르트에서 열리는 제3차 실험심리학회합(4월 22일~25일) 바로 다음에 열려야 된다고 제안되었다. 그 모임의 장소로 제안된 곳은 잘츠부르크이다.

그 모임은 〈제1회 프로이트학파 심리학 회합〉이라고 부르기로 했다. 융이 선택한 회의의 명칭에 어니스트 존스은 경악했는데, 그 이름이 주제보다는 한 사람에 대한 충성을 드러냈기 때문이었다. "그 회합을 〈프로이트학파 심리학 회합〉으로 부르는 것에 대한 항의는 허사로 끝났고, 그 용어는 과학적 연구의 객관성에 대한 나의 생각들을 침해했다."고 존스는 후에 회상했다. 그는 그 회합을 〈제1회 국제 정신분석 회합〉이라고 부르자고 제안했다. 그러나 융은 광고지를 변경하지 않고 보냈고, 존슨이 그 "광고 전단지의 허세적인 제목"에 당황했다고 '교수님'에게 자랑스럽게 말했다.

프로이트는 아마도 어떤 면에서는 분명하지만, 왜 융이 그 제목을 허세적인 것으로 생각했는지 의아하게 생각했을 것이다. 1908년, 대부분의 취리히 사람들과 많은 빈 사람들은 나름의 이론적 신념을 가지고 있었지만, 아직은 프로이트의 구역에 전적으로 들어와 있지는 않았다. 더욱이, 대부분의 다른 나라 회원들은 취리히에서 훈련을 받았는데, 그곳에서 융과 블로일러가 수정한 프로이트 이론을 받아들였다. 참석하게 될 많은 사람들에게, 프로이트학파라고 광고에 실린 것은 그들의 관심사를 부정확하게 표현한 것이었거나 절충한 것이었다. 이러한 염려들을 누그러뜨리기 위해서, 융은 "이 계획의 철저한 비공식적 특성"을 강조했다. 후에 한 참석자가 자신의 발표를 어떻게 인용해야 되냐고 물었을 때, 프로이트는 그에게 그 회합을 공식적으로 언급해서는 안 된다고 말했다.

약 45명의 사람들이 1908년 4월 27일에 잘츠부르크에 있는 브리스톨 호텔에서 프로이트학파의 비공개적 국제 모임에 참석했다. 이 모임의 국제적 성격은 수수했고, 빈 사람들과 스위스 사람들의 봄 소풍 같았다. 거기에는 오스트리아와 스위스 밖에서 온 12명의 프로이트 지지자들이 있었다. 이 사람들 각자는 부다페스트, 베를린, 뉴욕, 런던, 뮌헨에서 없어서는 안 될 특사가 될 것이었다.

잘츠부르크의 모임을 계획한 사람들 중의 한 명이 어니스트 존스였다. 젊은 의사로서 그는 프랑스 정신병리학을 공부하기 시작했다. 그 때, 외과 의사였던 친구 윌프레드 트로터Wilfred Trotter가 〈뇌*Brain*〉에 실린 히스테리에 대한 프로이트의 연구를 자세히 기술한 비평에 대해서 언급했다. 1906년 즈음에 존스는 자기 방식의 정신분석을 런던에서 시도했었다. 존스는 암스테르담에서의 국제회의에 참석해서 많은 부분 자네에게 의존한 히스테리에 관한 글을 발표한 후에 융과 아는 사이가 되었다. 그는 융에게 자신이 조용히 정신분석을 시도하고 있다고 말했고 융은 그에게 부르크휠츨리를 방문해 달라고 초대했다. 취리히에서, 존스가 취리히 프로이트학파의 두 번째 모임에 참석했을 때, 그곳에서 융의 "부다페스트 친구들"과 함께 국제회의에 대한 생각을 갖게 되었다. 런던으로 돌아갈 때 융은 존스에게 그곳에서 프로이트학파 학회를 설립하라고 격려했다. 그리고 1908년 4월 27일, 존스와 윌프레드 트로터가 잘츠부르크에 도착했다. 트로터는 큰 감명을 받지 않은 채 돌아갔지만 어니스트 존스는 런던으로 돌아가서 남은 인생을 이 학파에 헌신했다.

부다페스트에서 온 칼 융의 두 친구들도 다른 프로이트 지지자들과 관계를 맺을 수 있는 그러한 모임을 강력하게 요구했다. 필립 스타인Phillip Stein은 헝가리인 정신과 의사였고 알코올에 맞선 저명한 운동가였다. 1905년 부다페스트에서 열린 제10차 국제 반알코올 회합에서 스타인은 그의 동료인 금주자 오이겐 블로일러를 만났다. 그 후 얼마 지나지 않아서 부르크횔츨리에 있는 실험실에서 융과 함께 일하게 되었고 취리히 방법의 열광자가 되어 부다페스트로 돌아갔다.

산도르 페렌치는 프랑스 정신병리학, 성 과학, 대학의 학문적 심리학을 연구하고 있었다. 빈 대학의 의대에서 그는 크라프트에빙의 강의에 참석했고 최면과 히스테리에 대한 프랑스 문헌 연구에 착수했다. 그가 처음 프로이트의 이름을 접하게 되었을 때 그렇게 큰 감명을 받지는 않았다. 졸업 즈음에 그는 1897년 다시 부다페스트로 돌아가서 로커스Rokus 병원의 매춘부 병동에서 일을 시작했다. 그는 최면, 무의식 상태에서 글쓰기automatic writing, 암시적 치료법들을 계속 연구했고, 과학 분야 동료들의 편협한 물질주의에 대해서는 분노했다. 융과 플라우노이처럼, 그는 무의식적 정신세계의 현현으로서 심령술에 대한 실험적 연구에 관심을 갖게 되었다. 매춘부와의 작업 때문에 페렌치는 성 과학과 성 개혁에 자연스럽게 다가갔다. 그는 동성애자들의 방어를 위한 마구누스 히르슈펠트의 국제위원회의 부다페스트 대표가 되었다. 이 그룹은 동성애를 합법화하려고 했다.

많은 면에서 페렌치의 학문적 여정은 프로이트의 것과 비슷했지만, 이 빈의 의사에게서 큰 인상을 받지 못했다. 그는 프로이트의 꿈 책을 비평해 달라는 제안을 거절하기도 했다. 그러나 1906년, 융의 연상 실험을 읽은 후에 페렌치는 달려 나가 비슷한 실험책을 구입했고 개심자가 되었다. 그리고 마침내 융이 프로이트를 방문한 후에 부다페스트로 갔을 때 그곳에서 스타인과 머물면서 페렌치를 만나게 된다. 페렌치는 1907년 부르크횔츨리에 왔다. 그리고 어떤 면에서 융에게 분석을 받았다. 그 후 융은 프로이트에게 스타인과 페렌치를 위해서 소개 편지를 썼다. 이 헝가리 사람들은 1908년 2월 교수님을 만났다. 프로이트는 깊은 인상은 받았고 그 자리에서 페렌치에게 곧 다가올 잘츠부르크의 모임에서 글을 발표하라고 제안했다. 몇 달 후에 산도르 페렌치는 헝가리

의사들과 학자들에게 프로이트와 융을 지지하는 강의를 하고 글을 썼다.

잘츠부르크 회합에는 미국인 아브라함 아든 브릴Abraham Arden Brill도 있었다. 1884년 오스트리아의 유대인 가정에서 태어난 브릴은 15세에 미국에 갔다. 여러 가지 색다른 일을 하면서 시립대학을 다녔고, 컬럼비아 의대를 졸업했다. 그는 병리학자로 일을 시작했다. 하지만 곧 싫증을 느끼자 임상적인 일을 준비하기 위해서 유럽으로 여행을 가기로 결심했다. 브릴이 처음으로 간 곳은 파리였고, 그곳에서 신경학자인 피에르 마리Pierre Marie 밑에서 일했다. 혼란을 겪고 있던 브릴에게 미국인 프레드릭 피터슨Frederick Peterson이 부르크횔츨리에 가보라고 권했고, 브릴은 1907년 여름에 그렇게 했다. 브릴이 도착했을 때 취리히 사람들은 진단적 연상 연구의 정점에 올라 있었다. 9개월 동안, 그는 3등급 의사의 위치에 있었으며, 취리히 프로이트학파 그룹의 모임들에 참석하고, 연상 방법들을 배우고, 이 새로운 방법으로 환자들을 치료했다. 브릴은 조발성 치매증을 가진 한 환자를 연상 검사와 프로이트 이론의 해석을 이용하여 치료한 것에 대한 설명을 발표했는데, 그 환자가 억압된 성적 콤플렉스들을 가지고 있었고, 그러한 것들이 정신이상을 유발했다고 결론을 내렸다. 이것은 아직 블로일러나 융도 받아들이지 않고 있었던 온전한 프로이트학파 이론의 입장이었다. 브릴은 또한 조발성 치매증의 심리학에 대한 융의 책을 영어로 번역하기 시작했는데, 이 일은 프로이트를 번역하는 것으로 발전되었다.

1908년, 브릴은 뉴욕으로 가면서 정신분석을 가지고 돌아갔다. 프로이트를 단지 읽기만 했던 아돌프 마이어Adolph Meyer, 모턴 프린스, 그리고 다른 사람들과는 다르게, 브릴은 유럽에서 개인적으로 지도를 받은 것을 자랑할 수 있었다. 그는 미국에서 두 명의 지지자, 제임스 J. 퍼트넘James J. Putnam과 스미스 일리 젤리프Smith Ely Jelliffe를 교육했다. 젤리프는 브릴의 경험이 자신의 이해를 깊게 해주었고, 브릴의 설명들은 "광범위한 일반적인 의학적 경험을 모으고, 구체화하는 방법을 가지고 있다."는 것을 알게 되었다. 젤리프는 "나는 근본에 도달했다고 느꼈고 확신을 가질 수 있었다."고 말했다. 브릴, 퍼트넘, 젤리프와 함께, 정신분석은 미국에서 강력한 지지자들을 얻을 수 있었다.

부유한 러시아인 막스 에이팅곤이 1906년 학생으로 취리히에 왔다. 같은 해에 그는 한 환자를 '교수님'에게 보내려고 프로이트와 서신을 왕래하기 시작했다. 취리히에서 에이팅곤의 별명은 "오블로모프"였는데, 이 인물은 러시아 소설에서 많은 것을 약속하지만 가지고 오는 것은 거의 없는 나태한 인물이었다. 그러나 그가 1909년 베를린에 정착하게 되자 그는 참으로 많은 것을 가져왔고, 이 도시에서 정신분석을 설립하는 데 그의 재산을 헌납하기까지 했다.

한편, 베를린에서 미래의 정신분석 지도자는 카를 아브라함이었다. 브레멘에서 유대인의 부모에게서 태어난 아브라함은 블로일러의 생각을 존경했고 부르크횔츨리에서 일하기로 결심하게 되었다. 의대 졸업 후 3년, 아브라함은 취리히에서의 자리를 보장받았는데, 그곳에서 프로이트의 연구를 알게 되었다. 융에게 매혹된 많은 학생들과는 달리 아브라함은 융에게는 거리를 유지하는 한편, 프로이트의 생각에 열정적으로 흠뻑 빠졌다. 1907년, 아브라함은 성적 트라우마와 조발성 치매증에 대한 글을 썼고 그것을 프로이트에게 보냈다. 프로이트는 이미 완전히 거부된 이론을 다시 사용한 것이 당황스러웠지만 이 젊은이에게 축하의 메시지를 보냈다. "나는 자네가 그 문제의 성적인 면을 다룬 것이 특별히 좋았네. 누구도 그 측면은 거의 접근하지 않을 것일세."

10월, 독일계 아브라함은 프로이트에게 그가 부르크횔츨리를 떠날 것이라고 말했다. "독일에서는 유대인으로서, 스위스에서는 외국인으로서, 나는 7년 동안 부과장 이상으로는 승진하지 못했습니다."라고 불평했다. 학문적 정신의학에 기반을 둔 병원에서는 자신에게 미래가 없다고 확신한 아브라함은 베를린으로 옮겨서 개인병원을 세우기 원했다. 그는 프로이트에게 환자를 보내달라고 부탁했다. 프로이트는 독일에서 자신이 종종 환자를 보낼 의사가 필요했다고, 만약 아브라함을 "나의 제자, 나의 추종자"라고 부를 수 있다면 그땐 그에게 즐겁게 환자를 보낼 수 있을 것이라고 조심스럽게 대답했다. 프로이트는 또한 이렇게 언급했다. "만약 독일에서 나의 명성이 커지면, 그것은 분명히 그대에게 유용할 것이네." 아브라함은 기뻤다. 잘츠부르크에 도착했을 때 그는 이미 프로이트 단체의 지지를 위한 베를린에서의 "선전" 운동을 준비하고 있었다.

융이 잘츠부르크에 초대한 다른 의사는 암스테르담에서 프로이트를 위해 용기 있게 설 수 있는 사람이었다. 1908년, 오토 그로스Otto Gross는 아마도 젊은 의사들 중에서 가장 촉망 받는 사람이었을 것이다. 신동이었던 그는 유명한 범죄학자인 한스 그로스Hans Gross의 아들이었다. 오스트리아의 그라츠에 있는 의대를 졸업한 후, 그는 의사로서 보직을 가지고 파타고니아에서 식물의 생태를 연구하기 위해 남미로 갔고, 그곳에서 처음으로 코카식물에 대해서 알게 되었다. 그 후, 그로스는 독일로 돌아와서 구덴 교수의 실험실에서 일했다. 그 후 1901년에 그는 마이네르트의 학생이었던 가브리엘 앤톤Gabriel Anton 밑에서 보좌역을 맡았다. 1906년, 에밀 크레펠린의 팀에 합류했을 즈음에 29세의 이 청년은 가장 빠른 학문적 행로를 보였고 몇 개의 야심찬 글들을 써 냈다.

그로스는 심리학적으로 고려가 된 새로운 정신의학의 주장들을 받아들였고, 그것을 이용해서 병리적인 정신상태와 지각상태를 자신만의 독특한 방법으로 분해했고 항목별로 분류했다. 블로일러처럼, 그는 부정적 성향의 문제에 관심을 돌렸고 협조적이지 않은 환자의 다양한 상태에 대해서 세밀하게 탐구하면서, 이러한 거절들이 특별히 무력감의 정서에 근거를 두고 있다고 가정했다. 1904년, 그로스는 신경증과 정신이상의 부정적 성향의 형태들을 분류하고 구분해서, 신경증적 부정적 성향을 프로이트의 무의식적 억압의 개념과 연결시켰다. 1907년, 그로스는 프로이트의 생각을 그레펠린의 영역까지 과감하게 확장시켰다. 취리히 의사들이 조발성 치매증을 프로이트에 맞게 재정립하려 했을 때, 그로스는 크레펠린의 주요한 진단인 조울적 정신이상manic-depressive insanity을 변형하려고 했다. 취리히 의사들처럼, 그로스는 심리적 갈등에 대해 좀 더 일반적인 개념을 표방하기 위해서 성 과학적인 프로이트에게 반하는 입장을 취했다. 크로스의 학문적 성공과 지적 범위는 프로이트의 서클에서 단연 두드러졌다. 하지만 프로이트와 융이 알고 있었듯이 다른 사람들은 오토 그로스를 그렇게 생각하지 않은 듯했다.

괜찮은 문벌을 가진 또 다른 국제적 추종자는 잘츠부르크에 있지 않았다. 블로일러에 대한 존경 때문에, 루트비히 빈스방거Ludwig Binswanger는 1906년 열정을 가지고 부르크횔츨리의 의사로 합류했다. 콘스턴스 호수의 스위스 쪽에 있는 크로이츠링엔Kreuzlingen에서 태어난 루트비히는 그 마을 클리닉의 원장이었던 로베르트 빈스방거의 아들이었다. 그 클리닉은 요제프 브로이어가 베르타 파펜하임을 입원시켰던 곳이다. 게다가, 빈스방거의 삼촌 오토 빈스방거는 예나에서 대단히 존경받는 정신의학과 교수였고 히스테리에 대한 글도 썼다. 취리히의 로잔과 하이텔베르크에서 공부한 후에, 루트비히는 부르크횔츨리로 돌아오기로 결정했다. 그곳에서 융의 감독 아래 진단적 연상 방법을 사용했다. 1907년, 빈스방거는 부르크횔츨리를 떠나 예나에서 그의 삼촌과 일했고, 정신병원 환자들에게 정신분석을 시도했다. 프로이트학파 사람들이 잘츠부르크에서의 모임을 준비하고 있을 때, 빈스방거는 결혼했고 그것이 아마도 참석할 수 없었던 유일한 이유였을 것이다. 몇 달 후, 그는 그의 아버지가 있던 크로이츠링엔에 있는 벨뷰 병원에 합류했다. 그곳에서 대학의 학문적 정신의학과 프로이트의 생각을 통합하고자 노력하는 중요한 사람으로 빠르게 성장해갔다.

빈스방거는 없었지만, 잘츠부르크의 회합을 참석하고 자신들의 도시로 돌아가서 프로이트학파의 공동체를 설립하려는 프로이트의 정신분석의 사도들이 있었다. 어떤 이들은 학회를 만들었고, 또 어떤 이들은 글을 쓰기도 하고, 강의하고, 회유하고, 전파했다. 국제 프로이트학파 사람들은 공통적으로 취리히 사람들에게 은혜를 입었다. 부르크횔츨리에서 성취한 프로이트 연구의 경험론적 입증 덕분에 이 사람들은 확신에 차서 취리히를 떠났고, 억압된 무의식이 과학적으로 옹호될 수 있다는 믿음을 가졌다. 그들은 역동적 무의식이 취리히에서 입증되었다고 믿었고, 이러한 확신을 종종 잘 이해하지 못하는 세상으로 가지고 갔다.

1907년의 암스테르담 회합이 프로이트학파가 직면하고 있었던 외부의 반대를 없애 버렸다고 한다면, 잘츠부르크 회합은 초기 공동체 안에 있는 잠재적인 갈등들을 보여주었다. 잘츠부르크에는 취리히 사람들, 빈 사람들, 유대인들과 이방인들, 의사들과 성 개혁자들이 있었고 이러한 극도의 다양성이 문제를 만들 수 있었다.

잘츠부르크 모임이 이루어지기 전에도 국제적 공동체에 대한 프로이트의 욕구는 빈의 지지자들과의 관계를 변화시켰다. 프로이트는 현지인들이 스위스에서 온 학자들 앞에서 자신을 난처하게 할 것을 걱정했다. 융은 '교수님'을 안심시키려고 했지만, 존스에게는 프로이트가 "퇴화된 보헤미안 사람들"에 둘러싸여 있다는 것이 유감스러운 일이라고 몰래 말했다. 수요그룹을 직접 방문한 존스는 융의 견해가 공평하지 않으며, 반유대주의일 수도 있다고 결론지었다. 하지만 그는 빈 사람들이 그렇게 인상적이지는 않다는 융의 생각은 지지했다. 또 다른 취리히의 훈련생인 카를 아브라함은 빈 사람들 가운데 일어나고 있는 안타까운 상황들에 대해서 언급했지만 대부분이 중요하지 않은 것으로 생각했다.

빈으로부터 자신을 멀리하고 취리히에 더 가깝게 가려는 프로이트의 소망에 또 다른 요소가 역할을 했다. 1906년 빈의 추종자들은 거의 대부분 유대인이었다. 그것이 단순히 빈의 진보주의의 인구통계학의 결과였는지 또는 인종주의의 결과였는지에 상관없이, 만약 정신분석이 유대인의 과학으로 보여진다면 정신분석은 완강한 저항을 만나게 될 것을 프로이트는 직감했던 것이다. 프로이트학파 공동체에 취리히 사람들이 추가된 것은 인종주의의 꼬리표를 떼어주었다. 블로일러, 융, 리클린, 존스, 빈스방거, 플라우노이, 클레파레드, 프린시 모두 기독교인들이었다. 프로이트의 이론들을 더 넓은 세계로 확산시키려는 노력이 반유대주의에 의해서 좌절되지 않을 거라는 희망이 보였다.

그렇다고 프로이트가 이 운동을 전적으로 취리히 사람들에게 양도했다면, 그의 성심리 통합이론은 위험에 처하게 되었을 것이다. 블로일러와 융은 프로이트의 성 이론의 과도한 부분에 대해서는 공식적으로 반대하는 입장을 취하고 있었다. 그러므로 잘츠부르크 회합은 '교수님'이 취리히 사람들을 설득할 수 있는 기회가 되었다. 융은 프로이트에게 행사를 여는 임상에 대한 발표를 해달라고 부탁했다. 이것은 명확한 요청이었는데, 빈에 살고 있지 않은 프로이트학파 사람들은 분석을 어떻게 하는지에 대한 밑그림이 거의 없었기 때문이었다. 프로이트는 강박적 신경증을 가지고 있었던 29세의 법률가의 사례를 발표하기로 정했다.("쥐인간"의 사례. 나중에 다시 언급하게 될 것이다.) 프로이트는 이 사례를 통해 유아적 성적 갈등들이 신경증을 일으키는 과정을 입증했다고 생각했고, 때마침 프로이트가 취리히 사람들에게 리비도 이론을 설명할 좋은 기회였다.

그의 발표는 목마른 사람에게 시원한 물 같은 것이었다. 심지어 프로이트는 사람들의 열화와 같은 요청에 의해 거의 5시간동안 이야기를 계속했다. 아쉽게도 그 발표에 대한 기록은 없지만 프로이트는 같은 사례를 수요 모임에서 논의했다. 그는 임상적 기법으로서 자유 연상에 대해서 이야기했고, 그것은 취리히 실험실에서 사용하는 유도하는 기법과는 다른 것으로 설명했다. 잘츠부르크에서 그 사례를 분석하면서, 프로이트는 "같은 사람에 대한 사랑과 분노의 변화, 그 두 태도의 분리는 분노의 억압으로 귀결된다."고 설명했다. 이 생각은 분명히 오이겐 블로일러에게 익숙한 것이었는데, 일 년 전에 그는 이 이론을 서신왕래에서 프로이트에게 말했었다. 잘츠부르크에서 프로이트가 블로일러의 공헌에 대해서 인정했는지는 분명하지 않지만 초기에 출판된 이 사례 글에서 프로이트는 그 스위스 의사에 대한 어떤 언급도 하지 않았다.

칼 융의 발표는 잘츠부르크의 청중들에게 놀랄만한 것은 아니었다. 조발성 치매증에서 무의식의 콤플렉스는 어떤 "X" 독소와 함께 작동하고 있고, 이것이 정신신경증과 다르다는 견해의 반복이었는데 융이 이미 발표한 내용이었다. 이 신중한 의견은 블로일러도 의견을 같이 하고 있었고 거의 논쟁을 일으키지 않았다. 잘츠부르크에서 누가 융과 블로일러보다 조발성 치매증에 대해서 더 많이 알고 있다고 주장하고 나서겠는가? 놀랍게도 카를 아브라함이 그랬다. 그렇지 않다면, 프로이트가 아브라함을 통해서 이야기했던 것인가? 프로이트는 조발성 치매증이(또는 "피해망상paranoia", 프로이트는 이렇게 부르는 것을 선호했다.) 발달의 초기 단계에서 성심리적 갈등으로 유발될 수도 있다는 생각을 퍼뜨리고 있었다. 브릴같은 몇몇 젊은 의사들은 정신이상에 대하여 전적으로 심리학적인 견해를 추구했다. 하지만 융이 그것을 받아들인다면 그는 대학의 정신의학에서 신용을 잃을 수도 있었다. 그는 조발성 치매증이 커다란 뇌의 손상처럼 보이는 증상들을 가진 무섭고, 맹렬한 질병이라는 것을 알고 있었다. 그는 이 병의 현상이 정신분석적으로 설명될 수도 있을 거라고 넌지시 암시했다가 사나운 공격에 노출된 적이 있었다.

융과는 달리 카를 아브라함은 잃을 것이 없었다. 일 년 전에 그는 조발성 치매증과 성적 요소들의 관계를 조사하기 시작했다. 처음에는 그도 증상들이 성적 트라우마에서 기인할 수 있다고 주장했다. 아브라함이 자신의 글을 프로이트에게 보냈을 때, 교수님은 취리히 사람들이 히스테리와 조발성 치매증 사이에서 비슷한 점들을 열심히 찾고 있을 동안 그는 그것들의 성심리적 차이점들에 대해서 생각하고 있었다고 대답했다.

아브라함은 이러한 안내를 받아들였고, 1907년 겨울, 프로이트를 방문해서 히스테리와 조발성 치매증에 대한 긴 토론을 가졌다. 그리고 아브라함은 막스 에이팅곤에게 편지를 썼다. "프로이트는 내가 이 주제에 대해서 조속히 다룰 것을 매우 원하고 있소." 아브라함은 치료하고 있었던 정신이상의 사례가 있었다. 이 환자는 프로이트도 한번 보았던 사람이었고, "G" 또는 "괴를리츠" 환자라고 불렀다. "G의 사례는 조발성 치매증에 대한 우리의 개념, 즉 신경증과의 차이점 때문에 매우 중요한 환자처럼 보입니다." G는 세상에 대한 성적인 거절에서 부정적 경향성을 드러냈다. 1월, 아브라함이 융으로부터 잘츠부르크에서 연설해 달라고 부탁을 받았을 때, 그는 〈히스테리와 조발성 치매증 사이의 성심리적 차이점〉이란 제목의 글을 준비하고 있었다.

융은 아브라함과 프로이트 사이의 서신왕래에 대한 풍문을 들은 후, 교수님에게 자신은 그 옛 동료를 싫어한다는 것을 말했다. 융은 그를 믿을 수 없고 경쟁심이 강하며 독단적인 사람으로 생각했다. 어찌되었든 카를 아브라함은 잘츠부르크에서 글을 발표했고, 프로이트의 제안들에 대해서는 어떤 언급도 하지 않았으며, 하물며 조발성 치매증에 대한 오이겐 블로일러와 칼 융의 획기적인 연구도 언급하지 않았다. 프로이트는 아브라함에게 그의 제안들에 대한 소유권을 가져가라고 분명하게 요청했는데, 이러한 방식의 생각을 공개적으로 표명하는 것이 블로일러와 융과의 관계를 위태롭게 할 수도 있다는 것을 염려했기 때문이었을 것이다. 그러나 융은 그 일에 격노했다. 그는 씩씩대면서 "잘츠부르크에서, A의 강의의 출처를 밝히기 원하는 어떤 신사에게 애원하는 것으로 스캔들을 방지할 수 있었습니다."라고 말했다. 또한 새로운 국제학술지의 발행을 앞두고 융은 결연하게 프로이트에게 이 학술지는 그런 표절 연구를 출판하지 않을 것임을 못 박았다. 결국, 아브라함은 프로이트와 약속했던 융과 블로일러의 영향과 프로이트와 있었던 커뮤니케이션에 대한 각주를 첨가했다. 하지만 그는 그 연구를 다른 곳에서 출판함으로써 융을 비웃었다.

출판된 논문에서 아브라함은 리비도 안에 담겨져 있는 쇼펜하우어의 세계관을 펼쳐놓았다. 리비도는 사람들과 사물들에 대하여 인간적인 정서적 반응들을 만들어 내고, 성적 전이들을 도처에 투사한다. 그러한 전이들의 부재는 조발성 치매증과 부정적 경향성의 특징이기도 하다. 세계와의 정서적 단절은 자기성애autoerotism 단계에서 진행되는 발달상의 실패의 결과인데, 비정상적인 성심리적 구조로 인하여 발생하는 것이다. 아브라함은 그 논문에서 "최근에 논의된 독소 이론"에 대한 의문을 제기한다. 그는 또한 수정된 정신분석적 방법이 발달적 진행을 회복시키고, 정신이상을 치료할 수도 있다고 넌지시 말했다.

이로써 경쟁의 씨앗이 심어졌지만 잘츠부르크의 축제를 망칠만큼은 아니었다. 의사들과 성적 이상주의자 간의 긴장도 없었다. 오토 그로스가 프로이트를 도덕적 혁명이라고 소리 높여 외치자, 프로이트는 건조하게 "우리는 의사다. 그리고 의사로 남는 것이 우리의 의도이다."라고 대답했다. 이때가 유일하게 어색했던 순간이었고 그 외에는 큰 성공이었다. 국제적 프로이트학파 공동체는 하나로 합쳤다. 프로이트는 성심리에 대한 자신의 견해를 취리히의 회의론자들과 훈련받은 많은 사람들이 모여 있을 때 역설했다. "나는 이 회합에서 프로이트가 거둔 확실한 승리보다 더 놀랄만한 승리를 본적이 없었다."고 프리츠 비텔스는 회상했다. "신중한 스위스 사람들은 제기할 많은 좋은 반론을 가지고 있었다. 하지만 프로이트는 자신의 발언의 분명함과 추진력으로 비평가들의 마음을 흔들어 놓았다." 융은 블로일러가 조발성 치매증의 심리적 원인에 대해 거의 설득되어서 그 회의를 떠났다고 보고했다. 프로이트는 확신에 차서 그 회의를 떠났다. 비텔스의 말에 의하면 "취리히학파의 성장을 통해서, 그의 가르침은 과학의 영역에 발을 들여 놓을 수 있었다."

잘츠부르크 회합 후에, 프로이트는 막스 에이팅곤, 루트비히 빈스방거, 카를 아브라함, 산도르 페렌치 같이 흩어져 있는 추종자들과 서신왕래를 시작했다. 잘츠부르크에서의 모임은 자칫하면 허세적인 제목처럼 될 수 있었지만 그것이 끝나자 현실에 가까운 것이 되었다. 잘츠부르크의 행사 동안에 융, 블로일러, 프로이트는 존스, 페렌치, 브릴, 아브라함을 만나서 블로일러와 프로이트가 공동대표로, 융이 실질적인 편집인으로 하는 독일어 국제 프로이트학파 학술지의 기반을 만들었다. 이 학술지에 꼭 맞는 이름을 찾고자 애쓰고 있을 때, 또 다시 명확하게 정리되지 않은 정체성에 대한 질문들이 터져 나왔다. 융의 "정신병리학 기록"은 프로이트학파에 대한 어떠한 언급도 없었던 반면, 프로이트는 "성심리적 그리고 정신분석적 연구들을 위한 연보*Yearbook for Psychosexual and Psychoanalytic Researches*"를 제안했다. 그러자 융은 "정신분석과 정신병리학을 위한 연보*Yearbook for Psychoanalysis and Psychopathology*"를 제안했는데, 이것은 성심리에 대한 언급을 삭제하고 정신분석을 분명하게 인정하는 것이었다. 결국 이 학술지는 〈정신분석적 그리고 정신병리학적 연구를 위한 연보〉라고 부르기로 합의했다. 이 새로운 정기 간행물은 정신분석과 정신병리학의 일반적인 연구를 연결하고 있었는데, 프로이트학파에게 토론의 장을 제공했다. 여기서 처음으로 그들은 자신들의 생각들을 발전시킬 수 있었다.

III.

막후에서 벌어지고 있었던 아브라함과 융 사이의 갈등은 잘츠부르크의 행복감이 오랫동안 지속되지 않을 수도 있다는 것을 암시했다. 어떤 프로이트학파 사람들은 프로이트의 리비도 이론에서 일부 견해만을 받아 들인 반면 다른 사람들은 성심리psychosexuality를 온전히 받아들였다. 이러한 온전한 추종자들이자 취리히와 견줄만한 새로운 회원이었던 존스와 페렌치와 아브라함은 블로일러와 융과 같이 부분적으로 프로이트학파인 사람들을 공격하기 시작했고, 드러내 놓고 프로이트의 이론에 박차를 가했다. 오히려 프로이트는 이런 열렬한 전사들로 인해 놀랐고, 자드거는 "손 쓸 도리가 없는 보수 정통 광신자"이고, 존스는 열심당원인데 "모든 형질유전을 부인하고, 그의 생각에는 나조차도 수구세력"이라고 융에게 말했다. 몇 달이 지나서야, 프로이트는 이 새로운 열성회원들을 진정시킬 수 있었다. "우리는 우리의 견해들을 아무 생각없이 앵무새처럼 되뇌는 것을 요구하지 않는다. 그리고 나의 모든 추종자들은 그들 자신의 작업에 의해서 확신이 갈 때까지 판단을 보류해도 된다."

그렇지만 프로이트는 양쪽 일을 다 했다. 한쪽은 편안하게 해주는 반면, 열심당원들에게는 성 이론에 대해서 취리히 사람들에게 압박을 가하라고 권했다. 그리고 프로이트는 상황을 정확하게 계산했다. 빈 방문 후에 카를 아브라함은 에이팅곤에게 프로이트가 그의 추종자들에게 등급을 매기고 있다고 보고했다.

> 프로이트는 그의 추종자들을 세 개의 등급으로 나누었소. 가장 낮은 곳에 있는 사람들은 일상의 정신병리학만을 이해하고, 두 번째에 있는 사람들은 꿈과 신경증에 대한 이론을, 세 번째에 있는 사람들은 성 이론까지 따라오고 리비도 개념을 받아들인 사람들이었소.

환심을 사려는 학생처럼 아브라함은 "그는 나를 세 번째 등급에 포함시켰소. 이것은 나에게 매우 만족스러운 일이었소."라고 보고했다.

프로이트의 이론에 가장 강력한 지지자들이었던 오이겐 블로일러와 칼 융은 한쪽에서는 독일 학자들에게, 다른 편에서는 프로이트학파의 정열적으로 투신한 사람들에게 압박당하고 있었다. 잘츠부르크 회합 전에 프로이트는 융이 겁이 많고 리비도와 관련해서 억제하고 있다고 꾸짖었으나, 반면에 그의 동료에게는 그 이론을 부분적으로 받아들이는 것도 괜찮다고 안심시켰다. 아브라함을 통해서 프로이트는 간접적으로 취리히 사람들에게 열을 가할 수 있었는데, 그들은 빠르게 프로이트를 그들의 이미지에 맞게 만들어 내는 힘을 가지고 있었다. 그들의 프로이트는 과학적 인정을 얻고 있었고 새로운 추종자들을 끌어들이고 있었다. 그래서 성의 이슈에 대한 그들의 침묵은 빠르게 배가되는 힘을 가지고 있었다.

이것은 미묘한 게임이었다. 프로이트는 융을 너무 강하게 압박하는 것은 원치 않았다. 그는 아브라함이 융을 압박해서 공개적으로 반대 입장을 표명하게 하려는 시도에 대해서 훈계하면서, 융이 부르크휠츨리의 원장으로서 독립적으로 행동하고 있지 않다는 것을 상기시켰다. 융은 또한 목사의 아들이었다라고 말했다. 프로이트가 의미한 것은, 한때 독실한 기독교인은 프로이트의 성심리적 입장을 받아들이기 위해서 내면의 큰 장애물을 극복해야만 한다는 것이었다. 동시에 융은 정신분석에서 중요했는데, 그가 정신분석을 "유대인의 국지적인 일"이라고 하는 비방으로부터 보호해주었기 때문이었다.

프로이트의 급진주의자들은 쉽게 누그러지지 않았다. 잘츠부르크 후에, 융은 다시 어니스트 존스에게 정신이상에 대한 자신의 견해를 변론했다.

> 헤겔이 그의 철학이 현실과 맞지 않다고 하는 비난을 평가할 때, "현실에게는 애석한 일이다."라고 말했다. 나는 반대로 말한다. 만약 내가 조발성 치매증에 대한 분명한 심리학적 이론을 만들 수 없다면, 나는 그 병이 우리에게 주는 인상들에 나 자신을 맞추도록 노력할 것이다.

정신이상psychosis에 대한 논쟁은 더 이상 심각한 정신이상에 대한 논의가 아니라 프로이트에게 향한 충성심의 시험이 되었다. 어쨌든 융은 정신신경증psyhoneurosis의 사례에서는 리비도 이론을 거부하지 않았다. 하지만 그것이 항상 정신이상을 일으킨다는 주장으로부터는 물러섰다. 융은 프로이트에게 편지를 써서 헌신적인 추종자들이 이 운동을 진보시킬 수 없을 것이라고 경고했다. 다른 한편, 아브라함은 계속 융의 주저함에 대해서 불평했다. 프로이트는 양쪽을 잘 다루려고 노력하면서 융에게 편지를 썼다. "우리가 트로이를 포위하고 있을 때 싸워서는 안 된다." 동시에 아브라함을 꾸짖었다. "아직 우리의 수는 매우 적다. 우리 안에서 개인적 콤플렉스에 기초한 불일치는 배제해야만 한다."

잘츠부르크 회합은 빈 사람들 가운데에도 심한 경쟁심을 일으켰다. 회의를 계획하는 것이나 새로운 학술지를 만드는 모임들에게 배제되었을 때 그들은 수치심을 느꼈다. 이 사람들은 프로이트의 오래된 지지자들이었기 때문에 기분이 썩 좋지 않았다. 잘츠부르크 회합 후 집에 돌아왔을 때 프로이트는 알프레트 아들러에게서 온 사직서를 보게 되었다.

아들러의 불만은 아마도 최근에 프로이트를 중심으로 빈에서 일어나고 있는 정신분석학회의 강화와 잘츠부르크 모임에서의 아들러의 축소된 역할로 인해서 생겼을 것이다. 게다가 둘은 또한 이론적으로도 불일치했다. 프로이트가 그에게 학회에 머무르라고 종용한지 불과 며칠 뒤에, 아들러는 리비도 이론과 단호하게 결별하는 글을 발표했다. 아들러는 모든 추동drive은 신체기관의 활동에서 나오고, 공격적인 추동은 성적인 추동과 구별된 형태로 존재한다고 주장했다. 프로이트는 아들러가 "의학과 관계 맺기 위해서" 심리학을 뒤로 했다고 말했고, 아들러가 공격적인 추동이라고 부른 것은 다른 것이 아니라 리비도라고 주장했다. 이 모임에 대한 기록에서 오토 랭크는 긴 논쟁이 계속되었다고만 말했다.

국제 프로이트학파 공동체는 형태를 갖추기 시작했지만 그 경계는 협상되고 있었다. "두 번째 등급 사람들", 즉 프로이트의 성심리 이론을 받아들이지 않는 사람들은 프로이트의 가장 저명한 세 명의 옹호자들인 블로일러, 융, 아들러를 포함하고 있었다. 그들 모두는 잘츠부르크 후에 한층 더 방어적이 되었다. 동시에 심각한 문제들이 세 번째 등급 사람들에게서 일어났다. 그들은 프로이트의 성심리 이론을 아무런 의심없이 온전히 받아들였다.

그중 오토 그로스는 단지 정신과 의사가 아니었다. 그는 성 혁명주의자였다. 그의 뛰어난 정신의학 저술들은 유토피아적 견해에 대한 헌신을 조금만 드러냈을 뿐이었다. 그 견해는 약의 사용이 억제의 제거, 자유로운 성, 일부일처제와 가부장적 질서의 거부를 촉진시킨다는 주장을 포함하고 있었다. 그로스는 부분적으로 프로이트를 통해서 그리고 취리히 사람들을 알게 됨으로써 이러한 신념을 갖게 되었는데, 1902년에 오토 그로스는 약물 중독 때문에 부르크횔츨리에 입원하고 말았다.

신원이 밝혀지지 않은 사람의 오른쪽에 서있는 오토 그로스. 의사, 자유사상가, 프로이트학파, 무정부주의자.

그로스가 에밀 크레펠린의 실험실을 그만두고 뮌헨에서 번성하고 있는 기존 문화에 반항하는 운동의 일부가 되었을 때, 그는 프로이트의 정신분석의 이름으로 혁명을 주장하며 밤낮을 카페에서 보냈다. 그의 옷은 코카인에 절어 있었고, 환자를 본 치료비로 약을 샀다. 빈의 급진주의자 같이 그로스는 억압으로부터 자유로운 사회가 신경증을 치료할 것이라는 견해를 주장했다.

변화에 대한 그로스의 카리스마적이고 매혹적인 요청은 예술가들과 지성인들을 끌어 모았다. 그는 망설임 없이 자신의 신조에 따라 살았고, 환자들, 제자들과 공개적인 성관계를 가졌다. 그로스는 그의 아내, 엘스Else, 프라다 폰 리치토벤Frieda von Richthofen과 사랑의 사각관계에 휩쓸려 들어갔다. "당신은 자유를 위해서 태어났습니다. 오직 자유를 위해서."라고 프라다에게 강조했다. 그녀는 후에 영국 작가인 D. H. 로렌스와 결혼했고 그에게 강한 영향을 주었다.

1907년 암스테르담 정신의학 회합에서, 칼 융을 만난 그로스는 프로이트의 정신분석적 방법에 대한 자신의 적용에 대해서 말했다. 융은 후에 프로이트에게 말했다.

> 의사 그로스는 자신이 사람들을 성적으로 자유분방한 사람을 만드는 것으로써 전이를 빠르게 멈추게 했다고 말했습니다. 그는 분석가에게 일어나는 전이와 그것의 완고한 고착은 단순히 일부일처제의 상징이고 억압의 증상들이라고 말합니다. 신경증 환자들에게 진정으로 건강한 상태는 성적 부도덕함이라고 합니다. 따라서 그는 당신을 니체와 연관시킵니다.

1908년 프로이트학파의 잘츠부르크 모임에서, 오토 그로스는 프라다에게 자신의 평생작업인 문화에 정신분석을 적용한 것을 발표할 것이라고 편지를 썼다. "나의 길은 분명합니다. 프로이트의 거대한 그림자는 더 이상 나의 길을 막지 않습니다." 그러나 그로스의 길은 분명한 것과는 거리가 매우 멀었다. 코카인과 모르핀이 그에게 영향을 주고 있었다. 잘츠부르크 회합 후에 이 뛰어난 젊은 프로이트학파의 혁명자는 다시 부르크휠츨리에 입원했다.

병원에 있는 동안 그로스는 자신의 중독만 치료한 것은 아니었다. 그는 또한 칼 융에게 분석을 하루에 12시간까지도 받았다. 녹초로 만드는 치료동안 어떤 때는 입장이 바뀌기도 했고 융은 자신이 자신의 환자에게서 분석을 받고 있다는 것을 깨달았다. 하루는, 그로스가 부르크휠츨리의 벽을 넘어서 뮌헨으로 도망쳤다. 그곳에서 그는 자신이 만든 프로이트의 이상세계를 그 도시의 사람들에게 계속 전파했다. 급기야 프로이트는 아브라함에게 편지를 썼다. "뮌헨에 전염병의 핵심이 있는 것으로 보인다. 그것이 가장 미친 예술가들과 그런 종류의 사람들에게 영향을 주는 것으로 보인다." '교수님'은 그로스의 행동이 미치는 결과에 대해 좋지 않은 예감을 가졌고 결국 융에게 편지를 썼다. "그는 다시 중독되었네. 그리고 우리의 입장에 큰 손해만을 가할 것이네."

프로이트는 그로스가 단지 미친 예술가들만이 아니라 융도 감염시키고 있었다는 것은 거의 알지 못했다. 그로스가 부르크횔츨리에서 도망간 후에, 융은 그 환자의 떠남이 자신에게 깊은 상처를 입혔다고 고백했다. "나에게 이 경험은 내 인생에서 가장 쓰린 경험들 중 하나였습니다. 그로스 안에서 나는 제 자신의 본질의 다른 측면들을 발견했고, 그는 종종 나의 쌍둥이 형제 같았습니다, 조발성 치매증만을 제외하고는." 오래 지나지 않아서 프로이트도 융이 그로스에게서 발견한 그의 본질의 측면을 발견하게 되었다. 1909년 3월, 융은 자신의 환자였던 한 여성과 어려움을 겪고 있다고 편지에 썼다. 그녀는 그들의 관계가 성적으로 되기를 요구했다. 융은 자신이 한때 "나 자신 안에 있는 일부다처제적 요소에 대해서 전적으로 부적절한 생각을 가지고 있었습니다."라는 은밀한 말을 덧붙였다. 5월에 프로이트는 부르크횔츨리의 한 여성 인턴으로부터 중요한 문제에 대해서 논의할 수 있는지 묻는 편지를 받았다. 프로이트는 그것이 무엇인지 설명해 달라고 요청했고, 그 이야기를 충분히 듣게 되었다.

사비나 슈필라인Sabina Spielrein은 1904년 8월부터 1905년 6월까지 부르크횔츨리에 입원했었다. 융의 보살핌 속에서 그녀의 치료는 전이 문제로 들어가게 된다. 사비나는 자신의 의사와 사랑에 빠졌다. 1905년 9월, 융은 프로이트에게 이 문제와 관련된 첫 번째 편지를 써서 자문을 구하려고 했다. 그 편지에서, 그는 성애적 콤플렉스와 유감스러운 전이를 묘사했지만 결국 그 편지를 보내지는 못했다. 사비나는 프로이트 교수님에게 융이 그녀의 의사로서 일할 때 그녀의 친구가 되었고, 그 다음에는 그녀의 "시인"이 되었다고 말했다. 슈필라인에 의하면, 결혼한 융이 그녀에게 다가와서 일부다처제의 복음을 전파했고, "그로스에 대한 강한 감정과 그가 얻은 대단한 통찰력(즉, 일부다처제에 대하여)으로 인해, 나에게 향한 느낌을 더 이상 억누르고 싶지 않다."고 말했다고 했다. 1908년 봄과 여름에 슈필라인에게 쓴 편지에서, 융은 그녀에게 진보적인 자유를 받아들이고 진부한 인습들로 인해 질식당하지 말하고 설득했다. 슈필라인은 또한 융이 자신 이외에 다른 많은 여자들을 보았다고 썼다. 그 편지는 그녀가 자살을 생각했고, 그녀가 융을 칼로 공격하고, 자신을 상해하고, 결국 피범벅으로 끝나게 된 피투성이의 이야기를 담고 있었다.

융은 프로이트에게 자신을 변호하면서 "그 전체 과정에서 그로스의 개념들이 나의 머리에 너무 많이 스쳐 지나갔습니다."라고 말했다. 그로스는 성을 통해서 전이를 치료하는 것을 주장했지만, 프로이트는 융에게 그 반대로 해야 하고, 프로이트가 "역전이countertransference"라고 부른 것을 극복해야 한다고 융에게 주의를 주었다. 역전이는 분석가의 리비도적 과거가 다시 깨어난 것을 말한다. 그것은 "우리에게 지속적인 문제"였고 통제되어야 한다고 프로이트는 털어 놓았다. 이 중대한 인식은 탁월한 것이었는데 몇 년 동안 공개적으로 논의되지는 못하고 있었다. 그것은 프로이트의 이론이 모두 암시이며, 의사 자신들의 생각을 자신의 환자들에게 투사하는 독심가들의 유감스러운 망상이라고 평가절하하려는 사람들에게 좋은 먹잇감이 될 수 있다는 두려움 때문이었을 것이다.

"내가 보건대, 자네는 블로일러와 그로스의 극단 사이에서 동요하고 있네."라고 프로이트는 융에게 말했다. '블로일러와 그로스 사이에', 그들은 프로이트 공동체의 기둥들이었다. 블로일러는 심리적 결정론을 받아들였지만 성심리 이론에는 입장을 분명히 하지 않았다. 그로스는 프로이트의 성 이론을 너무 공감적으로 받아들여서 그것이 의학적 치료법이 아니라 전투명령이 되었다. 1909년, 오이겐 블로일러와 오토 그로스는 프로이트학파 분야의 가장 극단에 있었다.

프로이트는 그로스의 행동들을 반대했고 염려했지만, 궁극적으로는 그것들을 블로일러의 회의적 태도보다는 선호한다는 것을 분명히 했다. 하지만 프로이트는 자신의 선호도를 다시 생각하게 될 기회를 갖게 되었다. 융의 문제에 대한 뉴스들이 들렸고, 또한 갑자기 런던을 떠나서 신세계로 가버린 어니스트 존스에 대한 불편한 이야기를 들었기 때문이었다. 오토 그로스가 부르크횔츨리의 담벽을 넘은 후에, 존스는 뮌헨에서 그를 만났고 매혹 당했다. 자유로운 사랑의 선지자는 존스에게 낭만주의 천재의 이상이 되었고, 정신분석의 기법에 대한 첫 번째 선생이 되었다. 존스가 여러 명의 여성들을 취하고 있다는 보고들이 들어왔다. 존스에게 성적 스캔들은 새롭지는 않았었는데, 런던에 있을 동안에 아동학대로 두 번이나 고소를 당했었다.

프로이트는 이런 떠들썩한 성적 스캔들이 과학과 의학 사회에서 프로이트 학파를 증오의 대상으로 만들 수 있다는 것을 잘 알고 있었다. 불행히도, 프로이트의 성 돌격대들 가운데 더 많은 문제들이 들끓고 있었다. 잘츠부르크에서의 모임 후에 프로이트가 집으로 돌아왔을 때, 카를 크라우스에게서 온 공개호소를 보게 되었는데, 그는 교수님에게 추종자들을 제어해 달라고 요청했다. 프로이트에 대한 존경심은 유지하면서, 크라우스는 프로이트학파 사람들의 부정적 평가들을 출판했다. 크라우스의 분노의 목표물에는 존경받는 독일 작가들의 병력 역사가인 이지도어 자드거를 포함하고 있었는데, 가장 큰 분노는 한때 자신의 동료였던 프리츠 비텔스에게 향했다.

비텔스를 향한 경멸이 수요모임들에서 쌓여감에도 불구하고, 그는 잘츠부르크 모임 후에 자신의 성 논쟁을 출판하기로 결심했다. 《성적 비참함》은 1909년 책으로 나왔고, 프로이트에게 헌정되었다. 크라우스는 비텔스의 책이 자신의 생각들을 통속화했다고 공격했다. 그 보복으로, 비텔스는 수요학회에서 카를 크라우스에 대한 글을 발표하면서 그를 변형된 신경증 환자로 묘사했다. 그것에 만족하지 않은 비텔스는 크라우스를 조소하는 실화소설로 더욱 전면적인 역공격을 준비하기 시작했다. 그 소설에서 크라우스를 "삐죽한 코의 거인"으로 불렀고, 그의 성적 철학은 그 자신의 추악함에 대한 보상에 불과하다고 조롱했다.

비텔스의 계획을 알게 된 크라우스는 자신의 변호사에게 프로이트에게 가서 만약에 비텔스에게 개입하지 않으면 〈횃불〉에서 프로이트를 어떤 면에서도 봐주지 않을 것이라고 알리라고 요청했다. 프로이트는 비텔스를 질책하면서 그러한 어리석음으로 정신분석을 위험에 빠뜨려서는 안 된다고 말했고, "만약 그대가 이 책을 출판한다면, 그대는 나의 그룹에서 있을 수 없다."고 경고를 덧붙였다. 비텔스는 뒤도 안 돌아보고 학회를 탈퇴했다.

프로이트학파 사람들은 점점 변절자들의 무리가 되어갔고, 오이겐 블로일러와 오토 그로스의 견해 사이에서 흔들렸다. 그들의 중심에는 한 사람, 융이 있었다. 그는 몇 년 동안 이러한 표류하는 배를 바로 잡으려고 애쓰고 있었다. 그는 광란의 선원들의 폭동으로부터 몇몇 사람들을 보호하려고 노력했고,

1909년 처음으로 한 명의 추종자를 배 밖으로 던져버렸다. 블로일러와 그로스는 프로이트학파의 두 진영을 대표했는데 각자 다른 이들의 견해를 받아들이지 않았다. 한 쪽은 프로이트의 성심리적 통합을 부인했고, 다른 쪽은 그것을 왜곡했다. 블로일러는 심리적인 것을 받아들였지만 성적인 것은 경시했다. 그로스와 비텔스는 성적 자유를 찬양했고 심리적 전문지식은 거의 사용하지 않았다. 그러는 동안, 빈에 있는 프로이트의 추종자들은 취리히 사람들을 분개하며 바라보게 되었는데, 마치 유대인과 이방인들이 서로를 경계하면서 살펴보는 것 같았다. 이런 모든 내부적 어려움들이 발생하고 있었을 때, 독일 대학의 정신과 의사들은 프로이트, 블로일러, 융과 그들의 지지자들과의 싸움을 계속하고 있었다. 하지만 프로이트학파 공동체의 이러한 균열에도 불구하고, 회원의 수는 폭발적으로 증가하기 시작했다.

IV.

1908년과 1911년 사이에, 프로이트학파Freudians는 국제적 운동으로 강화되어 갔다. 그 운동의 지도자였던 지그문트 프로이트와 칼 융에게, 이것은 협력자들을 좀 더 만들고 경쟁자들과 적들을 물리칠 수 있는 절호의 기회였다. 하지만 1909년부터는 적대자들보다는 협력자들이 훨씬 많이 도착하고 있다는 것이 명확했다.

빈에서, 프로이트의 명성이 쌓여가고 그의 추종자들의 수가 증가해 가는 것이 분명했다. 1908년 12월, 프로이트에게 매사추세츠의 클라크 대학교에서 명예학위를 주겠다고 제안했고, 한때 빌헬름 분트의 학생이었던 심리학자인 스탠리 홀Stanley Hall에게서 초대장이 왔다. 그는 프로이트에게 자네Janet가 클라크 대학에서 비슷한 과목을 가르쳤고, "이상 심리학abnormal psychology을 공부하는 선두에 있는 학자들과 특별히 젊은 학자들에게 깊은 영향을 주었기 때문에 우리의 관심을 선적인 신체적, 신경학적 원칙에서 심리학적 원칙으로 전환하게 했습니다."라고 알려주었다. 홀은 프로이트를 받아들일 토대가 준비되었고, 프로이트의 방문이 미국의 심리학을 새로운 시기로 안내해줄 것이라고 제안했다.

프로이트는 그 제안을 거절했다. 융에게 쓴 편지에서 프로이트는 경제적 어려움과 스케줄의 어려움을 토로했다. 그는 또한 미국인들에 대해서는 주저함이 있음을 고백했다. “그들이 일단 우리의 심리학적 이론에 있는 성적 핵심을 발견하면, 우리를 버릴 것으로 생각한다.” 그러나 홀이 몇 가지 제안을 변경하자 프로이트는 자신의 결정을 번복했다. 그 축제 행사에서 또 다른 수상자가 취소되자 칼 융에게 명예학위를 수여하겠다고 제안이 왔고, 그 축제에서 강의하게 될 29명의 저명한 강사들 중의 한 명으로 초대했다.

1909년 9월, 프로이트와 융은 페렌치와 뉴욕의 동맹인 브릴과 함께 매사추세츠의 우스터Worcester에 도착했다. 홀과 윌리암 제임스와 만난 후에 프로이트는 그의 이론의 발달을 명료하게 설명하는 5개의 강의를 전달했다. 그는 자네의 퇴화 이론을 자신의 히스테리 이론으로 반박했고, 의식과 무의식의 지형학적 모델 이론을 설명했으며, 그리고 네 번째, 다섯 번째 강의는 개인적, 사회적 관점에서 본 성 이론을 논의하였다. 융의 두 강의는 언어 연상 검사에 대해서, 그리고 세 번째 강의는 정상적인 네 살 된 여자 아이의 성심리에 대한 것이었는데, 그녀는 사실 그의 딸 아가시Agathe였다. 융은 첫 번째, 두 번째 강의에서 무의식 콤플렉스가 과학적으로 증명될 수 있다는 것과 유아의 성이 현실이라는 것을 보여주려고 했다.

프로이트는 이 여행 뒤에 그가 홀의 마음과 하바드 대학의 신경학자인 제임스 J. 퍼트넘James Jackon Putnam의 마음을 확보한 것을 알았다. 프로이트의 방문 전에, 홀은 “대부분의 정신병리학자들은 아닐지라도 많은 이들이 분트같은 심리학자들을 의지하고 있지만, 당신의 해석은 상황을 뒤집을 것이고, 우리같은 정상 심리학자들은 비정상적이고 경계 분야에서의 이러한 연구들을 중요한 불빛으로 여기게 될 것입니다.”라고 언급했다. 프로이트는 매우 만족해 했다.

프로이트가 집에 도착했을 때 스위스에서 온 5통의 편지를 보게 되었는데, 환자를 보낸다거나 정보를 물어보는 것이었다. 또한 외국에서 온 많은 양의 편지가 있었고, 그 중 11통은 도착한 그날 답장을 했다. 프로이트는 러시아인들, 이탈리아인들, 미국인들로부터 문의를 받았다. 뉴욕의 브릴에게 편지를 쓰면서, 프로이트는 “출판사들에 따르면, 모든 책들에 대한 요구가 놀랍다.”고 말했다. 1909년에서 1910년 사이에 프로이트는 《히스테리에 대한 연구》, 《꿈의 해석》, 《성 이론에 대한 세 편의 에세이》의 재판을 출판하였다.

취리히에서도 성공의 달콤한 냄새가 퍼졌다. 프로이트에게 쓴 융의 편지에도 새로운 많은 학생들과 지지자들에 대한 소식으로 가득했다. 스위스계 미국인인 아돌프 마이어Adolf Meyer와 베를린의 오토 율리우스베르게르Otto Juliusburger와 튀빙겐의 빌헬름 슈트로마이어Wilhelm Strohmayer 같은 새로운 학생들이 융에게 왔다. 알퐁스 매더Alphonse Maeder, 요한 야곱 호네게르Johann Jakob Honegger, 목사였던 오스카르 피스터Oskar Pfister 같은 취리히의 새로운 추종자들이 앞으로 나왔다. 뮌헨의 의사 레오하르트 세이프Leonhard Seif는 융에게 와서 배우기 원했고, 무수한 모스크바인들과 부다패스트인들이 합류했다. 그리고 가장 중요한 뉴스는 프로이트의 지지자 야로슬라프 마르시노프스키 Jaroslaw Marcinowski가 영국의 왕 에드워드 7세의 의사 리처드 제몬Richard Semon으로부터 분석을 해달라는 의뢰를 받았다는 것이다!

융은 확신으로 가득 찼다. 1909년 1월, 그는 편지를 썼다. "조금씩 조금씩, 당신의 진실은 대중 속으로 스며들어 가고 있습니다." 그리고 열 달 후에 그는 기쁨에 들떴다. "산불은 타도록 내버려 두어야만 합니다. 그것을 지금 멈추게 할 수는 없습니다." 이러한 필연적인 승리에 대한 느낌이 오면서, 융과 블로일러 간의 문제도 다시 끓어오르기 시작했다. 1908년 가을, 융은 부르크휠츨리에서 과장으로서의 위치를 사임했으나 실험실에서 지휘자로서의 위치는 유지했다. 프로이트는 이러한 움직임을 프로이트학파 운동에 대한 더욱 깊은 헌신을 나타내는 것으로 이해했다. 융은 대학의 정신의학의 규범들로부터 자신을 분리하고, "조금도 거리낌 없이 우리와 함께 가려고" 하고 있었다. 그 후 융은 부르크휠츨리를 완전히 떠났고 자신의 개인 클리닉을 열었다. 그는 이러한 변화로 고생하지는 않는 듯 보였다. 4명의 의사들이 그와 합류했고, 미국인 상속녀인 이디스 록펠러 맥코믹Edith Rockerfeller McCormick 같은 부유한 환자들도 따라왔다. 융은 스위스 정신의학 사회에서 중요한 인물로 남아 있는 한편, 이제는 분명하게 프로이트학파 사람이었다. 스위스 정신의학협회의 신임을 얻으면서 융은 더욱 의기양양했다. "당신(이제는 우리)의 주장이 도처에서 승리하고 있습니다." 그는 계속 말하기를 "우리는 세계의 정상에 있습니다."

하지만 이러한 고무적인 성공의 순간에도, 융은 대학의 정신의학계에 여전히 도사리고 있는 적들을 계속 주시해야 했다. 융은 크레펠린(프로이트가 그를 부른 것 같이, "위대한 정신의학의 교황")이 그의 최근의 교과서에서 프로이트에 대한 견해를 온건하게 했다는 사실에서 그나마 위안을 얻었다. 그리고 취리히에서 열린 스위스 정신과 의사들의 회의에서 융은 적들이 약해지고 있으며 스스로 얼굴을 드러내지 않으려 한다는 것을 감지했다.

이렇게 수용이 계속 증가하자 지난날 저항의 요새였던 독일도 피해갈 수 없었다. 프로이트조차도 "긍정하는 목소리들이 분명하게 우위를 점하고 있다."고 소리 높였다. 빈과 취리히와 더불어, 베를린이 프로이트학파 운동의 세 번째 중심지가 되었다. 카를 아브라함은 그의 사촌이 유명한 신경학자인 헤르만 오펜하임Hermann Oppenheim과 결혼했다는 사실에 원조를 받으며 자신의 임상을 세워갔다. 오펜하임은 이 젊은 의사가 프로이트의 방법을 사용하지 않는다는 조건으로 환자를 보냈다. 그럼에도 불구하고 아브라함은 물러서지 않았고, 베를린의 자선병원의 정신의학 교수의 집에서 이루어지고 있는 선전 캠페인에 대해서 프로이트에게 말했다. 그곳에서 아브라함은 남성들을, 아브라함의 아내는 여성들을 각자 다른 방으로 데리고 가서 프로이트에 대해서 논변했다.

아브라함은 베를린 성 과학자들 중에 이완 블로흐, 마구누스 히르슈펠트, 알베르트 몰 같은 적극적인 협력자들을 발견했다. 1908년, 그는 이러한 사람들과 다른 두 명, 하인리히 쾨르버Heinrich Koerber(그 지역 일원론자 협회 회장), 오토 율리우스베르게르(융에게 배웠고, 지금은 개인 클리닉에서 일하고 있는 의사)와 함께 베를린 정신분석협회를 시작하였다. 아브라함은 자신의 정신분석적 작업을 '베를린 심리학 학회'와 '정신의학과 신경성 병의 베를린 학회'에서 발표했다. 그리고 자신의 발표가 무리 없이 받아들여지는 것을 보고 새삼 놀랐다. 회원들은 그의 연구에 관심을 보였고, 또 다른 해부학 발표를 듣지 않아도 되는 것에 안도의 한숨을 내쉬었다. 프로이트의 생각들은 강의들, 열심인 학생들, 감사하고 있는 환자들을 통해서 퍼져 나가고 있었고, 학교의 의사에게 시험을 내서 그가 실제로 프로이트의 성 이론을 이해하고 있는지 확인하자고 하는 교장도 있다고 아브라함은 전했다.

몰, 히르슈펠트, 블로흐가 함께 한 베를린 그룹은 심리학이나 심리치료에 대한 특별한 관심 없이 리비도의 생물학을 연구한 사람들을 중심으로 이루어졌다. 그들의 강조점은 취리히의 사람들과는 반대였는데, 취리히인들은 무의식적 상태에 대해서는 매료되었지만 성 이론에는 의심이 많았다. 융은 마구누스 히르슈펠트를 낮게 평가했는데, 히르슈펠트는 세계적으로 선두적인 성 과학자들 중의 한 명이었다. 그는 프로이트가 히르슈펠트의 학술지에 에세이를 발표할 것을 생각하고 있다고 비난했다. 그러나 '교수님'은 성 과학자들이 프로이트학파 운동의 일부가 될 수도 있다는 소망을 반복해서 말했고, 융에게 히르슈펠트가 그를 방문했고 좋은 인상을 남겼다고 편지했다. "그는 우리에게 가까이 오고 있고, 지금부터는 우리들의 생각들을 가능한 한 많이 고려할 것이네."

단지 프로이트학파만이 지지자들을 얻는 것은 아니었다. 모든 종류의 심리학자들도 20세기 초반에 입지를 확고히 해나갔다. 1909년, "의학심리학과 심리치료 국제학회"가 처음으로 잘츠부르크에서 모임을 가졌다. 이 학회의 목표는 심리치료의 정보처리기관 같은 것이었는데, 프랑스의 방법들, 스위스 의사의 설득치료, 오스카르 보크트의 논리치료, 스위스 의사 루트비히 프랑크의 정신종합요법을 포함하고 있었다. 그 그룹의 창립 모임은 융, 페렌치, 프로이트 모두가 미국에 있을 때 이루어졌다. 그래서 융이 취리히에 돌아온 후에 이 학회에 가입하라는 포렐의 초대장을 받았다. 융은 거절하면서, 자신과 자신의 동료인 프로이트학파 사람들은 환영하지 않을 것이라고 말했다. 약간의 논쟁 후에, 프로이트, 블로일러, 그리고 마지못해 융이 합류하기로 동의했는데, 그들은 아마도 그 학회의 회원들을 동요시켜서 자신들의 모임에 합류시킬 수도 있다고 생각했을 것이다.

국제 프로이트학파 운동이 번창하고, 경쟁적인 심리치료 학파들도 또한 뿌리를 내리게 되면서, 수요심리학학회를 괴롭혔던 질문이 다시 긴박한 문제가 되었다. 프로이트학파의 일부가 되기 위해서 요구되는 것은 무엇인가? 이 학파를 얼마나 정확하게 정의할 수 있을 것인가? 이 학파는 프로이트와 약간은 연관되어 있는 다양한 심리치료적, 성 과학적, 정신병리적 이론들을 위한 자리가 있는 연합단체인가? 그렇지 않으면 더욱 엄격한 자격의 윤곽을 만들어야 하는가?

융과 프로이트는 프로이트학파 사람들이 자신들의 사상의 정의definition와 방어를 위해 자신들만의 국제적 조직을 형성할 때가 왔다고 믿었다. 프로이트학파의 두 번째 콘퍼런스를 준비하기 시작하면서, 프로이트는 부다페스트 동료인 산도르 페렌치에게 그 모임에서 국제정신분석 조직을 요청하는 제안을 해달라고 부탁했다. 이 조직의 특정한 성격이 프로이트학파 사람들 안에서 강력한 항의를 불러일으킬 수 있지만, 결국 그것이 숙명적인 것으로 입증되었다.

통합과 해체

국제정신분석협회의 1911년 바이마르 회합. 1910년에는 뉘른베르크 회합이 있었다.

I.

빈, 취리히, 베를린, 그리고 다른 곳에서, 프로이트의 이론에 대한 지지도는 매우 다양했다. 프로이트학파 사람들은 자유롭게 토론하고 반대하고, 그들 자신의 혼합물을 만들었지만, 그 일들은 여전히 프로이트의 책상 위에서 벌어졌다. 그것 이외의 다른 방법이 있었겠는가? 사실이었든 아니면 부분적으로 상상한 것이었든지, 프로이트의 고독감은 그가 거의 모든 가능성 있는 추종자를 포용하게 했다. 그래서 초기에 수요학회는 회원이 되기 원하는 그 누구도 거부하지 않았다. 학생들, 신문잡지 기자들, 책 출판자들, 물리치료 학자들에 이르기까지 프로이트는 더 많은 목소리들을 환영했고, 어떤 이들이 그들의 목소리를 내기 위해서 학회를 나갔을 때조차도 그랬다.

하지만 곧 변화가 생겼다. 1910년 즈음에 프로이트와 가까운 조언자들은 그들 공동체의 느슨한 경계를 다시 생각하게 되었다. 프로이트는 심리치료요법, 최면, 생리학적 심리학, 성 과학을 재정립하고 통합했는데, 단지 그런 분야들의 방향을 바꾸고 개혁하는 것뿐만 아니라 그것들을 하나의 새로운 학문으로 만들었다. 성심리psychosexuality는 프로이트의 새로운 심리학과 정신병리학의 요체가 되었다. 그것은 프로이트학파를 적절하게 정의했고 하나로 통합했다. 그러나 이러한 자기-정의는 프로이트의 최측근 지지자들 중에 오이겐 블로일러, 칼 융, 알프레트 아들러와 같은 많은 사람들이 성심리 이론을 온전히 받아들이기를 거부했다는 사실로 인해 복잡해졌다.

그러나 1910년 당시에 프로이트는 더 이상 모든 사람들의 절대적인 지지가 꼭 필요한 것은 아니었다. 그들이 그 해에 모였을 때, 프로이트학파의 수는 꾸준히 증가했고 대학의 적대자들은 후퇴 중이었다. 프로이트의 이론은 신경증에서부터 정신이상까지, 그리고 변경의 의사들로부터 명성 있는 학자들까지, 의학계에서부터 문학인과 정치인들에게까지, 빈으로부터 유럽과 미국의 주요한 도시들까지 퍼져갔다. 프로이트는 이제 새로운 추종자들을 끌어들이는 것에 대해서는 걱정을 덜 하게 되었고, 자신의 이름으로 이루어지는 것을 통제하는 것에 더 집중하게 되었다. 융과 페렌치와 함께 그는 자신의 이론을 통합 정리하는 계획을 세우기 시작했다.

1910년 3월 30일, 50명 이상의 사람들이 프로이트학파의 두 번째 모임에 참석하기 위해서 뉘른베르크에 모여들었다. 프로이트는 이 연차대회에서 여러 가지 이론이 섞여 있는 세 번의 강의를 할 계획이었고 그것을 통해 이 분야의 미래에 대해서 논의하고자 했다. 융은 미국에서의 정신분석의 발달에 대해서 말하기로 되어 있었고, 산도르 페렌치는 "조직과 선전활동"을 통해서 미래를 보호할 수 있는 국제 정신분석단체의 설립을 제안하기로 되어 있었다.

오전 8시 30분, 지그문트 프로이트는 회합을 개최했다. 오합지졸처럼 보이는 추종자들 앞에서 프로이트는 이 분야의 표준화를 요청했다. 그는 정신분석은 의학 치료로서 일종의 일관성에 대한 포부를 가져야만 한다고 주장했다. 다른 의학 전문의들 같이, 정신분석가들도 새로 온 사람들의 훈련을 돕고, 환자들을 의료 과오로부터 보호하기 위해서 치료에 대한 지침을 마련해야만 했다.

그러한 일관성에는 문제가 있었지만 프로이트는 그것을 곱씹지는 않았다. 의료행위를 하는 사람들 간에 일관성을 유지하고자 하는 욕구는 임상적 작업을 위해서 필요했다. 그러나 탐구, 실험, 혁신의 자유를 외치는 과학적 연구의 요구들에는 역행했다. 임상적 상황이 프로이트학파 사람들에게는 유일한 연구의 광장이었기 때문에, 임상적 표준화에 대한 요구는 역설적으로 미래의 진보를 위태롭게 할 수도 있었다. 또한 프로이트의 기법은 아직도 발달 과정에 있었다. 뉘른베르크의 연설에서, 프로이트는 그의 기법의 발달을 개괄했는데, 그것은 카타르시스 방법으로부터, 분석가가 환자를 부추기고 재촉하면서 환자가 자유롭게 연상하는 것을 거쳐, 최근 기법인 분석가가 더 이상 환자를 독촉하지 않고 "예측한 생각들"을 제시해서 환자가 자신 안에 있는 억압된 생각들을 발견하는 것을 도울 수 있게 하는 것으로 발전했다.

하지만 이것조차 아직 정신분석의 기법에 대한 최종 결론은 아니었다. 사실, 프로이트는 새로운 기법이 직면해야 될 반대를 이미 예견하고 있었다. 많은 이들이 프로이트의 "예측한 생각들"이 마치 암시처럼 환자에게 작용할 수 있을 것이라고 염려했다. 만약 분석가가 그러한 생각들을 제공한다면, 정신분석은 프랑스 전통의 암시적 치료가 아니던가? 하지만 프로이트는 그것에 대한 명확한 대답과 함께 다른 질문들에 대한 것도 곧 거론될 정신분석의 기법의 교과서에서 설명하게 된다.

프로이트는 그의 추종자들에게 이러한 입문서에 대해서 2년 전부터 약속해 왔었다. 잘츠부르크의 회합 후에, 그는 흥분해서 페렌치, 브릴, 융과 아브라함에게 《정신분석적 방법에 대한 총괄적인 해설》이란 제목을 붙인 책의 계획에 대해서 말했다. 프로이트는 추종자들이 가르침을 긴박하게 필요로 하고 있다는 것을 알고 있었지만 한 가지 예민한 문제가 있었다. 이 교과서와 씨름하고 있을 때, 프로이트는 융에게 협력자인 페렌치가 《총괄적인 해설》의 한 부분과 매우 비슷한 어떤 것을 이미 저술했다고 말했다. 페렌치의 연구는 여러 가지 면에서 프로이트의 생각을 반영했는데, 이 부다페스트 사람은 함께 보낸 휴가 동안 프로이트가 그를 어깨 너머로 지켜보는 가운데 그 글을 썼다.

뉘른베르크에 있는 청중들에게, 페렌치의 1909년의 글 〈내사와 전이 Introjection and Transference〉는 그때까지의 분석적 기법에 대한 가장 포괄적인 설명을 제공했다. 그 글은 암시적인 치료요법에 대한 공격으로 시작했는데, 암시의 이론에 엄청난 손상을 입히는 비평을 포함하고 있었다. 임상적 실례들을 사용하면서, 페렌치는 암시가 근본적으로 무의식적 전이라고 불린 프로이트의 과정들에 기초하고 있고, 그 기원이 억압된 부모의 콤플렉스에 있다는 것을 설명했다. 환자들이 암시를 받아들이는 것은 무의식적으로 의사가 부모의 역할을 떠맡기 때문이다. 이러한 설명은 프로이트학파 사람들이 자신들을 프랑스 경쟁자로부터 구별하고, 그들이 암시 치료사들보다 암시를 더 잘 설명하고 다룰 수 있다고 주장할 수 있게 했다.

이러한 비평에 기반을 두고 페렌치는 전이 이론이 중심에 있다고 강조했고, 이러한 현상이 신경증에서 전형적인 것이고 정신분석적 기법이 이러한 것에 초점을 두어야 함을 주장했다. 프로이트도 뉘른베르크의 강연에서 전이 안에 있는 소리 없는 투사projection와 전치displacement의 매듭을 푸는 것을 강조했다. 전이는 분석가가 활용할 수 있는 가장 강력한 힘이라고 말했고, 앞으로 나올 교과서에서 명료하게 하겠다고 약속했다. 더 나아가서, 프로이트는 청중들에게 "역전이counter-transference"를 주의하라고 강조했다. 뉘른베르크 회합에서 처음으로 공개적으로 언급한 이 낯선 용어는 프로이트학파 이론에 잠재한 다이너마이트였다. 그래서 프로이트는 분석가로부터 나오는 리비도적 전이는 극복되어야만 한다고 경고했다. 그는 어떻게 분석가의 열정에 불이 붙는지 목격해 왔고 이 교훈은 불을 끄기 위해 소개되었다. 분석되지 않은 역전이는 치료의 실패로 이어질 수 있고, 성욕의 피리 부는 사나이였던 오토 그로스를 따라갈 수 있었다.

역전이 이론은 단지 성적 부정행위자에 대한 보호 수단만은 아니었다. 이것은 해결되지 않았던 철학적 벌집을 다시 건드렸다. 만약 전이가 다른 사람에 대한 인식을 왜곡하는 신경증의 핵심적 과정이라면, 역전이는 함축적으로 의사도 자기 자신의 환상에 지배를 받을 수 있다는 것을 인정하는 것이었다. 하지만 의사와 환자 둘 모두 자신의 전이에 의해서 반 장님half-blinded이 된다면,

어떻게 다른 사람을 안다고 주장할 수 있겠는가? 그래서 프로이트는 이러한 흐름으로 들어가기 보다는, 역전이는 환자의 영향의 결과라고 주장함으로써 뉘른베르크에서의 논의를 간결하게 제한시켰다. 그때까지로써는 역전이란 오로지 환자의 전이에 의해서 불러일으켜진 반응이었다.

그러나 프로이트는 계속되는 그의 연구에서 분석가의 무의식의 존재로 인해서 불러일으켜지는 더 큰 함축적 의미를 외면하지는 않았다. 역전이는 임상적 치료에 영향을 줄뿐만 아니라 과학적 연구에도 영향을 주어 오인misperception의 원인이 될 수 있었다. 그것은 자칫하면 이론적인 건설을 훼손할 수 있었다. 그 예로 혹시라도 리비도 이론에 대한 블로일러의 거부가 그의 저항으로 인한 것이라면, 그리고 모든 곳에서 열등성을 보려고 했던 아들러의 필요가 투사라면, 정신분석적 지식이 과연 이런 역전이의 영향으로부터 안전할 수 있을 것인가?

그에 대한 한 가지 대답은 분석가는 반드시 분석을 받아야 한다는 것이었다. 이런 역전이에 대한 문제는 프로이트에게 분석가를 위한 표준화된 훈련을 고려하도록 했는데, 뉘른베르크에서의 그 다음 주제가 바로 이것이었다. 분석가는 반드시 자기 분석을 해야만 한다. 만약 그가 할 수 없으면, 그는 분석가가 되어서는 안 된다고 프로이트는 선언했다. 정신분석가는 자기 자신이 갈 수 있는 것만큼만 자신의 환자들과 함께 갈 수 있다. 의사의 콤플렉스들과 저항은 그의 내적 삶의 불합리한 왜곡들을 담기 위해서 반드시 정복되어야만 한다.

분석가 개개인의 주관적인 인식론상의 혼란을 정리하기 위한 또 다른 방법은 신경증의 원인에 대한 변치 않는 지식을 확립하는 것이다. 만약 보편적인 이론이 존재한다면, 경험이 없고 불충분하게 분석이 된 분석가도 그것을 적용할 수 있을 것이다. 분석가는 세밀한 무의식적 힘들을 개인적인 관찰, 추론, 해석을 통해서 발견하지 않아도 되고, 그것들의 존재를 미리 예견할 수도 있을 것이다. 뉘른베르크에서 프로이트는 신경증의 일반적인 이론(그는 정신이상에 대해서는 아무런 말도 하지 않았다.)이 만들어질 수도 있다는 그의 소망에 대해서 말했다.

때마침 빈에서 에두아르트 히치만은 신경증에 대한 프로이트의 이론을 표준화하기 위해서 작업하고 있었다. 뉘른베르크 회합이 있기 거의 일 년 전, 빈 학회의 모임에서 그는 프로이트학파가 그러한 교과서를 만들어야 할 때라고 제안했다. 국제적 수용이 유럽과 미국을 중심으로 프로이트학파의 것이라고 여겨지는 글들을 생산시키고 있는데, 검사해보니 그것은 이미 구식이 된 1895년 당시 프로이트의 생각들이었다. 그래서 새로운 교육적인 글들이 의사들을 위해서 쓰여져야만 한다고 히치만은 주장했다. 프로이트는 그의 의도를 충분히 인정했지만, 출판업자가 이미 그러한 책을 쓰라고 청했다고 고백했다. 프로이트는 자신의 이론이 완결된 것처럼 발표되는 것에 대한 유혹을 물리쳐야만 했다. 그는 아직도 알기 어려운 억압의 기원을 포함해서 현재 지식의 한계들에 주의를 기울여야만 했다.

뉘른베르크 행사 6개월 후, 히치만은 《신경증에 대한 프로이트의 이론》을 출판했다. 서론에서, 그는 프로이트의 이론들에 대한 저항은 성에 대한 혐오로 인해 생겨난 것이라고 설명했다. 그는 정신분석 기법의 규칙들은 아직 완결된 것이 아니라는 것을 강조했다. 하지만 저항, 해석, 전이에 대한 이론들은 가장 최근의 것이라고 설명했다. 히치만은 정신이상에 대한 논쟁은 피했고, 프로이트학파의 방법이 아직 이러한 병들에 대해서는 대응되지 않았다는 것을 분명히 했다. 프로이트는 대단히 만족스러워했다. 그리고 곧바로 히치만의 책은 젊은 독일, 오스트리아 의사들에게 지침서가 되었다.

뉘른베르크에서, 프로이트는 이 입문서가 만들어지고 있다는 것을 알고 있었고, 그것이 부득이하게 불완전할 것도 알고 있었다. 왜냐하면 최근에서야 자신이 신경증에 대한 통합된 이론을 생각하기 시작했기 때문이었다. 또한 그러한 이론으로 발전할 수 있는 진척된 생각들을 인용하면서, 프로이트는 융의 콤플렉스를 언급했다. 그는 그것을 변치 않는 정신적 과정으로 인정했고, 슈테켈의 생각에 대해서도 언급했는데 슈테켈은 꿈, 신화, 민담에서 나타나는 상징들의 의미는 일관성있고 일반적이라고 주장했다. 처음에 프로이트는 꿈 상징들을 개별적으로 해석했지만, 결국 이러한 흔적들이 몇 천 년 동안 보존되었다는 주장들을 받아들이게 되었다. 만약 이러한 보편적인 상징들의 의미가 확립될 수 있다면 정신분석은 또 다른 부분의 기반을 세우게 되는 것이었다.

이러한 발전된 생각들은 프로이트에게 "신경증의 다양한 형태들을 형성하는 데 규칙적으로 관련된 요소들의 간단명료한 공식"을 만들 수 있다는 희망을 갖게 해주었다. 오래된 "신경증의 선택"의 문제는 오랫동안 미스터리로 남아 있었지만, 지금 프로이트는 어렴풋하게 해결의 실마리를 제시했다. 1897년, 그는 자기 분석 동안에 오이디푸스라는 그리스 신화(자신의 아버지를 죽이고 어머니와 결혼하게 운명지워진 버려진 아이)가 아동기 발달에 대한 보편적인 진실을 가지고 있을 수도 있다는 생각에 사로잡혔다. 3년 후에 그는 정상적 발달의 한 부분으로써 오이디푸스 드라마에 대해서 쓰게 된다. 프로이트는 도라의 사례를 통해 오이디푸스 주제에 대해서 상세히 설명했지만 여전히 그 젊은 여성의 신경증을 설명하기 위해서 자위행위 같은 생리학적 트라우마에 매달리고 있었다. 하지만 프로이트가 트라우마 이론을 포기하면서, 점점 오이디푸스 전설의 상징적 의미에 몰두하게 되는데, 그 전설이 신경증에 대한 보편적인 이론을 안내할 수 있다고 믿었다. 빈의 모임에서 그리고 지지자들에게 쓴 편지에서 프로이트는 어린아이의 오이디푸스적 고투에 대해서 거론하면서 그 아이의 부모에 대한 사랑과 분노의 방법이 아마도 후에 신경증을 결정할 것이라고 더욱 자주 언급하게 되었다.

1909년, 프로이트는 오이디푸스 설명을 기반으로 한두 개의 사례를 발표했다. "어린 한스"는 엄마를 향한 질투적인 사랑의 결과로서 신체의 절단에 대한 두려움을 발달시켰다. "한스는 정말 어린 오이디푸스였는데, 그의 아버지를 몰아내기 원했고, 즉 아버지를 제거한 후에 아름다운 엄마와 단 둘이 있고 그녀와 함께 잠자기를 원한 것이었다.", "쥐 인간Ratman"(프로이트가 잘츠부르크에서 논의했던 러시아 환자)은 아버지에 대한 사랑과 분노 사이에서 고통 받았다. 1909년 클락 대학의 강의에서, 프로이트는 좀 더 나아가서 오이디푸스 이야기는 성심리적psychosexual 발달에서 핵심 콤플렉스라고 선언했다.

뉘른베르크에서 프로이트가 신경증의 결정적인 측면이 "아버지 콤플렉스"일 것이라고 과감하게 추측하게 되었을 때, 그는 자신의 추종자들에게 이러한 다른 시사점들에 대해서 다시 언급했다. 이 회합 후에 프로이트는 애정 생활의 심리학에 대한 일련의 글들을 쓰기 시작했고, "오이디푸스 콤플렉스"라는 용어를 만들었다. 성심리적 갈등의 프로이트 이론과 융의 콤플렉스 이론을 함께 섞은 이 빈의 의사는 취리히의 실험자들이 목록으로 만든 콤플렉스들의 모든 항목 가운데 정신신경증을 일으키는 것이 바로 이것이라고 주장했다. 만약 이것이 사실이라면, 잘 교육받은 입문자는 자신의 신경증에 의해서 얼마나 눈이 멀게 되었는가에 상관없이 환자의 신경증의 원인을 알게 될 것이다.

표준원칙들, 훈련, 이론에 대한 요청 후에, 프로이트는 장차 정신분석가들을 방해할 수 있는 장애물들을 언급하는 것으로 자신의 연설을 끝마쳤다. 정신분석은 어느 정도는 사회가 만들어 낸 병들을 파괴하기 때문에, 공공의 적으로 비쳐질 수도 있다. "우리가 환상들을 파괴하기 때문에, 이상을 위험에 빠뜨렸다고 비난받을 수 있다."고 프로이트는 경고했다. 정신분석가들은 누구도 듣기 원치 않은 메시지를 전하기 때문에 쇠파리처럼 내침을 당하는 숙명을 겪게 되는 것처럼 보였다. 그렇지만 만약 비난 대신에 분석가들에 대한 사회적 수용이 발생한다면 어떻게 될 것인가를 상상해보라고 청중에게 요청했다.

프로이트에게 미래는 현기증이 나는 것이었다. 만약 사회가 정신분석이 드러낸 것을 받아들이게 된다면, 신경증적 증상의 가치는 사라지게 될 것이다. 어떤 소풍을 상상해보아라. 소변을 보아야 되는 여성들은 "꽃을 따러 간다"고 말하고 자리를 비운다. 만약 모든 사람들이 "꽃을 따러 간다."는 것이 여성들이 오줌을 누러 가는 의미라는 것을 알게 된다면, 어떤 일이 생길 것인가? 프로이트는 청중들에게 물었다. 물론 누구도 그러한 어리석은 것을 다시 말하지 않을 것이다. 이것이 이상적 사회처럼 들릴 수 있다는 것을 인정하면서, 프로이트는 지지자들에게 그들이 손에 가지고 있는 급진적인 힘을 한번 생각해보라고 격려했다. 환자를 치료하는 것으로, 분석가들은 과학에 기여하고, 환자에게 지금 가능한 최선의 의학적 치료를 제공하면서, 위선적인 사회를 개혁하는 것이다. 비텔스와 그로스같은 급진주의자들이 억압이 없는 세계를 그렸던 반면, 프로이트는 억압이 최소한의 가치만을 가지는 세계, 의식의 선택이 지배할 수 있는 세계를 그렸다. 그것은 한 진보주의자의 꿈이었다. 비이성적인 것에 대해서 이성의 통제를 증가시키고, 개인의 해방을 촉진시키는 것. 그것은 단지 정신분석의 실행만을 필요로 했다. 이것은 카우치로부터의 혁명이 될 것이다.

프로이트학파 사람들 앞에 선 칼 융은 미국의 미래에 대해서 이야기했고, 프로이트의 최종적 주제에 대해서 이야기 했다. 억압이 강한 미국과 같은 사회는 정신분석에 강한 저항을 일으킬 수 있다고 융은 경고했다. 미국에서 백인들은 야성적인 흑인과 가깝게 살고 있어서 억압에 대한 노력을 두 배로 해야만 한다고 말했다. 아프리카계 미국인들이 원초적이고 억압되지 않았다는 융의 인종주의적인 신념은 청중들 사이에서 매우 드문 것은 아니었다. 그러나 그의 이런 인종주의적 심리학에 대한 경향은 유대인들을 자극했고, 그들은 그가 반유대주의자일 수도 있다고 수상히 여겼다.

프로이트와 융은 정신분석을 수용하거나 또는 욕하는 공동체에 어떻게 정신분석이 적응할 수 있을지 논의했다. 이러한 주제는 산도르 페렌치가 첫날 마지막 부분에서 전달한 가장 중요한 발표와 딱 들어맞았다. 프로이트의 총애를 받던 페렌치는 이론적인 연구로 폭 넓은 존중을 받았다. 하지만 그는 뜻밖의 불영예를 얻기도 했다. 베를린, 취리히, 뮌헨, 런던의 선두적인 프로이트학파와는 달리, 페렌치는 부다페스트에서 프로이트학파 사람들을 한데 모으지는 못했다. 상당한 선전에도 불구하고 겨우 몇 명의 추종자만을 가질 수 있었다. 게다가 페렌치는 부다페스트에 있는 몇 명의 추종자들 가운데 한 명인 필립 스타인Phillip Stein과도 사이가 틀어져 버렸다. 페렌치는 스타인이 대학의 정신병리학자들과 너무 가까운 관계를 지속하고 있다고 비난했다. 프로이트에게 해명하면서 페렌치는 이러한 갈등들이 자신의 경쟁적인 특성 때문이라고 시인했다. 그는 또한 동료들이 그를 비방하고 학문적으로 고립시켰다고 불평했다. 이에 대한 프로이트의 분석은 페렌치가 "형제 콤플렉스"를 가지고 있으며 그것이 페렌치를 매우 경쟁적으로 만들어서 장래에 가능성 있는 협력자들을 파괴했다는 것이었다. 프로이트는 페렌치가 새로운 남성 회원들과는 거의 진척을 시키지 못하는 반면 지성적인 여성들과는 가까운 관계를 유지하고 있는 것을 관찰했다.

이렇게 현명하지 못한 페렌치에게 중요한 강의를 맡긴 프로이트의 선택은 의미하는 바가 있었다. 선동가인 페렌치는 프로이트학파의 새로운 시각을 강한 어조로 제시하면서 그것을 확고하게 보호하기로 되어 있었다. 페렌치는 방어 조직을 만들려고 로비를 하고 있었는데, 프로이트에게 말하길 회합에서 누군가가 "우리의 심리학적 운동을 위해 가장 좋은 선전 방법"에 대해서 이야기했다고 했다. 프로이트는 숙고 끝에 답장을 했다. "그대는 약간의 입회금을 가진 좀 더 엄격한 조직에 대해서는 어떻게 생각하는가?" 페렌치는 알아들었고 이 그룹은 빈 학회같이 엄격한 지침을 유지해서 "바람직하지 않은 요소들"을 배제해야만 한다고 덧붙였다. 물론 자유분방한 빈 학회에서 유일하게 엄격한 지침은 '교수님' 프로이트가 지원자를 승인하는 것이었다.

프로이트와 페렌치는 조직에 대한 계획을 작성하기에 이르렀고, 뉘른베르크에서의 연설을 함께 준비했다. 계획을 논의한 후에, 페렌치는 프로이트에게 편지를 썼다. "나는 정신분석적 세계관이 민주적인 평등주의로 이어질 것이라고 생각하지 않습니다. 인류의 지적 엘리트가 주도권을 유지해야만 합니다." 진보주의자로서 그들은 교육받은 엘리트에게서는 이성과 미덕을 기대했지만, 대중의 민주주의적 변덕에 대해서는 큰 신뢰를 가지고 있지 않았다. 그들의 계획안은 그 그룹을 설득해서 계몽된 소수에게 지배하는 힘을 부여하기로 되어 있었다.

"정신분석은 객관적으로 보자면 순수한 과학으로, 정신적인 일들을 결정하는 법칙들에 대한 우리들의 지식의 틈새를 메울 수 있는 학문이다."라고 페렌치는 시작했다. 이 목표를 추구하면서, 이 과학은 가족과 교회를 혼란에 빠뜨리고 그것으로 인해서 격변을 일으키고 공격을 받게 되었다. 그러한 환경에서 냉정한 연구는 불가능했다. "따라서 우리의 의지와는 매우 다르게 전쟁에 휩쓸려 들어갔다. 전쟁에서 시인들이 침묵한다는 것은 잘 알려져 있다." 이 사상을 방어하기 위해서, 페렌치는 "국제정신분석협회International Psychoanalytic Association"를 공식적으로 요청했다.

누가 정확하게 국제정신분석협회의 적들인가? 정신분석을 신임하지 않으려는 대학의 정신의학자들은 곧 들고 일어날 듯했지만, 프로이트와 융과 같이 페렌치는 그 전쟁을 이미 이겼다고 믿었다. 페렌치는 오히려 내부의 적들이 그 평화를 빼앗을까봐 더 염려했다. 정신분석의 적대자들은 페렌치가 "우리의 불규칙성"이라고 부른 것들을 물고 늘어졌다. 이 새로운 국제 조직은 엄격하게 회원들을 제한했고, 그들의 이기적인 경향은 "상호통제"에 의해서 조절될 것이다. 이 그룹은 한 명의 지도자 아래서 개인의 자유를 최대화 할 것이고 그 지도자의 권위는 오로지 공적만을 기준으로 삼을 것이며, 그의 견해는 비평의 대상이 될 수도 있다. 하지만 이 그룹의 일부가 되기 위해서, 각 회원들은 더 큰 사상을 잃지 않기 위해서 어느 정도의 지적 자유를 제한해야만 했다.

페렌치는 누가 문제아들이 될 수 있을지 예를 넌지시 거론했다. 이론적 논제에 적합하지 않음에도 불구하고 과학적 이론들을 만드는 임상가에게 이 조직은 제동을 걸 것이다. 이 조직은 개인의 주관적 경험으로부터 잘못 일반화하여, 시작된 지 얼마 안 되는 이 과학을 고쳐 쓰려는 회원을 제한할 것이다. 이름들이 거론되지 않았지만, 프로이트는 공개적으로 슈테켈은 이론이 약하고, 아들러는 정신분석의 모든 것을 재확립하려는 시도에서 자신의 생각들을 심하게 부풀렸다고 불평했다. 페렌치는 이 조직체에서는 그러한 사람들을 몰아내는 것이 아니라 단지 그들을 저지하게 될 것이라고 언급했다. 이 조직체는 또한 터무니없는 생각을 분출하는 자격이 없는 회원들로부터 정신분석을 보호할 것이다. 그 예로 페렌치는 정신종합요법을 맹렬히 비난했는데, 마침 그 때 그 이론의 창시자인 루트비히 프랑크가 청중 가운데 앉아 있었다. 어찌되었든 정신분석은 이러한 어리석음을 물리치면서 더욱 통일된 모양새를 유지하고 외부 세계에서 존경을 얻게 될 것이다.

국제정신분석협회는 회장에 의해서 운영되는데, 그는 중앙사무소에서 일을 하고 회원을 엄격하게 통제하며, "임상가들이 자신의 목적에 의해 만들어진 방법이 아니라 프로이트의 정신분석적 방법들을 사용하는지" 확실히 하게 될 것이다. 이 조직체는 회원 수를 제한하고, 같은 원칙들에 분명하게 헌신하지 않은 사람들을 들어오지 못하게 할 것이다. "유익함이 있는 연구들은 근본적인 문제들에 대한 동의가 얻어졌을 때에만 가능하다."고 페렌치는 설명했다. 회장은 또한 회의를 비롯하여 〈연감〉과 월간 소식지를 편집하는 것을 담당해야 했다. 결국 페렌치는 회장을 평생직으로 하자고 제안했고 칼 융이 그 일에 추천되었다.

칼 융은 잘츠부르크에서의 첫 번째 프로이트학파 회합을 계획하고 있었는데, 그가 그 모임에 도착했을 때 사람들이 자신을 이 사상의 과학적 옹호자로 환영할 것이라고 기대하고 있었다. 하지만 융은 측면에서 아브라함의 공격을 받아야 했고, 프로이트에 대한 자신의 충성심을 변론해야만 했다. 그 후로 융은 부르크휠츨리에서의 지휘를 포기했고 프로이트학파에 자신을 투신했다. 이제 국제정신분석협회의 수장으로서 누가 프로이트학파 사람이고 아닌지를 결정하는 특별한 특권이 맡겨졌고 아마도 죽을 때까지 융은 다시는 선수공격을 당하는 일이 없을 것으로 보였다.

깨우친 지도자를 평생직으로 임명하는 것은 프로이트 같은 19세기 후반의 진보주의자들에게는 이상한 것이 아니었다. 프로이트는 지도자 프란츠 요제프에 대한 좋은 기억을 가지고 있었는데 그는 대중들의 반진보적인 변덕스러움에 좌지우지되지 않았다. 나이든 진보적 취리히 사람들을 위해서 그들의 의회는 평생직위제로 운영되었었다. 그러나 프로이트 공동체의 많은 젊은 회원들은 평등의 정치에 헌신한 민주주의자들이었다. 그래서 평생 직위제는 그들을 소름끼치게 했다.

융의 즉위식이 시작되면서 야유가 있었다. 빈 사람들은 이 운동의 중심이 칼 융의 생애 동안에 취리히로 넘어가는 것을 수동적으로 보고만 있을 수는 없었다. 빌헬름 슈테켈은 일어서서 그 제안을 비난했고, 만약 이 새로운 과학이 온전히 자유롭지 않다면 그것은 파괴될 것이라고 주장했다. 아들러도 슈테켈의 반대에 동조했다. 이 제안은 투표에 부쳐졌다. 슈테켈의 조사에 의하면, 빈과 독일의 모든 분석가들은 국제정신분석협회의 회칙에 반대했다. 프로이트에게 다음 날까지 최종 투표를 연기해 달라고 요청했다. 그 후 즉시, 빈 사람들은 뉘른베르크 그랜드 호텔에서 비밀 모임을 가졌다. 20여 명의 분석가들이 모였고, 빈 사람들이 영구적으로 소외되려는 순간에 있다고 주장하는 슈테켈의 목소리에 귀를 기울였다. 정신분석은 반드시 독립적인 과학이 되어야만 하고, 빈은 취리히의 변덕으로부터 독립적이어야만 한다!

프로이트는 그 방으로 달려 들어갔다. 그는 과학적 기관의 사람들로부터의 신랄한 반대와 어려운 시간을 예견하면서, 빈 사람들에게 국제정신분석협회에 동의해 달라고 간청했다. 그는 자신의 코트를 붙잡고 소리쳤다. "그들은 내가 입고 있는 코트조차 못마땅해 한다." 프로이트는 빈 사람들이 자신의 발명품을 취리히에 양도해야 한다고 주장했는데, 유대인인 그들은 과학계에서 수용을 얻어낼 가망이 없었기 때문이었다. 빈 사람들은 굴복하기를 거부했다. 다음 날, 국제정신분석협회의 계획안은 통과되었지만 핵심적인 수정이 있은 후에 가능했다. 칼 융은 회장으로 선출되었지만, 그의 임기는 2년이었다.

뉘른베르크의 제안은 프로이트학파 사람들에게는 분기점에 되는 사건이었다. 힘의 중심이 취리히로 옮겨가는 것으로 프로이트는 그의 과학에 대한 반유대주의적 반응들을 침식시키길 희망했다. 그는 정신분석이 자신과 너무 밀접하게 동일시되어 있다고 믿었기 때문에 국제정신분석협회에 부분적으로만 관여했다. 최근에 독일 학자 알프레트 오슈Alfred Hoche는 프로이트가 종교를 창립했다고 공격했다. 그곳에서 그는 숭배 받았고, 절대적으로 틀리지 않은 것으로 받아들여지고 있다고 비난했는데, 이것은 천주교의 교황무오설 교리에서 가져온 말이었다. 프로이트는 빈의 동료들이 다양한 이론적 방향으로 이리저리 헤매던 많은 모임들에서 끝까지 자리를 지켰던 탓에 이런 비난이 터무니없고 불공평하다고 느꼈다. 그는 "내가 개인적으로 물러나서, 나의 적대자들에게 정신분석이 나의 개인적인 경험에 의존하고 있고 나와 함께 지나갈 것이라고 믿는 것이 얼마나 어리석은 것인가를 보여줄 때가 왔다."고 결론지었다.

그러나 프로이트 한 사람보다는 더 큰 운동을 건설하겠다는 생각은 또 다른 불가피한 것과 갈등을 일으켰다. 이 분야의 아버지는 추종자들을 통제하는 것이 중요하다고 느꼈다. "나는 두 가지 급박한 위험을 봅니다." 프로이트는 블로일러에게 썼다. "첫 번째는, 어떤 추종자들이 개인적인 공격에 대해서 지혜롭지 못하게 반응하는 것이고, 또 다른 추종자들은 자신들이 생각한 것을 정신분석이라고 대중들에게 발표하는 것인데, 이러한 것이 불신을 가져올 수 있습니다." 중앙사무소는 대중과의 관계를 관리하고, 무엇이 정신분석이고 아닌지를 판결해야 했다. 하지만 중앙사무소가 프로이트의 것과 다른 생각들을 규제하면서 이 그룹은 프로이트가 중심이 되지 않는 정신분석을 어떻게 발전시킬 수 있을 것인가?

페렌치는 광범위한 정신분석적 운동에 대한 욕구는 간단하게 희생되어야만 한다고 생각했다. 전쟁의 시기에는 그가 경고한 것 같이 시인Muse(고대 그리스로마 신화에서 시, 음악, 무용을 관장하는 아홉 여신들 중의 하나 : 역자 주)들은 침묵해야 한다. 이 운동이 직면하고 있는 공격들을 생각해볼 때, 열려 있고 불협화음을 내는 정신분석 공동체는 불가능했고 무책임했다. 그들은 중심 사상을 굳건히 붙잡고 그것에 자신들을 단호하게 헌신하고, 말을 잘 안 듣는 추종자들에게 헌신을 강경하게 주장하고 싸울 준비를 해야만 했다.

프로이트는 동의했다. 그는 적대적인 대학의 정신의학자들과 경쟁적인 심리치료사들을 겨냥한 "외교정책"을 가진 조직체를 원했다. 그는 이 운동을 지지하는 선전을 원했는데, 성 개혁과 금욕 지지그룹들이 했던 캠페인과 다르지 않은 것이었다. 그러한 공동체들의 회원들은 회의론자가 아니라 헌신적인 추종자가 되도록 요구되었다. 뉘른베르크는 프로이트학파라고 부를 수 있는 생각의 범위를 좁히는 시도를 시작했다. 프로이트와 그의 가장 가까운 동지들은 부분적으로 지지하는 사람들이 안으로 들어오라고 강요할 수 있는 핵심 신념들을 만들고자 했다. 카를 아브라함에게 보내진 편지에서 프로이트는 말했다. "적들에게 뿐만 아니라 경솔한 동료들에 대해서도 방어가 요구되어진다."

커다란 혼란에도 불구하고 프로이트는 뉘른베르크 모임에서의 결과들에 대해서 만족해하는 듯했다. 융도 또한 기뻐했다. 그러나 거의 즉각적으로 뉘른베르크의 제안들은 격렬하고 예측하지 못한 결과들을 가져왔다.

II.

오이겐 블로일러는 뉘른베르크 회합 동안에 충수급통증으로 병상에 눕게 되었는데, 프로이트에게 유쾌하게 편지를 써서 그의 병이 무의식의 저항이 아니라고 프로이트를 안심시켰다. 그 농담은 한 달 후에는 더 이상 즐거운 것이 아니었다. 프로이트는 블로일러가 스위스 그룹의 지도자로서 국제정신분석협회에 합류하는 것을 거부했다는 깜짝 놀랄 소식을 듣게 되었다. 이 취리히의 교수는 이 협회의 규칙들이 지나치게 한쪽으로 치우쳤고 배타적이라고 생각했다. 그리고 그는 그 그룹의 모든 사람들과 합류하는 것을 싫어했다. 블로일러는 취리히의 프로이트학파 사람들에게 부르크휠츨리의 직원들과 연석회의에서 만나자고 제의했다. 이것은 융을 분노하게 했고, 언젠가는 모두 다 쫓아내겠다고 내심 다짐하게 했다

프로이트는 취리히에서의 갈등이 융에 대한 질투라고 단정 지었다. 그러나 프로이트 역시 염려하는 것이 있었는데, 뉘른베르크의 제안에 대해서 "우리는 너무 빨리 형성되고 있다. 아마도 우리는 상황이 어느 정도 무르익을 때까지 기다렸어야 했다."라고 말했다. 하지만 프로이트는 적어도 빈에서는 뉘른베르크의 규칙들이 상당히 유용하다고 융을 안심시켰다.

6월, 상당한 지연이 있은 후에 융은 취리히 학회의 창립을 선언했다. 블로일러는 합류하지 않았다. 국제정신분석협회 회장은 각 지역 학회의 회장이나

사무국장을 할 수 없다고 법규로 규정했기 때문에, 루트비히 빈스방거가 회장으로 선출되었다. 이것은 융에게는 골칫거리가 되었는데, 빈스방거는 곧바로 비회원들이 회원들과 나란히 참석하는 것을 허용하지 않을 경우에만 그 직위를 받아들일 것이라고 선언했다. 융은 빈스방거의 제안에 투표를 요청했고 빈스방거의 제안이 통과되었다. 프로이트는 즉시 융에게 편지를 써서 이러한 제도는 불가능하다고 주장했고, 그러한 "멍청한" 상황이 발생하도록 허용한 융을 심하게 질책했다.

국제정신분석협회에 대한 제안들이 취리히의 프로이트학파 사람들을 혼란에 빠뜨렸으며, 융, 블로일러, 빈스방거 사이에 불화를 일으켰다. 프로이트와 융 모두는 통합에 대한 그들의 계획이 너무 무리하게 진행되었다는 것에 동의했다. 1910년 9월, 프로이트는 블로일러에게 편지를 써서 집으로 돌아오라고 부탁했다. 프로이트는 빈 사람들에게서는 어떤 문제를 예측했지만 "다른 곳에서는, 적어도 취리히 그룹의 지도자가 될 것이라고 생각했던 당신에게서는" 아니었다고 고백했다. 프로이트는 "만약 정신분석과 대학의 정신의학 사이에 의사소통의 다리를 보존하는 것이 당신의 의도라면, 이 협회에서 당신의 부재는 그 반대 방향으로 가게 할 것이다."라고 블로일러에게 권고했다.

블로일러는 프로이트에게 자신은 잘츠부르크에서 조직체를 만드는 것에 찬성했지만, 이 새로운 조직의 법규가 그를 화나게 만들었다고 말했다. 그것의 강한 배타성에 블로일러는 동의하지 못했다. 융과의 논의에서, 블로일러는 그 배타성이 의도적이라고 말했는데, 루트비히 프랑크와 같은 경쟁자들과 크레펠린의 동료인 막스 이세르린Max Isserlin 같은 학문적 비평가들은 포함되지 못하도록 의도되었다고 확신했다.

루트비히 프랑크는 블로일러에게 자신이 그 회합에서 프로이트에게 무시당했다고 터놓고 불평했다. 하지만 이세르린의 경우에는 뭔가 은밀한 것으로 가득 차 있었다. 뉘른베르크 회합 전에, 융은 프로이트에게 편지를 써서 융의 가장 신랄한 학문적 비평가들 중의 한 명인 그 교수가 1910년 모임에 오기 원한다고 보고했다. 블로일러는 융(병원에서 융은 블로일러보다 아래 위치에 있었다.)이 장난으로 이세르린에게 초대장을 보냈다는 것을 후에 알게 되었다. 이세르린은 초대를 받아들였다. 이러한 장난에 대한 언급 없이 융은 프로이트에게 편지를 써서 이세르린이 "나쁜 놈"이고, 비방하는 사람이어서 자신은 이러한 쓰레기가 주위에 있는 것을 원하지 않는다고 말했다. 프로이트는 무턱대고 동의했고 이 사람의 참석을 거절했다. 뉘른베르크 후에 에밀 크레펠린은 취리히를 방문했고, 자신의 동료에 대한 그러한 분별없는 취급에 대해서 블로일러를 몹시 꾸짖었다. 블로일러는 후에 프로이트에게 이세르린을 그 회합에 초대하지 않은 것은 쉽게 이해할 수 있지만, 일단 초대에 응한 사람을 참석하지 못하게 하는 것은 몹시 무례한 것이라고 말했다.

오이겐 블로일러는 어떤 비평가도 경쟁자도 인정하지 않는 국제정신분석협회에 가입하는 것을 원하지 않았다. "만약 과학적 논의를 원한다면, 만약 바깥 세계에게 과학적 협회로서 보이기 원한다면, 처음부터 반대의견을 불가능하도록 만들 수는 없다."고 그는 설명했다. 프로이트는 자신의 의도는 실용적인 취지였으며, "우리 그룹 안에서 새로운 의견들을 질식시키는 것"과는 거리가 멀다고 되풀이 했다. 프로이트는 정신분석을 받아들이는 사람들만을 회원으로 받아들이는 정신분석 조직에 대해서 전혀 문제가 없다고 생각했다.

하지만 1910년에 정신분석가는 무엇이었나? 넓고 포괄적인 의미에서, 블로일러가 받아들일 수 있고 그리고 여전히 국제정신분석협회의 회원이 될 수 있는 그런 정신분석가가 있는가? 이 단체는 정도에서 벗어난 프로이트학파 사람들을 새롭게 형성된 중심으로 데려오고자 했다. 1910년 10월 18일과 19일에 블로일러는 8페이지의 긴 편지를 썼다. 그 편지에서 그는 어떤 것도 감추려하지 않았다. 국제정신분석협회의 규정들의 호전적인 어조는 어떤 부분적 반대에도 맞서서 외쳤다. 간단히 말하면, 지적 독립성을 유지하는 회원들은 더 이상 환영받지 못하는 것 같았다. 더욱이, 블로일러는 자신이 과학적으로 어떤 형태들과 연관되는 것을 염려했다. 블로일러는 프로이트의 반박에 선수를 치면서, 이것은 반유대주의나 대학의 속물근성 때문이 아니라고 했다. 그것보다는 "당신의 이론을 따르고 있는 것인지, 그렇지 않은지에만 의존하려고"하는 사람들의 그룹에 묶인다는 생각 때문에 뒤로 물러나는 것이었다. 블로일러는 고별인사로 그 편지를 마쳤다. '당신은 심리학의 코페르니쿠스나 다윈격인 지성의 거인입니다. 그러나 당신의 진실은 여전히 많은 것 가운데 하나입니다.'라고 프로이트에게 말했다. 끝맺음에서 블로일러는 프로이트가 과학의 추구로부터 그의 이론이 받아들여지게 하는 정치로 바꾼 것에 대해서 프로이트를 꾸짖었다. 프로이트는 자부심이 있는 사람이었다. 이 직접적 비판은 기분을 상하게 했음이 분명하지만 블로일러를 포기할 수는 없었다. 오이겐 블로일러의 지지를 잃는 것은 이 운동에서 매우 커다란 상실이었다. "우리는 일반 사람들 앞에서 변호해야 할 큰 목적을 가지고 있다"고 프로이트는 융에게 편지를 썼다. 그러므로 "마녀의 '정치'와 '사교 능력'"을 가져야만 한다. "다른 위대한 운동들의 내부 사람들도 누군가가 그들의 안을 들여다 본다면 더 이상 매력적이지 않을 것이다."라고 그는 말했다. 프로이트는 블로일러에게 그가 합류하기 위해서 필요한 협회의 개선점을 만들어 달라고 부탁했다. 블로일러를 더욱 안심시키기 위해서 프로이트는 알프레트 아들러가 빈 그룹의 회장으로 임명되었다고 알렸다. 아들러는 주로 생물학에 관심이 있었고 그의 심리학적 생각들은 프로이트의 것과 너무 달라서 프로이트를 거의 매주 화나게 했었다. 프로이트는 자신의 견해를 고수할 것이었지만 누구도 이 "확고부동함을 옹졸함"으로 잘못 알아서는 안 되었다.

그러는 동안, 칼 융은 블로일러의 비평의 아이러니를 씁쓸하게 바라보았다. 절제를 부르짖는 이 지도자는 과학 공동체에서 개방적인 탐구를 요구하고 있었다. 그러나 그는 또한 부르크휠츨리의 모든 의사들에게 완전히 금주하라고 요구했다. 적당한 양의 술이 건강에 해롭다는 신념을 지지할 만한 과학적 자료는 거의 없었다. 융은 질문했다. 오이겐 블로일러는 술을 마시는 사람을 그의 절제 그룹에 받아들일 수 있을 것인가? 그렇지 않다면, 왜 정신분석가들은 정신분석을 반대하는 사람들을 받아들여야만 하는가?

12월에 프로이트는 프로이트학파 이론의 가장 유명한 지지자를 돌아오게 하기 위해서 또 다른 수단을 사용했다. 블로일러가 프로이트의 학설에 대한 정책지침서를 쓰고 있다는 것을 알게 된 '교수님'은 그에게 프로이트의 비방자에 대해서도 쓰라고 권했다. 블로일러가 무엇을 말할 것인가에 대해서 염려한 융과 프로이트는 〈연감〉에 공간을 제공했는데, 그 토론장에서 그의 연구의 출판이 그의 반감을 완화시키기를 희망했다. 프로이트의 비평가들에 대한 블로일러의 반박은 뉘른베르크의 행사 이야기와 함께 〈연감〉의 두 번째 호에 실렸다. 그는 비평가들이 성 이론에 대한 반대를 과학적 관찰 보다는 개인의 정서와 관례적인 윤리에 기초를 두고 있다고 비난했다. 그는 신경증과 관련해서 성 이론을 변호했고, 오이디푸스 콤플렉스가 사실이라고 말했다. 블로일러의 변론은 억압, 성의 승화, 전이, 그리고 무의식은 새로운 생각들이 아니라는 점을 지적했다. 대신에, 프로이트는 이러한 생각들을 새로운 방법으로 함께 엮었고, 프로이트 이론의 대부분은 자명하다고 블로일러는 주장했다. 그 나머지는 과학으로 검증되어야 했다.

이것을 읽은 후에 융은 놀랐고 프로이트는 환호했다. 아브라함이 블로일러가 화해를 간절히 바라고 있다고 전했기 때문에 프로이트는 블로일러를 만나기 위해서 기차를 타고 뮌헨에 가서 관계의 회복에 대해 논의했다. 아브라함은 정신의학 회의에서 블로일러를 유심히 살펴보았는데, 그곳에서 이 취리히 사람은 프로이트의 견해를 크레펠린과 아샤펜부르크에 반대하며 공개적으로 변호했다. 1910년 12월, 결국 프로이트와 블로일러는 뮌헨에 나란히 앉아 있었고 얼마 지나지 않아서 이 스위스 의사는 국제정신분석협회에 가입했다. 빈에서 프로이트는 블로일러 교수가 "정신분석에 대한 굉장한 변론을 출판했고 취리히 학회에 가입했다고 즐겁게 알렸다. 하지만 블로일러는 오랫동안 머물지는 않았다.

오랫동안, 블로일러는 그의 동료들에게 정신병에 대한 중대한 연구를 약속했었다. 1911년 가을, 그는 《조발성 정신이상 또는 정신분열의 그룹》을 출판했다. 이 책은 곧바로 대단히 뛰어난 성취로 인정되었다. 이 획기적인 책에서, 크레펠린이 정신이상과 관련시킨 그 질병에 "정신분열"이라는 새 이름을 붙였고, 핵심 정신병리학적 특징들로 그것을 새롭게 묘사했다. 블로일러 이론의 상당 부분은 프로이트와의 논쟁의 산물이었다. 예를 들면, 그는 정신이상의 내부로의 고립을 "자폐autism"로 불렀는데, 이것은 프로이트의 자기성애autoerotism에서 성적인 부분을 없앤 블로일러의 의견이었다. 정신분열적 "양가감정"은 모순의 이론에 기반을 두고 있지만, 동시에 블로일러는 빈 동료인 프로이트와 논쟁하면서 생겨난 느낌들에도 기반을 두고 있었다. 그는 또한 정신분열 환자들을 분열된 정신의 관념연합을 가지고 있는 사람들로 묘사하기 위해서 프랑스 정신병리학에서 견해들을 빌려오기도 했다. 결론적으로 블로일러는 이러한 주요 특징들 외에, 인식의 과정에서부터 기억과 의식에까지 많은 것들이 정신분열 안에 손상되지 않은 채로 남아 있다고 주장함으로써 자신을 크레펠린과 구별했다.

서문에서, 블로일러는 지그문트 프로이트의 연구를 인정하면서 독자들이 빈의 혁신자에게 큰 은혜를 입고 있다고 우호적 입장을 취했다. 그러나 블로일러는 증상의 묘사와 이론에서만 프로이트의 연구를 언급했다. 프로이트는 뛰어난 현상학자이지만 그의 리비도 이론은 이러한 재앙적인 장애들의 원인을 설명할 수 없다고 블로일러는 은연중에 암시했다. 블로일러는 정신분열에는 뇌의 질병이 거의 분명하게 작용하고 있을 것이라고 확신했고, 이러한 이유로 치료의 기법적인 부분에서는 정신분석을 언급하지 않았다. 블로일러는 이 책을 프로이트에게 보냈고 "존경이 가득 찬 전율"의 반응을 기대했다. 블로일러를 선점하기 위해서 프로이트는 이미 정신이상의 요새를 공략했고, 미친 법학자인 쉬레버의 자서전의 분석을 저술했다. 블로일러는 피해망상이 동성애에 대한 갈등과 나르시시즘의 고착의 결과라고 본 프로이트의 해석에 대해 골똘히 생각했는데, 이 취리히 사람은 그 이론을 매우 의심스럽게 보았다.

그 후 1911년 11월 29일, 블로일러는 국제정신분석협회에서의 직위에서 사임했다. 그는 취리히 학회의 모임에는 참석했고, 부르크휠츨리에서 그와 함께 일하는 젊은 의사들을 데리고 왔다. 이러한 침략은 융을 불편하게 했는데, 융은 후에 알퐁스 매더Alphonse Maeder와 융의 부르크휠츨리 후임자인 한스 마이어Hans Maier도 프로이트학파 그룹에 가입하라고 요청했다. 마이어가 보류한다고 하자 그 모임에 가입해야만 하고 그렇지 않으면 모임에 참석하는 것을 중단해야만 한다고 몰아붙였다. 블로일러는 마이어에 대한 이러한 취급이 심각한 품행 위반에 해당한다고 생각했다. 블로일러는 뮌헨에서 프로이트와의 화해를 돌아보며 프로이트가 "문을 닫기 원치" 않는다고 잘못 믿었다고 결론 내렸다. "'우리를 지지하지 않는 사람들은 우리를 반대하는 사람들'이고 '모든 것이 아니라면 아무 것도 아니다.'라는 발상은 종교적인 그룹들에서나 필요한 것이고 정치적 정당들에게 유용할 것이다. 나는 협회의 원칙을 그렇게 이해했고 그것이 과학에 해롭다고 생각한다."고 블로일러는 썼다.

블로일러는 정신분석의 양극화 입장은 취리히에서 몰락의 원인이 될 것이라고 예측했다. 취리히 협회는 가장 크고 건실할 수 있었지만 배타성으로 말미암아 이미 친구들을 떠나게 하고 적들을 만들고 있었다. 뉘른베르크는 취리히 프로이트학파 운동의 문화를 바꾸었고, 블로일러가 충절을 지속하는 것이 불가능하게 만들었다. 그것이 다른 협회와 같은 과학 협회였다면 그는 남아 있었을 것이다. 그러나 국제정신분석협회는 그렇지 않았다.

> 다른 과학과 과학자들에게 될 수 있는 대로 많은 동의를 얻어내려고 노력하는 대신에, 정신분석협회는 친구들과 경쟁자들을 다치게 하는 가시가 많은 껍질을 만들어서 바깥 세계로부터 자신을 차단시켰습니다. 이것은 처음부터 우리에게는 잘못된 것으로 보였습니다. 불행히도, 일어나는 일들이 우리의 두려움이 옳다는 것을 증명합니다. 취리히의 모든 것은 정신분석에 호의적입니다. 의사들은 전반적으로 관심이 많고 앞으로 10년 동안 원하는 모든 것을 가지고 있습니다. 하지만 협회의 태도로 인해 그것은 파괴되었고 복원되기 어려워 보입니다. 그것을 분파sect라고 부른 오슈Hoche의 악의적인 용어가 그 당시에는 부적합한 것이었지만, 정신분석가들 자신들로 인해서 그것이 현실로 드러납니다.

엄청나게 충격적인 입장의 번복에서, 블로일러는 프로이트학파 사람들을 적들로부터 변호하려는 프로이트의 노력은 파벌주의로 끝나게 될 것이라고, 그러한 파벌주의는 최악의 비판들도 사실로 만든다고 주장했다. 블로일러는 다시는 프로이트학파가 될 수 없었다. 1911년 12월 브릴에게 보낸 편지에서, 프로이트는 이 좋지 않은 소식을 전했다. 프로이트학파 이론에 대한 남다른 관심으로 오이겐 블로일러는 다른 어떤 누구보다도 프로이트학파 운동에서 많은 일을 했는데, 지금은 국제정신분석협회로부터 사임했다. 열흘이 지난 후, 프로이트는 브릴에게 다시 편지를 써서 이 좋지 않은 소식을 반복해서 전했다. 그는 이 일을 도저히 믿을 수 없었던 것 같았다.

블로일러가 실권을 가지고 있을 때 부르크휠츨리는 관심을 보이던 의사들을 불러들였고, 프로이트학파 사람들로 만들어서 내보냈다. 블로일러의 신망, 훈련센터, 실험실은 독일 대학의 정신의학자들이 지그문트 프로이트를 진지하게 받아들이게 만들었다. 프로이트의 높아진 명성은 적대감을 일으켰지만 이것은 또한 그의 생각들을 더 이상 무시하기 어려운 것으로 만들었다. 점차적으로, 생각이 깊은 유럽의 정신과 의사라면 지그문트 프로이트에 대해서 어떤 입장을 취해야만 했다. 카를 아브라함은 구스타프 아샤펜부르크가 미국에서조차도 모든 의사들에게서 나오는 첫 번째 질문이 "프로이트에 대해서 어떻게 생각하시오?"라고 보고했다고 즐겁게 말했다. 블로일러는 급박했던 정신의학과 프로이트의 관련성을 만들어내는 데 중요한 역할을 해왔다.

하지만 블로일러는 다른 것들에도 헌신되어 있었고, 궁극적으로 그것들이 그가 프로이트학파 사람이 되는 것을 선택하지 않게 했을 것이다. 유럽 의학대학의 영향력 있는 회원이었던 그는 프로이트의 생각을 전적으로 채택하면서 자신의 명성에 위협을 받았을 것이다. 침착하고 냉정한 과학적 프로이트학파 단체를 만들고자 한 그의 요청이 배려되었다면, 그는 반대하는 동료들을 받아넘길 수 있었을 것이다. 그는 그들이 알지 못하고 활용하지 못하는 방법을 비하하는 것은 비과학적이라고 반박했을 것이다. 그러나 국제정신분석협회는 근본적으로 과학적 그룹이 아니었다. 그것은 그 운동을 보호하기 위해서 탄생되었다. 이 협회 안에 과학적 회의론자, 의혹을 품은 자들, 비평가들을 위한 공간은 거의 없었다. 블로일러의 절제 그룹이 술에 꽤 관심 있는 사람들을 술고래들이라는 이유로 거부하려고 했던 것처럼 국제정신분석협회도 프로이트에 동의하지 않은 사람들을 배제하려고 했다.

프랑스 정신병리학과 무의식적 심리 과정들의 연구에 대한 블로일러의 관심은 그를 프로이트에게로 이끌었고 그러한 관심사를 포함하고 있는 정신분석에 영양분을 주었다. 그러나 기본적인 이론과 방법에 대한 요청으로, 뉘른베르크의 회합은 정신분석을 전적으로 프로이트의 용어로 성문화했다. 블로일러 교수는 그러한 그룹에 합류해서 얻을 수 있는 것은 아무것도 없었다. 특히 정신분열에 대한 그의 내작이 출판되는 상황에서는 더욱 그러했다. 결국, 그는 독일 대학의 정신의학에 대한 근본적인 헌신을 유지하기 위해 프로이트학파를 떠나게 되었다.

이미 1905년에 지그문트 프로이트는 학문 분야들 간의 갈등들을 중요하게 생각하지 않기로 했고, 블로일러의 이론적인 주장들을 마치 그것들이 신경증적 증상들과 다르지 않은 것으로 취급하기로 했었다. 블로일러가 프로이트에게 자신의 꿈들을 해석해 달라는 것을 멈춘 후, 정서적인 저항에 대한 프로이트의 외침이 두 사람의 관계를 흐리게 했다. 질문들을 무의식적 동기들로 귀속시키는 프로이트의 태도는 블로일러가 적절한 과학적 질문을 하는 것을 거의 불가능하게 만들었다. 프로이트는 마지막으로 블로일러에게 저항에 대한 생각을 거론했지만 그때 이미 그의 동료는 듣기를 거부하고 있었다.

프로이트의 인신공격식의 전략들이 부당하기는 했지만 일관성이 없지는 않았다. 환자의 마음과 과학자의 마음은 같은 것이고, 무의식과 억압은 누구에게나 항상 작동하고 있다. 그러나 '교수님'은 지적 차이점, 아버지로서의 권위, 형제의 경쟁에 대한 자기 자신의 저항을 고려하는 것에는 일관성이 없었다. 과학적 의견의 차이를 개인적인 것으로 바꾸는 것(그것이 얼마나 이론적으로 견고하든지 상관없이)은 어떤 과학적 공동체도 불안정하게 만들 것이라고 블로일러는 프로이트에게 말했다. 이론적인 반대가 부분적으로 감정적일지라도 그것의 장점에 대해서 논쟁하거나 논박해야 한다. 그렇지 않으면 모든 비평들은 재고 없이 간단히 무시될 것이고, 순종적으로 남의 말을 되뇌는 사람들은 무턱대고 받아들이게 될 것이다. 그들이 회의론자들과 반대자들을 인정하지 않고 과학적 의견의 차이를 항상 싫음, 혐오, 저항에 대한 합리화로 취급한다면, 프로이트학파는 어떤 공동체가 되어 갈 것인가?

III.

뉘른베르크 회합은 빈에서도 예기치 않은 반동을 불러일으켰다. 페렌치의 제안은 빈 사람들을 제한시키고 주변으로 밀어내고자 했지만 그것은 반발을 일으켰다. 빈 동료들의 상한 감정을 진정시키기 위해서, 프로이트는 지역학회의 통제를 양도해야만 한다고 느꼈다. 그는 회장직을 아들러에게 넘겼고 부회장을 슈테켈에게 맡겼다. 이러한 권력의 이동은 이 그룹을 한 개인, 즉 자기 자신에게 보다 적게 연결되어 있는 것으로 변모시키고자 하는 프로이트의 결심을 증명하려 했던 것이었다.

뉘른베르크 제안이 변방으로 밀어내려고 했던 그 두 사람은 지금 가장 오래된 학회를 통제하게 되었다. 하지만 그들은 뉘른베르크에서 겪은 모욕을 잊지 않았다. 아들러는 이 운동이 처해 있는 위험을 프로이트가 과장하고 불필요한 반응을 불러일으키고 있다고 비난했다. 또한 다른 이들은 고압적인 취리히 사람들을 다른 "종족"이라고 불평했다. 사회주의에 헌신했던 아들러는 빈 그룹을 국제정신분석협회와는 다르게 자유선거제를 채택할 것이라고 선언했고, 대중에게 개방하는 강좌를 제공하고 과학적인 문제에 대한 훈련을 공급하는 것을 통해 더 많은 바깥사람들을 초대해서 참석하게 하는 것으로 이 운동을 강화할 것을 계획했다. 그 목적을 위해(융의 힘을 약화시키는 것을 포함해서), 아들러는 슈테켈과 함께 빈에서 새로운 〈정신분석 핵심학술지*Zentralblatt fur Psychoanalyse*〉를 만들 것이라고 선언했다.

국제정신분석협회의 창설은 빈 사람들을 안티국제정신분석협회 연단 주위로 모이도록 자극했다. 프로이트는 성난 동료들의 손으로 만들어진 이 새로운 학술지가 그에게 등을 돌리지 않을까 염려했다. 슈테켈과 아들러의 움직임을 견제하면서, 프로이트는 그들에게 이렇게 알렸다. 자신이 두 명의 출판업자를 만났고 그들 모두가 기꺼이 〈핵심학술지〉를 담당하고자 하는데 프로이트가 편집자인 것이 조건이었다. "그대들은 이 학술지가 나에게 반하지 않을 것에 대해서 어떤 보증을 할 수 있겠는가?" 그들에게 날카롭게 물었다. 아들러와 슈테켈은 결국 자신들의 충절을 다짐했다. 그래서 프로이트는 작업 방식을 제안했다. 이 새로운 학술지에서 발표되는 모든 글들은 세 명 모두의 승인을 얻어야 하고, 각 사람은 거부권을 가진다. 근본적으로 프로이트가 아니라 융의 힘을 염려했던 빈 사람들은 찬성했다. 이러한 것이 결정되고 오래 지나지 않아서 프로이트는 새롭게 얻은 거부권을 행사했는데, 슈테켈이 쓴 글들 중에 하나에 대해서였다! 아들러와 슈테켈이 모르는 사이에, 융은 그가 싫어하는 논문에 프로이트가 거부권을 행사하도록 만들어 놓았다.

이러한 모든 내분에도 불구하고, 빈 정신분석학회는 빠르게 성장했다. 1906년 즈음, 학회의 회원은 20명 정도에서 침체를 겪고 있었는데 1910년에는 관심이 급증했다. 학회는 1910년에 16명의 새로운 회원을 받아들였고, 1911년에는 12명을 더 받아들였는데, 그때가 가장 큰 성장을 이룬 시기였다. 갑자기 학회 안에는 초보자가 많아졌다. 그들은 뉘른베르크에서의 프로이트 강의의 칙령에 따라 아직은 완전하지 않지만 오이디푸스적 성심리의 표준화된 이론 안에서 훈련을 받았다.

그러나 학회의 새로운 회장은 다른 생각들이 있었다. 알프레트 아들러는 심리학적 이론가로서 상당히 성숙해갔다. 생물학에 관심이 많았고 한때 모든 곳에서 기관의 열등함을 보려고 했던 이 의사는 심리학자로서 변모하고 있었다. 1909년 아들러는 신경증에 대한 자신의 통합된 이론을 발표했는데, 그것은 공격적 본능을 강조했고 그것이 억압되어질 때 열등감과 신경증으로 이어지게 된다는 것이었다.

뉘른베르크 모임 바로 전에, 아들러는 학회에 다른 글을 발표하면서, 그가 추론적인 생물학에서 순수한 심리학적 접근으로 이동하고 있다는 것을 보여주었다. 성sexuality과 "나는 온전한 남자가 아니다"라는 느낌과 직면하면서 야기되는 열등함에 대한 아이의 내적 경험이 신경증에 대한 열쇠였다. 남자들과 여자들에게, 신경증은 심리적으로 남성성과 여성성 사이에서의 갈등을 수반한다. 아들러에 의하면, 모든 유아는 여성성을 열등한 것으로 보고 그것을 억압하려고 하는데, 이것은 임상가들이 심리적으로 약하고 열등하고 여성적으로 여겨졌던 것을 밝히기 위해서 노력해야만 한다는 것을 의미했다.

빈 학회에서 아들러의 이론은 곧 도전을 받았다. 남성성과 여성성에 대한 확고한 개념이 정신 안에 존재하지 않기 때문에, 생물학적인 용어들을 심리학으로 가져온 것은 아닌가? 프로이트가 자신이 세운 이론들을 망치로 두드려서 부수곤 했던 것에 익숙했던 것처럼 아들러도 이러한 종류의 반응에 익숙했다. 아들러가 더욱 유연성있는 심리학적 이론을 만들었을 때조차도, 많은 빈의 동료들은 그가 복잡한 현상을 기계적인 방법으로 해석하는 한 가지 재능만을 갖고 있는 사람으로 보았다. 아들러가 모든 꿈들은 그가 말한 "남성성 항거masculine protest"의 표현이라고 주장하자 그의 동료 빌헬름 슈테켈은 그를 심하게 비난했다.

그러나 아들러가 신경증에 대한 자신의 통합된 이론을 발표한 후에, 에두아르트 히치만은 "아들러의 접근은 우리의 것과는 매우 다르다."라고 불길하게 예고했다. 파울 페데른은 그 글은 알프레트 아들러와 지그문트 프로이트 사이의 중요한 차이점들을 논의하는 기회를 주고 있다고 말했다. 프로이트는 그러한 1대 1의 정면 대결을 진압했지만 융에게는 아들러가 피해망상적이고 그의 이론은 프로이트를 “젊은 사람들이 앞으로 나가는 것을 막는 나이 먹은 독재자의 역할”로 밀어 넣었다고 전했다.

알프레트 아들러. 수요심리학회의 초창기 구성원들 중의 한 명. 심리적 열등감에 대한 그의 생각은 이 그룹을 휘저었다.

아들러의 이론들은 몇 년 동안 프로이트를 지치게 했다. 그러나 많은 새로운 회원들의 유입은 빈 학회의 회장을 만만치 않은 경쟁자로 만들었다. 그는 일관성 있는 통합된 이론을 가지고 있었던 반면 프로이트는 아직도 그렇지 못했다. 아들러의 생각은 상식적인 호소력을 가지고 있었고, 1909년과 1910년 사이에 도착한 새로운 회원들은 그 생각을 호의적으로 받아들이기 시작했다. 프로이트는 리비도 이론에 대한 아들러의 거부가 내부에서는 그 이론을 훼손시키고, 학회 밖에서는 의혹을 품은 사람들에게 원군을 제공할 수도 있다고 염려했다. “이 문제의 핵심(그리고 그것이 정말 나를 불안하게 하는 것인데)은 그가 성적 추동drive을 과소평가하고, 우리의 적대자들은 곧 우리의 것과는 근본적으로 다른 결론을 가지고 있는 경험 있는 정신분석가에 대해서 말하게 될 것이다.” 칼 융은 비평가들 스스로가 한번도 사용한 적이 없는 방법을 비난하고 있다고 말함으로써 그들을 잠잠케 했었다. 그런데 프로이트의 옹호자들은 그들 안에 있는 가장 오래된 임상가들 중 한 명이 리비도 이론에 반대하고 나온다면 무엇이라고 말할 것인가?

프로이트는 그런 당황스러운 일을 피하기 위했다. 1910년 12월, 그는 〈제멋대로의 정신분석Wild Psychoanalysis〉이란 제목의 글을 발표했다. 그 글에서, 불안장애를 가진 나이든 여성에게 성을 처방한 한 의사의 사례를 자세히 설명했다. 프로이트는 그러한 제멋대로의 임상가들로부터 자신을 강력하게 떼어놓았고, 독자들에게 환자들을 보호하기 위해서 국제정신분석협회를 창설했다고 알렸다. 이 단체의 목록에 이름이 있는 사람들만이 진짜 정신분석가들이 되는 것이었다.

이후에 프로이트는 아들러와 최후의 대결을 강행하기로 결심했다. 그들은 오랫동안 동맹이었는데, 모든 분석가들이 제멋대로였고 무의식의 어떠한 이론도 괜찮았던 때와는 상황이 많이 다르게 변했다. 교수님은 아들러에게 그의 새로운 견해를 개괄하는 일련의 강의를 학회에서 해달라고 초대했다. 아들러는 으쓱해졌지만 경계했다. 프로이트가 정말 그것을 원하는 것일까? 그가 정말 흔쾌히 타협할 것인가? 1911년 1월 14일, 아들러는 "논란이 많은 정신분석의 문제들"에 대한 첫 번째 강의를 했다. 아들러는 문제의 핵심으로 바로 들어갔다. 프로이트의 리비도 이론은 잘못되었다. 리비도는 인공적으로 만들어진 것이고 남성성 항거에 의해서 증가된다. 몇 주 후에 아들러는 연단에 다시 섰다. "신경증의 중심 문제로서 남성성 항거"라는 그의 강의 제목이 모든 것을 말했다. 공격성과 내재화된 여성 혐오가 약하고 여성적으로 여기지는 모든 것을 억압하게 한다. 공격성이 핵심 추동이고 남성성 항거가 그 결과이다. 최후의 일격으로 아들러는 오이디푸스 콤플렉스는 남성성 항거의 또 다른 증후라고 말하면서 결론지었다.

"그는 자신을 위해서 사랑 없는 세계를 창조했다."고 프로이트는 오스카르 피스터에게 편지를 썼다. "그리고 나는 그에게 기분이 상한 여신 리비도의 복수를 실행하는 과정에 있다." 뒤이은 토론에서, 프로이트는 아들러가 그의 개념들을 훔쳤고 그것들에 새로 이름을 붙인 표절자라고 공격했다. 이렇게 함으로써 아들러는 이질적인 어떤 것을 만든 것이 되었다. "이것은 정신분석이 아니다." 프로이트는 근엄하게 선언했다. 어떤 이들은 정신분석은 항상 어떤 개인이 자신을 표현할 수 있도록 허용해야 한다고 주장했지만, 프로이트는 동의하지 않았다. 합의의 전적인 부족함은 과학적인 지위를 손상시킬 수 있고, 오귀스트 콩트를 따라서 이 심리학이 단지 개인적인 편견에 불가하다고 믿는 사람들이 옳다는 것을 증명하게 될 것이다. "주관적인 요소들을 경계하기 위한" 유일한 방법은 자기 분석과 함께 연구를 하는 것이었다. 아들러는 그의 연구에서 개인적인 편견을 이해하는 데 실패했고, 그러므로 정신분석의 입지에 커다란 손상을 줄 수 있는 것이라고 프로이트는 주장했다.

프로이트의 맹렬한 비난 후에 이틀 저녁 동안의 논쟁이 뒤따랐는데 프로이트의 가장 열정적인 동맹자들이 그들의 무기를 사용했다. 프로이트는 가장 오래된 동료 중의 한 명을 쫓아내는 방대한 양의 글을 썼다. 아들러를 옹호하는 사람이 없지는 않았다. 카를 퍼뮐러와 몇몇 새로운 회원들은 아들러가 정신분석에 위험하지 않다고 주장했다. 슈테켈 또한 오랜 친구를 지지했고, 정신분석의 모든 것이 프로이트에게서 발견되어야 한다는 비과학적인 가정에 반대했다. 파울 페데른 조차도 아들러의 편에 섰다. 그러나 마지막 저녁이 끝나갈 무렵, 이 그룹의 오랜 회원이었고 보통 때에는 조용했던 막시밀리안 슈타이너 Maximilian Steiner가 일어서서 아들러를 비난했다. 이 그룹은 무의식과 리비도를 공부하기 위해서 함께 모인 것이고 아들러는 의식과 공격성으로 방향을 돌린 것이다. 그는 프로이트가 이 문제를 이렇게 길게 끌고 온 것에 대해서 비난 받아야만 한다고 말하는 것으로 그의 발언을 끝마쳤다.

그 다음 열린 위원회 모임에서, 알프레트 아들러는 "그의 과학적인 입장이 학회에서의 그의 위치와 양립하지 않음"으로 인해 빈 학회의 회장직을 사임했다. 슈테켈 또한 그의 지위를 사임했고, 그 다음 모임에서 지그문트 프로이트가 다시 빈 정신분석학회를 이끌도록 선출되었다. 프로이트의 말에 의하면 "깨보수정통"이었던 에두아루트 히치만이 부회장이 되었다. 그러나 아들러의 옹호자들은 아직 포기할 수가 없었다. 카를 퍼뮐러는 아들러의 생각이 그룹의 다른 것들과 적합지 않다는 개념을 반박했다. 그는 그러한 결정은 명령에 의해서 취해질 수 없다고 주장했고 학회가 이 문제를 투표로 결정할 것을 제안했다. 프로이트는 투표를 하지 못하게 시도했지만, 회원들은 신속하게 아들러의 견해가 학회의 것과 양립할 수 없다는 제안을 부결했다. 이것은 아들러에게 약간의 위안이 되었는데 그렇지 않았다면 심한 좌절이 되었을 것이다.

이 싸움 동안에 프로이트는 오스카르 피스터에게 고백했다. "나는 항상 관대하고 권위를 행사하지 않는 것을 나의 원칙으로 삼으려고 했는데, 그것이 항상 통하는 것은 아닙니다. 그것은 차와 보행자들과 같소. 내가 차로 가기 시작할 때, 전에 내가 보행자로서 운전자들의 신중하지 못함에 분노하곤 했던 것같이 이제는 보행자들의 부주의함에 화가 납니다." 그 후에 프로이트는 자신이 이 혼란에 대해 부끄럽게 여기고 있고, 분석가들이 그러한 옹졸함을 극복할 수 없다면 대중들이 정신분석에서 어떻게 많은 것을 기대할 수 있을까 의아해진다고 편지했다. 석 달 동안, 알프레트 아들러는 자신의 장례식을 기다리는 사람 같이 학회 모임에 계속 참석했다. 프로이트는 이러한 가식을 끝내고 그를 쫓아내는 구실을 찾고자 안달이 났다. 프로이트는 〈핵심학술지〉의 출판자에게 접촉해서 발행인란에서 아들러를 삭제해 달라고 요구했다. 그러한 모욕 후에 아들러는 다른 세 명의 회원과 함께 사임했고 '자유로운 정신분석적 연구 학회 Society for Free Psychoanalytic Investigation'를 만들었다.

이 조직의 이름에서 간결하게 설명된 비난에 격노한 프로이트는 아들러의 모임에 참석하면서 동시에 프로이트 그룹의 회원을 유지하고자 했던 아들러의 지지자들에게 정면으로 말했다. 그들은 반드시 둘 중에 하나를 선택해야만 한다고 프로이트는 선언했다. 퍼뮐러는 "우리와 함께 있을 것인가 아니면 우리에게 대적할 것인가" 식의 태도를 비난했다. 하지만 투표에 부치자 아들러와 그의 동맹자들은 패했다. 여섯 명의 학회 회원들이 사임했는데, 총 9명이 아들러를 따라갔다. 그들 중 7명은 1910년에 빈 학회에 들어왔었고, 그들 모두가 사회주의자들이었다. 이렇게 "측근자 혁명"은 끝이 났다.

빈 정신분석학회로부터 아들러의 소외와 추방은 1906년에서 1910년 사이에 일어난 세 가지 변화의 결과였다. 첫째, 알프레트 아들러는 순수 심리학자로 변했고, 직접적으로 프로이트와 경쟁관계로 들어갔다. 둘째, 프로이트는 운동의 지도자로 변했고 그것을 보호하려고 했다. 셋째, 과거의 프로이트학파 공동체는 부분적으로 지지하는 사람들의 초라한 모임이었는데, 이제는 공동체의 핵심 신념에 헌신을 강요하고 그것을 파괴할 수 있는 사람들을 색출하려는 공동체로 변해갔다.

프로이트 이론의 부분적 지지자들을 약화시키는 과정은 1908년 잘츠부르크 회합에서 공개적으로 터뜨려졌다. 만약 칼 융이 충분히 프로이트학파 사람이 아니라고 공격 받는다면 누가 안전하겠는가? 1910년의 회합 후에 일어난 아들러의 해임은 성심리psychosexuality 이론을 프로이트학파 정신분석의 근본 원칙으로 보호하려는 데 있어 부분적인 지지는 해로운 것으로 인식되는 것이 더욱 공고화되었다는 것을 나타내 주었다. 아들러는 항상 자신의 방향으로 나아갔었고, 프로이트는 오랫동안 그것을 참아왔다. 그러나 페렌치가 뉘른베르크에서 말한 것같이, 전쟁의 시기에 시인들은 침묵한다. 흥미롭게도 공동의 방어를 약화시키는 도전적인 생각들은 전쟁의 시기에는 흥미롭지 않았다. "우리의 과학"을 고쳐 쓰기 원하는 회원들은 조용했어야만 했다. 이 뉘른베르크의 지령에는 아들러의 이름이 있었다. 그러나 그는 자신의 견해들을 변경한다거나 이러한 염려를 따르는 것에는 거의 관심을 보이지 않았다. 결국, 그는 침묵당할 필요가 있었던 시인이었다.

아들러의 추방은 프로이트학파 공동체를 괴롭힐 문제점을 드러나게 했다. 아들러와 프로이트의 차이점을 해결하려는 시도에서 하나의 사고 체계가 다른 것보다 더 많은 진리 가치가 있다는 것을 증명하는 것은 가능하지 않았다. 열등성과 공격성에 대한 아들러의 이론은 프로이트학파의 성심리의 대안을 가지고 있었다. 프로이트의 이론 자체는 여러 학문 분야의 합성에 기반을 두고 있는데, 그 중심에는 실험적으로 알 수 없는 무의식을 추론과 비유에 의해서 정의했다. 대학의 적대자들이 리비도 이론을 공격했을 때, 그들은 프로이트의 아킬레스건을 공격했던 것이다. 이것은 단지 이 이론이 개인적으로 어떤 이들을 불편하게 했기 때문만은 아니었고, 경험주의와 과학적 인식론의 규칙들도 비웃는 것 같았기 때문이었다. 아들러가 다른 무의식적 내용에 기반을 둔 대안적인 모델을 제시했을 때, 그는 그 운동에 있는 사람들이 어떻게 프로이트와 아들러 사이에서 판단해야 하는지 생각하게 했다. 결국, 프로이트는 아들러가 틀렸다는 것을 증명하지 못했다. 그것보다는 그는 아들러가 정신분석가가 아니라고 선언했다.

만약 프로이트가 딜레마를 해결했다고 생각했다면 잘못된 판단을 한 것이었다. 뉘우치지 않은 알프레트 아들러는 이제 경쟁적인 그룹을 만드는 것으로 정신분석을 소유하려고 했다. 뉘른베르크의 제안은 프로이트학파 자신을 정의하는 과정을 시작한 것뿐 아니라, 정신분석의 경쟁적인 그룹을 만드는 불화를 초래했다. 오랫동안 동의어 같았던 '프로이트학파'와 '정신분석' 사이에 갑자기 분리된 것처럼 보였다. 아들러의 추종자들이 자신들의 주장을 추구하기 위해서 떠났을 때, 프로이트학파는 단지 확장되어 가고 있던 정신분석적 국가 안에서 하나의 공공체가 된 것으로 보였다.

아들러의 사임과 함께 빈 학회에서 빌헬름 슈테켈의 위치에 대한 의구심도 생겼다. 슈테켈은 아들러와 프로이트 사이의 논쟁을 중재하려고 노력했지만 결국 학회에 머물기로 선택했다. 그는 후에 자신이 프로이트가 보내주는 환자들에 재정적으로 의존하고 있었고, 이론적인 논쟁에서 자신의 입장에 확신이 없었다고 설명했다. 아들러가 떠나고 슈테켈은 〈핵심학술지〉의 편집인이 되었는데, 이는 그가 갈망했던 역할이었다.

잘츠부르크 회합 후, 슈테켈은 빈 사람들의 권리를 위한 목소리가 되었고, 블로일러, 융, 빈스방거를 포함한 많은 취리히 사람들의 혐오 대상이 되었다. 프로이트는 슈테켈을 견뎌내고 있었는데, 때로는 그의 신비스러운 임상적 총명함에 감탄하기까지 했지만 그가 이론을 만드는 것은 경멸했다. 아들러의 추방 후에, 슈테켈은 관심으로부터 점점 멀어져갔다. 오랫동안 기다렸던 그의 책 《꿈의 언어》도 그렇게 도움이 되지는 못했다. 그 책에서, 저자는 공격적이고 범죄적인 본능이 꿈을 유발한다는 아들러의 견해를 승인했다. 더욱 좋지 않았던 것은, 슈테켈은 아들러에게 〈핵심학술지〉에 실을 그 책의 논평을 써달라고 부탁했다. 프로이트는 격노했지만, 무력감을 느꼈다.

또 다른 회합을 열 때가 왔다. 빈 사람들은 뉘른베르크(그들은 이미 그 장소에서 충분한 것을 경험했다.)에서 다시 모임을 갖는 것에 반대했고 자신들의 고향을 제안했지만 취리히 사람들은 거부했다. 베를린 사람들은 바이마르를 제안했고, 1911년 9월에 55명이 그곳에 모여서 제3회 국제정신분석 회합을 열었다. 칼 융은 그들을 환영했고, 국제정신분석협회는 일 년 동안 회원의 수가 56명에서 106명으로 두 배 이상이 되었다고 알렸다. 융은 베를린, 뮌헨, 뉴욕의 새로운 정신분석 지부들이 모두 취리히 학교 출신들이라고 말하면서 이러한 확장에 대한 공적을 칭송했다. 융은 새로운 정신분석가들에게 자기 절제를 촉구했다. 그는 해방된 상상에 자신들을 내어주지 말라고 그들에게 요청했고, 새로운 그룹들은 교육과 훈련에 집중해 달라고 제안했다. 그와 더불어 아들러의 변절에 대해서 넌지시 언급했고, 일탈들을 밝혀내고 제멋대로의 정신분석가들의 지위를 박탈해야만 한다고 강조했다.

빈의 제멋대로인 분석가들 중의 한 명이 자신의 강화된 힘을 가지고 회의를 끝마치게 되었다. 공식적인 국제정신분석 뉴스는 오래 지속되지 않았던 〈통신신문Korrespondzblatt〉이 전달했지만 바이마르에서 이러한 역할들이 슈테켈의 〈핵심학술지〉로 넘어갔으며 국제정신분석협회의 공식적인 학술지가 되었다. 프로이트는 아들러와의 논쟁에서 양쪽 편을 다 들었던 것으로 보였기 때문에 아직 슈테켈의 진심에 대해서 확신이 없었다. 협회가 자위행위masturbation에 대한 주제에 몇 번의 회기를 할애하기로 결정했을 때 문제가 생겼다. 이 문제는 3년 전 프로이트와 슈테켈 사이에서 공개적으로 불일치를 보였던 주제였다. 이러한 논쟁들에서 슈테켈은 솔직히 말했다. 그는 프로이트의 보수주의 추종자 에두아르트 히치만이 반동분자라고 비난하면서, 자위행위가 그 자체로는 어떠한 신체적 병을 일으키지 않는다고 믿는다는 것을 분명히 했다. 그 때 프로이트가 개입하고 나섰고, 그의 학회가 현상들을 연구하는 데 얼마나 자유로운지 보여주는 기회로 삼았다. 프로이트는 청중들에게 지금 다루고 있는 질문들이 지나치게 복잡하고, 이 그룹의 임무는 모든 견해들을 위한 공개토론회가 되는 것이라고 일러주었다. 1912년 알프레트 아들러가 그의 자유정신분석연구협회 모임을 소집했을 때, 프로이트는 이러한 변론을 발표했고 독자들에게 말했다. "빈 정신분석학회의 회의 목적은 결코 다양성을 제거하거나 결론에 도달하게 하는 것이 아니다. 같은 사실들에 대해 근본적으로 비슷한 견해를 가진 강연자들은 청중들 중의 누군가의 생각을 바꿀 수 있다는 가능성을 고려하지 않고 각각의 개인적인 의견의 다양성을 예리하게 표현할 수 있다."

프로이트는 공개적으로 다양한 의견에 대한 포용력을 내세웠다. 그는 빌헬름 슈테켈을 인내하면서 가까스로 참아낸 능력을 예로 삼았다. 그러나 슈테켈의 아들러에 대한 계속적인 호의가 국제정신분석협회의 공식적인 학술지 편집인이라는 위치와 함께 합쳐지면서 그를 더욱 위협적인 인물로 만들었다. 마침내 1912년 가을에 상황들이 서서히 드러났다. 그 즈음에 칼 융은 자신도 또한 뉘른베르크의 규칙들을 지킬 수 없다는 것과 곧 자신의 길로 가게 될 것을 분명히 하기 시작했다. 융이 〈연감〉을 편집하고 있었기 때문에 프로이트는 융이 이 학술지를 이용해서 자신의 견해들을 퍼뜨릴 수도 있다고 경계하게 되었고, 싸울 계획을 세웠다. 그 계획은 〈핵심학술지〉를 자신의 것으로 만들고, 가장 충직한 추종자들이 〈연감〉에 실린 융의 연구를 공격하는 논평위원회를 구성하는 것을 포함하고 있었다. 이 위원회를 위해서 프로이트는 용감한 회원들을 뽑았는데 새로운 회원인 빅토르 타우스크Victor Tausk도 포함하고 있었다. 법학자로 훈련받은 타우스크는 정신과 의사가 되었고 1909년 학회에 가입했다. 그는 슈테켈을 싫어했는데, 연장자였던 슈테켈이 동료들 앞에서 하게 된 엉성한 실수들에 대해서 빈번히 지적했다. 타우스크는 슈테켈이 사례들을 조작했다고 넌지시 말하는 것으로 이 의사의 명예를 공격하기도 했다. 프로이트가 타우스크에게 〈핵심학술지〉 위원회에 합류할 것을 제안했을 때 슈테켈은 이를 반대했다.

빌헬름 슈테켈. 수요심리학회의 창립 멤버. 프로이트와 아들러, 융과의 싸움 기간 동안의 〈핵심학술지〉 편집인.

슈테켈의 반응은 프로이트를 격노케 했으며, '교수님'은 슈테켈이 무엇을 계획하고 있는지 의아해했다. 만약 슈테켈이 충실하지 않게 된다면, 프로이트는 아마도 〈연보〉와 〈핵심학술지〉 모두를 비프로이트학파 정신분석가에게 잃게 될 것이었다. 그는 슈테켈과 최종 담판을 짓기로 결심했고, 페렌치에게 "그를 제거하면서 발생하게 될 약간의 희생도 나에게는 큰 아픔일 것이다."라고 말했다. 프로이트는 슈테켈이 그의 학술지를 "독립적이고 '모든 사람들'에게 개방되게" 만들려고 한다는 의도를 발표했을 때 그 속셈을 드러냈다고 믿었다. 물론, 이 모든 사람에 알프레트 아들러도 포함했다.

이러한 위기 가운데, 작가인 루 안드레아스-살로메Lou Andreas-Salome가 정신분석을 공부하기 위해서 빈에 왔다. 루 양은 유럽에서 작가로 그리고 니체와 시인 라이너 마리아 릴케의 애인으로 유명했다. 이러한 격동의 시기에 그녀의 등장은 프로이트를 당황스럽게 했다. 프로이트학파 사람들이 아들러학파 사람들과 교제하는 것을 금하는 일반적인 금지에도 불구하고, 프로이트는 안드레아스-살로메에게 감히 그 구속을 적용할 수는 없었다. 그녀는 자유롭게 두 진영을 방문했고, 아들러를 방문하는 동안에 그가 슈테켈과 함께 〈핵심학술지〉를 차지하려는 계획을 짜고 있다는 것을 알게 되었다.

프로이트에게 이것은 반역이었다. 프로이트는 〈핵심학술지〉의 출판자에게 접근해서 슈테켈을 해고해 달라고 요청했다. 그 출판자는 거절했다. 국제정신분석협회의 회장 융은 그 때 미국에 있었다. 그래서 프로이트는 즉시 공식적인 새로운 국제정신분석협회 학술지를 만들고 "슈테켈 학술지"를 고립시키려고 했다. 유럽 각 지역의 정신분석학회의 우두머리들의 긴급 모임이 소집되었다. 그 모임에서 〈핵심학술지〉를 넘겨주고, 새로운 공식적 학술지 〈치료적 정신분석 국제 학술지*Internationale Zeitschrift Arztliche Psychanalyse*〉를 만들기로 결정했다. 편집인은 프로이트의 오랜 학생이었던 오토 랭크와 헝가리인 충신 산도르 페렌치가 될 것이었다.

1912년 11월 3일, 프로이트는 페렌치에게 슈테켈이 학회로부터 사임했다고 말했다. "나는 그것에 대해서 매우 기뻤네. 그대는 내가 전체 세계로부터 그를 보호해야 하는 의무감으로 얼마나 많이 어려워했는지 알 수가 없을 것이네. 그는 견딜 수 없는 사람이네." 아브라함에게는 이 헤어짐이 과학적 문제 때문이 아니라 슈테켈의 불쾌한 태도 때문이라고 말했다.

1912년의 빌헬름 슈테켈은 1907년에 미움을 받고 있었던 그런 존재가 더 이상은 아니었다. 1910년 즈음에 슈테켈은 융과 프로이트가 포함하기 원했던 빈의 회원 명단 안에 있었다. 뉘른베르크 후에 슈테켈은 예기치 않게 힘을 얻게 되었다. 〈핵심학술지〉의 편집인으로서 그는 공식적인 국제정신분석협회 학술지가 자신의 친구인 아들러의 것도 포함한 다양한 정신분석들을 인정하도록 계획하고 있는 것처럼 보였다. 프로이트가 1912년 11월 6일 슈테켈의 떠남을 빈 협회에 알렸을 때, 이 문제를 축소시켰다. 그러나 안드레아스-살로메는 그녀의 학술지에 프로이트는 "마치 그것이 빈 사람들에게만 관련된 것처럼 보이게 만들려고 했다. 하지만 나는 아들러를 통해서 슈테켈의 의도가 무엇이었는지를 알고 있었고 프로이트 또한 그것을 알고 있었다."고 썼다.

슈테켈이 한 때 그의 분석가였고 오랜 기간 동료였던 프로이트를 정면으로 부딪치게 되었을 때, 프로이트는 칼 융이 슈테켈을 격렬히 반대했다고 말하면서 이 분열을 융의 탓으로 돌렸다고 후에 회상했다. 지그문트 프로이트를 떠나면서 슈테켈은 분명히 말했다. "당신은 당신의 가장 충직한 협력자를 은혜를 모르는 자 때문에 희생하는 것입니다. 융은 프로이트학파 사람으로 오래 남아있지 않을 것입니다."

IV.

칼 융이 1909년 부르크휠츨리를 그만 두었을 때, 그는 신낭만주의에서 걸출한 연구과학자로 변모시켜준 학문적인 사회로부터도 떠난 것이었다. 물론 융의 과학은 무의식, 성, 꿈의 힘을 확증하려고 애쓰는 것으로 신낭만주의 이상에도 기여했다. 그러나 그의 명성은 실험을 통해서 주의 깊게 추론들을 확증하는 탁월한 실험실 연구자의 이미지에 기초하고 있었다. 블로일러의 클리닉과 실험실을 떠난 후에 융은 자유롭게 자신을 다시 만들어갈 수 있었다. 프로이트는 융이 대학의 정신의학과 정신병리학에서 떠나 정신분석에 온전히 헌신하기를 기대했다. 처음에는 그가 협력하는 듯했다. 국제정신분석협회의 회장으로서, 융은 정치적 리더이며 프로이트학파의 후계자로서 자신의 역할에 자부심을 가지고 있었다. 정신이상에서 리비도 이론을 받아들이기를 꺼려하는 것도 없어지는 것으로 보였다. 그는 온전한 프로이트학파 사람이 되었고 프로이트는 그를 이 운동의 "황태자"로 불렀다.

융은 프로이트학파 공동체에 몰두했지만, 예전에 관심을 가졌던 초자연적 현상을 다루는 심리학과 종교로 돌아갔다. 1909년의 글 〈개인의 운명에서 아버지의 중요성〉에서, 융은 신경증의 연구와 종교 사이의 연결점을 만들었다.

아버지는 한 개인의 성심리적 환상에서 항상 본질적인 요소이고, 이와 같은 아버지 콤플렉스는 종교적인 신념의 핵심이라고 융은 생각했다. 승화를 통해서 아이의 진짜 아버지는 하나님 아버지가 되었던 것이다.

융의 신경증과 종교의 결합은 추상적인 것이 아니었다. 목사의 아들인 융은 아버지와 경쟁하고 또는 아버지에게 순종하고자 하는 욕구가 가족과 종교의 역사에 얼마나 깊이 자리잡고 있는지 잘 인식하고 있었다. 더욱 복잡한 것은, 융은 자신이 정신분석의 "아버지"인 프로이트에 대해서도 같은 느낌들을 가지고 있다는 것을 발견했다. 융은 프로이트에게 그를 아들로 생각해 달라고 요청했고, "나의 오래된 종교성이 당신에게서 보상적인 요소들을 발견했다는 것을 받아들이려고 합니다."라고 털어 놓았다. 무신론자 유대인은 답장에서 "종교적 기반 위에 있는 전이는 나에게 가장 해로운 것으로 다가오네. 그것은 오직 배교로 귀결될 것이네."라고 경고했다.

뉘른베르크에서의 회합 후에, 프로이트학파 운동은 칼 융에게 크게 의존하고 있었다. 프로이트와 페렌치는 국제정신분석협회를 만드는 과정에서 그들의 역량을 과신했고, 블로일러와 같은 큰 인물들을 잃었다. 반면에 존경받는 대학의 정신의학자인 칼 융의 손에 힘을 집중시켰다. 지금 융은 윌리암 제임스와 다른 사람들같이 실험실로부터 종교적 경험을 탐색하는 것으로 전환하고 있었다. "신비주의는 우리가 정복해야 하는 또 다른 영역입니다."라고 프로이트에게 썼고, "이러한 무한한 것들에서의" 일탈에 대해서 염려할 필요가 없다고 프로이트를 안심시켰다. 리비도 이론으로 무장한 융은 "풍요로운 선물을 가지고 인간의 정신psyche에 대한 우리의 지식으로 돌아올 것"을 약속했다.

융이 정신분석협회의 종신 회장으로 추천될 즈음에 그는 종교적 상징과 신화의 탐구에 전념했다. 이러한 고대의 이야기들에서 고고학적 발굴과 비견할 말한 심리학적 내용을 보기 시작했다. 그리고 다른 프로이트학파 사람들도 그와 함께 흥분하면서 탐구하고 있었다. 1909년 즈음에 프로이트는 《응용 심리학 학술지》 책 시리즈에서 신화에 대한 3개의 주요한 연구들의 출판을 감독하고 있었다. 첫 번째 것은 융의 친척이며 취리히 협력자인 프란츠 리클린이 저술한 것이었다. 《동화 속에 있는 소망 성취와 상징》에서 리클린은 프로이트가 말한 꿈에 관여된 것과 같은 장치가 동화를 구성한다고 주장했다. 얼마 지나지 않아, 융의 경쟁자인 카를 아브라함이 《꿈과 신화》를 출판했다. 그 책에서 신화는 인류의 유아적 기간의 꿈과 같이 생각되어질 수 있다고 주장했다. 1909년, 프로이트의 학생 오토 랭크는 《영웅의 탄생 신화》를 출판했는데, 영웅들의 신화적인 이야기들은 자신의 아버지를 무너뜨리려고 애쓰는 영웅적인 아이의 삶에 기초하고 있다고 설명했다. 랭크는 신화의 문제를 신경증의 "핵심 콤플렉스"라고 여겨지던 오이디푸스 콤플렉스에 확실하게 연결했다.

그래서 융이 신화에 대한 정신분석적 연구에 들어갔을 때, 이 주제는 이미 명확한 프로이트학파 이론으로 설명되어진 것으로 보였다. 그러나 융은 단념하지 않았는데, 그의 연구 방법이 독특했기 때문이었다. 융과 그의 연하 동료인 요한 야곱 호네게르가 겁에 질린 환자를 치료할 때였는데, 그 환자의 망상이 내용면에서 신비롭게도 신화적이었다. 이 가엽고 교육 받지 못한 남자는 신화에 대한 폭넓은 지식을 습득할 수 없었을 것이라고 그들은 믿었는데, 그렇다면 이것은 무엇을 의미할 수 있을까? 호네게르가 이 사례를 뉘른베르크에서 발표했을 때, 그것은 청중을 자극시켰다. 그때, 융은 신화 세계를 열정적으로 연구하고 있었고, 젊은 미국인 여성 프랑크 밀러Frank Miller의 환상을 분석하기 시작했다.

밀러 양은 제네바의 의사인 플라우노이의 환자였고 〈심리학 문집〉에 그녀의 환상들을 발표했다. 융은 밀러의 시들과 환상들이 거의 약간만 위장된 신화들이고, 이것들은 배울 수 있는 것이 아니며 분명히 물려받아서 그녀의 뇌에 자리 잡게 되었을 것이라고 결론 내렸다. 1910년 즈음, 그는 신화와 개인의 환상과의 관계에 대한 글의 초고를 끝마쳤고 그것을 프로이트에게 보냈는데 프로이트는 괜찮다고 말했다.

아들러, 슈테켈, 블로일러와의 소동 후 몇 년 동안, 융은 계속 신화와 개인의 환상과의 관계를 집요하게 추구했고, 프로이트에게는 지나가는 말로만 자신의 연구에 대해서 언급했다. 1911년 여름에 융은 프로이트에게 〈리비도의 변형들과 상징들〉이 실린 〈연보〉의 최근호를 보냈다. 이 긴 글은 반항자의 외침으로 보이지는 않았다. 그것은 지그문트 프로이트의 꿈 책에 경의를 표하는 것으로 시작했고, 고전적 그리스 드라마의 영웅 오이디푸스 렉스가 우리 모두의 안에 살고 있다는 것을 전제하면서 받아들였다. 더욱이, 융은 환상 체계는 인간의 성의 거대한 힘으로부터 생겨난다는 것을 분명히 했다. 그러나 더욱 미묘하게 이 에세이는 융이 플라우노이, 분트, 니체, 쇼펜하우어에 의지하고 있다는 것을 보여주었다. 〈변형들〉의 작가는 단순히 프로이트학파는 아니었고 많은 정보들을 가진 학자였다. 그는 그가 믿고 있는 것이 인간 심리학의 새로운 면임을 깨달았다.

칼 구스타프 융과 엠마 융, 1903년.

인간이 생각하는 것은 두 가지 방식으로 특징지워질 수 있다고 융은 제안했다. 즉, 현대 과학에 기여한 언어적 내적 담화 그리고 환상과 꿈의 형상imagery들이다. 이것은 프로이트의 말을 바꿔서 설명하는 것이었다. 프로이트는 최근에 정신 기능의 두 가지 원칙들에 대한 글에서 1차 과정과 2차 과정 사이의 차이점을 반복해서 설명했다. 하지만 무엇이 환상을 구성하는가? 프로이트는 환상은 무의식의 성적 추동drive에 의해서 작동되어진다고 믿었던 반면, 융은 각 개인의 환상들은 전체 종족의 기억들을 운반하고 있다고 결론 내렸다. 융이 어떤 선행연구자의 인용을 하지 못했을지라도, 그의 견해는 에발트 헤링 같은 무의식적 기억에 대한 독일 이론가들과 파리의 심리학자들과 비슷한 것처럼 보였다. 그들 중 많은 이들은 계통발생적이고 인종적인racial 무의식의 개념으로 가는 경향을 보였다.

이러한 입장을 주장하기 위해서, 융은 밀러 양의 환상들에 의지했다. 헬리 프라이스베르크처럼 프랑크 밀러도 무의식을 드러나게 하는 데 능숙한 여성이었다. 융은 밀러 양의 무의식에서 그녀가 읽거나 듣거나 배울 수 없었던 신화들을 발견했다고 주장했다. 그녀도 알지 못하는 사이에, 밀러 양의 환상은 창조의 원초적인 신화들을 반영했는데 단지 신화의 한 형태만이 아니라 인간 신화들의 전체 역사였다. 그녀의 "아버지 이마고Imago"와의 심리적인 고투는(융이 지금 독자들에게 아버지 콤플렉스라고 부르자고 요청하는 것 같이) 무의식적 종교적 환상들을 일으켰다. 이러한 것들은 로마 시대의 도덕적 타락으로부터 기독교와 미트라교Mithraism의 설립까지의 역사적 운동에서 찾아볼 수 있었다. 이러한 종교적 운동들은 인류의 동물적 충동을 길들이고 이웃애를 만들기 위해서 일어났다. 이런 모든 기억들과 더 많은 것들이 밀러 양의 무의식에 충만했었다.

그렇다면 융도 또한 오이디푸스적 환상이 선사 시대부터의 계통발생학적 기억이었다고 믿었을까? 융의 1911년 글을 읽은 독자들이 이렇게 생각하기는 어려웠는데, 〈변형들〉의 마지막 부분에서의 주장이 미완성이었기 때문이었다. 밀러 양의 독창적이지 않은 시 〈태양으로 가는 나방〉에서 융은 초기 기독교 신비주의자들과 이교도 신비주의자, 괴테의 《파우스트》, 세네카Seneca, 바이런, 아멘호테프Amenhotep, 계시록의 시인, 니체 그리고 그외 다수에서 발견되었던 신화들을 발견했다. 그 목록은 어지러울 만큼 늘어났고, 간단한 밀러 양의 시와는 별로 관계가 없는 반복들이었다. 융의 박식함의 표현은 너무 지나쳤지만 그의 주장(인간이 태양/신으로 향하는 것처럼, 인간은 내부로도 향하는데, 리비도를 향해서 내향적이다.)도 또한 지나쳐 보였다.

한 가지는 분명했다. 융의 신화의 사용은 독특했다. 이 취리히 사람은 신화가 단순히 프로이트의 이론을 확증하기보다는 그 이론을 수정한다고 생각했다. 그는 인간의 역사 그 자체의 기록 못지않은 인간의 무의식적 환상에 대한 사전을 쓰기를 원했다. 프로이트는 그러한 추론들에 문외한은 아니었는데, 그도 라마르크와 헤켈의 생각들에 몰두한 적이 있었다. 〈연감〉에 실린 융의 글을 받으면서 프로이트는 이 저자에게 축하의 편지를 썼는데, 그것은 이러한 작업의 완성 때문이 아니라 "이 사상을 옹호하고, 깃발을 높게 들고, 우리의 적대자들에게 강력한 타격을 가한" 정치적인 지도자로서의 그의 업무 때문이었다.

프로이트의 편지의 다음 문단에서, 전쟁터에 있는 적대자들이 갑자기 바뀌었다. "나의 정신적 힘이 회복된 이후로, 그대가 나를 발견하면 놀라게 될 분야에 대해서 작업하고 있네."라고 프로이트는 썼다. "나는 낯설고 초자연적인 것들을 밝혀내고 있고, 자네와 그것들에 대해서 논의하면 안 될 것 같이 느껴지네. 그러나 내가 자네의 '리비도의 변형들과 상징들'을 너무나 읽고 싶다고 말했을 때, 명석한 자네는 내가 무엇을 하고 있는지 추측할 수 있을 것이네." 명백히 융은 그렇게 명석하지는 못해서 프로이트에게 그것이 무슨 의미인지 긴장하면서 물었다. 프로이트는 그와 융 둘 다 모든 종교의 기원이 오이디프스 콤플렉스에 놓여있다는 것을 알고 있다고 대답했다.

프로이트는 융이 연구하고 있던 같은 연구의 장으로 들어갔다. '교수님'은 다른 사람들이 만든 창의적인 생각에 자극 받은 것을 기꺼이 인정하며 페렌치에게 말했다. "나는 분명히 친절한 지성을 가지고 있고, 거의 표절을 하는 경향으로 가고 있다." 프로이트에게는, 생각들을 일단 흡수하고 그리고 나서 그런 생각들에 대비하여 생각하는 것이 대단히 생산적이었다. 과거에 다른 이들에게 했던 것 같이, 프로이트는 신화에 대해서 융에게서 온 힌트에 뛰어들었고 스위스 동료에 대비하여 변증법적으로 생각하기 시작했다.

그러나 프로이트가 고백했던 그 비밀스러운 통찰력은 비밀이 아니었다. 융은 이미 1909년에 그러한 해석들을 퍼뜨렸었다. 프로이트와 융이 인간의 선사 시대의 잃어버린 영역을 파고 있을 때, 그들의 공동 탐색은 우호적이지 않다는 것이 분명해졌다. 그들의 편지들 속에 있는 정치적인 요소들도 그러한 긴장을 숨길 수는 없었다. 괴로워하던 엠마 융이 부다페스트에 있는 페렌치에게 편지를 써서 조언을 부탁했는데, '교수님'에게는 한마디 말도 하지 말라고 간청했다. 페렌치는 즉시 엠마의 편지를 자신의 답변 초안과 함께 프로이트에게 보냈다. 페렌치의 모진 답변을 읽은 후에 프로이트는 페렌치에게 리비도에 대한 융의 글과 점성학에 대한 융의 관심에 그가 불쾌해 하고 있다고 강하게 말하라고(독일어로 streichen이었다.) 요청했다. 페렌치는 시키는 대로 했고 취리히에 그의 답변을 보냈다. 페렌치는 자랑스럽게 자신이 '교수님'의 명령들을 수행했고, 점성학에 대한 융의 배회와 리비도 논문에 대해서 가볍게 다루었다streifen는 것을 분명히 했다. 프로이트의 편지를 다시 읽은 후에야 겁에 질린 페렌치는 자신의 큰 실수를 깨달았다. 그러나 편지는 이미 보내졌다. 프로이트는 화가 나서 그의 "잘못된 순종"을 혹평했고, 그 수치감은 페렌치를 자기 분석으로 들어가게 했다.

몇 주 후에 엠마 융은 프로이트에게 편지를 썼다. '교수님'이 칼 융에게 짜증이 나 있다는 것을 그녀는 알고 있었고, 그것은 〈리비도의 변형들〉과 관계가 있었다. 그녀는 편지를 다시 썼고 융이 프로이트가 〈변형들〉을 받아들이지 않을 것 같아서 염려하고 있고 그것에 대한 프로이트의 의견을 걱정스럽게 기다리고 있다고 털어 놓았다.

프로이트는 융이 자신의 것으로 만들기 원하는 영역에서 융에게 도전했다. 그러는 동안, 융은 더욱 대놓고 프로이트와 다른 사람들에게 취리히학파의 탁월함과 이 운동의 지도자로서 자신의 역할에 대해서 이야기했다. 국제협회 회장으로서 자신의 일에 대해 쓰면서, 융은 자신이 채찍을 휘두르는 것에 익숙해졌는데 대부분의 사람들이 압제 받기를 즐거워하기 때문이라고 프로이트에게 말했다. 칼 융은 그들 중의 한사람은 아니었다. 그는 그를 오랫동안 사로잡고 있었던 아버지와 아들의 계급적 상하 관계로부터 벗어나고, 그것을 성숙하게 직면하고자 노력했다. 융의 새로운 이론에 의하면, 아버지-전이는 아버지에 대한 존경심에서 형제들을 함께 묶고 부친 살해를 방지한다. 하지만 억압된 기독교인의 형제애의 세계는 오랫동안 그것의 역할을 해왔고, 그것의 비난이 맹종적이어야 하는 신경증적 필요를 사람들에게 가져왔다. 이러한 글들을 읽으면서 프로이트는 아마도 이것이 칼 융의 독립 선언이었다는 것을 충분히 추측할 수 있었을 것이다.

융은 리비도 이론에 대한 근본적인 개정판을 쓰고 있다고 공개적으로 말하기 전에, 프로이트에게 편지를 썼다. "당신은 위험스러운 경쟁자입니다." 프로이트는 답장에서 그 상대 역할을 거절하려고 애썼다. "나는 리비도 질문에 대한 그대의 공격에 대해서 전적으로 호의적이고, 나 스스로가 그대의 노력으로 더 많은 빛을 기대하고 있네." 그리고 프로이트는 자신이 "현실의 압박에 의해서나, 다른 사람이 가진 생각의 영향으로 무엇인가 하도록" 느껴질 때 그의 생각은 앞으로 나아간다고 솔직하게 덧붙여 말했다. 가장 최근에 프로이트에게 영향을 주었던 사람이 다름 아닌 바로 융이었다.

그러는 동안에, 강력한 논쟁이 취리히를 강타했다. 과학적 클럽이 종교에까지 진출한 것에 격분한 어떤 그룹이 헤켈의 과학적 클럽에 반대해서 일원론자 연맹the Monist League을 조직했다. 1912년 1월 2일에 케플러 연맹Kepler

League은 루트비히 프랑크가 정신분석이라고 부른 발명에 대한 신문 기사에 자극을 받아 특별 회의를 소집했다. 케플러 연맹의 회원들은 또한 보편적인 신화에 대한 리클린의 강의 후에 분개하여 일어났다.

프랑크와 리클린에 의해서 자극받았을지라도, 케플러 연맹의 모임은 지그문트 프로이트에게 공격을 퍼부었다. 후에, 〈새로운 취리히 신문〉은 수많은 찬반양론의 편지들이 폭주했다고 발표했다. 그 중 일부는 그들의 신성한 신념들이 성적 해석으로 모욕당하는 것에 대한 두려움을 표현했다. 융은 프로이트학파 사람들을 변호하기 위해 나섰다. 1912년 1월 27일, 국제정신분석협회의 회장으로서 그는 "모욕적이고 심각하게 폄하하는 비난들"을 공식적으로 비난했다. 공격과 반격은 취리히 정신의학의 숨은 실력자이고 그 지역 일원론자 연맹의 창설자인 오귀스트 포렐이 개입하고서야 진정되었다. 그는 비평가들이 부당하게 프랑크의 방법론과 같은 소중한 혁신들을 프로이트학파 정신분석과 똑같이 취급하고 있다고 비난했다. 그리고 프로이트의 이론에 대한 비난을 지지했는데, 이는 프로이트의 이론의 "성적 교회를 제시하는 것, 유아의 성, 그리고 탈무드적-해석학적-신학적 해석들" 때문이었다.

취리히에서, 기독교와 유대인들에 의해서 창설된 무신론적 과학 사이에 전선이 그어졌다. 목사의 아들인 젊은 칼 융은 과학적 추론들이 사람의 영혼에 해를 끼치는 것을 보았기 때문에 케플러 연맹에 동정심을 가질 수도 있었다. 그러나 지금 그는 종교의 심리적 기반들을 이해하려는 시도들 때문에 포위를 당한 운동의 리더였다. 융이 취리히에서 공개적으로 정신분석을 변호하고 있었지만 개인적으로는 프로이트와 논쟁하고 있었다. 그 이유는 사소했는데 융이 이전과 같이 신속하게 프로이트에게 편지를 쓰지 않는다는 것이었다. 융이 사과했지만 프로이트는 융이 서신왕래를 3주 동안 하지 않은 것은 정신분석학적 설명이 필요하다고 화가 나서 대답했다. 프로이트는 융의 아버지 콤플렉스가 이 운동에 대한 그의 의무를 소홀하게 했다고 말했다. 불쾌해진 융은 프로이트의 성급함이 지적으로 그를 통제하려는 욕구에서 나왔다고 주장했다. "차라투스트라Zarathustra가 나 대신 말하게 하라." 니체를 인용하면서 융은 편지를 썼다. "만약 어떤 이가 오직 학생으로만 머문다면 그는 스승에게 나쁘게 보답하는 것입니다."

그때 두 사람 모두 화가 나 있었다. 만약 융이 그의 아버지 콤플렉스에 대해서 듣기를 싫어했다면, 프로이트는 지적 골목대장이 된 것에 대한 비난을 듣기 싫어했는데, 아마도 심리학의 두 거장들은 이러한 비난에 어느 정도 진실이 있다는 것을 알고 있었기 때문이었을 것이다. 프로이트는 융을 압제했다는 것을 부인했고 그가 프로이트의 선택된 계승자였다는 것을 상기시켰다. 부드러워진 융은 아들러가 했던 방식으로 프로이트를 버릴 의도가 없다고 대답했다. 한시름 놓게 된 것은 공동의 적이 출현하고서였는데, 또 다른 독일 학자가 이 두 사람의 짜증을 다른 곳으로 돌리게 하는 기회를 주었다. 하지만 그것은 얼마 가지 않았다. 각자는 자신의 서재에 앉아서 마음의 선사 시대에 대한 이야기를 쓰고 있었다. 그들은 성서에 있는 아버지들과 아들들의 이야기를 심리학적 시각에서 다시 서술했고, 동시에 아버지 혹은 아들로서의 그들 자신의 입장이 그들의 연구를 자서전에 불과한 것으로 만들고 있다는 비판을 받았다. 또 다시, 콩트의 저주가 떠올랐다.

두 사람은 또 다른 어려운 문제에 직면했다. 인류학자들은 근친상간의 터부가 여러 문화에서 드러나고 거의 어디에나 있다고 결론내리고 있었다. 그러나 어떻게 문화적 금지가 보편적이 될 수 있었던 것인지를 설명하기는 어려웠다. 어떻게 같은 사회적 법이 시간과 지역을 넘어서 전파될 수 있는가? 융과 프로이트에게, 라마르크의 이론은 어떤 답을 주었다. 인간의 선사 시대에 근친상간을 용납할 수 없는 무엇인가 발생했고 그것이 사람의 생물학적 유전에 새겨졌다. 그런데 그것은 무엇인가?

프로이트는 융에게 그것을 해결하는 힌트를 주었다. 오이디푸스 콤플렉스는 유아적 성적 욕구를 억압시키는 과거 역사의 잔유물이다. 다윈의 원시 종족에 어떤 일이 발생했고 근친상간을 영원히 불가능한 것으로 만들었다. 근친상간 터부의 수수께끼를 풀면서, 프로이트는 억압 그 자체의 기원과 성질을 설명할 수 있기를 기대했다. 이 문제는 오랫동안 프로이트를 어렵게 했다. 때로는 억압을 문명화하는 힘의 결과로 보았고, 다른 때에는 기질적으로 타고난 것으로 보았다. 지금 그가 발견한 종합적인 대답은 이런 것이었다. 인간의 초기 역사에 억압은 사회적 힘이었지만 후에 그것은 무의식적 기억을 통해서 인간의 생물학적 유전의 한 부분이 되었다.

융도 같은 문제에 집중하고 있었는데, 압제적인 부계사회의 늙은 족장의 역할이 아니라, 여자가 지배할 때의 인간 역사의 초기 단계에 집중했다. 그의 가정은 바젤의 지적 영웅들 중의 한 명인 요한 바흐오펜Jahann Jakob Bachofen의 연구를 토대로 세워졌다. 바흐오펜은 가부장 사회 이전에 고대 모계사회가 존재했다고 주장했다. 융은 프로이트에게 자신은 근친상간 터부가 이러한 모계사회 기간에 발생했는데 근친상간에 대한 금지로서가 아니라 자궁으로 돌아가려는 욕구에 대한 방어로서 발생했다고 믿는다고 말했다. 그러므로 억압의 기원은 명확하게 성적인 것이 아닌 것이었다. 프로이트는 융에게 그의 일련의 생각이 아들러의 것과 "참담하게 유사하다."라고 말했다. 프로이트는 융이 취리히의 연구집회에서 프로이트의 성적 본능 이론은 진화론적으로 의미가 통하지 않는다고 주장했다는 것을 아는 듯했다. 융은 프로이트가 몇몇 부분적인 본능들이 결합하여 성숙한 성적 추동drive을 만든다고 가정했다는 것을 지적하면서, 진화가 가장 필수적인 기능을 위해 그러한 복잡한 합성을 필요로 한다는 것에 의심을 표현했다. 배고픔은 분명히 보고, 잡고, 씹고, 삼키는 것의 부분 본능들에 기반을 두고 있지 않다. 이와 비슷하게 리비도는 몇 개의 부분들의 합계가 아니라 그것보다는 전인적인 삶의 에너지라고 융은 생각했다.

두 사람이 가장 원시적인 공동의 법규들communal laws의 수립에 대해서 상상하고 있는 동안, 그들은 자신들의 공동체의 법규들에 대해서 논쟁했다. 프로이트가 늙은 전제군주이고 융은 어린애 같은 반항자인가? 아들이 아버지를 능가하는 것인가? 이 운동을 융이 인계받을 시기가 온 것인가? 무엇이 아버지 프로이트가 다른 젊은 경쟁자들에게 한 것처럼 융을 짓밟는 것을 막고 있는가? 무엇이 융과 다른 아들들이 아버지를 공격하는 것을 못하게 하고 있는가? 프로이트학파 공동체는 형제 살해에 의해서 발생하는 분열, 자궁같은 후퇴, 근친상간적 동족 번식을 막을 수 있는 법을 발전시킬 수 있을 것인가?

1912년 5월 25일, 프로이트는 크로이츠링엔Kreuzlingen으로 여행을 갔다가 루트비히 빈스방거의 병문안을 갔다. 그는 위급한 수술을 받고 콘스턴스 호수 옆에 있는 집에서 회복하고 있는 중이었다. 그 즈음에 빈스방거는 융의 숙적 중의 한 명이었는데, 이 방문은 프로이트가 취리히의 상황을 살펴볼 수 있게 해주었다. 이 방문 후에 프로이트는 빈스방거에게 보내는 편지에서 융이 회장으로서 그의 임무를 소홀히 하고 있고 다시 아버지 콤플렉스의 동요 아래 있다고 불평했는데, 그의 부인 이외에 어떤 여자의 영향에 대해서는 언급하지 않았다.

융이 프로이트의 방문을 알게 되었을 때 격노했다. 프로이트는 그 먼 크로이츠링엔에 왔는데 몇 시간 떨어져 있는 융을 방문하지 않았다. 프로이트의 소홀함은 오직 한 가지를 뜻할 수 있었는데, 융의 새로운 이론을 인가하지 않는다는 것이다. 반대에 대한 프로이트의 설명에도 불구하고 융은 그 다음 회합에서 회장직을 투표에 붙여서 “일탈들을 견딜 수 있는지 없는지를 볼 것”이라고 썼다. 하지만 그 회합은 일 년 뒤에나 있었다. 프로이트와 융은 이미 1912년 모임을 보류할 것을 결정했었는데, 다른 이유들 중에도 융이 그해 9월에 미국에서 일련의 강의들을 해달라고 초대받았기 때문이었다. 융은《리비도의 변형들과 상징들》이라고 부를 책의 후반부를 끝낸 후에 신세계로 갔고, 그의 아내는 오랫동안 기다렸던 그 연구의 결론을 프로이트에게 보냈다.

프로이트가 융의 연구의 후반부를 열었을 때, 무엇을 보게 될지 어느 정도는 알고 있었다. 융은 리비도 이론이 그것의 정의 면에서 너무 좁다고 주장할 것이었다. 융은 성적 리비도가 신경증의 중심에 있다는 것을 의심하지 않았지만, 정신이상에서는 부적절하다고 말할 것이었다. 억압과 퇴행은 오래된 어린 시절의 드라마들을 소생시키고 신경증을 만들어내지만 미친 상태는 설명하지 못했다. 세상으로부터 정신이상적 후퇴psychotic retreat는 너무 광범위하고 그것은 단지 성만이 아니라 모든 정신적 에너지를 포함했다. 융은 예전의 블로일러의 비평들을 반복하면서, 정신분열적 자폐증은 자기성애로 한정할 수 없다고 주장했다. 리비도는 쇼펜하우어의 의지Will 같이 더욱 일반적으로 정의되어야만 한다고 융은 제안했다. 그것은 내적 노력이라고 융은 생각했다.

처음부터, 블로일러와 융은 프로이트의 시류를 탔지만 어떤 조건들을 유지하고 있었다. 카를 아브라함이 일시적으로 블로일러와 융을 방어적으로 만들기는 했지만, 1912년 즈음에 이 두 사람은 정신이상에서 성적 리비도가 어떤 원인적 역할을 하는 것을 공개적으로 부정했다. 이러한 거부는 전염성이 있는 것 같았다. 프로이트는 취리히 사람들이 일제히 성심리 이론에서 도망치고 있다는 소문을 들었다. 프란츠 리클린은 보편적이고 비(非)성적 상징들을 주장했고, 알퐁스 매더는 빈과 취리히학파의 이론적 차이점이 인종으로 설명될 수 있다고 주장하려 준비하고 있는 듯했다. 소문에 의하면 매더는 빈의 유대인들은 성에 대해서 지나치게 관심이 있다는 주장을 강화하려고 했다.

1912년 가을, 융은 뉴욕의 포럼 대학에서 강의를 했다. 《리비도의 변형들과 상징들》이 불충분하게 체계화되었고 추론적이며 두서없는 연구라고 말할 수 있었지만, 융의 포럼 강의들은 분명했고 확신에 차 있었다. 그는 "정신분석 학파"의 입장에 대해서 권위 있게 말했고, 아동기와 가족 경험의 중요성과 무의식의 역할에 대해서 설명했다. 융은 그가 희망하는 것은 정신분석의 새로운 견해라고 공개적으로 거론하며, 리비도는 단지 성에 기초한 것이고 유아기의 신체적 갈망에 대한 지그문트 프로이트의 견해는 지지할 수 없다고 덧붙였다. 융은 삶의 초기 단계를 전(前)성적presexual이라고 불렀는데, 이것은 많은 성 과학자들이 프로이트의 혁신 전에 사용했던 용어였다.

이와 동시에, 융의 강의들은 프로이트에게 매우 많이 의존되어 있었고, 프로이트가 존경받는 원로이며 취리히의 추종자들은 그의 이론을 변형하고 수정했다는 견해를 제시했다. 신경증에서의 성과 억압의 역할을 보존하면서, 적응이 일반적으로 더욱 불가피한 것이라고 융은 주장했다. 인간의 환상은 종교의 상징들과 신화들에 신비스러울 정도의 유사성을 가지고 있고, 희생과 같은 신화적 주제들은 개인들이 거세 콤플렉스 같은 것을 발전시키게 했다. 융은 인간 역사의 기원은 상세히 말할 수는 없지만, 곧 이 연구가 인종적 상징체계와 개인적 상징체계 사이의 유사점들을 해명하게 될 것이라고 약속했다.

이 가톨릭 대학에서, 융은 또한 정신분석적 치료와 고해성사 사이의 유사성도 묘사했다. 그는 종교적 의례를 "안내와 교육의 명석한 방법"으로 칭송했다. 그리고 정신분석적 방법은 더 멀리 나아가는데, 복종적이 되어야 하는 유아적 필요로부터 개인을 자유롭게 하기 위해서 전이를 분석한다고 융은 설명했다. 아마도 목사의 아들은 한 때 아버지이며 고백자인 지그문트 프로이트에게 품었던 자신의 유아적 소망으로부터의 자유를 선언하고 있었을 것이다.

융은 승리했다는 느낌으로 취리히에 돌아왔다. 그는 프로이트에게 퉁명스럽게 말했다. "내가 설명한 정신분석은 지금까지 신경증에서의 성 문제 때문에 정신분석을 싫어했던 많은 사람들의 마음을 얻었습니다." 하버드의 의사 제임스 잭슨 퍼트넘James Jackson Putnam은 융의 포럼 연설이 자신의 신념과 일치하지는 않았지만 성을 최소화하는 것으로 새로운 많은 지지자들을 이 분야로 오게 할 수 있을 것이라고 생각했다. 융은 프로이트가 그들의 불일치를 융의 개인적인 저항으로 돌리는 것을 유감으로 생각한다고 말함으로써 프로이트의 예상되는 보복을 선점했다. 융은 "콤플렉스들로 가득 찬 바보로 취급당하는 것을 거부하는 것 외에는" 저항을 가지고 있지 않다고 자신만만하게 말했다.

융은 정신분석 운동을 인계받을 위치에 있었다. 이러한 토대에서 그는 취리히를 통해서 프로이트학파가 된 많은 사람들의 신의를 얻고 있었다. 그는 지금 미국에서 명성을 얻었고, 프랑스에서는 선호되었으며, 독일에서는 대학의 학자들에게 존중받았다. 그는 프로이트의 성심리 이론보다 더욱 그럴싸한 통합된 이론을 새롭게 만들었고, 국제정신분석의 회장이었고, 〈연보〉의 편집인이었다. 반면에, 빈의 경쟁자였던 아들러와 슈테켈은 붕괴되고 있었다. 융은 프로이트가 말한 것처럼, "정신분석을 자신의 것으로 생각한다."는 사실을 숨기지 않았다. 융과 정신분석 운동 사이에 이제 나이 들어가는 족장 지그문트 프로이트가 서 있었다. 그러나 융이 잘 알고 있었듯이 프로이트는 위험스러운 경쟁자였다.

프로이트는 직접적으로 직면하기에는 융이 너무 강력하다는 것을 알고 있었다. 그래서 그는 동료들에게 융의 일탈이 괜찮다고 침착하게 안심시켰다. 슈테켈을 둘러싸고 일어난 위기는 국제정신분석협회 모든 지부의 지도자들을 모이게 했다. 융이 예측하지 못했던 것은 그를 공격하기 위해서 자리를 견고하게 하려는 프로이트의 시도였다. 뮌헨의 모임에서, 융과 프로이트는 융이 공개적으로 방아쇠를 당긴 이후 처음으로 대면했다. 프로이트는 실신했는데 프로이트가 융 앞에서 실신한 것이 이것이 처음은 아니었다. 그들이 미국으로 여행을 가기 바로 직전에 같은 일이 생겼었다. 그 때, 융은 늪지에서 발견된 죽은 사람들에 대해서 이야기를 하려고 했는데, 프로이트는 자신을 향한 죽음의 소망으로 해석하고 의식을 잃었다. 뮌헨에서 프로이트는 융의 소망들에 대해서 거의 의심하지 않았고, 최근의 기절이 적들을 "조급함으로 달아오르게" 했다고 유쾌하게 보고했었다. 하지만 마크 트웨인Mark Twain을 의역하면서, "나의 죽음의 소문들은 매우 과장되었다."고 확신을 가지고 말할 수 있었다.

뮌헨에서 프로이트와 융은 상황을 수습하려고 노력했다. 그러나 리비도에 대한 융의 두 번째 글에 대해서 프로이트가 말할 수 있었던 최선은 그 글이 신비주의mysticism는 고대 콤플렉스에 기반을 두고 있다는 것을 우연히 보여준다는 것이었다. 프로이트가 융의 연구를 비방하고 과소평가하게 만드는 것은 그의 신경증 탓이라고 융은 지적했다. 융은 프로이트에게 더 이상 자기를 아버지 콤플렉스에 빗대어 분석하지 말라고 경고했고, "대부분의 정신분석가들이 다른 사람들과 그들의 진보를 그들의 콤플렉스를 언급하면서 평가절하하는데, 이것은 정신분석을 잘못 사용하고 있는 것이라는 고통스러운 결론을 내릴 수 밖에 없습니다. 그들은 마치 그것이 모든 것을 설명하는 것처럼 여기는데 이 얼마나 끔찍한 이론입니까!"라고 썼다.

믿기 어렵지만, 프로이트는 융에게 자신 또한 "그대가 언급한, 즉 논쟁에서 특별히 새로운 생각들에 반대할 때 사용되는 정신분석의 남용으로 때때로 마음이 상당히 불편하다."고 털어놓았다. 그러나 이런 애매모호한 말이 두 사람 사이의 폭발을 막지는 못했다. 그들은 단지 불꽃이 필요했을 뿐이었고, 그것은 말실수의 형태로 발생했다. 융은 프로이트에게 그가 이 운동을 떠나기 원한다는 것을 부인하기 위해서 편지를 썼는데, 실수로 이렇게 썼다. "아들러의 옛 친구들조차도 나를 당신의 사람들 중의 한 사람으로 여기지 않습니다." 그는 "당신의 사람들" 중 한 명이 아니라 "그들" 중의 한사람으로 쓰려고 했었다.

프로이트는 무엇인가를 드러내는 실수를 지적하지 않을 수 없었다. 격노한 융은 쏘아 붙였다. "당신의 학생들을 환자같이 다루는 당신의 기법은 큰 실수입니다. 이러한 방법에서, 당신은 맹종하는 아들이나 염치없는 강아지를 생산합니다." 융은 그가 신경증을 가지고 있지 않다고 주장했다. 어쨌든 그는 분석이 다 되었다는 것이었고, 그렇지만 자신을 분석했다고 주장하는 프로이트는 자기 자신의 콤플렉스를 제거하지 못했다는 것을 주장하는 것이 되었다. 결과적으로 프로이트의 자주성 없는 추종자들과는 다르게 융은 개인적으로 자신의 마음에 대해서 말하고 자신이 믿고 있는 것을 공개적으로 쓰면서 이 운동에 남아 있기로 약속했다.

괴로운 프로이트는 페렌치에게 편지를 써서 융은 자신이 마리아 몰저Maria Moltzer에게 분석을 받았기 때문에 신경증에서 자유롭다고 믿는다고 말했다. 그녀는 취리히 프로이트학파에 합류한 부르크횔츨리의 간호사였고, 융의 애인으로 소문이 났었다. "그는 너무 어리석어서 그가 관계를 갖고 있는 여인과 한 작업을 자랑스럽게 여긴다." 최후의 몸짓으로, 프로이트는 자신이 동료들을 환자처럼 다루고 있다는 융의 비난을 부인했고 모든 개인적인 의사소통을 중단하자고 제안했다. 1913년 1월 6일, 융은 동의했다.

오이겐 블로일러와 칼 융이 프로이트에게 왔던 것은 프랑스에서 파생된 무의식의 심리학 때문이었고, 그들은 끝까지 성심리 이론을 완전히 찬성하지 않아서 프로이트를 애태웠다. 짧고, 문제가 많았던 연합 후에 성심리 이론을 전적으로 수용해야 되는 것이 분명해지자 두 사람은 하나씩 프로이트와의 인연을 끊었다. 블로일러의 상실은 프로이트학파 운동의 학문적인 지위를 위협했고, 칼 융의 상실은 또 다른 중대한 타격을 주었다. 프로이트학파 운동의 기둥이었고 국제정신분석협회 회장이었던 융은 지금 공개적으로 리비도 이론에 이의를 제기하고, 유아의 성에 대한 프로이트의 이론들이 불합리하다는 대중적인 의견을 되풀이 했다.

프로이트는 과학자들 가운데로 이 분야를 진전시키고 반유대주의로부터 그것을 보호하기 위해서 취리히로 힘이 이동되는 것을 정당화했지만 그의 전략은 역효과를 초래했다. 학문적인 훈련 장소와 연구센터로서의 부르크휠츨리를 상실했고, 취리히의 프로이트학파의 회원들은 오히려 프로이트 이론의 반유대주의적 비평을 만들어 냈다. 1912년, 프로이트는 오토 랭크에게 편지를 썼다. "취리히에서 일어난 변화 중에 가장 유감스러운 것은 유대인들과 반유대주의자들의 연합에 성공하지 못했다는 것이다. 나는 그들이 정신분석적 토대에서 연합하기를 희망했다." 후에 브릴은 융이 미국에서의 여행에서 "유대인들은 부패한 성에서 벗어날 수가 없다."고 말하는 것을 들었다고 보고했다.

오이겐 블로일러가 프로이트에게 어떤 공동체를 세우기를 희망하느냐고 물었을 때 프로이트는 두 가지 목표를 이야기했다. 첫 번째는, 조직을 자신보다는 더욱 크게 하는 것이었다. 그래서 광신적 종교 집단의 종파같은 것이라는 규탄을 견뎌내면서, 단순히 프로이트의 이론이 아니라 진정으로 정신의 과학이 되기를 원했다. 이것과 관련하여 뉘른베르크 회합은 재앙이었다. 몇 명의 가장 창의적인 과학자들이 프로이트를 떠났는데 그들은 엄격하게 된 프로이트학파에서 자신들의 공간을 발견할 수 없었기 때문이었다. 이론적 표준화와 방어조직을 위한 뉘르베르크 계획안은 부분적인 프로이트학파 사람들에게 그들의 가치를 의심하게 만들었다. 산도르 페렌치의 "전쟁 기간"의 정책들은 통제하지 못할 정도로 빠르게 흘러가는 과정을 합법화했고, 곧바로 이 공동체 안에는 자유로운 사상가들이나 반 정도만 믿는 사람들을 위한 안전한 곳은 없었다. 프로이트학파의 생각을 낳게 하는 데 도움이 된 사람들조차도 다른 분야의 학문들에 헌신하고 있다면 미심쩍어 했다. 융은 블로일러가 대학의 정신의학과 연대하고 있다고 공격했고, 페렌치는 필립 스타인이 대학의 정신병리학에 관심을 가지고 있다고 공격했다. 융과 페렌치는 성 과학자들과 거리를 유지하길 원했다. 그 안에서 유일하게 안전한 자리는 프로이트에게 충성하는 보수정통이 되는 것이었다.

프로이트가 블로일러에게 말했던 두 번째 목표는, 이 분야의 경계를 규정하여, 과학적인 불신을 유포하면서 이 분야의 의학적 명성을 손상시킬 수 있는 제멋대로의 분석가들wild analysts을 통제하는 것이었다. 이러한 면에서, 국제정신분석협회의 설립은 큰 대가를 지불했을지라도 어느 정도의 성공은 거두었다. 뉘른베르크 후에, 프로이트학파 사람들은 더 이상 오이겐 블로일러에서 오토 그로스까지로 분류하지 않았다. 그들은 더 이상 이상한 치료나 스스로 프로이트학파라고 주장하는 사람들의 모호한 가정들에 대해서 답변하지 않아도 되었다. 새로운 지지자들에게 프로이트학파 공동체는 더욱 명확한 이론적, 임상적 범위를 가진 경계가 있는 단체가 되었다.

뉘른베르크 후에 프로이트학파 사람들은 그들 스스로를 정의했다. 만약 당신이 이 공동체에 있기를 원한다면 이 공동체의 표준적인 방법과 이론, 특별히 무의식적 성심리 이론에 대한 헌신이 요구되었다. 국제정신분석협회는 이러한 것들에 대한 헌신을 단속하기 위해서 만들어졌다. 하지만 시기상조로 보이는 표준들에 대한 강요가 많은 이들을 힘들게 했다. 그 부수적인 결과들이 걱정스러웠다. 국제정신분석협회의 회장을 포함해서 주요한 이론가들이 그 틀 안에 남아 있을 수가 없었다. 공격과 소외의 과정이 연구의 자유를 제한했고, 프로이트의 생각들 중 어떤 부분만을 받아들였던 사람들에게 그의 핵심 제안들을 전적으로 받아들이든지 아니면 추방을 당하든지 선택하도록 강요했다.

슈테켈이 쫓겨나게 되었다는 소식을 들은 후에, 혈기왕성한 페렌치는 편지를 썼다. "나는 더욱 자유롭게 느끼며 전투할 준비가 되었는데, 이는 절반-지지자들이 우리에게 하게 했던 많은 경계들을 이제는 한쪽으로 치워 놓아도 되기 때문입니다."

역설적인 것은, 뉘른베르크의 제안들이 정신분석가가 되는 것과 전적인 프로이트의 지지자가 되는 것 사이의 어떤 간격을 좁히고자 했다면, 오히려 그 반대의 것을 하게 되었다는 것이다. 뉘른베르크는 경계를 바꾸었고, 하룻밤 사이에 부분적인 프로이트학파 사람들은 프로이트학파가 아닌 정신분석가가 되었다. 마차로 원형의 진을 만들려는 프로이트의 시도는 배신자들을 만들어냈고 그들은 정신분석을 자신의 것으로 만들려고 시도했다. 알프레트 아들러의 추종자들은 정신분석가로서의 그들의 정체성을 포기하지 않았다. 그들은 정신분석의 영역을 지그문트 프로이트 한 사람과 동일시하는 것을 거부했다. 아들러의 "자유로운 정신분석적 연구학회"는 프로이트를 비난하기 위해서 그 이름을 택했다. 그들은 정신분석가였고, 그들의 생각이 미치는 곳이 어디든 그것을 자유롭게 연구할 수 있었다. 빌헬름 슈테켈은 자신의 추방 후에 계속해서 〈핵심학술지〉를 편집했고, 그것을 프로이트학파의 특정한 정신분석적 학술지가 아닌 것으로 만들려고 준비했다. 취리히에서 칼 융은 더 이상 프로이트학파가 아닐지라도 확실하게 정신분석가로 남아 있었다. 어쨌든 그는 아직도 국제정신분석협회 회장이었다.

V.

프로이트학파 공동체는 지금 질투, 시기심, 피해망상, 그리고 야망이 얽히고 설켜 있었다. 새로운 심리학과 치료법을 퍼뜨리는 것에 대한 흥분 속에서, 심리학자들은 내부적인 갈등을 피할 수가 없었으며 더욱 좋지 않았던 것은 그러한 말다툼은 과학적으로 해결될 수 없는 것처럼 보였다. 프로이트는 아들러와의 차이점을 그를 밀쳐내는 것으로 해결했고, 그의 견해가 자신의 것과 일치하지 않는다고 말했다. 물론 이것이 아들러의 주장이 틀렸다는 것을 의미할 수는 없었다. 하지만 이 공동체는 무의식의 본질에 대한 다양한 의견들의 진정한 가치를 조정하는 다른 방법들을 가지고 있지 않은 듯했다. 1912년 여름 즈음에 이 운동의 회장인 칼 융 또한 무의식적 정신적 삶에 대한 프로이트의 입장에서 이탈했다.

1912년 5월, 이러한 불화의 기운이 감도는 가운데 어니스트 존스가 빈에 도착했다. 이 웨일스 사람은 예상 밖의 구세주였는데 그가 큰 문제를 가져왔기 때문이었다. 존스는 성적 학대를 했다는 주장으로 인해 런던을 떠난 후에 미국에서 여성들과 스캔들에 휩쓸렸다. 지금 그는 그가 아내라고 부르는 여자와 빈에 왔는데, 그녀는 로 칸Löe Kann이었고 모르핀에 중독되어 있었다. 존스는 프로이트가 로를 치료해주기를 희망했다.

존스는 프로이트학파 운동이 위험에 직면하고 있다는 것을 발견했다. 그 다음 회합에서 프로이트와 그의 추종자들은 국제정신분석협회의 통제를 잃어버릴 수도 있을 듯했다.이 협회는 그들을 보호하기 위해 설립된 지 2년이 되었다. 〈핵심학술지〉는 슈테켈의 손에 있었고 〈연보〉는 융이 통제하고 있었다. 존스는 오토 랭크와 산도르 페렌치와 함께 묘안을 짜기 시작했다. 충직한 프로이트학파 사람들이 무엇을 할 수 있을 것인가?

문제는 분석되지 않은 분석가에게 있다고 그들은 동의했다. 알프레트 아들러의 이론은 단지 치료받지 않은 그의 신경증의 표현이었고, 융은 그의 콤플렉스를 따라서 지극히 높은 곳으로 날아갔다. 존스, 랭크, 페렌치 세 명은 이 운동의 안정성은 분석가들에게서 그들 자신의 신경증적 반응들을 제거할 수 있는 끊임없는 자기 분석을 통해서만 생길 수 있다고 동의했다. 페렌치는 소수의 추종자들에게 프로이트에게서 분석을 받자고 제안했다. 프로이트가 그들에게서 주관적인 콤플렉스들을 제거해주고, 그것에 의해서 미래의 프로이트학파를 이끌 정화된 엘리트를 만들 수 있을 것이라고 생각했다.

존스는 이러한 숙고의 결과들을 프로이트와 나누었고, 프로이트는 그 생각을 받아들였다. 그는 한때 이 운동이 칼 융과 함께 앞으로 나아가는 것을 마음속에 그렸지만, 지금은 다른 후보자가 필요했다. 페렌치가 확실한 선택이었다. 하지만 그는 자신은 적합하지 않다고 말하면서 거절했다. 계승자를 임명하기 보다는 이러한 생각들이 "그 자체의 무게에 의해서 길을 만들 수 있도록" 내버려 두라고 페렌치는 프로이트를 설득하려고 했다. 프로이트는 그런 식으로 단념하기를 원치 않았다. 존스는 가능성 있는 후계자를 찾으려 했지만 쉬운 일은 아니었다. 랭크는 가난에 의해서 방해가 되었고, 페렌치는 사고 전이thought transference, 정신의 힘psychic power 같은 유사-과학적 문제들에 매료된 융을 좋아했기 때문에 위험했다. 존스는 이 운동을 보호하기 위해서 다시 작은 그룹을 소집하라고 프로이트에게 제안했다. 믿을 수 있는 소수는 대중적으로 개인적으로 이 운동의 관심사를 지키고자 노력할 것이며, 국제정신분석 추종자들의 비합리적인 고양됨에 맞서 방파제 같은 역할을 할 것이고, 과학의 순수성을 보증할 것이다.

프로이트는 아주 기뻐했다. "비밀위원회"는 가장 신뢰할 수 있는 사람들로 구성되었다. 존스는 비밀성에 대해서 아무런 말도 하지 않았다. 그러나 프로이트는 그것을 강조했다. "이 위원회는 그것의 존재와 활동을 엄격하게 비밀로 해야 한다." 한때, 프로이트는 융과 지역 학회의 회장들로 형성된 그러한 집단을 상상했는데, 융과 취리히, 그리고 뮌헨의 지역 지도자들의 충성심이 의심스러웠기 때문에 그것은 불가능했다. 존스는 "그들의 주인의 정책과 왕국"을 보호하는 샤를마뉴의 전사들같은 그룹을 상상했다. 비밀위원회는 프로이트와 그의 이론을 보호할 것이다. 그러나 누구를 믿을 수 있는가? 서로를 의심하는 것이 극심했고, 이 위원회에 대한 생각을 제안한 충성스러운 사람들조차도 서로 의심했다. 페렌치는 프로이트에게 존스를 조심하라고 주의를 주었고, 존스는 공개적으로 페렌치와 랭크의 신빙성에 대해서 의심했다.

1912년 가을이 되었을 때에도 비밀위원회는 아직 하나의 생각이었다. 존스는 사실을 알아보려고 취리히에 여행을 갔다. 칼 융은 도시에 없었다. 그러나 존스는 리클린, 매더, 세이프, 빈스방거와 길게 이야기를 나누었고, 융의 어떤 생각들은 매우 독특할지라도 아직도 리비도 이론에 크게 의존하고 있다는 견해를 갖게 되었다. 존스는 절교를 피할 수도 있다는 희망을 갖게 되었다. 융이 이 방문에 대해서 듣게 되었을 때 자신의 관점을 명확하게 하는 편지를 존스에게 썼다.

> 최악의 것은, 이 연구가 프로이트와 나의 우정을 파괴하는 운명이라는 것입니다. 나는 분명히 그것을 느끼고 있습니다. 프로이트는 그의 학설의 어떤 변화도 결코 동의하지 않을 것을 나는 알기 때문이죠. 정말 그럴 것입니다.

> 그는 내가 그에 대한 아버지 콤플렉스의 지배 아래서 생각하고 있고, 모든 것이 콤플렉스로 인한 허튼소리라고 확신하고 있습니다. 만약 내가 아버지에 대한 문제로부터 나 자신을 해방시켰던 지난날의 고투를 통해서 준비가 되어 있지 않았다면, 그것은 나를 깨뜨렸을 것입니다. 내가 과학의 길을 가려고 한다면, 나 자신의 길을 가야만 합니다. 이미 그는 마치 나의 전체 연구가 내 개인적인 저항으로 인해 그와 성 이론에 반대하는 거라며 나의 친구가 되는 것을 그만두었습니다. 이러한 암시에 대해서 나는 완전히 무력합니다.

같은 편지에서, 융은 그가 정신분석협회의 회장을 사임할 것을 분명히 했지만 〈연보〉는 계속 편집하기를 희망했다. 그는 프로이트가 자신을 국제정신분석협회에서 완전히 나가도록 할 것인지 궁금해 했다.

1913년 1월, 프로이트와 융이 모든 관계를 끊게 되었을 때, 화해에 대한 존스의 희망도 사라졌다. 뮌헨 회합이 다가오면서 남아 있는 프로이트학파 사람들이 전략을 짜는 것이 점점 더 필요하게 되었다. 그래서 비밀위원회가 탄생하게 된다. 1913년 5월 25일, 이 위원회는 빈에서 처음으로 만났다. 위원들은 어니스트 존스, 산도르 페렌치, 카를 아브라함과 충직한 빈 사람인 오토 랭크와 한스 작스였다. "당신이 충직하게 남아 있으려고 하는군요?" 페렌치가 랭크에게 빗대어 물으면서 환영할 때 이 용사들 사이에 불신이 있다는 것이 명백해졌다. 이 그룹에서 예상하지 않았던 사람은 한스 작스였다. 변호사이고 문학도인 작스는 1910년 빈 그룹에 합류했다. 그는 프로이트에게 깊은 인상을 주었고, 랭크와 함께 정신분석과 인문과학에 헌신된 새로운 학술지인 〈이마고〉의 공동 편집자로 일했다.

이 위원회는 밖으로는 친한 친구들의 모임인 척하면서 비밀을 유지했다. 이 책략은 그들이 다른 사람들이 알지 못하게 영향력을 행사할 수 있게 해주었다. 위원회의 첫 번째 임무는 융의 이론적 일탈에 관한 것이었다. 그것이 중요한 것인가 혹은 사소한 것인가, 근본적인 분리인가 아니면 중요치 않은 수정인가? 많은 사람들에게 분명하지 않았다. 존스에게는 융이 결함이 있는 것으로 보이지 않았다. 왜냐하면 융은 리비도를 단지 성적인 것으로 정의하지 않았지만, 그럼에도 불구하고 신경증들을 이해하기 위해서 성심리psychosexuality를 고려했기 때문이었다. 하지만 위원회의 첫 번째 모임에서 산도르 페렌치는 융의 새로운 이론에 대해 매우 강력한 비판을 했는데, '교수님'이 그에게 그러한 비판을 쓰라고 요청했었다. 그것은 생각할 만한 여지가 거의 없게 했다. 융의 일탈은 급진적인 것이고 그의 주요 관심은 정신분석에 있는 것이 아니라 "기독교 공동체의 구원"에 있다고 주장했다. 화해의 여지가 없었다. 다가오는 국제정신분석협회 모임에서 프로이트학파를 강화하기 위해서 페렌치는 서둘러 부다페스트 학회를 설립했고, 이것은 피할 수 없는 결전이 발생하게 될 때 또 다른 견실한 의결권 연합이 될 수 있었다.

프로이트는 비밀위원회에 줄 새로운 것도 가지고 있었다. 그것은 근친상간 터부의 기원과 그 결과로 일어나는 법, 종교, 문명의 탄생에 대한 짧은 책이었다. 《토템과 터부》는 융의 연구와 직접적인 경쟁의 위치에 있게 될 것이었고, 취리히에서 거센 항의를 불러일으킬 수 있었다. 이것은 "산acid이 소금에게 작용하는 방법"으로 취리히 대표단을 다른 사람들로부터 분리해줄 것이고, 그러므로 "아리아인의 종교성으로부터 우리를 깨끗하게 분리시켜주게" 될 것으로 기대했다.

비밀위원회의 회원들이 그들 모두가 프로이트에게 분석을 받아야 한다는 페렌치의 생각을 논의했는지는 분명하지 않다. 그러나 그 위원회 모임 후에 우울한 어니스트 존스는 부다페스트에 가서 페렌치에게 분석을 받았다. 존스는 바람을 피우다 로에게 들켰고, 그녀는 그를 떠나기로 결정했다. 그의 분석은 비밀위원회 회원 중에 첫 번째였을 것이고 이 운동의 주요 인물들 중에서 이루어진 첫 번째 진지한 분석이었다.

1913년 9월 7일과 8일, 제4차 국제정신분석 회합이 뮌헨에 있는 고급스러운 바이에른 궁전 호텔에서 열렸다. 이 회합은 그때까지의 회합 중에 가장 컸는데, 80명 이상이 참석하기로 등록하였고 17개의 글들을 발표하기로 되어 있었다. 그러나 분위기는 팽팽했다. 취리히 사람들은 프로이트와 반대되는 테이블에 앉았고, 회합의 전체에 걸쳐서 융 지지자들과 프로이트 지지자들의 진영이 거리를 유지했다. 융은 첫날부터 국제정신분석협회의 임원들을 선출하는 투표 일정을 잡았다. 회장직을 투표하게 되었을 때, 카를 아브라함은 융의 회장직을 찬성하지 않는 사람들은 투표용지를 빈칸으로 남겨두라고 발의했다.

52장의 투표용지 중에 22개가 빈칸으로 나왔다. 융은 국제정신분석협회의 회장직과 그의 적들의 긴 목록을 가지고 뮌헨을 떠나게 되었을 것이다.

취리히 사람들은 융의 이론적 수정이 프로이트의 이론을 구할 수 있다고 말했다. 알퐁스 매더는 취리히학파에서 이루어진 새로운 작업들은 알프레트 아들러의 생각들과 함께 공개적으로 논의되어야만 하는 중요한 변화들을 보여주고 있다고 주장했다. 매더는 꿈들이 명백한 신화적인 내용을 가지고 있다는 것을 보여주고 있고, 현실과의 적응에 적합하도록 조정되는 것이지, 숨어있는 성적 자료에서 나온 것이 아니라고 주장했다. 해석은 꿈들을 유아적이고 성적인 것에 근본을 두기 보다는 꿈들의 문제 해결 측면을 고려해야만 한다. 만약 취리히와 빈학파가 화해할 수 있다면, 매더는 어느 쪽이 절충을 해야 하는지 잘 알고 있었다.

프로이트학파 사람들은 곤경에 처해서 뮌헨을 떠났다. 융은 아직도 국제정신분석협회의 회장이었고, 앞으로 2년 동안 그럴 것이었다. 프로이트는 브릴에게 이렇게 보고했다. 뮌헨에서 취리히 사람들이 세운 이론을 들었을 때 프로이트는 그들을 포기했고, 그들이 그의 학생이나 또는 선전자인 척하지 말라고 말했는데, 그들의 연구는 그의 정신분석과는 아무런 관계가 없기 때문이었다. 융은 어떤 면에서는 "잔인한" 방법으로 행동했는데, 프로이트학파 사람들보다 다른 사람들이 더 많았기 때문에 회장으로 남아 있었다. '교수님'은 브릴에게 국제정신분석협회를 해체할 마음을 가지고 있다고 말했다.

칼 융이 회장으로 재선되고 6주 후에, 그는 갑자기 〈연보〉의 편집자 지위를 사임했다. 융은 존스와의 서신에서 그가 자신의 길을 갈 준비가 되었다고 넌지시 알렸다. 그러나 프로이트와 그의 추종자들은 매우 의심스러워했다. 그것이 "사실이라면 참 좋겠습니다."라고 존스는 썼다. 프로이트는 이 사임은 융이 그 학술지를 해체한 다음에 자신의 통제 아래서 그것을 다시 구성하려는 책략의 일환이라고 확신하고 있었다.

비밀위원회는 그들이 선택할 수 있는 것들에 대해서 논의했다. 프로이트, 페렌치, 랭크, 작스는 충실한 국제정신분석협회 그룹들(빈, 부다페스트, 베를린)이 국제정신분석협회의 해체를 제안해야 한다고 결론지었다. 만약 융이 그들의 제안을 받아들이지 않는다면 그들은 정식으로 탈퇴할 수 있었다. 그러나 카를 아브라함은 베를린 그룹이 프로이트학파의 편을 들지 않을 수도 있다고 걱정했다. 더욱이, 아브라함은 국제정신분석협회의 규칙들에서 융에게 그러한 행동을 요구할 여지를 발견할 수 없었다. 프로이트는 아브라함에게 국제정신분석협회의 규범들 안에 협회의 목적이 "프로이트학파 정신분석의 장려"라는 분명한 서술이 있다고 안심시켰다. 그러므로 프로이트가 한 말에 근거하면 탈퇴하기에 충분할 수 있었다. 그러나 존스는 유보를 주장했다. 존스는 뮌헨에서의 모임 후에 런던으로 돌아와서 페렌치의 예를 따라서 9명의 회원과 함께 런던정신분석학회를 설립했다. 존스는 그 다음 회합 즈음에는 프로이트학파 사람들(런던과 부다페스트의 새로운 그룹으로 강화된)이 다수가 될 것이기 때문에 서두를 이유가 없었다고 주장했다. 만약 그들이 국제정신분석협회를 해체할 수 있는 회원들을 가지고 있다면, 그들은 또한 그것을 유지하고 융을 내보낼 수도 있을 것이라고 생각했다. 존스는 만약 런던 그룹을 즉각적으로 압박하면 프로이트학파에게 투표하지 않을 수도 있다고 경고했다. 그리고 미국인들도 같을 것이라고 경고했다.

그런데 그날 어니스트 존스와 카를 아브라함은 뜻밖의 성과를 얻어냈다. 프로이트학파 사람들이 국제정신분석협회의 해산을 선언하지 않았음에도 상황은 그들에게 유리하게 흘러갔다. 〈연보〉와 그것의 출판자가 프로이트와 함께 있게 되었고, 칼 융은 자발적으로 〈학술지〉의 편집위원에서 사임했다. 융은 프로이트학파를 위해서 일을 하는 듯했다고 프로이트는 말했다. 이 취리히 사람은 국제정신분석협회를 기꺼이 해체하고 자신의 길을 갈 용의가 있다는 것조차도 사람들이 알게 했다.

한 때 프로이트의 황태자였던 칼 융은 지금 화가 나 있었고 감정이 상해 있었다. 그는 존스에게 편지를 써서 자신은 다른 사람들에게 그의 이론을 받아들일 것을 요구하지 않았고, 그렇지만 그의 가설은 아들러의 것과 마찬가지로 진지한 토론을 할 가치가 있다고 설명했다. 대신에 그것들을 개인적 콤플렉스로 돌리고, 과학적 분야가 정치적 호기심, 뒷공론, 의심으로 대체되었다고 주장했다. 그는 "나는 과학에서 조차도 광고해야 하는 것을 싫어한다."고 불평했다.

《토템과 타부》는 1912년에서 1913년까지 4편의 에세이 시리즈로 출판되었다. 신화에 대한 융의 연구에 자극을 받은 프로이트는 자신의 연구가 프로이트학파의 세계에서 융과 그의 기독교를 근절시키고자 의도된 것이라고 솔직히 말했다. 융이 그렸던 인류의 선사 시대와 거의 비슷하게 프로이트의 텍스트도 좀 공상적이었다. 자신들을 과학자로 그리려고 했던 사람들이 대단한 비약을 통해 추측을 했다. 하지만 프로이트의 에세이는 또한 정신분석적 공동체를 설립하기 위한 고투를 자세히 말하는 실화소설로서도 기능했다.

프로이트는 현대인의 무의식적 삶을 처음으로 형성한 원시 인간 공동체에 대한 인류학적 시각에 오랫동안 관심이 있었다. 그의 관심은 종교의 심리학적 근원들에 대한 융의 추구로 다시 점화되었다. 《토템과 터부》에서, 첫 번째 에세이의 제목은 "미개인들과 신경증 사람들의 정신적 삶 사이의 몇 가지 일치점"이었는데, 프로이트가 오래전에 다루었던 것과 동일했다. 그는 이 에세이를 두 번째 글인 "터부와 정서적 양가감정"으로 가는 도입부로 생각했다. 거기에서 프로이트는 블로일러의 용어를 통합하여 강박적인 종교적 의식들과 타부들에 관한 원주민의 행동들 사이에 유사한 점을 묘사했다. 그 터부들은 특별히 적들, 통치자들, 죽은 자들과 연관된 것들이었다. 프로이트는 이러한 터부들에서 살인적인 느낌들을 방어하는 근심과 존경의 과도함을 발견했다. 거짓 존경처럼 보이는 것에 익숙했던 프로이트의 통치자로서의 경험을 고려해보면, 자신의 경험을 바탕으로 이러한 것을 저술했을 수도 있었다.

1912년 가을, 그는 마술적인 추론과 투사에 기초한 원시적 사고, 즉 정령신앙animism에 대한 세 번째 에세이를 썼다. 그러한 사상은 문명화된 사람들 중에서도 미신, 망상, 신념, 철학, 그리고 다른 사고 체계들의 형태 속에 존속되고 있었다. 프로이트는 이러한 것은 무엇보다도 일관성의 필요에 의해서 정의된다고 주장했다. 사고 체계들(그는 뉘른베르크 이후의 정신분석도 의미하고 있었던 것인가?)은 단절들disconnections에 너그럽지 못하다. 그러므로 신자들은 어린이, 신경증 환자들, 마오리 부족이 하는 것과 같은 방법으로 의미를 만들어서 이러한 틈새를 채운다.

1913년 5월, 프로이트와 융과의 갈등이 끓어 넘칠 때, '교수님'은 마지막 에세이를 완성했다. 그것 안에, 그는 다름 아닌 바로 문명의 탄생을 상상해서 그려냈다. 다윈 이론의 원시 종족은 세상에서 배회했고 압제적인 아버지가 지배했는데, 그는 모든 여인을 다 취했고 다른 남자들에게는 종족 밖에서 짝을 찾으라고 명령했다. 결국 그의 아들들이 자신들끼리 싸우는 것을 멈추고 함께 힘을 합쳐서 아버지를 죽이면서 그 아버지는 파멸되었다. 죄책감에 시달리던 아들들은 토템을 만들어서 그들의 아버지에게 경의를 표하고, 자발적으로 그의 규칙이었던 족외혼 제도를 제정했다. 프로이트는 분명했다. 지배하던 아버지를 살해한 것이 죄책감, 법의 규범, 도덕적 제약들, 종교, 한마디로 하면 문명을 발생시켰다고 주장했다.

문명의 기원에 대한 이러한 환상을 집필하면서, 프로이트는 자신의 비극을 날카롭게 묘사했다. 한 운동의 아버지로서 그는 공동체를 만들었고 그 안에서 압제적이라고 반복적으로 비난을 받았다. 지금 그는 상징적으로 살해당해서, 그 공동체가 겁먹은 미개 종족으로부터 문명화된 형제집단으로 성숙해 가게 하느냐, 아니면 그의 권위를 그러한 문명화 과정에 양도하는 것을 거부함으로써 지체되게 하느냐를 선택해야만 하는 것으로 보였다.

네 편의 에세이를 한권의 책으로 엮은 후에 프로이트는 이 연구가 융의 것과 직접적으로 반대의 입장에 있다는 것을 밝히는 서론을 첨가했다. 이 책을 끝마치게 되었을 때 프로이트는 자신에 대해서 점점 확신을 잃고 우울증에 빠졌다. 그리고 융에 대한 감정도 수그러들기 시작했다. 그는 그들 사이가 깨지는 것을 원하지 않았고 융이 자신의 길을 가도록 지지해주고 싶었다. 프로이트는 페렌치에게 슬픔과 그답지 않은 자기의심이 담긴 편지를 썼다. "내가 항상 옳아야만 하는가, 항상 누구보다 나은 사람이었나? 길게 보면 이것은 명백히 불가능한 것이다."

프로이트는 《토템과 터부》를 비밀위원회에 주었고 그들의 의견을 물었다. 페렌치와 존스는 프로이트가 "상상 속에서 그의 책에서 묘사한 경험들을 직접 체험했다."고 대답했다. 그러나 그들은 프로이트가 직접 체험한 경험은 아버지를 죽이는 아들이었을 것이라고 제안했다. 프로이트의 충직한 아들들은 그가 우울하게 된 것은, 그 책에서 상상으로 그의 아버지에 대한 오이디푸스적 죽음과 소망들을 재경험했기 때문이지, 다른 아들을 추방하고 더욱 문명화된 형제 종족이 형성되는 것을 방해하는 압제자의 역할을 취한 것에 대한 죄책감 때문이 아니라고 제안했다. 5명의 비밀위원회 회원들이 보낸 격려 덕분으로 프로이트는 자신감을 되찾게 되었다. 1913년 6월 30일, 비밀위원회의 회원들은 빈에서 로 칸과 함께 모여서 이를 기념하는 "토템 축제"를 가졌다. 그들이 무엇을 먹었는지 기록되지는 않았지만, 한 아들, 즉 칼 융의 피가 그 축제 어딘가에 있었다는 것은 의심할 바 없었다.

프로이트는 여름휴가로 마리엔바드에 갔다. 거기서 취리히에 있는 그의 협력자인 루트비히 빈스방거에게 편지를 써서 그가 휴가를 즐기고 있다고 말했다. 그는 지쳐 있었고, 때때로 은퇴와 자신의 일을 다른 사람들에게 넘기는 것에 대해서 생각한다는 것을 인정했다. 그리고 나서 신과 같은 권위로 덧붙였다. "죽을 수밖에 없는 인간들 중에 누가 나를 은퇴시킬 수 있겠소?"

프로이트는 우울증에서 빠져나오면서 또 다른 연구를 집필하기 시작했는데, 융의 사임을 강행하고 국제정신분석협회의 와해를 촉진시키기 위한 것이었다. 프로이트가 지금까지 쓴 것 중에 가장 가혹한 것이었고 프로이트 자신도 그것을 "폭탄"이라 불렀다. 그것은 사기꾼 같은 정신분석가들에 의해서 제시된 거짓된 길을 폭로하는 역사학적인 해석에 기초한 정신분석 운동에 대한 보고서였다.

이전의 설명들에서, 프로이트는 관대하게 정신분석의 근원을 요제프 브로이어와 그의 카타르시스적 방법에 돌리는 경향이 있었다. 그러나 지금 그는 권위를 다른 사람들에게 양도할 기분이 아니었다. 정신분석은 그의 창조물이었다. 수년간 그는 혼자 이것을 사용해 왔고, 그러므로 프로이트는 자신의 생각이 아래와 같은 이유 때문에 정당하다고 생각했다.

> 오늘날조차도 정신분석이 무엇인지, 그것이 마음의 삶을 조사하는 다른 방법들과 어떻게 다른지, 정확하게 무엇을 정신분석이라고 불러야 하는지, 어떤 다른 이름으로 설명되는 것이 더 나은지를 나보다 더 잘 아는 사람이 없다고 주장할 수 있다. 따라서, 권리 침해의 차가운 행동으로 보여지는 것을 거부하면서, 나는 간접적으로 〈연보〉의 독자들에게 그것의 편집과 형태에 대한 변화를 가져오게 한 사건들에 대해서 알리고자 한다.

프로이트같은 대 이론가에게 이것은 솔직하고 냉엄한 말투였다. 그것 외의 나머지는 매우 뛰어난 혹평이었다. 프로이트는 자신의 이론적 여정을 이야기했다. 그렇게 하면서, 그는 성심리 이론이 없는 정신분석은 없고, 정신적 삶에서 성의 중심성의 발견이 전체 영역의 핵심이라는 점이 분명하다는 것에 의심이 없게 이야기를 구성했다. 프로이트는 신화적인 "아 하!" 순간을 만들어서 그가 어떻게 친부 유혹 이론을 버리고 내면의 성적 분투에 기초를 둔 것을 주장하게 되었는지 설명했다. 그는 길고 빈약한 과정을 빠른 경험적 깨달음으로 보여주었다. 이것 위에 정신분석이 세워진 것이다. 이 글은 1895년 또는 1900년의 프로이트의 정신분석은 리비도 이론의 수용을 요구하지 않았다고 주장하는 사람들에게 보내는 프로이트의 간략한 대답이었다.

그리고 나서 프로이트는 빈과 취리히에 있는 그의 학생들에 대해서 논의했고, 취리히 사람들이 거의 모든 추종자들을 그에게로 오게 했다는 것을 시인했다. 그러나 초기의 폭발적 성장 후에 추종자들은 딴 길로 가기 시작했다. 아들러는 공격성과 자아에 대한 연구에 실질적 기여를 했지만, 정신분석의 나머지는 이러한 엄연한 선물에 대한 대가로서 전복되어야 한다고 주장했다. 융은 승화된 성이 종교와 문화에서의 위대한 업적을 창조했다는 생각을 견딜 수 없어하는 독실한 기독교 공동체 출신이었다. 이러한 차이점들의 결과로 지금 세 개의 다른 그룹들이 정신분석을 하고 있다고 주장했다. 분명히 세 개의 이론 모두를 위한 여지는 충분히 있다고 프로이트는 말했다. 그러나 그것들은 그의 용어, 그의 이론, 그의 정신분석과 혼동되어서는 안 된다고 프로이트는 주장했다. 아들러의 정신분석과 융의 정신분석 같은 것은 없다고 지그문트 프로이트는 주장했다. 정신분석은 그의 것이었다.

그러한 말 속에 프로이트의 폭탄은 일종의 패배의 인정을 싣고 있었다. 처음에 그는 그의 정신분석이 한 개인의 개인적인 권위보다는 실험을 통해 얻는 진실과 제휴된 과학이 되기를 희망했다. 그러나 어떤 핵심적인 명제들(특별히 무의식에 대해 정의하는 것)은 증명하기가 매우 어려웠다. 핵심적인 무의식적 추동drive이 공격성이라는 아들러의 주장은 암울한 것이 될 수도 있었지만, 프로이트가 알고 있었던 것처럼 그것이 이 주장을 진실이 아닌 것으로 만들지는 않았다. 융의 주장들은 플라토닉 기독교 신념으로의 회귀처럼 보일 수도 있었다. 하지만 프로이트 또한 계통발생적 유전을 믿기 때문에 이러한 견해들이 자신의 것보다 과학적으로 그럴듯하지 않다고 주장할 방법도 없었다. 결국, 프로이트는 역사학적인 추론과 독자들의 논리에 호소했고, 경쟁자들의 신빙성을 떨어뜨리기 위해서 사고실험thought experiment을 이용했다. 그리고 그는 대학의 학문적 적대자들이 그가 하고 있다고 비난하는 바로 그것을 했다. 즉, 정신분석 분야의 개인적인 소유권을 취했다. 만약 프로이트가 한 때 자신의 권위가 아니라 그것보다는 더 넓은 과학의 이론들에 기반을 두는 학문 분야를 만들기 희망했다면, 이것은 큰 퇴보를 의미했다.

1914년 2월, 프로이트는 그의 역사를 끝마쳤고, 〈연보〉가 이 학술지의 창립 편집자에 대한 그의 절교 글을 출판하기를 기다렸다. 그러는 동안, 《횃불》에서 또 다른 "기습 공격"이 취리히로 발사되었다. 그 학술지에서 비밀위원회 4명의 회원들인 페렌치, 아브라함, 에이팅곤, 존스는 협력해서 융의 생각들을 공격했다. 그것으로 칼 융은 받을 만큼 받게 된 것이었다. 1914년 4월 20일, 국제정신분석협회 회장은 지역 학회의 회장들에게 자신의 사임을 선언하는 편지를 보냈다. 프로이트와 비밀위원회는 충격을 받았다. 그들은 융이 통제를 놓고 싸울 것이라고 생각했었기에 그가 쾌히 조용하게 떠나는 것에 깜짝 놀랐다.

프로이트와 비밀 수호자들은 국제정신분석을 차지하는 싸움에서 승리를 거두었다. 융의 대적자 카를 아브라함은 프로이트에 의해서 임시 회장으로 임명되었다. 융을 지지하는 지역 지도자들(뮌헨의 세이프, 취리히의 매더)도 마지못해서 동의했다. 그리고는 1914년, 이 운동에 대한 프로이트의 역사가 출판되었다. 프로이트는 그의 논박이 취리히 협회와의 결렬을 촉진시키는 것을 잔뜩 기대했었는데, 그는 옳았다. 1914년 취리히 학회는 국제정신분석에서 집단으로 사임했다. 그 그룹에서 자신의 회원권 포기를 거부한 유일한 사람은 빈스방거였다.

취리히와의 결별은 지금 완결되었다. 그러나 프로이트는 다른 곳에서의 반동을 염려했다. 융과의 분리는 곧 미국에 불확실한 결과들을 가져다 줄 것이었다. 존스는 이러한 분열이 막 날기 시작한 런던 학회에 동요를 일으킬 것이라고 예측했다. 그곳은 융의 지지자들이 훨씬 많았다. 그래도 존스와 아브라함은 새로운 회원들이 그들의 학회들로 몰려오고 있고 분열이 이 운동의 성장에 영향을 주지 않을 것이라고 '교수님'을 안심시켰다.

1914년 여름 즈음에 프로이트는 쭉정이를 가려낸, 그리고 이론적으로 더욱 단일화된 프로이트학파 운동을 완전히 지배하게 되었다. 뉘른베르크에서 시작된 내부 정화 과정이 자연스럽게 전개되었다. 이젠 이 운동의 부분적인 지지자들은 남아 있지 않았다. 경계가 그어졌고 그것에 대해서 분명한 의견을 내지 않았던 사람들은 쫓겨났다. 블로일러도 없었고, 융도 없었고, 훈련과 연구를 위한 부르크횔츨리도 없었다. 전체 취리히학파가 떠났다. 아들러나 슈테켈도 없었고, 프리츠 비텔스 같은 성 혁명주의자들은 길들여지든지 그렇지 않으면 쫓겨났다. 오랫동안 프로이트의 논제에 찬성할 수 없었던 마구누스 히르슈펠트, 이완 블로흐 같은 성 과학자들도 떠났다. 오스카르 보그트, 루트비히 프랑크 같은 최면연구자들과 다른 심리치료사들과의 동맹도 끝났다.

지그문트 프로이트는 그의 공동체에서 부분적으로 믿는 자들, 경쟁자들, 가능성 있는 후계자들을 숙청했다. 이 부족의 아버지는 반항적인 아들들을 축출했다. 어린 오이디푸스들에게 둘러싸인 라이오스 왕은 그에 대항해서 일어나기 전에 그들을 해산시켰다. 프로이트는 이 운동을 운영했고, 충신들의 비밀위원회는 그의 바람이 펼쳐지는 것을 볼 수 있는 곳에 자리를 잡았다. 한때, 프로이트가 오스트리아, 독일, 스위스와 다른 곳에서 다양한 심리학적, 성 과학적 연구와 임상이 시작되는 것을 도와주었다면, 이제 그것은 끝이 났다. 한때 정신분석적 운동은 프로이트의 방법, 이론, 접근 중에 어떤 부분을 적용하는 모든 사상가들과 임상가들을 환영하고, 뿐만 아니라 프로이트가 그의 분야를 형성하기 위해서 의존했던 학문 분야에서 온 사람들을 환영했었다. 하지만 더 이상은 아니었다. 1914년 즈음에 프로이트학파 사람들은 정신분석가가 되는 것은 프로이트의 성심리 이론에 대한 절대적 헌신을 의미한다고 주장할 것이다. 분리된 두 개의 다른 학파가 프로이트학파와 혼동될 수 있지만, 그들은 정신분석이 아니었다.

프로이트학파의 분야를 정의하려는 지그문트 프로이트의 싸움은 그의 비평가들의 두려움이 사실임을 보여주었다. 이 운동 안에 있는 사람들에게 그들 자신의 임상적 경험과 이론적 결론이 성심리 이론으로부터 방향을 바꾼다면 그들은 추방을 당하게 될 것이라는 것이 더욱 뚜렷해졌다. 아브라함, 페렌치, 랭크, 존스는 공개적으로 이 '대가Master'에게 복종하는 자세를 취했다. 페렌치는 다른 협력자들에게 너무 많은 자유를 허락한 프로이트를 비난하기까지 했고, 그의 손에 모든 것을 두고 다른 사람을 의지하지 말라고 촉구했다.

합스부르크가 왕좌 계승자의 암살에 대한 충격적인 소식이 빈에 도달했을 때, 지그문트 프로이트는 취리히 사람들을 이긴 것을 축하했다. "나는 '만세'를 억누를 수 없다."고 아브라함에게 편지를 썼다. 앞으로 몇 년 동안, 바라건대 프로이트와 그의 충직한 동료들은 국제정신분석협회를 순전한 프로이트학파의 정신으로 재건하고, 취리히 사람들, 아들러학파 사람들, 그리고 다른 사람들의 상실을 보충할 수 있을 것이다. 지그문트 프로이트는 그 다음 여름휴가를 고대하면서, 아마도 이렇게 생각했을 수도 있을 것이다. 어떤 사람이 그를 은퇴시킬 수 있겠는가?

PART THREE

정신분석 만들기

모든 것은 사라지게 되리라

> 모든 것이 아직 상실되지는 않았다. 그러나 모든 것은 자신이 사라지게 될 것을 감지한다.
>
> *폴 발레리, 1919*

I.

1914년 즈음, 프로이트학파는 단지 수많은 심리치료 학파들 중의 하나일 뿐이었다. 그 수많은 학파는 리더의 견해에 따라서 정의되고 있었다. 도대체 그동안 무슨 일이 있었던 걸까? 초기 추종자들이 프로이트에게 몰려들었던 것은 그의 연구가 그들의 관심사와 광범위하게 중첩됐기 때문이었다. 놀랄만하게 다양한 학파가 종합되어 있었던 프로이트의 이론의 힘은 새로운 지지자들을 끌어들이는 데에는 이점이 있었지만 지적 공동체를 통합하는 데에는 불리한 조건이 되었다. 종종, 수요모임은 다양한 배경에서 오는 다양한 회원들이 서로 이야기하면서 진행되었다. 몇 명만이 심리치료법, 뇌와 마음의 최근 모델, 성적 장애, 히스테리에 대한 전문지식을 가지고 있었다. 그들 모두가 이 모든 것을 이해할 수는 없었다. 하지만 그들이 해야 하는 일이 있다면 그것은 프로이트를 믿을 것인지를 결정하는 것이었다.

초기 프로이트학파 사람들은 성적 무의식이 존재한다는 정도의 느슨한 가정을 상정하는 것으로 복잡한 이론적 이슈들에 대한 갈등을 피하려 했다. 뉘른베르크 회합에서 프로이트도 이러한 잠정적이고 실용적인 입장에 만족한 듯 보였다. 1910년 빈 정신분석학회의 모임에서 "무의식은 형이상학적이고, 우리는 단순히 그것이 실재함을 가정한다."고 선언했었다. 루트비히 빈스방거가 프로이트에게 설명을 요청했을 때 프로이트는 우리는 무의식이 의식처럼 실제라고 여기면서 일을 진행한다고 말했다. 진정한 자연과학자처럼 프로이트는 무의식의 본질에 대해서 아무 말도 하지 않았는데, 그것은 단순히 우리가 그것에 대해서 확실하게 아는 것은 아무것도 없고, 오직 의식으로부터 그것을 추론하기 때문이라고 말했다고 한다. 빈스방거가 기억하기를, 프로이트는 칸트가 현상의 세계 너머에 물자체thing in itself를 가정한 것 같이 그도 무의식을 가정했는데, 이것은 직접적인 경험의 대상이 될 수 없고 의식 너머에 있다고 말했다.

이런 말은 프로이트가 꿈에 대한 책에서 10년 전에 취했던 입장의 반복이었다. 그러나 뉘른베르크 회합 후에, 무의식에 대한 '마치 ~처럼'의 견해는 부분적인 프로이트학파 사람들, 이론적으로 벗어난 사람들, 제멋대로의 임상가들wild practitioners을 제어하기 원하게 되면서 점점 더 포기하게 되었다. 통합의 과정은 프로이트학파 공동체를 무의식을 정의내린 단일체로 변형시켰다. 프로이트는 리비도 이론에 대한 도전을 거부했고 종종 그것을 과학자에게 있는 성적 억압의 탓으로 돌렸다. 프로이트의 무의식을 전적으로 포옹하기를 거부하는 사람(칸트인가 아니면 칸트의 어느 것도 받아들이지 않을 것인가)은 떠나야 했다. 이론적 순수함에 대한 요구는 빈과 취리히에서의 입지를 손상시켰다. 많은 사람들이 떠났고 프로이트학파는 자유로운 탐구에 열려 있는 과학적 공동체가 아니라는 비난에 무게를 더욱 실게 되었다.

비평가들의 말에도 일리가 있었다. 프로이트학파는 성심리적 무의식에 대한 헌신을 요구했고 그것은 그들의 리트머스 검사지가 되었다. 그들은 성 이론이 일으키는 혐오와 그들의 발견을 이런 식으로 보호해야만 한다고 믿었다. 하지만 이 가정이 실제라고 할 수는 없었다. 무의식의 성심리 이론은 합리적인 추론과 이론일 뿐이었다. 그러나 과학적 이론들은 정치적 혹은 종교적 신념들과는 달리 증거가 없으면 수용을 강요할 힘이 없었다. 과학에 적합한 내면의 삶에 대한 심리학을 세우고자 하는 프로이트의 많은 노력에도 불구하고, 뉘른베르크 이후의 프로이트학파는 더욱 논쟁적으로만 소모하는 집단이 되었는데,

그것은 블로일러가 주창했던 알코올금욕협회와 다르지 않았다. 그 그룹에 들어가기 위해서는 누구든 증거의 원리뿐만 아니라 완전하게 증명할 수 없는 결론을 수용해야만 했다. 1910년 이후, 프로이트학파의 프로젝트의 범위는 좁혀졌고, 리비도 이론은 충성의 맹세로 굳어졌다. 이 이론과 모순되는, 예를 들어 정신이상에 대한 취리히 사람들의 연구 같은 발견들은 받아들여지지 않았다.

블로일러, 아들러, 슈테켈, 융이 그 무리를 떠났을 때, 부분적일지라도 프로이트와 성심리 이론에 대비되는 생각을 하는 그 어떤 누구도 더 이상 공동체 안에 그대로 남아 있는 것은 이제 불가능해졌다. 취리히 사람들이 사임한 후, 충직한 프로이트학파 사람들은 국제정신분석협회의 통제가 확실하다고 생각했다. 결국 그들에게 남겨진 것은 무엇일까? 불협화음을 지우고, 무의식적 리비도를 마음껏 주창할 수 있게 된 프로이트학파는 성적 무의식의 가치를 내세우고, 이론의 확증을 주장하면서, 가능성 있는 예외와 반박을 무시하게 될 게 뻔했다. 프로이트의 위대한 통합을 단순하고 폐쇄적인 사고 체계로 변질시키는 토대가 마련되었다. 그리고 프로이트학파는 그들의 지도자와 알 수 없는 존재, 즉 신은 아니지만 다른 물자체인 성적 무의식에 대한 신념에 의해서 긴밀하게 결집된 교파가 될 것처럼 보였다.

블로일러, 융, 아들러는 이 문제의 원인을 알고 있다고 확신했다. 그들은 그것이 자신의 주위에 있는 사람들을 지배하려 하는 지그문트 프로이트 탓이라고 여겼다. 하지만 앞으로 몇 년 동안 프로이트는 단지 추종자들에게 복종만을 요구하는 이론가가 아니라는 사실이 명확해지게 된다. 알프레트 아들러와 칼 융도 공동체를 설립했지만 제한적인 아들러학파와 융학파가 되어 갔고, 점점 더 카리스마 있는 지도자의 권위에 따라 그 그룹은 규정되고 있었다. 심리학은 기원이 주관적인 탓에 과학적 합의를 이루기보다는 견해에 따라 학파로 나누어 질 수밖에 없다는 오귀스트 콩트의 논점에 정신분석가들은 힘을 실어주었다. 심리학이 본래부터 가지고 있는 인식론적 어려움은 프로이트학파의 운명을 결정짓고, 계속해서 팽창하는 다른 학파들 중 하나의 작은 학파로 만들 것처럼 보였다.

그러나 놀랍게도 그런 일은 생기지 않았다. 더욱 경직되고 방어적이고 선동적으로 되는 대신에, 프로이트학파는 위기를 극복하고 극적인 변형을 거치게 된다. 이러한 놀랄만한 변화들은 우리가 앞으로 보게 될 몇 가지 요소들의 결과였는데, 그것은 지그문트 프로이트가 리비도 이론을 스스로 훼손하면서 시작되었다.

이것은 전혀 뜻밖의 반전이었다. 58살에, 프로이트는 성심리 이론으로 유명해졌다. 그것은 프로이트 평생의 가장 위대한 업적이었다. 그러니 그 이론을 끝까지 변호하는 것은 충분히 인간적이었을 것이다. 하지만 프로이트가 방어적이고 위압적일 수 있지만, 그는 또한 창조의 열기에 살아있다고 느끼는 부지런한 지식인이었다. 그의 이상은 위대한 발견자, 세상을 새로운 진실로 움직이는 과학자가 되는 것이었다. 융이 떠난 후에 프로이트는 자신을 오류가 없는 교황같이 행동한다고 비난했던 비평가들이 옳다는 것이 입증되고 있는 것으로 보인다는 것을 알고 있었다. 그는 이러한 상황을 깨기로 결심했다.

융이 국제정신분석협회의 회장직에서 사임한 후에, 프로이트는 즉시 그의 분야를 과학적으로 변호하려고 시도했다. 이렇게 하기 위해서 프로이트는 안정된 과학의 정의가 필요했는데, 그때 당시 이것은 빈에서 격렬한 논쟁점이었다. 빈의 철학자 에른스트 마흐는 정신분석을 거의 사용하지 않았고, 분명하게 관찰할 수 있는 자료 너머로 가는 것처럼 보이는 어떤 것도 사용하지 않았다. 마흐는 오직 과학적인 설명만을 찬성했고 이론적 종합인 설명들은 부적절한 것으로 보았다. 마흐에게 무의식에 대한 이론은 오직 형이상학적이고 과학에 반하는 것이었다. 같은 기준으로, 마흐는 어니스트 러더퍼드Ernest Rutherford의 원자 이론, 통일된 자기self에 대한 심리학적 생각, 앨버트 아인슈타인의 상대성 이론에 반대했다. 그의 학생이었던 물리학자 막스 플랭크Max Planck는 마흐의 견해에 강력하게 반대했다. 그는 형이상학과 추정에 의한 추상개념을 과학에서 근절하려는 노력은 궁극적으로 무익한 것이고, "통일된 세계의 그림"의 발달을 방해할 것이라고 믿었다.

1911년 즈음, 과학의 본질에 대한 이러한 논쟁은 빈 대학 철학학회 같은 빈의 지식인 집단에서 다룬 주된 대화의 주제였다. 이 그룹은 브로이어, 아들러, 에렌펠스를 포함하고 있었다. 1914년, 프로이트는 프로이트학파의 정신분석이 과학이라는 견해를 강화하기 위한 이런 논의에 대해 언급했다. 그는 이렇게 썼다. 정신분석적 생각들은 모든 것들이 의지할 수 있는 과학적 토대는 아니며, 그러한 토대는 관찰뿐이다. 정신분석적 생각들은 전체 구조에서 근본적인 부분이 아니라 상층부이고, 그래서 전체 구조에 아무런 손상 없이 대체될 수도 있고, 버려질 수 있다. 같은 일이 오늘날 물리학에도 발생하고 있다. 물질, 힘의 중심, 끄는 힘 등등과 관련된 물리학의 기본 개념들이 정신분석에서의 상응하는 개념들보다 논쟁의 여지가 없는 것은 아니었다.

프로이트는 이러한 말이 프로이트학파 운동에서 일어난 모든 것에 역행한다는 것을 알지 못할 만큼 미련하지 않았다. 무의식적 성적 리비도의 개념은 뉘른베르크 이후에 프로이트학파의 기반이 되었다. 긴밀한 임상적 관찰과 추론에 대한 문제는 성적 무의식을 확인하는 것보다 중요하지 않았다. 1914년, 프로이트가 이러한 말들을 썼을 때, 그는 단지 그렇게 심각하게 받아들이지 않았을 수도 있었다.

그러나 축소되었던 프로이트학파가 재편성되고 세계적인 사건들이 잔혹해지자, 지그문트 프로이트는 그러한 말들 안에 있는 책임성과 가능성을 다시 숙고하게 되었을 것이다. 그는 자신에게 반기를 든 블로일러, 융, 아들러, 슈테켈이 할 수 없었던 것을 시작할 수 있었다. 그는 무의식에 대한 그의 옛 개념, 즉 한때 프로이트학파를 정의했던 핵심 신념을 갈기갈기 찢었고 깜짝 놀랄 변화들을 꾀하기 시작했다. 이에 영감을 받은 다른 이들도 그들의 지적 공동체(때때로 '교수님'의 소망과 반하기도 했지만)를 다시 열고자 했다. 1918년 이후로 단지 한 사람과 그의 상상할 수도 없는 생각들(지금은 변화하고 있는)에 사상적 헌신을 요구하는 대신에, 프로이트학파 사람들은 그들의 학문 분야의 경계를 다른 방식으로 만들려고 했다. 새로운 목소리들이 이 공동체의 윤곽을 명확하게 해야 한다고 제안했는데, 무의식의 이론에 대한 강압된 충성으로서가 아니라 그것보다는 좀 더 명백한 방법으로 되어야 한다고 제안했다.

우리가 보게 될 것이지만, 프로이트는 무의식에 대한 자신의 이론에 의문을 제기하면서 또 하나의 폐쇄된 사고체계가 되는 것으로부터 자신의 학문 분야를 구출하려고 했다. 확증된 것들을 널리 알리고, 필요하면 관계를 형성하고, 모순으로부터 정신분석을 보호하려는 데 열중했다. 1918년 이후, 이런 급격한 변화들이 프로이트학파의 연구들을 더 넓고, 더욱 다양하고, 더욱 열려 있고, 궁극적으로 더욱 대중적인 분야로 확장시켰다. 자유롭게 생각하는 남성들과 여성들이 이 개혁된 공동체로 몰려들었다. 이 운동의 회원들은 스스로를 다르게 보기 시작했다. 많은 사람들이 자신들을 프로이트학파 사람들이라고 부르는 것을 멈췄고, 정신분석가로 보기 시작했다. 이렇게 정신분석의 전성기가 1918년에서 1938년 사이에 일어났다. 이때가 최고의 시절이자 최악의 시절이기도 했다.

1914년 6월 28일, 오스트리아-헝가리 제국의 계승자였던 프란츠 페르디난트 대공이 암살당했다. 숨 막히게 빠른 속도로 유럽의 대부분은 전쟁에 휩싸였고 국제 프로이트학파 운동은 대혼란에 빠졌다. 드레스덴Dresden에서의 국제정신분석협회 회합은 지금 불가능했다. 정신분석 학술지들의 독자 수는 급속히 감소했고, 독일과 오스트리아에서 출판되는 학술지들은 영국, 러시아, 프랑스, 그리고 아메리카에서의 구매자들을 잃었다. 더욱이 1915년 즈음에 종이와 잉크의 부족은 출판을 어렵게 했다. 문제가 무엇이었든 간에, 출판되는 것이 거의 없었다. 많은 프로이트학파 사람들은 징집되었고, 정신분석가가 아니라 응급 의사와 수술의로 고용되었다. 징집을 피할 수 있었던 의사들은 인플레이션, 식량배급, 퍼져가는 전염병, 그리고 그들의 영업 붕괴로 고투했다.

1916년 2월 21부터 12월 18일까지 지속된 베르됭 전투는 50만 명 이상의 사상자를 냈다.

"융과 아들러가 이 운동에 손상하지 않고 남겨둔 것이 국가들 간의 싸움으로 지금 사라지고 있다."고 프로이트는 썼다. "우리의 학술지들이 중단될 운명에 처해 있지만 어쩌면 〈연감〉은 아마 계속 출판할 수도 있을 것이다. 우리가 경작하고 보살피던 모든 것이 지금은 어떻게든 전개되게 내버려 두어야 한다." 극단적인 예상에도 불구하고 프로이트는 일말의 희망을 바랐지만 충분하지는 않았다. 〈연감〉은 1914년 잠시 보이다가 신속하게 중단되었다. 얼마 후 후고 헬러는 프로이트에게 국제정신분석협회의 공식 학술지인 〈심리학 학술지〉를 더 이상 출판할 수 없을 것 같다고 보고했다. 슈테켈의 〈핵심 학술지〉 또한 사라지게 되었다는 것은 그 나마 위안이 되었다. 갑자기 세상에서 유일하게 정기적으로 출판되는 정신분석 학술지는 최근 미국에서 만들어진 〈정신분석적 논평*Psychoanalytic Review*〉인 듯했다.

빈에서 매주 열리던 정신분석학회는 열기 어려워졌고, 격주나 3주에 한 번 모임을 갖기 시작했다. 비밀위원회는 검열의 어려움과 국제 편지가 금지되어서 기능하는 것을 멈추었다. 프로이트가 지난 십 년 동안 연결해 놓았던 수많은 국제 서신교환도 지금은 거의 불가능해졌다. 편지들이 동맹국Centrals Powers들 밖으로 나가기 위해서는 공을 들여 계획을 짜야 했고 밀사가 필요했다. 프로이트에게 오던 국제 환자들도 더 이상 오지 않았다. 1914년 11월 즈음, 그는 한 명의 환자만을 치료하게 되었다.

그런 이유로 지그문트 프로이트는 갑자기 지난 십 년 동안 바쁘게 해왔던 편집, 정치, 행정, 서신, 그리고 임상적 노동에서 자유롭게 되었다. 덕분에 그는 그가 싸워왔던 개인적인 전투로 돌아갔는데, 그것은 지금 두 개의 전선을 가지고 있었다. 프로이트는 정신분석을 일종의 사이비 종교로 보는 혐의로부터 변호하고, 칼 융과 알프레트 아들러를 정신분석의 주변으로 몰아내기 위한 시도도 할 수 있었을 것이다. 하지만 그는 어떻게 무의식을 정의하는가의 문제에 투신했다. 그는 융의 신화적 무의식에 대하여는 경멸했지만 아들러의 입장은 그래도 설득력 있게 받아들였다. 아들러는 프로이트가 적절하게 발전시키지 못한 어떤 것을 포착한 듯했다. 즉, 공격성의 힘 그리고 의지적, 의식적 노력에서의 공격성의 위치였다. 아들러와의 전투에서, '교수님'은 그가 가치 있다고 생각되는 것을 취해서 이미 존재하고 있던 자신의 이론들과 통합하고, 그런 후에 나머지를 버리는 자신의 익숙한 책략을 채용했다. 그는 아들러의 이론에서 가장 맛있는 조각을 프로이트학파의 스프에 넣을 것이고, 독자들에게 그 나머지를 버리라고 요구할 것이다.

이러한 생각이 프로이트의 〈나르시시즘에 대하여 : 서론〉이 되었다. "나르시시즘narcissism"이란 용어는 현실로부터의 심리적 철수의 특징을 기술하기 위해서 정신의학에서 사용되었다. 1908년, 프로이트는 이 용어를 전이를 일으키지 않는 장애들을 구별하기 위해서 사용했다. 2년 후, 그는 정상적인 나르시시즘 단계를 발달 이론에 통합시켰다. 그는 가장 초기의 자기성애적 단계 후에 자기에 대한 나르시시즘적 리비도 투자가 일어나며, 그 후에야 다른 사람을 사랑하는 능력으로 이어진다고 가정했다. 나르시시즘적 신경증을 다른 사람들은 정신이상psychosis으로 불렀는데, 이것은 중간 단계로의 퇴행으로 리비도를 자신으로 다시 끌어 들여서 과대망상과 다른 사람에 대한 무심함을 야기시킨다. 융은 이 주장을 거부했고 리비도의 억압은 정신이상자가 아니라 엄격한 금욕주의자를 만들 것이라고 반박했다. 프로이트는 언뜻 보기에 설득력 있는 융의 논리를 자아-추동들I-drives을 가정하는 것으로 일소하기 시작했다. 이러한 추동들은 성적 추동이 종족 보존의 필요조건에 이바지하는 것과 같은 방법으로 개인 생존의 필요에 기여한다. 이러한 자아 추동들이 탈-성적으로 보이지만, 프로이트는 그것들이 실제로는 성적 리비도에 의해서 연료를 공급받는다고 보았다. 그것들의 억압이 정신이상의 비성적 요소들을 설명한다고 주장했다.

그 후에 프로이트는 아들러의 열등성과 공격성에 대한 이론에 주목했는데, 아들러가 묘사한 단절감과 허영심 같은 신경증적 느낌도 포함하고 있었다. 이러한 특성들을 설명하기 위해서 프로이트는 자아는 이상ideal을 발전시키고 이것이 어린 시절의 모든 자기사랑self-love의 저장소라고 가정했다. 뒤이어 중요한 기관이 하나 더 나타나는데, 이것은 부모와 사회의 비판이 구체화된 것으로 자아를 내려다보고 자아와 자아의 이상 사이의 불일치를 감시하고 검토한다. 어떤 이가 기대에 맞게 살지 못했을 때 이 비판적인 기관이 작동하게 된다. 피해망상paranoia에서 비판적인 목소리들에는 자아 리비도가 포기되어져 있고, 그 목소리들은 외부적인 것으로 인지되어진다. 이러한 생각들의 후속인 〈애도와 우울증Mourning and Melancholia〉은 비범하게 뛰어난 풍부한 생각들을 담고 있는데, 프로이트는 그러한 비판적 기관과 자아를 향한 그것의 잠재적인 잔인성에 대한 생각을 상세히 설명했다. 그는 이것을 우울증의 원인으로 보았다.

"나르시시즘에 대하여"는 논객으로서 프로이트의 재능을 두드러지게 했고, 더욱 인상적인 것은 이론가로서 그의 민첩함이었다. 경쟁적인 생각들을 반박하는 시도에서 프로이트는 그러한 임무 이상으로 높이 날아올랐고, 완전히 새로운 자아 기능의 이론을 만들어 냈다. 이러한 모든 것은 정체성, 내적 자기통제, 사랑, 그리고 자기혐오를 지니고 있는 장애들의 본질에 새로운 빛을 비추어 주었다. 프로이트는 그의 경쟁자들의 도전들을 통합하는 것으로 그저 풍요로운 것에 그치는 것이 아니라 그로부터 비교할 수 없는 자기 자신만의 모델을 만들어냈다.

"나르시시즘에 대하여" 이후에, 프로이트는 융과 아들러와의 전투에서 모은 어떤 경험적인 증거를 제시하기 시작했다. 그는 유아의 성의 존재를 확실하게 증명할 수 있기를 바라며 사례 연구를 썼다. 꿈 분석을 통해서 어려운 과제인 성인 환자의 삶의 초기 4년을 재건하기를 소망했다. 프로이트는 자신을 실험주의적 관찰자로서 보이려고 했는데, 이러한 관찰자는 그 환자의 무의식에서 발견한 것에 대한 선입관을 가지고 있지 않다는 것이다. 이것은 오랫동안 리비도 이론을 완강하게 방어하려 했던 것을 고려하면 비웃음을 살만한 주장이었다. 그 사례는 이러한 방법으로 진행되었고, '교수님'은 지극히 그다운 모습으로 나타났다. 이 환자는 23살의 러시아 귀족이었는데 프로이트와 분석을 시작할 때에 5년 동안 병에 걸려 있었다. 3년 동안, 분석은 아무런 성과를 보지 못했다. 1913년 여름, 이러한 정체 상태에도 불구하고 앞으로 1년 안에 치료가 끝날 것임을 프로이트는 선언했다. 그리고 강제된 종결의 압박 아래서 이 러시아 사람의 신경증은 기적적으로 풀어지기 시작했다.

이 환자는 4살 때부터 계속 기억하고 있던 꿈이 있었다. 그 꿈에서, 그는 그의 방 밖에 있는 나무에 앉아 있는 늑대들을 보았다.(그 때부터, 이 환자는 문헌에서 "늑대인간"으로 알려지게 된다.) 프로이트는 그 소년의 거세 공포와 그의 아버지에 대한 공포를 해석했다. 그러나 프로이트는 더 나아가서 그 꿈은 소년이 18개월이었을 때 그의 부모님들이 성교하고 있는 것을 목격한 것을 나타내는 것이라고 설명했다. 프로이트 자신도 독자들이 자신의 이야기를 믿지 않을 수도 있다는 염려를 갖고 있었다. 그래서 "원초적 장면primal scene"의 목격이 분명히 일어났다고 확신했지만, 만약 그것이 일어나지 않았을지라도 라마르크 이론의 유전형질은 그러한 사건에 대한 아이의 기억을 설명할 수 있다고 주장하는 것으로 대비책을 세워 놓았다. 이 사례를 출판하기 전에 프로이트는 되돌아가서 그 소년은 부모가 성관계하는 것을 보지 않았을 수도 있고, 개들이 성교하는 것을 보았을 수도 있다고 제안했다.

만약 이것이 프로이트학파가 옳고 융학파와 아들러학파가 틀렸다는 것을 증명하는 것이라면, 이것은 끈질긴 판매술이 될 것이었다. 늑대인간의 울음은 악몽에서 깨어난 공포에 질린 어린아이의 것뿐만 아니라 프로이트 자신의 것이기도 했다. 무의식에 대한 그의 이론은 실험으로 타당성을 증명할 수도 없고, 과학적 공동체에 대한 그의 희망이 무너지는 것을 막을 수도 없다는 것은 그야말로 악몽이었다.

전쟁의 천둥이 유럽에 울려 퍼지면서, 프로이트는 실험적 증거들을 한쪽으로 치워놓고, "메타 심리학meta-psychology"을 발전시키는 것으로 그의 생각의 기반을 확고히 하려고 했다. 칸트가 물리학physics은 형이상학metaphysics을 필요로 한다고 주장한 것 같이, 프로이트는 심리학이 실험적 연구의 영역 너머로 가는 일련의 가정들이 필요하다고 주장했다. 1915년, 7주 동안의 맹렬한 연구 끝에, 프로이트는 12개의 서로 연관된 메타 심리학적 글들을 써 냈다. "정신분석적 체계가 기반을 둘 수 있는 이론적 가정들을 더욱 명확하게 하고 깊이 있게 하기 위해서"라고 그의 작업에 대해서 말했다. 메타 심리학은 자료들을 체계화하고, 분류하고, 명료하게 하기 위해서 필요하다고 프로이트는 주장했다. 그는 이러한 추상적인 개념들이 관찰들로만 나온 것이 아닌 것을 거리낌없이 인정했다. 하지만 이러한 생각들은 경험적인 사건들과 비교하는 것을 통해서 연마되어지고 더욱 정확하게 될 수 있었다.

프로이트는 추동drive, 억압, 무의식, 꿈에 대한 글들을 발표했다. 이러한 한바탕의 소란 후에, 프로이트는 필생의 작업을 마무리하고 공고히 하려는 뜻으로 1915년 빈 대학에서 기초적 입문 강의 시리즈를 여는 것에 동의했다. 이러한 강의들에서 이 분야의 입문교과서에 해당하는 것을 만들었다.

프로이트가 정신분석 교과서를 쓴 최초의 사람은 아니었다. 1913년, 취리히의 목사이면서 교육자였던 오스카르 피스터가 《정신분석적 방법》을 썼다. 이 책은 융의 새로운 사고를 상당히 강조했고, 융에게 그의 연구에 대한 서론을 쓰게 하기까지 했다. 일 년 후에 피스터는 다른 취리히 사람들과 함께 국제정신분석협회에서 사임했다. 융이 그에게 정신분석을 소개했고 친구가 되었기 때문에 피스터는 융에게 충성을 다할 의무가 있었다. 그러나 융의 프로이트에 대한 맹렬한 비난과 융과 프로이트의 견해 모두를 존중하려는 피스터의 욕구가 순종에 대한 악의적인 거절이라고 융이 주장하자 피스터는 실망하게 되었다. 피스터는 결국 프로이트가 실제로 개방된 과학적 탐구에 더욱 관대하다고 결론내리고 프로이트 진영으로 다시 옮겼다.

이 목사의 교과서는 스탠리 홀G. Stantley Hall 같은 미국인들에게 인기가 많았다. 그는 이 책이 정신분석을 형성하게 한 다양한 학파에 대하여 솔직하게 논의하고 있다고 칭찬했다. 영어 번역이 시작되었고 피스터에게는 자신의 의견을 변경할 절호의 기회였다. 피스터는 융에 대한 많은 언급들은 그대로 놔누었지만 융이 리비도 이론을 비판한 부분은 포기했고, 성격 유형에 대한 융의 에세이는 삭제했다. 하지만 피스터는 첫 번째 출판본에서 비상하게 뛰어난 부분은 남겨 놓기로 했는데, 그 부분은 불화 이전 상황의 증거가 되었다. 또한 피스터는 임상적인 자료들을 제시한 후에, 어떻게 그 내용이 아들러의 이론이나, 칼 융, 지그문트 프로이트 이론으로 성공적으로 해석될 수 있는지 논증했다. "독자들은 우리의 예를 통해서 어떤 상황에서는 절대적으로 신뢰할 만한 해석을 얻거나, 또는 분석 지도자들의 성공적인 논제들에서 하나의 입장을 택하는 것이 얼마나 어려운지 보게 될 것이다."라고 피스터는 고백했다. 물론 프로이트로서는 새로운 학생들이 이러한 견해를 가지는 것을 달가워 할 리가 없었다.

또 다른 취리히 사람인 레오 캐플런Leo Kaplan이 쓴 교과서에서 문제점들이 드러났다. 러시아 출생인 캐플런은 수학, 물리학, 철학을 공부하기 위해서 1897년에 스위스로 왔고, 1910년 즈음에 정신분석으로 방향을 돌렸다. 혼자 있기를 좋아했던 사색가 캐플런이 1914년 《정신분석의 기초들》을 출판했을 때, 프로이트는 그를 알지 못했다. 정신분석을 철학적 관점에서 접근한 캐플런은 연역적 방법을 통해서 최우선적인 원칙들을 잘 다듬어진 이론으로 전개시켜 나갔다. 하지만 그의 논문을 프로이트학파에서는 환영할 수 없었다. 프로이트는 정신분석의 실험적 본질을 더욱 열심히 변호하면서 그의 창조물이 연역적인 철학적 체계라는 해석을 무시했고, 캐플런을 "가엾은 얼간이"라고 불렀다. 그리고 이런 입장은 캐플런이 정신분석의 반역자들을 공격하는 다른 책을 쓴 후에야 완화될 수 있었다.

목사의 초교파적인 책과 철학자의 추론적 연구, 그 어느 것도 프로이트를 만족시키는 교과서가 될 수는 없었다. 또한 프랑스에서의 적대자들의 전선 뒤에서 엠마누엘 리지스Emmanuel Régis와 앙젤로 에나르Angelo Hesnard가 정신분석 개관을 썼다. 그러나 페렌치는 그들의 책은 "당신의 가르침에서 가장 중요한 모든 것을 프랑스인들에게서 온 것으로 만드는 어리석은 허영심"으로 얼룩져 있다고 보고했다. 후에, 프로이트는 아돌프 F. 메이어Adolph F. Meijer라는 이름의 헤이그 출신 신경학자를 발견했는데, 그는 네덜란드에서 개론서를 썼다. 그런데 누가 네덜란드어를 읽는단 말인가?

1915년 겨울, 드디어 프로이트는 정신분석의 통합된 그림에 대한 자신의 발표를 준비하기 시작했다. 빈 대학에서 두 번의 겨울 학기 동안에 그는 28번 강단에 섰다. 그의 강의들은 정신분석을 어떤 현상들의 고찰로부터 자연스럽게 성장한 실험적 과학으로 제시했다. 프로이트는 청중들의 보조에 맞춰 강의를 차분히 이끌어 나갔다. 그는 관찰할 수 있었던 문제들과 그 문제들을 해결하기 위해서 세워진 자신의 이론을 강조했다. 그는 정신분석이 폐쇄적, 추리적, 철학적 체계가 아니라 여러 가지 경험들의 융합이고, 하나의 사고 체계로 나아가게 된 것이라고 논증하려고 노력했다. 그는 가장 일반적인 경험인 일상에서의 사소한 실수들과 말실수들에 대한 것으로 청중들을 설득하기 시작했다. 그리고 거의 3개월 동안 꿈에 대해서 강의했다. '교수님'의 수업의 첫 해를 끝마친 학생이라면 실수 행동들, 망각의 예들, 떨어지고 날아다니는 꿈들에 대한 자세한 묘사들을 들었을 것이다. 그들은 심리적 결정론과 쾌감 원칙에 대해서 듣게 되었지만 리비도나 성 그리고 전이에 대해서는 한마디도 듣지 못했다.

강의의 속도는 노련했다. 조금의 도그마나 맹목적인 이데올로기 없이 유머와 솔직한 설명으로 강의는 채워졌다. 만약 프로이트가 리비도를 언급하기 위해서 20번의 강의가 필요했다면, 이 생각이 꼭 필요한 것이라는 것을 논증함으로써 청중들의 마음을 얻고자 하는 소망을 솔직하게 나누고자 했기 때문일 것이다. 그는 단순히 말하는 것이 아니라 보여주기 원했다. 22번째 강의에서, 프로이트는 최근 정신분석 운동을 요동쳤던 논쟁들에 대해서 이야기했다. 청중들의 마음을 연 그는 전체를 가볍게 다루었다. 과학적 논쟁들은 종종 성과 없이 끝나는데, 그 논쟁들이 너무 개인적으로 되기 때문이라고 프로이트는 자신의 의견을 말했다. 과학적 논쟁들에서 "사람들은 진실의 한 부분을 선택해서 그것을 전체에 놓고 부분이 유리하도록 나머지 것들을 반론하는데, 그 나머지 역시도 옳은 것이다." 성적 리비도가 가장 중요하다고 주창했던 그 맹렬한 투사는 지금은 성적 추동drive과 자아 추동 둘 모두 필요하다고 생각했다. 물론 프로이트의 자아는 성적 리비도에 뿌리를 두고 있고, 과거는 현재를 압도할 힘을 준다.

II.

프로이트의 강의들이 끝날 즈음에 유럽에서의 전쟁은 점점 더 무시무시해져 갔다. 누구나처럼 프로이트도 처음에는 전쟁의 도가니에 사로잡혔었고, 그 갈등이 숭고하고 짧고 신속하게 끝나기를 소망했었다. 그러나 연합군의 민첩한 승리는 기대할 수 없었다. 대신에 끊임없는 학살이 시대의 풍조였다. 1916년, 솜므 강 전투는 50만 명 이상의 목숨을 앗아갔다. 과학화되고 기계화된 전투와 치명적인 화학 가스, 폭탄, 잠수함의 출현은 전례 없는 사상자를 만들어 냈다. 수백만 명이 죽었다. 부상당한 사람들, 고아들, 과부들이 셀 수 없을 만큼 많았다.

이런 식의 새로운 전쟁동안, 양쪽의 전투원들은 이상한 증상들을 경험했다. 군인들은 앞뒤가 잘 안 맞는 마비 증세를 발전시켰다. 그들은 말을 못하고, 듣지 못했다. 그들은 두려움에 압도되면 흔들었고, 깜박거렸고, 떨었고, 공포에 압도되었다. 그리고 그런 사람들을 치료해서 다시 전선으로 재배치하기 위해 정신과 의사들이 요청되었다. 당장 "포탄 충격shell shock"의 치료법을 발견하는 것이 시급했다. 그러나 '포탄 충격', 'Nevenschock' 또는 "전쟁신경증"은 난무하던 프랑스어, 독일어, 영어 용어들을 굳이 언급하지 않더라도 유럽 정신의학의 수수께끼였다.

신경적 원인만을 믿어 왔던 정신과 의사들에게 이러한 병의 원인은 간단했다. 그 군인들의 뇌가 트라우마를 겪었다고 믿었다. 이러한 견해의 가장 유명한 지지자는 다른 사람이 아니라 샤르코의 옛 경쟁자였던 베를린 의사 헤르만 오펜하임이었다. 오펜하임은 외상trauma적 신경증이 뇌의 미세한 손상의 결과라고 주장해서 유명해졌고, 이 논리를 포탄 충격으로 확대했다. 그러나 오펜하임의 이론은 약점을 가지고 있었다. 예를 들면, 전선에서 멀리 떨어진 사람들, 즉 폭발이나 사격 가까이 있지 않았던 사람들에게 무엇이 포탄 충격을 불러일으켰을까?

오펜하임은 이 사람들이 어쨌든 손상을 입었고 전투에 다시 참여해서는 안 된다고 믿었다. 그러나 군대의 권위자들은 전쟁의 한복판에서 이런 의견을 받아들이기를 주저했고 염려하지 않을 수 없었다. 그런 이유로 1916년 후반 즈음에 몇몇 의사들은 포탄 충격을 입은 사람들을 전선으로 돌려보낼 적극적인 전략을 찾으려고 노력했는데, 정신적 충격이 사람에게 트라우마를 입힐 수 있다고 추론했다. 파리에서 쥘 데제린Jules Déjerine은 정서적 충격이 전쟁신경증을 일으킨다고 주장했다. 프랑스의사 요제프 바빈스키Joseph Babinski는 이러한 병들이 은연중에 의사의 암시에 의해서 발생한다고 선언했다. 그러니 포탄 충격을 받은 사람들이 그들의 망상을 지속하도록 해서는 안 되고, 그들을 전선으로 다시 보내야 한다고 주장했다.

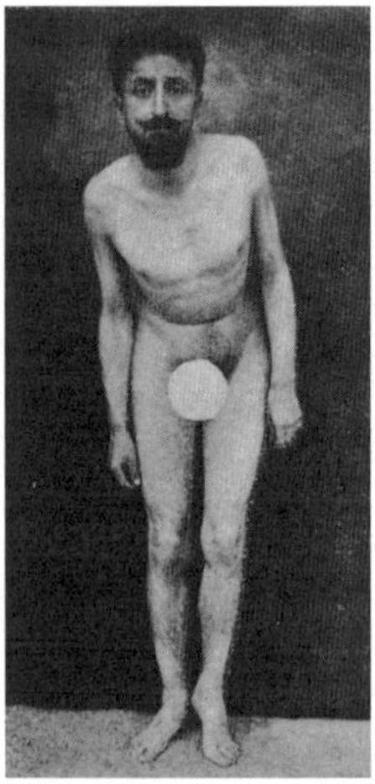
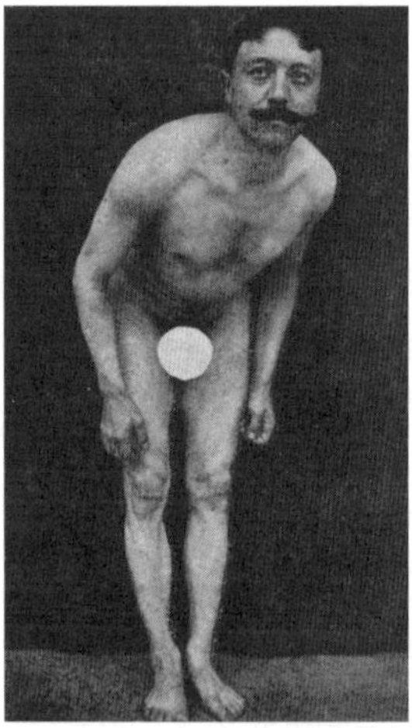

전쟁신경증. 1914년 폭격에 의해서 타격을 받은 프랑스 보병. 그 영향으로 이들은 자연스럽게 걷거나 똑바로 서 있을 수 없었는데, 그러한 불능에 대한 아무런 의학적 이유를 가지고 있는 것으로 보이지 않았다.

독일과 오스트리아의 많은 의사들은 동의했다. 그들은 그 사람들이 의식적으로 속이고 있거나 암시에 의해서 미혹된 것이라고 결론지었다. 빈의 율리우스 폰 바그너 야우레크Julius von Wagner-Jauregg 교수는 유서 깊은 치료법인 전기충격 요법의 사용을 주창했고 전기의 고통스러운 폭발이 유사 히스테리를 일으킨 사람들에게 그들의 감각을 찾을 수 있게 할 것이라고 기대했다. 한편 독일 의사 카우프만은 포탄 충격 환자들의 치료로 유명해졌는데 이 의사는 어떤 경고도 주지 않고 환자의 손에 전극을 가지고 달려가서 "기습 충격 공격"을 감행했다.

이런 잔인함은 격렬한 항의를 불러일으켰다. 이런 와중에 혼돈스러웠던 권위자들이 좀 덜 무시무시한 치료법들, 최면요법과 심리치료 같은 것을 자세히 살피게 되었다. 예를 들면, 함부르크의 신경학자인 막스 논네Max Nonne는 최면요법을 통한 치료적 성공으로 명성을 얻게 되었다. 프로이트학파 사람들은 군대 병원과 클리닉으로 보내졌는데, 선배 의사들이 의심하는 치료법을 이용하는 것은 여전히 쉬운 일이 아니었다. 그러나 1916년 즈음, 카를 아브라함은 알렌스타인에 있는 정신과 병원의 원장이 되었고, 포탄 충격 환자들에게 정신분석적 방법들을 시도할 수 있었다. 한편 페렌치는 신경과 병동을 운영하기 위해서 부다페스트로 전임되었다. 그곳에서 그는 예전의 브로이어와 프로이트의 카타르시스 방법을 실험하기 시작했다. 이 프로이트학파 사람들은 외상을 입은 사람들에게 치료를 제공하기 좋은 위치에 있었다. 하지만 그들은 심각한 문제로 난처한 상태에 놓이게 된다. 프로이트의 심리학적 혁신이 처음에는 트라우마를 설명하기 위해서 시작되었지만, 1895년에는 더 이상 그렇지 않았다. 오래전에 프로이트학파 사람들은 공개적으로 트라우마 이론과 카타르시스 치료를 거부했고 신경증의 성적 병인론을 제시했다. 그런데 전쟁신경증은 성과 어떤 관련이 있는 것으로 보이지 않았다. 논네는 전쟁신경증이 지그문트 프로이트가 틀린 것을 입증한다고 주장했다. 그 환자들은 리비도의 교란과 관련성이 전혀 없을 것 같은 히스테리 사례들이었다.

그러나 그 때 지금까지 알려지지 않았던 독일의 의사가 매우 놀라운 결과들을 가지고 나왔다. 그는 정신분석의 변형된 형태로 많은 전쟁신경증 환자를 치료했다고 주장했다. 그의 이름은 국제정신분석협회의 목록에서 발견되지 않았지만, 다른 프로이트학파 사람들은 그를 즉각적으로 환영했다. 에른스트 짐멜Ernst Simmel은 베를린대학과 로스토크대학을 다녔다. 그곳에서 그는 심인성 증상 발생과 조발성 정신이상에 대한 논문을 썼다. 짐멜은 1913년 개인병원을 시작했고 일 년 뒤에 독일군대 의무부대에 들어갔다. 그는 1916년까지 대대 의사로 일했고, 포젠에 있는 전쟁신경증을 위한 특별 군병원의 원장이 되었다. 포젠병원의 원장으로서, 짐멜은 "절식용법, 어두운 방들, 편지의 금지, 고통스러운 전류 등등" "고문 시스템"을 거부했다. 그는 또한 암시의 무분별한 사용이 효과가 없다는 것을 발견했다. 대신에, 최면과 정신분석의 결합에 관심을 돌렸다. 프로이트학파 운동 밖의 사람으로서, 짐멜은 자신의 이론의 순수성에 대해서 걱정하지 않았고, 이것이 프로이트인지, 아들러인지, 혹은 융인지 걱정하지 않았다. 많은 수의 환자들을 치료하는 데 효과적으로 사용할 수 있는 어떤 것을 원했다. 그는 분석, 꿈 해석, 최면과 결합한 카타르시스 방법을 선택했다. 짐멜은 환자들의 꿈들이 특별히 무엇인가 보여준다는 것을 발견했고, "내가 알지 못하는 꿈"을 가진 환자들은 치료하지 않는다고 말했다.

짐멜은 전쟁신경증환자들은 고통스러운 경험들을 억압하고, 그것이 자기암시같이 작용하여 증상을 일으키고 있다고 믿었다. 짐멜은 2세션 또는 3세션 안에 전쟁신경증을 치료할 수 있다는 것을 알게 되었다. 1918년 즈음, 그는 약 2,000명을 치료했다고 주장했다. 전쟁신경증은 1918년 정신의학이 직면하고 있는 중대한 이슈였다. 이런 상황에서 만약 정신분석이 대답을 줄 수 있다면, 군대가 그것의 수용을 보증할 수 있을 것이고, 그 후에는 아마도 대학의 의학부와 사회 전반이었을 것이다. 이런 짐멜의 과업에 대해서 듣고 프로이트는 흥분하며 페렌치에게 편지를 썼다. "독일 군대의학이 미끼를 물었다."

1918년 여름이 다가왔을 때, 오스트리아, 독일, 헝가리의 프로이트학파 사람들은 정신분석 회합의 속행을 추진했다. 그 회합이 국제적이 될 가능성은 없었지만 해야 할 이야기가 넘쳐났고 그중 가장 중요한 것은 전쟁신경증이었다. 독일에서 회합을 열려고 했던 아브라함의 노력은 실패했지만 페렌치가 부다페스트에서 그 모임을 가질 수 있게 했다.

1918년 부다페스트 회합은 이 도시가 정신분석 운동의 미래를 위한 중심임을 보여 주었다. 전쟁 동안에 프로이트는 페렌치와 더욱 가까워졌고 더욱 의

존적이 되었다. 이제 스위스 사람들로부터 떨어져 나왔고, 아들러의 그룹으로부터 멀어졌으며, 영국과 미국의 추종자들과 자유롭게 소통할 수 없게 된 프로이트는 매우 고립되었다. 그의 임상은 매우 빈약했고, 때때로 아무도 없었다. 그는 페렌치에게 의존했고, 페렌치는 프로이트에게 환자와 필요한 음식들을 보내며 관대하게 대했다. 답례로, 프로이트는 페렌치가 고민하는 기젤라 팔로스Gizella Pàlos에 대한 양립되는 감정과 그녀의 딸 엘마에 대한 상담을 제공했다. 페렌치는 그의 양가감정을 해결하기 위해서 프로이트에게 분석을 해달라고 요구했다. 1914년 페렌치가 군임무로 소집되기 바로 전까지 3주 동안의 분석이 이루어졌다. 페렌치의 분석을 시작하기 위해서 두 사람은 두 번 더 간단하게 만났다.

연애에 대해서는 마음을 정하기 어려웠지만, 페렌치는 자신이 연구하는 대담한 이론가이며 작가라는 것을 입증했다. 4년의 전쟁 동안, 페렌치는 병역의 의무에도 불구하고 38개의 소논문을 쓸 수가 있었다. 그는 프로이트학파의 발전에 기여한 몇 안 되는 사람들 중의 한 명이었다. 그는 부유한 부다페스트 양조장 소유주의 아내를 프로이트에게 분석을 받으라고 보냈다. 그 양조업자 안톤 폰 프로인트Anton von Freund는 정신분석에 관심이 있었던 교양 있는 사람이었다. 고환암이라는 진단을 받은 후에 그는 심란해졌고 프로이트에게 분석을 받기 시작했다. 안톤 폰 프로인트는 정신분석에 헌신한 옹호자이자 후원자가 되었다. 그는 많은 돈을 기부해서 이 분야를 지지해주는 재단을 만들었다. 안톤 폰 프로인트의 재정적 자산과 산도르 페렌치의 지적 지도력이 부다페스트를 전망이 밝은 도시로 만들었다. 1918년 3월, 프로이트의 기대에 더욱 크게 부응하고자 19명이라는 꽤 괜찮은 참석 회원수로 헝가리 정신분석학회가 출범했다.

폰 프로인트 덕분에 부다페스트 회합은 풍요로웠다. 1918년 9월 28일, 29일, 회합은 헝가리 과학아카데미에서 열렸다. 동맹국 밖에서는 누구도 오지 않았고, 중립국인 네덜란드에서 두 명의 용감한 인물들이 왔다. 42명의 분석가들과 독일, 오스트리아, 헝가리 정부의 공식적 대표들을 포함해 관심이 있던 단체들이 참석했다. 이 모든 사람들은 정신분석이 전쟁신경증을 치료하기 위해서 무엇을 할 수 있을 것인가를 발견하기 위해서 왔다.

전쟁신경증은 의식적이든, 무의식적이든 심리적 원인의 힘을 논증하면서 정신분석의 기본적 가정들을 분명하게 검증했다. 형질유전을 지나치게 강조하는 사람들에 반하여, 전쟁은 어떻게 세상이 사람을 미치게 만들 수 있는가를 보여주었다. 무의식의 요소들을 이해하는 것으로 이러한 복잡한 병들을 치료할 수 있다는 것을 보여 준 것이 에른스트 짐멜의 성과였다. 그로 인해 프로이트가 종합한 이론의 반쪽 부분인 심리적 요소가 세상이 볼 수 있도록 드러났다. 인간 안에 있는 내면의 동물을 보여주기 위한 사례가 있다면 전쟁이 그랬다. 그러나 이 동물은 근본적으로 성적인 것처럼 보이지 않았고 잔인하고 폭력적이었는데, 성심리적psychosexual이 아니라 심리적-살인자psycho-killer였다.

이것에 대해서 짐멜은 어떤 도움도 주지 못했다. 짐멜은 자신의 진술들을 주의깊게 생각하면서, 외상을 입은 군인들은 느낌을 억압했는데 대부분 성적이 아니라고 보고했다. 짐멜은 또한 이러한 전쟁신경증 환자들과 연구한 꿈들은 소망성취 꿈들로 보이지 않는다고 보고했다. 이러한 외상적 악몽들에서 어떤 쾌감도 발견할 수 없었고, 대신에 반복적인 꿈들이 카타르시스로부터 실패한 시도들이었다고 결론지었다.

부다페스트에서, 짐멜은 그의 놀라운 발견들을 그에 대해서 잘 알지 못하는 프로이트학파 사람들에게 발표했다. 페렌치와 아브라함 또한 전쟁신경증에 대한 그들의 견해를 발표했다. 페렌치는 이러한 사례들에서 신경의 와해를 주장하는 사람들을 비웃었고, 로베르트 가우프Robert Gaupp가 이러한 상상적인 뇌 손상에 "뇌 신화"라는 명칭을 붙였다면, 신화에 부당한 일을 한 것이라고 말했다. 페렌치는 또한 전쟁신경증의 성적 병인론에 대한 변호를 시작했는데, 이러한 외상적 현상들이 본질적으로 성적으로 보이지 않지만, 세상으로부터의 그러한 나르시시즘적 퇴행은 자기self가 리비도의 초점이었을 때의 발달 초기 상태로 돌아가려는 시도의 결과라고 주장했다.

어찌됐던 짐멜 덕분에 회합은 대성공이었다. 프로이센의 국방부와 부다페스트의 군의회의 대표들은 전쟁신경증환자들을 치료하기 위해서 전쟁터에 정신분석적 치료부서를 만들겠다고 약속했다. 프로이트는 마냥 행복해했다. 정신분석이 군대에 의해서 받아들여지고 제도화되려던 참이었다. 폰 프로인트의 재단은 출판부인 국제정신분석출판사와 가난한 사람들을 위한 클리닉과 전문학교를 돕기로 약속했다. 폰 프로인트는 또한 최고의 정신분석적 출판물에 대해 지원해주었는데, 프로이트는 즉시 에른스트 짐멜, 카를 아브라함, 오토 랭크에게 수여했다.

하지만 이런 기쁨도 잠시, 삽시간에 모든 좋은 행운이 사라졌다. 군 당국이 정신분석적 클리닉들을 세우기도 전에, 전쟁이 연합군에게 치욕적인 패배를 안기면서 종식되었다. 독일과 오스트리아–헝가리에서 생각했던 정신분석의 위대한 미래의 꿈도 이 나라들이 무너지면서 같이 무너지고 말았다. 1918년 11월 휴전이 선포되었을 때, 오스트리아와 헝가리에 있던 군주제는 사라졌다. 자만심이 강한 황제 빌헬름 2세는 피투성이가 되어서 독일을 떠났다. 부다페스트는 사회주의 정부가 차지했다. 프로이트는 쓰라렸다. "정신분석이 전쟁신경증을 설명하면서 겨우 세상의 관심을 끌기 시작하자 전쟁이 끝이 났다. 우리에게 재원을 줄 원천을 발견하자마자, 그것은 즉시로 말라 버렸다." 그는 "우리의 왕국은 진정으로 이 세상의 것이 아니다."라고 덧붙였다.

III.

위대한 여신 리비도에 대한 지그문트 프로이트의 변호는 14년 동안 변치 않았다. 전쟁이 끝날 때, 그는 성심리 이론을 할 수 있는 데까지 확장시키고자 하는 진정한 신자들에 둘러싸인 62세의 노인이었다. 그의 생각은 항상 너무 기품 있고 강력해 보여서 수정하기에는 어려운 듯했다. 에로스Eros와 싸이키Psyche는 다시 결합했고, 마음과 몸, 동물과 사람, 느낌과 생각, 종족과 개인 사이에 다리가 놓여졌다. 그러나 이러한 통합의 모든 설명의 힘에도 불구하고, 세계 대전은 무시하기 불가능한 어려운 점을 드러냈다. 종교적, 철학적 사상가들에게 그 문제는 악evil이었다. 생물학자들과 심리학자들은 그것을 공격성이라고 불렀다.

프로이트가 사람의 폭력적인 충동에 무감각한 적은 없었다. 1905년, 그는 공격성을 변태적 욕망, 가학성에 연결시키면서 설명했다. 그는 그것이 성sexuality 안에 뿌리를 두고 있다고 보았다. 오이디푸스 콤플렉스가 신경증의 중심 역할을 하게 되었을 때, 프로이트가 제시한 모델에서는 성적 욕구의 좌절이 살의가 있는 경쟁과 대항으로 이어졌다.

서서히, 분노와 공격성에 대한 프로이트의 견해는 전이에 대한 연구를 통해서 확장되었다. 1908년, 프로이트는 크로이츠링엔Kreuzlingen에 있는 벨뷔 정신병원에 어떤 귀족을 입원시켰고, 이 사람(J. v. T씨)이 자신의 영향을 받아들이지 않는다고 불평했다. 그 후 2년 동안, 이 사람은 벨뷔에 세 번 더 입원했다. 매번 그는 의사들의 충고와 영향을 거부했다. 알퐁스 매더는 프로이트에게 J씨와의 전이가 실패했다고 보고했다. 1911년, 프로이트는 성적 전이는 단순히 실패하는 것이 아니라 증오 전이(아직 "명백하게 성애적 본질")로 대체되어진다고 이론을 수정했다.

1912년, 프로이트는 짧고, 매우 뛰어난 글 〈전이의 역동〉에서 사랑과 증오에 대한 좀 더 넓은 시각을 기술했다. 프로이트가 이 에세이를 썼을 때, 그는 "N양"이라 불리는 강박적인 여인을 치료하고 있었는데, 그녀는 프로이트가 도우려고 하는 모든 시도들을 비웃었다. 이것은 조발성 정신이상의 부정적 경향이 아니었고 그녀가 "나에게 전이한" 복수심에 불타는 느낌이었다. 프로이트는 이 환자에게 치료는 전이의 전쟁터에서 이루어질 것이라고 알려주었다. 1912년 그의 글에서, 프로이트는 그러한 싸움이 "블로일러의 뛰어난 용어인 양가감정"을 통해서 이해될 수 있다고 개념화했다. 부르크휠츨리에서 이 개념은 하나의 돌파구로 여겨진 개념이었는데, 특별히 이것은 역동적 이론으로 변형되었고 양가적 감정들의 하나는 억압될 수 있다고 생각했다. 1910년 프란츠 리클린은 오이디푸스 콤플렉스는 본질적으로 양가적이고, 전이들은 긍정적 극과 부정적 극으로 분리된다고 인정했다. 좀 더 심각한 병들에서 너무 많은 부정적 전이들이 일어나고 그렇게 많은 증오가 있다면 정신분석이 가능하지 않다고 프로이트 결론내렸다.

부정적 전이의 근원은 프로이트에게는 아직 성의 변태적 변형이었다. 그러나 알프레트 아들러는 그 견해에 도전했고, 공격성이 근본적인 인간의 추동drive이라는 주장을 설득력 있게 제시했다. 프로이트와 그의 추종자들은 전이를 성적이라고 말했고, 지나친 순종의 가면 뒤에 저항과 분노가 숨어 있다는 것을 인정하지 않았다. 아들러가 주장한 공격성과 동시에, 빌헤름 슈테켈은 몇 년 동안 불안이 삶과 죽음의 힘들 사이의 고투 때문이라고 믿는다고 빈 학회에서 말했었다. 그는 이것을 "에로스Eros"와 "타나토스Thanatos"라고 불렀다. 슈테켈은 후에 무의식 안에 범죄의 충동을 가정했고, 모든 사람들 사이의 일반적인 결속력은 사랑이 아니라 증오라고 주장했다.

아들러와 슈테켈은 성적 리비도를 공격성의 힘으로 대체할 준비가 되어 있는 듯했지만, 다른 사람들은 무의식 안에 둘 모두의 공간을 주려고 애썼다. 1911년 10월, 새로운 추종자인 테오도르 라이크Theodor Reik는 빈 학회에 그의 실험적인 글을 발표했다. 라이크는 구스타프 프로베르Gustav Flaubert의 소설 《성 안토니의 유혹》의 심리를 연구하는 것으로 박사학위를 받고자 했다. 주제는 "죽음과 성에 대하여"였다. 라이크는 성과 죽음의 융합은 성에 대한 죄책감 때문이고, 뿐만 아니라 "존재하게 되고 사라지게 되는 것, 즉 에로스와 타나토스에 의해서 형성된 고리"도 그렇다라고 주장했다.

그날 밤, 그 모임의 새로운 회원이었던 사비나 슈필라인Sabina Spielrein은 자신의 생각이 다른 사람에 의해서 발전되고 있는 것을 들으면서 괴로웠다. 그녀는 한 때 비참한 의대생이었고 칼 융의 특별한 친구였는데, 정신분석 분야에서 전문인이 되기 위해서 빈에 왔다. 그녀는 취리히에서 생각해낸 여러 가지 생각들을 가지고 왔다. 블로일러의 양가감정의 개념과 융의 계통발생적 추론에 영향을 받은 슈필라인은 성과 나란히 존재하게 되는 죽음의 추동drive에 대해서 생각하기 시작했다. 1909년부터 융은 슈필라인에게 그녀의 견해들을 발표하라고 격려했지만 그녀는 그렇게 하지 않았다.

라이크가 그날 저녁 발표를 마친 후, 슈필라인은 같은 문제들에 대한 많은 것을 자신의 글에서 언급했다고 말했다. 그 글에서, 그녀 또한 "죽음의 생각들은 성적 본능 자체 안에 포함되어 있다."고 주장했다. 슈필라인의 글은 1912년 발표되었고, 제목은 〈존재하게 되는 것이 초래한 파괴Destruction as a Cause of Come into Being〉였다. 그것을 통해 그녀는 자문했다. 생식의 본능이 왜 그렇게 많은 부정적 느낌을 품고 있는가? 그녀는 본질상 양가적인 자기보존 본능을 가정했다. 그것은 동일성sameness을 유지하고 개인을 보호하려고 분투하는 한편, 그에 맞서서 옛 것을 파괴하는 것으로 새로운 형태에서 개인의 부활을 추구하고자 하는 역동적 힘도 가지고 있었다. 새로운 개인들을 창조하려는 종species은 계속해서 살려고 하고 영원히 살려는 개인의 욕구와 상충한다고 슈필라인은 생각했다.

리비도 이론에 대한 혁신적인 도전들 앞에서, 프로이트는 항상 의혹을 품은 사람들을 따라서 그들의 요새인 비성적인 모형들로 들어갔지만 결국 성적인 설명들과 함께 돌아왔다. 슈필라인의 글에 대한 프로이트의 반응이 기록되어 있지는 않지만, 그는 라이크의 주장들이 그렇게 대단하다고 생각하지는 않았을 것이다. 1913년, 프로이트는 성적 발달 도식으로 통합시킨 공격성에 대한 이론을 만들었다. 그는 성심리적 발달에서 항문-가학적 단계를 만들었고, 강박적 신경증의 사례들에서 증오의 힘을 설명했다. 가학성sadism과 피학성masochism은 성기의 성적 쾌감으로부터의 불안한 철수의 결과가 되었다.

공격성의 모든 징후들을 성sexuality으로부터의 항문-가학적 철수 안에서 생각하는 것이 타당하게 보였을지라도, 1918년 그러한 주장은 옹호될 수 없었다. 제1차 세계 대전 후 인간의 공격성이 그러한 제한적인 보조적 장소에서 나온다는 것을 생각하는 것은 쉽지 않았다. 그렇다면 유럽을 피로 물들인 대학살이 강박적 신경증적 전염병의 결과란 말인가?

프로이트는 한 때 자신을 위대한 여신 리비도의 하인으로 보았었다. 그러나 전쟁의 시기 동안에 그는 다른 것, 더욱 분노한 신의 존재를 인식하기 시작했다. 전쟁이 시작되고 6개월 후에, 그는 이렇게 썼다. “여러 세대에 걸친 살인자들에게서 우리는 나왔고 그들의 피에는 살인에 대한 갈망이 있다. 아마도 오늘날 우리가 그런 것처럼.” 그리고 “우리의 무의식적 소망 충동들에 의해서 우리들 자신도 원시 시대 사람같이 살인자의 집단이다.”라고 덧붙였다. 페렌치가 그렇게 부른 것 같이, “전쟁이라는 위대한 실험”은 프로이트가 인간을 야만인으로 생각하게 했다. 곧 그는 마음에 내키지는 않았지만 혹시 슈테켈이 옳은 것인가 생각하게 되었다. 아마도 사람은 사랑보다는 증오로 더욱 서로 연결되어 있는 것인가?

IV.

부다페스트 회합 후에, 프로이트는 출판을 위해서 전쟁신경증에 대한 글들을 추렸고 자신의 서론을 넣었다. 그는 회합을 개최하면서 이렇게 말했다. “우리는 우리의 지식과 능력의 완전성과 완결성에 대해서 결코 자부하지 않았다. 우리는 전에 우리의 이해의 불완전성을 인정한 것 같이 지금도 새로운 것을 배우고 우리의 방법들을 향상시키기 위해서 수정할 준비가 되어 있다." 프로이트는 전쟁신경증이 리비도 이론을 적합하지 않은 것처럼 보이게 만들었다고 직설적으로 인정했다. 그러나 성적 추동들drives이 전쟁신경증에서 분명한 원인은 아니더라도 그것이 틀렸음을 입증하는 것은 아니라고 주장했다. 전쟁신경증은 나르시시즘적 신경증이라고 말했지만, 그것은 프로이트와 그의 이웃들이 목격한 파괴의 광포를 위한 충분한 설명이 되지는 못했다. 타당해 보이지는 않지만, 프로이트는 급한 대로 "전쟁 자아"를 가정했는데 그 자아는 파괴를 향한 욕망을 만들어낸다.

전쟁을 겪고 있는 자아의 개념은 사람의 살인적인 폭력성을 이해하기 위한 시도였는데 그렇게 마음에 드는 것은 아니었다. 이 전쟁을 겪고 있는 자아는 도대체 무엇이고, 그것의 충동들impulses은 어디에서 비롯되는가? 그 추측은 설득력이 없는 것처럼 보였고 문제를 사라지게 하려고 노력하는 사람처럼 느끼게 했다.

프로이트 스스로도 자신이 제안한 대답에 만족하지 못했다. 거기에는 어떤 무엇인가, 인간을 "살인자들의 패거리"로 만드는 중요한 무엇인가가 빠져있었다. 1919년 1월, 프로이트는 페렌치에게 그가 피학성의 기원에 대한 글을 시작했다고 알렸다. 그 주제는 뜻밖의 것은 아니었는데, 늑대인간 사례에서 가학피학성sadomasochism에 대한 프로이트의 의견이 개정되어서 얼마 전에 출판되었었다. 두 달 후에 프로이트는 "매 맞는 아이"를 끝마쳤다. 엉덩이를 맞는 환상은 항문-가학적 발달 단계에 뿌리를 내리고 있었다고 프로이트는 주장했다. 임상적 사례들 중의 하나는 아마도 프로이트 자신의 딸 안나였을 것이다. 그녀의 아버지는 자기 자신을 분석했고 이곳에 불편한 각주를 달았는데, 그렇지 않았다면 이것은 혁명적인 글이 아니었을 것이다.

그러나 그 작품을 끝내는 동안, 프로이트는 페렌체에게 "미스터리적" 제목인 "쾌감 원칙 너머에"로 두 번째 에세이를 쓰기 시작했다고 털어놓았다. 쾌감원칙은 프로이트의 최우선 원칙이었는데, 존 스튜어트 밀과 다른 관념연합 심리학자들에게서 물려받은 것이었고 일반적으로 신경학자들과 생리학적 심리학자들이 채용했다. 이것은 프로이트를 성심리 이론으로 이끈 근본적인 전제였고, 프로이트가 적시에 쓴 지렛대였으며 거듭 많은 것들을 이해하게 해주는 것이었다. 그렇다면 쾌감 원칙 그 너머에, 과연 무엇이 있다는 건가?

프로이트는 자신도 그것이 무엇을 의미하는지 확실하지 않았다. 그는 그 글을 빠르게 끝마쳤지만, 아직은 혼동스럽다고 느꼈기 때문에 발표를 보류하고 있었다. 그는 1년 더 그것에 대해서 작업했고, 최종적으로 1920년《쾌감 원칙 너머에》가 발표됐을 때, 예상대로 세상을 깜짝 놀라게 했다. 리비도 이론을 위해서라면 이를 악물고 필사적으로 싸우던 사람이, 인간의 삶에서 성의 우선성에 대한 그 어떤 도전도 보아 넘기지 못했던 사람이, 쾌감의 자연적 요구들을 중심으로 하나의 운동을 건설했던 사람이, 이제는 자신을 급진적으로 개정하려 했다. 리비도 이론에 대한 프로이트의 완강한 방어를 목격해 온 사람들에게 이 글은 충격으로 다가왔다. 1914년 즈음에 남아 있던 프로이트학파 사람들은 성심리 이론을 배웠고, 리비도는 의문의 여지도 없는 근본 가정이었다. 그런데 지금 프로이트는 그러한 의문들이 공정한 것이었다는 것, 적어도 그에게는 그렇다는 것을 분명히 했다.

《쾌감 원칙 너머에》는 지금까지의 프로이트학파의 요구들을 강력하게 뿌리치는 것이었고 프로이트 자신의 지적 자유를 재언명하는 것이었다. 합의를 강요했던 이 "노인"은 이제 속박되지 않은 자유사상가의 길을 만들었다. 이러한 이론적 급선회는 꿈의 재검토로 시작되었다. 1920년 9월 9일, 헤이그에서의 국제정신분석협회 모임에서 프로이트는 "꿈의 이론에 대한 보충"라는 제목의 강의를 했다. 그리고 어떤 부류의 꿈들은 소망 성취에서 생겨나지 않는다고 설명했다. 이러한 꿈들은 외상적 꿈들인데, 프로이트는 곧 있을 연구에서 그것을 언급하기로 약속했다. 이러한 꿈들의 중심 문제는 에른스트 짐멜의 관찰에 다시 귀기울이게 했다. 짐멜은 포탄충격을 받은 사람들은 비밀스러운 욕망의 꿈을 꾸는 것이 아니라 공포의 꿈을 꾼다고 주장했다. 그들의 마음은 끔찍했던 전투 장면들을 거듭 다시 재창조해냈다. 마음은 쾌감의 추구와 긴장 방출에 의해 작동된다는 프로이트의 신념은 리비도와 무의식에 대한 그의 이론을 보증했었지만 이제는 이런 꿈들에 의해 그 논리가 흔들리고 있었다.

1911년, 프로이트는 최우선 원칙을 개정해서 쾌감 원칙뿐만 아니라 현실 원칙을 포함했지만 실제 세상의 요구들은 이것만으로 충족되지 않았다. 거기에는 분명히 다른 힘, 현실 원칙에 우선할 수 있고 현실에 기초한 것이 아니라 더욱 생소한 어떤 것에 기초한 그런 힘이 작용하고 있음이 분명했다. 단서를 찾기 위해서 프로이트는 지형학적 이론을 세울 때 그에게 큰 의미가 되었던 사상가를 다시 뒤적였다. 《쾌감 원칙 너머에》에서 독자들은 정신물리학의 창시자인 구스타브 페히너를 발견하게 된다. 페히너에게 있어 대부분의 정신 과정들은 쾌감의 추구와 고통의 회피뿐만 아니라, 타고난 안정성의 필요에 의해서 결정된다. 불안정한 상태는 그 자체로 불쾌스럽고 그러므로 항구성constancy에 대한 절대적 필요가 쾌감과 고통 사이의 선택들보다 우선하게 된다.

이러한 새로운 기본구조 안에서, 프로이트는 내적 항구성의 필요를 나타내는 많은 심리학적 현상을 보았다. 군인들의 되풀이되는 꿈들은 자신의 장난감에게 '잘 가'와 안녕을 반복적으로 말하는 어린아이의 게임과 같았는데, 아이는 엄마가 아이를 떠나는 것을 상징적으로 반복하고 있다. 그것은 압도하는 자극들을 숙달하고 안정시키려는 방법이었다. 항상성에 대한 마음의 필요는 반복 강박을 만들어 내고, 이러한 강박이 환자들의 전이에서도 일어나는 것을 보았다.

이 새로운 이론에서, 프로이트는 페히너뿐만 아니라 트라우마 이론도 되돌아봤다. 트라우마는 정신의 압도당함을 나타낸다. 마음은 반복을 통해서 얼마나 고통스러운지와 상관없이 항구적인 마음의 상태로 돌아가려고 시도한다. 전쟁 참가 군인들은 환상과 꿈에서 포탄이 폭발하는 충격을 재연하는데, 본질적으로 쾌감 때문이 아니라 그것보다는 그의 내적 경험을 안정시키려 시도하는 것이다. 마음은 상투적인 것들을 좋아하고, 관례들을 좋아하고, 예측가능성을 좋아한다. 균형 상태를 회복하기 바라면서 고통스러운 외상들을 재차 반복하는 것이다.

개인이 가지게 되는 관계들은 이 같은 무의식적 반복 강박에 의해서 정해질 수 있다고 프로이트는 말했다. 이러한 상호작용의 패턴들에 대한 설명은 오랫동안 '교수님'의 긴장된 과학적 작업을 따르던 사람들에게는 놀랄만한 것이었다.

> 우리는 모든 인간관계에서 매번 같은 결과를 갖게 되는 사람들을 만나게 된다. 자신의 특권들을 기부한 후에 버려진 것 같아 분노하는 기부자들. 그

특권들이 서로 다를지라도 그는 은혜를 모름의 쓴맛을 맛보게 되는 운명을 가진 것처럼 보인다. 또는 어떤 사람의 우정은 대부분 친구의 배신으로 끝이 나곤 한다. 또는 그의 일생 동안 매번 어떤 사람을 대단한 개인적 혹은 공적인 권위의 자리로 올려주고, 그리고 난 다음 어느 정도 시간이 지나면 그 권위를 뒤집어엎고, 새로운 사람으로 그를 대체시키는 사람도 있다.

이런 반복적인 재현들의 전체 배열을 이해하고자 프로이트는 생물학에 의지했고, 생물체는 외부의 지나친 입력으로부터 자신을 보호하려고 한다는 페히너의 개념을 가져오게 된다. 결국, 프로이트는 모든 추동들drives은 선천적으로 보수적이고 내적 평화를 유지하려고 한다고 가정했다. 평화는 가장 거대한 에너지의 방출인 죽음과 함께 가장 온전한 형태를 이룬다. 그래서 프로이트는 "열반의 원칙"을 가정했는데, 이 용어는 영국 분석가 바바라 로우Barbara Low에게서 빌려와 사용했다. 죽음을 향한 갈망에 대한 생각은 옛 낭만주의의 것이고, 빌헬름 슈테켈, 테오도르 라이크, 사비나 슈필라인의 분석적 이론들에서 드러났었다. "열반의 원칙"은 죽고자 하는 인간의 욕구를 만들었다고 프로이트는 생각했다. 죽음의 추동drive 또는 "타나토스"는 "에로스"와 갈등관계에 있다. 다른 말로 표현하면, 쾌감에 대한 욕구와 항상성의 필요는 상충하고 있다. 이러한 이론적 형태를 배경으로 했을 때 전쟁은 새로운 기원들을 가진다. 무의식적으로 인간존재는 평화롭게 되기 위해서 작동되는데, 의식하지 못한 상태에서 그들 자신의 소멸을 추구한다는 것을 의미했다.

《쾌감 원칙 너머에》에서의 프로이트의 제안들에 대한 반응들은 극적이었는데, 그것들이 즉각적으로 큰 지지를 받지 못했기 때문이 아니었다. 이러한 추론을 통해 지그문트 프로이트는 프로이트학파 공동체의 규정된 특징을 스스로 산산히 부수었다. 충실했던 프로이트학파 사람들, 즉 분파를 경험하면서도 리비도 이론을 완강하게 믿는 신봉자들에게 앞으로의 시대는 실망스러울지 몰랐다. 그렇게 프로이트는 다시 한 번 이단자가 되었다. 놀랍게도 그는 자신의 정설로부터 돌아섰고 자기 자신으로부터 돌아섰다.

이 새로운 견해를 소개하면서, 프로이트는 공개적으로 무의식의 연구를 하다보면 반드시 겪을 어려운 점들을 논의했다. 쾌감 원칙은 그가 채용한 가설적 전제였지만, 관찰된 사실들을 설명해주기 때문이었다고 설명했다. 그러나 "이것은 가장 모호하고 접근하기 어려운 마음의 영역이다. 그리고 그것과의 접촉을 피할 수 없기 때문에, 최소로 경직된 가설을 세우는 것이 나에게는 최선으로 보였다." 그는 후에 이렇게 덧붙였다. "우리는 심리학의 다른 어떤 영역에서보다 특히 더 이 영역에서 어둠 속을 손으로 더듬어 찾고 있다." 그러면서 《쾌감 원칙 너머에》의 거의 끝 부분에서, 프로이트는 그가 주장하고 있는 가정들에 대해 그렇게 확신하지는 않는다고 고백했다. 그러나 그는 "일련의 생각들을 발전시키다가 그것이 인도하는 길이라면 어디든지 단순히 과학적 호기심만으로 따라갔는데, 그 이유 때문에 악마에게 자신을 팔지 않는 악마의 옹호자 advoctus diaboli로서(독자들은 이렇게 부르는 것을 선호할 수도 있다.) 그렇게 했다."

프로이트의 반란은 오히려 자신을 활기차게 했다. 그는 자칭 아웃사이더였던 게오르그 그로덱Georg Groddeck과의 관계를 시작했다. 그는 독특한 바덴-바덴의 의사였는데, 1920년 회합에서는 앞에 나가 "나는 제멋대로의 분석가입니다!"라고 선언함으로써 정신분석가들을 놀라게 하며 즐거워했다. 비밀위원회의 회원들이 필사적으로 그로덱과 그의 프로젝트(특별히 그의 익살스러운 정신분석 소설 《영혼을 찾는 자》)를 멈추게 하려 했음에도 불구하고 프로이트는 이 새로운 친구의 곁을 지켰다.

그들의 서신왕래에서, 그로덱은 무의식은 알 수 없다는 그의 견해를 망설임없이 표현했다. 무의식은 그로덱의 독일어 Es, "그것" 안에 있었고, 이것은 우리 안에 있었다. 프로이트는 무의식이 "임시적"이고 "불확실"하다는 것에 동의했고, "비밀스러운 지식의 자료"에서 오는 특징들로 물들어서는 안 된다고 동의했다. 그리고 그는 고백했다.

> 나는 나 자신이 이단자지만 아직 광신자가 되지는 않았소. 나는 광신자들을 견딜 수 없소이다. 그들은 그들의 편협함을 중요한 것으로 받아들이는 사람들입니다. 어떤 이가 자신의 우수성에 의지하고, 자신이 무엇을 하는지 아는 것으로 세대의 조류를 거스르는 많은 것을 할 수 있소. 당신이 보이고자 하는 용기는 나도 매우 좋아합니다. 곧 출판될 가장 최근의 나의 작업인 《쾌감 원칙 너머에》는 당신 눈에 나의 이미지를 조금 변화시켜줄 것입니다.

프로이트의 이미지는 그의 추종자들의 눈에서도 변했다. 그들 중의 많은 이들은 그의 무의식의 이론을 불변의 진리로 받아들였었다. "위대한 자유로운 영혼, 강직한 독립적인 사람, 편견 없는 연구자, 진정으로 완전한 학자, 그리고 모든 것을 이해하려고 하고 모든 것을 용서하려고 하는 개인." 프로이트의 60번째 생일에 보내진 이러한 화려한 찬사 가운데 에두아르트 히치만은 아래와 같이 경고했다.

> 조심하십시오. …… 위대한 신이 한 사상가를 이 지구에 풀어 놓았을 때, 모든 것들은 위험에 빠집니다. 그것은 큰 화재가 커다란 도시에서 발생하게 되었을 때, 누구도 어떤 것이 안전한지, 그것이 어디에서 끝날지 알지 못하는 것과 같습니다. 하루 저녁에 뒤집힐 수 있는 것은 과학의 어떤 일부가 아니라 아마도 그것의 측면일 것입니다.

전쟁의 공포에서 영향을 받은 사상가 지그문트 프로이트는 자신의 운동의 방어자인 지그문트 프로이트를 던져버렸다. 체면상으로는 충격적이었지만 그는 마음을 바꾸었고, 그 과정에서 무의식에 대한 어떤 이론도 본질적으로는 임시적인 것을 인정했고 강조하기조차 했다. 아마도 어떤 인간도 지그문트 프로이트를 은퇴시킬 수 없었을 것이다. 그러나 자신에 대해서 생각하면서, 지그문트 프로이트는 백발의 늙은 족장의 자리에서 내려와서 미성숙한 과학의 많은 아들들과 딸들 가운데 한 명이 되었다.

새로운 중심을 찾아서

Ⅰ.

지금까지 알고 있던 무의식의 본질이 의심할 여지가 있는 것이 되자, 프로이트학파 공동체는 그 자체를 개조해야만 했다. 이 사람들을 함께 묶어주었던 끈은 사라졌다. 많은 이들이 프로이트의 수정을 즐거워하지 않았고, 프로이트학파의 성심리적psychosexual 무의식의 진정한 신봉자들은 이것에 이의를 제기하는 다른 사람들과 공존해야만 한다는 것이 분명해졌다. 심지어 프로이트 스스로가 그 다른 사람들 중의 한 사람이 되었다.

이러한 혼란 중에, 프로이트학파는 어쨌든 다른 정체성을 제공해야 하는 위치에 있게 되었다. 몇 번의 분열 후에, 프로이트학파, 아들러학파, 융학파를 포함하여 다른 부류의 정신분석가들이 존재했지만, 1920년 즈음에는 프로이트학파 사람들만이 점점 더 정신분석과 관계된 유일한 그룹이 되어가고 있었다. 전쟁 후에 칼 융은 무의식적 원형들에 근거를 둔 새로운 이론들과 용어들을 장대하게 집대성해 나타났다. 그는 그것을 "분석적 심리학Analytical Psychology"이라고 불렀다. 그의 이론들은 근본적으로 프로이트학파의 정신분석과는 달랐고 그러한 입장으로부터 자신을 분리시켰다. 아들러 또한 정신분석가라는 주장을 포기했다. 그는 그 그룹의 이름을 "개인심리학학회Society for Individual Psychology"로 변경했고, 개인 심리학을 발전시킬 학술지를 창간했는데 열등성에 대한 그의 이론들, 자기self에 대한 가설들, 그리고 전체 성격에 초점을 맞춘 것에 기반을 두고 있었다. 자신을 정신분석가라고 계속 주장했던 유일한 반대자는 빌헬름 슈테켈이었지만 그는 많은 추종자를 만들지는 못했다.

한 때, 정신분석이란 단어는 프로이트학파와 동일어였다. 1920년 이후, 정신분석은 좀 더 넓은 의미들을 가지게 되었고, 한 명의 특정한 개인을 넘어선 것이 새로운 매력이 되었는데 프로이트학파 사람이 된다는 것이 매우 복잡해졌다. 어떤 프로이트를 프로이트학파 사람들이 따르는 것일까? 다양한 프로이트들이 있는데 어떻게 프로이트학파 사람이 될 수 있는가?

프로이트가 추동drive이론을 휘저은 뒤에 나타난 불확실성은 특히 임상가들에게는 힘겨운 것이었다. 이론적인 물리학자들은 그들의 분야에 대한 가장 기본적인 가정들을 자유롭게 질문할 수 있었다. 그러나 기술자들이 그렇게 한다는 것은 섬뜩한 일이었다. 정신분석은 이론가와 임상가 사이의 분리된 개요를 가지고 있지 않았다. 과학과 치료법, 실험실과 클리닉의 상충되는 책임은 임상적인 현장에 가득 차 있었다. 뉘른베르크 회합은 성장하고 있던 임상 공동체가 사용할 수 있는 안정적인 이론을 가지는 것의 필요가 절실하다는 것을 보여주었다. 이런 시기에, 프로이트가 그의 과학적 주장들을 개편한 것은 잠정적으로 임상을 혼동에 빠뜨릴 수 있었다. 그리고 프로이트, 아들러, 융의 이론들을 판단하는 분명한 방법이 없었던 것처럼, 프로이트와 프로이트 사이를 판단하는 분명한 방법도 없었다. 무의식에 대한 프로이트의 많은 이론들은 이런 모든 주장들이 가지고 있는 임시적인 성질을 두드러지게 했고, 실험적 실증과 합의로부터의 거리가 있었다. 뉘른베르크 후의 프로이트학파는 무장해제 되었다.

앞으로 몇 년 동안 새로운 목소리들이 생겨나게 될 것이고, 정신분석가들의 공동체는 무의식에 대한 어떤 특정한 이론에 대한 헌신보다는 다른 방법으로 통합될 수 있다고 주장하게 될 것이다. 1920년과 1925년 사이에, 프로이트학파는 새로운 정체성, 새로운 제도들, 권한 행사를 합리화하는 새로운 방법들을 찾으면서 변화했다. 그러한 요청들이 놀랄만한 것은 아니었다. 유럽 도처에서 정체성은 변하고 있었고 예전의 권위들은 물러서고 있었다.

1919년, 오스만과 오스트리아-헝가리 제국들은 붕괴되었다. 나라들과 공화국들이 생겨나려고 했다. 공산주의자들, 사회주의자들, 평화주의자들, 반유대주의자들, 독일 국수주의자들과 무정부주의자들 모두가 전쟁 후 혼돈 속에서 그들의 이데올로기를 머리 위로 쳐들었다. 1919년 바이마르 공화국이 독일에서 성명을 발표했고, 바이에른에서는 소비에트 형식의 노동자 공화국이 장악했다. 체코인들, 폴란드인들, 이탈리아인들, 슬로베니아인들은 이중 제국the Dual Monarchy을 버렸고, 헝가리에서는 공포 시대the Red terror가 백색테러the White terror로 이어졌다. 빈에서는 급진적 변화의 때가 무르익은 것처럼 보였다.

1919년 프로이트는 프로이트학파 내에서의 속박을 풀고 개방을 하는 것으로 하나의 벨벳 혁명을 시작했다. 그에 따라 세계 대전 후에 그의 추종자들이 재구성되게 되었고 그들은 프로이트가 이전에 이단으로 취급했던 추론들을 쓰고 있다는 것을 발견했다. 지난 세월 프로이트학파는 독일 정신과 의사들과 프리츠 비텔스, 카를 크라우스, 칼 융, 오이겐 블로일러, 빌헬름 슈테켈, 알프레트 아들러 같은 사람들과의 전투들 속에서 형성되었다. 각각의 전투마다 누가 프로이트학파인지 가려지는 선이 만들어졌다. 그렇게 형성된 공동체는 이제와서는 지금의 중앙 유럽처럼 전복된 듯 보였다.

1918년 11월, 비밀위원회는 전 세계에 정신분석의 재건설을 논의하기 위해서 다시 모였다. 선택된 사람들은 아브라함, 존스, 페렌치, 안톤 폰 프로인트와 오토 랭크, 한스 작스였다. 1920년, 위원회는 그들의 작업을 촉진시키기 위해서 빈, 부다페스트, 베를린, 런던 사이를 오가는 순회편지를 설치했다.

이 네 개의 도시들은 유럽과 세계에서 정신분석의 운명에 매우 중요한 장소가 되었다. 네델란드 학회, 스위스 학회(1919년 융학파가 아닌 학회를 설립했다.) 같은 몇 개의 다른 정신분석학회도 활동 중이었다. 그러나 그들은 비밀위원회에게 보고되지 않는 채 남아 있었다. 또한 이 위원회에는 미국인도 없었고, 신세계에서 오는 소식들은 여러 가지로 혼재되어 있었다. 존스는 다른 사람들에게 이렇게 알렸다. "아들러의 이론, 융의 이론뿐만 아니라 거의 모든 종류의 대중적 또는 직관적 심리학까지 가능한 모든 것이 정신분석 이름 아래 논의되고 있다. 미국에 있는 여섯 명이 빈과 취리히 사이에 근본적인 차이점을 분명하게 말할 수 있을런지 의문스럽다." 보스턴에서 이사도라 코리에트Isador Coriat는 존스의 생각을 확증했고 미국인들은 이론적으로 무질서한 상태에 있다고 보고했다. 미국에서 성행하는 심리치료들에 대해, 코리에트는 "정신분석 외에 심리치료는 없고, 지그문트 프로이트가 선지자다."라고 칭송해야만 할 것 같다고 농담처럼 말했다.

전쟁 후에, 가장 커다란 희망이 부다페스트에 집중되었다. 안톤 폰 프로인트는 그의 재산을 정신분석에 헌납했고, 프로이트에게 가난한 사람들을 위한 정신분석 클리닉의 필요성을 부다페스트 협회에 알리게 했다. 하지만 이미 그 계획들은 진행 중에 있었다. 프로인트의 지원으로 부다페스트에 그러한 클리닉과 정신분석 전문학교가 설립 중이었는데 시설 설립을 위한 30만 달러 상당금액까지 확보하고 있었고 부다페스트 시장의 동의를 얻어냈다. 부다페스트 회합 후에 헝가리 학회는 거의 매주 일요일에 만났고, 산도르 라도Sándor Rado, 이므레 헤르만Imre Hermmann, 게자 로하임Géza Róheim, 멜라니 클라인Melanie Klein, 이슈트만 홀로스István Hollós 같은 유망한 젊은 회원들을 끌어들였다.

하지만 갑자기 정치적 상황은 급변했고 폰 프로인트의 연줄들과 돈의 가치가 거의 의미를 잃게 되었다. 1919년 봄에 진보적인 카롤르이 정부가 붕괴했고 벨라 쿤의 공산주의 혁명 의회가 대체했다. 공산주의자가 지배권을 가지고 있는 동안, 페렌치는 대학의 정신분석 교수와 가난한 사람들을 위한 정신분석 클리닉의 원장으로 추천되었다. 하지만 곧 다시 공산주의자들이 권력을 잃게 되자 격렬한 반공산주의와 반유대주의의 "백색 공포"가 몰아쳤고, 페렌치는 교수직을 상실했으며 그 지역 의학협회에서 추방되었다. 식품은 부족했고 자금은 없었으며, 헝가리 밖으로 연락하는 것은 어려웠다. 자신의 임무들을 수행할 수 없었던 페렌치는 국제정신분석협회의 회장직을 빈으로 넘겼다. 하지만 그곳의 상황도 전혀 나은 것이 없어서 1919년 가을, 경제적으로 안정적인 런던의 어니스트 존스에게 사무실을 옮겼다. 이런 상황에서 1920년 1월 안톤 폰 프로인트가 암으로 세상을 떠났다. 그가 정신분석을 위해서 준비해 둔 돈이 얼어붙었고 부다페스트의 정신분석에 대한 희망도 무너졌다.

그러나 프로인트와 프로이트가 가지고 있었던 무료 분석적 치료에 대한 비전은 부다페스트 너머로 퍼졌는데, 유럽 전역에 퍼져가고 있는 인류평등주의 사상의 파도를 타고 있었다. 무료 클리닉에 대한 생각은 부다페스트에 있었던

2명의 베를린 정신분석가들을 고무시켰다. 그들은 막스 에이팅곤과 에른스트 짐멜이었는데, 전쟁기간 동안 많은 신경증 환자들을 치료하기 위해서 변형된 정신분석적 방법들을 사용했던 경험을 가지고 일반인의 삶으로 돌아왔다. 베를린으로 돌아와서 그들은 에이팅곤 가족의 지원으로 무료 정신분석클리닉을 시작했다.

1920년, 첫번째 정신분석 클리닉이 베를린에서 문을 열었다. 이 클리닉은 가난한 사람들에게 무료 치료를 제공할 뿐만 아니라 정신분석가가 되기 위한 훈련의 토대가 되었다. 그 해, 아브라함은 새롭게 탄생한 전문학교에서 6주 입문자 과정을 가르쳤다. 곧, 이 수업은 임상적 입문강의로 보안되었고, 일반의들과 그리고 성의 사회적 문제들을 다루기 위한 과정이 되었다. 한스 작스는 베를린으로 이사 왔고, 학생들을 위한 지정 훈련분석가가 되었다. 유럽의 다양한 지역에서 새로운 학생들이 정신분석의 실제적 임상을 위한 유일한 공식 훈련 센터에서 공부하기 위해서 몰려들었다.

런던에서는 일이 잘 풀리지 않았다. 1921년 초기에 신문 캠페인이 모든 정신분석가들에게 돌팔이 의사 꼬리표를 붙이는 일이 발생했다. 정신분석 훈련이 런던에서는 형식을 갖추지 못했고 그곳의 분석가들은 정신분석가라고 주장하는 무리뿐만 아니라 손금쟁이, 심령론자로부터 자신들을 구분하려고 애썼다. 어떤 "영국의 정신분석적 출판사"는 공고를 내붙였는데, "당신은 정신분석가로서 1년에 1,000달러를 벌고 싶은가? 우리는 당신에게 그것을 어떻게 하는지 보여줄 수 있다. 한 과정 당 4기니guineas에 제공하는 8개 우편 수업을 들으라."라고 적혀 있었다고 존스는 보고했다.

실정이 이렇다보니 심각한 문제가 속출했다. 환자를 성폭행한 자칭 정신분석가와 여러 여성들을 유혹한 사람에게 소송이 제기되었다. 후자의 경우로 인해 법정 변호사가 어니스트 존스에게 왔다. 존스는 그 범죄자를 알지 못한다고 했는데, 그 사람은 자신이 존스에게 정신분석에 대한 통신강좌를 받았다고 주장했다. 알프레드 더글라스Alfred Douglas 경도 그 싸움에 뛰어 들었다. 오스카 와일드의 옛 애인이었던 그는 런던에 기반을 둔 순수연맹의 지도자였다. 더글라스는 출판자 케간 폴Kegan Paul을 외설적 출판으로 고소했다. 그는 프로이트를 방문했다고 주장하는 신지론자theosophist가 쓴 회고록을 출판했었다. 존스는 비밀위원회에 이렇게 썼다. "더글라스는 영국에 있는 정신분석의 뿌리를 뽑고 모든 출판을 불가능하게 만들 것이라고 맹세했습니다." 존스는 그 신지론자의 책을 졸작으로 생각했지만, 더글라스의 소송은 모든 정신분석적 작업을 불법을 만들 수 있는 선례가 될 수도 있다고 염려했다. 사실 더글라스는 그 소송을 이겼고, 문제가 되었던 출판물 모두는 "평범한 교수형 집행인"에 의해서 불태워졌다.

1919년, 칼 융과 연대하고 있는 회원들을 제거하기 위해서 〈런던정신분석학회〉를 해체한 후에, 어니스트 존스는 같은 해 〈영국 정신분석학회〉를 재구성했다. 이 학회는 베를린의 예를 따라서 클리닉이나 훈련 전문학교를 설립할 전망은 거의 없었다. 런던에 있던 센터 중에 훈련을 희망할 수 있었던 곳은 브런즈윅 스퀘어 클리닉이었다. 1913년에 설립된 이 심리치료 클리닉은 정신분석에 열정적으로 관심이 있던 한 명의 직원이 있었고, 의사가 아닌 몇 명의 임상가들lay clinicians이 공식적인 훈련을 받기 위해 베를린에 기대를 걸고 있었다. 존스는 의사가 아닌 사람들에게는 거의 관심이 없었다. 하지만 카를 아브라함과 한스 작스는 브런즈윅 스퀘어 지원자들을 받아들였고, 이 사람들을 한 우리에 들어오게 하는 것으로 영국 정신분석학회를 강화시키고, 임상적 작업의 근거지가 될 것이라는 소망을 표현했다. 존스는 기대를 많이 하고 있지 않았다. 브런즈윅 스퀘어가 샌드위치 백작을 회장으로 임명했다고 보고했다. 이 백작은 그 시설의 개관식에 모인 사람들을 분개하게 만들었는데, 자기 자신과 같은 진귀한 사람들에게 있는 초자연적 치유력에 대해서 쓸데없이 재잘거렸기 때문이었다. 대부분의 의사들이 그 클리닉을 떠난 후, 줄리아 터너Julia Turner 양이 지도자가 되었고, 엘라 샤프Ella Sharp과 제임스 글로버James Glover라는 의사가 도와주었다.

존스의 견해에 의하면 그 장소는 재앙이었다. 소위 몇 주간의 훈련을 제공한 다음에 제멋대로의 분석가들을 만들어 냈다. 비밀위원회에 쓴 편지에서, 지금은 그의 환자이며 그 클리닉의 일원인 Dr. 에틸다 허포드는 한때 그 클리닉에서 일하는 비서가 자신이 원하는 대로 환자들을 분석했다는 것을 인정했다고 보고했다. 베를린 사람들은 확고했다. 디욱 진지한 공식적인 훈련에 아웃사이더들을 받아들임으로써 그들을 교육시킬 수 있다고 주장했다. 결국, 베를린 학회의 회원들은 사전의 승인 없이 강의나 수업을 제공하는 것을 금지 당했다.

1921년 여름 즈음, 영국 학회와 브런즈윅 스퀘어 클리닉이 융합되면서 베를린 사람들이 기대하는 것이 보장되는 것처럼 보였다. 하지만 영국의료위원회는 의사가 아닌 임상가들의 존재가 석연치 않아 그 클리닉의 인가를 막았으며 그 일은 실현되지 못했다. 영국 학회가 교육을 위한 클리닉을 설립한 것은 그로부터 5년이 지난 후였다.

빈에서, 정신분석학회는 붕괴되는 제국의 격변 한 가운데에서 학회를 재구성했다. 기적적으로 오스트리아에서 남아 있던 것은 2개의 정당(기독교 사회주의당과 사회민주당)이 연합 정부를 형성하면서 전면적 혼돈으로 빠지는 것을 피할 수 있었다. "붉은 빈"에서는 많은 것들이 불확실했는데도 불구하고 정신분석가들은 희망적인 조짐을 보았다. 학회는 1919년에서 1920년 사이에 11명의 새로운 회원을 받아들였다. 안톤 폰 프로인트의 돈 중의 일부가 부다페스트의 정치적 격변 전에 프로이트에게로 보내졌다. 프로이트는 그 돈으로 〈이마고〉와 〈심리학 학술지〉 둘 모두를 책임지는 정신분석 출판사에 투자할 수 있었다. 미국에서 온 수많은 사람들로부터 기부가 왔고, 그것으로 출판사를 안정적으로 유지할 수 있었다. 빈에서 가장 부유한 사람 중의 한 명인 금융업자이고 출판업자인 리처드 콜라Richard Kola가 그 출판사를 구입할 것으로 추측되기도 했는데, 정신분석적 출판이 이득이 될 수도 있었고 최소한 명망을 얻을 수 있었다.

빈 사람들은 부다페스트에서의 프로이트 연설과 베를린 클리닉의 개관으로 고무되었고, 1920년 그들은 무료 클리닉을 열기 위해서 노력하기 시작했다. 에두아르트 히치만이 빈 종합병원의 정신분석부서를 버려진 군병원에 설립하자고 제안했다. 프로이트는 반대했고, 그러한 일을 빈 사람들 중 누구에게 맡길 수 있을지 의심된다고 아브라함에게 털어놓았다. 프로이트의 걱정은 괜한 것이었다. 의학계 권위자들이 정신의학의 대학 의장인 율리우스 폰 바그너 야우레크에게 그 문제에 대한 의견을 묻자 그 계획이 사라졌기 때문이다. 10월에 프로이트는 바그너 야우레크 밑에서 일하던 의사들에 의해서 행해진 전쟁신경증 환자의 학대를 조사하는 위원회 앞에서 전문인 증언을 해야 했다. 이것은 두 사람 사이의 관계를 악화시켰고 클리닉에 대한 꿈은 더욱 요원해졌다.

한편 히치만과 그의 동료들은 계속 진행했다. 그들은 다른 군병원의 버려진 장소를 제공 받았지만 적합한 곳은 아니었다. 결국, 내과의사이고 새로운 회원이었던 펠릭스 도이치Felix Deutsch가 빈 종합병원의 심장질환 집중치료실의 구급차 입구에 공간을 마련했다. 모든 것은 순조로워 보였지만 의학 당국이 이번에는 새로운 경쟁에서 빈 의사들을 보호하기 위해 간섭하기 시작했다. 결국, 성공적인 항의 후에 이 외래 진료소는 1922년 5월 22일, 의사가 아닌 임상가들은 그곳에서 일할 수 없다는 경고와 함께 문을 열게 되었다. 히치만은 원장이 되었고 학회의 새로운 회원인 의사 빌헬름 라이히가 보좌역을 맞게 되었다. 여기에서도 클리닉은 실용적인 학습을 위한 새로운 토론프로그램을 제공했다. 수업들은 1922년 11월에 시작되었다. 일 년 후, 12명 이상의 학생들이 9개의 과목을 신청했다.

정신분석을 바이마르 독일과 오스트리아에 있는 노동자와 가난한 사람들에게 보급하는 과정에서, 베를린과 빈의 정신분석가들은 그 기관들이 임상적 가르침과 훈련을 하는 데 있어 햇병아리임을 깨닫게 되었다. 새로운 발견과 이론에 집중하고 있었던 정신분석학회들과는 달리 이곳에서의 토론 과목들은 실용적이었다. 어떻게 분석을 진행하는가, 어떻게 병을 다루는가, 어떤 방법들을 사용할 수 있는가 등을 다루었다. 1918년 이전에는 학회 회원이 되려면 관심있던 사람이 추천을 받고 수용할 만한 과학적 글을 그 그룹에서 발표하면 되었다. 지금은 베를린과 빈 두 곳에서 훈련과정이 탄생했다.

세계 대전 이후 첫 번째 국제정신분석 회합이 열릴 즈음에 이러한 새로운 기관들이 기능하기 시작했다. 헤이그Hague에서는 그때까지 중 가장 많은 수가 참가했고, 참가자 118명은 턱없이 비싼 환율을 무릅쓰고 국제정신분석협회 모임에 참석했다. 새로운 회장인 어니스트 존스는 8개 학회를 환영했다. 모든 8개 학회(빈, 베를린, 헝가리, 영국, 뉴욕, 미국, 스위스, 네덜란드 학회)는 공식적인 훈련 필요조건들이 없었다. 훈련을 어떻게 공식화할 것인가에 대한 질문이 취리히의 목사 오스카르 피스터에 의해서 제기되었고, 국제정신분석학회가 수여증을 줄 것을 고려하라고 제안했다. 프로이트를 포함한 여러 회원들이 그 계획을 지지했으나, 회의적이었던 비밀위원회의 베를린 사람들로 인해 그 제안은 조용히 사라졌다.

훈련을 위한 새로운 기관들이 생기고 초보자들의 수가 늘어나면서 그 분야에 있는 지도자들은 무엇을 가르치고, 학생들은 무엇을 배워야만 하고, 그들의 임상가들에게 무엇이 요구되어야 하는가를 고려해야만 했다. 그러한 지침들을 세우는 것이 상당히 중요해졌다. 그러나 나와 있는 대답들이 꽤 분명치 않았기 때문에 논쟁과 혼동의 원인이 될 수 있었다.

II.

정신분석적 방법은 뒤범벅이었다. 1911년 즈음, 분석을 하기 위해 출판된 안내서는 시대에 뒤처져 있거나 무엇인가 부족했다. 유럽과 미국을 중심으로, 자신을 정신분석가라고 부르는 의사들은 더 이상 쓰지 않는 카타르시스 요법이나 무의식적 기억 회복의 개념들, 최면을 사용했다. 다른 사람들은 꿈 책에 집착하여 상징과 꿈을 분석했다. 다른 사람들은 여전히 성적 활동을 치료법이라고 주장했다. 이러한 임상가들은 공개적으로 그들이 프로이트의 치료법을 사용하고 있다고 주장했다. 그들은 실상 정신분석의 발견들을 경험적으로 시험해야만 했던 과학자들이기도 했다. 대부분이 계기 비행을 하고 있었던 것이다.

실험에 의한 관찰이 이 분야의 기반이어야 한다면 그것은 끔직한 문제였다. 이것은 무의식에 대한 추론으로 발전될 수 있는 증거를 축척하기 위한 규범들이 없다는 것을 의미했다. 직접적으로 관찰할 수도 없고, 수량으로 표시할 수도 없는 무의식적 과정들에 대한 합의를 만드는 것은 어려웠다. 하지만 분석의 대상 그 자체가 파악하기 힘든 것이라면, 관찰자 자신이 안정적이고 한결같은 것이 매우 중요했다. 하지만 그들은 그렇지 못했다. 그들 자신의 이론에 의하면, 프로이트학파 사람들은 인간 존재는 갈망하고, 저항하고, 아무리 낙관적으로 보아도 반은 착각한 상태라고 보았다. 분석가라고 해서 피해갈 수는 없었다. 그들도 인간의 욕구와 두려움으로 가득 차 있고, 그들의 무의식의 지배를 받았다. 만약 부다페스트의 분석가와 취리히의 분석가가 같지 않다면, 어떻게 무의식의 과학은 합의를 만들어 낼 수 있겠는가?

추종자들은 프로이트에게 분석을 어떻게 진행하는지 보여 달라고 간청했지만 정신분석의 실제의 교과서에 대한 '교수님'의 약속들은 언제나 지켜지지 않았다. 자신들을 안내할 프로이트가 없었기 때문에 임상가들은 신경 불안에 대한 슈테켈의 책을 의지했는데, 이 책이 정신분석적 기법에 대한 간략한 설명을 포함하고 있었기 때문이었다. 이 불충분한 묘사는 카우치의 사용과 저항의 관찰을 포함하고 있었다. 어니스트 존스는 영어로 2개의 짧은 글을 썼는데, 자유 연상, 융의 지시에 따른 언어 연상 방법, 꿈의 해석의 개요를 설명했다. 이러한 안내서들은 빈약했고 오해의 소지가 있었다. 적어도 프로이트에게는 그렇게 보였다. 그는 치료에서 언어 연상 검사를 사용하는 것을 승인하지 않았고, 더 이상 꿈 해석이 정신분석적 치료의 중심 행위라고 믿지 않았다. 꿈들은 여전히 프로이트에게 특별히 중요한 것이었지만, 그것들을 지나치게 의존하는 것의 위험성을 인식할 수밖에 없었다.

이 교훈은 빌헬름 슈테켈로부터 왔다. 그의 장점은 꿈들로부터 무의식적 내용을 해석하는 신비로운 능력이었다("초콜릿과자를 발견한 돼지 같다."고 프로이트가 농담 삼아 말했다.) 1911년 3월, 이 꿈 장인은 《꿈의 언어들》을 출판했다. 그 책에서 꿈의 상징들은 선사 시대에서 온 언어라고 주장했고 번역할 수 있다고 말했다. 칼은 항상 전쟁의 상징이고, 나무는 자연을 의미했다. 프로이트는 계통발생학적으로 물려받는 꿈 상징들에 대한 생각을 쾌히 받아들였다. 하지만 슈테켈은 보편적인 상징들을 사용해서 꿈이 무의식의 공격적 힘에 의해서 작동된다고 주장했는데, 이것은 알프레트 아들러가 무의식에서 가정했던 것과 비슷했고 프로이트는 그것을 불쾌해 했다.

더욱 상황이 악화되었던 것은, 슈테켈의 책이 프로이트와 아들러와의 전쟁이 절정에 이르렀을 때 나왔다. 프로이트는 《꿈의 언어들》을 혐오했고 그것을 저자의 "변태적" 무의식의 탓으로 돌렸다. '교수님'은 슈테켈의 보편적인 상징 해석은 꿈 해석을 "불확실하고 피상적"으로 만든다는 비판적인 서평을 쓰는 것으로 대답했다. 프로이트는 꿈 해석은 임상가의 섬세함이 요청되는 어려운 예술이고 쉽게 잘못될 수 있다고 말했다. 슈테켈의 새로운 책은 그러한 과실의 명백한 예였다.

꿈 해석의 불안정성을 심사숙고 하면서, 프로이트는 〈핵심학술지〉의 독자들을 위해서 기법에 대한 교육적인 글의 시리즈를 써야겠다고 생각했다. 문제는 그러한 글들을 자신이 쓰느냐 아니면 슈테켈 같은 사람들에게 남겨두느냐에 있다고 그는 융에게 고백했다. 프로이트는 첫 번째 글을 마친 후에 융에게 그것을 보냈고, “내면적 요청 없이 지시하기 위해서 쓰는 글은 언제나 옳게 나오지 않는다.”고 말했다.

지시하기 위해 쓰여진 이러한 글들은 특정한 정신분석 기법을 찾는 분석가들에게 중요한 본문이 되었다. 첫 번째 글은 꿈 해석에 대한 것이었다. 그 글에서, 자부심 강하던 꿈의 비밀 발견자는 꿈의 해석을 옆으로 제쳐 놓고 꿈을 전체 분석 과정에 예속시켰다. 프로이트의 글 안에는, 꿈을 해석하는 데 있어 기계적인 상징성에 지나치게 의존하는 나쁜 분석가의 이름을 말하지는 않았지만 암시하고 있었다. 빈 그룹의 회원들은 의심할 것 없이 초콜릿과자를 킁킁거리는 동료인 슈테켈이라고 어렴풋이 느꼈다. 정교한 꿈 해석자들은 꿈의 안개를 통하여 무의식을 볼 수 있지만, 환자에게 꿈의 내용은 아무것도 성취한 것이 아니라고 프로이트는 주장했다. 꿈 해석자들은 반드시 “시작부터 끝까지 분석을 운용하는 전체 기법적 규칙들”에 자신들을 종속시켜야만 했다.

무엇이 그러한 규칙들인가? 무엇이 꿈들의 위치를 대신할 수 있는가? 그 대답은 오랫동안 프로이트에게 분명했다. 하지만 어떤 이유인지 프로이트는 그것에 대해서 쓰는 것을 거절했다. 무의식으로의 왕도가 꿈이라면, 일상의 삶의 길은 전이였다. 1906년 프로이트는 융에게 전이가 치료의 열쇠이고 정신분석적 치료의 엔진이라고 편지에서 말했다. 환자들이 의사에게 투자한 리비도 덕분에 그들은 그들의 저항들을 기꺼이 극복하고 숨겨진 진실들을 직면할 수 있을 것이다.

1906년 이후, 전문가들 중 몇몇이 이 새로운 생각을 따르기 시작했다. 1908년, 칼 융은 어니스트 존스에게 웨일즈만이 이제 막 출판한 사례에서 어머니-전이를 찾아보라고 권고했다. 같은 해 이지도어 자드거는 전이가 중심이 되는 동성애의 분석을 출판했다. 1909년 빈스방거는 그가 “이르마”라고 부르는 히스테리 환자의 긴 분석을 발표했다. 그 사례에서는 그녀의 의사를 향한 그 여인의 비밀스러운 사랑이 그 사례의 열쇠였다. 그러나 전이 이론의 가장 중요한 추가 사항은 1909년 산도르 페렌치에게서 왔다.

페렌치의 “내사와 전이Introjection and Transference”는 전이 이론의 광범위한 해설이었다. 그는 전이를 프로이트의 가장 중요한 발견들 중의 하나라고 불렀다. 페렌치는 전이를 일종의 심리적 유입importing 혹은 ”내사“로 보았고, “투사

projection"를 통해서 무의식적 환상들을 세계로 내보내는 것exporting과 대비했다. 페렌치에 의하면, 신경증 환자들은 대상의 내사와 전이를 통해서 그들의 콤플렉스에서 달아난다. 반면, 정신이상자들은 투사에 의해서 그들의 내적 세계를 고갈시킨다. 페렌치는 또한 정신분석과 경쟁적인 치료들 사이의 분명한 선을 긋는 데 전이를 사용했다. 베른하임과 그의 추종자들은 그들의 환자에게 피학적 복종을 요구하고, 환자들은 유아적인 아버지-전이 때문에 의사의 암시들을 받아들인다. 암시적 치료는 맹목적 복종에 의존하는 반면 전이의 분석은 이러한 힘들로부터 환자들을 자유롭게 하려고 애쓴다고 주장했다.

페렌치의 글은 임상적 작업에서 전이에 대한 논의를 피할 수 없는 것으로 만들었다. 빌헬름 슈테켈은 1912년 신경성 불안 상태들에 대한 그의 책 제2판을 준비하면서 기법에 대한 주장을 수정했고, 여러 가지 형태의 전이에 대한 지식이 성공에 필수적이라고 주장했다. 슈테켈은 전이의 형태들을 분류하려고 했다. 의사에게 향한 전이가 가장 보편적이다. 하지만 전이는 또한 의사의 가족들, 가정의 일하는 사람들, 애완동물들, 분석가의 사무실이나 아파트에도 조용히 일어날 수 있다. 슈테켈은 이러한 현상들 밑에 있는 본질에 대해서는 어떤 주장도 하지 않았다. 그는 양가감정적 오이디푸스 전이들에 대한 리클린과 페렌치의 연구는 무시했고, "이러한 사실의 심리적인 뿌리들은 아직 탐구되지 않았다"고 말했다.

1912년 초기, 프로이트는 자신의 유형분류체계typology로 슈테켈의 글을 뒤따랐다. 그는 전이의 심리적 기원들을 분명히 했다. 《전이의 역동들》은 1905년 도라 사례의 후기 이후에 이 이론에 대한 프로이트의 첫 번째 확장된 논의였다. 프로이트의 견해에 의하면 슈테켈은 요지를 놓쳤다. 전이의 대상들은 유동적이고 변할 수 있지만 그것들의 뿌리는 그렇지 않다. 사랑과 증오는 어린 시절 중요한 인물들과 더불어 생겨난 형판들templates에 기초하고 있다. 무의식적 형판들의 증거는 성인기에 형성되는 정서적 유대에서 발견될 수 있는데, 우리는 우리가 이미 알고 있는 형식으로 사랑을 기대하기 때문이다. 이러한 "정형화된 판들"이 "원형들prototypes"이고 세계로 투사된다. 임상적 상황에서, 의사는 환자의 마음에 있는 이러한 인상들에 의해시 만들어진다. 개, 아파트, 집사에게 일어나는 전이는 잊어버려라. 어머니, 아버지, 자매, 형제를 생각하라.

이러한 맨 처음의 관계들이 깊은 곳에 있는 전이의 구조들이다.

전이는 대개 무의식이고 의식의 기억으로 올라오지 않는다. 알지 못하는 사이에, 남자와 여자는 현재에서 과거를 살아가려고 하고, 그들의 개인 역사로부터 가져온 역할을 다시 하려고 한다. 분석이 진행되면 될수록, 전이는 더욱 무의식에 대한 정보의 결정적인 원천이 된다. 분석가는 이러한 전이들을 해석하고 그것들을 인식할 수 있게 하는 것으로 이러한 유령들이 통제력을 점차적으로 잃게 해야 한다.

프로이트는 꿈 해석의 복잡한 해석학을 옆으로 제쳐 놓고 그것의 자리를 전이의 분석으로 대체했다. 증거를 고려한 관점에서 보면 이러한 변화는 승리자였고, 프로이트는 그것을 알고 있었다. 그는 융에게 전이는 "전체 과정이 본질적으로 성적이라는 주요한 증거"라고 말했다. 《전이의 역동들》에서, 프로이트는 전이가 환자의 무의식적 성애적 삶을 드러나게 해주기 때문에 매우 귀중한 것이라고 말하면서 이 주장을 반복했다. 전이는 지금 여기에서 경험적으로 관찰할 수 있는 대단한 이점을 가지고 있다. 과거의 외상trauma들을 복원하는 것과는 다르게, 전이는 기억의 위조나 개인 역사를 다시 말하는 것의 어려움에 처하는 경향이 없다. 그것의 해석은 꿈의 해석보다 더욱 정직하다. 꿈들과 비교하자면, 전이는 치료하는 것과 알아가는 것, 의학과 과학 둘 모두의 요구를 더 잘 만족시킬 수 있었다.

물론, 환자들이 그들의 의사와 사랑에 빠지는 것을 기대한다고 공개적으로 주장하는 것은 위험성이 있는데, 특히 프로이트의 임상가들이 때때로 자신들의 욕망에 굴복할 때에는 더욱 그랬다. '교수님'은 이러한 거친 격정과 성애적 난국을 피하면서 작업하는 것이 얼마나 중요한지 서둘러 설명했다. 그렇게 하기 위해서 의사는 반드시 긍정적 전이의 두 가지 유형을 구별해야만 한다. 첫 번째는 부분적으로 의식적이고, 우호적이고, 애정이 깊은데, 이것은 환영해야 한다. 왜냐하면 이것이 바로 "성공의 매개물"인데, 그 애정이 환자가 분석가의 암시(프로이트가 인정했다.)를 받아들이게 해준다. (이러한 인정은 페렌치를 화나게 했는데, 그는 프로이트가 분석을 암시라고 무시하는 사람들에게 원조를 보냈다고 불평했다.) 이 긍정적 전이는 유익하며 반대할만한 성적인 것과 다른 것이다. 전이의 두 번째 유형은 전적으로 무의식이고 억압된 성애적 느낌들에 기반을 두고 있는

데 사랑의 요구로 나타난다. 성애적 긍정적 전이는 싸워야만 하는 것인데, 기억하기remembering와 분석 전체에 격렬한 저항을 만들어낸다. 프로이트는 치료적 성공은 다른 어떤 것보다 전이가 처리되는 방법과 관계되어 있다고 생각한다는 것을 분명히 했다.

1912년 《전이의 역동들》의 출판은 프로이트 학계에서 사건이었다. 루트비히 빈스방거는 그 글에 대해서 강의했고, 융과 페렌치는 그것을 찬미했다. 런던 정신분석적 그룹의 초기 모임에서 공부를 위한 번역문이 준비되었다. 전이는 엉클어진 문제들을 해결하는 것처럼 보였고, 또한 새로운 것들이 드러나게 했다. 무엇이 분석가가 자기 자신의 전이를 갖게 되는 것을 방지시켜 줄 수 있을까? 루트비히 빈스방거는 물었다. 프로이트는 대답했다. 분석가는 자동적인 정서들에게 반응해서는 안 되고, 자신을 그러한 느낌으로부터 자유롭게 하기 위해서 반드시 환자와 사랑에 빠졌다는 것을 인지해야만 한다.

빈스방거의 질문은 학문적인 것은 아니었다. 프로이트는 한 환자(엘프리데 허시펠드Elfriede Hirschfeld)로부터 융과 피스터와의 전이 문제에 대한 소문을 듣게 되었다. 프로이트는 융에게 편지를 써서 그러한 전이의 위험성에 대한 경고를 했고, 역전이에 대한 에세이가 절실하게 필요하다고 말했다. 융은 역전이 문제에 대해서 자신은 어느 정도 저항력이 있다고 대답했다. 그러나 피스터 목사는 환자들에게 기독교인의 원칙을 내세우며 "내가 너희에게 무엇을 했는지 보라. 너희는 나를 위해 무엇을 할 것인가?"라고 타일렀다.

역전이는 단지 치료의 문제만은 아니었는데, 분열의 기간 동안에 프로이트는 대부분의 싸움이 이론가들의 역전이에 의해서 일어났다고 확신했다. 블로일러는 청교도 기질이 있었고, 억압되었으며 자신의 성적 충동을 두려워했다. 융은 목사의 아들이었는데 아버지 콤플렉스로 괴로워했다. 아들러는 피해망상적이고 어디에서나 공격성을 발견했다. 슈테켈은 완전히 변태였다. 각 사람들은 프로이트의 현미경을 주의 깊게 살폈고 다른 어떤 것을 보게 되었다. 그것은 관찰자의 신경증에 의해서 만들어진 어떤 것이었다. 물론 프로이트 자신도 이러한 비판들 바깥에 있지 않았는데, 그도 또한 주관주의로 비난받았기 때문이었다. 비평가들은 그가 성에 강박적이고 어디에서나 그것을 발견한다고 믿었다.

분석가의 권위에 대한 도전의 판도라 상자와 또 다시 직면하게 되자, 프로이트는 정신psyche의 과학적 관찰자를 안정화시키는 결코 끝날 것 같지 않은 프로젝트로 돌아갔다. 관찰할 수 있는 전이 현상의 강조는 다른 사람의 무의식적 생각들을 읽으려고 시도할 때 직면하는 문제들을 최소화하려는 노력이었다. 기법에 대한 그 다음 글에서 프로이트는 분석가의 왜곡된 침범을 제한하려고 한층 더 노력했다. 환자가 그의 내적 생각들과 느낌들을 자유 연상에서 펼치도록 노력해야 하는 것 같이, 이상적인 분석가도 같은 규칙을 따라야 한다고 주장했다. 어떤 정해진 주제 없이 들어야 한다. 단서나 직접적 연상들을 찾으려고 하지 말고, "균일하게 유예되어 있는 주의력evenly suspended attention"을 가지고 기다려라. 이러한 방법으로 분석가는 편견과 선입견의 함정들을 피할 수 있다. "어떤 것을 선택할 때 자신의 예상들을 따른다면 그는 그가 이미 알고 있는 것 외에 다른 어떤 것도 발견할 수 없는 위험에 빠지는 것이다. 그리고 그가 자신의 성향들을 쫓는다면 인식하게 된 것을 분명히 왜곡할 것이다."

분석가의 주관성을 담아내기를 희망하면서, 프로이트는 분석가의 욕구와 편견을 제어하는 분석가의 이상을 만들고자 했다. 그러나 그곳에는 약간의 문제가 있었다. 균일하게 유예되어 있으면서 주의력이 있는 분석가는 반드시 저항이 없어야 하고 사각지대가 없어야 한다. "이것을 위해서, 그는 자신이 거의 정상인이라는 것만으로는 충분하지 않다. 그것보다는 그는 정신분석적 정화를 경험해야만 하고, 환자가 그에게 말하는 것의 이해를 방해할 수 있는 자신의 콤플렉스들을 인식해야 한다." 프로이트는 "정화된purified" 분석가에게 지나치게 정서적으로 휩쓸려 들어가는 것으로부터 자신을 견고히 하고, 감정을 한쪽으로 치워놓는 수술의같은 자신을 만들라고 요청했다. 마지막 당부로, 프로이트는 거울같이 기능하는, 즉 환자의 내부에 있는 것을 충실하게 반영하는 분석가에 대해서 말했다.

프로이트의 권고는 기준을 더 높게 했다. 누구도 자신이 그렇게 오점이 없다고 주장할 수는 없었다. 더욱이, 이러한 기대들은 프로이트의 이론을 세우는데 매우 중요했던 지각과 정신작용의 주관성에 대한 지식 체계에 반하여 움직였다. 여전히, 정신분석적 지식의 분야를 안정화하는 것이 시급한 문제였다. 프로이트는 냉정하고 객관적인 분석가의 이상이 분석가들을 고무시켜서 그들 자신의 욕구를 감독하게 될 것을 소망했다. 물론 생각이 한 사람의 마음에서 다른 사람의 마음으로 지각과 인식의 편견 없이 소통될 수만 있다면 문제될 것이 없었다. 프로이트와 페렌치는 F. W. H. 마이어스F. W. H. Myers가 "텔레파시"라고 부른 생각-전이의 실험을 흥미롭게 여겼다. 무의식이 매개체 없이 지각될 수만 있다면 좋을 텐데. 생각-전이는 헛된 열망일 것이었지만, 임상적 전이는 분석 기법의 열쇠였고, 전쟁 이후 정신분석가들이 재편성하여 모인 새로운 개념의 중심이었다.

취리히 사람들과의 최종적인 분리 후에, 프로이트는 기법에 대한 2개의 글을 더 썼다. 이 분야를 순조롭게 진행하기 위한 규칙들을 만들기 위해서, 프로이트는 새로운 근거를 탐색하고 있었다. 전이가 진정으로 정신분석의 중심이라면, 과거를 재현하기 위해서 오랫동안 계속 되어 온 무의식적 시도들을 임상가는 다루어야만 했다. 이러한 견해에서 보면, 인간 존재는 근본적으로 옛것을 그리워하는 것처럼 보인다. 그들은 무의식적으로 "반복하는 강박"으로 고통을 당하고 있다. 옛 사랑과 증오를 전이에서 다시 불타게 하는 것은 시간의 제한을 받지 않고 환각적 과거에서 살려는 시도이고, 과거를 과거로 기억하는 것을 거절하는 것이다. 프로이트는 그러한 반복들이 신경증 전체를 의사의 사무실에서 다시 재현시킨다고 결론내렸다. 신경증 그 자체가 "전이신경증"으로 변형될 수 있다. 한 때 정신분석이 진리가 사람을 자유롭게 해준다는 신념에 근거를 두고 있는 것으로 보였다면, 지금은 이러한 해방이 몇 번이고 되풀이해서 발생할 필요가 있는 것으로 보였다. 정신분석적 치료는 무의식적 반복들을 푸는 것이 되었다.

불행하게도, 의사들은 이러한 드라마에 계속 휘말렸다. 융의 유명한 불륜 연애관계들은 그의 분석가인 마리아 몰처Maria Moltzer, 그의 여자 환자인 토니 울프Toni Wolff를 포함하고 있었다. 산도르 페렌치의 열정은 기젤라 팔로스Gizella Pálos와의 번민했던 관계와 그녀의 딸 엘마Elma를 포함했는데, 둘 다 그가 분석했었다. 존스는 한 여자 환자에게 했던 부적절한 행실로 고소를 당한 후 북미에서 도망쳤고, 빌헬름 슈테켈은 환자들과 연애관계를 맺는다는 평판을 가지게 되었다.

전이를 강조하면서, 프로이트는 정신분석을 부적절한 행실과 성적 스캔들과 묶는 위험을 감수해야 했다. 의연한 프로이트는 전이-사랑의 폭발적인 이슈를 대담하게 선택했다. 그는 여성 환자가 남성 의사에게 사랑에 빠지는 것을 상상했다. 프로이트의 추론의 이러한 측면은 꽤 관습적이었지만, 나머지 주장은 관습적 도덕성으로는 다룰 수 없는 것이었다. 프로이트는 커플이 사랑할 수 있는 권리를 단순히 부인하는 것은 아니었다. 대신에, 문제는 사랑을 차지한 여성은 또 다른 분석가를 필요로 하고, 그 다음 또 다른 분석가가 필요하다고 주장했다. 사랑만으로는 그녀의 신경증을 치료할 수 없을 것이다. 의사에 대해서 말하자면, 그는 속아서 그녀의 사랑이 그의 매력적인 인간미 때문이라고 생각하게 되고, 환자에게 매우 오래전 인물들의 대체임을 망각하는 것이다. 정복을 자랑스러워하는 의사는 그의 "냉정함"을 포기하고, 역전이의 흔들림 속으로 빠진다. 이러한 상황을 피하기 위해서, "절제"와 함께 환자를 치료해야 하며, 치료에서 드러나는 신경증 환자들의 갈망을 채워주는 것을 거부해야 하는데, 이것이 환자에게 압력을 가해서 과거를 기억하고remembering 작업해서 극복하게working through 할 것이라고 프로이트는 주장했다.

그 후에, 프로이트는 멈추었다. 그것이 1915년 이었다. 그는 정신분석의 기법에 대해서 말하고 싶은 대부분을 이미 말했다. 몇몇의 짧은 글들에서, 프로이트는 전이를 프로이트학파의 임상적 실제와 이론에서 결정적인 것으로 만들었다. 이것은 리비도 이론을 증명하였고, 치료의 초점이며, 임상적 실패들의 원인이었다. 이것은 분석가들이 꿈 해석의 예측불허한 변화들에 덜 의존할 수 있게 해주었고, 임상에서의 경험들에 세심한 관심을 갖는 것을 권장했다. 전이는 임상적 작업을 신경증 이론과 마음의 모델과 연결시켰고, 사랑의 미스터리의 어떤 면을 설명하는 성심리적 발달의 도식과도 연결을 시켰다. 전이는 단지 기법적 개념만이 아니라, 정신분석의 이론과 실제를 연결하고 조직화하는 핵심적인 개념이었다.

1917년 봄, 바덴-바덴의 의사 게오르그 그로덱은 처음으로 프로이트에게 편지를 썼다. 프로이트가 쓴 정신분석 운동의 역사를 읽은 후에 그로덱은 불안해졌는데, 그는 정신분석적으로 설명한 연구를 출판하고자 준비하고 있었다. 그 책에서 그는 무의식은 정의를 내릴 수 없다고 언급했다. 그는 공개적으로 거부당할 것인가? "당신의 정의에 따르면, 나는 제 자신을 정신분석가로 생각할 수 있는 것인지 의심하기 시작했습니다. 나는 이 운동의 회원이면서 이 운동에 속하지 않은 침입자로서 불려지고 싶지 않습니다."라고 썼다. 프로이트는 대답했다. "나는 당신의 권리를 존중하고 싶소. 나는 당신이 이 문제의 본질적인 면들을 이해하는 훌륭한 분석가라고 주장하오. 전이transference와 저항resistance이 치료의 가장 중요한 면이라는 발견은 때로는 어떤 사람을 돌이킬 수 없이 제멋대로의 군대의 일원으로 만들어 주었소."

칼 융은 벼락을 맞은 듯했을 것이다. 그의 기법은 프로이트와 싸움 동안에 이슈가 되지 않았다. 아들러도 융의 당황스러움과 비슷한 것을 느꼈을 것이다. 그 또한 대체로 프로이트의 연구 방법을 따랐다. 둘 모두 이 운동에서 쫓겨나게 되었는데 그들이 무의식에 대해서 일탈적인 견해들을 주장했기 때문이었다. 하지만 지금 게오르그 그로덱이 그 무리 안으로 기꺼이 받아들여진 것은 어떤 방법론적인 토대에 근거한 것인가? 그로덱에게 보낸 프로이트의 편지는 분석가라는 것이 무엇을 의미하는가를 다시 정의하는 재편성의 초기 조짐이었다.

III.

제1차 세계 대전 이후, 훈련에 대한 필요가 점점 커지면서 기법에 대한 프로이트의 글들이 핵심적인 교육의 도구가 되었다. 하지만 이러한 길잡이가 있었어도 많은 무질서와 혼동은 계속되었다. 예를 들면, 1918년 이후 빈에서 정신분석을 받아들인 젊은 신참자들을 생각해보라.

세계 대전은 문화적 재조정을 위한 조건들을 만들어냈고 그것은 빈에서의 프로이트학파 사람들이 성장할 수 있게 해주었다. 전쟁은 가장 비관적인 문화 비평가들도 현명하게 보이게 했다. "전쟁 이후의 세대는 세워져 있던 질서로부터 맹렬한 렌치로 자신을 해방시켰고, 모든 전통에 반항하게 했다."라고 슈테판 츠바이크Stefan Zweig는 썼다. 더불어 접신론, 신비주의, 강신술을 포함한 신낭만주의적 사고가 생겨났다. 프로이트의 공동체가 새로운 것, 비전통적인 것, 기괴한 것, 성적인 것과 제휴하게 되자, 프로이트와 정신분석에 대한 전통적 의학의 비난은 매우 가치가 있는 것이 되었다.

새로운 기풍을 가진 "빈 청년 운동Viennese Youth Movement"은 "철새

Wandervögel"라는 그룹으로부터 발전되어 나왔고, 이 그룹은 1901년 베를린 부근에서 학생들을 위한 하이킹 조직으로 설립되었다. 1911년 즈음, 회원이 1,500명으로 늘어났고 성인의 통제가 없는 자유를 즐겼다. 체조와 누드수영과 함께, "철새"의 회원들은 "성에 대하여 교육을 잘 받았고" 사랑의 전통적인 형태에 대한 그들의 무시를 과시하면서 남성동성애와 여성동성애를 받아들였다고 어떤 관찰자는 말했다. 빈에서, 이 청년 운동은 장래의 개혁가들과 반항자들을 연합시켰는데, 그들은 버려진 군 막사에서 함께 살았다. 성교육, 자유연애, 피임을 빌헬미네Wilhelmine 시대의 고상한 체하는 위선으로부터의 결별로서 지지했다.

청년 운동의 몇 회원들은 빈 대학의 의대에 들어갈 수 있었다. 그곳에서 공통 관심사가 그들을 모이게 했다. 한 의학 강의 후에 "오토 페니헬은 종이를 돌려서, 새롭게 발달된 것들에 대한 커리큘럼 외의 특별한 세미나에 참석하기를 원하는 사람은 후에 남으라고 말했다."고 누군가는 회상했다. 페니헬은 빈 청년 운동의 의욕적인 회원이었고, 성적, 문화적, 학교 개혁에 헌신했다. 22살의 의대생으로서, 그는 청년 문헌을 위한 도서관을 시작했고, 프로이트를 발견했다. 그날 페니헬과 합류한 사람은 에드워드 비브링Edward Bibring, 그레테 레흐너Grete Lehner, 빌헬름 라이히Wilhelm Reich였고, 이 모든 이들이 정신분석 운동의 선도자들이 될 것이었다.

성 개혁자들의 두 번째 파도는 프로이트와 정신분석에 매력을 느낀 학생들을 포함하고 있었다. 1919년 2월, 그들은 대학에서 성 과학을 위한 빈 세미나를 만들었다. 그곳에서 성적 생물학, 정신분석, 다른 논제들을 논의했다. 페니헬은 이미 헌신된 프로이트학파 사람이었다. 하지만 그 그룹이 처음으로 프로이트를 읽었을 때 모두가 큰 감명을 받은 것은 아니었다. 에드워드 비브링은 그 연구가 우습다고 생각했고, 라이히는 어디서나 성을 보려고 하는 페니헬을 모든 프로이트학파 사람들 같은 광신자로 취급했다. 이러한 거부감에도 불구하고, 라이히는 성이 "모든 사회 생활과 개인 내면의 영적 생활을 운행시키는 핵심"이라고 믿었다. 이것은 그가 결코 포기하지 않을 신념이었는데, 어려운 경험들을 통해서 이것에 도달했기 때문이었다.

빌헬름 라이히는 1987년 갈리시아Galicia에서 태어났는데, 특권층의 자녀였지만 가족 비극의 희생자였다. 번창했지만 독재적인 유대인 지주의 아들인 라이히는 성 과학 세미나에서 자신을 환자로 위장하여 그의 친구들에게 그의 사례를 발표하는 것으로 몹시 불행했던 어린시절에 대한 이야기를 풀어놓았다. "근친상간 터부의 사춘기의 위반에 대한 사례"는 유전적 퇴화도 아니고 사이코패스도 아니었지만 여전히 명백한 근친상간 환상을 가지고 있었던 소년에 대해서 이야기했다. 그 환상은 그의 어머니가 가정교사와 불륜의 연애관계를 갖는 것을 아동기에 목격했을 때 자극되었다. 어린 라이히는 엄마와 성관계를 갖는 상상을 했고, 그녀를 복종하게 하는 환상을 가지고 있었다. 결국, 그 소년은 아버지에게 그 연애관계에 대해서 발설했고 이것으로 인해 아버지는 어머니를 신체적으로 학대하고, 무자비하게 괴롭혔으며 그녀는 독을 먹고 자살했다. 얼마 지나지 않아, 그 소년의 아버지도 죽었고 어린 라이히는 망연자실하게 되었다.

전쟁이 터지자 그는 지원했고 최전선에 세 번이나 나갔다. 휴전 후에 라이히는 빈으로 온 후 카페에서 독서를 하며 하루를 보냈다. 그는 바이닝거, 쇼펜하우어, 칸트 등 카페 논의들을 섭렵했으며, 물리학, 화학, 생물학을 배운 후에 법에서 의학으로 전환했다. 거기서 라이히는 레흐너, 페니헬, 비브링과 같은 청년 운동 활동가들과 연결되었고 그들의 개혁 지향적 호색 그룹에 합류했다.

성 과학 세미나는 빌헬름 라이히에게 깊은 영향을 주었다. 1919년 여름, 의대 2년차를 마칠 때 그는 성 과학자들의 글을 읽기 시작했다. 그는 프로이트의 《세 편의 에세이》와 《입문 강의들》에 가장 깊은 인상을 받았고, 그의 직업 선택을 결심하게 했다. 라이히는 자신을 성 과학자로서 언급하기 시작했는데, 오토 페니헬이 베를린으로 떠날 때 라이히가 세미나를 책임지게 되었다.

라이히는 자신의 책임을 진지하게 받아들였다. 그는 그 세미나를 생물학적, 심리학적 구성들로 재조직화 했고 그들의 연구에 더 많은 질서를 가져왔다. 세미나의 의장으로서, 그 그룹을 위해 읽기 자료를 가져오는 것은 그의 책임이었다. 라이히는 빈에 있는 가장 유명한 성 생물학자들, 심리학자들과 연락했고 그들을 만났다. 빌헬름 슈테켈은 감명을 주려고 지나치게 노력한다고 생각했고, 아들러는 프로이트를 반대하는 긴 연설을 늘어놓고, 자신의 해석과 관련해서는 경직성을 드러내 라이히를 실망시켰다. 프로이드는 라이히에게 깊은 인상을 주었는데 라이히의 성에 대한 관심을 격려했고 그에게 책들과 재발행

본들을 즐거운 마음으로 제공했다.

1919년, 라이히는 포렐에서부터 프로이트와 융에 이르기까지 성적 본능과 관련된 개념들의 개관을 발표했다. 라이히에게, 성이 사춘기의 남자들을 사로잡는다는 생각은 어리석게 보였다. 그는 더 어린 나이에 성적 느낌들로 고통 받았고 흥분했었다. 오직 프로이트의 이론만이 그의 경험을 설명해주었다. 1919년 9월, 자주 우울했던 라이히는 성 과학 세미나에서 강의했던 분석가인 이지도어 자드거에게 개인 분석을 받기 시작했다. 그 해 겨울, 라이히는 의대생이었지만 환자들에게 정신분석을 하기 시작했다. 그 당시에는 분석을 하기 위해서 필요했던 것은 자신의 분석가로부터의 승인과 프로이트의 축복이었다.

라이히의 임상 정신분석의 시작은 재난이었다. 이 젊은이는 항상 그의 성적 욕구를 통제하기 위해서 고투했다. 그의 첫 번째 책에 《충동적인 성격》이라고 제목을 붙인 것은 이유가 있었던 것이다. 사창가에 자주 방문하던 라이히는 많은 불륜 연애를 했다는 소문이 있었다. 이 초보자가 1919년 겨울에 19세의 아름다운 로어 칸Lore Kahn의 치료를 시작했을 때 그 결과는 예측할 만했다. 이 젊은 여성은 청년 운동의 지도자였던 연인을 잃었다. 그녀는 라이히와 치료를 시작한 후에 그와 곧 사랑에 빠지게 된다. 그녀가 자신은 분석은 원치 않고 대신에 그녀의 분석가를 원한다고 선언하자, 라이히도 로어를 향한 정열과 씨름해야만 했다.

라이히는 저항했고, 스스로에게 이것이 전이라고 상기시켰다. 그러나 둘은 치료를 끝낸 후 성 과학 세미나에서 만났고 그들의 애정관계는 시작되었다. 하지만 1920년 10월, 로어는 갑자기 죽었다. 그녀의 어머니는 라이히가 로어를 임신시켰고, 잘못된 낙태로 그녀가 죽게 되었다고 그를 비난했다. 그녀의 어머니는 자신의 딸이 정신분석에 들어간 날을 저주하고 나서 자살했다.

로어의 죽음은 라이히를 괴롭혔다. 그의 성적 충동은 필연적으로 그가 사랑하는 여자의 죽음으로 끝나는 것처럼 보였다. "누가 나에게 어떻게 행동해야만 하는지 말해줄 것인가?" 그는 생각했다. "나는 원인이다. 그러나 내가 그것을 어찌 할 수 있는가?" 질문이 계속 맴돌았다. 1920년, 분석의 실제에 대한 실용적인 안내서가 프로이트의 기법에 대한 글들 외에는 거의 없었다. 라이히는 계속해서 분석을 했고, 빈 정신분석학회에 글을 발표했으며 그룹에서 받아들여졌다. 그러나 그는 입센의 《페르퀸트Peer Gynt》에 대한 견해인 자신의 글이 근친상간적 유아적 환상들에 기초하여 해석했음에도 불구하고 좋지 않게 받아들여지자 무너졌다. 정말 무의식이 있는 것인가? 그는 오토 페니헬에게 물었다. 도움을 주기 위해서 페니헬은 대답했다. 철학적으로 말하자면 무의식은 없고, 정신분석적으로 말하자면 있다! 선배인 에두아르트 히치만은 라이히에게 철학적으로 사색하는 것을 멈추라고 조언했다. 결국 이 젊은이는 조소하듯이 일기장에 되뇌였다. "분석하라, 분석하라, 분석하라!"

라이히는 임상적 실제에 대해 윤곽을 더욱 명확히 해주는 이론을 찾았다. 협회 모임에서, 소수의 사람만이 기법에 대한 강의를 했다. 그가 선배 분석가들에게 조언을 얻고자 갔을 때 그들은 해줄 말이 거의 없었다. 인내하고 치료적 야망을 계속 점검하라는 프로이트의 지속적인 권고들조차도 도움이 되지 못했다. 1921년 1월, 라이히는 아직 의대에 있었음에도 불구하고, "프로이트, 그 분이 두 명의 유료 환자를 나에게 보냈다."라고 쓰면서 만족해 했다. 아마도, 단지 분석하는 것만으로 문제들이 해결될 수도 있지 않을까 기대했다.

1921년 1월, 로어의 친구이고 '청년 운동'의 회원인 애니 핑크Annie Pink가 세미나에서 라이히를 만났고, 그에게 분석을 받기 시작했다. 라이히는 일기에 이렇게 썼다.

> 점점 분명해지는 것이 있다. 나는 애니 핑크를 나 자신을 위해서 후에 그녀의 마음을 쟁취하려는 의도를 가지고 분석하고 있다. 로어의 경우에서처럼……. 나는 무엇을 해야 하는가? 분석을 끝내야 하나? 그것은 안 된다. 왜냐하면 후에 만날 수 없기 때문이다! 그러나 만약 그녀가 로어가 그랬던 것처럼 나에게 고착되면 어떻게 하나? 전이를 철저하게 해결하라! 그렇다. 그러나 전이는 사랑이 아닌가, 아니면 다르게 말하면 모든 사랑은 전이가 아니든가?

분석이 계속되어도 전이는 해결되지 않았다. 라이히는 일기장에서 불평했다. "젊고, 예쁘고, 지적인 18세의 젊은 여자가 24세의 분석가에게 친밀한 우정을 시작할 섯 같다는 금지된 생각을 하고 있다고 말했다. 그렇다 그녀는 실제로 소망하고 그것이 아름다울 것이라고 말했다. 그리고 분석가는 그녀의 아버지를 가리키는 것으로 그 모든 것을 해결해야만 할 때, 이것은 정말 끔직하다.", "너의 이를 악 물어라, 허울을 지켜라, 무관심을 유지하라!" 라이히는 스스로 다짐했다. 이러한 결의에도 불구하고, 애니의 전이나 그의 역전이는 어디로 가지 않았다. 분석에 들어온 지 6개월 만에 애니 핑크는 분석을 끝낼 의사를 밝혔다. 그 후에, 라이히는 아쉬운 듯이 썼다. "그녀가 훌륭하다면, 그녀는 그녀에 대한 나의 전이를 해결해줄 수 있을 것이다."

분석을 종결한 후, 애니는 곧 병이 들었고 라이히에게 편지를 썼다. 그는 그녀에게 보낸 편지에서 자신이 "전문가로서의 허울" 뒤에 있는 역전이로 고투하고 있었다고 고백했다. 라이히는 진정하는 기간을 갖자고 충고했다. 그 둘은 친구가 되었다. 애니는 나이가 많은 분석가인 헤르만 눈베르크Hermann Nunberg와 분석을 계속했다. 후에 그들의 애정관계가 시작되었다. 1922년 3월, 애니의 가족이 침실에서 그들을 발견한 후에 둘은 결혼하기로 결정했다. 그들은 함께 빈 정신분석 세계로 투신했다.

1922년, 라이히는 의대에서 졸업했고 율리우스 폰 바그너 야우레크의 정신의학 클리닉에 연구생으로 들어갔지만, 빈의 새로운 정신분석 클리닉에서 보좌역으로도 임명을 받았다. 의대 졸업 1년 후, 라이히는 임상적 방법에 대해서 강의해 달라는 요청을 받았다. 이것은 정말 장님이 장님을 안내하는 경우였는데, 라이히 자신의 말에 의하면 그는 4명의 여인들을 분석했고 그 중 두 명과 잠을 잤다. 어떻게 그가 계속 분석할 수 있는가? 그는 남자들과 더 나이가 많은 여자들만 치료해야 하는가? 그는 고민했다. 누가 그에게 충고할 수 있는가?

이러한 혼돈 속에 있는 것은 라이히 혼자만는 아니었다. 예를 들면, 전쟁 이후 빈으로 온 외국 학생들도 혼돈스러웠다. '교수님'은 안정적인 통화currency를 열망했고, 그들은 프로이트와 공부해서 정신분석가가 될 것을 열망했다. 1920년 1월, 어니스트 존스는 존 리크만John Rickman을 빈에 보내서 프로이트에게 분석을 받게 했다. 리크만이 도착했을 즈음, 프로이트는 2명의 영국계 미국인을 치료하고 있었다. 이 그룹에 영국인 제임스 스트레이치James Strachey와 그의 미국인 아내 앨릭스Alix가 합류했다. 리차드 스트레이치Richard Strachey 경의 아들인 제임스는 케임브리지를 다녔고, 편집인으로 일하다가 프로이트의 연구와 마주치게 되었고 정신분석가가 되기로 결심했다. 1920년 2월, 제임스와 앨릭스는 브런즈윅 스퀘어 클리닉에서 분석에 들어갔다. 제임스는 어니스트 존스의 권고를 따라 의학을 공부하려고 시도했으나, 해부학적 절개는 그에게 너무 벅찼다. 그는 존스를 우회하여 프로이트에게 직접 편지를 보냈고, 빈에서 훈련을 받게 해달라고 요청했다.

그는 1920년 도착했고, "'교수님'의 해부 테이블과 오페라"로 시간을 보냈다. 그리고 곧 프로이트의 방법에 매혹되었다.

> 일요일을 제외한 모든 날에 나는 '교수님'의 소파에서 1시간을 보냈다.(나는 지금까지 모두 34시간을 보냈다.) 그리고 "분석"은 철저하게 삶의 내면의 흐름을 보여주는 것 같다. 마치 이래야 하는 것처럼, 나는 어느 때보다도 모호하다. 그러나 여하튼, 때때로 이것은 대단히 흥미진진하고, 때로는 매우 불쾌하다. 그래서 아마도 거기에 무엇이 있는 것 같다고 생각한다. '교수님'은 최고로 상냥하고 눈부신 예술적 명인이다. 거의 매 시간이 유기적인 미적 통일체이다. 때때로 극적인 효과가 정말로 충격적이다. 그 시간의 처음 부분 동안에는 모든 것이 모호하다. 컴컴한 징후들이 여기에, 미스터리가 저기에 있다. 그리고 점차로 더욱 짙어지는 것 같다. 너는 너 안에 무서운 것들이 움직이는 것을 느낀다. 그리고 그것들이 어떤 것일지 알아 낼 수가 없다. 그 때, 그는 너에게 약간의 실마리를 준다. 너는 갑자기 어떤 것에 대해서 분명한 섬광을 보게 된다. 그리고 나서 너는 또 다른 것을 본다. 빛의 모든 연속들이 너에게 들어온다. 그는 너에게 한 가지 더 질문을 한다. 너는 마지막 대답을 한다. 전체 진실이 너에게 떠오르면 '교수님'이 일어나고 방을 가로질러 전기벨로 가서 너에게 나갈 문을 보여준다.

1921년 가을, 스트레이치 부부와 리크만에게 5명의 미국인이 합류했다. 그렇게 해서 프로이트에게 치료를 받는 9명의 환자 중의 8명이 영국과 미국에서 온 학생들이었고 그들은 훗날 분석을 하기를 소망했다. 하루에 한 시간씩 프로이트와 함께하는 것 외에, 이 학생들은 이렇다 할 일들이 없었다. 결국, 그들은 용기를 내서 공식적인 수업을 해달라고 요청했다. 프로이트는 승낙했다. 그는 오토 랭크, 아브라함, 페렌치, 그리고 헝가리인 분석가 게자 로하임이 강의하도록 계획을 세웠다. 그러나 이 학생들은 그들이 숙달해야 하는 기법들에 대해서 여전히 혼란스러웠다. 프로이트는 그 당시에는 기법적 질문들을 다루는 데 관심이 없는 것처럼 보였다. 미국인 중의 한 명인 뉴욕 의사 아브람 카디너Abram Kardiner는 프로이트에게 분석가로서 자신에 대해서 어떻게 생각하는지 물었다. 프로이트는 고백하기를, "나는 치료적인 문제에 그렇게 큰 관심을 가지고 있지는 않은데, 이는 이론적인 문제에 항상 지나치게 몰두되어 있기 때문이다. 그래서 기회가 있을 때마다 치료적인 문제들에 관심을 기울이기 보다는 나의 이론적인 문제에 대해 작업하고 있다."

카디너는 그의 분석가가 치료적인 문제들에 많은 관심이 없다는 것을 분명히 알게 되자, 몇 명의 영국인들은 그저 당황해 했다. 하루는 제임스 스트레이치와 존 리크만이 카디너에게 와서 차를 마시자고 했다.

> 존 리크만이 나에게 말했다. "나는 프로이트가 당신에게 말씀한다는 것을 압니다."
>
> 나는 말했다, "그래요, 그분은 그렇습니다, 항상."
>
> 그들이 말했다, "글쎄요, 당신은 그것을 어떻게 합니까?"
>
> 나는 대답했다, "나는 정확히는 모릅니다. 아마도 하루 중 그분에게 그런 때일지, 혹은 내가 그를 흥미롭게 하는지, 혹은 내가 계속 뛰는지. 나는 모르지만, 그는 꽤 말이 많습니다. 그는 당신과는 어떠합니까?"
>
> 그들은 모두 말했다. "그분은 한마디도 하지 않습니다."

더욱 많은 학생들이 정신분석으로 모여들면서 어리둥절함이 퍼져갔다. 1922년 베를린에서의 국제정신분석협회 회합에는 256명이 참석했다. 2년 전에 세웠던 기록보다 두 배 이상이었다. 참석자들은 리비도 이론에서의 복잡한 문제를 설명한 글들에 대해서 들었고, 《쾌감 원칙 너머에》를 세포의 본질, 발생학, 기질적 병들에 대한 추론적인 생물학으로 이론화한 글들이 발표되었다. 하지만 이런 것들은 신경증 환자들에게 무엇을 이야기할지 고민하는 사람들에게는 큰 도움이 되지 못했다.

상황이 더욱 분명해지기 전에, 그들은 더욱 혼돈스러워지기 일보직전이었다. 그 때 회합의 참석자들은 새로운 시대를 알리는 선언을 들었다. 바덴-바덴에서 온 악동 게오르그 그로덱은 무의식에 대한 그들의 개념이 불충분하다고 청중에게 말했다. 그는 맹목적인 힘(그는 "그것(독일어로 Es)으로 불렀다.)이 우리 안에서 작동하고 있다고 주장했다. 협회의 한 괴짜 회원이 무의식에 대한 대조적인 견해를 발표하고 나서 격추당하는 것은 보기 드문 광경은 아니었다. 하지만 놀랍게도, 지그문트 프로이트는 동의했다. 그는 페렌치에게 편지를 써서 《쾌감원칙 너머에》에서 시작된 탐구를 계속하는 어떤 것을 쓰고 있고, 그것은 "그로덱과 관계가 있다."고 말했다.

베를린 회합에서 프로이트는 그로덱에게 진 빚인 "그것"에 대해서 언급하는 것으로 인정했고, 또한 "자아Ich"(보통 의식과 같다고 생각하는)의 많은 부분이 무의식이라고 주장했다. 그러므로 "자아"와 "그것" 사이의 갈등들은 완전히 의식 밖에 있는 것이다. 이것은 프로이트학파의 생각의 중심이 되는 마음의 모델(정신적 내용들이 의식과 무의식으로 나누어져서 작동한다.)은 이러한 갈등을 묘사할 때에는 쓸모가 없었다는 것을 의미했다. 프로이트는 이 자료를 명료하게 할 것이라고 약속했고, 《"자아"와 "그것"》이 되었다. 그 용어들 자체에 내포된 것은, "그것"은 의식에 압박을 가하는 인식할 수 없는 힘이고 "자아"는 적어도 내적 경험에 대한 모든 사람들의 일상적인 이해와 관련되어 있다는 생각이었다.

프로이트의 죽음의 추동drive은 이미 나이 든 프로이트학파 사람들에게 당혹함과 갈등을 초래했었다. 파울 페데른과 헤르만 눈베르크 같은 충신도 그 개념을 거부하다가 결국엔 받아들이게 되었다. 자드거와 히치만 같은 사람들은 격렬하게 반대했다. 그러나 죽음의 추동에 대한 이론들은 프로이트 자신도 인정한 것 같이 매우 추론적이었다. 게다가 지금 더욱 새로운 개혁이 나오게 되었는데, 이것은 임상에 기초하고 있었고 프로이트가 《꿈의 해석》에서 선설한 마음의 모델에 도전했다.

1922년의 베를린 회합에서의 이러한 격변들 중에, 프로이트는 "정신분석 기법과 정신분석 이론의 관계"에 대한 최고의 에세이를 위한 공개적인 경합을 선언했나. 이전의 두 번의 정신분석 회합에서 발표된 53편의 글들 중에서 오직 두 글만이 기법에 전념했다. 베를린의 많은 신참자들(독일에서 온 사람만 120명을 포함하여)의 존재가 추상적인 추론들만 가지고는 계속 증가하고 있는 미래의 임상가들을 교육하는 데 그리 도움이 되지 못한다는 것을 분명하게 했다. 20,000 마르크의 상금은 현재 이론과 기법이 어떻게 서로에게 도움이 되고 또는 방해가 되는지를 가장 잘 탐구한 글에게 수여될 것이었다. 하지만 프로이트가 이 상을 선언할 즈음에 이미 그 수상자를 알고 있다고 믿었다.

IV.

전쟁 기간 중에, 산도르 페렌치는 자신을 정신분석적 기법에 대해 가장 중요한 사상가로 세워나갔다. 그는 전쟁신경증의 도전에 대해서 언급했고, 어떤 환자들은 적극적인 때때로 공격적인 심리치료 방법이 필요하다는 것을 발견했다. 프로이트가 "늑대인간"에게 적용했던 자의적인 종결 날짜에서 영감을 받은 페렌치는 다양한 강압적인 수단들을 실험하기 시작했다. 만약 좌절이 신경증적 병을 만든다면, 제한적이지만 작은 만족들이 온전한 회복에 대한 소망을 약화시킬 것이라고 추론했다. 친절과 관대함은 치료되고자 하는 욕구를 무너뜨릴 수 있다. 그러므로 페렌치는 분석가는 반드시 "시기상조의 대체적인 만족"에 적극적으로 대항해야만 한다고 믿었다.

이러한 공격적인 자세는 객관적인 관찰자로서의 분석가의 모습에 역행했다. 분석가의 반영mirroring하는 능력을 유지하길 바라고 있음에도 불구하고, 프로이트도 수동적인 태도는 공포증과 극도로 강박적인 환자들에게는 아무런 도움이 안 된다고 동의했다. 공포증은 직면해야만 하고 강박증 환자는 자유 연상이라는 이름하에 계속 이야기하는 것이 허락되어서는 안 된다고 생각했다. 프로이트는 이러한 변경들을 받아들이면서도 경고했다. "우리는 환자를 우리의 개인적 자산으로 만들고, 그를 위해서 그의 운명을 결정해주고, 우리 자신들의 이상들을 그에게 강요하고, 창조자의 긍지를 가지고 우리 자신의 이미지로 그의 모양을 만들고 보기 좋았다고 말하는 것을 가장 철저하게 거부한다."

1918년 이후에, 페렌치는 절제를 강조하는 여러 편의 글들을 출판했다. 그는 몇 년 동안 아무런 진척이 없었던 한 여성 환자의 치료에 대한 글을 썼다. 이 여성은 성애적 전이를 유지했지만 분석에서 앞으로 나아가지는 못했다. 페렌치는 종결 날짜를 정했다. 여인은 약간 좋아졌고 치료를 마치고 떠났지만,

같은 신경증을 가지고 돌아왔다. 두 번째 분석의 시도는 첫 번째의 재연이었다. 세 번째 시도에서, 페렌치는 이 여인이 세션에서 그녀의 다리를 꼬는 버릇이 있다는 것과 의사에 대한 그녀의 사랑을 "아래 쪽 그곳"의 느낌 같다고 말한 것에 주목했다. 페렌치는 이 여성이 무의식적으로 그녀의 양쪽 허벅지를 같이 누르고, 그녀 자신을 자극하고, 그렇게 분석 시간 동안에 억눌린 리비도를 방출한다고 결론지었다. 그녀는 통찰력이나 변화를 위해서가 아니라 성적 만족을 위해서 분석을 이용했다. 페렌치는 상담 중에 그녀가 다리를 꼬는 것을 금지했다. 그녀는 괴로워했고, 가만히 있지 못하면서 그녀의 몸을 이리 저리 움직였고, 환상의 미로와 초기 트라우마의 기억들에 빠지게 되었으며, 그러면서 그녀는 점점 좋아졌다. 페렌치는 매우 기뻤지만 치료는 다시 활기를 잃어가기 시작했다. 그는 그녀에게 집에서 자위하는 것을 금지시켰고 오래 지나지 않아 그녀는 치료되었다고 보고되었다.

페렌치의 임상 실험들은 프로이트에게 깊은 인상을 남겼는데, 프로이트는 절제가 필수적이며, 분석가의 중립적 거리유지가 효력이 없는 사례들을 위한 새로운 기법적 대안들이라고 생각했다. 페렌치는 분석가들에게 환자들의 질문들에 대답하지 말고, 그것보다는 질문들을 왔던 대로 돌려주라고 교육했다. 정신분석적 기법의 한 부분으로서의 분석가의 절제는 이 전문직이 성적 역전이의 위험에 대항한 또 하나의 방파제를 가지게 되는 것이었다. 페렌치는 헝가리인 산도르 펠드만Sandor Feldman이 "정신분석적 절제"를 지키는 것을 거부했기 때문에 부다페스트 그룹뿐만 아니라 국제정신분석협회에서 사임하라고 압박을 넣었다고 보고했다. 프로이트는 "또 다른 조치가 좀 더 부드러운 방법으로 취해졌다."고 보고했는데, 이것은 빌헬름 라이히가 절제를 유지하지 못한 것에 대한 권고였다.

적극적인 개입의 제안자로서, 페렌치는 자신이 거울로서의 분석가의 모델을 주장하는 사람들과 일전을 벌이고 있다는 것을 알게 되었다. 그러한 것을 주장하는 사람들 중 한 명이 어니스트 존스였다. 그는 정신분석을 향한 피에르 자네의 공격에 분석가는 조언자나 암시적 치료자가 아니고, 내부의 심리적 현상에 대한 객관적인 해석자라고 거듭 말하는 것으로 반격했었다. 페렌치의 수정은 이러한 입장을 약화시켰는데, 그의 적극적인 개입이 쉽게 암시로 보여질 수 있었기 때문이었다. 페렌치는 어떤 사례에서는 (예를 들면, 두려움으로 성적 활동을 피하려는 사람) 분석가가 그에게 성교를 가지라고 교육하는 것은 지극히 타당하다고 주장했다. 마음의 객관적인 과학으로서의 정신분석의 필요가 치료로서의 효율성을 약화시켜서는 안 된다고 페렌치는 생각했다.

산도르 페렌치, 헝가리 정신분석가. 그는 처음에는 프로이트로부터의 일탈들을 맹렬하게 반대했지만, 그 후에는 기법과 이론의 핵심적인 수정을 지지했다.

1920년 국제 회합에서, 페렌치는 확장된 적극적인 기법을 발표했다. 주된 원칙은 절제의 분위기를 유지하는 것이었다. 그것을 강화하기 위해서, 분석가는 "항상 질서와 금지"를 유지할 필요가 있었다. 그런데 그것은 항상 "쾌감의 방향과는 반대한다." 그러나 이러한 것은 예외적인 사례들에서만 상용되어야 하는 수단이었다. 페렌치의 뒤를 이어 단상에 오른 발표자는 정확하게 이 헝가리 사람이 의미했던 것을 알았다. 그녀가 그러한 예외들 중의 하나였다. 유지니아 소콜닉카Eugenia Sololnicka는 자네와 융에게 배웠던 폴란드 여인이었는데, 그 이전인 1913년에 프로이트에게 분석을 받기 시작했다. 그 분석은 잘 진행되지 않았다. 프로이트는 소콜닉카를 몹시 싫어했다. 그는 그녀를 "근본적으로 혐오스러운 사람", "꽤 미친 사람"이라고 말했다. 그가 치료를 종결했을 때, 그녀는 자살을 시도했다. 1920년, 그녀는 페렌치에게 분석을 받기 시작했는데, 그는 그녀에게 자위행위를 자제하라고 제안했다. 그녀는 한동안 그것을 따랐지만 불평하기 시작했고, 페렌치를 분석하면서 그를 사디스트라고 불렀다.

페렌치는 그녀의 비난에 어떤 진실이 있을 수도 있다고 믿는다며 프로이트에게 인정했다. 그는 자신의 결혼생활 문제들과 관련지었다. 기젤라와 엘마에 대한 사랑이 갈등을 일으켰는데, 그 문제를 해결하려는 페렌치의 시도는 우유부단의 서사시였다. 프로이트는 그의 중립성을 유지하는 것과 충고를 주는 것 사이에서 흔들렸다. 결국 매우 격앙된 프로이트는 그 문제에 대해서 아무런 견해를 가지고 있지 않다고 페렌치에게 말했다. 프로이트는 그의 동료에게 현실 세계에서의 행동을 피하기 위해 분석을 사용하는 것을 중지하라고 촉구했다. 1917년 페렌치는 행동하기로 결정했고, 믿기 힘들게도 '교수님'에게 그를 위해 구혼해 달라고 부탁했다. 페렌치는 자신의 분석에서 교훈을 얻은 후, 분석가들에게 분석에서 "결정을 할 수 있는 능력이 없는 것 같은 공포증"을 멈추기 위해 적극적으로 중재하라고 권했다.

1922년, 페렌치는 프로이트에게 소콜닉카가 파리에서 프로이트의 통역자로서 일하게 해달라고 요구했다. 소콜닉카는 파리로 갔고, 4년 후에 파리 정신분석학회의 창립자가 되었다. 페렌치는 프로이트가 도울 수 없었던 여인을 치료하는 데 성공했던 것처럼 보였다. (그는 1934년에 소콜닉카가 자살하게 될 것이라는 것을 알 수는 없었다.) 이 헝가리 사람은 프로이트에게 편지를 보냈다. "새로운 것을 발견하는 것보다 지금은 기법의 향상을 통해서 더 나은 결과들을 얻는 것에 훨씬 더 집중하고 있습니다." 지그문트 프로이트가 기법과 이론의 관계에 대한 최고의 글을 쓰기 위한 경합을 선언했을 때, 선두주자는 분명히 혁신적인 페렌치였다.

사실, 그 경주는 이미 이긴 것이었다. 베를린 회합 전에, 페렌치는 오토 랭크와 함께 프로이트에게 새로운 글의 초안을 읽어 주었는데, 그 글은 유동적이었던 분야에 새로운 토대를 제공하는 듯 했다. 그것은 지난 20년간의 교훈들을 종합했고 새로운 정신분석적 기법을 결합했다. 프로이트가 베를린의 경합을 선언했을 때, 그들의 글이 상을 받을 만하다고 사람들은 생각했다.

소속된 사람들을 통합하겠다는 약속에도 불구하고, 페렌치와 랭크의 연구는 프로이트의 비밀위원회에서 터진 정치적인 논쟁에 빠지게 되었다. 정신분석을 보호하기 위해서 만들어진 위원회가 두 진영으로 갈라졌다. 한쪽은 국제정신분석협회의 지도자들이 선출되었는데 회장은 런던의 어니스트 존스였고, 총무는 베를린의 카를 아브라함이었다. 다른 쪽에는 정신분석 출판사의 국장이며 프로이트의 오른팔인 오토 랭크가 빈에 있었다. 주로 베를린 사람들에게 지지를 받던 아브라함과 프로이트와 페렌치에게 지지를 받던 랭크를 고려해볼 때, 빈과 부다페스트의 지도자들에게 대한 불편한 마음이 런던과 베를린의 지도자들에게서 생겨났다.

초기 갈등의 대부분은 랭크가 관할하는 새로운 출판사에 대한 것이었다. 전쟁에서 돌아온 그는 프로이트 바로 옆에 사무실을 열었다. 빈으로부터 비밀위원회 회원들에게 보내졌던 서신의 필사자로서, 랭크는 그 권위의 일정부분이 대개 '교수님'에게 있다고 가정했다. 갈수록 랭크와 프로이트는 한 목소리로 말하는 것처럼 보였다. 게다가, 전쟁 후에 랭크는 정신분석에서 가장 영향력 있는 편집자가 되었다. 안톤 폰 프로인트의 돈과 함께 그는 출판사의 국장으로 임명되었다. 그는 〈심리학 학술지〉를 편집했고 〈이마고〉의 편집을 공동으로 같이 했다. 프로이트가 빈 협회의 모임에서 의장직을 맡을 수 없을 때 랭크가 그것을 대신했다. 1922년, '교수님'은 랭크가 의대에 가는 것을 단념하도록 한 것이 실수가 아니었을까 생각했다. 만약 그가 의사가 되었다면, 랭크는 프로이트의 계승자로서 확실한 선택이었을 것이다.

1922년 여름, 랭크의 힘이 분명해지자 페렌치는 이 빈의 동료에게 새로운 정신분석방법을 공동저술하자고 요청했다. 랭크와 프로이트의 연대를 고려해볼 때, 이 책은 빈의 승인을 암묵적으로 받고 있었다. 프로이트의 가장 칭송받는 동료들 중의 두 명에 의해서 쓰여진 《정신분석의 발전》은 2세대 정신분석가들을 위해 이 분야를 정의할 준비가 되어 있었다. 런던, 뉴욕, 부다페스트, 베를린, 그리고 다른 곳에서 온 사람들은 갈피를 못 잡고 있었지만 열정적인 학생들이었다.

랭크와 페렌치가 그들의 프로젝트를 시작했을 때, 비밀위원회 안에서는 긴장이 고조되었다. 존스와 랭크 사이의 불화를 끝내고자 산 크리스토포로San Cristoforo에서 모임이 소집되었다. 출판 문제에 대해 논쟁하는 중에 존스가 랭크를 "착복하는 유대인swindling Jew"이라고 부른 것으로 비난 받았다. 랭크는 반유대주의로 존스를 위원회에서 추방하려고 했지만 실패했다. 존스는 집으로 돌아오는 길에 랭크와의 문제와 더불어 그의 분석가였던 페렌치가 다시는 그에게 말을 하지 않을 것이라고 생각했다. 1922년, 프로이트가 개입했다. 프로이트는 랭크와 함께 공동편지를 보내는 평상시의 절차를 포기하고 위원회 회원들에게 직접 편지를 써서 그들을 꾸짖었고, 처음에 랭크에게 말했던 것을 말했다. 존스와 아브라함이 한 공격들은 '교수님'으로부터 랭크에게로 치환displacement된 것이라고 프로이트는 말했다. 반유대주의적 비방을 포함한 존스의 비난들은 프로이트의 마음을 상하게 해서 존스가 페렌치에게 받고 있었던 분석을 끝내도록 했다. 프로이트는 또한 만약 미래에 랭크를 공격한다면 '교수님'은 그것을 자신에 대한 공격이라고 간주할 것이라는 것을 분명히 했다. 프로이트는 이 위원회의 다음 모임에는 참석하지 않을 것이라고 선언했고, 그래서 회원들은 그의 존재의 "장애물" 없이 문제들을 처리할 수 있었다.

지그문트 프로이트는 그 비밀위원회의 모임을 다시는 참석하지 않았다. 그는 또한 정신분석 회합도 참석하지 않았다. 정신분석의 불의 수호자들이 격렬하게 다툴 때 프로이트는 자신의 입 안에서 종양을 느끼게 되었다. 1923년 가을 즈음, 오랜 애연가가 구강암에 걸린 것이 분명해졌다. 10월에 그의 의사들은 봄에 받은 수술이 성공적이지 않았다는 것을 알았고, 그는 세 시간에 걸친 근본적인 수술을 받았다. "나는 물론 그것이 끝의 시작이라는 것을 알고 있었소."라고 프로이트는 그로덱에게 보낸 편지에서 말했다. 존스와 다른 사람들은 프로이트의 암이 '교수님'의 생명을 오늘 내일은 아니지만 가까운 장래에 빼앗아 갈 수도 있다고 공개적으로 인정했다. 프로이트가 산도르 페렌치와 카를 아브라함보다 오래 살게 될 것이고 훨씬 더 젊은 랭크보다 겨우 1달 먼저 무덤으로 가게 될 것이라는 것은 누구도 예측할 수 없었다.

프로이트의 병은 그의 추종자들을 흔들었다. 그는 그들의 학문 분야를 창립했고 정의했다. 그리고 그는 그것을 재정의하는 임무를 완수할 힘을 가진 유일한 사람으로 보였다. 프로이트 없이 운영되는 비밀위원회로서는 그것은 지금 나쁜 농담처럼 보였다. 《자아 그리고 그것》이라고 제목을 붙인 프로이트의 새로운 연구의 출판은 혼란을 가중시켰다. 추론적이라고 인정했던 《쾌감 원칙 너머에》와는 다르게 이 연구는 프로이트가 불충분한 마음의 모델이라고 보았던 것에 대한 강력한 수정이었다.

신경증을 무의식과 의식 사이의 전투로 여기는 한, 정신적 내용들을 이 두 영역으로 나누어서 분석하는 모델은 상당한 가치가 있었다. 그러나《쾌감 원칙 너머에》에서 프로이트는 신경증적 갈등이 모두 무의식적이라고 주장했다. 두 무의식적 힘들, 즉 에로스와 타나토스 사이의 전투에서 초기의 지형학적 모델은 그것의 효용성을 잃었다.

1921년 4월 17에, 프로이트는 그로덱에게 이렇게 편지를 썼다.

> 오랫동안, 나는 핵심 회원들에게 무의식과 전의식이 서로 반하는 것이 아니라 그것보다는 오히려 일관성 있는 "자아"와 억압된 자료가 이것으로부터 분열되어 떨어져 있을 거라고 주장해왔소. 그러나 그것은 난점을 해결해주지 못했소. "자아" 또한 심층부는 무의식적이다. …… 따라서 우리가 관찰한 그 카테고리들과 체계는 비교적 표면적 층들에만 적용할 수 있고, 그대가 바르게 이름을 붙인 "그것the It"의 심층에는 그렇지 못하는 것이 더욱 정확한 개념인 듯하오.

1923년, 프로이트는 자신의 모델을 좀 더 안정적인 정신적 구조를 가정하기 위해서 바꾼다. 그 구조는 의식과의 관계에 의해서가 아니라, 그것보다는 그것의 독특한 기능들에 의해서 분류되었다. 사람 안에 있는 "그것"은 리비도의 무의식적 압박이고 죽음의 추동drive이다. 프로이트의 "그것"은 그로덱의 것과 비슷한데, 이 바덴-바덴의 의사는 이것을 1923년에 출판한《그것에 대한 책 : 친구에게 보내는 정신분석적 편지들》에서 발표했다. 프로이트는 그로덱에게 축하했고, 자신도 비슷한 이슈들을 다루게 될 것이라고 덧붙였다. 그로덱은 프로이트가 자신이 쓴《자아 그리고 그것*The "I" and the "It"*》에서 자신의 연구가 누구에게도 의존하지 않은 것이라고 독자들에게 말하는 것을 읽게 되었을 때, 격렬하게 프로이트를 비난했다. 그는 프로이트가 "슈테켈과 내가 만든 개념을 몰래 훔치려고" 음모를 꾸몄고, "매우 교활한 방법으로 슈테켈과 슈필라인으로부터 가져온 죽음의 본능 혹은 파괴적인 추동drive의 도움으로" 이론을 진척시켰다고 말했다.

프로이트의 "그것"은 그로덱으로부터 그 이름을 취했지만 자아에 대한 설명은 새로웠다. 자아는 단순히 의식의 내적 경험이 아니었다. 이것은 한 사람의 몸이 자신의 것, 즉 나의 팔, 나의 다리, 나의 코에 대한 감각을 통한 정보들의 축척으로 구별하는 원초적인 감각들에서 시작된다. 이 신체적 자아가 자아의 본질이다. 그것은 어린 시절 동안에 엄청난 사회적 중요성을 첨가하게 된다.

나르시시즘과 우울증에 대한 연구에서, 프로이트는 "자아-위에서the Over-I"에 대해 썼다. 이것은 "자아the I"를 감시하는데, 성격을 형성하는 데 중대한 역할을 하는 양심과 유사한 존재이다. 프로이트는 사람들이 내사introjection와 동일시identification를 통해서 상실된 대상과의 연대를 안으로 받아들인다고 결론지었다. 성격은 "자아" 안에 자리 잡은 이러한 포기된 유착들attachments의 잔존물인 것이다. "자아-위에서"는 이러한 동일시들 중에서 첫 번째이고 가장 중요한 것인데, 아이의 부모들로부터 왔다. 오이디푸스적 발달 단계는 그 아이가 이성 부모에 대한 열정적인 욕구를 포기하고 같은 성의 부모와 동일시 할 때 해결된다. 이 동일시는 "자아-위에서"를 만들고, 이것이 어린 아이의 마음에 부모의 규범을 설치하게 된다. 종교, 도덕성, 사회적 양심 모두가 이러한 중대한 습득의 결과들이다. 하지만 "자아-위에서"는 신경증을 만들 수도 있는데, 그것이 소년에게 아버지와 같이 되기를 요구하지만 동시에 아버지의 특권을 감히 넘보지 말 것을 요구하기 때문이다.

《자아 그리고 그것》의 출판으로 프로이트는 프로이트학파 운동의 또 다른 실험적 말을 택해서 던졌다. "그것the It", "자아the I", "자아-위에서the Over-I"로 나누어진 구조적인 모델은 널리 퍼져 있는 지형학적 모델과 경쟁하였다. 다시, 이 공동체의 회원들은 오랫동안 지켜온 프로이트학파의 입장들과 새로운 것들 사이에서 선택을 해야만 했다. 비밀위원회 회원들은 이 분야의 엘리트 수호자로 인정받고 있었지만 이것에 대해서만은 미처 준비되어 있지 못했다.

곧, 산도르 페렌치와 오토 랭크는 《정신분석의 발달》을 출판했다. 1922년 초안을 작성했을 때, 이 책에는 변화를 위한 논거로써 사용된 역사적 개관이 있었다. 페렌치와 랭크는 죽음의 추동 개념이 많은 어리석은 이론화를 가능하세 했으며, 이제는 정신분석의 임상적, 경험적 요구들을 주된 것으로 만들 때가 무르익었다고 믿었다. 이 저자들은 무의식 이론들의 임시적인 특성에 대한 프로이트의 진술로 자신들을 감싸면서 분석적 공동체를 어렵게 하고 있는 문제들을 설명했다.

이렇게 정신분석은 치료적인 방법과 마음의 과학 모두가 되고자 했다. 그러나 지난 십 년 동안, 임상적 문제들에 대한 상대적인 소홀은 혼돈의 씨앗을 뿌렸다고 그들은 주장했다. 같은 기간 동안에, 프로이트는(그 저자들이 인식한 것 같이 그는 기법적인 이슈들에 대해서 유보하고 있었다고 알려져 있었는데) 이 주제에 대해서 아무것도 발표하지 않았다. 지금 기법에 대한 프로이트의 글들은 시대에 뒤진 것이 되었고 수정이 요구되었다.

페렌치는 기법에 대한 이전 이론들을 검토했고, 그것들이 잘못 인도하고 있다고 솔직하게 평가했다. 정신분석적 방법은 화석화되어 가고 있으며, 환자들에게 그들의 무의식에 대해서 교육하는 지나치게 지적 과정이 되어가고 있다고 그는 생각했다. 분석은 연상들의 축적에 대한 것이 아니고, 또한 해석을 위한 "광신"도 아니다. 단순히 무의식을 해석하는 것은, 무의식적 현상들의 주된 중요성이 분석의 전반적인 상황에서의 그것들의 위치에서 왔다는 사실을 무시하는 것이다.

이 헝가리 분석가는 분석이 신경증적 증상들을 해결하는 데 초점을 맞추어야 한다는 견해를 반대했는데, 모든 형태의 치료사들은 신경증적 증상들을 한동안 사라지게 할 수 있다고 말했다. 중요한 것은 그러한 증상들이 재발하지 않게 하는 것이다. 그러기 위해서, 분석은 전체 성격personality에 초점을 맞추어야만 한다. 그 당시 많은 분석가들은 포괄적 인격 장애를 가진 환자들을 분석하는 것은 불가능하다고 믿었다. 그러나 페렌치는 그 환자의 성격에 대해서 다루지 않고 난편석으로 접근하는 것은 실패하게 될 것이라고 주장했다.

더군다나 리비도 이론은 임상적 실제에 골칫거리가 되었는데, 분석가들을 잘못 인도해서 과학적인 지식을 조잡하고 교리적인 방법으로 단순하게 적용하게 했고, 분석의 진정한 임무를 소홀하게 했다. 세련되게 말했지만 그것은 뉘른베르크 회합 후에 발생한 변화들에 대한 비판이었다. 페렌치는 리비도 이론을 증명하고, 실증하고, 확장하려는 필요가 임상적 실제를 압도해 왔다고 주장했다. 아이러니한 것은, 리비도 전사들 중에서 가장 용맹스러웠던 사람이 페렌치 자신이었다는 것이다. 그러나 지금, 그는 긴밀한 임상적 관찰과 치료를 위한 임무에 생각을 집중할 것을 요청하고 있었다.

이러한 담론은 1915년 이전이라면 프로이트학파에서 축출되고도 남았지만 지금은 더 이상 아니었다. 페렌치는 어떻게 '교수님'이 최근 연구의 가설적인 특성을 강조했는지 거론했다. 그리고 지나친 추론은 종종 불편스러운 기법적인 문제를 피하고자 하는 욕구로부터 온다고 덧붙였다. 정신분석적 이론의 과학적 입지에 대한 모든 걱정은 파괴적이었으며 또한 이론적 경직, 임상적 마미, 그리고 그 이론이 요구하는 꼭 발견되어져야만 하는 것을 그저 단순히 알아내는 결실 없는 과정을 가져왔다. 우리 앞에 놓인 길은 분석적 과정, 특별히 다양한 형태의 전이들과 저항들의 고찰에 대한 더 깊은 연구이다. 결국, 이 분야는 이러한 것들과 환자들의 치료를 위한 효율성에 기반을 두고 서 있든지 또는 무너지게 될 것이라고 주장했다.

페렌치의 비평 후에, 오토 랭크는 그가 분석적 상황the analytic situation이라고 부른 것의 중요성에 기초한 정신분석의 실제를 위한 새로운 체계를 발표했다. 랭크는 신화에 대해서 광범위하게 집필한 다음, 1922년 임상적인 문제들에 관심을 돌렸다. 그 때 그는 경험이 더 많은 페렌치에게 많은 영향을 받았다. 두 사람은 분석이 지나치게 학문적으로 흘러가고 있다는 견해를 가지고 있었다. 랭크는 자신의 초기 임상적인 글들에서 치유는 단순히 새로운 지식을 획득하는 것을 통해서 발생하지 않는다고 주장했다. 그는 분석적 기법의 주요한 역할은 저항과 전이의 반복들을 능동적으로 다루는 것이라고 주장했다. 분석은 환자가 원래의 리비도적 상황을 일부의 만족과 함께 다시 체험하게 해주고, 그러한 유아적 소망들을 반복하게 함으로써 천천히 포기하게 해준다. 정신분석적 기법은 그 과거가 우선 드러나도록 해주고, 그런 다음 의식적 기억으로 변형하고, 그래서 편안하게 그것이 잠들 수 있게 해주는 것이다. 신경증의 치료와 관련된 모든 것은 분석적 상황과 전이에서 발생한다. 해석은 분석가에 대한 반응들에 초점을 맞추어야만 하는데, 그러한 반응들 안에 유아적인 반복이 들어있기 때문이다. 좋은 정신분석은 "두 사람의 구조structure of two"를 형성하는데, 분석가는 피분석가의 마음속 내적 극장에서 모든 조연 역할을 한다.

그로덱에게 쓴 편지에서 페렌치는 《정신분석의 발달》이 완성되었다고 알렸고, 이 책이 정신분석을 개혁하기 위한 "분석적-정치적-과학적 연구"라고 당당하게 불렀다. 페렌치와 랭크의 작업은 그로덱 같은 탈당자들은 변화를 위한 요청이라며 기뻐했겠지만 좀 더 관습적인 분석가들은 당황하게 만들었을게 분명하다. 두 사람은 그야말로 이 학문 분야의 전체, 즉 성심리와 무의식적 리비도가 아니라 분석적 상황의 재정비를 요청했다. 전이와 저항 같은 개념은 매우 이론화되어 있고, 무엇을 전이하고 무엇에 대하여 저항하는가를 중요하게 여기는 것으로 받아들여지게 하는 한편, 이러한 이론들은 더 많은 자유를 허용해서 무의식적 내용들을 임상적, 경험적, 귀납적으로 발견할 수 있게 해주었다. 저자들의 눈에는 일관성 있는 기법의 이론이 무의식의 본질에 대한 이론적 추론보다 더 확실한 기반을 이 분야에 제공할 수 있을 거라고 보였다. 페렌치와 랭크가 그들의 1922년 연구를 프로이트에게 읽어주었을 때, 그는 감탄했다. 이 책은 이 분야로 밀려들어오는 학생들에게 필수 읽기자료가 될 것처럼 보였다.

그러나 두 저자는 그들의 책을 수정하면서 오토 랭크는 적극적인 기법을 시험했고, 그 과정에서 우연히 위대한 발견과 마주치게 되었다고 확신했다. 그의 모든 환자들에게 갑작스러운 종결을 예고하는 것으로, 랭크는 커다란 불안과 꿈들을 유도해냈는데, 그 꿈들은 자궁으로 돌아가려는 유아의 갈망에 의해서 작동된 것처럼 보였다. 그는 환자들이 전이에서 같은 원초적 경험을 재현하고 있다고 믿기 시작했다. 이것은 다름 아닌 바로 충격적인 분만, 즉 그들의 출생의 트라우마가 수면으로 뜨게 된 것이었다. 랭크는 흥분하여 그가 출생 트라우마birth trauma라고 부른 것에 대한 새로운 책을 쓰기 시작했다.

랭크는 치료를 끝내는 것에 대한 저항이 어머니에 대한 고착, 즉 모성적 전이를 드러낸다고 선언했다. 그의 이론에는 새롭고 가치 있는 것이 있었다. 아이들은 그들의 어머니에게 밀착해 있다. 그들은 분리될 때 운다. 프로이트가 아이의 불편함을 쾌감 상실의 결과로 보았다면, 랭크는 근본적으로 애착attachment 때문이라고 제안했다. 분리 뒤에 오는 불안을 명명하면서 랭크는 한 관계를 강조했다. 1924년, 대부분의 분석가들은 분석에서 해결하고자 하는 가장 중요한 정서적인 결합은 아이와 아버지 사이에 있다고 믿었다. 융, 그로덱, 그리고 다른 사람들은 왜 어머니 전이에 더 큰 중요성이 주어지지 않는지 의아해 했다. 오토 랭크는 그 도전을 받아들였고 새롭게 구조화된 치료에서 환자들은 그들의 어머니와의 분리를 반복repeat하고 작업해냈다work through고 주장했다.

그러나, 랭크는 탄생의 순간에 일어나는 어머니와 신생아 사이의 분리에 집중했다. 그 경험은 누구도 기억해 낼 수 없는 것이었다. 분석적 상황은 일종의 자궁같이 경험되어지고, 환자들이 자궁 안에 있었을 때의 어머니-리비도에 대한 갈망을 반복하고 있다고 확신했다. 아버지는 어머니로부터 아이를 억지로 떼어내는 적의 역할로 좌천되었다. 여성의 성기에 의해서 일어난 두려움은 거세공포 때문이 아니라 "출생 트라우마birth trauma"의 장면을 재경험하기 때문이라고 랭크는 생각했다. 그는 더 나아가 신경증과 변태를 외상적 출생 경험의 결과로 재해석했고, 성격 유형 분류 체계를 단순하게 세울 수 있는 그 날을 고대했다.

그에 앞선 몇 명의 분석가들 같이, 오토 랭크도 그의 발견을 축소해서 말하지 않았다. 그는 그러한 발견이 정신분석적 사고를 "인류와 역사의 전체 개념을 위해서 생산적"으로 만들었다고 과시했다. 출생 트라우마는 모든 인류에게 중대한 결과를 가져오는 보편적인 신체적, 심리적 외상이라는 것이 밝혀질 것이라고 대담하게 예견했는데, 이것이 정말로 정신적 삶의 기초라고 믿었기 때문이었다. 그는 그의 견해가 이전의 생각들과 대조된다고 인정했지만, 그의 이론들은 "프로이트가 만든 방법들의 지속적인 적용의 결과"이기에 정신분석적이라고 주장했다.

출생 트라우마에 대한 랭크의 책은 기법의 변화에서 직접적으로 나오게 된 무의식의 첫 번째 주요한 개정이었다. 그러나 기법에 대한 강조가 경험주의empiricism를 증가시키고 지나친 추론을 막는 것이지만, 랭크의 이론은 아무런 증거도 제시하지 못했다. 《출생의 트라우마》는 흥미로운 임상적 경험을 택했고, 그 다음 추론적인 추측을 인간 경험의 모든 모퉁이와 틈새로 확장하는 거대 이론으로 변형되었다. 랭크는 설득력있는 반대논쟁들이나 있음직한 제한들은 굳이 고려하지 않았고, 그 과정에서 초기 어린시절 경험이 성인의 성격을 형성한다는 개념의 귀류법reductio ad absurdum을 발견하였다.

더욱 좋지 않았던 것은, 페렌치와의 책에서 매우 결정적이었던 인식론상 조심해야 할 것을 랭크는 터무니없이 버렸다. 그는 이전의 이론이 임상적인 관찰을 결정하지 않게 하라는 경고에 분명하게 반하는 행동을 했다. 무의식의 전체 내용과 그것의 심리적 메커니즘이 치료의 시작부터 드러나기 때문에, 랭크는 환자들에게 그들의 출생 트라우마에 대해서 그것이 드러나기를 기다리는 대신에 알려주는 것으로 치료를 시작하라고 조언했다. 1923년 12월, 랭크는 출생 트라우마에 대한 책을 프로이트에게 보냈다. 그 책은 병든 '교수님'에게 헌납되었고, 프로이트는 이러한 헌정을 받아들였다. 그는 랭크의 생산력을 매우 기뻐하며 호라티우스를 인용했다. "Non omnis moriar", "나의 모든 것이 죽는 것은 아니다."

페렌치와 랭크의 기법에 대한 책과 랭크의 출생 이론에 대한 책의 거의 동시적인 출판은 이 둘이 나란히 평가된다는 것을 의미했다. 랭크의 이론이 논쟁을 일으킬 것이 분명했고, 페렌치와 랭크의 작품은 그 자체만으로 폭풍을 일으킬 것이었다. 왜냐하면 두 작가들이 이 분야의 지도자들을 형편없는 분석가라고 넌지시 비난했기 때문이었다. 그러나 이러한 연구들에 대한 반응은 이 두 사람이 지금 강력한 경쟁자들을 가지고 있다는 사실로 더욱 악화되었다. 1924년 즈음에, 랭크는 어니스트 존스와 카를 아브라함과 사이가 좋지 않았다. 책의 출판이 진행되는 동안에 페렌치는 자신이 존스와 갈등에 휘말리게 되었다는 것을 알게 되었다. 비밀위원회에서, 존스는 적극적인 치료에 대한 훌륭한 비평이 〈국제학술지〉에 실리게 되었다고 기뻐하면서 말했다. 페렌치는 기분이 상했다. 존스는 급히 그 비평이 옳다고 말한 것은 아니라고 했다. 그 갈등이 가라앉았을 때, 또 다른 난투가 벌어졌다. 페린치는 존스가 자신의 연구를 표절했다고 비난했다.

제자들이 싸우는 동안에도 프로이트의 투병은 계속 되고 있었다. 그의 암은 그의 계승자들 사이에서 셰익스피어의 리어 왕의 회고를 연상시키는 술책을 도모하도록 자극한 듯했다. 프로이트의 병은 특별히 랭크에게는 중요했는데, 그는 단순히 한명의 추종자가 아니었다. 그는 근본적으로 프로이트에 의해서 선택되었는데, 프로이트는 그를 정서적으로 재정적으로 지지해주고 있었다. 그 보답으로, 프로이트는 랭크의 한 치도 흔들림 없는 충성심을 받았다. 이 운동에서 랭크의 실질적인 힘이 프로이트와의 관계에서 왔다고 해도 과언은 아니었다. 그러나 지금 프로이트는 병들었고, 아마도 죽어가고 있었다.

모두들 프로이트의 병을 염려했지만 프로이트는 아직도 매우 활발했고,

랭크와 페렌치의 선언서에 대한 그의 입장이 결정적이라는 것은 분명했다. 랭크와 레펜치는 1922년 그들의 초고를 프로이트에게 읽어준 후에 그의 지지를 이미 보장받고 있다고 믿었다. 프로이트는 어떤 점들에 대해서는 명백하지 않았고, 다른 것들은 극단적이라고 생각했지만 전체적으로 그들의 연구가 매우 인상적이었다고 고백했다.

출생 트라우마에 대한 랭크의 책 또한 '교수님'에 의해서 지지를 받았다. 프로이트가 랭크의 발견에 대해서 처음으로 듣게 되었을 때, 교수님은 랭크의 연구가 "그것이 겨우 33%만 또는 66%만 옳다고 할지라도 정신분석의 발견 이후로 가장 위대한 진보"라고 선언했다. 프로이트는 랭크의 이론을 시험적으로 사용해보기를 독려하며 그에게 이상한 칭찬을 했는데, 다른 사람이었다면 그렇게 좋은 생각으로 자신의 학파를 설립하려고 했을 것이라고 말했다. 프로이트가 가장 걱정했던 것은 랭크의 이론이 전적으로 개체 발생의 트라우마에 기초를 두고 있다는 것이었다. 어떻게 그러면서도 랭크는 유전의 공간을 가지고 있지 않은 정신psyche의 과학적 이론을 가질 수 있을까? 산도르 페렌치는 인간의 역사와 어느 시대에나 있는 성에 대한 설명을 제시하는 것으로 이러한 딜레마를 해결하려고 했다. 1924년 《바다 : 성기의 이론*Thalassa: A Theory of Genitality*》에서, 페렌치는 인간의 성을 종species의 역사에 기초를 둔 계통 발생의 이론으로 만들었고, 출생 트라우마는 단지 개체 발생적ontogenetic 트라우마일 뿐만 아니라 계통 발생적phylogenetic 트라우마의 반복인데, 그것은 바로 물에서 공기로 나오는 양서류적 삶의 첫 번째 출현이라고 주장했다.

《출생의 트라우마》와 《정신분석의 발달》이 1924년에 출판되었을 때, 랭크와 페렌치는 일제히 런던과 베를린에 있는 경쟁자들에게 공격을 받았다. 프로이트는 에이팅곤의 제안으로 위원회에 편지를 써서 이 출판물에 대한 그의 의견을 피력했다. 프로이트의 편지는 이 두 동료들을 지지했지만, 넌지시 불만족스러운 점 또한 드러냈다.

> 나는 우리의 페렌치와 랭크의 최근 출판물들, 즉 그들의 공동 작업과 출생 트라우마가 베를린에서 불편한 동요를 불러일으켰다는 것을 여러 입장들로부터 들었을 때 놀라지 않은 것은 아니었다. 그 외에도, 우리 중에 누군가가

나에게 직접적으로 그 미결된 문제에 대한 나의 의견을 듣기를 요구했다. 그가 이것을 분열의 시작이라고 보았기 때문에 나는 이렇게 나서지 않을 수 없었다. 그러니 이것을 주제넘은 것으로 해석하지 말아 주시길. 나는 가능한 한 자제하려고 하지만 여러분 각자가 가능한 한 자신의 방법으로 자유롭게 연구하기를 원한다.

프로이트는 그 연구가 분열을 초래한다는 소문을 거부했고, 만약 그가 그런 방식으로 느꼈다면 랭크가 《출생의 트라우마》에 헌신하는 것을 수용하지 않았을 것이라고 주장했다. 과학적 문제에서 완전한 동의를 기대할 수는 없지만, 정신분석적 가설의 공통 기반을 가질 필요는 있었다. 이러한 연구들에서는 문제가 될 것이 없다고 프로이트 주장했다. 그리고 나서 그는 각 책들을 개인적으로 논의했다. 그는 기법에 대한 이 책을 치료적 활동 범위와 관련해서 자신의 소심함의 가치있는 수정으로서 받아들이는 것이 어렵지 않았다. 이것은 "현재 우리의 분석적 습관에 대한 신선하고, 체제 전복적인 개입intervention"이다. 기법의 새로운 양식을 만들기 위한 시도는 정당하고, 이단적이라고 비난 받을 수 없었다. 그러나 프로이트는 초보자들의 손에서 벌어지는 적극적인 치료에 대해서는 염려를 드러내기도 했고, 축약된 치료의 효과에 대해서는 비관적 입장을 더욱 크게 보였다. 프로이트는 그의 수술 후에 수염을 다시 기르는 데 6주나 걸렸으며 상처로 3달 동안 고통스러워했다. 그러면서 그는 질문을 던지고 있었다. 정말 더 짧은 시간 안에 정신의 가장 안쪽의 층들을 변하게 하는 것을 기대할 수 있는 걸까? 결과적으로, 프로이트는 자신은 여전히 전통적인 기법을 사용할 것이라고 선언해야 했다. 그의 환자들은 대부분이 훈련 중에 있는 분석가들이었는데, 그들의 무의식적 삶에 더 오랫동안 몰두할 필요가 있었기 때문이었다.

그리고 나서 '교수님'은 출생 트라우마에 대한 랭크의 작업을 거론했다. 그에게 이것은 훨씬 더 흥미롭고 매우 중대한 것으로 여겨졌다. 프로이트는 랭크의 모델에서 오이디푸스 콤플렉스의 운명에 대해서 공개적으로 질문했고, 그 질문을 그대로 남겨두었다. 그는 이것은 "쿠데타도, 혁명도, 어떤 우리의 지식의 반대가 아니라, 흥미로운 보완인데 그것의 가치가 우리와 우리 집단 밖의 사람들에게 인정되어야만 한다."고 선언했다.

이것으로 논쟁은 끝나야 했지만 실상은 그렇지 않았다.

회의론자들에게는 랭크의 출생 트라우마는 신뢰할 수 없는 이론이었다. 아브라함은 프로이트의 편지에 직접적으로 답변했는데, "합법적인 분석적 방법에서 얻어진 어떤 종류의 결과들도 나에게 이처럼 커다란 의문을 주지는 않을 것입니다. 우리는 지금 다른 어떤 것에 직면하고 있습니다. 나는 정신분석의 지극히 중요한 문제들과 관련하여 재앙적인 발전의 증후들을 봅니다." 아브라함은 랭크의 기법을 받아들일 수 없었고, 정해진 종결 날짜를 포함한 그의 기법적인 발전은 이 분야에 위험할 수도 있다고 지적했다. 그리고 더욱 강렬하게, 아브라함은 랭크가 또 다른 칼 융이라고 경고했다.

프로이트는 베를린의 충실한 사람인 아브라함을 진정시키려고 노력했다. 그래서 최악의 상황을 한번 생각해보자고 말했다. 페렌치와 랭크는 어머니와의 문제와 출생 트라우마가 오이디푸스 상황을 타협할 수 있는 아이의 능력을 결정하고, 그래서 출생 트라우마가 신경증에 영향을 준다고 함께 주장하고 있다. 이에 어떤 분석가는 자신에 맞게 그들의 기법을 변경할 것이다. 하지만 "더 나아가 어떤 손해가 계속 일어나겠는가? 우리는 대단한 평정심을 가지고 같은 지붕 아래 남아 있을 수 있네. 그리고 몇 년의 연구 후에는 자연스럽게 그것이 가치 있는 발견이었는지 아니면 과장되었는지, 또는 다른 쪽이 그것을 과소평가 했는지가 분명하게 될 것이네."

프로이트는 또한 랭크에 대한 아브라함의 경고에 대해서 언급했다. 융과 비교하는 것은 배반자라고 부르는 것이었다. 이에 랭크는 몹시 화가 났다. 1923년 3월 즈음, 정신없이 돌아가는 사발통문 서신왕래가 이어졌다. 존스와 아브라함은 전략을 짰고, 랭크와 페렌치는 '교수님'의 지지를 강화하려고 했다. 랭크는 자신의 새로운 이론이 "당신의 추동drive이론과 완벽한 조화를 이루고 있습니다."라고 말하면서 프로이트를 진정시켰다. 랭크는 새로운 기법을 단순하게 사용했는데, 종결 날짜를 미리 정하고, 출생의 경험이 자발적으로 드러나도록 하게 하는 것이었다. 페렌치 또한 프로이트에게 간청하면서 아브라함의 "무한한 야망과 질투"를 비난했다. 기법에 대한 공동의 책을 전이에 열심히 집중하면서 작업하는 동안, 랭크가 분석 상황의 개념과 모든 환자들에게 종결 통지를 주는 수단을 생각하게 되었다고 그는 설명했다. 페렌치가 이것을 시도해 보았을 때, 그도 또한 랭크가 찾은 것을 발견했다. 즉, 모성적 전이와 자궁에 대한 갈망이었다. 베를린 사람들은 이 모든 발견을 시험하지도 않고 즉각적으로 거부하고 있다고 페렌치는 불평했다. 프로이트는 아브라함이 좋지 않게 행동하고 있다는 것에 동의했지만, 랭크의 연구에 대한 '교수님'의 지지는 감소하기 시작했다. 그가 20년 이상을 머리를 짜내서 생각해낸 오이디푸스 병인론의 도식을 출생의 트라우마가 대신할 수도 있을 것이라는 생각이 그에게는 타당성이 없어 보였다. 랭크가 무엇인가 중요한 것을 발견했다고 프로이트는 인정했지만, 그러나 그는 그것을 잘 살려내지 못했다.

페렌치와 랭크는 프로이트에게 받은 편지들을 걱정하면서 돌려보며 그들의 입지를 헤아리려고 했다. 그러는 동안에 어니스트 존스는 페렌치와 랭크가 그들의 혁신들을 위원회에 비밀로 하고 있다고 불평하면서 새로운 싸움에 불을 붙였다. 페렌치는 랭크와 자신이 그들의 공동 작업을 그룹에게 발표하지 않은 것은 그것이 경쟁에 응모하기 위해 쓰여졌고 위원회에 심사위원들이 있었기 때문이라고 설명했다. 아브라함은 그의 질문들이 과학적 결과물들에 초점을 맞춘 것이 아니라, 그것보다는 페렌치와 랭크의 적극적이고 단축된 방법에 있었다고 말했다. 그들이 택한 길은 "정신분석으로부터 빗나가는 것"이라고 자신의 의견을 밝혔다. 아브라함은 랭크와 페렌치의 연구를 검토하기 위한 3일간의 마라톤 모임을 갖자고 압력을 가했다. 하지만 그 저자들은 거절하면서, 회원들 중에 누구도 그들의 새로운 기법을 시험해볼 수 있는 충분한 시간을 갖지 않은 채 그러한 모임을 소집하는 것은 무익할 것이라고 주장했다.

프로이트의 용사들 간의 신랄함이 더 이상 절제되지 않았다. 랭크와 '교수님'은 비밀위원회가 죽었다고 동의했다. "간 것은 간 것이고, 잃어버린 것은 잃어버린 것이다."라고 프로이트는 그의 측근에게 썼다. 그리고 프로이트는 그가 랭크의 출생 이론에 대응하며 "오이디푸스 콤플렉스의 해체"라는 제목의 글을 쓰고 있다는 뉴스로 랭크를 놀라게 했다. 전에 있었던 융, 아들러, 그로덱, 그리고 다른 사람들처럼, 오토 랭크는 '교수님'이 그에게 반대하는 태도를 취한 것을 보고 놀랐다. 프로이트는 자신의 글을 랭크에게 읽어주면서 가차없이 말했다. 랭크는 거세 불안을 출생 트라우마로 대체했는데, 거세 불안은 오이디푸스 콤플렉스의 심장에 있었다. 랭크는 그의 연구가 프로이트에게 영향을 미친 것이 분명했음에도 이 정신분석의 아버지는 그의 글에서 조금도 랭크를 언급할 생각이 없는 것을 보고 충격을 받았다. 이것에 대하여 랭크가 프로이트를 압박하자, '교수님'이 랭크의 책을 완전히 읽지 않은 것이 분명해졌다. '교수님'은 환자들에게 이 후배 동료의 책을 나눠주고 그들의 느낌을 묻는 것으로 랭크의 생각을 확인했던 것이다. 랭크는 "이것을 쓰는 순간에도 나는 아직도 그러한 것이 가능하다는 것을 믿을 수 없다.……"라고 페렌치에게 한탄했다.

런던과 베를린에서 소란스러운 이의가 증가되자 페렌치는 최악의 상황을 염려했다. 어떻게 이 폭풍이 진정될 수 있을까? 어떻게 이러한 차이점들이 해결될 수 있을까? 잘츠부르크에서의 회합이 다가오고 있었다. 투표를 해야만 하는가? 그러나 과학적 문제는 투표에 의해서 거의 결정될 수 없다고 페렌치는 생각했다. 그래서 이런 결론에 다시 도달하게 되었다. "모든 것은 궁극적으로 '교수님'의 선언에 달려 있다." 그 다음 날, 지그문트 프로이트는 잘츠부르크의 회합에 참석하지 않을 것이라고 선언했다.

1924년 잘츠부르크 회합에서, 카를 아브라함은 회장으로 선출되었다. 비밀위원회 안에서의 증오가 매우 빠르게 강화되었고, 오토 랭크의 이름은 아직도 국제정신분석협회의 투표용지에 아브라함의 총무가 될 수도 있는 후보에 있었다. 랭크는 에이팅곤의 제안을 수락해서 그의 자리를 대신했다. 보답으로, 프로이트는 랭크에게(그가 한때 불만스러워했던 알프레트 아들러에게 권했던 것처럼) 빈 정신분석협회의 회장직을 권했다. 또한 이 회합에서, 오랫동안 기다려 왔던 기법과 이론의 관계에 대한 가장 우수한 글을 뽑는 경합을 진행했다. 어니스트 존스는 세 개의 글들을 감독했는데 모두 베를린 사람들에 의해서 쓰여졌다. 랭크와 페렌치는 청중 가운데 앉아 있었고, 한마디 하라고 요청받았다. 그런데 결국은 누구도 그 상을 받지는 못했다.

그 모임 동안에, 아브라함은 페렌치를 옆으로 불러서 급기야 그가 추방 받게 될 것이라고 경고했다. 페렌치는 아브라함과 논의를 하기 시작했고, 궁극적으로 두 사람은 어떤 동의에 도달하게 되었다. 그러나 존스와 페렌치는 계속 싸늘했고, 랭크는 갑자기 하루 일찍 회합을 떠나 많은 추측들을 낳게 했다.

아브라함은 프로이트에게 랭크가 떠난 것은 그가 아브라함을 선출된 회장으로 보아야 된다는 생각을 견딜 수가 없었기 때문이라고 들었다고 말했다.

사실, 랭크는 미국으로 가는 배를 타고 있었다. 미국에서 새롭고 단축된 정신분석적 치료를 받기 위해서 많은 환자들이 랭크에게 밀려들었다. 그는 한 회기당 놀랍게도 20달러를 받았는데 그 때 대부분의 의사들은 그것의 10분의 1을 받았었다. 프로이트의 이전 미국인 피분석가들이 그에게 몰려들었다. 분석가들 사이에 이런 말이 있었다고 랭크는 보고했다. 당신의 아버지 전이를 분석하려면 프로이트에게 가야 하지만, 당신의 어머니 전이를 분석하려면 당신은 랭크를 만나야만 한다. 그러는 동안, 프로이트는 아브라함에게 자신은 출생 트라우마에 대해서 점점 더 회의적이 되어가고 있다고 알렸다. "만약 그것이 날카롭게 비평받지 않는다면 완전히 실패하게 될 것이라고 믿는다."고 프로이트는 충고했다. 한 미국인 분석가는 프로이트에게 편지를 써서 랭크의 이론에 대한 그의 의견을 물었고, '교수님'은 그것을 "단지 기법에서의 하나의 혁신"이라고 불렀다.

개인적으로 프로이트는 괴로웠다. 그는 미국에 있는 랭크에게 편지를 써서 그의 새로운 이론에서 철회하는 길을 열어 두라고 요청했다. 랭크는 자신이 그렇게 할 수도 없고, 하지도 않을 것이라고 단호히 대답했다. 프로이트는 랭크에게 (그가 융, 아들러, 슈테켈에게 했던 것처럼) 그가 그 자신의 신경증에 대한 보편적인 심리학을 만들고 있다고 경고했다. 랭크는 흔들리지 않았다. 여름이 지나고 가을이 다가왔을 때, 프로이트는 이 운동으로부터 랭크의 철수가 임박한 것을 느끼기 시작했다. '교수님'은 혼란스러웠고 화가 났는데, 특별히 그는 처음에는 랭크의 이론을 중요한 성취로 반겼고, 후에서야 의심하기 시작했기 때문이었다. 정신분석적 출판사, 두 개의 학술지와 빈 협회의 책임을 맡고 있는 반역자의 전망은 프로이트에게 달려 있었다.

그러는 동안 베를린 사람들은 만약 랭크가 〈심리학 학술지〉의 편집인으로 남아 있는다면 자신들의 학술지를 만들 것이라고 위협했다. 베를린과 런던은 랭크가 프로이트를 버린 것에 대해서 오랫동안 왁자지껄 하고 있었다. '교수님'은 (제임스 스트레이치가 퉁명스럽게 말한 것처럼) "그를 죽여야만" 했다. 랭크는 중추 세력에 있던 그의 마지막 옹호자를 잃게 되자 남아 있던 랭크의 협력자들도 흩어졌다. 그렇지만 페렌치는 기법에 대한 그들의 공동 연구를 강경하게 변호하면서 랭크이론의 견해가 본류의 이론으로 통합될 수 있을 것이라고 끝까지 주장했다. 그러나 랭크가 재정적으로 궁한 이 헝가리 사람을 미국으로 오도록 격려하다가 마지막 순간에 그 제안을 취소하자, 페렌치도 랭크를 변호하려는 모든 마음을 상실하게 되었다. 그리고 프로이트는 지금 분노로 이글거렸다.

랭크가 빈으로 돌아왔을 때 프로이트를 세 시간 동안 만났다. 프로이트는 존스에게 편지를 써서 랭크와의 모든 친밀한 관계는 끝났다고 알렸다. 오토 랭크는 출판사와 〈심리학 학술지〉의 편집자 지위를 빼앗겼다. 약속된 빈 학회의 회장직도 철회되었다. 랭크는 깊은 우울증에 빠졌고, 파리로 떠났다. 그러나 다시 돌아와서 프로이트의 문 앞에 도움을 구하고자 나타났다. 프로이트는 랭크를 치료하기 위해 받아들였고, 한 달 후에, 랭크가 다시 예전의 그가 되었다고 기쁨으로 선언했다. 랭크는 1924년 12월 위원회 회원들에게 메아 쿨파Mea Culpa(내 탓이로소이다)를 썼다. 그는 그의 행동이 '교수님'의 병에 대한 신경증적 반응이었다고 고백했고, 존스, 아브라함, 작스에게 용서를 구했다. 베를린 사람들은 랭크를 다시 받아들여야 하는지 확실하지 않았기 때문에 자세히 캐물었다. 에이팅곤은 베를린 동맹에서 빠지면서 쾌히 받아들이는 편지를 썼고, 랭크와 페렌치가 뿌린 혼돈이 지금 바로잡혀진 것에 대한 안도감을 표현했다.

랭크는 결코 그의 이론들을 완전히 부인하지 않았다. 그는 겸허한 철회 후에 서서히 자신을 가다듬기 시작했고, 1926년에 파리로 옮겼다. 2년 후에 그는 빈 정신분석협회에서 탈퇴했고, 브로이어, 블로일러, 아들러, 융, 슈테켈에 합류했다. 그들은 악전고투의 지적 논쟁을 통해서 정신분석의 경계에서 무엇이 안에 있고 무엇이 밖에 있는 것인지 정의를 내릴 수 있게 해주었다. 어떤 면에서, 랭크의 제명은 세계 대전 이전에 일어났던 분열들과 비슷했다. 취리히와 빈 사이의 긴장이 그러한 초기의 전투들을 형성하게 했고, 랭크의 제명은 베를린과 빈 사이에 우월성을 놓고 벌였던 싸움 동안에 일어났다. 게다가 프로이트가 암에 걸렸다는 소식이 정신분석의 미래를 놓고 벌이는 싸움에 불을 붙였다. 분석가들의 공동체가 급격하게 성장하게 되면서, 베를린 사람들은 자신들을 공동체의 지도자로 세워주길 원했고, 랭크와 페렌치에 대한 고발을 선도하였다. 영국 출생의 에드워드 글로버Edward Glover가 베를린에서 아브라함에게 분석을 받은 후에 런던으로 돌아왔고, 페렌치의 적극적인 치료에 대한 비평을 썼다. 베를린의 지정된 분석가인 한스 작스는 출생에 대한 랭크의 책을 신랄하게 비난했다. 그리고 베를린 전문훈련학교의 첫 번째 졸업생인 프란츠 알렉산더 Franz Alexander는 기법에 대한 페렌치와 랭크의 책을 거부하는 논평을 썼다.

곪아터지고 있던 악의적인 의도와 정치적인 알력이 아마도 오토 랭크에게 쏟아진 비난에 어느 정도는 동기로 작용했을 것이고, 그 비평가들은 그들의 공격을 퍼붓기 위해 지적으로 합법적인 토대가 필요했을 것이다. 그리고 여기에 오토 랭크의 경우는 아들러와 융과의 경우와는 다른 것이 있었다. 랭크가 이 운동에서 쫓겨 난 것은 프로이트학파의 무의식적 성심리 이론을 넘어섰기 때문은 (분명히 그런 면이 있었지만) 아니었다. 전쟁 이전의 경계는 허물어져 있었다. 프로이트와 아브라함은 랭크의 이론이 그 자체로는 그를 정신분석 밖으로 내놓지 않는다고 주장했다. 대신에 프로이트, 페렌치, 아브라함은 다른 어떤 것에 초점을 맞추었고 이것이 랭크의 가장 심각한 실패라고 강조했다. 즉, 그는 과학 규범에 따라 움직이지 않았다는 것이었다. 랭크는 그의 발견을 그와 페렌치가 공개적으로 설명한 기법에만 적용한 것이 아니라, 다른 사람과 공유하기를 거부했던 비밀스런 수정에도 적용했다. 그러므로 누구도 그의 이론을 시험할 수가 없었다. 브릴은 프로이트에게 편지를 써서 뉴욕에 있는 랭크의 피분석가들이 랭크가 꿈 분석은 상관이 없고 성 이론을 포기했다고 선언했으며, 한 환자의 자유 연상을 가로막고, 그를 직접적으로 출생 트라우마로 가도록 했다고 보고했다는 소식을 전했다. 베를린에서, 랭크의 피분석가들 중의 한 명에게 그의 분석적인 방법에 대해서 질문을 했다. 그의 치료는 얼마나 짧은가? 랭크가 환자에게 출생 트라우마를 알리기 전에 개인의 내적 삶에 대해서 어느 정도의 탐구가 필요한가? 아브라함과 다른 사람들은 랭크의 기법이 짧은 이론 주입으로 이어지는 것을 염려했다. 작스는 이러한 염려에 대한 대답이 랭크의 출판된 연구에서는 발견되지 않는다고 불평했다. 그의 연구는 거대한 결론만을 보여주었고, 이러한 개념들로 나아가게 하는 기본적인 접근과 관찰에 대해서는 아무것도 없었다. 프로이트는 랭크가 그의 기법을 비밀로 하고 있었기 때문에 그가 독립된 학파를 시작할 것이라고 결론지었다.

오토 랭크는 새로운 기법을 숨길 이유가 있었는데, 이 새로운 기법이 격렬한 반응을 일으킬 것이었기 때문이었다. 빈과 베를린에서 멀리 떨어진 펜실베이니아 사회 · 보건 사업 대학에서의 강의들에서, 랭크는 많은 신경증 환자들에게 다가갈 수 있는 단기 심리치료에 대한 그의 견해를 설명했다. 그들은 그렇지 않으면 정신분석적 치료를 받을 형편이 안 되었다. 랭크에 의하면 출생 트라우마와 전이의 실체를 아는 것으로 정신분석의 과학은 듣고 관찰하는 긴 과정이 필요 없을 수도 있었고, 빠른 치료를 폭 넓게 적용할 수도 있을 거라고 했다. 베를린과 빈의 사람들은 정신분석을 많은 사람들이 접근하기 쉽게 만드는 그의 시도에 공감할 수도 있었을 것이다. 그러나 랭크의 해결 방안은 그와 페렌치가 주창했던 이론적 절제와 면밀한 임상적 관찰을 무시했다. 에드워드 글로버의 비평은 적극적 치료가 이 분야와 전이를 왜곡할 위험이 있다고 지적했다. 만약 적극적인 치료가 그렇다면, 그것은 랭크의 치료법에도 더욱 그럴 것이었다. 이러한 공격들에 직면하면서 랭크는 자신의 새로운 기법을 보호했고, 이론적인 토대에 대해서 프로이트와 싸웠다. 하지만 결국, 임상적 상황에서의 타협이 그를 쓰러뜨렸다. 그의 추방은 정신분석적 공동체가 이론적으로 벗어난 사람들에 대한 엄격한 정책으로부터 다른 축출의 과정으로 향하고 있다는 것을 보여주었는데, 그것은 적절한 방법을 채용하는 것의 실패에 기초하고 있었다.

페렌치와 랭크의 짧고 야심찬 길 안내도인 《정신분석의 발달》은 적대적 반응의 눈사태에 묻혔다. 이 두 저자들은 열정적인 적들을 가지고 있었고, 부분적인 실패에 그들의 책임도 있었다. 페렌치와 랭크의 강력한 비평은 시기적절했으며 기민한 것이었다. 거대하고 절제되지 않은 추상적인 이론적 추론이 종종 정신분석에서 기법적, 임상적 책임을 압도했었다. 이것은 베를린의 실세인 막스 에이팅곤으로부터 빌헬름 라이히 같은 초보자들에게까지 많은 사람들에게 분명한 사실이었다. 부식하고 있던 이런 상황은 개혁자들이 임상적 상황에서 거둔 경험적인 자료가 이론적인 추론을 대신해야 한다고 요구할 시기가 무르익게 했다. 하지만 페렌치와 랭크의 1924년 작업이 랭크의 《출생의 트라우마》와 페렌치의 계통발생론적 환상인 《바다》와 함께 나왔기 때문에 그 요지를 보기가 어려웠다. 두 작가는 이론적인 절제와 경험에 비탕을 둔 방법을 정신분석의 핵심적인 헌신으로 하자고 요청했다. 동시에, 그들은 이 분야에서 지금까지 보아온 것 중에 가장 엉뚱한 이론에 속한 것을 발표했다. 결국 정신분석을 인식론적으로 더욱 세심하고 임상에 뿌리를 둔 학문 분야로 개혁하려는 그들의 노력은 상당 부분 그들 자신의 좋지 않은 신념으로 인해 실패했다.

프로이트는 아들러와 융에게 그랬던 것처럼, 랭크의 연구를 평가해서 어떤 부분이 정신분석적 체계로 통합할 수 있는지 보았다. 프로이트는 처음에는 출생 트라우마에 매료되었으나, 그것을 처음 들었을 때 그의 추종자들에게 경고했다. "익숙하지 않은 일련의 생각으로 들어가는 길을 느끼는 것은 쉽지 않다. 그리고 나는 대체로 내 자신의 꾸불꾸불한 길을 지나서 그것과의 연결점을 발견할 때까지 기다려야만 한다." 곧 프로이트는 그의 길을 발견했다.

25년 이상 동안, 프로이트는 불안이 억눌린 성적 리비로에 기인한다는 신념에 전혀 동요가 없었다. 그러나 1926년의 출생 트라우마와 분리 불안에 대한 랭크의 작업을 소화한 후에 프로이트는 자신의 이론을 수정했다. 〈억제, 증상, 그리고 불안〉은 랭크가 빈을 영영 떠나기 두 달 전에 세상에 나왔다. 넓은 영역을 다루고 있는 이 중요한 작업에서, 프로이트는 불안이 무엇인가 질문을 던졌고, 자신이 누구와 상충하여 생각하고 있는지에 대한 분명한 고백 없이 불안에 대한 이론을 발전시켰는데 랭크의 것과 비슷한 트라우마에 대한 생각을 채용하고 있었다. 프로이트는 자아가 "신호로서 불안"을 이용해서 아이의 초기 무력함의 경험들을 상기시키는 가능할 만한 트라우마를 예측하고 방어한다고 가정했다. 불안은 위험에 대한 정상적인 지표이지, 억압된 리비도의 결과가 아니었다. 그리고 그것은 공포와 약함의 유아기적 경험(그것의 전형은 출생이다.)에 기반을 두고 있다. 어머니와의 분리는 어린 시절의 첫 번째 공포이고, 대상 상실, 거세, "자아-위에서the Over-I"의 처벌에 대한 두려움이 그 뒤에 나타난다. 이전의 많은 사람들처럼, 오토 랭크는 지금 홀로 남겨져서 지그문트 프로이트가 그의 지적 재산을 아무런 승인도 없이 사용했다고 항의했다.

그러는 동안에 페렌치는 공동의 개혁과 자신의 명성을 구할 수도 있다는 헛된 희망으로 자신을 랭크와 반대되는 위치에 놓았다. 그는 랭크가 분석적 상황에 대한 그들의 개념의 품격을 떨어뜨리고, 출생의 순간을 위해서 개인의 역사를 의미 없는 것으로 만들었다고 주장했다. 신속한 치료에 대한 랭크의 약속들(예를 들면, 동성애를 위한 6주 치료)은 페렌치가 지지해 왔던 긴밀한 참여를 손상시켰다. 페렌치는 또한 적극적 기법의 이름에서 생기는 과도함을 알아차렸고 랭크를 비난할 기회를 놓치지 않았다. 랭크가 마침내 그의 새로운 기법을 공개했을 때, 페렌치는 옛 친구의 제안들을 파기했다. 랭크가 쫓겨나고 페렌치가 방어적이 되면서 그들의 개혁은 죽었다. 《정신분석의 발전》은 혁명이 되지 못한 혁명이었다. 그리고 정신분석을 변화시킬 힘은 베를린으로 옮겨졌다.

새로운 정신분석

카를 아브라함은 부르크휠츨리에서 훈련을 받은 후 베를린에서 정신분석을 정착시켰다.

Ⅰ.

카를 아브라함이 1908년 베를린에 도착했을 때, 그는 어느 분석가도 감히 발을 디딜 수 없는 곳에 간 것이었다. 베를린은 독일 정신의학의 방어 거점이었고 그곳에서 프로이트의 전염병은 퍼져 나가지 못하고 있었다. 아브라함은 그의 친척이었던 유명한 의사 헤르만 오펜하임에게 의지해서 자신의 개인병원을 세워나갔다. 그는 또한 대학 시절 알았던 친구인 베를린의 성 과학자 이완 블로흐와 프로이트의 지인들 중의 한 명이었던 성 과학자 마구누스 히르슈펠트에게 도움을 받을 수 있었다. 또한 취리히에서 막스 에이팅곤이 오게 되자 아브라함의 이 작은 학회는 강화되었다. 그래서 이 협회가 국제정신분석협회에 가입했을 때 그럭저럭 총 9명의 회원으로 시작할 수 있었다.

1908년, 베를린은 여전히 유럽의 위대한 수도들에 비해 열등한 도시, 침체된 지역으로서의 불명예를 벗어 버리려고 고군분투하고 있었다. 빌헬름 황제 2세의 베를린은 경직되고 형식적인 장소였는데, 세계 대전에서 독일의 참패는 그 특징을 바꿔주었다. 군주 정치의 종말은 바이마르 주변에서 공화국을 낳게 했고, 소란스러운 새로운 민주주의가 시작되었는데, 베를린은 나치들, 소비에트의 공산주의자들, 반자본주의자들을 수용해야만 했다. 정치적 소란, 파업, 폭행, 폭력은 흔한 일이었다. 상승하는 인플레이션은 전통적 중산층이 가지고 있었던 노동과 저축의 풍조를 침식했다. 매일 폭등하는 인플레이션으로 대부분의 합리적인 베를린 사람들은 화폐가 가치를 잃어버리기 전에 즉시 그것을 사용해 버렸다. 이것은 사람들이 오늘을 살아야 하고 내일의 굶주림을 필사적으로 피하려고 하는 광적인 분위기로 이어졌다.

이러한 경제적 광기 가운데, 베를린은 전위파 예술가 운동의 중심이 되었다. 발터 그로피우스Walter Gropius는 바우하우스 양식의 건축학교를 설립했다. 취리히로부터 밀려들어온 다다이즘Dadaism은 베를린에 있는 예술가들 속에 뿌리내렸고, 그것이 가지고 있는 유쾌하고 우스꽝스러운 방법을 채용했다. 베를린은 그렇게 알프레트 되블린Alfred Döblin의 소설들 속에서, 베르톨트 브레히트Bertolt Brecht의 극장에서, 그리고 알반 베르크Alban Berg와 아놀드 쉔베르크Arnold Schönberg의 급진적인 12음 기법의 음악적 구성에서 모더니즘이 번성할 수 있도록 허용하고 있었다. 또한 F. W. 무르나우F. W. Murnau, G. W. 팝스트G.W. Pabst, 프리츠 랑Fritz Lang, 요제프 폰 슈테른베르크Josef von Sternberg의 작품 등 놀라운 영화산업을 육성했다. 문화적 모더니즘과 전통에 대항한 반발은 오랫동안 빈과 파리 같은 유럽의 도시들에 널리 퍼져있었지만 지금 이러한 가치들이 바이마르 베를린을 사로잡고 있었다.

군국주의의 몰락은 전통적 도덕성에 대한 폭 넓은 반감으로 이어졌다. 빈에서 온 작가 엘리아스 카네티Elias Canetti는 베를린에 도착하자 자신이 시골티가 난다고 느껴야 했다. "모든 것이 지나갔다. 독일의 어느 곳에서나 있었던 많은 터부들이 이곳에서는 말라 없어졌다." 예술가 게오르케 그로스George Grosz

는 그것을 직설적으로 이렇게 말했다. "모든 도덕적 규약들은 버려졌다." 밤새도록 춤추는 것, 호색문학, 매춘이 "미치고, 부패하고, 몽환적인 베를린"에서 번성했다. 베를린은 특별히 경통화hard currency를 가진 여행객들에게 성의 바자회였다. 나이트클럽들은 다양한 성적 기호를 충족시켜주었다. 예를 들면, '바이스 마우스Weisse Maus'는, 약물에 취해서 춤추는 아니타 바르바르Anita Berber를 내세웠는데, 그녀는 그녀의 벗은 몸을 포도주로 적시고 손님의 테이블에 방뇨하는 것으로 유명했다. 엘도라도 같은 복장도착자들(이성의 복장을 입는) 술집들, 도리안 그레이Dorian Gray 같은 레즈비언 집합소, 아도니스Adonis 같은 게이 술집들 모두가 자유롭게 운영되었다.

평등주의적 정치적인 이상들은 여성운동가들과 성 개혁자들의 활기를 북돋았다. 빌헬름 황제는 완고하게 가부장제를 유지했고 단지 여자라는 이유만으로 예술가 케테 콜비츠Käthe Kollwitz가 받을 상을 취소했었다. 빌헬름 시대가 끝남과 함께, 오랫동안 지속된 관습적인 결혼을 거부하면서, 피임을 주창하고, 낙태를 합법화하려고 했던 개혁자들은 새로운 힘으로 뭉쳤다. 마구누스 히르슈펠트는 1919년에 성 과학 연구소를 열었으며, 베를린을 성연구와 개혁의 중추로 만들었다. 빌헬름의 베를린은 카를 아브라함과 프로이트학파 사람들에게 차가웠지만, 바이마르 베를린은 그들에게 흠뻑 빠졌다. 전쟁 후, 아브라함은 프로이트에게 흥분하여 편지를 썼다. "베를린이 정신분석 때문에 떠들썩합니다."

1918년의 부다페스트 회합 후에 막스 에이팅곤과 에른스트 짐멜은 정신분석을 대중들에게 전파하려는 의도를 가지고 패배한 독일의 수도로 돌아왔다. 에이팅곤 가족의 모피 사업은 미국에 자산을 가지고 있었기 때문에 그의 부는 한꺼번에 몰려드는 인플레이션으로부터 보호되었다. 전선에서 환자들을 치료했던 경험과 자금으로 짐멜은 가난한 사람들을 위한 정신분석 클리닉을 만들 수 있었다. 학회로부터 승인을 받은 후, 카를 아브라함, 막스 에이팅곤, 그리고 에른스트 짐멜은 "외래환자 진료소"를 운영하도록 임명 받았고, 1920년 2월, 첫 번째 정신분석 클리닉이 포츠담 29가에서 문을 열었다.

베를린의 외래환자 진료소는 열자마자 성공적이었다. 수요일을 제외한 주중 오전 9시부터 11시 30분까지 진찰은 막스 에이팅곤이 맡아서 했다. 치료는 무료이거나, 환자들이 생각하기에 그들이 낼 수 있는 금액에 기초했다. 학회의 각 분석가는 일 년에 한 환자를 무료로 치료하게 되어 있었고, 수입의 4퍼센트는 클리닉으로 들어갔다. 그 해에만 무려 193명의 환자들이 치료를 위해서 방문했다. 에이팅곤은 정신분석적 치료를 위해 70명의 환자들을 상임 직원과 정신분석학회의 회원들에게 배정했다. 그렇게 많은 환자들을 받는 것이 그 클리닉을 혹사하는 것이었음에도 불구하고, 그들은 치료에 대하여 같은 기준을 유지하려고 노력했다. 한 회기를 30분으로 하는 시도를 짧은 기간 동안 시험한 후에, 전통적인 60분 대신에 45분으로 정착시켰고, 주 6일이던 치료를 3일 혹은 4일로 단축했다. 기능 보유자들, 사무원들, 전문가들이 신경증으로 찾아왔다. 대부분의 사람들은 9개월 이하로 치료를 받았고, 2년 후에 이 클리닉은 141명의 환자들 중 94명이 향상되거나 치료되었다고 보고했다.

에이팅곤, 짐멜, 아브라함은 정신분석을 사람들에게 직접적으로 가지고 갔다. 이 외래환자 진료소는 성장하기 시작한 많은 보건소들 중 하나였다. 베를린에서는 점점 의료가 사회적 의무로 되어갔다. 시간이 흐르면서, 소년법원, 청소년 단체 같은 기관들 또한 정신분석가에게 환자들을 보냈다. 짐멜이 가지고 있던 교육부와 예술부의 연줄 덕분에, 베를린 대학은 카를 아브라함을 위해서 정신분석에 교수직을 만드는 것을 고려하기 시작했다. 교수직이 현실화되지는 않았지만, 그러한 보직이 고려되었다는 바로 그 사실이 베를린에서 정신분석에 대한 새로운 존중을 반영하는 것이었다.

점점 더, 문제는 환자의 공급이 아니었고 필요를 충족할 수 있는 충분한 분석가들을 확보하는 것이었다. "우리의 모든 계획은 새로운 추종자들을 충분히 갖게 되는냐에 달려 있는데, 지금까지는 안타깝게도 그들을 확보하지 못했습니다."라고 1920년 아브라함이 프로이트에게 말했다. 이 베를린 사람들은 신문에 교육과정을 광고하는 것으로 젊은 의사들과 의사가 아닌 사람들laymen을 모집하려고 했다. 첫 번째 해는 잘 되지 않았음에도 불구하고 아브라함은 좋은 전략을 발견했다. 1921년, 정신분석에 대한 그의 개론 강의는 80명 이상의 사람들을 끌어들였다. 이처럼 클리닉과 정규적인 교육과정들의 결합으로 의대생들과 젊은 의사들이 이 외래환자 진료소에 모여들기 시작했다. 정신분석은 부르크횔츨리를 잃은 후에 교육과 훈련을 위한 시설들을 가지고 있지 못했는데, 베를린은 그 필요를 충족했고 프로이트의 말처럼 국제 정신분석의 "본부"가 되었다.

초기에 아브라함은 학생들이 이 분야에 대해서 많은 것을 읽었고, 분석 받는 것을 동의한 경우에만 받아들이기로 결정했다. 칼 융이 이러한 훈련분석을 오래 전에 제안했었다. 헤르만 눈베르크는 1918년 부다베스트 회합에서 그 문제에 대해서 다시 거론했는데 분석을 받지 않은 분석가는 말이 안 되었다. (물론, 프로이트와 초기의 많은 프로이트학파 사람들은 분석을 받지 않았었다.) 빈에서 분석가가 되기 위한 필요조건은 단순히 분석을 받는 것이었다. 프로이트의 의견에 의하면 그것은 절대로 필요한 것이었다. 의사여, 자신을 치유하라!

베를린에서, 아브라함은 클리닉에서 공부하기를 원하는 학생들을 위해서 가르치는 분석didactic analysis이 필요하다고 생각했다. 그러나 아브라함은 모든 학생들을 다룰 수는 없었고, 정신분석학회의 지도자로 일하면서 회원의 대부분을 치료하는 것이 문제를 일으킨다는 것을 알게 되었다. 그는 회장으로서의 직무가 회원들이 그들의 저항을 카우치에서 학회 모임들로 가져오는 현실 때문에 복잡해졌다고 불평했다. 아브라함은 오로지 학생들을 분석하는 것에만 전념하는 지정된 분석가를 임명하기로 결정했다. 변호사 한스 작스가 이 새로운 임무를 감당하기 위해서 빈에서 베를린으로 왔다.

작스는 프로이트의 인맥으로 1910년에 들어왔고 아들러와의 논쟁 동안에 '교수님'의 신임을 얻었다. 그 때 그는 자신이 흔들리지 않는 프로이트학파 사람이라는 것을 입증했다. 하지만 전쟁이 거의 끝날 즈음, 1918년 회합을 위해서 부다페스트에 왔을 때 그는 피를 토하기 시작했다. 결핵으로 진단 받은 작스는 스위스에서 2년을 요양했다. 베를린 사람들이 교육하는 분석가를 찾기 시작했을 때, 비밀위원회의 충성스러운 이 회원은 회복된 상태였고 할 일이 없었다. 1920년 10월 8일, 작스가 베를린에 도착했을 때, 학생-환자들의 명단이 그를 기다리고 있었다. 1922년 즈음에 그는 25명의 학생들을 분석했고, 그들 중에 13명은 다른 사람들을 분석하기 시작했다.

베를린의 프로이트학파 사람들은 단지 방문하는 것 그 이상을 원하는 학생들을 받아들이기 시작했다. 최근 괴팅겐에서 의학 공부를 끝마친 헝가리 태생 의사인 프란츠 알렉산더Franz Alexander는 정신분석가가 되기 위한 구조화된 환경에서 훈련과정의 요구사항을 이행한 첫 번째 훈련생이었다. 알렉산더는 과목들에 참석했고, 1920년 가을에 작스에게 가르침을 받는 분석을 시작했다. 일년 후, 그는 베를린 학회의 정식 회원으로 받아들여졌다.

베를린의 커리큘럼과 수업들이 늘어났다. 개론적인 과목들만이 아니라 세미나와 고급반들이 생겼다. 막스 에이팅곤은 임상적 치료의 실용적인 측면들을 가르치는 방법을 고안해냈는데, 일대일 밀착 임상감독으로 초보자의 분석을 관리했다. 에이팅곤은 학생들에게 그들의 세션들에 대한 자세한 기록을 만들게 했고, 선배 분석가들이 재검토해서 경험이 부족한 임상가들이 한 실수들을 발견하고 교정했다. 하나의 예로써, 에이팅곤은 "단일한 이론과 결과에 지나치게 경직된 태도"를 언급했는데, 이것은 페렌치와 랭크가 개선하기 원했던 바로 그 문제였다. 임상감독을 통해서 에이팅곤과 그의 동료들은 초보자들을 교육하고, 클리닉의 환자들이 피해를 입는 것으로부터 보호하기를 원했다.

오래 지나지 않아서, 베를린 사람들은 가능성이 좋은 지원자들만 받아들이는 입장이 되었는데 다른 사람들이 부러워할만한 했다. 1922년, 6명의 학생들이 외래환자 진료소 훈련프로그램에 등록되어 있었다. 베를린 대학의 정신의학 클리닉에서 온 3명의 젊은 보조의사들은 1921년 정신분석을 공부하기 시작했다. 그리고 1년 6개월이 지난 후에, 이 유명한 클리닉의 보조의사들 모두는 분석 훈련에 들어갔다. 그 즈음, 아브라함과 작스는 훈련 분석training analysis의 요청이 너무 많다는 조금은 사치스러운 불평을 하게 되었다. 베를린에서의 정신분석에 대한 폭발적인 인기는 1922년에 어느 때보다 더 명백했는데, 그 때 국제정신분석 회합이 이 도시에서 열렸다. 그 해의 참석자는 그때까지 해서 가장 많은 256명이었고 참석자 중의 91명은 베를린 사람들이었다.

베를린 외래환자 진료소는 세계에서 정신분석에 대한 가장 엄격하고 구조화된 교육을 제공했다. 가장 좋고, 똑똑한 학생들이 그곳으로 왔다. 런던에서 에드워드 글로버와 제임스 글로버가 왔다. 빈에서 오토 페니헬과 헬레네 도이치가 왔고, 부다페스트에서 멜라니 클라인Melanie Klein과 산도르 라도Sändor Radö가 왔다. 어떤 사람들은 머물렀고, 또 어떤 사람들은 분석에 대한 이 도시의 비전을 가지고 고향으로 가서 베를린 디아스포라diaspora가 되었다. 빈 클리닉이 1922년에 열릴 즈음, 베를린에서는 이미 강력한 집단이 출현하기 시작했다.

1923년, 베를린 학회와 외래환자 진료소의 지도자들은 분명한 요구사항을 가진 정식 교육전문학교를 설립할 때가 되었다고 결론지었다. 막스 에이팅곤을 주축으로 하는 위원회가 그들의 교육 과정을 체계적으로 조직화하기 위해서 임명되었다. 에이팅곤은 아브라함, 짐멜, 작스, 그리고 다른 사람들과 함께 일에 착수했다. 어떤 문제들은 믿을 수 없을 만큼 쉬웠다. 훈련 후보자들은 위원회에서 선택하였고, 공식적인 교과과정을 택하도록 요구되었다. 하지만 그러한 학생들을 위한 입학기준과 교과과정은 계속 논의되어야 했다.

한 때, 프로이트학파 사람이 되기 위해서는 리비도 이론의 교리를 받아들여야만 했지만, 그 요구사항은 사라졌다. 어떤 사람이 프로이트가 그로덱에게 한 것처럼 전이와 저항의 분석이 누군가를 분석가로 만든다고 주장한다면, 지금 그것은 충분하지 않은 것처럼 보였다. 베를린의 프로이트학파 사람들은 이론적 또는 방법론적인 헌신됨을 넘어서 정신분석의 정의 자체가 전문직을 의미하는 것으로 가려고 했다. 문제는 이제 프로이트학파에 남아 있기 위해서 무엇을 생각하는가가 아니라, 이 학회의 회원이 되기 위해서 무엇을 해야만 하는가였다. 1923년, 에이팅곤의 위원회는《정신분석적 치료사들의 교육을 위한 방향들》을 출판했고, 세 가지 요구사항의 윤곽을 설명했다. 그 세 가지는 가르치는 분석, 이론적 훈련, 실습 훈련이었다. 그러한 기준을 가동할 준비가 되었을 때, 베를린의 프로이트학파는 공식적으로 첫 번째 정신분석 훈련 전문학교의 개원을 선언했다.

이러한 방법으로 베를린 프로이트학파는 중대한 변화를 시작했다. 프로이트학파의 이전 문화는 제도화된 훈련과정으로 대체되었는데, 이데올로기적인 이슈들은 수면 밑으로 가라앉았고, 관료적인 구조들 안에서 분산되었다. 정신분석가가 된다는 것은 그러한 구조들을 거쳐 가는 것을 의미했다. 정신분석 교육의 공식화를 위한 막스 에이팅곤의 계획은 바트홈부르크Bad Homburg에서 열린 1925년의 국제정신분석협회 회합에서 발표되었다. 훈련위원회가 설립되었고, 다른 지역 사회에 비슷한 지침을 소개했다. 베를린 전문학교나 이 학교의 본을 따르는 다른 전문학교의 졸업은 정신분석가가 되는 새로운 길이었다. 제멋대로의 분석가들의 시간도 끝나가고 있었다.

가르치는 분석didactic analysis의 요구는 에이팅곤의 모델에서 어느 정도 논쟁의 여지가 있는 항목이었다. 자신의 신경증을 정복하는 것으로 분석가는 자신의 역전이와 저항에서 환자들을 보호할 것이다. 그러나 필수 훈련 분석은 이론을 주입하는 위험을 수반했다. 프로이트는 아버지에게 대항해 반발하는 아들의 요구에 대해서는 크게 집중하는 데 반해, 상대적으로 주눅 든 아들을 파괴하고자 하는 크로노스 같은Kronos-like 허영심 있는 아버지의 욕망에 대해서는 거의 고려하지 않았다. 젊은 베를린 사람 프란츠 알렉산더에 의하면, 프로이트는 그의 지적 계승자들의 소위 부모 살인적 소망에 지나치게 민감했다고 한다. 오토 랭크 역시 프로이트가 그를 분석해서 그의 창조적인 이론을 신경증적 병리로 변형시키기 원했다고 비판했다.

베를린의 가르치는 분석가teaching analyst 한스 작스는 이러한 비판들에 흔들리지 않았다. 그는 훈련 분석을 종교적인 입문 그리고 교회에서 초심자들을 위한 수습기간과 유사한 것이라고 대담하게 주장했다. 분석가가 될 사람은 새로운 눈으로 보아야 한다. 가르치는 분석은 그에게 무의식의 신비를 볼 수 있게 해줄 것이다. 물론 그전에 탐구자는 오이디푸스 콤플렉스, 유아의 성, 인간의 양가감정에 대한 내면의 힘을 지켜보아야 한다.

작스의 생각에 균형을 잡아주는 것으로서, 베를린의 공식적인 교육 체계는 훈련 분석가의 권위를 제한하고, 분석가에 대한 훈련생의 의존성을 감소시켰다. 빈에서 실행하고 있었던 수습생 제도에서 학생은 분석가의 은총에 완전히 의존했는데, 분석가는 선생으로서, 환자를 보내주는 의사로서, 연구 멘토로서의 역할을 수행했다. 프로이트, 융, 아들러의 피분석가들은 또한 프로이트, 융, 아들러의 훈련생들이었고 그들은 생계를 위해서도 종종 같은 인물들에게 의존했다. 베를린의 모델은 훈련 분석을 더 넓은 교육 과정으로 포함시켰다. 정신분석가가 되기 위해서 학생은 과목들을 들어야 했고, 클리닉에서 분석을 해야 했고, 분석을 받아야만 했다. 훈련 분석가training analyst에게 분석을 받으면서, 다른 임상감독자들과 교사들을 포함하여 다양한 견해들을 가지고 있는 분석가들에게 노출되었다. 게다가 훈련 분석은 그렇게 길지 않았다. 작스와의 치료를 통해서 분석가가 된 사람들은 그의 견해를 앵무새처럼 흉내 내지는 않았다. 그들은 오히려 그 분석가의 반영하는 스타일mirror style을 공개적으로 비판했다. 베를린 학교는 나름의 강력한 견해를 가지고 있었는데, 교육 체계 때문이 아니었고 카를 아브라함 또는 한스 작스나 다른 훈련 정신분석가의 열렬한 추종자를 만들어내지 않는 것이 바로 그것이었다.

베를린 공동체에서 가장 강한 지적 영향력을 가진 사람은 카를 아브라함이었다. 전쟁 이전의 베를린처럼, 아브라함은 초기 저술에서는 거의 독창성을 보이지 않았다. 하지만 그의 꾸준한 이론적 연구는 프로이트의 견해를 진보시켰고, 블로일러와 융을 공격했는데 그들이 정신이상은 전적으로 성심리적 갈등 때문일 수는 없다고 주장했기 때문이다. 아브라함은 리비도 이론을 계속 확장해서 조적 상태manic states와 우울적 상태depressive states 그리고 광장공포증을 설명했다. 그의 글은 직공의 것 같았고 약간은 광신적이었다. 프로이트는 그런 아브라함에 대해서 기뻐할 수 없었다. 프로이트는 오히려 빌헬름 플리스, 칼 융, 그로덱과 같은 지적 열정, 용기, 대담함을 가진 사람들에게 끌렸다. 아브라함은 융과 랭크에게서 이단성을 감지했던 프로이트의 진정한 추종자였다. 프로이트는 처음에는 아브라함을 크게 책망했지만 후에는 그에게 동조하게 되었다. 그렇기는 했지만, 그는 베를린에 있는 이 보수정통 지지자를 그렇게 좋아하지는 않았다.

아브라함은 끊임없이 정신분석을 의학, 정신의학, 과학과 연결하려고 매우 열심히 노력했다. 그는 베를린 정신의학 클리닉들과 다리를 놓으려 했고, 정신분석을 대학으로 가지고 가려고 시도했다. 중요한 것은, 그는 전문학교에서 기풍을 세웠는데, 다른 도시에서 지지했던 무모하고 상상력이 풍부한 이론화보다는 면밀한 임상적 관찰을 선호했다. 부다페스트와의 차이점들은 산도르 라도를 놀라게 했다. 부다페스트 학회의 모임들은 종종 페렌치의 《바다》에 있는 것과 같은 계통 발생적 추론들에 과도하게 무게를 두고 있었다고 라도는 기억했다. 베를린에서, 아브라함은 개인적으로 항상 리비도 이론의 진실성을 가정하면서, 그럼에도 불구하고 경험 중심의 임상적 현상에 대한 호기심을 격려하는 문화를 만들어갔다. 아브라함은 거친 추론이 이 신생 과학의 가치를 떨어뜨리고 죽일 수 있다고 믿었다.

이런 면에서, 아브라함은 분석적 상황에 더 많은 관심을 기울여야 한다는 페렌치와 랭크의 신념에 동의했다. 산도르 라도와 헬레네 도이치 같은 사람들이 아브라함에게 분석을 받기 위해서 베를린을 찾았는데, 정확하게는 그의 글들이 환자의 삶의 세밀한 부분과 깊이 교감하고 있다는 것을 보여주었기 때문이었다. 하지만 전이를 푸는 것으로 분석이 이루어진다는 견해를 받아들인 페렌치와 랭크와는 다르게, 아브라함은 과거를 해석하고 재건설하는 이전의 견해를 주장했다. 그는 분석적인 상황을 사용해서 지금 그리고 여기 보다는, 거기 그리고 그 때를 이해하는 데 전념했다. 그의 임상적 작업은 때때로 리비도 이론의 확증을 위한 옛 방식의 탐구로 보여지기도 했다. 그래서 페렌치와 랭크의 책이 나왔을 때 그것은 아브라함에게는 저주였다. 페렌치는 그 연구 작업이 "베를린의 프로이트학파 사람들(특별히 아브라함)의 치료적 부적절함"에 대한 신중한 탐구라고 인정했다.

이러한 것이 전쟁 후 아브라함의 기법에 대한 공정한 평가인지 알기는 어렵다. 이전에는 그의 기법이 페렌치의 핵심적인 견해를 따르고 있었다. 예를 들면, 캐런 호나이Karen Horney는 1910년 아브라함에게 분석을 받기 시작했다. 그녀의 분석에서, 아브라함은 그녀에게 그녀의 무의식에 대해서 강의했고 가르치는 방식으로 해석했기 때문에, 종종 그의 환자는 저 뒤에 남겨져 있었다. 매우 화가 난 호나이는 한 때 아브라함에게 물었다. "당신은 무엇을 더 내 안에서 발견하기 원하나요?" 마치 그녀는 그의 실험을 위한 실험실 표본 같았다. 이때에 아브라함은 분명히 전이를 분석하는 데 관심이 있었다. 호나이는 일기에 쓴 분석에 대한 첫 번째 언급에서, 전이 대상에 대한 그녀의 갈증과 그녀의 "열광적인 소망들"이 어떻게 그녀의 의사에게 "얽혀 있었는지"를 묘사했다. 호나이는 그 분석에서 전이가 해결할 수 없는 어려움들을 불러일으킨다는 인상을 갖게 되었다.

1910년, 많은 분석가들은 지나치게 지적 해석을 하는 경향이 있었고 전이의 역할에 대해서 확신이 없었다. 그러나 아브라함의 기법은 (대부분의 사람들과 같이) 그 다음 10년 동안 발달하게 된다. 전쟁 후, 그는 환자들에게 그들의 신경증의 구조를 강의하는 분석가들을 조롱했다. 1920년대에, 알릭스 스트레이치Alix Strachey는 프로이트와의 15개월의 분석보다 아브라함과의 5개월 분석에서 더 많은 것을 얻었다고 느꼈다. 그녀는 또한 다른 베를린 사람들도 아브라함이 임상적으로 '교수님'보다 뛰어나다는 의견에 동의한다고 말했다.

그렇지만 아브라함은 기법에 대한 관심을 강조하지 않았다. 그는 이 주제에 대해서 하나의 글만을 썼고, 오랫동안 기다려 왔던 기법과 이론의 문제에 대한 경합이 벌어지게 되었을 때, 그것을 자신의 후배 동료들에게 넘겼다. 그런데 한편에서는, 그는 숨겨진 리비도의 삶을 열심히 찾고 있었다. 전쟁기간 동안, 아브라함은 공격성의 역할에 특별히 관심을 가졌지만, 프로이트는 여전히 그것을 항문발달단계로 돌렸다. 아브라함은 증오와 공격성이 성적 발달의 모든 단계에서 근본적인 요소라고 주장하기 시작했다. 1916년, 아브라함은 성숙한 연구의 시작을 알리는 글을 썼다. "리비도의 첫 번째 전성기 단계The First Pregenital Stage of Libido"의 가장 초기의 구강기 단계에서는 단순히 쾌감적인 빨기만 있는 것이 아니라 일종의 식인적 공격성도 있다고 제안했다. 이것은 단지 영양분만 받아들이는 것이 아니라 다른 사람을 받아들이는, 즉 심리적 대상을 안으로 합병incorporation하는 것을 목표로 한다고 주장했다.

시간이 흐르면서 아브라함은 심리적 배고픔의 분석가가 되었다. 음식에 대한 갈망은 어린 시절 손가락 빨기, 어머니에 대한 갈망, 다른 사람에 대한 갈망, 구강 섹스(의 공포)에 대한 욕망, 사랑에 대한 갈망과 관련되어 있다. 구강 단계에 고착된 사람들은 계속적으로 배고프고, 항상 그들이 받는 심리적 영양분의 부족으로 좌절을 경험하고 분노한다. 그러한 격노에서, 그들은 사랑 대상들을 삼키려고 한다. 프로이트의 연구를 발전시키면서, 아브라함은 우울증은 구강기로의 퇴행이라고 주장했다. 그 단계에서 심한 배고픔과 살인적 환상들이 죄책감과 심한 상실감을 만들어 낸다는 것이다. 프로이트와 페렌치같이, 아브라함은 상상적imaginary 초기 선사 시대와 그의 이론을 연결시켰다. 아브라함에게 인간성의 원초적 범죄는 우리가 사랑하는 사람들을 먹는 것이었다.

아브라함의 글은 풍부한 임상적 세부사항과 그를 주요한 이론가로서 알리는 설명의 힘을 보여주었다. 프로이트는 최고의 글에게 주는 상을 1918년 그에게 수여함으로써 이것을 인정했다. 그런 다음, 조직적인 아브라함은 리비도 이론의 요도의 단계urethral stage를 세우려고 했는데, 이 단계에 공격성이 관련되어 있었다고 생각했다. 조루는 여성, 궁극적으로 엄마에 대한 공격이고, 남성의 수동성과 발기 불능은 억압된 강렬한 가학성sadism의 결과라고 주장했다. 아브라함의 명성은 그가 여성의 거세 콤플렉스를 고찰한 후에 더욱 높아졌다.

그는 자기를 증오하는 여성들은 자신들이 훼손을 당했다는 신념으로 인해 나르시시즘적 손상을 입었다고 설명했다. 이러한 여성들은 무의식적으로 그들이 남성이었다고 믿었고, 그러므로 그들 자신의 여성성을 부인하거나, 무의식적으로 남성을 공격하고자 하는 복수심에 불타는 여성이 되었다.

아브라함은 체계적으로 리비도의 발달을 통해서 나타나는 인간관계들의 방식을 탐구했다. 1924년, 그는 종합적 통합을 발표했다. 여섯 개의 성심리 단계들이 여섯 종류의 사랑 관계들과 서로 관계가 있다는 것이다. 아브라함은 이 이론이 잠정적이고, 불완전하다는 조건을 달았다. 다행히, 그의 종합은 그 당시 세대에 꼭 필요한 것이 되었다. 그것은 우울증, 조증, 조울증과 사랑할 수 없는 무능력에 대해서 설명했다. 이 분야의 창시자에 대한 미묘한 반박에서, 아브라함은 굳이 죽음의 추동drive이나 분리된 공격적 추동을 포함하지 않고 공격성의 개념을 통합했다. 베를린에서 아브라함은 리비도 이론의 대가가 되었다. 젊은 오토 페니헬Otto Fenichel은 아브라함의 연구를 논평하면서 이렇게 격찬했다. 아브라함은 새로운 사실들을 훌륭하게 논증했고, 그것들을 이미 존재하고 있는 개념들과 통합했으며, 임상에 기반을 둔 경험적 연구들을 통해서 리비도 이론의 타당성을 논증했고 그 이론을 확장했다.

아브라함은 계속 앞으로 나아갔다. 현자들과 현학자들은 오랫동안 인간 성격의 본질에 대한 힌트를 찾고자 했었다. 1세기 넘게, 정신의학자들은 사회적 규범을 지키지 못하는 비정상적인 병든 성격을 보아왔다. 도덕적 정신이상, 사이코패스, 사이코패스적 체질, 사이코패스적 성격 같은 카테고리들이 만들어진 것은 거짓말쟁이, 범죄자, 기인, 그리고 규범을 깨는 사람들을 정확하게 밝혀내기 위해서였다. 이러한 사람들은 단지 나쁘게 태어난 것으로 여겨졌었다.

하지만 아브라함이 이론가로서 성숙하게 되면서 성격에 대한 새로운 과학이 나타나기 시작했다. 1921년, 독일 교수 에른스트 크레치머Ernst Kretschmer는 다른 신체 유형에 기초한 성격의 일반적인 유형학을 제안했다. 같은 해, 칼 융은 거대하고 박식한 《심리 유형들》을 발표했는데, 고대인들에서부터 실러, 니체, 윌리암 제임스에 이르기까지 성격 유형학의 역사를 개관했다. 그 책의 끝부분에서, 융은 오토 그로스의 "내향적", "외향적" 개념을 빌려와서 그의 유형학을 발전시켰다. 융의 이런 생각들을 스위스 정신의학자 헤르만 로르샤흐

Hermann Rorschach가 받아들였고, 자신의 이름을 딴 새로운 심리진단을 만들어 그것을 통합시켰다.

아브라함은 그가 싫어하는 경쟁자 칼 융이 성격의 연구로 들어간 직후 그 영역으로 관심을 돌렸다. 그 당시, 정신분석가들은 그 주제에 대해서 거의 할 말이 없었다. 프로이트는 항문적 성애와 성격 형성에 대한 짧은 글을 1908년에 썼고, 분석에서 직면하게 되는 성격 유형에 대한 글을 썼을 뿐이었다. 초기 신체적 경험들은 콤플렉스, 즉 세상과 상호교류를 위한 무의식적 양식으로 변형된다고 가정했다. 1912년, 알프레트 아들러는 프로이트학파 그룹에서 축출 당한 직후 그의 열등성이론을 확장하는 "신경성 성격"에 대한 책을 출판했다. 그 후, 성격에 대한 생각은 거의 언급되지 않았는데, 성격 병리는 고정되어서 바꿀 수 없는 것으로 생각했기 때문이었다. 정신분석가들은 오히려 신경증, 신경증적 갈등들과 증상들을 해결하려고 결의했었다. 프로이트는 심지어 그들의 방법들은 성격적 결함을 다루는 데는 무력하다고 경고하면서, '나쁜 성격은 구원 너머에 있다.'라는 그의 문화의 도덕적 견해를 반영했다.

아브라함은 몸의 욕구들에 기초하여 새로운 정신분석적 성격학 characterology을 요약했다. 어린 시절에 겪는 쾌감과 불쾌, 만족과 좌절, 사랑과 증오 사이에서의 감각적 고투는 성인의 성격에 결정적이었다. 아브라함은 항문적 성격에 대한 프로이트의 개념을 발전시키는 것으로 시작했는데 복종적인 사람, 즉 그의 부모에 의해서 전적인 복종이 강요된 으스러진 아이는 몰래 복수를 갈망한다. 프로이트와는 다르게, 아브라함은 이러한 종류의 성격은 승화된 항문 성애로부터 발달된 것이 아니라, 그 아이의 상처 입은 나르시시즘과 증오의 힘으로부터 나온 것이라고 생각했다. 그 아이는 샘이 많고, 음울하고, 우수하고, 다른 사람이나 어떤 것을 탐욕스럽게 소유하려고 하는데, 주지는 않고 가지는 것의 쾌감에 중독된다. 이러한 성격들의 모든 것이 생생하게 묘사되었고, 쉽게 상상할 수 있었다. 아브라함의 주장은 프로이트의 것들 중의 어떤 것들만큼 수사학적으로 솜씨 있지는 않을 수도 있었지만 성격 유형은 설득력 있게 인간적이었다.

그러고 나서 아브라함은 성격의 구강기적 근원에 대해 주장했다. 이 단계에서 지나치게 욕구가 충족된 사람들은 항상 먹여지고 받을 것을 기대한다. 낙관론자인 그들은 세상이 그들의 갈망을 충족시켜 줄 것을 기대하지만 좌절하게 되었을 때, 그들은 요구가 많고, 공격적이고, 집어삼키려고 한다. 그리고 최종적으로, 아브라함은 성격의 건강한 생식기 단계에 대해서 썼고, 그의 에세이들을 모아서《성격 구조에 대한 심리학적 연구》를 편찬했다. 성격은 그 사람의 환경에 대한 본능적인 반응들의 총합이라고 그는 주장했다. 개인들이 그들의 주변 환경에 그들의 성격을 탄력적으로 적응시키는 것은 극히 정상이다. 그렇기 때문에 비정상적 성격은 성심리적 성숙의 실패의 결과이고, 경직성으로 이어질 수밖에 없다. 하지만 성격은 적응의 결과이기 때문에 영구적인 것은 아니므로 또한 변경될 수도 있다. 그러므로 정신분석은 신경증적 증상의 치료뿐만 아니라 성격 분석에도 사용될 수 있다고 아브라함은 주장했다.

이 모든 것을 함께 모으는 것으로 카를 아브라함은 새로운 뉘앙스를 가진 통합된 성심리 이론을 제시했다. 아브라함은 리비도, 어린 시절의 경험, 성격 구조, 사랑 관계, 사회적 적응을 연결시켰고, 이 모든 것이 인간의 삶에 대한 훨씬 더 풍부한 묘사를 가능하게 했다. 라도는 "아브라함은 프로이트학파의 언어의 사용법을 창안해냈는데, 정신의학의 통상적인 임상적 용어들과 결합하여 환자의 본질적인 이야기를 할 수 있게 되었다."라고 회상했다.

당시 카를 아브라함은 국제정신분석협회와 베를린 학회의 회장이었다. 그는 정신분석을 새 방향으로 발전시키려는 랭크와 페린치의 시도를 반박하는데 중심이 되어 왔고, 정신분석의 미래에 대한 베를린의 지배력을 강화했다. 동시에, 면밀하게 작업한 일련의 임상적 글들에서 성격에 대한 통합된 이론을 만들어 냈고, 그것을 바탕으로 몇몇 정신과 병들을 설명했다. 아브라함이 1925년 회합을 위해서 바트 홈부르크로 갔을 때, 그는 그의 베를린 동료들이 이 전체 분야를 위한 새로운 훈련 요구사항을 확립하게 될 것을 알고 있었고, 자신이 국제정신분석협회 회장으로 재선출될 것이라는 것을 짐작하고 있었으며, 또한 페렌치와 랭크와의 고투에서 승리를 거머쥘 것과 자신이 지그문트 프로이트의 계승자로서의 권리를 확보한 것을 알고 있었다. 카를 아브라함은 더 이상 그저 프로이트학파라고 불릴 수 없는 새로운 정신분석에서 가장 중요한 인물이 되었다. 아브라함은 분명히 그가 이룩한 것을 알고 있었을 것이나. 하지만 자신이 죽어가고 있다는 것은 눈치채지 못했다.

아브라함은 전쟁에서 폐에 문제들을 가지고 돌아왔었다. 1925년 여름, 삼킨 생선 가시에 찔려 감염과 폐의 종기, 그리고 장기간 좋지 못한 건강으로 고생하게 된다. 아브라함은 바트 홈부르크에는 갈 수 있었지만 몇 달 뒤인 1925년의 크리스마스 날에 죽었다. 그는 겨우 48살이었다. 그의 친구 어니스트 존스는 그 상실을 정신분석이 그때까지 직면한 것 중 최악의 불행으로 비탄해 했다. 아브라함의 피분석가들 중 한 명인 에드워드 글로버는 정신분석은 아브라함이 "자기 것으로 만든" 과학이었다고 아브라함의 유산을 이야기했다. 프로이트와 진정으로 가까운 관계를 갖지 않았던 학생이었고, 정신분석에 대한 그의 비전을 그것의 창시자에게조차도 대항해서 열정적으로 방어했던 사람, 아브라함은 놀랍게도 새로운 정신분석을 엮어냈다. 그래서일까, 그를 존중하는 학생들은 그의 부재 가운데에서도 그의 대한 추종을 멈추지 않았다.

아브라함의 죽음은 베를린을 진공상태로 만들었다. 많은 이들에게 커다란 실망이었고, 산도르 페렌치를 그곳으로 오게 하는 계획이 신속하게 진행되었으며, 평소에는 과묵한 막스 에이팅곤마저 자진해서 국제정신분석협회, 베를린 학회, 외래환자 진료소의 회장직을 맡기까지 했다. 하지만 얼마 지나지 않아 그는 베를린 학회를 짐멜에게 넘겨야 했다. 훈련센터에 다시 질서가 돌아왔고 페렌치와 프로이트는 안도했다. 베를린 사람들은 센터를 자신들 스스로 유지할 수 있는 것처럼 보였다.

아브라함은 커다란 구멍을 남겼지만, 그는 또한 많은 지적 아들들과 딸들을 남겼는데 급성장하고 있었고, 자유롭게 생각하는 정신분석 공동체였다. 나이 든 회원들은 조직체의 행정적 임무를 맡았고 과학적 센터로서 베를린의 미래는 젊은 회원들에게 넘어갔는데, 이 중 가장 걸출한 사람들은 프란츠 알렉산더, 산도르 라도, 캐런 호나이였다. 이 세 명의 이론가들은 성격, 어머니의 역할, 구강적 배고픔, 공격성에 대한 카를 아브라함의 관심을 공유했지만, 아브라함을 넘어서 자신의 생각을 발전시켰고 "새로운" 정신분석이라고 불릴만한 것을 만들었다. 이 새로운 견해는 만약 아브라함이 살아 있었다면 승인하지 않았을 것이었다. 왜냐하면 프로이트가 죽음의 추동drive과 "자아"와 "그것"의 새로운 개념들을 소개할 때, 아브라함은 자신의 세대의 많은 이들같이 주저했었다. 그러나 많은 젊은 베를린 사람들은 이 새로운 이론들을 받아들였고, 그것들을 리비도와 성격에 대한 아브라함의 연구와 종합하여 결국 무엇인가 새로운 것을 탄생시켰다.

캐런 호나이는 반항자였고, 논쟁의 여지가 있겠지만 위대한 첫 번째 여성 정신분석 이론가였다. 프로이트는 이론적으로 남자아이들과 여자아이들, 그리고 부모들에 대한 그들의 반응들을 분석할 수 있는 유연성 있는 오이디푸스 콤플렉스를 제안했었다. 그러나 사실 프로이트가 가차 없이 해석했던 드라마는 아버지들과 아들들 사이에서 일어났다. 호나이는 이러한 가부장적 드라마에 뛰어들어서 정신분석 이론 안에 있는 남성적 편견들에 대한 비평을 전개시켰다. 자유롭게 생각했던 호나이는 그녀의 중요한 글, 〈여성들 안에 있는 거세 콤플렉스의 기원에 대하여〉를 시작하며 프로이트와 아브라함에게 도전했다. 두 사람 모두 어린 여자아이는 페니스 선망을 가지고 있고 남자아이가 되고자 하는 욕구가 깊게 자리 잡고 있다고 주장했었다. 그러한 이론에 호나이는 대답했다.

> 이러한 공식화에서, 여성들은 그들의 생식기 기관을 불리한 조건으로 느낀다는 것을 자명한 사실로 가정한다. 그런데 이것은 그 자체가 문제를 만드는 것을 고려하지 않고 있다. 아마도 이것은 남성적 나르시시즘에서는 설명이 필요 없을 정도로 분명한 것으로 보이기 때문일 것이다. 그렇지만 지금까지의 연구조사들에서 끌어낸 결론(인류의 절반인 여성들이 자신들에게 부여된 성에 불만족하고 있고, 이 불만족은 오직 좋은 환경에서만 극복할 수 있다.)은 분명히 불만족스러운데, 여성의 나르시시즘뿐만 아니라 생물학적 과학에도 그렇다.

호나이는 페니스 선망은 정해진 것이 아니라 본능적 만족에 대해서 여자아이들에게 주어진 제한들의 결과라고 주장했다. 그녀는 또한 새로운 자아 심리학을 받아들여서 다른 주장을 만들었는데, 성 정체성에 대한 커다란 파문을 가져왔다. 그녀는 여자아이의 페니스 선망이 생기는 것은 모든 아이의 초기 성생활의 좌절, 즉 오이디푸스적 패배의 이차적 결과라고 풀었다. 어린 여자아이는 그녀가 아버지의 우선적 사랑이 아니라고 인식하고, 바로 이 인식이 어떤 어린 소녀들에게 자신들의 성의 거부와, 아버지와 동일시하고 소년이 되고자 하는 방어적인 욕구로 이어진다는 것이다. 이러한 환상 속에서만 소녀들은 페니스 선망을 직면한다. 비슷하게, 소년은 심리적으로 어머니와 동일시 할 수 있고, 거세 공포를 발전시킬 수 있다고 호나이는 주장했다. 캐런 호나이는 오이디푸스 콤플렉스에 비추어 성격 발달의 예상 밖의 변화들에 대해서 썼는데, 예를 들면 남성적인 여자들에 대한 글이었다.

이러한 호나이의 신선하고 설득력 있는 저술은 바이마르 시대 동안에 일어났던 페미니즘의 큰 파도와 소위 말해서 "새로운 여성"의 중요성과 동시에 쓰여졌다. 그녀의 연구는 베를린 연구소의 자유에 대한 증언이었다. 그녀는 지금까지의 정신분석 이론의 전체 체계가 여성의 심리학을 무시하는 경향이 있는데, 이는 이론가들이 모두 남성이기 때문이라고 공개적으로 말했다. 호나이는 소녀들에 대한 어린 소년들의 환상을 여성 발달에 대한 정신분석적 이론들과 비교했고, 거기에는 커다란 차이가 없다고 결론을 내렸다. 정신분석가의 주관성의 오래된 난제가 이번에는 여자의 내적 삶을 알지 못하는 남성 정신분석가들에게 다시 일어났던 것이다. 프로이트의 빈 학회에서 이러한 솔직한 평가가 나오는 것을 상상하기는 힘든 일이었다.

호나이는 베를린으로 온 헝가리 사람 두 명과 나란히 베를린의 주요한 사상가들 중의 하나로 자리매김했다. 산도르 라도는 부다페스트에서 페렌치의 가장 가까운 동료들 중의 한 명이 되었고, 그 후에 정신분석 훈련의 새로운 메카를 여행하기로 결정했다. 베를린에 있을 때, 그는 〈심리학 학술지〉의 편집자 직을 맡아 달라는 프로이트의 부탁을 받았다. 그것은 랭크의 자리였다. 하룻밤 사이에 젊은 라도는 상당한 영향력을 가지게 되었고, 그 영향력을 사용해서 정신분석을 마음의 자연과학으로 만들기를 희망했다. 이것은 그가 그의 초기 글에서 분명하게 표현한 목표였고, 그 글에서 정신분석과 새로운 물리학인 상대성 이론을 연결시켰다.

1924년 《자아와 그것》의 출판 후에, 라도는 열정적으로 프로이트의 새로운 구조이론을 받아들였다. 그는 또한 구강기 단계에 대한 아브라함의 강조점을 가져와서, 두 가지 모델들을 결합하고 어떻게 정신적 배고픔이 약물 중독의 이유가 될 수 있는지 설명하려고 시도했다. 라도는 또한 "자아" 심리학을 사용하여 지나치게 불안한 어머니가 주는 손상을 묘사한 것 때문에 인정을 받았다. 지나치게 불안한 어머니는 자신의 아이를 구해야 되는 상상된 위험들에 대해서 아이에게 계속해서 경고하는 것으로 그녀의 공격성을 방어한다. 우울증에 대한 글에서, 라도는 더 나아가 어머니와 그녀의 배고픈 아이 사이의 역동적인 상호 교류를 설명했고, 정신병리를 일으키는 나쁜 어머니에 대해 강조하게 되었다.

라도의 공헌이나 호나이의 공헌은 단순히 카를 아브라함의 연구나 프로이트학파의 "자아" 심리학의 연장만은 아니었다. 베를린의 두 사람들은 아브라함과 프로이트 사이에 있는 영역을 파내는 창조적인 탐구를 시도했다. 하지만 이러한 중간 지역에서 새로운 이론적 합의를 세우려고 했던 베를린 사람은 프란츠 알렉산더였다.

부다페스트의 저명한 철학자의 아들인 알렉산더는 의대에서 실험적인 연구실 작업에 몰두했다. 그곳에 있는 동안, 그는 복잡한 현상들에 대한 편협한 과학적 접근들에 대한 아버지의 비평들에 대해 궁금하게 여기게 되었다. 괴팅겐으로 간 알렉산더는 생리학자와 공부를 시작했고, 물리학자들과 교제했으며, 결국 뇌 생리학을 공부한 정신과 의사가 되었다. 그의 아버지가 그에게 학술지에 싣기 위해 프로이트의 꿈 책을 비평하라고 했을 때, 프로이트를 이해하기 위한 그의 오랜 노력이 시작되었다. 결국 미래가 보장된 대학의 직업을 포기하고 정신분석을 공부하기 위해서 베를린에 가고자 했을 때, 그의 아버지는 어이가 없어 했다. 한스 작스에게 간단한 분석을 받은 후에 30세의 알렉산더는 1921년 베를린 연구소의 첫 번째 졸업생이 되었다.

1923년, 알렉산더가 처음으로 출판한 글은 곧바로 인정을 받게 되는데, 프로이트가 그 해의 최고의 글로 상을 수여했기 때문이었다. 〈성격 형성에서의 거세 콤플렉스*The Castration Complex in the Formation of Character*〉에서 알렉산더는 정신분석적 견해를 증상이 없는 성격들로 확장시켰는데, 대부분의 사람들은 일반적으로는 괜찮아 보이지만 압박감을 느끼는 상황에서는 흐트러진다는 것이다. 카를 아브라함은 그러한 사람들을 묘사했지만 그들을 도울 방법은 가지고 있지 않았다. 알렉산더는 바뀌지 않을 것 같이 보이는 성격 구조들의 핵심에도 치료할 수 있는 익숙한 신경증적 갈등들이 있다고 주장했다. 이러한 성격 신경증들은 오래된 두려움인 거세 불안에 의해서 작동되는 것이라고 설명했다.

알렉산더는 거세 불안의 역할을 크게 확장해서 성격 발달의 핵심에 놓았다. 어린이들은 반사회적 욕구들로 가득 차 있고, 동물들처럼 그들도 문명화되기 위해서는 길들여져야 한다. 그들이 좋은 성격의 남자와 여자가 되는 것은 타고난 고귀성 때문이 아니라 어른들을 두려워하기 때문이다. 거세 공포는 단순히 신경증의 조상뿐만이 아니고 또한 성격을 형성하게 했다. 부모의 훈련은 아이에게 요구들과 욕구들에 대한 처벌의 두려움을 불어 넣는 것을 포함하고 있다. 성격은 아이를 어른으로 바꾸는 일상적인 굴복에서 형성된다고 알렉산더는 생각했다.

알렉산더는 또한 첨예한 신경증적 갈등이 어떻게 안정적으로 보이는 "자아"로 변경되는지, 어떻게 몰아치는 몸의 쾌감들이 사회적으로 책임 있는 어른의 욕구들이 되는지, 그리고 어떻게 어린 시절의 공포가 길들여지게 되는지에 대해서 설명했다. 프로이트를 따라서 그는 구스타브 페히너Gustav Fechner의 항상성 원칙에 크게 의존했는데 인간 유기체는 쾌감뿐만 아니라 안전과 동일성sameness을 향해서도 작동된다고 믿었다. 신경증적 성격들은 반복하는 강박으로 고통을 겪고, 내적 항상성을 찾아서 해결되지 않은 갈등들을 계속 재연한다. 한 예로써, 알렉산더는 강박적인 러시아 귀족의 사례를 인용했다. 그는 증상이 없다가 혁명에서 돈을 잃어버린 후 증상을 가지게 되었다. 마치 거세 불안을 다루기 위해 그 때까지 사용했던 그의 생존전략이 부와 함께 사라진듯 보였고 그는 돌발성 신경증을 갖게 되었다.

1924년, 알렉산더는 잘츠부르크 회합에서 이러한 생각을 나누게 된다. 작스, 라도와 더불어, 그도 프로이트가 2년 전에 제안했던 기법과 이론 사이의 관계에 대한 글을 발표하도록 선출되었다. 세 명의 강연자들이 "자아" 심리학에 대한 자신들의 적용에 대해서 설명하려고 했을 때, 알렉산더는 그것을 넘어 훨씬 더 진보했다. 정신분석은 두 개의 주요한 원칙들에 기반을 두고 있었다. 그것은 '프로이트-브로이어 원칙'과 '프로이트-페히너 원칙'이었다. 첫 번째 것은 정신적 과정들이 긴장을 해소하기 위해서 기능한다는 것을 나타내고, 두 번째 것은 이러한 방출이 반복-강박을 통해서 일어난다는 것을 나타낸다. 이 두 원칙들이 신경증을 단순한 갈등으로서가 아니라 심리 구조로 생각할 수 있는 새로운 방법을 지지한다는 것을 알렉산더는 증명했다. 치료는 그 구조를 고치려고 애써야만 한다고 그는 생각했다.

이러한 방법으로, 알렉산더는 억압된 무의식의 내용들보다는 억압시키는 힘의 본질과 구조에 더 많은 강조점을 두었다. 억압의 힘은 "자아-위에서 the over-I"와 상상적인 범죄에 대한 그것의 가차 없는 징벌과 밀접한 관계가 있다고 알렉산더는 생각했다. "자아"를 위에서 바라보는 그 감시 장치는 내재화된 부모의 "안 돼"였다. 세월이 흘러도 변치 않고, 현실과의 접촉 밖에 있기에 그것은 많은 합법적 성인의 쾌감에도 '안 돼'라고 말한다. 그것은 죄책감과 많은 자기 파괴적인 행동들을 일으키는데, 그러한 행동들은 처벌을 받아 마땅하다는 환자의 느낌을 간접적으로 표현한다. 분석에서의 임무는 이런 잔혹한 "자아-위에서"를 언급하고 수정하는 것이다. 그것은 의사에게 전이될 때에만 흩어져 없어질 수 있다. 알렉산더는 이것을 "미래의 모든 정신분석적 치료의 임무"라고 불렀다.

베를린에 돌아온 알렉산더는 기법에 대해 페렌치와 랭크의 연구를 비평하는 글을 썼다. 알렉산더가 말하는 것은 간단했다. 페렌치와 랭크가 정신분석이 "새로운 단계"로 이동하면서 체계화될 필요가 있다고 한 것은 옳았다. 그러나 그들의 연구는 "자아" 심리학을 고려하지 않았고, 그러므로 그들의 책은 잉크가 마르기도 전에 뒤떨어진 것이 되었다고 알렐산더는 말했다. 페렌치가 프로이트에게 그 비평이 공정치 못하다고 불평했을 때, 프로이트는 오히려 "나는 알렉산더의 비평을 매우 좋아한다."고 퉁명스럽게 대꾸했다.

베를린에서, 알렉산더는 "자아"와 "자아-위에서"의 정신분석이 성격 신경증들을 이해하는 큰 길이라고 강의했다. 1924년, 1925년의 강의들을 모아서 알렉산더는 《전체 성격의 정신분석psychology of the total personality》을 출판했다. 그 제목은 그것이 얼마나 중요한지에 대한 태도를 담고 있었는데, 으스대는 느낌마저 있었다. 라도는 그것이 자만처럼 보였고 출판자를 비난했다. 그는 익살맞게 알렉산더를 '전체' 출판사의 '전체' 국장이라고 불렀다. 과장한다고 말할 수 있었지만 그럼에도 불구하고 알렉산더의 책은 이러한 프로이트의 개념들이 소개된 이후로 "자아" 심리학에 대한 첫 번째 광범위한 이론적 확장이었다. 알렉산더의 작업은 또한 모든 선행 연구들이 완전하지 않은 것으로 보이게 만들었다. 그는 이 분야에서 목격한 분열에 대해서 솔직했다. 임상적 현장에서, 어떤 이들은 분석의 옛 방법을 계속해서 사용하고 있었고, 어떤 이들은 "자아"와 죽음의 추동drive의 프로이트 이론들과 함께 앞으로 나아가는 사람들도 있었다. 처음 멤버들은 새로운 이론가들이 메타심리학적metapsychological 추론에 굴복하고 있다고 믿었다. 알렉산더는 그것을 실험 물리학자들이 그들의 이론적인 형제들에게 갖고 있는 경멸과 비교했다. 그는 그의 책이 새로운 "자아the I" 심리학의 임상적 장점들을 보여주고, 새로운 생각들을 경험론적 묘사들에 뿌리를 내리는 것으로 분열에 다리를 놓을 수 있기를 소망했다. 알렉산더는 "정신분석의 새로운 시대"를 안내하기를 원했다.

그는 더 나아가서 자아 심리학을 거부하는 사람들이 부적절하다는 것을 넌지시 내비쳤다. 새로운 정신분석은 과학과 의학의 큰 통합을 제시했고, 프로이트가 전체 체계화를 저항했을지라도, 알렉산더는 그러한 종합을 위한 때가 왔다고 믿었다. "정신분석적 과학"은 "내적 구조"를 안정시키고 "전체 정신 기관의 통합된 그림을 제공해야만 한다."고 주장했다.

과학으로서의 정신분석에 대한 언급들에도 불구하고, 알렉산더의 저술의 방식은 극적이고 비유적이었다. 성격은 세 개가 전쟁 중인 독립적인 당파들로 구성되어 있다고 주장하면서 이것을 정치적인 비유로 묘사했다. "그것"은 내적 테러리스트이고, "자아-위에서"는 타락한 경찰, "자아"는 오랜 기간 고통을 겪고 있는 시민이다. 알렉산더는 그의 생각방식을 정당화하기 위해서 그러한 비유적인 방법의 필요성을 변론했다. 에른스트 마흐와 막스 플랭크Max Planck 사이의 논쟁들을 언급하면서, 알렉산더는 독자들에게 최근까지도 원자의 존재가 받아들여지지 않았다는 것을 생각해보라고 요청했다. 종합적인 추상개념들에 기초한 의인화personification는 심리적 힘들이 마음의 눈에 보여지게 하기 위해서 필요했다.

알렉산더는 또한 그의 메타심리학에 새로운 첫 번째 원칙을 첨가했다. 모든 쾌감은 그것의 정지를 예측하게 되고, 고통도 그렇다고 그는 믿었다. 에로스와 타나토스는 같은 몸에 붙어 있는 두 개의 날개이다. 과도하게 순수한 도덕성을 요구하는 잔혹한 내면의 경찰은 억압된 범죄자와는 조용하게 협력하고 있다. 토요일 밤의 자유로운 허용은 일요일 아침 설교의 처벌과 밀접하게 연결되어 있다. "자아-위에서"의 지나친 엄격함은 처벌을 요청하는 법의 편지로 이어지고, 이것은 "죄의 면제"와 "그것을 범한 것의 정당화"를 성취한다. 알렉산더는 어떻게 지나치게 경건했던 사람이 쉽게 가장 터무니없는 무법의 상태가 되는지 솜씨 있게 논증했다. 징벌적인 신경증적 "자아-위에서"의 가혹함은 날것 그대로의 허가증을 위한 은밀한 정당화를 제공했다. 알렉산더의 정치적인 비유를 생각해보았을 때, 그의 이론은 공교롭게도 다가올 것에 대한 예고로 볼 수가 있었다. 독일을 장악한 법과 질서의 광신자들은 상상의 범위를 넘어선 범죄적 공격성을 풀어 놓게 된다.

알렉산더는 그의 책을 성장하고 있던 분야를 위한 새로운 임상적 기여, 그 이상으로 생각했다. 그는 이 책이 정신분석을 더욱 견고한 토대에 올려놓을 것으로 보았다. 물리학에 대한 언급들은 우발적인 것이 아니라, 비유적이었을지라도 자신을 과학과 연결시키고자 하는 결심을 드러낸 것이었다. '프로이트-페히너'와 '프로이트-브로이어'의 주요 원칙들에 대한 언급은 또한 프로이트의 페르소나persona의 중요성을 축소하고, 그의 핵심적인 과학적 주장들에 초점을 맞추는 것이었다. 이것은 베를린 사람들 가운데 커가고 있던 자긍심과 일치했다. 그들은 자신들을 복종적인 빈 사람들과는 다르게 프로이트에게서 더욱 독립된 사람들로 보았다.

알렉산더는 그 책을 마친 후에 가족 휴가를 갔고, 아버지에게 그의 책을 읽어보라고 요청했다. 그의 아버지는 심리학을 철학의 한 가지라고 믿고 있었다. 그의 아버지는 이 책이 편협한 실증주의자들로 인해 심리학에 가해진 파괴 이후에, 어떻게 인간의 주관성과 내적 세계 전체가 심리학으로 다시 돌아오게 되었는지 분명하게 설명해주고 있다고 말했고 알렉산더는 매우 기뻐했다. 알렉산더의 전체 성격의 심리학은 알렉산더의 아버지와 그의 영웅들(셰익스피어, 칸트, 볼테르)이 마음의 연구의 핵심이라고 여겼던 질문들을 실증적으로 설명한 것처럼 보였다

알렉산더의 책이 1927년에 출판된 후에, 많은 사람들이 베를린으로 몰려들었다. 베를린은 강의와 클리닉을 가진 공식적인 연구소가 있었다. 이미 과학과 문화에서 전위파 예술과 밀접했던 이 도시는 정신분석의 전위파 예술의 중

추가 되었다. 알렉산더는 새로운 날이 밝아오고 있다고 알렸다. 선도하던 베를린 사람들이 자신들을 관련시키길 원했던 새로운 물리학같이, 이 새로운 심리학은 허물어져 가는 곳에서 변하기를 거부하는 사람들을 남겨두고 전진할 기세였다.

새로운 정신분석이 추론적인 이론들로 시작했을지라도, 이것은 알렉산더에 의해서 땅으로 내려오게 된다. 그는 어떻게 이러한 새로운 개념들이 임상적인 이해를 향상시키고 넓히는지 보여주었고, 대중적인 대상물들, 즉 일반적으로 존재한다고 생각하고, 쉽게 관찰할 수 있는 개념들에 심리학의 기초를 두는 것의 이점을 알려주었다. 어떤 환자도 자신이 "자아" 또는 그를 바라보고 있는 양심을 가지고 있다는 개념을 비웃을 수는 없을 것이다. 대학의 정신의학자들 무리도 심리학이 성격에 기반을 두고 있다는 전제를 공격할 수는 없었다. 새로운 성격 분석은 가장 깊숙이 있는 동물적 힘들에 대한 이론들을 포함했다. 이런 동물적 힘들은 상위 단계의 경험에 가까운 정신적 구조들로 조직화되면서 좀 더 쉽게 관찰할 수 있다는 커다란 이점을 가지고 있었다.

"자아" 심리학은 또한 심리학이 그래야만 하는 상식 개념들을 돋보이게 했고, 불편하고 사적인 인간의 성 영역의 무게를 낮추었다. 정신분석가들은 지금 성으로 기인한 신경증적 갈등들뿐만 아니라 일상에서 쉽게 인식할 수 있는 성격들의 심리학을 놀랄만하게 묘사적인 용어들로 말할 수 있게 되었다. 정신분석이 성격과 정체성을 중심으로 체계화 된다면 대중의 영역으로 쉽게 들어갈 수 있을 것이다. 성은 근본적으로 매우 개인적인데 정신분석가들은 계속해서 그것을 언급하는 것으로 무언의 규칙을 깨뜨리고 있었다. 많은 이들에게 성은 천박한 부호나 죄책감에 사로잡힌 범죄자나 옆집에 사는 괴팍스러운 푸줏간 주인에게나 적절한 묘사였지, 절친한 친구의 성적 비밀들을 추측하는 것이나 성이 자신들의 생각들을 지배하고 있다는 것을 대부분이 받아들이진 못했다.

프로이트의 피분석가 아브람 카디너Abram Kardiner는 갑사기 뉴욕으로 베를린에서 훈련받은 정신분석가들이 밀물처럼 밀려오고 있다는 것을 알아차렸다. 1925년 즈음, 프로이트는 병으로 인해 학생만을 분석에 받아들일 수 있었다. 그래서 카디너의 후배인 그레고리 질부그Gregory Zilboorg, 조지 다니엘스George Daniels, 그리고 다른 사람들은 프란츠 알렉산더에게 훈련 받기를 희망하면서 독일로 갔고, 그들이 돌아오게 되었을 때 카디너는 몹시 당황스러웠다.

> 그들 모두는 알렉산더에게 갔습니다. 그들이 돌아왔고, 나는 당신에게 내가 매우 어려운 시간을 보내고 있다고 말하고 싶습니다. 그들은 내가 익숙하지 않은 기법을 가지고 돌아왔기 때문입니다. 그들은 리비도 이론을 가지고 왔고, 리비도 이론을 성격 분석을 위한 발판으로 사용했습니다. 프로이트가 내게 말한 것을 잘 알고 있지만, 나는 완전히 "격이 떨어진 사람"으로 느껴집니다. 거대한 기회가 하수구로 흘러 내려갔어요. 나는 내가 아무것도 모른다고 생각될 뿐만 아니라, 여기에는 이제 현명한 친구들이 와 있고, 그들은 내가 모르는 모든 것을 알고 있습니다.

또 다른 미국인 아이브즈 헨드릭Ives Hendrick은 베를린이 빈 사람들보다 "훨씬 좋고, 더욱 화합하는 조직을 가지고 있다."고 말했다. 1928년, 그 또한 알렉산더에게 분석을 받기 시작했는데, 정신분석적 열성당과 보수정통이 없는 지적으로 열린 환경에서 자신을 발견하고 있다고 행복하게 보고했다. 그는 알렉산더를 "박력있고, 정력적이고, 미식축구 선수의 체격을 가진 사내다운 조용한 젊은이"라고 묘사했다. "그는 매우 상식적이었고, 항상 인간이 실수할 수 있는 것에 대한 충분히 실용적인 견해를 유지했다. 그는 광신적인 열정을 전혀 가지고 있지 않았다." 헨드릭은 자신이 "세상에서 최고의 분석 연구소"에 있다는 것이 매우 기뻤다고 공개적으로 밝혔다.

헨드릭이 과장하는 것은 아니었다. 에이팅곤의 자금으로 그 연구소는 누구에게도 뒤지지 않는 교수진을 가지고 있었다. 그곳의 훈련시키는 능력은 가장 의욕있는 학생들의 마음을 끌었고, 그들 중의 몇 명은 계속 머물렀다. 1922년, 오토 페니헬은 베를린 연구소에서 공부하고자 빈으로부터 왔고, 2년 후에 교수진에 합류했다. 1926년, 페니헬은 "자아" 심리학에 대한 아브라함의 공헌들에 대한 세미나를 열었다. 페니헬은 베를린에서 익숙한 주제들에 대해서 광범위하게 발표했는데, 자연과학으로서의 정신분석에 대한 글을 포함하여, 내사, 대상 상실, 피학성, 동일시들을 통한 자아의 형성을 포함하고 있는 자아 심리학의 발달에 대한 일련의 글들을 발표했다. 1926년, 지크프리트 베른펠트Siegfried

Bernfeld도 프로이트가 굳이 가르치는 분석이 필요하지 않다고 했음에도 불구하고 정식적인 훈련의 기대를 품고 빈을 떠나게 되었다. 프랑크푸르트의 카를 란다우어Karl Landauer는 1925년 베를린으로 이민을 갔다. 그리고 많은 사람들이 그렇게 했다.

여러 지원자들이 왔다 갔고, 그들은 베를린의 모델을 뉴욕, 보스턴, 빈, 오슬로 그리고 더욱 중요하게 런던에 퍼뜨렸다. 어니스트 존스와 카를 아브라함 사이의 동맹은 런던과 베를린 그룹들 사이에 밀접한 관계를 갖게 했고, 1920년대 초반 런던의 학생들은 클리닉이나 훈련기관을 가지고 있지 않았기 때문에 많은 이들이 훈련을 받고자 베를린으로 몰려갔다. 그래서 그 후 런던으로 돌아왔을 때, 글로버 형제들(제임스와 에드워드)같은 사람들은 베를린에서 가르치고 있던 견해들에 대한 설득력 있는 대변인이 되었다.

베를린 사람들은 더욱 번창했고 첫 번째 정신분석 병원을 열기로 결정했다. 1927년 베를린의 변두리에 있는 아름다운 성에 있는 테겔 궁전에 요양소가 설립되었다. 에른스트 짐멜이 창시자였고 원장이었다. 환자들에게는 정신분석적 치료와 정신분석 경향의 작업요법occupational therapy이 제공되었다. 그들은 감금되어 있지는 않았지만, 그들의 의사들에게 있는 긍정적인 전이가 그들을 자기 파괴적인 행동들로부터 억제하게 해준다는 이해가 있었다. 라도, 알렉산더, 그로덱의 연구를 채용하면서, 이 병원은 술과 약물 중독을 가진 환자들, 범죄자들과 분열된 성격들 그리고 약간의 질병을 가진 사람들을 받아들이기 시작했다.

1928년, 베를린 연구소는 더 큰 장소로 옮겼다. 그 당시, 25명의 학생들이 훈련 중에 있었고, 104개의 분석이 그 클리닉에서 행해지고 있었다. 1929년, 베를린 연구소의 한 분과가 프랭크프르트에서 카를 란다우어의 감독하에 시작되었다. 그곳에는 에릭 프롬Erich Fromm과 프리다 프롬-라이히만Frieda Fromm-Reichmann이 있었고, "프랑크푸르트 사회조사 연구소"와 밀접한 연계를 가지고 있었는데, 이것에 의해서 마르크시즘과 정신분석의 영향력 있는 혼합이 일어났다. 프란츠 알렉산더가 베를린의 유명한 법리학자와 함께 성격에 대한 정신분석적 이론들을 범죄자들과 미성년 범죄자들에게 적용하기 시작하면서 베를린 사람들은 법정의학으로도 들어가게 된다.

1930년이 되자 베를린 사람들은 클리닉과 가르치는 연구소의 10주년 기념일을 축하할 수 있었다. 그들은 자랑스러워 할 것이 많이 있었다. 오토 페니헬은 외래환자 진료소에서의 1,955명의 진찰과 721명의 분석을 보고했다. 카를 뮐러브라운슈바이크Carl Müller-Braunschweig는 분석가들의 훈련을 위한 최초의 필수적인 2년 교과 과정을 개설했는데, 이 과정은 꿈, 성, 정신병리학, 메타심리학, "자아" 심리학, 기법에 대한 과정들을 포함하고 있었다. 한스 작스는 훈련분석의 목표들을 묘사했고, 알렉산더는 베를린 사람들의 이론적 과정들을, 라도는 실용적인 훈련을 그리고 베른펠트는 교사들과 교육자들에게 제공되는 과정들을 맡았다.

베를린 연구소는 카를 아브라함의 죽음이라는 어려움을 이겨냈을 뿐만 아니라, 계속해서 번창했고, 전문적 훈련을 위한 장소로 확립되어갔다. 베를린에 이 분야의 명문이 세워졌고, 이것은 정신분석의 앞으로 다가올 수 십 년을 위한 토양이 되었다.

II.

그러나 어떤 이들은 베를린의 행진에 합류하기를 꺼렸다. 베를린 사람들은 그들이 새로운 정신분석을 만들고 있다고 생각했겠지만, 다른 사람들은 그들이 단지 새로운 이론을 이전의 일하는 방식에 접목한 것이라고 믿었다. 막스 에이팅곤은 세상에는 오직 하나의 기법, 즉 옳은 것만 있다고 말했다. 하지만 정말 신경증 증상들과 굳어진 성격 구조들에 같은 기법을 사용할 수 있을 것인가? 프란츠 알렉산더가 "자아" 심리학이 인간 행동의 다양성을 설명할 수 있다는 것을 보여주었을지라도, 그 질문에 대답을 한 것은 아니었다. 그것은 불만이 쌓인 빈 그룹에게로 넘겨졌다.

빈 사람들은 1922년 여름, 외래환자 진료소를 열었고, 무료 또는 저렴한 정신분석을 보급하여 1년에 약 200여 명의 환자들을 오게 했다. 동시에, 그동안 학회의 회원들을 소모시켰던 분열 후에 빈 학회는 재건립하는 긴 과정을 거쳐야 했는데, 1910년 학회의 회원 수는 1926년에 가서야 비슷해졌다. 새로운 사람들이 오면서 클리닉은 초보자들이 바로 할 수 있는 임상적 교육을 제공했지만 다른 훈련은 제공하지 못하고 있었다. 빈에서는 그렇게 정식적인 커리큘럼이 1925년까지는 제공되지 못했고, 때마침 국제정신분석협회 전체가 베를린의 교육 모델을 채용하게 된다. 그래서 빈 연구소가 개소하게 되었을 때, 이 연구소는 베를린에서 훈련 받은 헬레네 도이치Helene Deutsch의 지도 아래 있었다. 프로이트의 딸 안나(안나는 1922년에 협회에 합류했다.)와 "청년 운동"의 마음을 끄는 지도자 지크프리트 베른펠트가 도이치를 도왔다. 하지만 당황스럽게도 베른펠트는 빈 연구소에서의 중요한 직책을 그만두고 베를린에서 정식으로 훈련을 시작하게 된다. 이것은 베를린 사람들이 얼마나 크게 빈 사람들의 빛을 가리고 있었고, 야망 있는 훈련생들을 위한 중심 목적지가 되었는지를 극명하게 보여주는 것이었다.

빈 정신병원의 직원. 첫 번째 줄에 원장 에두아르트 히치만(오른쪽에서 다섯 번째), 부원장 빌헬름 라이히(오른쪽에서 네 번째), 그레테 비브링(오른 쪽에서 세 번째), 리하리트 슈테르바(오른쪽에서 두 번째), 애니 라이히(오른쪽 끝).

베를린 사람들이 제공하는 교육의 기회들에 필적할 수는 없었지만 빈 사람들은 그들만의 독특한 가르치는 공개토론회를 발전시켰다. 빌헬름 라이히는 자신의 선생님들의 '경험하면서 배워라.'라는 태도에 진저리가 났었다. 랭크와 페렌치처럼 그도 더욱 체계적인 방법을 갈망했고, 베를린 회합에서 프로이트가 이론과 기법 간의 관계에 대한 경합을 발표할 때 흥분했었다. 그 회합에서 돌아온 후, 라이히는 빈 사람들에게 이 주제를 공부하기 위한 세미나를 열사고 제안했고, 1922년 〈빈의 기법 세미나〉가 탄생하게 되었다. 2년 후 잘츠부르크에서, 라이히는 알렉산더, 라도, 작스가 기법에 대한 에세이 상을 놓고 경쟁하고 있다는 것을 들었다. 그는 몹시 실망한 채로 떠났다. 후에 그는 최종 후보자들이 "단 하나의 실제적인 일상의 질문을 고려하지 않았고, 메타심리학적 추론들의 미로에서 길을 잃었다."고 그때의 상황을 회상했다.

라이히는 빈으로 돌아왔는데, 그곳의 기법에 대한 세미나들은 허우적거리고 있었다. 에두아르트 히치만Eduard Hitschmann이 의장으로 있었던 그 세미나들은 초점이 부족했다. 잔존한 회의록에 보면, 논의들은 성적 역기능으로부터 랭크의 출생 불안으로, 그리고 외래진료소를 구조화 하는 방법들로 방향이 바뀌었다. 이렇게 2년을 운영한 후, 히치만은 헤르만 눈베르크에게 세미나를 넘겼고, 그는 한 학기 후에 포기했다. 이 세미나가 길을 잃었을 때, 27세의 라이히가 그것을 맡게 되었다.

어떤 면에서, 빌헬름 라이히는 오래된 프로이트학파로의 후퇴를 가져왔다. 나이 든 프로이트학파 사람들은 아직도 성 과학에 발을 담그고 있었고 성 심리에서 성적인 것을 강조했다. 1924년, 라이히는 만족스러운 오르가즘을 가질 수 없는 환자들은 세상의 모든 분석을 받는다 할지라도 신경증 상태로 남아 있을 수밖에 없다고 주장했다. 병의 심리적인 원인보다 성적 기능장애에 대한 강조는 라이히가 외래환자 진료소에서 중추적 역할을 했던 처음 몇 해 동안 가장 많은 진단이 성불능이었다는 사실도 반영되었다. 이 카테고리는 베를린의 외래환자 진료소에서 진단했던 병들의 목록에는 있지도 않았다. 빈 사람들은 또한 상당수의 "불감증" 진단을 내렸는데, 이것 또한 베를린의 목록에는 있지 않았다.

신호로서의 불안에 대한 프로이트의 새로운 개념, 랭크의 출생 불안, 불안이 억압된 공격성 때문이라는 아들러의 견해를 거절하면서 라이히는 모든 불안은 억압된 성의 결과라는 옛 신념에 머물러 있었다. 세계 대전 이전에 빈 학회에 있던 어떤 개혁론자들 같이, 빌헬름 라이히는 대부분의 인간의 불행, 억제, 공포, 잔인성은 리비도를 자유롭게 하는 것으로 치료될 수 있다고 주장했다. 만약 모든 불안이 막혀서 쌓여진 리비도에 의해 생기는 것이라면, 그때에 의사는 그 막힌 것을 풀어주어야 한다, 반드시!

하시만 라이히는 프로이트의 새로운 개념 모두를 거절했던 창단 멤버들 가운데 있지는 않았는데, 병리적 성격의 연구에 매혹되었기 때문이었다. 1923년

11월 7일, 그는 기법 세미나에서 "성격 신경증에서의 해석 기법"을 발표했다. 성격 신경증의 많은 분석들이 흐지부지되었는데, 기억하는 것remembering이 이 사람들을 치료해주지 못했기 때문이었다고 라이히는 주장했다. 이러한 환자들은 프로이트와 브로이어의 히스테리 환자들같이 옛 생각들 때문에 고통을 겪고 있는 것이 아니었다. 사실 그들은 겉보기에 괴로운 기억들에 무관심했다. 이러한 사람들의 치료에서 유일한 희망은 그들이 세상을 어떻게 회피하는가를 체계적으로 평가하는 것이었다. 이것은 그들의 저항에 대한 전면적인 분석이었다. 라이히의 제안은 앞으로 정신분석적 통설이 될 것이었지만, 처음에 이것을 발표했을 때에는 회의적인 반응들과 직면했다. 헤르만 눈베르크는 더 많은 논의가 유익할 것이라고 침착하게 제안했다.

기법 세미나의 책임을 맡은 후에 라이히는 이 그룹을 분석적 상황의 연구로 방향을 바꾸었다. 그는 분석가들이 이론에 취해 있을 때 분석이 종종 열매를 맺지 못하게 된다고 믿었고, 이러한 것을 마음에 두고 기법 세미나를 성격 신경증을 치료하기 위한 방법들의 실험의 장으로 전환시켰다. 그러나 라이히는 이 세미나 구성원들의 성격이 그것을 어렵게 하고 있다는 것을 빠르게 알아차렸다. 임상적 실패의 논의에 대한 거리낌 때문에 이 세미나는 어렵게 되었다. 분석가들은 대단한 성공만을 말하는 것으로 당황스러움을 피하려 했다.

1926년, 라이히는 대담한 새로운 지도안을 세웠다. 세미나의 인도자들은 오직 그들의 실패한 사례들과 실수만을 논의하도록 제한하는 것이었다. 따라서 학생들은 그들 자신의 임상에서의 큰 낭패들을 공개할 수 있도록 격려되었다. 게다가, 라이히는 프로이트의 도라 사례 이후로 누구도 하지 않았던 것을 했다. 그는 자신이 망쳐버린 사례를 출판했다. 대부분의 분석가들은 그들이 공개적으로 실패를 인정하면 환자들이 오지 않을까 하는 두려움에 시달렸다. 라이히는 용감하게 자신이 사용한 수동적인 기법들(무의식의 내용에 집중하고 전이가 저항이 되지 않는 한 해석하지 않았던)이 어떻게 실패했는지에 대한 이야기를 출판했다. 수동적인 기법은 덜 심각한 신경증에는 괜찮을 수 있지만, 성격 신경증들은 전이와 저항에 지속적인 집중이 요구되어진다고 결론지었다.

동시에, 라이히는 모든 신경증 환자들은 저변에 근본적으로 성격 신경증을 가지고 있는 것이 아닌가, 의심하게 되었다. 알렉산더가 성격 신경증이 신경증의 한 종류라고 생각했다면, 라이히는 신경증이 한 종류의 성격 구조일까? 라고 생각했다. 누구든 그의 성격에 근본적인 문제없이 공포증을 갖지 않는다. 그렇지 않을까? 만약 라이히가 옳다면, 그것은 분석가들이 잘못된 전투를 벌이고 있다는 것을 의미했다. '교수님'의 승인과 함께, 라이히는 정신분석적 기법을 성격 장애들의 치료에 맞게 조정하는 책을 쓰기 시작했는데, 프란츠 알렉산더가 그때까지 아직 하지 않았던 것을 가능하게 할 수도 있는 책이었다. 그것을 준비하기 위해서, 라이히는 페렌치의 연구를 자세히 공부했고 그에게 긴 편지를 쓰기도 했다. 그는 이 편지를 보내지는 않았지만, "진정한 그리고 영구적인 치료는 오직 신경증적 성격을 수정하는 데 성공할 때에만 이룩할 수 있다."는 그의 신념을 자세히 적었다.

라이히는 인간의 개성은 성격의 결과라고 추론했다. 동물적인 추동들drives은 보편적이고 변함이 없다. 오직 그러한 추동들을 다루는 방법에서 다를 뿐이라고 라이히는 생각했다. 이러한 사실은 성격이 눈에 보이지 않았기 때문에 분명하지 않았다. 성격은 또한 극적인 증상들이나 혹은 노골적인 혼란을 가지고 있지 않았다. 프로이트의 꿈과 전이 해석은 인간의 성의 숨겨진 힘에 관심을 갖게 했고, 랭크의 적극적인 종결은 분리에 대한 불안을 조명해주었다. 빌헬름 라이히는 성격과 그것의 문제들을 불빛으로 가져나올 방법이 필요했다.

빈의 기법 세미나는 이러한 프로젝트를 위한 실험실이었다. 〈청년 운동〉의 기풍에 따라 세미나들은 빈 학회처럼 운영되지는 않았다. 그 학회는 파울 페데른의 전제적인 통치 아래 있었다. 라이히는 문제들과 생각들을 공개적으로 나누는 것을 장려했고, 분석가들에게 많은 수의 사례들을 제공하여 그들의 이론들을 창안할 수 있게 하는 공동 작업을 권했다. 라이히와 동료들은 집단의 공동적 경험에 반하는 생각들을 시험했다. 얼마 지나지 않아 세미나는 놀랄만한 결론을 보고했다. 라이히는 수동적인 기법들이 성격 신경증들을 치료하는 데 실패했다고 이미 증명했었다. 그러나 세미나의 참석자들은 어떤 행동들의 금지를 포함하여 페렌치의 적극적인 기법도 분석가가 의도적으로 저항에 집중한다면 불필요하다는 결론을 내리게 되었다.

그 세미니 회원들은 새로운 만트라mantra를 채택했다. 즉, 저항 해석이 우선적으로 필요하다면, 무의식적 의미에 대한 해석은 하지 않는다. 임상가들은 환자들이 무엇을 억제하고 있는가를 해석하기 전에 그들이 억제하는 방법들을 해석해야만 한다. 라이히는 예를 들었다. 유쾌하고, 매우 순종적인 남성이 그의 분석가에게 근친상간적인 소망들을 담고 있는 꿈을 가지고 왔다. 라이히는 명백한 오이디푸스적 소망들을 무시했고 그 남자의 불안한 순응에 초점을 맞추었다. 그 사람의 방어와 두려움에 사로잡힌 전이에 대한 라이히의 해석이 무의식적 성심리적psychosexual 환상들에 대한 어떤 해석보다 선행했다. 저항, 먼저!

라이히가 적극적인 치료법을 거절하고 있었지만, 그의 작업은 페렌치의 생각으로 가득 차 있었다. 페렌치는 분석가들이 만족해 하며 제공하는 무의식적 내용들에 대한 깊은 해석이 아무런 변화를 가져 오지 않는다고 생각했다. 치료가 죽어가고 있는 것은 치료가 프로이트학파의 무의식의 과학적 입증 그 이상의 것이기 때문이었다. 라이히는 개선책을 제안했다. 즉, "그것" 분석 이전에 "자아" 분석이 우선되는 것이었고 다른 이들도 비슷한 접근에 대해서 넌지시 말했다. 1924년, 프랭크프르트의 분석가 카를 란다우어는《수동적 기법 : 나르시시즘적 병의 분석에 대해서》를 출판했다. 란다우어는 페렌치의 작위적인 박탈에 반대하면서 분석가는 "환자에게 '분석가 자신의 소망들', '자신의 연상들', '자기 자신'을 적극적으로 강요해서는" 안 된다고 경고했다. 대신에, 특별히 어려운 사례에서는 전이에 대한 계속적인 집중은 초기에 종종 조용한 저항들을 불러일으키고, 치료를 파괴할 수 있었다.

라이히와 동료들은 동의했다. 실패한 사례의 대부분이 분석가에 대한 숨겨진 증오에서 기인했다. "전이에 대해서 말하면, 분석가들은 오로지 긍정적인 전이만을 의미한다."라고 라이크는 후에 썼다. 그는 분석가들이 환자들이 가지고 있는 적대적이고, 격하하고, 매도하는 생각들에 대한 본격적 탐구를 겁내고 있다고 비난했다. 고전적인 기법들은 전이가 자유 연상에 저항이 될 때에만 해석하라고 권하고 있다. 그러나 부정적인 전이의 사례에서는 이러한 힘들을 구별하기가 그리 쉬운 것은 아니었다. 라이히와 그의 젊은 동료들은 이러한 잠재적인 증오를 무시하는 것이 치료를 파괴한다고 믿었다.

기법 세미나에서 라이히의 제자들 중의 한 명인 리하르트 슈테르바Richard Sterba는 이러한 생각을 파고들었다. 라이히가 분석가의 나르시시즘적 허약함에 집중하고 있을 때, 슈테르바는 분석가들도 쉽게 속을 수 있다는 것을 분명히 했다. 부정적인 전이를 알아차리지 못할 수 있는데 단순히 분석가들이 그것을 보는 것을 두려워하기 때문만이 아니라 증오가 좋은 표정 뒤에 숨겨질 수 있기 때문이었다. 성불능으로 고생하던 25세의 남성이 슈테르바를 보기 위해 왔고 그는 그의 분석가의 모든 해석들에 기분 좋게 동의했다. 그는 따뜻했고 수용적이었다. 그러나 분석가의 노력에도 불구하고 그는 변하지 않았다. 슈테르바는 이 사례를 기법 세미나에 가지고 왔고, 그곳에서의 논의는 숨겨진 부정적 전이를 지적했다. 얼마 후, 뒤늦은 환자의 반항과 저주가 시작됐으며, 그의 분석가의 지적 능력에 강한 의문을 나타내기도 했다. 이 모든 증오가 분석가에 대한 두려움 때문에 억압되었지만, 지금은 강한 거세불안 전이가 밖으로 나왔다. 그러한 증오와 두려움을 직면하는 것이 치료로 가는 길이라고 슈테르바는 생각했다. 그는 또한 그러한 증오는 바위처럼 굳어진 성격 구조로 얼어붙을 수 있다고 넌지시 말했다. 이처럼 슈테르바는 기법 세미나에서 새로운 해결책이 나오는 계기를 마련했다. 즉, 성격 신경증은 숨어있는 부정적 전이들의 합동에 불과하다. 1927년 이후, 라이히는 저항 분석과 이러한 숨겨진 증오를 연결하는 설명들을 많이 발표했다.

전쟁 전에는 그것을 받아들일지 아닌지 대답이 분명했다. 성적 리비도는 무의식 속에 있었고 의식으로 되어야만 했다. 그것을 발견하고, 그것을 파내고, 그것을 해석하라. 만약 당신이 자격을 제대로 갖춘 프로이트학파 사람이라면, 당신에게 자세한 길을 안내해줄 지도가 없을지라도 당신은 분석의 목표지를 알고 있었다. 그러나 더 이상 치료의 목적지를 분명히 볼 수 없었다. 무의식에 어떤 종류의 본능들이 존재하는가와 더불어, 리비도 분석과 새로운 "자아" 심리학과 나란히 "자아-위에서"의 분석의 역할에 대한 논쟁이 불꽃을 피웠다. 라이히에게, 이 모든 과정의 안내 나침반은 환자의 저항에 대한 집중이었다. 그가 말한 "혼돈된" 실패를 피하기 위해서, 라이히는 분석가들이 무의식의 깊은 층에 대한 빠른 해석과 되는 대로 식의 해석을 피하고, 대신에 체계적으로 저항들을 분석해야 하는데, 특별히 겉으로 보이기에 순종적이고, 신뢰하고, 형식적이고, 모든 것이 너무 옳은 환자들에게서 나타나는 숨겨진 부정적 전이들을 분석하라고 충고했다.

인스브루크Innsbruck에서 열린 제10회 회합에서, 라이히는 저항분석의 방법을 카를 아브라함의 성격 이론과 연결시켰다. 성격은 저항들의 잔여물이다. 즉, 그것은 "성격 갑옷character armor"이다. 내부와 밖에서 오는 위험들에 대항하여 방어해야 하는 인간의 필요에 라이히의 표현은 군사적 이미지를 제공했다. 성격 갑옷은 사람들의 말하고, 걷는 방법, 가식적인 태도들, 킥킥거리거나 웃는 것, 웃음, 냉소, 예의바름, 무례하고 요란한 웃음의 방법에서 드러난다. 분석의 시선을 개인적인 스타일의 문제로 전환하면서 라이히는 그것이 환자가 무엇을 하고 또는 무엇을 말하는 것에 대한 것이 아니라, 그들이 그것을 어떻게 하고 또는 어떻게 말하는가에 대한 것이라고 주장했다. 성격 갑옷은 인간의 행동 형식에서 발견된다. 이러한 통찰력과 함께 라이히는 정신분석적으로 의미 있는 현상들의 목록에 일련의 새로운 행위들을 더했고, 정신병리학을 넘어서 일반적 심리학에 다다랐다.

다뉴브 해변에서, 1928년. 애니와 빌헬름 라이히(서 있는), 왼쪽에서 오른쪽으로, 앉아 있는―투호펠트(훈련생), 투호펠트의 아내 애니 앤젤, 에디트 부스바움, 에디타 슈테르바, 이바 라이히, 리하리트 슈테르바.

라이히는 한 글에서 성격 이론을 밝혔는데, 프란츠 알렉산더에 대한 공격도 포함하고 있었다. 이것은 세력과 원칙의 문제였다. 라이히는 성격과 "자아" 심리학에 대한 강조 때문에 어떤 분석가들이 성심리 이론을 외면하게 되는 것을 염려했다. 라이히를 괴롭게 했던 만큼, 다른 한편에서는 프로이트의 새로운 연구에 대한 기대로 죽음의 추동drive을 어느 정도 수용하게 되었다. 알렉산더와 빈의 분석가 테오도르 라이크는 신경증이 죽음의 추동에서 파생된 자기-처벌의 내적 추동에서 왔다는 개념을 고수했고, 그것에 대해 라이히는 격렬하게 비난했다. 신경증을 에로스와 타나토스 사이의 내적 전투의 결과로 보면서 이 이론가들은 외부와 내부 사이의 섬세한 균형을 혼란케 했고, 외부 세계로부터의 어떤 영향도 아무런 관련성이 없는 것으로 만들었다. 라이히는 그러한 편협한 이론화를 공격했지만 이러한 주장에 시동을 건 사람의 이름을 거론하지는 않았다. 오히려 라이히의 논박이 사실 이 이론의 창시자인 지그문트 프로이트를 겨냥하고 있음을 거리낌 없이 말한 것은 알렉산더였다.

알렉산더는 옳았다. 라이히는 프로이트가 처참한 실수를 했다고 확신하게 되었다. 죽음의 본능과 생물학적으로 작동되는 처벌에 대한 내적 필요에 대한 개념은 어린 시절의 성과 그것의 억압에서 오는 처벌의 두려움이라는 견해를 약화시켰다. 어떤 분석가들은 이 가상의 필요를 그들 자신의 임상적 실패에 대한 정당화로 사용하기 시작했다. 치료에서 호전을 보이지 않는 환자는 부적절한 치료 때문이 아니라 고통을 받을 필요 때문이라는 것이다. 라이히는 프로이트를 방문했고, 프로이트는 그에게 죽음의 추동은 단지 가설에 불과하다고 안심시켜야 했다. 용기를 얻은 라이히는 테오도르 라이크와 프란츠 알렉산더에 반대하는 논박을 썼다. 당분간, 그의 싸움은 프로이트와는 아니었다.

라이히는 죽음의 추동에 대한 추론과 결별한 "자아" 심리학을 제시했고, 신경증적 성격들과의 실패와 성공을 설명하는 방법을 발전시켰다. 저항-분석을 고집하면서, 라이히는 무의식적 내용들에 대해 중요한 주장을 하는 것을 피했고, 대신에 임상가들이 정신의 표면에서 심층으로 가기 위한 지침서를 만들었다. 그는 잘못된 시도들의 개요를 열거했고, 있음직한 혼동들을 제시했으며 초보 분석가들의 문제에 대해서도 다루었다. 이렇게 10여 년의 그의 연구를 모아 이정표가 된 《성격 분석》이 탄생되었다.

성격은 오랫동안 소설가들, 극작가들, 성직자들, 법학자들의 영역이었다. 알프레트 아들러, 에른스트 크레치머, 칼 융은 그들의 과학적 심리학으로 성격을 가지고 들어왔고, 지금은 라이히가 그것을 정신분석적 이론과 실제에 가지고 들어왔다. 아브라함과 알렉산더의 연구를 확장하면서 성격을 정신분석적 치료의 주요한 초점으로 만들었고, 변하기 쉬운 정신신경증의 에너지에서 이 단단된 구조로의 전환을 주장했다. 빈 기법 세미나를 그의 실험장으로서, 외래환자 진료소를 그의 토대로서, 라이히의 견해는 학생들에게 전해 내려졌다. 빈 연구소의 훈련생들은 그의 세미나를 거쳐 갔는데, 그들의 몇몇 후기 이론들은 라이히의 생각에서 나온 것이었다. 안나 프로이트, 하인츠 하트만Heinz Hartmann, 로베르트 발더Robert Wälder, 어니스트 크리스가 그러한 이론가들이었다. 라이히는 반박의 여지가 없는 기법의 대가였고, 기법 세미나의 스승이었으며, 프로이트가 "현대 기법의 창시자"라고 부른 사람이었다. 1934년 영국의 정신과 의사 오브리 루이스Aubrey Lewis가 빈을 방문했을 때, 정신분석가들이 더 이상 정신신경증을 성격 장애들 만큼 치료하고 있지 않은 것을 발견하고 놀랐다.

라이히의 군사적인 치료적 접근은 클리닉의 벽을 넘어 개혁을 요청하는 문화로 이동하였다. 성격 신경증에 대한 라이히의 진단은 붉은 빈의 정신을 나타냈다. 그는 남성과 여성을 그들의 삶 속에서 몽유병환자처럼 잠결에 걸어 다니고 있는 것으로 묘사했는데, 그들은 두껍고 무감각하게 하는 심리적 갑옷의 도움을 받고 있었다. 그 갑옷은 그들의 부모에 대한 어린 시절의 항복과 권위에 대한 두려움의 결과였다. 〈청년 운동〉의 활동가였던 라이히는 단지 심리학적 진단만을 만든 것이 아니었다. 그는 또한 젊은이를 위한 비가lament도 썼다. 라이히의 개혁적인 메시지는 분명했다. 젊은 사람들이 어떻게 그들 자신의 욕구들을 경험하느냐의 변화는 농노들을 시민들로 바꿀 수 있다는 것이었다. 이러한 메시지로 무장한 빌헬름 라이히는 정신분석을 거리로 가지고 나갔고, 그러한 과정에서 그는 정신분석 운동에서 추방당하게 된다.

빌헬름 라이히의 추방은 그의 성격과 관련이 없을 수 없었다. 진취적이고, 우울하고, 어려운 사람이었던 그는 그의 지성의 힘과 그것으로 다른 사람을 힘들게 만드는 태도 때문에 사람들에게 그를 각인시켰다. 그는 적을 쉽게 만들었다. 라이히는 곧바로 프로이트의 대리인인 빈 학회의 임시 의장 파울 페데른과 충돌했다. 페데른은 1903년에 프로이트의 집단에 합류했었다. 그는 긴 백발의 수염과 혹독한 태도를 가지고 오래된 멤버들의 실체를 보여주었다. 빈 학회에서 라이히의 진보에 대해 페데른이 막후에서 이의를 제기했다.

빈의 다른 사람들은 라이히를 천민으로 취급했다. 헤르만 눈베르크는 빈에서 프로이트가 믿는 사람들 중의 한 명이었다. 페데른의 피분석가 중 한 명이었던 눈베르크는 1925년에 훈련 분석가가 되었다. 그 때, 그의 저술은 환자가 이해할 수 있는 능력 훨씬 너머에 있는 무의식적 자료들을 해석하는 경향을 보여주었다. 정확하게, 라이히가 공격했던 "깊은" 해석들이었다. 파울 페데른처럼 눈베르크는 결국 죽음의 추동drive을 받아들였고 라이히는 그러지 않았다. 1928년, 라이히의 혁신들이 분명해지자 눈베르크는 건드릴 수 없는 사람들이었던 융, 아들러, 랭크와 "자아" 심리학의 3명의 저명한 목소리였던 알렉산더, 라이크, 라이히를 한 묶음으로 취급했다. 그는 그들의 발견들이 새로운 것이 아니라 실패한 정신분석적 이론의 일차원적 모델이라고 간단히 취급했다.

페데른과 눈베르크의 반대에도 불구하고, 라이히의 뛰어남은 그를 반박할 수 없게 만들었다. 적어도 한동안은 그러했다. 페데른이 '기법 세미나'의 감독이었던 라이히를 내쫓으려고 했을 때, 프로이트가 개입하면서 라이히가 "협회의 지적 생활에 커다란 공적들"을 가지고 있음을 언급했다. 그러나 '교수님'의 호의도 빌헬름 라이히의 정치적 급진성을 보호하기에는 역부족이었다.

라이히는 단지 정치적으로 연루된 정신분석가와는 거리가 멀었다. 그것과는 오히려 반대였다. 당시 빈은 정신분석 사회의 많은 회원들이 사회민주주의당과 제휴하고 있었다. 파울 페데른은 활동적인 사회민주주의자였고, 지방자치구 의회에 사무실을 가지고 있었다. 헤르만 눈베르크, 소아과 의사이자 분석가인 카를 프리드융Karl Friedjung, 헬레네 도이치와 펠릭스 도이치, 그리고 많은 다른 사람들이 사회주의 개혁 안건과 강하게 관계를 맺고 있었다. 프로이트의 카드놀이 친구들 중의 한 명인 루트비히 제켈스Ludwig Jekels를 포함한 몇 명의 분석가들은 공산주의자였다.

그 당시, 빈 도시는 사회민주주의자 시장 카를 자이츠Karl Seitz가 운영하고 있었지만, 우파 기독교 사회주의당이 군주 정치로 되돌아가려는 대중적인 소망을 이용하여 오스트리아의 대부분의 통제권을 가지고 있었다. 불길하게, 좌파와 우파 양측은 그들이 고용한 시민군을 가지고 있었다. 이윽고, 이러한 폭발하기 쉬운 조합은 열을 내기 시작했다. 1927년 1월 30일, 샤텐도르프Schattendorf라는 작은 마을에서 몇 명의 나이든 퇴역군인들이 사회민주주의 당원들에게 총을 쐈고 남자 한 명과 어린이 한 명이 죽었다. 7개월 후에 빈의 법정은 그 살해자들을 석방했다. 빈의 노동자 조합은 그 판결에 항의하는 파업을 일으켰고 경찰이 투입되었다. 결과적으로 발생한 아수라장에서, 경찰은 대법원에 불을 지른 파업참가자들에게 발포했다. 많은 빈 사람들처럼 빌헬름 라이히도 이러한 사건들이 터지기 시작할 때 밖으로 나갔다. 공포와 함께 그는 경찰들이 군중에게 총을 쏠 때 기계 같은 그들의 태도(참으로 성격 갑옷)를 목격했다. 그 사건이 끝났을 때, 89명의 빈 사람들이 죽었고, 천 명 이상의 사람들이 부상을 당했다.

라이히의 성격 갑옷 이론은 항상 그것 안에 암시적인 정치적 목소리가 있었다. 성격은 도덕가들이 존경스러운 용어로 사용했지만, 라이히의 눈에는 권위에 대한 맹목적 복종에 기초하고 있었다. 400년의 절대 군주제 후에, 라이히는 남성과 여성을 그들의 정신적 족쇄에서 풀어주기를 원했다. 그것이 한때는 암시적이었다면, 7월 15일 폭동 후에 빌헬름 라이히의 정치성은 뚜렷해졌다. 그는 '국제 노동자 구제'에 등록했다. 이 그룹은 공산주의당과 연합되어 있었고, 칼 마르크스와 프리드리히 엥겔스를 공부했으며, 그들 안에서 자신의 생각과의 강력한 동질성을 발견했다. 그들 또한 사회와 가족은 억압하는 구조이고 이것들은 조정과 사회적 통제로 이어진다고 보았다. 다시 급진적으로 된 라이히는 정신분석을 억압된 사람들에게 가지고 가고자 했다.

따라서 그는 정신분석의 하나의 중요한 전통으로 들어갔다. 프로이트, 그로스, 아들러, 랭크, 짐멜, 비텔스와 수많은 사람들이 사회적 개혁 또는 혁명은 심리적 해방으로부터 온다고 믿었다. 그들은 자기self를 치료하는 것으로 사회를 치료할 수 있고, 역으로 병든 사회는 병든 남자들과 여자들을 낳는다고 믿었다. 개혁 지향적인 바이마르 시내에, 정신분석을 정치적인 수단으로 이용한 가장 두드러진 시도들 중의 하나는 페데른에 의해서 시작되었다. 페데른은 개인으로서는 힘든 사람이었지만 정치적으로는 평화주의자였다.(이것은 테오도르 라이크를 자극했고 라이크는 페데른이 "가장 호전적인 기질을 가진 평화주의자였다."고 말했다.) 페데른은 그의 전 피분석가 중의 한 명인 하인리히 멩Heinrich Meng을 불러들여 페데른-멩 운동을 시작했는데, 정신분석의 사용을 장려해서 사회적 그리고 공공의 건강문제를 이야기하려는 것이었다. 그러한 목표에 도달하기 위해서, 《정신분석의 대중적 책》을 출판했고, 성적, 정신적, 신경적 위생의 문제들에 대해 시민을 계몽하기 위해서 에세이들을 편집했다.

페데른과 멩은 환자들과 교육자들을 가르치기 희망했고, 라이히는 마르크스주의 원칙들을 정신분석적인 것들과 결합시키기 원했다. 그러한 노력은 소련에서도 일어났다. 라이히는 '교수님'에게 빈을 중심으로 성 상담 센터들을 여는 것을 승인해 달라고 요청했다. 당시 71세의 프로이트는 《환상의 미래》라는 종교에 대한 통렬한 비판을 담은 책의 출판을 앞두고 있었는데 머지않아 스캔들을 만드는 자신의 능력이 아직 식지 않았음을 증명하게 된다. 이런 프로이트에게 라이히는 개방적인 클리닉들을 제안했는데, 그곳에서 정신분석적 생각들이 대규모로 사용될 수 있었다. 프로이트는 동의했지만, 라이히에게 그것이 벌집에 손을 넣는 것이라고 경고했다. 의연한 라이히와 그의 새로운 애인이었던 유치원 교사 리아 라즈키Lia Laszky는 빈을 여행하면서 노동자들에게 성상담, 성 위생학, 아동상담, 부인과 검사들, 피임 용구들을 제공했다. 1929년 1월, 라이히는 "성 위생학과 성 과학 연구를 위한 사회주의 협회"를 설립하는 것을 도왔다. 네 명의 분석가들과 세 명의 산부인과 전문의들과 함께, 라이히는 이 협회를 이용하여 노동자들을 위한 클리닉들을 빈에서 만들었고, 낙태, 피임, 성 상담으로 사람들을 도와 주었다. 이러한 일들의 대부분이 불법이었음에도 불구하고 이 작은 무리는 유지되었고, 1930년 즈음에 그 클리닉들에서 약 700개의 사례들을 보았다고 라이히는 주장했다.

이제는 열렬한 마르크스주의자가 된 라이히는 젊은이의 성기가 혁명을 위해서 필요하다고 확신하게 되었다. 수백 년의 정치적인 무력감 후에, 그는 오스트리아의 국민들이 그와 같이 순종적인 것을 멈춰야 한다고 믿었다. 성격 갑옷은 그들을 고분고분한 노예로 만들었다. 라이히는 이것을 그 근원으로부터 치료하기를 원했다. 즉, 쾌감의 내적 추구가 반드시 해방되어야만 했고, 그것의 핵심에는 성적 쾌감이 있었다. 만약 내적 욕구가 공포로부터 자유롭게 되면, 신경증은 막을 수 있고 사람들은 시민으로서 그리고 동지로서 그들의 이익을 주장할 수 있을 것이다.

좀 더 행복한 사회를 꿈꾸면서, 빌헬름 라이히는 빈 학회의 회원들과 다투었다. 1928년, 라이히가 새로운 기법을 강의한 후에 파울 페데른이 그의 생각들을 무시하자 수치감을 느꼈다. 라이히는 프로이트에게 편지를 썼고, 슈테르바와 비르링과 같은 학회의 젊은 회원들이 학회에서 그들의 작업을 발표하는 것을 거부하는 것은 페데른이 "한 젊은 분석가가 말하고자 하는 모든 것"을 무시했기 때문이라고 불평했다. 하지만 그것은 단지 완고한 늙은 사자들 때문만은 아니었다. 라이히 자신도 점점 독단적이 되었고, 다른 사람들이 그의 저항 분석을 일률적으로 받아들이기를 강요했다. 라이히는 반박 당할 때마다 호전적이 되었고, 오르가즘의 치료적인 힘에 대한 "점점 커지고 있는 광신"을 보여주기 시작했다고 라이히의 친구 리하르트 슈테르바는 회고했다.

1929년 즈음, 라이히는 거의 모든 사람과 불화를 빚고 있었다. 마르크스주의와 오르가즘에 대한 지나친 집중은 그의 정신분석 학생들에게서 오는 지지마저 약화시키고 말았다. 그의 사회적 프로그램도 프로이트의 호의를 잃어가기 시작했다. 프로이트는 또 다시 그의 추종자들 중의 한 명에 대하여 반대하는 입장으로 라이히의 유토피아적 생각에 대한 비평을 저술했다. 그것은 대가다운 솜씨의 비극 《문명과 불만*Civilization and Its Discontents*》이었다. 1929년 12월 모임에서, 프로이트는 라이히에게 오르가즘이 대답은 아니라고 말했다. 라이히가 반론을 받아들이기를 거부하자, 프로이트의 인내심에도 한계가 왔고, "발언권을 거듭 갖기를 원하는 그는 어떤 대가를 치르더라도 자신이 옳고자 한다는 것을 보여준다."라고 딱 잘라 말했다.

1930년 1월, 결국 사회 민주당에 대한 라이히의 공공연한 비난 때문에 그는 당에서 축출 당하고 만다. 애니 라이히와의 결혼마저 위기에 처했는데 그의 불륜 관계들이 한몫했다. 라이히의 오랜 친구들도 병리적 성격의 이론가에 의해서 드러나는 병리적인 성격 특성에 놀라 그를 경계했다. 그들은 라이히에게 페렌치와 분석을 시작하라고 재촉했는데 당시 페렌치는 가장 훌륭한 정신분석적 임상가로 널리 인정받고 있었다. 라이히는 분석가를 만나는 것에 동의했지만 부다페스트에서는 아니었다. 1930년 그는 짐을 꾸려서 베를린으로 향했다.

베를린에 가는 것은 가라앉는 배에 탑승하는 것과 같았다. 5년간의 경제적인 안정 후에 발생한 1929년의 월스트리트의 추락은 베를린 사람들에게 그들의 번영이 미국의 자본에 얼마나 많이 의존하고 있었는지를 깨닫게 했다. 미국 은행들이 대출을 회수하면서 베를린은 치솟는 빚과 실업에 빠지게 되었다. 이것은 진보적인 정치의 쇄락과, 공산주의자들과 격렬한 반유대주의 사회주의자들의 권력이 강해지는 것과 동시에 일어났다. 1930년, 하인리히 브뤼닝Heinrich Brüning의 정부가 선거를 요구했을 때, 독일의 거주민들은 나치의 투표수가 2년 사이에 800,000에서 6,4000,000으로 우후죽순같이 늘어났다는 것을 알게 되었다. 베를린의 거리들은 종종 폭력과 격렬한 항거의 장소들이 되었고 많은 유대인 거주민들은 이주를 고려하기 시작했다.

그들 중의 한 명이 베를린 정신분석 연구소의 지적 지도자였던 프란츠 알렉산더였다. 1930년, 알렉산더는 시카고 대학에서 새로운 정신분석 연구소를 시작해 달라는 제안을 받은 후에 베를린을 떠났다. 베를린 정신분석 연구소도 막스 에이팅곤의 악재로 약화되었다. 에이팅곤은 그들의 재정적 천사였는데, 이전 해의 경제적 붕괴로 그가 입은 타격이 컸다. 하지만 라이히 입장에서는 빈에서보다 베를린이 정치적으로 좀 더 연루된 분석가들의 공동체를 만들기가 수월했다. 프란츠 알렉산더와 후고 스타우브Hugo Staub는 범죄와 형벌제도에 관한 연구로 이 영역에서 선례를 만들고 있었다.

베를린의 몇몇 분석가들은 단순한 독일 형벌제도의 개혁보다는 더 많은 것에 관심을 갖고 있었다. 빌헬름 라이히는 바바라 란토스Barbara Lantos, 에릭 프롬과 빈의 청년 운동에서부터 알고 있었던 2명의 친구들인 오토 페니헬과 지크프리트 베른펠트와 합류했는데, 그들 모두는 정신분석과 마르크스주의의 통합을 만들고자 노력하고 있었다. 이러한 논의들의 대부분은 소위 말해서 기초 세미나에서 일어났다. 이 세미나에서는 젊은 분석가들이 심리-정치적 문제들에 대해서 자유롭게 이야기 할 수 있었다. 라이히가 도착했을 때 젊은 극좌익 분석가들은 그의 카리스마 있는 영향력 아래 놓이게 된다.

라이히는 베를린 공산주의당에서도 환영받았고, 마르크스주의 노동자 대학에서도 강의를 시작할 수 있었다. 그는 성적 변형이 정치적 혁명에 근본적인 것이라는 것에 회의적인 동료들을 설득하려고 노력했다. 라이히는 성-정치적 단체인 "성-정Sex-Pol"을 조직해서 사람들에게 성적 혁명을 일으키고자 했다. 그는 또한 산로르 라도와의 분석을 시작했는데, 이것은 불과 3~4개월 정도만 지속되었다. 그 끝에, 라도는 라이히의 아내 애니를 베를린으로 불러서 그녀에게 그녀의 남편이 정신분열증이라고 심각하게 알렸다. 그리고 라도는 짐을 싸서 미국으로 떠났는데, 베를린의 훈련 모델을 뉴욕 정신분석 연구소에 적용시키기 위해서 고용되었던 것이다. 일 년 후에, 캐런 호나이와 한스 작스 또한 미국으로 향했고, 이것은 베를린의 지적 지도자의 고갈을 심화시켰다.

라이히는 그러한 진공상태로 들어가려고 했다. 그는 베를린 학회에 기법 세미나를 세웠고, 그 정도의 거리에서 프로이트와의 최후 대결의 위험을 무릅썼다. 그 직면은 무의식의 내용에 대해서였는데, 이것은 계속해서 불화를 일으켜 분석가들을 분리시켰던 사안이었다. 라이히는 자신이 쓴 〈피학적 성격*the Masochistic Character*〉에서 죽음의 추동drive은 존재하지 않는다고 주장했다. 라이히가 본 것 같이, 정신분석은 한때 내면의 추동들과 외부세계 사이의 갈등을 다루었다. 그러나 죽음의 추동과 함께 프로이트, 알렉산더, 라이크는 외부 세계를 정신적 갈등의 원인으로 고려하지 않았다. 정치적, 사회적 억압에 집중했던 사람에게 이것은 불가능했다. 라이히는 소위 죽음의 본능에 의해 생긴 불안은 실제로는 성적 억압에 의해서 발생한 것이라고 주장했다. 피학성masochism은 생물학적 원천을 가지고 있지 않은데, 그 이유는 고통 받고자 하는 타고난 추동은 없기 때문이라고 생각했다. 카를 아브라함과 비슷하게, 라이히는 좌절과 욕구가 섞여서 가학성sadism을 만들었고, 이것이 자신을 향하게 되었을 때 피학성이라는 다른 형태를 일으킬 수 있다고 보았다.

라이히는 그의 글을 〈심리학 학술지〉에 보냈는데, 그 때 이 학술지는 산도르 라도가 편집하고 있었다. 물론 다른 사람들도 프로이트의 죽음의 추동drive에 반대하는 주장을 했다. '교수님'의 가까운 지인들 중에서 그의 딸 안나를 포함하여 몇몇 사람들은 그것을 결코 받아들이지 않았다. 하지만 '교수님'은 라이히의 글을 보았을 때 격노하지 않을 수 없었다. 그는 페렌치에게 편지를 써서 라이히의 소논문이 "죽음의 본능은 자본주의 시스템의 활동이라는 터무니없는 말"을 내뱉고 있다고 묘사했다. 프로이트는 이 소논문은 볼셰비키 당의 충실한 회원이 썼다고 언급하는 각서와 이 저자가 그의 정신분석적 생각을 그들의 정치적 신념에 맞추어 만들었다는 당의 공식 견해가 선행되어야만 했다고 질책했다.

하지만 학술지의 편집 과정에서 프로이트의 노골적인 간섭은 광범위한 반대에 부딪쳤고 에이팅곤, 베른펠트, 제켈스 모두는 프로이트가 간섭할 권한이 없다고 주장했다. 프로이트는 그 논문을 전적으로 금지하도록 고려했고, 결국 어니스트 존스와 국제정신분석협회의 지도부에 이 문제를 요청했다. 마침내, 라이히의 논문은 라이히의 동료 여행자였던 지크프리트 베른펠트가 쓴 상당히 긴 반박 글과 함께 출판되어야 했다.

라이히가 죽음의 추동을 거부한 것이 그의 공산주의 때문이라고 프로이트가 말한 것은 잘못된 것이었다. 왜냐하면 그 이론에 대한 거부는 그의 정치적 급진화 이전에 생겼기 때문이다. 다만 죽음의 추동에 대한 라이히의 다년간의 거부는 지금의 격정적인 정치적 상황에서 명확하게 표현되었다. 만약 죽음의 추동이 있다면, 만약 고통이 미리 결정되어 있고 타고난 것이라면, 사회적, 정치적, 또는 경제 체계들, 가족, 성적 풍습들, 트라우마들, 나쁜 환경들을 고려할 이유가 없었다. 이 모든 것이 중요하지 않을 것이다. 만약 그렇다면 이 이론은 마르크스주의자, 사회주의자, 개혁가들의 원리들을 파괴할 것이다.

프로이트가 라이히는 단순히 공산주의 정당의 기본방침을 이러한 주장으로 따르고자 했다고 생각했다면, 그 또한 빌헬름 라이히의 성격을 잘못 이해한 것이다. 라이히는 어떤 이의 기본방침을 그저 따를 수는 없는 것처럼 보였다. 그가 빈 사회민주정당에서 쫓겨 난 후에, 자신이 베를린의 마르크스주의 전우들과 함께 곤경에 처해 있다는 것을 알게 되었다. 그는 그들에게 몹시 화를 내면서 마르크스가 경제적 공황이 혁명을 가져올 것이라고 잘못 예견했다고 주장했다. 실제로는 그것이 파시즘을 가져오고 있는 것을 라이히는 주목하고 있었다. 마르크스의 실수는 그의 깊지 않은 심리학의 결과라고 라이히는 지적했다. 마르크스는 오랫동안 억압된 사람들은 자신들의 자유를 기꺼이 지키려고 하지 않는다는 것을 이해하지 못했다. 그와는 반대로 그들은 자유를 강력한 지도자에게 돌려주고 싶어 했다. 이것은 견실한 주장이었지만 마르크스주의 형제들에게는 썩 유쾌한 것이 아니었다. 1932년, 에이팅곤은 라이히의 정신분석 세미나에 모든 학생들을 차단하는 것으로 그의 날개를 꺾었고, 베를린 공산주의 정당으로부터도 심각한 비난을 받았다. 그가 추방당하는 것은 시간문제였다.

일 년 뒤, 라이히(오스트리아 유대인, 정신분석가, 마르크스주의자)는 도망을 다니는 신세가 되었고, 당시 바이마르 독일의 황금 시대는 퇴색되어가고 있었다. 1932년 선거에서 맹독성 파시즘 나치 정당이 투표의 37.4퍼센트를 차지했고, 그 나라에서 단연 가장 큰 정당이 되었다. 그 정당의 지도자인 아돌프 히틀러는 독일의 수상직을 요구했으며, 1933년 1월 30일 그는 원하는 것을 얻어냈다. 1933년 2월 27일에 일어난 독일의회의 화재와 관련해서 히틀러는 공산주의자들을 비난했다. 그리고 하루 저녁에 4천 명 이상의 숙적들을 체포했다. 임박한 공산주의 혁명에 대한 공포에 휩싸이게 된 독일의 대통령 힌덴부르크는 바이마르 헌법 아래서 기본 자유와 시민의 권리를 정지시키는 운명적인 비상사태 칙령에 서명했다. 공산주의 정당은 금지되었고, 3월 23일에 아돌프 히틀러는 독일의 절대 권력자로 우뚝 섰다.

히틀러의 힘이 독일 의회의 화재 뒤에 베를린을 휩쓸고 지나갔을 때, 빌헬름 라이히는 빈으로 피해야 했다. 그곳마저도 정치적 상황이 폭발 직전이 되자, 페데른은 라이히에게 연구소에서 정치적 연설을 하지 말라고 경고했다. 예상대로 라이히는 순응하기를 거부했고 협회 활동이 금지되었다. 하지만 상황은 더욱 악화되었다. 라이히는 오랫동안 기다려왔던 자신의 업적인 《성격 분석》이 출판을 앞두고 취소되었음을 알게 되었다. 이 책은 기법 세미나에서의 라이히의 모든 연구의 최고점이었다. 그는 아마도 그것이 이 분야의 새로운 표준이 될 것이라고 기대했을 것이다. 그러나 1933년에 그것을 다루기에는 너무 뜨거웠다. 어쨌든 라이히는 그 책을 다른 연구들과 함께 출판했다. 다른 연구는 심리-정치 비평의 종합인 《파시즘의 대중 심리학》이었다. 이 용기 있는 해설은 곧바로 공산주의 출판사로부터 심하게 비난받았다. 빌헬름 라이히는 안식처도 없이 몇 명의 친구들과 함께 코펜하겐으로 도망쳤다.

독일에서 일어난 재앙적인 변화들은 유럽과 정신분석 운동에 위험스러운 그늘을 드리웠다. 시작부터 정신분석은 일반적인 심리학적 과학과 같이 교회와 왕의 전통적인 권위에 맞서는 계몽정신으로서 자리매김하였다. 이 운동의 초기에, 이러한 마음의 과학이 얼마나 정치적이고 급진적이 되어야만 하는가에 대한 뜨거운 논쟁이 있었다. 세계 대전 이후, 독일과 오스트라아에서 정신분석은 사회개혁 운동의 기류를 탔고, 학교, 클리닉, 법정으로 들어가게 되었다. 그것은 사회 민주주의 운동과 강하게 동일시되었다. 하지만 독일에서의 파시즘의 부상은 베를린, 뮌헨, 프랑크푸르트와 오스트리아 주변에 있었던 정신분석을 위협했다.

객관적인 정신의 과학에 대한 급진적 꿈도 이제 독일에서는 불가능하게 되었다. 정신분석이 이러한 큰 정치적 소용돌이 밖으로 나가서 그것이 하나의 과학 또는 하나의 의학 전공이라고 주장할 방법은 없었다. 파시즘의 위협을 고려해볼 때 학문 분야들이 그들 자신의 경계를 통제하고, 정치적으로 분명하게 연루되지 않을 능력은 거의 없었다. 히틀러의 대두 후에, 정신분석의 지도자들은 파시즘 신봉자들이 자신들을 정치적 토대에서 공격할 수 있다는 것을 알고 있었다. 이러한 위험을 최소화하는 시도로 안나 프로이트는 그 때 국제정신분석협회 회장이었던 어니스트 존스에게 편지를 써서 빌헬름 라이히를 제명해 달라고 부탁했다. 마르크스주의 급진주의자로서 높은 지위에 있던 라이히는 너무 많은 위험을 불러일으켰다. 게다가, 그녀의 아버지는 라이히가 "정신분석을 정치적으로 만들려는 것"에 "불편해" 하고 있다고 안나는 말했다. 라이히가 더 이상 빈 학회나 베를린 학회의 회원이 아니었기 때문에, 그가 새로운 연구소로 합류하는 것을 금지하게 되면 그는 조직화된 정신분석에서 효과적으로 배제될 수 있었다. 존스는 반대했는데, 런던에서 라이히를 직접 만난 후에 그는 또 다른 분석가의 정치적 활동들을 제재하는 것은 중대한 문제라고 대답했다. 그 문제는 1934년 루체른에서 열리게 되는 다음 회합까지 연기되었다.

자유의 심리정치학

루체른 회합, 1934년. 왼쪽에서 오른쪽으로, 어윈 슈텐겔, 그레테 비브링, 루돌프 뢰븐슈타인 그리고 빌헬름 라이히. 이 모임에서 라이히는 국제정신분석협회로부터 추방당했다.

I.

국제정신분석 회합이 루체른에서 열렸을 때, 회원들은 16년 동안의 놀라운 성장과 변화를 돌아볼 수 있었다. 더 이상 전쟁 이전의 프로이트학파 사람들은 없었다. 더 이상 프로이트의 무의식의 성심리 이론에 대한 단순한 헌신으로 정신분석가가 되는 것이 아니었다. 1920년대 중반에 프로이트학파의 입장이 다른 입장과 맞서게 되었을 때, 그들은 그 차이점들을 사용해서 더욱 열린 공동체로 만들어 나갈 수 있었다. 무의식에는 무엇이 있는가? 그것은 성적인가, 공격적인가, 둘 다인가, 그렇지 않으면 아마도 다른 어떤 것인가? 정신분석은 심층 심리학depth psychology인가 아니면 "자아" 심리학"I" psychology인가? 이러한 것들은 한 운동에 대한 충성의 명세가 아니라, 생성력 있는 질문들이었다.

프로이트학파에서 정신분석적 문화로의 변화는 클리닉들과 연구소들의 성장으로부터 지원을 받았다. 그곳에서는 분열을 일으켰던 이론적 질문들보다는 임상적 실제를 학생들에게 가르치고 일관성 있고 대다수가 수용하는 연구, 치료 방법들에 대한 필요성이 더욱 절실했다. 기법에 대한 이러한 강조는 경험에 근거한 자아 심리학과 함께 더욱 커졌다. 일반 사람들에게 그들이 그들의 어머니와 자고 싶은 무의식적 소망들을 품고 있다고 상상하게 하는 것은 무리가 있겠지만, 그들에게 자신들의 양심의 목소리나 자신들의 성격의 별난 점들을 인정하게 하는 것은 쉬웠다. 무의식적 내용들을 추론할 때에 객관성을 주장하는 것은 어려움으로 남아 있었지만, 성격에 초점을 두면서 정신분석의 과학적 본질을 변호하는 것은 좀 더 쉬웠다.

1934년 즈음, 정신분석은 공통의 기법을 중심으로 조직화된 지적 공동체로 변형되었는데, 그러한 기법은 보편적인 훈련과 교육을 통해서 보급되었다. 그럼에도 불구하고 많은 것들은 아직 논쟁의 여지가 있었다. 죽음의 추동drive은 더 큰 신임을 얻게 될 것인가, 그리고 분석가들에게 마조히즘의 다른 형태들을 찾도록 부추길까? 만약 그렇다면, 성심리 이론은 공격성 연구의 뒷전으로 밀려나게 될 수도 있었다. 과연 성격 이론이 신경증의 치료를 대신할 것인가? 일반적인 정신의 기능에 대한 2개의 다른 모델, 즉 "자아" 심리학과 지형학적 모델과 함께, 이러한 이론들이 같이 존재하게 될지, 또는 모순되는 방향으로 발전되게 될지 누구도 확실히 알지 못했다.

영국 분석가 마조리 브리엘리Marjorie Brierley는 1934년에 이 분야를 주의 깊게 생각하면서 지난 10년 동안의 놀랄만한 성장이 아직도 종합되지 않았다는 것을 알게 되었다. “아직도 모든 새로운 가설들을 시험해보거나, 또는 그것들이 요청하는 이론의 체계적인 수정을 할 충분한 시간을 갖지 못했다. 옛 것과 새로운 개념들이 나란히 함께 존재하고 서로 겹쳐지고 있다.” 루체른에서 13번째 회합이 열렸던 그때까지의 상황은, 마치 이러한 논쟁들을 하던 강연자들이 자신들의 주장을 하던 중간에 갑자기 멈춘 것 같았다. 위대한 베를린 학교는 더 이상 존재하지 않았다. 프란츠 알렉산더와 다른 이들은 멀리 떨어진 미국으로 이민을 갔고, 빌헬름 라이히는 도망 중이었다. 그것은 마치 극적인 경연을 위해서 무대가 준비되었는데, 그 쇼가 시작되기도 전에 주요 배우들이 도망친 것 같았다.

상황은 더 악화되었는데, 임상 기법의 선두에 있었던 혁신자 산도르 페렌치가 1933년에 숨을 거두었다. 부다페스트 공동체는 이 지도자의 상실에서 결코 완전히 회복되지 못했다. 이 일은 하필 그들이 가능성 있는 중심지로 출현하기 시작할 때 생겼다. 페렌치는 죽음 전 몇 년 동안 새로운 정신분석적 치료법을 제시했었다. 그는 적극적인 치료와 절제에 대한 그의 입장들의 상당부분을 철회했는데, 그것이 단지 환자의 피학성masochism을 조장할 수 있다는 것을 알게 되었기 때문이었다. 이러한 교훈은, 한 환자가 의사의 처방대로 처음에는 음식을 금하고 그 후에는 숨 쉬는 것도 그만두려고 했을 때 분명해졌다.

1929년 즈음에, 페렌치는 임상적 실험에 전념했다. 프로이트는 자신의 “은밀한 수상자”로부터의 거리감을 감지하고, 페렌치에게 “반대하는 분석oppositional analysis”이 작업 중에 있는지 비난하듯이 묻기도 했다. 페렌치는 미끼를 물지 않았다. 한때, 시인들은 전쟁 중에는 조용해야 한다고 주장했던 이 충신은 자기 자신의 시인을 따라가기로 단호하게 결심했다. 페렌치는 분석이 성격에 지나치게 집중하게 되었고, 어린 시절의 트라우마의 중요성을 잊어버리고 있다고 생각했다. 페렌치는 그러한 트라우마에 도달해서 그것들을 “신-카타르시스”를 통해서 치유하기를 원했다. 라이히가 저항에 대해서 신속하고 체계적인 직면을 주창한 반면, 페렌치는 공감과 분석가의 “융통성”에 의해서 인도되는 기법을 지향했다. 분석가의 민감성을 강조하면서 페렌치는 관대함의 새로운 원칙을 제시했다. 그것이 환자들을 더욱 솔직하게 말할 수 있고, 치유될 수 있게 해줄 것이라고 생각했다.

페렌치의 새로운 방법은 부다페스트 밖에서는 잘 받아들여지지 않았지만, 고향에서 그의 생각들은 이므레 헤르만Imre Hermann, 앨리스 밸린트Alice Bálint와 그녀의 남편 미할리Mihály, 빌마 코바치Vilma Kovács, 러요시 레비Lajos Lévy 같은 추종자들에게는 중대한 영향을 끼치고 있었다. 페렌치의 새로운 방법은 문제도 만들었는데, 한 여성 환자는 "아빠" 페렌치가 그에게 키스하는 것을 허락했다고 자랑하고 다녔다. 그 뉴스는 곧 아버지 프로이트에게 가게 되었고, 비난 받았지만 페렌치는 그의 생각을 계속 밀고 나갔다. 그 역시 그 키스는 문제라고 여겼고, 분석가가 그러고 싶지 않더라도 다 받아주는 체 해야만 하는지에 대해서 생각하기 시작했다.

이러한 질문을 하면서, 페렌치는 분석가들이 오랫동안 건드리지 않았던 걱정거리인 역전이countertransference를 탐색하기 시작했다. 분석가의 비이성적인 것과 주관성에 대해 다루는 것은 심리학을 과학으로 만들려는 모든 시도에 어두운 그늘을 드리웠던 인식론적 문제였다. 정신분석가들은 이 문제를 스스로 다루도록 권고받았지만, 페렌치는 분석가들의 주관적 느낌들이 분석 자체에 지극히 중요하다는 것을 이해하고 있었다. 1932년, 미국인 엘리자베스 세번Elizabeth Severn의 치료에서, 페렌치는 모든 표준적인 정신분석적 기법에서 급진적으로 벗어나게 된다. 그는 "상호 분석"을 실험하기 시작했다. 엘리자베스 세번은 아이일 때 잔혹하게 성폭력을 당하고 학대를 받은 것을 이야기했다. 그리고 나서 그녀는 그녀의 분석가 또한 그녀를 고문할 것이라고 두려워했다. 그에 대한 공포를 통과하기 위한 노력으로 페렌치는 엘리자베스 세번의 강요에 양보하여 그녀가 그를 분석하게 했다. 거슬러 올라가면, 알프레트 아들러 같은 분석가들은 그녀의 요구를 적개심에 불타는 공격성으로 해석했을 것이다. 페렌치는 2시간을 연속으로 잡아서 이것을 시도했다.

페렌치는 지도가 전혀 없는 바다로 항해해 나갔고, 이전에 들어보지 못했던 질문들과 싸웠다. 어떻게 그는 엘리자베스 세번 앞에서 자유 연상을 하면서 다른 환자들의 비밀보장에 대한 그의 책무를 지킬 수 있을까? 말들은 새어 나가는데, 만약 다른 환자들이 그를 분석하자고 요구하면 그는 어떻게 할 것인가? 페렌치는 결과적으로 분석가의 분석은 오직 분석가의 저항들이 확실하게 작동하고 있을 때에만 적절하다고 생각하게 되었다.

상호 분석은 정신분석이 그 때까지 봐 왔던 정신분석의 권위에 대한 가장 급진적인 도전이었다. 프로이트는 한때 정신분석가를 임상적으로 거리가 있는 과학적 관찰자로 수립하려고 애썼다. 페렌치는 분석가의 주관적 참여의 문제에 마음을 열었다. 상호 분석에 대한 엘리자베스 세번의 욕구에 응하면서, 관대함에 대한 그의 이론을 확장하는 것으로 보였는데, 그것은 그도 인정했던 개인적 필요 때문이었다. 그는 또한 심각하게 손상된 여성과 작업하는 방법을 발견하려는 용감한 노력을 시작했다. 그러한 탐구에서, 페렌치는 자신 안에 있는 숨겨진 가학성의 강력한 영향력을 발견했다. 환자들에게 좌절을 주라고 충고했던 이 분석가는 이 환자가 그를 객관적인 관찰자가 아니라 실수할 수 있는 주체로 보는 것을 허용하는 것으로 그녀가 두려움을 통과할 수 있도록 했다. 그녀는 분석가의 무의식과 그의 맹렬한 저항들에 접근하는 것을 통해서 안전하다고 느꼈고, 그녀 자신의 황량한 내적 세계를 탐색할 수 있었다.

라이히와 그의 동료들은 환자들의 숨겨진 분노가 치료를 망칠 수 있다는 것을 발견했다. 페렌치는 상호 분석에서 자신의 부정적인 역전이를 해결하려고 고심했다. 기법에 대한 지침들이 연구소에서 사용되기 위해 쓰여졌을 때, 엘라 샤프Ella Sharpe, 헬레네 도이치, 에드워드 글로버, 빌헬름 라이히같이 몇몇 용기 있는 사람들이 이러한 민감한 주제들을 다루었지만 누구도 페렌치만큼 나아가지는 못했다.

페렌치는 상호 분석의 실험들을 발표하지는 않았지만, 그것들은 부다페스트의 동료들 가운데서는 공개된 비밀이었다. 그는 그의 노력을 개인적 임상 일기에 기록했을 뿐 트라우마 이론이나 하나의 치료법으로서 카타르시스로 돌아가자는 것을 공개적으로 주창하는 것은 절제했다. 이러한 방법들로 페렌치는 프로이트와의 거리를 유지했다. 페렌치가 그의 지적인 작업이 국제정신분석협회 회장으로 출마하는 것과 적합하지 않다고 프로이트에게 고백했을 때, 분리는 마무리 되었다. 회장 역할은 "이미 존재하고 있는 것을 보존하고 견고히 하는 것"의 책임을 맡는 것이었다. 페렌치는 '견고히 하는 것'보다는 탐구하는 것에 관심이 있었고 그것은 회장직과 맞지 않았다. 프로이트는 이런 페렌치의 편지를 에이팅곤에게 보냈고, 랭크처럼 페렌치가 변절할 경우를 가슴 아프게 준비했다.

하지만 이 헝가리 사람은 그 무리를 떠날 어떤 의사도 보이지 않았다. 그는 프로이트에게 자신은 자신의 새로운 생각들을 발표하고, 이해받고, 꾸짖음을 받고, 수정되기를 바란다고 확신 있게 말할 수 있었다. 어니스트 존스 같이 국제정신분석협회의 주류 지도자들과 학술지들의 편집자들은 그의 견해들을 심각하게 반대했다. 그래서 1933년에 페렌치가 죽었을 때, 부다페스트를 기반으로 하는 페렌치의 이론과 기법이 성격 분석과 "자아" 심리학에 필적하게 될 수 있다는 소망도 같이 죽었다. 페렌치의 미망인이 발린츠Balints와 빌마 코바치에게 남편의 임상일지를 출판해야 되는지 물었을 때 그들은 그녀에게 기다리라고 조언했는데, 프로이트와 존스와의 불화가 그것의 평을 손상시킬 것을 염려했기 때문이었다. 그 임상일지는 52년 동안 출판되지 못했다. 루체른에서 페렌치는 칭송을 받았다. 그 후에 부다페스트 학교는 정체되었고, 페렌치의 지도력 없이 그들은 정신분석을 정의하는 중심 논쟁에 거의 영향을 주지 못했다.

루체른에서의 회합은 부다페스트 그룹의 마비와 베를린에 몰아닥친 재난으로 얼룩졌다. 베를린 정신분석 연구소는 열려있었지만 연구소의 많은 회원들은 도피했다. 1933년 봄에, 나치들은 유대인 병원을 제외한 베를린 병원들에서 모든 유대인 의사들을 몰아내도록 요구했다. 베를린 정신분석 연구소의 유대인 회원들은 사임하도록 했다. 1933년 5월 6일, 에이팅곤은 짐을 싸서 팔레스틴으로 향했다. 베를린에서 사회주의 의사들의 지도자였던 에른스트 짐멜은 이미 체포되었다. 회원들 중에 아리아인이었던 펠릭스 뵘Felix Boehm과 카를 뮐러브라운슈바이크는 중요한 직책을 맡게 되었고 그 연구소를 대표하기 위해서 루체른에 도착했다.

이 사람들은 루체른에서 이전 동료들을 만났다. 그들은 오토 페니헬, 지크프리트 베른펠트, 게오르그 게로, 빌헬름 라이히 같은 추방된 베를린학파 사람들이었다. 라이히는 지금 몸 둘 곳이 없었다. 그의 글들은 코펜하겐에서 취소되었고, 같은 일이 스웨덴 말뫼Malmö에서도 일어났다. 그는 나라 없는 정신분석가로 루체른에 왔고, 루체른에서는 국제정신분석협회 회원권을 빼앗겼다.

라이히가 제명되었을 때, "독일 정신분석학회"의 새로운 아리아인 지도자들이 반대해서 일어날 것이라고 어니스트 존스가 두려워했지만 그런 봉기는 구체화되지 않았다.

존스는 베를린에서 정신분석을 유지하기 위해서 뭐든 할 것이라고 결심했지만, 뵘과 뮐러브라운슈바이크에 대한 지지에 대해서는 많은 비난을 받았는데, 특별히 추방된 좌파 분석가들로부터 그랬다. 루체른 모임 몇 달 전, 그들은 오토 페니헬의 지도하에 비밀스럽게 모였다. 1934년 3월 오슬로에서 페니헬은 독일, 오스트리아, 프랑스, 헝가리, 네덜란드, 스위스, 소련, 아메리카 그리고 다른 곳에서 온 뉴스들로 엮은 19페이지 회보를 썼다. 그것은 마치 국제정신분석협회의 작은 신문을 쓰는 것 같았다. 단, 이 신문은 숨은 조직을 위한 것이었다. "친애하는 동료 여러분, 우리 모두는 프로이트의 정신분석 안에 변증법적-유물론적 심리학의 미래의 핵심이 있다고 믿고 있습니다. 그리고 우리는 그러한 이유로 이 과학의 돌봄과 확장이 중대하다는 것을 믿고 있습니다. 만약 그것을 믿지 않는다면, 우리는 전문가로서의 정신분석가들은 아닐 것입니다."라고 페니헬은 썼다.

어니스트 존스의 흔들림은 좌파 분석가들에게 불안감을 주었다. 그들은 그의 전략이 운명의 소용돌이로 그들을 내몬다고 느꼈다. 그래서 그러한 수용에 반대하며 오토 페니헬은 산도 페렌치의 영령을 불러냈다. 그는 동료들에게 뉘른베르크 회합과 페렌치의 주장을 기억하라고 요청했는데, 국제정신분석협회가 비방자들과 내부의 배신자들로부터 정신분석을 보호하기 위해서 설립되었다는 것이었다. 이것은 또 다른 응급상황이었다. 정신분석은 이미 대중의 영역으로 들어갔고, 강력하게 반발하는 힘들이 그것의 제거를 요구하고 있었다. 페니헬은 동지들에게 국제정신분석협회 안에도 적들이 있다고 경고했다. 지도부는 이러한 것을 완화시키기 위해서 얼마나 멀리 갈 것인가?

페니헬은 프라하, 코펜하겐, 오슬로, 팔레스타인, 런던, 부다페스트, 그리고 베를린에서 나치의 경계 너머에 있는 동료들에게 편지를 보냈다. 그는 여러 반응들을 살피며 그것을 동료들에게 돌렸고, 이러한 것이 하나의 비밀 공동체를 함께 엮을 것이라고 기대했다. 그러나 루체른 회합이 가까워지자 그 그룹이 말다툼을 벌이기 시작했다. 회합이 시작되었을 때, 라이히와 페니헬 사이의 긴장감이 밖으로 드러났다. 회합이 끝날 즈음에 라이히는 국제정신분석협회로부터 제명당했고, 페니헬은 회람을 써서 마르크스주의 정신분석가들의 작은 연합에 은밀하게 보내는 일을 재개했다. 나치즘은 분석가들을 정치적, 사회적 개혁의 문제를 공개적으로 주장하는 사람들과 그렇지 않은 사람들로 분리시켰고, 이 두 그룹이 함께 협력할 수 있을지는 불분명해졌다. 어떤 이들은 국제정신분석협회 지도자들이 이 분야의 경계를 재정립하여 마르크스주의 분석가들이 라이히처럼 될까봐 염려했다. 갑자기, 정치적 이데올로기가 정신분석을 다시 정의할 수도 있는 것처럼 보였다.

마치 이러한 위기들이 충분하지 않은 듯이, 해결되지 않았던 관료적인 문제가 루체른 모임에서 격화되었다. 베를린 연구소의 훈련 규약은 정신분석을 공식화된 교육과 훈련의 필요조건들로 스스로 감시하는 직업이라고 정리했다. 에이팅곤이 팔레스타인으로 도피했을 때, 그는 이미 세계 도처의 다른 국제정신분석 연구소들이 그 모델을 모방하고 있었기 때문에 베를린 연구소에 무슨 일이 생기던 그들의 엄격한 교육 모델은 살아남을 것이라고 확신하고 있었다. 훈련을 위한 전문적 기준들은 특별히 임명된 국제정신분석 위원회, 즉 국제훈련위원회International Training Commision에 의해서 검토되고 유지되었다. 에이팅곤의 모델은 폭넓은 지지를 얻었고, 1929년 그는 어떻게 정신분석가가 되는가에 대한 질문은 해결되었다고 생각했다.

그러나 한 가지 간단해 보이지만 쉽지 않은 질문이 남아 있었다. 누가 훈련에 적당한가? 의사이어야만 하는가? 그 질문은 다른 문제를 일으켰는데, 더욱 어려운 것이었다. 정신분석은 의학의 한 부분인가, 자연과학인가 아니면 다른 어떤 것인가? 그것은 심리학의 하위 학문 분야인가, 아니면 정신의학의 일부인가? 그것은 자연과학인가, 아니면 인문과학인가?

처음부터 프로이트의 이론은 혼성물이었고, 첫 번째 공동체는 섞여있어서 과학자들, 의사들, 작가들, 철학자들, 법조인들, 인문학자들을 환영했다. 정신분석학회들이 유럽과 미국의 도시들에서 생겨날 때, 많은 부분에서 그 지역 지도부가 훈련에 누가 적합한지를 결정했다. 그러나 1920년 후, 공공 정신분석 클리닉들이 생겨나면서 분석가들은 이러한 결정에 대한 통제권을 잃게 된다. 빈에서, 의학적 그리고 정치적 권위자들은 외래진료소에서는 의사가 아닌 어떤 사람도 환자들을 치료할 수 없다고 주장했다. 빈의 의사협회는 의사가 아닌 사람들lay people이 의료진에 한 명도 없다는 것이 분명해질 때까지 정신분석적 클리닉을 보류시켰다. 이 문제를 피하기 위해서, 빈의 프로이트학파 사람들은 클리닉이 의사들에 의해서 운영되게 하고, 의사가 아닌 회원들이 훈련받을 수 있는 분리된 학회와 훈련연구소를 유지해야 했다.

이러한 책략은 1926년 봄까지 유지되었는데, 그 때 의사가 아닌 분석가lay analyst인 테오도르 라이크가 빈의 형법에 의해서 엉터리 치료 혐의를 받게 되었다. 불만을 품은 한 피분석가가 라이크가 면허 없이 의술을 하고 있다고 고소했던 것이다. 프로이트는 라이크를 좋아했고 그가 의대에 가는 것을 막았었는데, 그에게서 미래의 분석적 연구자를 보았기 때문이었다. 프로이트는 라이크를 재정적으로도 지원했고 베를린에 있는 카를 아브라함에게 비용 없이 분석을 받도록 주선했다. 프로이트는 라이크를 방어하기 위해서 나섰다. 그는 공무원들과 중재하려고 했고, 신문에 글을 썼으며 그 모든 것들이 소용없게 되자 논박문을 출판했는데, 그것이 《의사가 아닌 사람의 분석에 대한 문제*The Question of Lay Analysis*》였다.

프로이트는 정신분석을 위해서는 의학 훈련이 필요하지 않다고 주장했다. 그는 자신이 결코 의사같이 느껴지지 않았고, 의학 훈련을 받지 않으려는 사람들을 배제할 아무런 이유도 찾지 못했다고 고백했다. 그러한 훈련은 종종 심리학적 형태의 탐구를 발전시키는 데에는 불리했고, 정신분석은 진보하기 위해서는 인문과학에 한 발을 디디고 있어야 한다고 생각했다. 이 분야는 의학과는 분리되어야 하고, 그 차체로서의 학문 분야가 되어야만 한다는 프로이트의 입장은 놀랄만한 것은 아니었다. 그는 오랫동안 정신분석을 목사들, 학자들, 교사들에게 전달하려고 노력했고, 분석을 받은 사람은 누구든지 분석가가 될 수 있다는 견해를 가지고 있었다. 더욱이, 프로이트는 의학세계가 그에게 만들었던 곤란함에 대해서 씁쓸해 했다. 하지만 그의 의견은 진문직 기준들과 훈련을 만들자고 요구했던 베를린 지도부와는 대치되었다. 지금 라이크 사례는 이 학문 분야의 규범들을 다시 생각할 기회를 주었다. 프로이트는 의사가 아닌 사람의 분석에 대해서 변호했고, 이 분야, 즉 그의 분야는 이것을 따르라고 요구했다.

하지만 그는 이길 수 없었다.

지그문트 프로이트는 더 이상 프로이트학파 보병들을 이끄는 군주가 아니었다. 많은 분석가들이 계속해서 프로이트에게 존경심을 표현했지만 그들은 자신들이 철저한 프로이트학파라는 생각은 오래전에 단념했다. 그들은 자신들을 다른 탐구의 방법, 공식적인 훈련, 전문가로서 정체성을 가진 과학적 그룹으로 보고 있었다. 그들은 정신분석가들이었다. 프로이트는 흐름에 역으로 수영하고 있다는 것을 감지했고, 페렌치에게 불평했다. "내부에서의 정신분석의 발전이 모든 면에서 나의 의도와는 반대로 움직이고 있네. 의사가 아닌 사람의 분석에서 멀어져서 순전하게 의학적 전문 분야로 가고 있네."

프로이트에게 가장 적대적인 사람들은 미국인들이었다. 그들은 유럽 동료들에게 항변하기를 행상인들의 떼가 그들의 지역에서 정신분석가들로서 가게를 열고 있다고 말했다. 미국에서 영향력 있던 플렉스너 보고서Flexner Report가 1910년에 출판되었는데, 의학 교육의 비참한 상태와 수많은 수료증 제작소들이 돌팔이 의사를 병원으로 보내고 있다고 폭로했다. 이 보고로 각성한 미국의 분석가들이 살아남는 유일한 방법은 분석 훈련을 의사들에게만 제한하는 것이었다. 라이크의 문제가 1926년에 터졌을 때, 미국인들은 국제정신분석협회에서 거의 영향력을 가지고 있지 않았고, 프로이트의 반미 감정은 믿기 어려울 정도였다. (그는 한번은 이렇게 빈정거렸다. "미국은 거대하다. 그러나 거대한 실수이다.") 그는 미국인들의 불평을 무시했고, 그들 모두를 쫓아낼 생각을 하기도 했다. 하지만 미국인들이 홀로 서있는 것은 아니었다.

의사가 아닌 사람의 분석에 대한 프로이트의 견해에 반대하는 무리의 수장은 어니스트 존스였다. 영국에서 훈련받지 않은 가짜 "분석가들"이 나쁜 기사들과 고소들로 존스에게 끝없는 고통을 안겨주었다. 라이크 사건의 시기가 존스의 반대 입장을 부득이하게 했다. 빈에서 논쟁이 일어났을 때, 영국 의학협회는 이제 막 정신분석의 의학적 위치를 조사하기 위한 위원회를 소집했었다. 이것은 영국에서 합법적인 의학과학으로서 정신분석의 미래를 보장할 수 있는 기회를 제공했다. 영국 의사들이 제기했던 커다란 걱정 중의 하나는 의사가 아닌 사람들이 하는 분석이었다. 존스가 이러한 염려들을 고려해 정신분석을 의학의 전문 분야로 지키는 것을 준비하고 있을 때, 이 분야의 창립자인 프로이트는 의학으로부터의 분리를 주장하고 있었다. 존스는 행동으로 응했다. 〈국제

정신분석 학술지*International Journal of Psychoanalysis*〉의 편집자로서, 그는 이 분야 24명의 지도자들과 두 개의 학회(뉴욕과 부다페스트)의 입장 발표를 지휘했다.

존스는 첫 번째 가장 긴 글에서 프로이트를 신랄하게 반박했는데, 그 날카롭기가 비상했다. '교수님'의 입장을 감정적이고, 극단적이고, 불합리한 것으로 묘사했다. 프로이트는 어떤 공적 권위도 분석을 받은 사람이 다른 사람을 분석하는 것을 막을 수는 없다고 주장했었다. 존스는 이 입장이 어이없다고 생각했는데, 그렇다면 모든 환자가 얼마나 병들었는지 상관없이 정신분석가가 될 수 있기 때문이었다. 더욱이, 정신분석은 과도기에 있었고, 앞으로 몇 년간 이 분야는 다른 연관된 과학들과 연결되게 발전할 필요가 있었다. 그 목표를 이루기 위해서, 정신분석은 반드시 이것을 "비밀 종파"로 바꾸려 하는 힘들에 저항해야만 한다. 이 분야는 의사가 아닌 분석가들을 배제하는 것으로 손상을 입을 수 있지만, 정신분석과 생물학, 생리학, 임상의학과 같은 과학들 사이에 있는 무수한 관계성들, 그리고 과학적 확립과 대중의 수용은 그러한 대가를 지불할 만하다고 존스는 주장했다. 정신분석은 "의학적 조직이고 훈련"이라고 존스는 직설적으로 결론지었다. 그는 의학과 관련되지 않은 사람을 완전히 배제하는 것은 원치 않았지만, 그들을 의사들에 의해서 감독을 받는 분석적 보조자로 주변에 두기를 원했다.

이것은 강력한 내용이었다. 존스는 공개적으로 프로이트를 강력하게 몰아세웠고, 그의 견해가 만장일치의 합의를 이끌어 내었으면 하는 소망을 표현했다. 이것은 지그문트 프로이트를 제외한 만장일치를 의미했다. 다른 사람들이 무게를 더했다 할지라도, 만장일치는 그냥 되는 것이 아니라는 것은 분명했다. 무수한 변명들과 중요치 않은 차이점들이 있었지만, 결국에는 젊은 의학 지도자들은 프로이트와 반하여 모여들었다. 라도와 호나이를 포함한 다수의 베를린 사람들은 의사가 아닌 사람의 분석을 반대했다. 빌헬름 라이히와 모든 미국 사람들도 그것에 합류했다. 베를린에서 임명된 가르치는 분석가였던 한스 작스는 자신이 의사가 아니었고, 몇몇 빈 사람들과 헝가리 학회 전체가 의사가 아닌 사람의 분석을 함께 지지했다. 의학으로 만들려는 사람들에게 가장 강력한 응수는 테오도르 라이크에게서 왔다. 그는 정신신경증의 임상적 치료는 아마도 의학적 문제일 수 있지만, 증상이 없는 성격 신경증의 치료는 더 이상 병의 치료로 한정할 수 없을 것이라고 주장했다.

7년 후 루체른에서 국제정신분석협회의 불화는 더욱 커졌고, 몇 년간의 관료 정치적 외교가 실패한 것이 분명해졌다. 이 논쟁적인 이슈는 처음에는 국제훈련위원회에게 보내졌는데, 그곳에서 모든 후보자들이 의학 훈련을 받도록 요구하는 강제력 없는 권고가 만들어졌다. 미국인들은 의사가 아닌 사람들은 어떤 이유에서도 허용되어서는 안 된다고 주장했다. 새로운 위원회가 새로운 지침들을 작성하기 위해서 만들어졌다. 에이팅곤은 베를린에서 3명을 선택함으로써 그 위원회가 의사가 아닌 사람의 분석을 불리하게 했다. 베를린 학회는 "이 주제에 대해서 명확한 입장"을 가지고 있었다고 후에 에이팅곤은 인정했다. 하지만 1929년, 의장인 산도르 라도는 그 위원회가 교착상태에 빠졌다고 보고했다. 한편, 런던에서는 존스가 영국 의학협회에 "정신분석"이란 용어는 프로이트가 처음으로 고안한 기법을 채용한 사람들과 전문가 그룹으로서 〈국제정신분석협회〉를 지칭한다는 것을 인정해야 한다며 정신분석의 정당성을 승인하도록 설득하고 있었다. 임상가의 방법과 전문가의 정체성을 점검하는 것으로 진정한 분석가를 제멋대로 분석가wild analyst와 식별할 수 있을 것이다. 존스는 의사가 아닌 사람의 분석에 대해서 유럽인들과 미국인들 사이에 협상을 중재했다. 루체른 회합 즈음, 이 모든 것은 아직 미완성이었다. 빈 학회는 뉴욕이 의사가 아닌 분석가들을 받아들이는 것으로 뉴욕 정신분석학회와 조약을 했다고 생각하고 있었다. 안나 프로이트는 뉴욕 학회가 그 협약을 지키지 않고 있다고 불평했다. 뉴욕 학회의 회장은 그것을 인정했고 그 협약을 무효로 해줄 것을 요청했다.

왼쪽에서 오른쪽으로, 르네 스피츠와 국제정신분석협회 회장인 어니스트 존스, 1936년.

이 협정은 갑자기 중요해졌다. 미국으로 가는 것은 나치 독일에서 도피한 분석가들에게 몇 개의 희망 중 하나였다. 그래서 미국인들이 수용하는 자격증명서는 사느냐 죽느냐의 문제로 떠올랐다. 훈련 위원회는 루체른 현행규칙의 발행을 선언했다. 그러나 그러한 선언에도 불구하고, 새로운 규칙들은 아무것도 해결하지 못했다. 그 후 몇 년 동안, 미국의 탈퇴 위협은 미해결 상태로 있었다.

1934년이 될 때까지 10년 동안 정신분석 회합들은 인도, 이탈리아, 시카고, 일본 같은 곳에서 훈련 연구소들이 생겨나고 있다는 좋은 소식으로 가득 찼다. 루체른에서, 남아프리카, 프라하, 보스턴, 팔레스타인에서도 확장되었다는 소식은 미국 정신분석협회와의 만연된 갈등과 모두에게 모체가 되었던 베를린 훈련 연구소의 파괴로 퇴색되었다. 이미 독일어를 사용하는 유럽 지역에서 정신분석의 미래는 불확실했고, 국제정신분석의 회원들은 〈심리치료 핵심 학술지〉의 편집자를 에른스트 크레치머에서 취리히의 칼 융으로 대체했다는 소식을 읽었을 때 더욱 불확실하게 느꼈을 것이다. 분석가들은 1933년 12월로 적혀 있는 편집자의 사설에서 융이 독일인과 유대인들을 구별하는 인종 심리학을 주장하는 것을 읽게 되었다.

> 내가 보기에는, 지금까지 의학 심리학이 유대인의 카테고리들(모든 유대인들에게조차 적용되지 않는)을 독일과 슬라브족의 기독교도들에게 구별하지 않고 적용한 것은 커다란 실수였다. 이것 때문에 독일 사람들의 가장 소중한 비밀(그들 영혼의 창조적이고 직관적인 깊이)이 진부한 유아증infantilism으로 설명되었다. 나는 지난 몇십 년 동안 반유대주의의 혐의를 받으면서 경고해 왔었다. 이러한 혐의는 프로이트에게서 왔다. 그는 독일인의 정신을 잘 이해하지 못했고, 그의 독일인 추종자들도 그랬다. 세계 전체가 놀란 눈으로 보고 있는 국가 사회주의National Socialism의 무시무시한 현상들이 더욱 잘 가르쳐 주고 있지 않은가? 국가 사회주의가 아직 존재하지 않았을 때, 비할 데 없는 긴장감과 에너지는 어디에 있었는가? 독일인의 정신 깊은 곳에 있었을 것이다.

융의 인종 심리학은 라마르크의 이론에서 흘러들어왔다. 그의 이론에 의하면 다른 인종들은 다른 역사와 다른 무의식의 삶을 가지고 있었다. 그러나 대단한 잠재성을 가진 아리아인의 가치를 유대인들이 떨어뜨렸다는 으시시한 신념은 인종적 편견만을 말해주는 것처럼 보였다. 융은 국가사회주의자들이 그의 심리학적 견해를 확증시켜주고, 프로이트의 "유대인" 심리학을 반박하고 있다고 믿고 있는 것 같았다. 그러나 실제로 융의 비방은 융이 반유대주의자라는 프로이트의 견해만을 확증시켜주는 듯했다.

융의 학술지의 독자들은 같은 이슈를 다룬 글을 읽게 되었는데, 교수이면서 법률박사, 의사인 마티아스 괴링Mattias H. Göring이 쓴 것이었다. 그의 많은 학위들과 더불어, 괴링은 다른 중요한 제휴관계가 있었다. 그는 나치당의 당원이었고, 독일 공군의 원수 헤르만 괴링의 사촌이었다. 괴링 박사는 또한 재편성된 "심리치료 독일 의학협회"의 지도자였다. 믿을 수 없게도 그는 그 날 이후로 모든 심리치료사들은 아돌프 히틀러의《나의 투쟁》에 대한 "진지한 과학적 연구"를 해야 된다고 선언했다.

그러한 광기가 독일 안에 머물러 있기를 바랬던 사람들에게 더욱 불길한 일들이 전개되었다. 독일이 파시즘으로 된 것이 오스트리아에 충격적인 파급효과를 일으켰고, 그곳은 엔겔베르트 돌푸수 수상의 파시스트 독재 아래 놓이게 된다. 기독교 사회당의 회원이며 반유대주의자인 돌푸스는 이탈리아의 파시스트 무솔리니와의 동맹을 맺는 것으로 독일로부터의 독립을 유지하기 원했다. 이러한 부정한 동맹은 오스트리아의 국회 해산과 모든 정치 정당들의 폐지로 이어졌다. 돌푸스는 모든 애국자들에게 같은 당인 조국전선Fatherland Front에 가입할 수 있는 기회를 제공했다. 대부분의 오스트리아 정신분석가들은 유대인이었고 사회민주당의 회원들이었기 때문에 이것은 정말 위험스러운 변화였다. 그러나 어떤 사람들은 반나치이며 반공산주의자인 돌푸스가 중도의 대안이라고 생각했고, 어떤 사람들은 빈에서의 삶이 얼마나 위험스럽게 되어가고 있는지 감지했다. 상황은 돌푸스가 1934년에 암살되고, 반유대주의자였던 쿠르트 폰 슈시니크Kurt von Schuschnigg로 대체되었을 때 악화되었다. 그는 출판을 검열했고 오스트리아를 중세 기독교 제국에 대한 환상으로 되돌리려고 작정하고 덤비는 것처럼 보였다.

나치의 승리와 베를린 연구소의 아리아인화는 단지 독일만의 재앙이 아니었다. 볼 수 있는 눈과 들을 수 있는 귀를 가진 사람들에게, 이것은 유럽에 드리워진 심각하고 즉각적 위협을 나타내는 것이었고 오스트리아에게는 더욱 긴박한 것이었다. 어떤 사람들은 빈에서 모든 것이 잘 될 거라고 막연히 바라기도 했지만, 어니스트 존스를 포함한 많은 사람들은 히틀러가 오스트리아를 합병하는 것은 기정사실이라고 생각했다. 몇 명의 빈 분석가들은 미국으로 피했고, 남은 사람들은 스스로에게 물었다. 이렇게 많은 불확실성이 있는데 그들의 학문 분야에 어떤 일이 벌어질까?

정신분석은 다시 공격을 받고 있었다. 이번에는 펜을 휘두르는 비평가들로부터가 아니라 책들을 불태우고, 겁을 주고, 강탈하고, 살인하는 무장한 흉악범들로부터였다. 루체른에서 어니스트 존스는 모든 국가적, 인종적 편견을 공격했다. 그는 순진하게도 이렇게 썼다. “정치와 과학은 기름과 물처럼 서로 섞일 수는 없다.” 하지만 존스는 그렇게 순진하진 않았다. 그는 독일에서 마르크스주의와 분리하는 것을 통해서 나치가 정신분석을 파괴하는 것을 지연하기를 원했던 것이다. 그는 “사회적 상황을 참을 수 없게 된” 사람들이 사회적 변화를 선전하는 데 정신분석을 오용하지 말라고 경고했다. 이러한 방식을 취하면 누구라도 탄핵 받을 것이다. 라이히의 추방은 다른 사람들에게 보여준 실례였다. 그 회합에서 존스는 베를린의 새로운 아리아인 지도부를 위한 지지를 불러일으키려고 노력했고, 펠릭스 뵘을 변호했다. 존스는 그가 “많은 비판에 시달렸지만 그 중에 어떤 것들은 매우 분개할 만한 것”이었다고 주장했다. 존스는 불합리한 힘들이 베를린 연구소의 아리아인화에 협력한 이 사람의 평가에 작용하고 있다고 변호했다.

루체른 후에, 빌헬름 라이히는 오슬로에 갔다. 그곳에서 국제정신분석협회로부터의 제명은 죽음의 추동drive에 대해서 프로이트와 견해를 달리한 것의 결과였다고 주장하게 된다. 하지만 많은 사람들이 죽음의 추동을 거부했지만 그 운동에 남아 있었다. 라이히의 추방은 달랐다. 그것은 정치적인 것이었다. 프로이트, 존스, 에이팅곤, 페렌치는 그들의 과학에 유대인의, 혁명적인, 마르크스주의와 같은 이름이 붙는 것을 필사적으로 피하려고 했었다. 하지만 빌헬름 라이히는 정신분석은 혁명적이고, 정신분석을 공격하는 파시스트들은 정신분석을 그들의 적으로 바르게 인식한 것이라고 주저함 없이 주장했다. 죽기 일 년 전 개성이 강했던 산도르 페렌치조차도 라이히에 반대하는 조치가 "우리의 정치적 초당파성을 수립하기 위해서는 절대적으로 필요하다."고 동의했다. 이러한 실제 전쟁의 시기에 정치적인 시인들은 조용해야 하는 것처럼 보였다.

II.

분석가들이 루체른에서 집으로 돌아왔지만 해결되지 않은 다수의 논쟁들은 좀처럼 사라지지 않았다. 끔직한 해였던 1933년의 사건들 후에, 이론적인 문제들에 대한 진보는 거의 이루어지지 않고 있는 것처럼 보였다. 망명한 베를린의 정신분석가들은 다시 자리를 잡으려고 애쓰고 있었고, 빈 사람들은 독재 아래 놓이게 되었다. 그러나 놀라운 것은 이후 5년 동안 두 개의 설득력 있는 통합이 탄생하게 되는데, 그 각각이 지난 20년간의 많은 혁신들을 통합하게 된다. 더욱 더 놀라운 것은 이러한 통합들이 소외된 소수인 의사가 아닌 분석가에게서 왔다는 것이었다.

멜라니 클라인과 안나 프로이트는 의사가 아닌 분석가들의 첫 번째 물결과는 달랐다. 그 학자들은 정신분석을 예술과 문화의 연구와 혼합했다. 그러나 시간이 지나면서 그들의 프로젝트는 영예를 잃었다. 라이크와 의사가 아닌 사람의 분석에 대한 논쟁들에서, '교수님' 프로이트는 여전히 분석가들이 폭넓은 인도적인 배움을 이 분야에 가져올 것을 주장했지만, 다른 이들은 공개적으로 그 생각을 비웃었다. 라이히는 인문과학에서 의사가 아닌 분석가들은 이 분야를 진보시키는 데 거의 한 것이 없다고 말했다. 미국인 분석가 클라렌스 오벤도프Clarence Oberndorf도 인문과학은 "확증과 확대의 방식 외에는" 정신분석에 거의 기여한 것이 없다고 덧붙였다. 그러나 문학 작품들과 신화에서 이론적 확증을 찾는 것은 계속되었고, 프로이트, 융, 슈테켈, 페렌치가 인문과학에 몰두한 이후로 중요한 변화들이 생겨났다. 라마르크 학설의 유전이론은 신빙성이 없어졌다.

라마르크학파의 생각은 프로이트학파 사람들이 개인의 무의식적 기억을 모든 인류의 역사와 연결시키는 계기가 되었다. 역사, 고고학, 종교, 인류학, 문학의 연구는 심리학자들에게는 고고학자들의 발굴과 동등한 것이었다. 초기 분석가들은 초기 인간의 정신적 삶의 흔적들은 단지 과거를 보는 창문들뿐만 아니라, 칸트의 알 수 없는 것을 알 수 있게 하는 또 다른 방법이었다. 이러한 논리가 프로이트를 《토템과 타부》, 융을 《리비도의 변형들》, 슈테켈을 《꿈의 언어》, 페렌치를 《바다》로 안내했다. 이것은 프로이트가 매우 오랫동안 깊숙이 붙잡고 있었던 전제였다. 오토 랭크의 그럴싸하지 않은 출생 트라우마 이론에 직면했을 때, '교수님'은 그 이론에 라마르크 이론의 자리가 없다는 사실을 가장 불편해 했다.

20세기 처음 몇 해 동안, 라마르크의 신념의 수용은 결코 이상한 것은 아니었다. 얼마 전, 다윈은 획득된 특성들은 유전될 수 있다는 견해를 보급했고, 젊은 어머니들에게 개선점을 피로 물려주기 위해서 아이를 갖기 전에 할 수 있는 모든 것을 배우라고 충고했다. 그러나 1925년이 되자 대부분의 과학자들은 라마르크 이론의 유전은 틀린 것으로 증명되었다고 믿었다. 1900년 즈음, 그레고르 멘델Gregor Mendel의 실험은 흐름을 바꾸었는데 유전자가 개념화되었고 염색체와 연결되었다. 1920년대에 유전자 이론은 논쟁에서 승리를 거두게 되고, 획득된 유전을 증명하고자 하는 수많은 실험들의 실패가 도움이 되었다. 라마르크의 생각들에 대한 일반적인 거부는 서구 과학 전제로 퍼져 나갔다. 오로지 소련에서만 예외였는데, 라마르크의 개념을 소비에트의 이데올로기에 부합하는 것으로 받아들여 신성불가침으로 생각했다.

프로이트 또한 계통 발생의 유전에 대한 그의 마음을 바꾸려하지 않았고, 그의 후반기 작업 중의 하나인 《모세와 일신론》에서 증명하려 했다. 그러나 의학과 과학의 합법성을 찾고자 하는 정신분석가들에게, 프로이트가 가진 라마르크의 입장들은 점점 더 당황스러운 것이 되었다. 1928년, 어니스트 존스는 이 점에 대해서 잘 알려진 인류학자인 브로니슬라브 말리노프스키Bronislaw Malinowski에게 공격받는 입장에 처하게 되었다. 존스는 공식적으로 프로이트의 이론들을 "증명되지 않았고, 생물학적으로 있을 법하지 않는 것으로" 거부했다.

개체 발생과 계통 발생, 개인과 종족, 정신적인 것과 생물학적인 것 사이의 연결의 상실은 인간의 문화의 역사를 통해서 정신을 연구하려고 하는 분석가들에게 위기를 불러일으켰다. 정신분석가들은 무의식을 이해하기 위한 임상 이외의 방법을 잃어 버렸다. 그것은 전이와 역전이의 복잡한 영역 바깥쪽에 존재하는 것처럼 보였다. 이제 무의식적 정신의 삶의 이론에 대한 실마리들, 증거, 확증을 위해서 오로지 개인의 임상적 만남만을 의존해야 했다. 그들이 과학적, 의학적 사회에서 신뢰성을 갖기를 희망한다면, 역사, 신화, 설화들은 더 이상 직접적 지원을 줄 수 없었다.

1918년 이후, 의학 배경이 없는 분석가들에 대한 새로운 연합이 임상 외의 연구와 타당성을 위한 다른 방식의 연구를 제시했다. 멜라니 클라인과 안나 프로이트는 의사가 아닌 분석가들 그룹의 지도자가 되었는데, 그들은 민간 설화를 해석하는 데 관심이 없었고, 그것보다는 어린이를 관찰하는 데 관심이 있었다. 전쟁 이후 교사들, 학교 교장들과 빈, 베를린, 부다페스트의 교육자들은 어린이를 더 잘 이해하기 위해서 정신분석에 관심을 돌렸으며, 그러한 이해를 통해서 이 분야를 새로운 방향으로 발전시켰다.

아동기를 이론적으로 설명하는 것은 프로이트학파 자체만큼이나 오래되었지만, 아동기에 대한 프로이트의 이론들은 대부분이 성인들의 관찰을 통해서 얻은 추론의 결과였다. 우연히 지그문트 프로이트, 막스 그라프, 칼 융, 카를 아브라함, 산도르 페렌치, 루 안드레아스-살로메, 오스카르 피스터 모두는 어린이를 직접적으로 연구하거나 치료하려고 시도했었다. 그러나 의사가 아닌 새로운 분석가들은 헤르민 후그-헬무트Hermine Hug-Hellmuth의 인도에 따라 더욱 체계적이고 경험적인 어린이 연구를 시도하게 되었다.

빈의 귀족사회에서 태어난 후그-헬무트는 빈 대학을 다녔고, 38세에 문리학에서 논문을 쓰고 박사학위를 받았다. 그 때, 후그-헬무트는 이지도어 자드거와의 분석에 몰두해 있었다. 교사로 교육을 받은 그녀는 빈 학회 모임에 참석했고 정신분석적 연구의 흐름들을 출판했는데, 그녀의 가장 중요한 연구는 1913년의 《아이의 정신적 삶에 대한 연구》였다. 후그-헬무트는 자신을 객관적인 관찰자로서 묘사했고, "아동기의 정신적 삶에 대한 실제 관찰" 없이 쓰는 사람들을 질책했다. 그녀는 아이에 대한 일반심리학을 종합했는데, 프로이트의 성을 강조하긴 했지만, 또한 인지적, 언어적, 윤리적 발달에 대한 많은 심리학자들의 연구를 수용했다.

그러다가 후그-헬무트는 그녀를 스캔들에 휩쓸리게 한 연구를 발표하게 된다. 1915년쯤, 그녀는 친구라고 칭한 어떤 사람으로부터 일기장을 얻게 되었다. 그 안에 청소년기 동안의 여성의 성에 대한 자세한 묘사가 있었고, 그 이야기들은 프로이트학파 이론들과 잘 맞았다. 전쟁 후, 《청소년기 소녀의 일기》가 프로이트에게서 온 매우 감성적인 편지를 머리말로 하여 출판되었다. 후그-헬무트는 익명으로 저술된 이 글을 "심리적 발달의 주제에 대한 가장 가치 있는 문서"로서 선전했다.

그 책은 신선했고 잘 팔렸다. 그러나 빈 대학의 심리학자 샬롯 뷜러 Charlotte Bühler를 포함해서 비평가들은 그것이 가짜라고 공격했는데, 그 나이의 어떤 소녀도 그것을 쓸 수 없을 것이라고 말했다. 후그-헬무트가 그 저자의 이름을 밝히는 것을 거부했고, 원본을 제시할 수 없었기 때문에 많은 사람들은 그녀가 그 문서를 만들었다고 믿기 시작했다. 1922년 즈음, 그 책의 제3판이 출판되었을 때, 후그-헬무트는 그녀가 그 책의 편집자라고 밝히고 나왔다. 그 후에, 독일판은 인정사정없이 철회되었다.

정신분석가들이 경험적 실험과 관찰을 통한 아동의 연구에 관심을 기울이게 되면서, 후그-헬무트는 그들에게 경고했다. 아동정신분석의 추구가 그 분야에 신선한 자료들을 가져올 것인가? 아니면 그것은 확증(아마도 잔뜩 쌓여있는)을 위한 추적인가? 아동의 관찰은 프로이트학파 사람들에게 그들이 간절히 필요로 했던 것을 제공했다. 그것은 유아기의 욕구, 소망, 두려움에 대한 이론을 시험하고, 확증하고, 반증하고, 창안하는 경험적 토론 현장이었다. 하지만 이것이 1918년 전에는 프로이트학파 공동체의 한부분이 되는 것이나, 아동기 성심리의 적법성을 질문하는 것은 가능하지 않았다. 후그-헬무트가 이야기를 꾸며냈을 때 그녀는 그녀의 공동체에 인식된 요구들을 반영했고, 지금 대부분의 비평가들은 그녀가 프로이트를 지지하기 위해서 그렇게 했다고 믿었다.

그 일기에 대한 의심이 쌓여갔을 때, 후그-헬무트는 1920년 가을 헤이그에서 어린이를 위한 정신분석적 기법의 변용에 대한 강의를 했다. 후그-헬무트는 아이는 집에서 치료를 받아야만 하고, 카우치에 눕히게 해서는 안 되며, 치료 회기에서는 놀 수 있어야 한다고 주장했다. 또한 어떤 아이도 부모에 의해서 분석되어서는 안 된다고 주장했는데, 그것은 안나 프로이트의 귀를 거슬리게 했을 것이다. 왜냐하면 그 때 그녀는 그녀의 아버지와 분석 중에 있었기 때문이었다. 그렇지만 후그-헬무트는 그녀가 치료한 모든 사례에서 아동들은 육아의 실패로 고통 받고 있었는데, 그 육아는 지나치게 엄하든지, 지나치게 관대하든지, 지나치게 일관성이 없었다는 중요한 발견을 했다. 동물적 추동들drives이 신경증에 근본적으로 관련되어 있다고 본 분석가들에게 이것은 거의 말이 되지 않았다. 그러나 교육자로서 후그-헬무트는 자연히 좋고 나쁨에 대한 교육을 강조했다. 나쁜 양육의 문제들을 고치기 위해서, 후그-헬무트는 재교육과 정신분석을 믿었다.

〈붉은 빈〉에서, 후그-헬무트가 파괴적인 환경에 집중한 것은 그 때의 정치와 조화를 이루었다. 아동기의 이론들은 오랫동안 경쟁하던 정치적 이데올로기들을 위한 전쟁터가 되어 왔다. 장자크 루소Jean-Jacques Rousseau 같은 계몽 인물들이 아동의 특성에 대해서 논의할 때, 그들은 어떻게 정치적 또는 사회적 환경이 개인을 만들고 또는 깨뜨리는지에 대해서 거론했다. 비슷하게, 무엇이 어린이들을 미치게 만드는가에 대한 정신의학적 이론들은 종종 정치로 가득 차있었는데, 이 때문에 가난 같은 문제들을 강조하는 개혁자들을 부채질했고, 자연의 질서를 강조하는 보수주의자들conservatives을 지원했다. 1920년대 유럽 전반에 걸쳐 개혁자들과 진보주의자들은 궁핍하고 교육을 잘 받지 못한 어린이들의 연구에 관심을 돌렸다. 그들은 〈아동 지도 운동Child Guidance Movement〉과 아동 정신의학의 제도화를 발생시켰다.

같은 뜻에서, 빈 소아과 클리닉은 문제가 있는 어린이들과 치료적 작업을 하는 부서를 개설했다. 빈 사회민주당은 미래의 건강한 시민을 만들게 도울 수 있는 심리학자들에게 기대를 걸었다. 오스트리아의 교육부 장관인 오토 글로켈Otto Glöckel은 대학의 심리학자인 샬롯 뷜러를 고용해서 빈에 '아동 연구 센터'를 설립하게 했다. 정부 당국은 알프레트 아들러를 필요로 했는데, 사회주의자로서 그의 경험과 권력관계들에 대한 강조 때문이었다. 1920년 이후, 아들러의 개인 심리학은 교육자들 가운데 인기가 있었다. 약 30개의 아들러 식의 아동지도센터들이 설립되었고, 아들러의 열성적 지지자 카를 퍼뮐러는 오스트리아 학교 체계를 개혁하는 데 적극적인 역할을 자처했다.

빈 정신분석학회는 이 물결에 휩쓸렸다. 젊고, 열정적이고, 정치적으로 참여하는 아동분석가들에게 후그-헬무트는 매력적이었다. 역동적인 시온주의자 운동가이고 개혁가인 지그프리트 베른펠트는 1919년에 아동 분석적 작업을 위한 기관을 설립하였다. 그러나 그의 아동전문기관은 유대인 전쟁고아들을 위한 기숙학교로 간신히 1년을 넘겼을 뿐이었다. 1921년, 교육자이며 교장이었던 아우구스트 아이크혼August Aichhorn이 빈 정신분석학회에 들어왔다. 빈의 북쪽에 있는 기숙제 시설의 원장으로서 그는 비행 청소년들을 오랫동안 치료해 왔었는데, 그의 작업에 정신분석의 가르침들을 사용하기 시작했다. 아이크혼의 책인 《제멋대로 하는 청소년》이 1925년에 나오게 되었을 때, 프로이트는 "어린이가 정신분석 연구의 주요 주제가 되었고, 중요성에 있어서 정신분석 학문이 시작했던 대상인 신경증 환자들을 대체했다."라는 열광적인 의견과 함께 이 책을 소개했다.

빈 사람들은 '아동지도센터'를 1922년에 외래진료소에서 시작했다. 이 센터에서 후그-헬무트의 지도 아래 일주일에 10-25회기의 상담을 했고, 가족들뿐만 아니라 지역 학교들과 클럽에서 보내진 사례들을 다루었다. 치료는 교육적으로 보였다. 프로이트는 그것을 "교육학적 분석"이라고 부를 수 있었을 것이다. 이렇게 하여 정신분석은 의학 배경이 없는 사람들에게 개방되었다.

1924년, 헤르민 후그-헬무트의 조카인 루돌프 후그Rudolph Hug가 그녀를 살해했다. 고아였던 그는 그의 숙모가 받아들였는데, 그녀는 몇 개의 글에서 그를 묘사했었다. 법정 변호에서, 그는 후그-헬무트의 계속적인 분석이 그를 살인적으로 만들었다고 진술했다. 세상을 놀라게 했던 이 살인은 언론에서 다루었지만 이러한 스캔들에도 불구하고 아동정신분석은 계속 자라났다. 1924년, 에디타 슈테르바Editha Sterba와 아우구스트 아이크혼은 그 외래진료소에서 후그-헬무트의 작업을 이어받았다. 빈에서 교육자들이 아동정신분석을 취하면서, 얕잡아 볼 수 없는 혈통을 가진 또 다른 학교 교사가 고인이 된 후그-헬무트를 가리게 된다.

프로이트의 막내딸 안나는 학교 교사가 되기 위해서 교육을 받았다. 전쟁 이후, 그녀는 이비지의 추종자들 중 교육에 관심이 있었던 사람들과 친하게 되었다. 어린 시절에 그녀는 빈 학회 모임들 주변에서 많은 시간을 보냈지만 성인이 되어서는 이 모임에 참석하기 시작했고, 아동정신분석의 가능성에 집중했다. 안나는 그 학회의 선배들의 모진 비평들에 직면하기 보다는 베를린 연구소에 합류하는 것을 잠시 고려했었다. 그러나 결국 그녀는 때리는 환상에 대해서 학회에서 발표하고 심한 취급을 받아들였으며, 1922년 협회에 정식으로 가입했다. 그 시기 즈음에 지크프리트 베른펠트, 윌리 호퍼Willi Hoffer, 아우구스트 아이크혼이 베르크가세 19번지에서 안나와 합류했다. '교수님'과 그의 친구들이 매주 카드 게임을 하고 있는 동안, 안나와 그의 친구들은 심리학, 정신분석, 사회에서의 아동의 위치에 대한 비공식적인 연구그룹 모임을 가졌다.

곧, 이 전직 학교 교사가 평범한 회원이 아닌 것이 명백해졌다. 학회에 입회한 2년 후, 안나 프로이트는 비밀위원회로 들어왔고, 일 년 후, 그녀는 학회와 훈련 연구소의 행정 지도부의 일원이 되었다. 그 해에, 랭크의 탈퇴와 그녀의 아버지의 병이 안나를 '교수님'의 새로운 전달자로 만들었다. 라이크의 일이 1926년에 터졌을 때, 안나 프로이트와 아동정신분석은 부상하고 있었다. 지그문트 프로이트에게, 의사가 아닌 사람의 분석lay analysis의 붕괴는 새로운 연구를 심각하게 손상시키고, 자신의 딸을 주변으로 내모는 것을 의미할 수도 있었다. 프로이트가 〈신 자유 언론〉에 글을 기고했을 때, 그는 단지 테오도르 라이크뿐만 아니라 안나를 변호하는 주장을 했다. 그는 자신이 성인 신경증 환자들을 그의 딸에게 보냈다는 진술을 부인했다. 그녀는 "오직 어린이와 청소년의 교육적 분석"에만 참여했다고 했다. 자랑스러운 아버지는 안나가 작업한 한 신경증 사례는 의사와의 협력 가운데 이루어졌으며 그녀는 매우 잘했다는 것을 덧붙이지 않을 수 없었다.

테오도르 라이크가 1928년 헤이그로 이민 갔을 때, 빈에서 의사가 아닌 사람의 분석과 아동 분석에 대한 가장 강력한 목소리는 안나 프로이트였다. 그녀의 학생 중 한 명은 사람들이 아동정신분석의 분야를 안나 프로이트가 창설했다고 주장하는 것을 들었다고 후에 말했다. 후그-헬무트가 죽은지 6년이 지났다. 안나는 자신을 후그-헬무트와 눈에 띄게 거리를 두었고, 또 다른 중요한 아동분석가인 멜라니 클라인과 논쟁했다. 이러한 갑작스러운 급상승은 필연적으로 원망을 만들어냈다. 안나가 빈 학회의 선두에 서게 되기 전에, 헬레네 도이치는 그 그룹에서 가장 걸출한 여성이었고 빈 훈련 전문학교의 교장이었다. 어떤 사람들은 도이치와 그녀의 남편을 중심으로 한 젊은 기혼 여성들의 모임인 "검은 고양이 클럽Black Cat Club"이 틀림없이 미혼인 안나를 배제하기 위해서 형성된 것인가 생각하기도 했다.

안나 프로이트, 1937년. 프로이트의 딸은 급성장하고 있던 빈의 아동정신분석 커뮤니티의 리더로서 떠올랐다.

그럼에도 불구하고 안나 프로이트의 야망은 줄어들지 않았다. 1927년의 회합을 위해서 인스브루크에 도착한 그녀는 〈아동분석의 이론에 대하여〉를 발표했다. 후그-헬무트처럼, 그녀는 이 분야의 과학적 기반을 위해서 아동 분석의 가치를 강조했다. 아동 분석은 "그 동안 성인의 분석을 통해서 얻어진 정신분석적 이론으로부터 추론된 어린이의 정신적 삶에 대한 개념들에 긍정적 확증을 준다."고 주장했다. 그때까지 정신분석적 분야는 기억과 역사적 재구성에 대한 문제로 으르렁거리고 있었다. 그러나 아동정신분석은 밖으로 나갈 길을 제시했다. 아동 분석에서 "직접적 관찰은 신선한 결론들과 보안적인 개념들로 우리를 나아가게 한다."고 그녀는 주장했다. 후그-헬무트처럼, 안나 프로이트는 아동 분석의 실증주의를 강조했다. 그 때부터, 아동기의 정신분석적 이론들은 일관성과 직접적으로 관찰한 경험적 연구로부터의 증거를 요구하게 되었다.

안나 프로이트는 아동 분석에 대한 그녀의 견해들을 출판하기 시작했다. 그녀의 초기 저술들은 명확성과 단순명쾌한 측면에서 훌륭했다. 비평가들은 그것을 천진난만함으로 불렀다. 복잡한 수사학으로 본문들을 생동감 있게 했던 그녀의 아버지와 비교해서, 안나의 글은 직공의 것 같았다. 그렇지만 그녀의 문체는 단순했을지라도 그녀의 생각은 그렇지 않았다. 안나의 강렬하고 흔들리지 않는 아버지에 대한 충성심에도 불구하고, 기계적으로 되풀이하는 추종자는 되지 않았다. 그녀의 아버지는 딸에게 그녀 자신의 입장을 만들어 가라고 격려했는데, 아마도 안나는 분별없는 자식의 헌신이라고 질책 받을 수 있다는 것을 알았을 것이다. 힘을 얻은 안나 프로이트는 그 시대의 논쟁들을 관통해서 항해해 나갔다. 그녀는 결코 그녀의 아버지의 죽음의 본능 이론을 채용하지 않았고, 때때로 새로운 "자아" 심리학의 가치에 대해서 미심쩍어 했다.

첫 번째로 출판된 그녀의 강의들에서, 안나 프로이트는 참신한 실용주의를 보여주었다. 다른 사람들이 메타심리학적 절정에 도달하려고 할 때, 안나 프로이트는 분석적이지 않은 개입들과 정신분석적 교리에서 상식적인 변화를 제안했다. 그녀는 아동과의 작업에서 교육적인 기간을 권했고, 아동분석가들은 전이 해석에 집중하기 보다는 그 아이의 호의를 얻기 위해서 노력해야 한다고 충고했다. 방법에서 이러한 변화들을 제안한 후에, 안나는 그녀가 제멋대로의 분석가로 취급당할 것을 걱정했다. 그녀의 아버지가 여전히 정신분석을 통제하고 있다면 이것은 터무니없는 염려였을 것이다. 그러나 안나의 염려는 근거가 있는 것으로 드러났다. 저술하는 과정에서 그녀는 멜라니 클라인과 칼을 휘둘러야 했고, 이 싸움 이후에 지그문트 프로이트의 딸은 그녀의 아버지에게 빈약하게 분석을 받았기 때문에 오이디푸스 콤플렉스에 움찔한 가짜 분석가로 맹렬히 비난 받을 수도 있었다. 그녀의 아버지는 인간의 주관성의 핵심에 오이디푸스를 넣은 사람이었다.

멜라니 클라인은 1882년 빈에서 출생했지만, 결혼 후 1910년에는 두 명의 어린 아이를 가진 우울한 엄마로서 부다페스트에서 살고 있었다. 그녀는 산도 페렌치와 분석에 들어갔고, 그녀의 분석가의 충고로 어린이, 특히 자신의 아들 에리히와 작업하기 시작했다. 전쟁 후, 클라인은 부다페스트 학회에 들어갔다. 그러나 정치적 상황이 악화되자 그녀는 아동정신분석적 작업을 계속하고자 베를린으로 이사했다.

베를린의 카를 아브라함은 아동기의 초기 발달 단계에 관심이 있었고, 그의 이론들을 발전시키는 데 도움을 줄 수 있는 1세대 아동분석가들에게 기대를 걸고 있었다. 아브라함은 후그-헬무트에게 베를린으로 와서 강의해줄 것을 요청하기도 했고, 어린이를 위한 베를린 클리닉을 열었다. 그는 또한 페렌치에게 클라인을 베를린으로 보내라고 간청했는데, 그녀가 부다페스트에서 아동 분석을 하고 있다는 것을 들었기 때문이었다. 1922년 2월 11일, 클라인은 베를린에 도착했고, 곧바로 아브라함과 분석에 들어간다. 1923년, 아브라함은 클라인이 진행한 13세 아이와의 작업이 "유아의 본능적 삶에 대한 놀라운 통찰력"을 준다고 프로이트에게 말했다.

클라인이 베를린에 도착하고 2주 후, 그녀는 유아의 불안과 성격의 발달에 대한 첫 번째 소논문을 내보였다. 클라인은 어린 프릿츠의 무의식적 불안이 어떻게 억제된 성격의 특징들로 합치게 되었는가를 증명하기 위해서 애썼다. 그녀는 또한 그 아이의 스케이트에 대한 두려움을 거세 불안으로 해석했다. ("한 발로 왔다 갔다 하는 것은 지루하다.") 반응은 다양했다. 아브라함은 강하게 지지했지만, 라도나 알렉산더 같은 다른 베를린 사람들은 그러한 열광을 공유하지 않았다. 그 후에 이 두 명의 헝가리 사람들이 학회의 모임에서 클라인을 공격할 때 아브라함은 그녀를 방어해주었다. 그러나 카를 아브라함이 죽게 되자 멜라니 클라인은 적대적인 환경에 놓이게 되었다. 그녀의 친구 알릭스 스트레치에 의하면, 그 학회에 있는 많은 사람들은 장황하고 두서없는 클라인의 설명은 그녀가 "우둔하다"는 것을 증명하는 것이라고 생각했다. 알릭스는 클라인이 수다스럽고, 어떤 때는 그녀의 생각들은 종잡을 수 없다는 것에 동의했지만, 이 동료의 창의성을 알아보았다. 그녀는 멜라니가 베를린이나 빈에서는 미래가 없다는 것을 알고 있었는데, 그곳에서 멜라니 클라인은 "대책 없이 아는 체 하는 사람들로부터의" 심각한 반대에 직면할 게 뻔했다. "특히, 공개적 또는 숨겨진 감상주의자인 안나 프로이트로부터."라고 알릭스는 말했다.

알릭스는 남편의 도움을 얻어서 클라인을 베를린으로부터 나오게 하려는 계획을 세웠다. 1925년, 그들은 어니스트 존스에게 클라인을 초대해서 영국 학회에서 6번의 강의를 하도록 했다. 그곳에서는 몇 명의 회원들이 이미 아동 분석에 몰두하고 있었다. 그 가운데 지금은 사라진 브런즈윅 스퀘어 클리닉 출신인 엘라 샤프와 니나 셜Nina Searl, 그리고 케임브리지 부속학교의 교장 수잔 아이자크스Susan Isaacs와 같은 여성들이 있었다. 클라인은 자신의 기회를 허비하지는 않았다. 존스에 따르면, 그녀는 "이례적으로 깊은 인상을 남겼다." 클라인은 영국 정신분석학회에 들어올 것을 요청받았고, 1926년 가을 런던으로 가게 되었다. 어니스트 존스가 자신의 아내와 두 아이의 분석을 이 새로운 사람에게 맡겼다는 사실은 그녀가 새로운 도시에서 받은 열광의 표시였다. 페렌치가 1927년 여름 영국을 방문했을 때, 그는 많은 사람들이 클라인의 관점을 받아들이고 있다는 것을 알 수 있었다.

몇십 년동안, 멜라니 클라인과 안나 프로이트 사이에 많은 이론적 차이점이 나타났다. 가장 중심적으로, 그들은 오래된 문제였던 타고난 것과 양육nature and nurture에 대한 입장이 달랐다. 안나 프로이트는 헤르민 후그-헬무트와 다른 많은 좌파적 빈 아동분석가들과처럼 아동의 고통의 원인으로서 나쁘고 잔인하고 무능한 부모들, 굶주림, 트라우마 등의 형태로 나타나는 환경의 결핍을 지목했다. 아동분석가들은 정신분석과 바로잡는 교육의 혼합된 치료법을 만들었다.

멜라니 클라인은 교사도, 사회개혁자도 아니었다. 그녀의 이론은 다른 학문과 연계된 것이 아니라 오직 정신분석으로부터 탄생되었다. 클라인은 교육에 대한 강조와 교육적 분석을 거부했다. 시간이 지나면서, 그녀는 사랑 없고 잔인한 환경에 대해 관심을 점점 두지 않고, 아동의 문제는 그 아이 자신이 심리적으로 만든 것이라고 주장했다. 처음에 그녀의 글은 이러한 견해에 대한 힌트를 주지 않았다. 1921년, 클라인은 건강하지 못한 가정환경의 해로운 영향에 대한 판에 박힌 글을 발표했고, 정신분석적 양육이 저항과 순종 사이의 흔들림을 최소화할 것이라고 주장했다. 그녀는 여성 분석가를 교사로 하는 유치원을 만들 것을 요청하기도 했다.

그러나 2년 후, 클라인은 어린이의 환경과 상관없이 그들을 사로잡는 내적 공포와 불안으로 관심을 돌렸다. 학교에서, 아동의 거세 공포는 억제inhibition로 이어진다. 친절한 교사가 약간은 도울 수 있다는 것을 인정했지만, 클라인은 궁극적으로 그 교사는 거의 영향을 주지 못한다고 결론짓는다. 클라인은 최적의 환경에서도 극심하게 불안한 어린이들을 발견했다. 역으로 교사들은 더 많은 억제를 일으키지는 않는 것으로 보였다. 이러한 결론이 클라인을 내적 그리고 외적 세계의 복합성에서 단순히 내적 세계로 움직이게 했다. 그녀는 자신의 연구 분야를 단순화했고, 아동기 공포의 심리내적 원인들을 계속 연구했다.

멜라니 클라인은 가능성 있는 외부적 원인들을 완전히 배제하는 것으로 일괄하지는 않았지만, 점점 발달상의, 외상적, 환경적인 것은 그녀와 관계가 없게 되었다. 클라인은 후에 현실과 환상 사이의 복잡한 상호작용을 인정하는 것으로 그녀의 이론을 수정했지만, 그때에는 그녀의 편협함이 그 영향력을 이미 다 끼친 후였고, 그녀는 어린이의 내적 삶에 대한 근본적으로 다른 이론을 세우게 되었다.

클라인의 작업을 인도했던 결정적인 혁신 중의 하나는 놀이 치료의 기발한 형태였다. 19세기의 많은 심리학자들은 어린이의 놀이에 대한 상징적 의미에 대해서 썼다. 그러나 멜라니 클라인과 함께 노는 것은 다른 것이었다. 예를 들면, 한 여자아이가 인형을 물었을 때 멜라니 클라인은 그렇게 하는 것은 그녀의 엄마 내부를 찢고 싶은 욕구를 나타내는 것이라고 그 아이에게 말했다. 놀이 기법을 이용하면서, 클라인은 2~3세의 어린 아동의 환상과 전이를 해석했는데 누구도 전에는 감히 하지 않았던 일이었다. 그녀는 유아의 분석은 성인의 것과 같아야만 하고, 분석 상황에서 유아의 저항과 전이를 분석하는 것에 기반을 두고 있어야 한다고 주장했다. 그녀가 자신의 새로운 방법이 유아의 신경증을 치료할 수 있다고 선언했을 때, 주위에 있던 사람들은 그녀의 치료에 주목할 수밖에 없었다.

클라인은 또한 표준적인 프로이트학파의 발달상의 도식에 도전했다. 아동의 야간 공포를 연구하면서, 그녀는 이러한 공포의 사건들이 이르면 2살 때에도 발생한다는 것을 발견했다. 이것은 징벌하는 "자아-위에서the Over-I"가 그때에는 이미 있어야만 한다는 것을 의미했다. 그러므로 프로이트는 틀렸다는 것이다. 프로이트는 "자아-위에서"는 오이티푸스 단계 이후 5살 즈음에 나타난다고 말했다. 런던에서 그녀는 자신의 생각을 더욱 확장시켰다. 오이디푸스 콤플렉스가 2세에도 발견된다고 주장했다. 클라인에 따르면, 그 시기의 어린이는 이미 모질고 징벌적인 양심으로 고통 받고 있었다.

이것은 프로이트의 이론뿐만 아니라 후그-헬무트, 베른펠트, 아이크혼, 그리고 빈의 안나 프로이트와 모순되었다. 이런 클라인의 생각들에 대한 영국 학회의 열정적인 수용은 안나 프로이트와의 직접적인 직면을 초래하게 된다. 1925년, 지그문트 프로이트는 존스에게 클라인의 견해는 빈에서 회의적인 태도를 불러 일으켰고, 자신은 이 문제에 아무런 의견을 갖고 있지 않다고 간단하게 말했다. 그러나 안나 프로이트가 1927년에 정신분석에 대한 자신의 강의를 출판했을 때, 그녀는 클라인의 작업을 비판했고, 그 해로움을 더 이상 담고 있을 수 없다고 말했다. 존스는 프로이트에게 편지를 써서 안나의 연구와 동의할 수 없다고 말했다. 존스는 그것이 그녀의 불완전하게 분석된 저항, 즉 그녀의 성격의 신경증적 일면 때문이라고 추측했는데, 존스는 자신이 "상세하게" 입증할 수 있다고 덧붙였다.

프로이트는 몹시 화가 났지만, 정말 그는 어떤 권한도 가지고 있지 않았다. 그는 해묵은 인신공격의 정령들을 다시 대면해야 했다. 게다가 지금은, 국제정신분석협회의 회장이 프로이트 자신의 딸의 이론적인 입장을 그녀의 신경증으로 돌리는 최고의 아이러니한 일이 발생했다. 하지만 프로이트는 받아쳤다.

> 나는 그대 편지의 논쟁적인 부분에 오직 한마디만 하겠네. 두 명의 분석가가 어떤 점에 대해 다른 의견을 가지고 있을 때, 아마도 한 명만이 지금까지의 많은 사례들에서 전적으로 정당화될 것이고, 그들 중에 잘못된 견해는 그가 충분히 분석되지 않은 것에서 유래하고, 그러므로 그는 자신의 콤플렉스에 영향을 받아서 과학에 손상을 가했다고 가정을 하게 될 것이네. 그러나 실제의 논쟁에서 그러한 주장은 허용되지 않네. 왜냐하면 이것은 각자의 경향에 있는 것이지 어떤 쪽에 오류가 있는지는 나타내지 않기 때문이지. 우리는 대개 이러한 종류의 논쟁을 포기하고, 의견이 다른 경우에 해결은 경험적 지식의 진보에 맡기기로 동의하고 있네.

답신에서, 존스는 프로이트에게 자신의 의견은 사적이며 공적인 토론에서는 결코 사용하지 않을 것이라고 재차 보증했다. 존스의 설명은 베일을 쓴 고백이었다. 프로이트는 존스가 그러한 주장을 "공적"으로 발표한다는 것에 대해서는 아무런 언급을 하지 않았기 때문이었다. 런던에서, 존스와 그의 동료들은 이미 안나 프로이트의 분석되지 않은 신경증이 그녀의 생각을 위태롭게 하고 있다는 비난을 분별하는 열린 토론을 계획하고 있었다. 1927년 5월 4일, 영국학회는 안나의 이론들을 무너뜨리기 위해 이틀간의 심포지움을 소집했다. 멜라니 클라인은 32페이지에 이르는 전면적인 공격으로 회의를 열었다. 그 후에, 조앤 리비에르Joan Riviere, 니나 셜, 엘라 샤프, 에드워드 글로버, 어니스트 존스가 덧붙였다. 이 영국 심포지움이 있고 3개월 후, 그 회의록이 〈국제정신분석저널〉에 모두 실렸다. 그 저널의 편집자인 어니스트 존스는 안나의 작은 책에 대한 50페이지 가량의 공격을 실었다.

몇 주 후, 인스부르크에서의 국제회합에서 멜라니 클라인과 안나 프로이트 사이의 신랄함은 격렬해졌다. 클라인은 아동분석에 대한 안나 프로이트의 주요 견해들을 조목조목 거부하면서 그녀의 견해는 잘못되었고 비논리적이라고 주장했다. 안나는 아동분석이 그 아이와 그의 부모와의 관계를 방해해서는 안 된다고 주장했다. 클라인은 이것을 오이디푸스 콤플렉스를 분석하는 것을 거절하는 것으로 받아들였다. 안나는 전이신경증은 어린 아이들에게서는 거의 일어나지 않는다고 생각했던 반면, 클라인은 그것이 일어날 수 있다고 주장했다. 안나와 빈 사람들은 어린이와의 작업은 교육적인 요소가 포함되어야만 한다고 느꼈고, 클라인은 교육은 효과적인 분석적 작업을 무효화시킬 것이라고 주장했다. 아동의 정서와 신뢰를 얻으려고 노력해야 한다는 안나 프로이트의 충고는 클라인의 견해에서 보면 어린이를 순종적으로 만들고 부정적 전이를 피하려는 조정이었다. 안나의 사례들 중 하나를 재분석하면서, 클라인은 안나가 엄마에 대한 아동의 분노와 오이디푸스 콤플렉스를 직면하게 되는 바로 그 지점에서 멈췄다고 주장했다. 결국, 멜라니 클라인은 안나 프로이트가 무의식을 분석하지 않는다고 비난했다.

아버지인 프로이트는 격분했다. 그는 존스에게 그가 "자기 자신을 불편하게 만드는 그의 경향성에 다시 굴복한 것인지"를 편지를 통해서 준엄하게 물었다. 프로이트는 존스가 그녀는 불충분하게 분석을 받았다고 비난하는 것으로 자신의 딸을 반대하는 공개적인 캠페인을 조직하고 있다고 비난했다. 프로이트는 끓어올라서 말했다. "내가 자네에게 확언하건데, 안나는 자네보다 더 길고 더욱 철저하게 분석을 받았네." 존스는 긴 부인으로 대답했다.

멜라니 클라인과 안나 프로이트는 둘 모두 정신분석적 가르침에 깊이 몰두하고 있었지만 그들은 서로 매우 달랐다. 만약 "누가 더 충분히 분석되었는가?"하는 질문을 한다면 대답할 수 없었다. 그리고 이것이 아무런 도움이 되지 못한다면, 어떻게 이러한 차이점들을 해결할 수 있을 것인가? 프로이트 '교수님'의 권위에 간청하는 것은 더 이상 타당성을 가지고 있지 않았다. 멜라니 클라인은 불안의 내적 결정요소들에 대한 그녀의 연구에 프로이트의 《쾌감 원칙 너머에》가 중요한 영감을 주었다고 말했다. 반면 안나 프로이트는 자아에 트라우마를 가하고 압도하는 실제 위험 상황들에 대한 그녀의 주안점을 위한 중심축으로써 그녀의 아버지의 《억제, 증상들, 그리고 불안》을 지목했다. 프로이트는 뛰어난 종합적인 사상가였다. 하지만 자신이 인정했듯이 통일성 있는 시스템을 만드는 사람은 아니었다. 그는 미진하게 풀려있는 부분을 조여 매지 않았고, 후에 그에게 모순되는 것으로 보이는 이전 이론들을 거부하지 않았다. 그가 《쾌감 원칙 너머에》를 썼을 때, 막스 에이팅곤이 멜라니 클라인에게 말한 것처럼, 프로이트는 프로이트학파의 정신분석의 "집에 다이너마이트를 넣었다." 그러나 그 다이너마이트는 프로이트의 이전 것들을 다 부수지는 않았다. 이렇게 1930년 즈음엔 강한 관심을 불러일으키는 프로이트의 이론들이 조화되지 않은 채 존재했다. 그래서 프로이트의 권위에 간청하는 것은 의미가 없었다. 빌헬름 라이히와 프란츠 알렉산더와 같이, 멜라니 클라인과 안나 프로이트는 각자 자신의 프로이트를 가지고 있었다. 그들의 차이점은 다른 방법으로 해결되어야만 했다.

이 여인들은 각자 자신의 이론들을 발전시킬 의도를 가지고 집으로 돌아갔다. 1927년 이후, 멜라니 클라인은 논쟁을 그만 두었고, 5년 동안 아동의 내적 세계를 묘사하는 독창적인 생각들을 생산해냈다. 클라인은 오이디푸스 콤플렉스가 거세공포의 결과가 아니라, 부분적으로 젖을 뗄 때의 좌절감에서 나오는 조금 더 초기의 구강기적 가학증의 결과로 재개념화 했다. 어린 2살 즈음, 아동은 엄마에게 향한 가학적 충동으로 가득 차 있고, 아버지를 의지하게 되면서 경쟁적인 복잡한 세계, 즉 삼각관계로 들어가게 된다. 이러한 새로운 시각으로 클라인은 프로이트의 《억제, 증상들 그리고 불안》에 도전했고, 그녀가 말하고 있는 위험 상황을 규정했다. 그것은 외부적인 것이 아니라 전적으로 환상이었다. 어린이는 자신들의 공격성을 다른 사람들에게 투사해서 만들어 낸 괴물 같은 적들로 인해 무서움에 떨게 된다.

클라인의 입장은 그녀의 첫 번째 책, 《아동의 정신분석》으로 견고해진다.

이 책에서 오이디푸스 콤플렉스에 대한 그녀의 입장을 제시했고 여러 가지 다른 생각들을 포함했는데, 이 책은 종합연구서라기보다는 좀 더 전환적 문서라는 인상을 주었다. 클라인은 어린 아동의 가학성sadism의 원인에 대한 견해를 바꾸었다. 그 원인은 더 이상 젖 떼는 것의 좌절감이 아니라 선천적인 죽음의 추동death drive 때문이었는데, 이것을 외부로 투사하게 될 때 인간의 공격성으로 드러낸다.

클라인의 생각은 기법에 대한 새로운 이론으로 이어졌다. 빌헬름 라이히의 의견을 일축하면서, 그녀는 분석 상황에 대한 페렌치와 랭크의 책 이후로는 기법이 진보하지 못했다고 생각했다. 하지만 그녀의 놀이 기법은 아동의 무의식적 내용들에 대한 직접적 해석을 허용했다. 그녀는 그녀의 방법에 대해 여러 가지 실례들을 들었다. 차들을 서로 부딪치는 아이에게 클라인은 아마도 이렇게 말할 것이다. "너는 너의 찌찌를 엄마와 아빠의 찌찌와 부딪치고 싶구나." 초기의 프로이트학파 사람들처럼 클라인은 심층 해석을 높게 평가했는데, 그러한 해석에서는 의식으로부터 멀리 있는 추정되는 성적 내용을 해석했다. 그녀의 방법은 초기 프로이트학파 사람들이 암시와 자기기만의 힘에 대해 직면했던 인식론의 걱정으로 이어졌다.

멜라니 클라인은 설득력 있는 새로운 전이 패러다임을 제안했는데, 어린 아동들은 박해하는 엄마에 대한 두려움에 대한 방어로서 대상들의 내적 표상들을 다 좋고all-good 그리고 다 나쁜all bad 모습으로 분열시킨다는 생각에 기초하고 있었다. 아동들은 마녀엄마와 모든 것을 주는 엄마, 악마적인 아빠와 친절하고 영웅적인 아빠의 표상들을 분리시켜서 지니고 있다. 클라인은 분열하는 것이 어떻게 어린아이가 자신의 공격성을 처리하고, 오직 적들만이 살고 있는 무서운 세계로 버려지지 않게 할 수 있게 해주는 방책인지 제시했다. 그녀는 분석가들에게 이러한 희화적인, 즉 모든 것이 좋거나 또는 모든 것이 나쁜 부모의 전이를 해석하라고 권장했다.

클라인은 또한 캐런 호나이에 의해서 시작되었고 1918년 이후 정신분석적 운동에 합류한 여성들에 의해서 계속되고 있었던 여성성의 본질의 논의로 들어갔다. 여성 분석가들의 수가 증가함에 따라, 그들은 프로이트가 소녀를 손상된 작은 소년 정도로만 보았다는 호나이의 비판(어니스트 존스가 지지한)의 시각에서 여성의 성을 재검토했다. 1931년과 1933년에 지그문트 프로이트는 그의 비평가들에게 대답하면서 페니스 선망에 대한 자신의 이론을 지지했지만, 먼저 자신의 남성 편견에 대한 비난에 대해서 거론해야만 했다. 그의 해명이 남성의 선입견으로 여겨질 것을 인식했지만, 프로이트는 그럼에도 불구하고 여자아이의 발달은 그녀가 거세되었다는 신념에 영향을 받는다고 주장했다. 이것에 앞서, 여자아이는 "오이디푸스 이전pre-Oedipal"의 애착을 그녀의 어머니에게 가지고 있는데, 이것은 그녀와 그녀의 어머니의 손상된 상태를 인식하게 되면서 변형된다고 주장했다. 호나이와 존스의 의견을 일축하면서, 프로이트는 루스 M. 브런즈윅Ruth Mack Brunswick, 잔 랑뺄드 그후뜨Jeanne Lampl-de Groot, 헬레네 도이치 같은 여성 정신분석가들로부터의 지지를 기대했는데, 그들은 남성의 편견의 영향 아래 있을 수 없다는 것을 의미했다. 결국, 프로이트는 그의 생각들을 남성의 주관성의 결과로 생각하는 사람들 앞에서 "무방비"로 있을 수밖에 없다는 것을 시인해야만 했다.

어머니와 딸 사이의 오이디푸스 이전의 애착을 거론하면서, 프로이트는 또한 멜라니 클라인의 연구를 논의했다. 그는 오이디푸스 콤플렉스에 대한 그녀의 시기 결정은 그의 관찰과 일치하지 않는다고 썼다. 여자아이가 그녀의 어머니에게 가지고 있는 오랜 기간의 오이디푸스 이전의 애착에 대한 그의 관찰은 성인의 분석에 기반하고 있었다. 멜라니 클라인은 이것에 대해 강력한 응수를 가지고 있었다. 1932년, 그녀는 그녀의 책의 한 부분을 여자아이의 성적 발달에 할애하고, 성인여성으로부터 복원된 것을 통해서가 아니라 여자아이들의 분석으로 논증했다. 이러한 어린 환자들에게, 그들의 가장 깊은 공포는 거세가 아니라, 그보다는 신체의 침범과 파괴였다. 클라인은 여자아이의 관심은 젖가슴으로부터 아버지의 페니스로 옮겨가고, 그녀의 어머니는 아버지의 페니스가 그녀의 몸에 들어오게 한다는 환상들을 만들어낸다는 복잡한 도식을 공들여 만들어냈다. 어린 여자아이는 그녀의 어머니의 내부를 파괴하는 가학적 환상들을 발달시키고, 투사를 통해서 같은 것이 자신에게도 발생할까봐 두려워한다. 이것이 직접적 임상적 관찰 결과라 해도, 이 이론이 고도로 꾸며낸 것이라고 말한들 조금도 지나치지 않은 것이다.

《아동의 정신분석》은 엇갈리는 평가를 받았다. 프란츠 알렉산더는 경멸을 간신히 숨기면서, "많은 부분의 이해를 돕지만, 종종 있음직하지 않은 서술들로 가득 차 있는" 것으로 이 책을 묘사했다. 그녀의 서술은 놀라운 직관을 보여주었지만 어설프고 비논리적인 추론들로 상처를 입었다. 알렉산더는 클라인이 죽음의 추동drive의 가설을 당연하게 받아들인 것에 주목하고, 이 저자가 이론을 관찰한 자료들과 혼동했다고 질책했다. 하지만 클라인에게는 지지자들도 있었다. 영국 학회의 과학 분야의 총무이며 국제협회의 총무였던 에드워드 글로버는 강한 마음을 가진 의사였다. 그는 클라인이 영국에 도착했을 때 그녀에게 매우 깊은 인상을 받았고, 지금은 그녀의 책을 프로이트의 대표적인 기여들과 동등한 새로운 중대한 작업이라고 알렸다. 글로버는 오이디푸스 콤플렉스와 "자아-위에서the Over-I"의 시기를 앞당긴 것에 대해서 클라인을 지지했고, 클라인은 "자아-위에서"의 형성에 어머니의 기여에 대한 분명한 관점을 가져온 첫 번째 사람이라고 거론했다. 그는 가장 원초적인 공포와 불안의 환상적인 성질에 대해서도 클라인의 편에 섰다.

런던에서, 클라인의 작업은 제임스 스트레이치James Strachey 같은 상당수의 영향력 있는 분석가들에게 설득력이 있었다. 프로이트와의 분석을 끝마친 후 제임스는 영국으로 돌아왔고, 베를린에 있는 자신의 아내에게 보고를 받으면서 열정적으로 클라인의 발전을 따라갔다. 박식한 스트레이치는 블룸즈버리 계열에 있었고, 그의 내성적인 경향에도 불구하고 런던에서 그는 강력한 협력자였다. 그는 클리브 벨Clive Bell, 버네사 벨Vanessa Bell, 존 메이너드 케인스John Maynard Keynes, 버지니아 울프Virginia Woolf, 레오나르드 울프Leonard Woolf, 그리고 문학가인 그의 형제 리턴Lytton 같은 사람들과 협력했다. 그 시기에 제임스는 정신분석에 대해서 약간의 글들만을 출판했지만, 그가 쓴 그 약간의 글들은 재치와 풍자적 지성으로 번득였다. 한 책을 논평하면서 그는 짓궂게 이렇게 썼다. "이 책은 책 표지가 주로 주목할 만하다. 그러므로 이 경우에는 그 책의 내용보다는 책 표지를 논평하려고 한다."

클라인은 런던으로 오게 되었는데, 상당부분 스트레이치 부부 덕분이었고 제임스는 열렬히 그녀의 연구를 뒤따랐다. 무대 뒤에 남아 있기를 바랐지만 그는 1933년에 영국 학회에서 강의를 시작했다. 일 년 후, 그는 정신분석적 이론에 대한 글을 발표했는데, 곧 권위 있는 글이 되었다. 멜라니 클라인이 그 때 이론적으로 엉성했다면, 제임스 스트레이치는 조용히 준비된 견실한 논리의 사상가이고, 클라인의 이론을 회의적인 세계에 맞게 짜임새 있게 담을 수 있는 사람임을 이 글을 통해 보여주었다. 〈정신분석에서 치료적 행위의 본질〉은 단지 멜라니 클라인에 대한 선전뿐만 아니라, 정신분석적 치료에 대한 잘 갖추어진 이론에 클라인의 이론을 채용한 것이었다. 클라인의 깊은 해석을 잘못 판단하는 것을 피하기 위해서, 스트레이치는 "해석"뿐만 아니라 "깊은"에 대해서도 공유할 수 있는 정의가 필요하다고 주장했다. 그의 논리는 그곳에서부터 점차적으로 움직였다. 클라인이 독단적이고 선언적인 스타일이었다면 스트레이치는 그 반대였는데, 즉 그는 독자의 의문들에 대해서 세심하게 예측하고 주의를 기울였다. 치료의 이론을 조사하면서, 스트레이치는 클라인이 안나 프로이트나 알렉산더, 또는 라도보다 더 많은 것을 제공하고 있다고 결론 내렸다. 클라인은 정신분석이 깨야만 하는 "신경증적 악순환"을 가장 잘 묘사했다. 분석가는 반드시 가학적인 심상들imagos의 투사에 집중해야만 하고, 전이 해석을 통해서 "자아-위에서" 또는 초자아를 시간을 두고 수정해야만 한다. 이러한 변화를 일으키는 해석이 정신분석가들이 제공할 수 있는 유일하게 효력 있는 동인이다. 기계적인 해석들은 소용없고, 변화를 일으키는 해석들은 명확하고 구체적이다. 깊은 해석은 이러한 규정들에 맞을 때에만 안전하고 가능하다. 제안이나 안심시키는 말과 같은 다른 수단들이 분석의 일환일 수 있지만, 오직 정확한 전이 해석만이 치료를 효과적으로 만들 수 있다고 그녀는 주장했다.

클라인에 대한 스트레이치의 뛰어나게 합리적인 확장은 그녀가 런던 밖에서 존중을 얻기 위해서 필요했던 것이었다. 그녀는 이보다 더 나은 설득력 있는 대변인을 기대할 수 없었을 것이다. 그렇지만 스트레이치는 결코 그녀의 특사가 되는 진짜 기회를 갖지는 못했는데, 멜라니 클라인은 그녀의 이론을 계속해서 세워 나가지 못했고, 추가적인 이론적 발전들은 그녀의 신뢰성을 깎아 내렸고 어떤 면에서는 회복하기 힘들 수도 있게 했다.

클라인이 죽음의 추동drive을 받아들이기 이전에, 그녀는 알프레트 아들러처럼 사랑 없는 세계를 그렸었다. 클라인이 생각하는 아이는 가학성으로 가득 차 있고, 공격적으로 왜곡된 리비도의 형태로 혼동된 상태에 있었다. 타나토스의 암울한 개념으로 전환한 후에, 그녀는 더욱 사랑이 없는 인간의 본성에 대한 관점을 선택한 것으로 보였다. 그렇지만 타나토스의 수용은 그녀에게 프로이트의 에로스 이론도 포옹하게 했다. 이것으로 멜라니 클라인은 그녀의 이론 안에 풍부하게 정교화된 비극적 사랑의 공간을 만들어 갔다.

왼쪽에서 오른쪽으로, 마히 보나빠르뜨 공주, 멜라니 클라인, 안나 프로이트와 어니스트 존스, 1938년 파리에서.

정신분석가들은 이미 비극적 사랑에 대한 시각을 가지고 있었다. 프로이트에게, 어린이는 차지할 수 없는 엄마 혹은 아버지를 갈망했고, 상실된 불가능했던 사랑을 희미하게 닮은 누군가를 찾으면서 나머지 삶을 살아간다. 사랑을 갈구하는 것은 허깨비를 추구하는 것이다. 프로이트 이론의 모델에서, 어린이의 공격성은 근본적으로 그 사랑의 경쟁자에게 향했지만, 카를 아브라함의 연구에서는 그 이전에 벌어진 어머니와 아이 사이의 고투의 이야기가 첨가된다. 갈등은 어머니와 아이의 낙원적 세계를 손상시킨다.

이미 이렇게 불행한 시나리오에 멜라니 클라인은 뜻밖의 비극적 전개를 덧붙였다. 루제른 회합의 소란 숭에, 그녀는 자신의 생각을 〈조울 상태의 심리적 기원*The Psychogenesis of Manic Depressive States*〉이란 글에서 발표했다. 이 글은 폭 넓은 개념을 가정하고 있는데, 대상관계 이론이라고 말할 수 있는 것이었다. 초기에 아이는 자신의 대상을 다 좋은 것the all-good과 다 나쁜 것the all-bad으로 분열시켜 부분적으로 경험한다. 수유기간의 아이에 대한 묘사에서, 부분 대상들part-objects은 키워주고 먹여주는 좋은 젖가슴과 배고픈 아이를 좌절시키는 나쁜 젖가슴이라고 클라인은 주장했다. 나쁜 젖가슴은 정상적인 젖떼기의 결과가 아니라, 아이의 투사된 공격성의 산물이다. 아이는 이러한 상상속 몬스터에 대한 피해망상의 공포 가운데 살고, 좋은 젖가슴과 동일시하는 것을 통해서 위안을 얻는다.

히에로니무스 보스Hieronymus Bosch에 견줄만 했지만 이 도식은 단순히 클라인의 초기 작업의 통합이었다. 그 다음에 그녀는 어떤 시점부터 이 아이는 다른 사람과 관계짓는 것이 좀 더 온전한 형태로 바뀐다고 주장했다. 아이는 결국 단순히 먹여주거나 좌절시키는 젖가슴이 아니라 전체 어머니를 인식하게 된다. 전체성의 경험과 함께 그 대상은 좋고, 나쁜 둘 모두로서 경험되어지고, 아이의 정서적인 삶은 급진적으로 변한다. 고전적인 비극에 잘 들어맞는 자기인식의 순간에, 아동은 사랑하는 어머니에 대한 자신의 분노에 찬 공격 때문에 경악한다. 그 후에, 회한, 죄책감, 우울증이 자리 잡는다. 클라인은 이러한 두 개의 발달상의 포지션들positions(피해망상적paranoid과 우울적depressive)이 하나의 역동성 안에 존재한다고 주장했다. 원초적인 피해망상적 포지션은 더욱 성숙되었지만 불행한 우울적인 것을 방어한다. 피해망상의 세계로의 후퇴는, 몬스터같은 나쁜 대상들에게 위협당한다고 느끼지만 자기 자신의 파괴성 때문에 생긴 으스러뜨리는 죄책감을 경험하는 것을 피하기 위해서 세운 인간의 보편적인 연막이다.

클라인의 새로운 이론은 그것의 유용함뿐만 아니라, 그녀가 살고 있던 세계를 이해하는 데 큰 이점을 가지고 있었다. 유럽 전역에, 이데올로기의 지도자들은 지칠 대로 지친 불만 뒤에 그들의 잔인함을 숨기며 살인을 정당화 했다. 유감스럽게, 클라인은 단순히 피해망상적 방식에서 우울적 방식으로 바뀌는 것을 묘사하는 것에 만족하지 않았다. 그녀는 또한 그것의 시기를 정했다. 많은 사람들이 그녀가 오이디푸스 콤플렉스를 그렇게 초기로 당겨놓은 것을 조롱했다면, 그녀가 이 새로운 단계들에 부여한 시기는 사람들을 경악하게 했다. 멜라니 클라인에 의하면, 부분에서 전체 대상으로의 변화는 생의 초기 4개월째에서 5개월째에 발생했다.

다른 사람의 내적 세계에 접근하는 것의 어려움은 언제나 과학적 심리학을 어렵게 했다. 그 주체인 본인조차도 도달할 수 없는 내적 세계인 무의식을 상정하는 것은 심리학적 주장을 더욱 위태롭게 만들었다. 언어 이전의 아이의 무의식에 대해 그렇게 정확한 지식을 멜라니 클라인이 주장하는 것은 이러한 어려움을 신중하지 못하게 경시하는 것이었다. 거의 소리를 내지 않는 4개월 된 아이의 내부에 무엇이 일어나고 있는지를 확실하게 알고 있다고 주장하는 것은 불신을 낳을 수밖에 없었다.

그러한 일들의 시기를 정한 것은 5개월 정도에 우울증으로 이동하는 아동들의 임상적 관찰들에 기초하고 있다고 클라인은 주장했다. 하지만 그러한 관찰들이 언어 발달 이전의 아이의 마음에 그녀가 부여한 복잡한 환상들을 지지할 수는 없었다. 이미 런던 밖에서 클라인에 대한 불신의 골은 깊어갔고, 그녀는 경험적인 관찰과 그녀의 이론을 구별할 수 없다고 비난받았다. 그녀의 도발적인 생각들은 그녀를 빈에 있는 동료들과 흩어져 있는 베를린 동료들로부터 따돌림을 받게 했고, 런던에 있는 어떤 동료들에게는 더욱 그러했다.

에드워드 글로버는 클라인의 시도들에 실질적인 과학적 엄숙함을 가져왔다. 그는 한때는 그녀를 강력하게 방어했지만 이 새로운 모델은 지지할 수가 없었다. 사임하려는 존스와 곧 영국 학회의 회장이 될 글로버는 클라인에게 심각한 문제였다. 빈의 한 분석가는 글로버의 돌아섬은 클라인이 "더 이상 런던의 여신이 아니라는" 것을 의미했다고 회상했다. 설상가상으로, 아동의 가학성에 대한 멜라니 클라인의 이론에 반대하는 싸움에서 글로버의 지원군은 다름 아닌 멜라니의 딸인 멜리타 슈미트베르크Melitta Schmideberg였다. 의료 수련 과정을 마친 후에 멜리타는 영국 학회에 가입했고 글로버와 분석에 들어갔다. 영국 학회의 모임들은 곧 이상한 가족 불화로 얼룩졌다. 거리낌 없는 멜리타가 그녀의 어머니와 어머니의 이론을 비난하는 동안, 멜라니는 가학적 어린이에 대한 그녀의 이론을 자신의 딸로부터 방어해야 했다.

멜라니 클라인은 아동의 연구에 대한 관심의 물결에서 이득을 얻기는 했지만, 대상관계이론을 만드는 과정에서 아동 관찰자로서 가지고 있었던 경험주의적 신임을 허비했는데 그녀가 매우 의심스러운 것들을 자신 있게 주장했기 때문이었다. 클라인은 사실들과 관찰들의 우선권을 주장했지만, 몇 년 전의 오토 랭크처럼 자신의 권위만 손상시켰다. 클라인에 의하면 인간 발달과 정신병리학의 모든 것이 인생의 초기인 구강 단계에 한정되어 있었다. 이러한 영역에서의 교란이 조울증과 같은 심각한 정신적 병에 이르게 된다는 그녀의 주장은, 클라인이 자신의 이론들에 깊이 매혹되어서 세계가 그것들에 동의하도록 요구하고 있다는 인상을 심화시켰다.

이것은 정신분석 역사에서 익숙한 이야기였다. 클라인의 혁신들과 많은 것의 훌륭한 관찰들은 무시되거나 상실되었는데, 이는 그녀가 자신의 주장을 억누를 수 없었기 때문이었다. 그녀의 주장은 처음에 그것에 생명력을 주었던 관찰들보다 훨씬 더 팽창해 올랐다. 클라인의 지지는 런던에서도 무너져 내리기 시작했고, 정신과 의사인 오브리 루이스Aubrey Lewis는 1937년에 유럽 전역을 여행하면서 멜라니 클라인에 대한 좋은 것은 거의 듣지 못했다고 보고했다.

런던 심포지움에서 짓밟힌 후에, 안나 프로이트도 많은 것을 발표하지는 않았다. 클라인이 소논문을 계속 발표하고 두드러진 공헌을 하고 있을 때, 안나 프로이트는 빈에서 아동분석가들의 탄탄한 공동체를 만드는 것에 전념했다. 그녀는 1926년 그 연구소에서 아동 분석에 대한 강의를 시작했다. 1년 후, 그녀는 도로시 버링햄Dorothy Burlingham과 에바 로젠펠트Eva Rosenfeld와 함께 부설학교를 설립했는데, 이 학교는 교사인 피터 블로스Peter Blos와 예술가인 에릭 홈버거 에릭슨Eric Homburger Erickson을 포함하여 다른 사람들이 정신분석적 교수법에 관심을 갖게 했다.

1929년, 안나는 아동 분석을 위한 기법 세미나를 시작했고, 같은 해에 안나가 빈 정신분석학회에 소개한 아우구스트 아이크혼이 교육학에 대한 강의를 시작했다. 1931년에 빈 학회는 겨울 학기에만 교육학에 여섯 강좌를 제공했는데, 이것은 정규적인 분석 수련학생들에게 제공하는 수와 비슷했다. 버링햄-로젠펠트 학교가 문을 닫기는 했지만, 빈 학회의 아동정신분석의 강한 프로그램은 계속해서 성장했다. 1932년, 이 클리닉은 아이크혼의 지휘 아래 번창했고, 에디타 슈테르바, 윌리 호퍼Willi Hoffer, 그리고 아이크혼의 후배 중 한 명인 커트 아이즐러Kurt Eissler도 함께 했다.

나치의 부상 이후, 히틀러의 그림자가 오스트리아에 드리워지는 위험에도 불구하고 많은 독일 분석가들이 빈에 와서 고무적인 분석적 현장에 참여했다.

그 흥분의 대부분은 아동분석가들에게서 왔다. 1934년, 윌리 호퍼가 새로운 〈정신분석적 교육학 학술지〉의 편집자가 되었다. 1년 후, 안나 프로이트는 미국 저널인 〈정신분석 계간지*Psychoanalytic Quarterly*〉에 아동 분석에 전념한 특별호를 편집해 달라는 요청을 받았을 때, 그녀는 기고자들을 멀리에서 찾을 필요가 없었다. 베른펠트, 에릭슨, 도로시 버링햄, 베르타 본스타인, 스테피 본스타인Steffi Bornstein, 애니 앤젤, 에디타 슈테르바, 에디트 북스바움 등 빈 사람들에게 요청하면 되었다.

1935년 즈음, 안나 프로이트는 빈 아동분석가들의 지도자가 되었지만, 최전선에 있는 이론가로서의 조짐은 거의 보여주지 못했다. 그녀가 발표한 논문들은 대부분이 분석적 배경이 없는 청중에게 했던 강의들이었고, 대중화를 위한 가벼운 논의를 포함하고 있었다. 1930년, 안나는 4개의 강의를 발표했는데 에드워드 글로버는 "단조롭고, 독창성이 없다."고 여겼다. 같은 해, 그녀는 그녀의 명성을 바꾸게 될 책을 계획했다. 저항과 그것의 구조에 대한 빌헬름 라이히의 강조점을 발전시키고, 아동기법 세미나들에서 논의하면서 내린 결론을 사용하면서 안나는 "자아the I"가 그 자체를 어떻게 방어하는가에 집중했다. 이 프로젝트는 대담한 클라인에 비교하면 단조롭게 보일 수도 있었지만, 안나 프로이트가 《자아와 방어의 메커니즘*the "I" and the Mechanisms of Defense*》을 발표했을 때, 이것은 정선분석 공동체를 완전히 바꾸었다.

1936년 즈음, 정신분석에서는 높이 날고 있던 꽤 많은 이론가들이 진정한 혁신 후에 자신들의 추론에 너무 몰두되어 신빙성을 상실하고 땅으로 추락했다. 무의식을 둘러싸고 있는 위험한 해류를 인지하지 못한 것처럼 그들은 하나씩 하나씩 지나치고 공허한 주장에 익사되었다. 그들은 새로운 용어들, 새로운 개념들, 새로운 이론들을 만들었지만 죽음의 추동drive에 대한 프로이트의 가설적 연구의 위험스러운 전례를 따라갔다. 더욱 좋지 않았던 것은, 그들 중에 프로이트의 신중한 변증법을 터득한 사람은 거의 없었다. 대신에, 미묘한 임상적 발견들로 말미암아 마음, 무의식, 인간의 본질에 대한 과대한 주장으로 이어졌다.

멜라니 클라인은 이러한 절벽에서 살아남은 유명한 분석가들 중의 한 사람이었다. 가정은 확신이 되었고, 그 다음 관찰에 스며들었고, 확증되었다. 정신분석적 이론화에는 어떠한 제약도 없는 것인가? 융, 아들러 그리고 랭크가 떠난 후, 프로이트는 그의 정신분석 운동에서 의견을 달리했던 사람들은 모두 같은 유혹에 쓰러졌다고 불평했다. 즉, 그들은 정신적 삶의 한 면을 취하고, 그 부분으로 전체를 만들려고 했다. "자아-위에서the Over-I" 분석가들과 성격 분석가들 사이에, 타나토스와 에로스 혹은 리비도 또는 오르가즘에 의해 작동되는 무의식 사이에, 정신분석은 양립할 수 없는 세계관으로 나뉘어져 있는 듯했다. 그러니 새로운 분열들이 생기는 것은 자명한 일이었다. 알렉산더, 호나이, 라이크, 라이히, 페렌치, 멜라니 클라인 모두가 각자 자신의 길로 가게 될 것이며, 정신분석은 많은 조그만 학파들로 쪼개지게 될 것이다. 누구도 이 요란한 합창단에 일치를 가져올 수 없는 듯 보였다.

이 문제는 칼 포퍼Karl Popper라는 빈의 젊은 철학자에 의해서 직접적으로 관찰되었다. 전쟁 후, 빈에서 어린이와 작업을 하면서 포퍼는 아들러학파 사람들과 프로이트학파 사람들 모두를 만났다. 그는 각 집단의 회원들이 같은 문제에 대해서 완전히 다른 그러나 겉으로 보기에 반박할 수 없는 설명을 제공하고 있다는 것에 놀랐다. 포퍼는 과학적 이론들은 반드시 반증될 가능성이 있다는 것을 주장하는 과학의 이론을 만들었다. 포퍼가 보기에 정신분석적 이론들은 반증될 가능성이 있는 것이 아니었다.

이 어려운 인식론의 문제들은 무의식적인 것을 포함해서 주관적인 내적 상태를 다루는 심리학적 과학의 중심에 놓여 있었다. 안나 프로이트가 이러한 무게 있는 철학적 문제들을 언급한다는 것은 상상하기 어려웠다. 과학적 논쟁에서 그녀의 초기 시도들은 그런 일을 하려는 것이 아니었다. 그녀의 단순한 언어들은 아마도 초등학교 학생들을 가르쳤던 교사의 경험에서 왔을 것이다. 하지만 안나 프로이트는 심각하게 과소평가 되어 있었다. 그녀는 런던 사람들에게 이리 저리 비판을 받은 후, 조용히 그녀의 아버지와 빈의 명석한 분석가들에게 배우고, 토론하고, 논쟁하고, 작업하고 있었다. 더욱이, 그녀는 빈에서 후계자로 명백해지고 있었고, 그 시대의 정치적 이슈들에 대해서 권위를 가지고 의견을 표현했다. 새로운 성숙함이 그녀의 글에서 분명해졌다. 한때 단순했던 안나 프로이트의 글은 지금은 분명하고 설득력이 있었다.

자아와 그것의 방어에 대한 새로운 책의 첫 페이지에서 안나 프로이트는 정신분석을 정의했는데, 놀랄만한 주장들도 포함하고 있었다. 그녀는 이 분야에서 일어난 보수정통과 분열의 불행한 역사를 약화시키고, 누가 진짜 분석가인가에 대한 이데올로기적 고발들을 종식시키려고 애썼다. 안나 프로이트는 또한 자신을 정신분석의 좁고 편협한 정의 때문에 이 분야에서 축출당할 수도 있는 다른 의견을 가진 사람들을 위한 목소리로 표현했다. 정신분석은 무의식적 정신적 삶에 대한 연구 그 이상이라고 그녀는 주장했다. 그녀 자신처럼 분석을 "외부 세계에 대한 어린이 또는 어른의 적응"의 연구를 포함하는 학문의 분야라고 보는 사람들 또한 정신분석가들이었다. "보수정통이 아닌 분석에 대한 비난"은 "자아"의 연구에는 더 이상 적용되어서는 안 된다고 그녀는 썼다.

포용력에 대한 안나의 당부는 1914년에 그녀의 아버지가 저술한 정신분석적 운동의 역사와 대조되는 것으로 이해될 수 있었다. 이데올로기적 리트머스 테스트와 배척의 정치 대신에, 안나 프로이트는 무의식적 성심리 이론을 넘어서 "건강과 질병, 미덕과 악덕" 같은 영역으로 갈 수 있는 연구자들의 공동체에 대한 비전을 제시했다. 많은 면에서 그녀는 서서히 일어나고 있었던 변화를 묘사했다. 새로운 세대의 분석가들은 개인적인 자유과 사회적 평등 둘 모두를 지지하는 민주주의자들이었다. 그리고 젊은 안나 프로이트는 좀 더 개방된 공동체를 구체화했다. 문제가 더 이상 당신이 프로이트의 성적인 무의식의 이론을 받아들이는가, 또는 그렇지 않은가가 아닐지라도, 이론적 다양성을 끌어 안는 방법으로 정신분석을 재정의하는 데 누구도 성공하지 못했다. 누가 그러한 다양한 분야를 개인적 권위에 의지하지 않고 동시에 묶을 수 있겠는가? 교리dogma와 자유로운 상태 사이에 공정한 원칙을 지닌 길이 있는가?

안나 프로이트는 포용력을 위한 그녀의 요청이 기준과 최소한의 헌신의 필요를 무시하는 것이 아니라고 주장했다. 그러한 헌신은 어떤 과학에서도 요청되는 것처럼 정신분석에서도 마찬가지다. 당신은 안나 프로이트나, 멜라니 클라인이나, 산도르 페렌치나, 빌헬름 라이히의 편에 있을 필요는 없다. 당신은 무의식에 있는 추동들drives에 대한 어떤 하나의 정의를 받아들일 필요는 없다. 그렇지만 정신분석가들은 경험론에 대한 헌신으로 그 특징이 나타나야만 한다. 물론 그들 연구의 목적인 정신psyche은 다양한 영역들을 가지고 있는데, "관찰의 접근 가능성"에 따라 정신은 매우 다르다. "그것the It"은 오직 그것이 의식에 미치는 영향을 통해서 간접적으로만 알 수 있다. "자아-위에서the over-I"는 자기 관찰을 통해서 접근할 수 있는 의식적 요소들을 가지고 있지만 또한 "자아the I"와 갈등이 있을 때에만 알 수 있는 무의식적 요소들도 가지고 있다. 안나 프로이트는 관찰할 수 있는 정신분석가의 분야는 모든 사례에서 자아와 함께 시작된다고 결론지었다.

안나 프로이트는 부드럽지만 확고하게 그녀 세대의 많은 이들을 위해서 정신분석을 재정의하려고 했다. 자아는 마음의 내적 과정들을 관찰하고, 자아를 통해서만 다른 힘들과 관련된 정보들을 꾸준히 모을 수 있다. 리비도나, 죽음의 추동이나, "자아-위에서"를 성급히 논의하는 경우에, 분석가들은 그 자료들이 중재하는 "자아"를 통해서 왔다는 사실을 도외시하게 된다. 경험적으로 더욱 관찰 가능한 "자아"는 정신분석적 탐구의 중심적 대상이 되어야만 한다고 그녀는 주장했다. 정신분석은 이러한 관찰 대상에 주된 헌신을 요구한다.

그리고 나서 안나는 탐색의 보편적인 방법을 수립하고자 했고, 복잡한 문제들을 분명하게 만드는 그녀의 재능을 다시 보여주었다. 분석적 기법들의 개요를 묘사하면서, 무의식에 대한 추론들을 축적하는 전통적인 방식들을 검토했고, 한쪽으로 치우친 모든 기법들에 대해 반대론을 폈다. 이름들을 거론하지 않으면서, 저항(라이히), 전이(스트레이치와 클라인), 꿈과 상징(히치만) 등 지나치게 하나에만 집중하는 것에 대해 언급했다. 어떤 하나 대신에, 그녀는 이렇게 결론지었다. "분석가의 과제는 어떤 정신의 기관들에 속해 있든지 무의식이었던 것을 의식으로 가져오는 것이다. 다른 말로 표현하면, 누군가가 깨달음의 작업을 시작했을 때, 그는 "그것", "자아," "자아-위에서"로부터 등거리equidistant에서 그의 입장을 취한다." 이것이 성과 죽음, 심층 분석과 저항 분석, 환상적 위험과 진짜 위협 사이의 논쟁들에 대한 안나 프로이트의 해결이었다. 모든 것이 부분적으로 옳았고, 부분적으로는 틀렸다. 15년간의 논쟁 후에, 이것은 많은 독자들에게 분명해 보였지만, 다른 많은 좋은 생각들 같이 누군가가 이것을 말로 할 때에만 비로소 분명해졌다.

안나 프로이트의 가까운 동료들 중의 한 사람인 로베르트 발더는 안나의 입장을 지지했다. 발더는 물리학 쪽에서 일을 시작했고 1921년 빈에서 박사 학위를 받았으며, 자신의 억제들을 정복하고자 정신분석으로 관심을 돌리게 된

영재였다. 그와 아동분석가인 그의 아내 제니 발더Jenny Wälder는 프로이트 집안과 가까웠고 빈에서 지도적인 역할을 했었다. 1930년, 발더는 호기심을 일으키는 추상적인 제목으로 글을 발표했다. 〈다양한 기능의 원칙 : 과다결정에 대한 관찰*The Principle of Multiple Function: Observations on Over-Determination*〉은 이론적 물리학의 소논문이 될 수도 있었다. 그러나 이것은 정신분석적 관찰과 추론의 토대들을 새로운 위치로 옮기려고 하는 "자아" 심리학이 제시한 기회들을 붙잡으려는 발더의 시도였다. 발더는 임상가들이 한 특정한 개인에 대한 매우 구체적이고 미묘함이 살아있는 묘사를 위해 유용한 모든 이론들을 좀 더 가벼운 방법으로 사용할 것을 요청했다. "자아"는 적어도 네 종류의 문제들(추동들drives, 세상, "자아-위에서", 반복 강박의 힘)을 직면한다고 발더는 주장했다. 정신적 삶은 "다양한 기능들의 원칙"에 의해서 인도되는데, 각각의 정신적 활동은 이러한 모든 문제들을 해결하기 위해서 시도된 해결책이다. 이것이 가능한 것은 각각의 정신적 활동이 다양한 의미들을 지니기 때문이다. 모든 정신적 활동의 전체적 의미는 이 4개 영역의 각각에서 일어나는 문제들을 해결하기 위한 시도로서 해석되어질 때에만 이해될 수 있다.

많은 사람들은 신경증을 갈등을 일으키는 두 개의 경향들의 결과로 보아왔고, 그로 인해 한 가지 단일한 심리적 측면에 고정되었다고 그는 주장했다. 정신분석은 "동기와 의미의 많은 면들"을 파악할 수 있는 대단한 가능성들을 제공한다. 발더가 주장한 마음의 다방면의 기하학은 "자아"에 집중했는데, 자아는 심리적 의미를 여러 가지 국면에서 다르게 굴절시켰다. 정신분석적 이론가들은 서로에게 반하는 것으로 자신들의 입장을 정의했지만, 사실 그들은 같은 전체의 다른 면들을 묘사했던 것이다.

안나 프로이트는 같은 추론을 순화된 형태로 적용했다. 다양한 심리적 기능들로부터 같은 거리에 있으려고 애쓰는 정신분석가에 대한 그녀의 개념은 보다 큰 이해와 이론적 유연성을 위한 가능성을 열었다. 저항들을 제계석으로 분류하려는 라이히의 시도에 영향을 받은 안나 프로이트는 각각 다른 자아의 방어들에 대해서 서술했고 그것들을 구체적인 유형의 불안과 연결시켰다. 어린이와 청소년의 예들과 함께, 내부와 외부로부터 오는 위협들을 처리하는 방법들을 상세히 기술했다. 그녀는 무의식의 본질에 관해서 분열을 초래할 만한 주장은 하지 않았고, 공격성에 대해서 단순하게 이야기하면서 그것의 원천은 다루지 않았다. 성적 추동drive과 공격적 추동이 인간 내면의 삶의 부분이라고 이야기하는 것은 다윈의 세계에서는 논쟁할 필요가 없었다. 무의식적 성과 공격성에 대해서 일반적으로 말하는 것은 불필요하게 정교한 그리고 분열을 초래할만한 추측을 피했고, 공통의 기반을 세울 수 있도록 해주었다. 유사한 방법으로, 안나는 자아 방어들을 고정된 도식 안에서 체계화하는 것을 거부했다. 그녀의 가장 가혹했던 비평가들 중 한사람이었던 어니스트 존스조차도 이렇게 인정해야만 했다. "많은 부분에서, 저자는 자신의 주장과 분석을 더 멀리 가지고 갈 수 있었지만, 그녀는 분명하게 확인할 수 있는 것으로 생각되는 지식의 영역 너머로 가지 않는 것을 선택했다." 존스는 안나가 클라인의 방어에 대한 생각들만을 다루었다고 책망하면서도, 안나의 방법이 가지고 있는 힘을 인정했다.

> 더욱 야심 있는 저자라면 의심할 바 없이 편한 마음으로 열 가지 종류의 방어들을 분류하는 작업을 계속 진행했을 것이고, 그것들의 출현에 대한 연대순과 그것들의 내적 관계들에 관하여 온갖 종류의 긍정적인 주장을 하는 태도에 빠져들었을 것이다. 안나 프로이트는 분명하고 지혜롭게 현재 우리의 지식 상태에 영향을 주는 한계들을 인식했고, 어떠한 시도들이 성공을 거두길 바라기 전에 반드시 먼저 명확하게 해야 될 요인들과 상황들을 보여주었다.

정신분석적 지식의 한계들의 세심한 관찰을 통해서, 안나 프로이트는 1918년 이후에 일어난 많은 정신분석적 탐구의 흐름들로부터 얻은 것들을 통합 · 정리할 수 있는 방법을 설명했다. 안나는 조용하게 클라인에 반대하는 주장을 하면서, 알렉산더, 라이크, 라이히, 눈베르크, 히치만 그리고 다른 많은 사람들을 위한 자리를 마련했다. 그녀는 그들의 견해들을 수용했지만, 그들의 이론들을 복잡한 전체 안에서의 부분적인 진실로 제한했다. 또한 그녀는 정신분석을 위한 새로운 공통분모인 "자아"를 제안했다. 만약 당신이 이것을 받아들인다면, 정신분석가로서 당신의 위치를 잃을 염려 없이 수많은 다른 분자들numerators을 추구할 수 있을 것이다.

어니스트 존스조차도 이 책은 하루저녁 사이에 고전이 되었고, 만연했던 혼돈에 질서와 명확성을 가져왔다고 인정했다. 의사가 아닌 분석가인 에른스트 크리스Ernst Kris는 경험주의에 대한 안나의 강조와 표면 밑으로 내려오는 그녀의 작업에 박수갈채를 보냈다. 크리스는 특별히 안나가 연구프로그램을 제안하는 태도에 대해서 열광적이었는데, 그는 이 연구를 통해서 정신분석가들과 대학의 심리학자들 사이에 생산적인 동맹이 생길 수도 있다고 생각했다. 아동분석가들은 그러한 밀접한 결합을 희망했지만 심리학자들을 설득하기 위해서는 그들의 실증적이고 과학적인 가치를 증명해야만 했다. 결국 빈에 있는 대학의 심리학부가 더욱 많은 학생들에게 분석학회에서 공부하는 것을 허락하기 시작하면서 그러한 연합의 가능성이 보였다.

이와 같은 재치와 절제를 가지고 안나 프로이트는 정신분석의 많은 부분을 재편성하고 통합할 수 있는 계획안을 제시했다. 확고하게, 그녀는 지도자들과 스승들에 대한 충성이 아니라, 실증적 과학의 필요성에 대해서 이야기했다. 누구나 "자아" 그리고 이미 알려진 것으로 관찰할 수 있는 것에서 출발해야만 한다. 그리고 이것을 반드시 해야 하는 것은 안나 프로이트의 개인 권위 때문이 아니라 그보다는 과학적 관찰의 규칙에 대한 헌신에서 그렇게 해야 한다. 글로버가 그녀를 "과학보호구scientific reserve"라고 부른 것을 주의 깊게 지켜가는 것으로 안나 프로이트는 그녀의 과학적 훈련의 부족에 대한 염려들을 약화시켰고, 멜라니 클라인은 그녀의 과도한 이론화로 그러한 염려들을 증대시켰다. 빈에서 안나의 책은 거대한 충격을 주었다고 마리안 크리스Marianne Kris는 회상했다. 마리안은 하인츠 하트만Heinz Hartmann과 발더가 지그문트 프로이트에게 그 연구를 따뜻하게 칭찬했고, 프로이트는 안나의 책이 그가 줄곧 이야기 해오고 있는 것이라고 퉁명스럽게 대답했다고 회상했다.

1936년 즈음, 베를린 연구소의 파괴와 함께 놀라운 이론적 확장이 있었던 18년은 두 개의 경쟁적인 정신분석적 견해들로 귀결되었는데, 둘 모두 아동의 연구와 분석에서 나왔다. 영국인 측은 멜라니 클라인과 함께 조앤 리비에르, 수잔 아이자크스, 제임스 스트레이치, 그리고 조직화된 정신분석에서 가장 영향력 있는 사람이자 국제정신분석협회의 회장이면서 그곳에서 나온 연구지의 편집장이었던 어니스트 존스가 이끌었다. 클라인의 이론들은 대상관계 모델로 발전했고, 어떻게 투사와 내사가 환상적으로 사람들이 사는 내적 세계로 이어지는지에 집중했다. 그것은 인간의 가학성과 공격성의 발현과 환상을 구성하는 역할에 매우 집중된 이론이었다.

빈의 사람들은 안나 프로이트가 건설한 새로운 "자아" 심리학을 중심으로 좀 더 느슨하게 자신들을 체계화했다. 안나 프로이트는 분석가들이 마음의 구조적 모델 안에서 정의된 "자아"에 주목해야만 한다는 주장과 함께 이러한 통합을 시작했다. 심리적인 내용들이 의식인가 무의식인가에 집중하는 대신에, 이 모델은 내면의 심리적 구조들(무의식적 추동들drives, "자아the I", "자아 위에서the Over-I")에 있는 갈등들을 이해하고자 했다. 안나 프로이트의 접근은 무의식에 대한 해석을 근본적인 것으로 여기면서도 무엇이 해석되어야만 하는가는 열린 채로 남겨 두었다. 그녀는 무의식의 본질에 대해서는 어떤 특정한 주장을 하지 않았다.

클라인과는 다르게, 안나 프로이트는 경험을 심리적 발달의 중심에 놓았다. 그녀에게, 내적 본능들과 환상은 강력했지만 세계에서의 경험을 과소평가할 수 없었다. 아이가 "본능을 두려워하는 것은 바깥세상을 두려워하기 때문이다."라고 그녀는 생각했다. 안나는 자신의 경험을 통해서 말하고 있었다. 제1차 세계 대전의 여파로 인해 빈의 많은 아동분석가들은 굶주리고 버려진 전쟁고아들을 만나게 되었다. 이 분석가들에게, 실제로 부모를 잃고 굶주리는 아이들에 대한 기본적인 설명을 하지 못하는 일반적인 심리학은 상상할 수도 없었다. 불안이 객관적이고 그것이 세상으로부터 왔을 때, 불안은 아이의 방어들을 약화시키고 오직 고통을 강화시킨다. 이와 같은 상황에서 사람은 자신의 방어들을 공격하는 것이 아니라 환경을 변화시키려 한다고 안나 프로이트는 생각했다.

1936년 이후, 영국 사람들과 빈 사람들은 분석가들의 충성을 놓고 경쟁했다. 계속되는 생각들의 경연에서 각 이론의 임상적 효과, 이론적 섬세함, 인식론적 견고함에 대한 세밀한 조사가 이루어졌다. 각 학파는 또한 정치적 재난 속에서 협상해야만 했다. 가혹한 시대가 앞에 놓인 가운데, 정신분석의 정치적 의미를 정의하는 것은 생존의 문제가 되었다.

III.

히틀러가 권력을 차지했을 때 처음에는 유럽의 주요 수도는 그렇게까지 심각한 경계태세를 취하진 않았다. 그는 권력을 차지할 주요한 인물은 아니었다. 많은 사람들은 그가 승리의 기쁨에 의해서 충분히 만족하고 말 것이라고 생각했다. 그러나 히틀러가 독일에서 장악력을 강화하면서 유럽 전체는 위기감이 감돌았다. 히틀러 통치 아래서 법의 규정들과 출판의 자유는 급속하게 훼손당했다. 히틀러는 공산주의자가 인계했기 때문에 국가가 위험에 빠졌었다고 주장하면서 독일을 군사화하기 시작했다. 이상하게도, 그는 볼셰비키 당원들과 유대인들을 동일하게 여겼으며, 널리 퍼져있던 반유대주의를 더 부추겼다. 1933년, 나치들은 저명한 유대인 저자들의 책들을 불태웠는데, 지그문트 프로이트가 쓴 책들도 포함되어 있었다. 1935년의 뉘른베르크 법은 독일계 유대인에게서 시민의 권리를 빼앗아 갔다. 그때, 대부분의 극좌 분석가들과 유대인 분석가들은 베를린을 서둘러 떠났고, 남아 있던 약간의 사람들도 정신분석학회에서 사직을 강요받았다. 1936년 7월, 베를린의 정신분석 연구소는 해산되어 나치 마티아스 괴링의 심리학적 연구와 심리치료 독일 연구소Nazi Mattias Goring's German Institute로 합병되었다. 요제프 로트Joseph Roth가 묘사한 것처럼, 독일인들은 "마음의 화형"을 집행했다.

오스트리아에서 지그문트 프로이트는 점점 다가오는 위협에 무력감과 낭패감을 느끼며 바라보았다. 1934년 2월에 아르놀트 츠바이크에게 쓴 편지에서, "무엇인가 일어날 것 같소. 나치들이 올 수도 있고, 아니면 우리나라에서 발생한 파시즘이 때에 맞추어 준비가 될 수도 있고, 아니면 사람들이 생각하는 것처럼 오토 폰 합스부르크Otto von Habsburg가 개입할 수도 있소."라고 프로이트는 예측했다. 어느 쪽이든 미래는 어두워 보였다. 프로이트는 정신분석은 "파시즘이나 볼셰비키의 정책이나 국가 사회주의에서조차 별로 다를 것이 없을 것"이라고 생각했다.

하지만 이러한 위험한 시기가 도래하자, 스스로 인류의 잠을 깨우는 사람을 자청했던 프로이트마저도 자신을 심사숙고하며 검열해야 했다. 그는 그의 관심을 반유대주의로 돌렸지만 그 주제에 대한 연구를 출판하는 것은 오스트리아 당국으로부터 정신분석의 금지를 초래할 수도 있음을 염려했다. 프로이트는 오스트리아의 공무원들이 로마교황청과 이탈리아의 파시스트들과 함께 이탈리아에 있던 에도아르도 바이스Edoardo Weiss의 정신분석 학술지를 정지시키는 것을 목격했다. 그와 동료들은 공공연한 적대감에 익숙했지만, 그들의 작업이 의학적이고 과학적인 것으로 승인을 받는다면 법을 어기는 것이 아닐 것이라는 가정에서 움직였다. "나는 보수 가운데 진보주의자이다."라고 프로이트는 아쉬운 듯이 츠바이크Zweig에게 편지를 썼다. 이 늙은 진보주의자는 주로 그의 과학이 직접적으로 정치적인 것에 연루될까 조심했는데, 이는 그러한 연루가 이 분야의 객관적인 위치를 손상시킬 것을 두려워했기 때문이다. 그리고 그것에 대한 회답으로, 정치 세력들이 그의 과학을 그냥 놔두기를 기대했다. 그러나 유럽에서 오스트리아의 돌푸스, 독일의 히틀러, 이탈리아의 무솔리니, 소련의 스탈린으로부터 합리적인 과학적 탐구를 보호하는 것은 불가능했다. 한 때 이론들이 창의성, 신빙성, 임상적 유용성에서 평가받았다면 지금은 오로지 정치적인 문제로 철저히 조사받았다.

1933년 즈음, 정신분석 이론에서 발견되었던 정치적 의미들은 나뉘었고 배가되었다. 프로이트학파 운동 초기에 지형학적인 마음의 이론은 해방 운동가들의 이상을 고무시켰지만, 죽음의 본능을 가지고 어떤 분석가들은 사회적으로 보수적 의미들을 지닌 분석적 이론을 역설하기 시작했다. 이러한 차이점들은 정신분석가들이 법의학 논쟁에 들어가면서 분명해졌다. 1916년, 프로이트는 범죄인들은 죄의식으로 인해 행동하게 된다고 묘사했는데, 그들은 이러한 벌을 받기 위해서 법을 어겼던 약한 사람들이었다. 13년 후에 베를린에서 프란츠 알렉산더와 후고 스타우브는 범죄자들의 대부분은 처벌에 대한 피학적 필요에 굴복된 신경증 환자들이라고 주장했다. 이러한 견해는 사회적, 정치적 개혁이 범죄를 방지하기 위해서 아무것도 할 수 없다는 것을 말한다. 런던에서, 에드워드 글로버와 요한 리크만John Rickman같은 클라인학파 분석가들은 범죄자들은 그들의 내적 공격성을 진정시키는 능력이 부족하다고 주장했다. 1934년 즈음, 멜라니 클라인은 범죄적 충동들은 타고난 것이고, 좋지 않은 환경과 같은 것들에 의해서는 미미하게만 영향을 받는다고 믿었다.

이러한 입장은 빌헬름 라이히와 오토 페니힐 같은 좌파들을 격노케 했다. 그들은 사회적 억압, 빈곤, 절망이 공격성, 위법, 범죄와 어떤 관계가 있다고 확신하고 있었다. 사회주의 분석가인 에른스트 짐멜은 1932년에 이러한 보수적인 견해들에 대해서 반박했는데, “몰락하는 자본주의의 지옥 불”이 공격성, 비행, 범죄를 생기게 하는 것이라고 주장했다.

1933년 즈음에는 정신분석이 본질적으로 해방운동가의 사회적, 정치적 이론인지 아니면, 사회적 문제들을 타고난 심리적 문제로 보고 사회적 구조의 모든 책임을 면제하는 추동drives을 기본으로 한 심리학인지를 묻는 것은 합당한 것이었다. 정신분석의 생존이 점점 더 폭 넓은 문화적 매력이나 과학적 지위가 아니라 그것의 정치적 정체성에 따라 정해지고 있었기 때문에 이러한 질문은 시급한 것이었다.

위협이 쌓여가면서 정신분석가들은 독재 통치의 부상을 통찰해보려고 했다. 왜 사람들은 그들의 자유를 압제자에게 기꺼이 양도하는 것일까? 1921년, 프로이트는 그러한 자발적인 노예화를 그의 글《집단 심리학과 자아 분석*Mass Psychology and "I" Analysis*》에서 탐색했다. 그는 제멋대로의 시끌벅적한 군중의 자유는 단순히 자기 억제가 풀어지는 것으로 일어나는 것이 아니라, 공동체를 구성하는 인간관계의 강렬한 결속에 의해서 좌우된다고 주장했다. 군대의 일원은 그들의 지도자에 대한 사랑을 기본으로 공통의 “자아−이상I-ideal”을 가지고 있다. 그들은 그들의 지도자를 마치 그들의 완벽의 개념인 것처럼 따르고, 그의 명령이 마치 자신들로부터 나온 것인양 복종한다. 대중의 움직임은 정체성에 대한 인간의 필요에 의해서 작동되고, 심지어 개인의 자유마저 포기된다. 자유로운 이상들은 국가, 교회, 또는 군대에 대한 애착으로 완전히 대치된다.

위기의 기운이 감도는 가운데, 1920년대 후반에 유럽의 많은 분석가들은 정신분석적 사회학을 실습하기 시작했다. 가장 저명한 센터는 프랭크푸르트에 있었고, 그곳에서 정신분석 연구소는 대학의 사회조사연구소와 함께 운용되었다. 사회조사연구소는 마르크스와 프로이트를 통합하기를 원하는 뛰어난 사람들로 가득했다. 카를 란다우어의 피분석가였던 막스 호크하이머Max Horkheimer에 의해서 운영되었던 “프랭크푸르트 학교”는 허베르트 마르쿠스Herbert Marcuse, 테오도르 아도르노Theodor Adorno, 카를 만하임Karl Mannheim, 에릭 프롬Eric Fromm을 포함하고 있었다. 그들은 사회 심리학 분야를 이끌었다. 1929년, 정신분석 연구소를 위한 개교식에서 프롬은 정신분석적 사회학에 대한 그의 견해를 전달했고, 개인이 집단에서 자신을 상실하게끔 하는 자유의 두려움에 대한 연구를 계속 했다.

갈등이 나타나기 시작하면서, 〈국제 연맹 지적 협력 기구〉는 정신분석가들에게 사회적 문제들, 특별히 전쟁과 관련된 것들을 다루라고 격려했다. 그들은 알베르트 아인슈타인과 지그문트 프로이트가 벌인 전쟁의 본질에 대한 유명한 논의와 런던에서의 에드워드 글로버의 일련의 강의들을 지원했다. 전쟁, 평화주의, 사디즘에 대한 글로버의 강의들은 단순하지만 강력한 클라인학파의 분석을 제시했다. 글로버는 내사introjection가 우울증 환자를 만드는데 그 환자의 공격성이 자신에게 향해 있고, 투사projection는 피해망상을 만드는데 그 환자는 다른 사람을 공격한다고 주장했다. 첫 번째 그룹은 자멸적 평화주의자들이고, 두 번째 그룹은 살인적 전투원들이다. 이러한 방법으로, 사람들은 단순히 자신들의 의식적인 이익 때문에 싸우는 것이 아니라, 비합리적인 무의식적 필요 때문에 더욱 험난한 결전을 벌인다. 하지만 글로버는 평화주의자들에게 가장 가혹한 말은 남겨두었다. 계속 커가던 히틀러의 호전성에도 불구하고, 1933년 영국에서는 평화주의가 강력한 정치적 정서였다. 글로버는 무의식적 파괴성 때문에 전쟁을 피하려는 사람들의 자살 경향성에 대해서 거론했는데, 이것은 사람들을 어리둥절하게 했다.

글로버는 클라인의 모델이 얼마나 정밀하게 개인의 심리학을 정치와 전쟁과 연결시키고 있는지 강조했다. 그러나 동시에 그는 클라인의 입장이 지닌 약점도 드러냈다. 추동들drives에 대한 극단적 강조로, 클라인의 모델에는 역사적 특수함을 위한 공간이 없었다. 이 설명에 의하면, 사람들은 항상 전쟁 중에 있어야만 했다. 왜 지금, 왜 이곳에서 전쟁이 벌어지고 있는가? 이러한 질문에 클라인학파 사람들은 간단하게 대답할 수 없었다. 만약 전쟁이 근본적으로 추동에 기반을 두고 있고 신경증적이라면, 사회 불평등, 민족주의, 군국주의, 인종주의, 경제 혼란, 부패, 많은 다른 요인들 모두는 관련성이 없다. 만약 글로버가 옳다면, 베르사유의 조약은 나치 독일과 아무런 관련이 없었다. 글로버의 계율인 "너 자신의 (무의식적) 가학성을 알아라."는 자신의 나라의 평화주의자들을 일깨우는 소리였을 수도 있었고, 네빌 체임벌린Neville Chamberlain의 유화 정책을 지지하는 사람들에 대한 통찰력 있는 공격일 수도 있었지만, 이것은 나치 독일을 보면서 괴테와 실러Schiller의 땅에 무슨 일이 일어난 것일까 생각하는 사람들에게는 공허하게 들렸다.

빈의 분석가들은 서둘러 자신들의 입장을 밝혔다. 로베르트 발더는 〈국제연맹 지적 협력 기구〉에 가입했고, 점점 유럽을 사로잡고 있는 불합리성을 설명하고자 했다. 1935년, 그는 영국의 국제문제 황실연구소에서 연설을 할 기회가 생겼는데 특별히 시간을 할애해서 영국 정신분석학회에 대해 신랄하게 비판했다. 발더는 직접적으로 멜라니 클라인의 아킬레스건을 공격했다. 4살 아이의 내면의 삶에 근거를 둔 이론들은 증거면에서는 약했다. 그는 또한 어떤 아이의 내적 삶도 그 아이의 사회적 상황을 조사하지 않고는 이해할 수 없다고 강조했다. 발더의 의견에 의하면, 추방 당한 마르크스주의 분석가 빌헬름 라이히가 모든 신경증이 사회적 상황들에 의해서 야기된다며 극단적인 입장을 취했는데, 이젠 멜라니 클라인이 반대쪽의 극단적 입장을 취하고 있다며 그녀는 생물학과 환상에 너무 지나친 강조를 하고 있다고 지적했다.

빈에서, 발더는 라이히 또는 클라인의 "유혹"에 굴복하지 않은 정신분석적 모델을 열망하면서 맺어진 그룹의 일원이었다. 이러한 노력에 가장 중요하게 관련될 사람은 하인츠 하트만이었다. 1894년에 출생한 하트만은 꽤 인상적인 오스트리아 가족 출신이었다. 그의 할아버지는 진보적 입법부 의원이었는데, 1848년의 혁명이 실패하자 스위스로 피해야만 했다. 그의 아버지는 존경받는 대학의 교수였고, 바이마르 시대에 오스트리아 대사로 독일에서 일했다. 하트만의 어머니는 유명한 빈 의사 루돌프 크로백Rudolf Chroback의 예의바른 딸이었다. 하트만은 아이였을 때 자신의 아버지 책장에서 프로이트의 책을 발견했다. 그것을 읽은 후에 정신분석가가 되기로 결심했었다.

1920년, 하트만은 막스 베버와 사회 과학을 공부한 후에 빈 대학에서 의학 공부를 끝마쳤다. 그리고 나서 '신경-정신의학 클리닉'에서 율리우스 바그너 폰야우레크 밑에서 의사로서의 자리를 확보했다. 그 후 14년 동안, 하트만은 이 클리닉에서 정신과 의사이자 정신분석가인 폴 쉴더Paul Schilder와 함께 일했다. 쉴더는 신경학, 정신의학, 정신분석 사이의 경계들을 열심히 탐구했다. 하트만은 1925년에 빈 정신분석학회에 가입했다. 그때 그는 환각, 비인간화, 몸 이미지, 착오 행위, 강박증적 질환에 대한 연구를 하고 있었다.

1926년, 야심 찬 하트만은 정신분석의 과학적 입장에 대해서 언급하기로 결심한다. 록펠러 보조금을 받은 그는 6개월의 안식기간에 베를린으로 가서 산도르 라도와 개인 분석을 시작했고, 게슈탈트 심리학자 레빈Kurt Lewin의 심리학 연구실에서 일하면서 《정신분석의 토대》를 썼다. 정신분석은 유일무이한 자연과학인데 특별한 방법론을 가지고 있기 때문이라고 하트만은 주장했다. 정신분석은 일반 법칙들을 찾고자 하기 때문에 인문학과는 구별되고, 경쟁적인 심리학들, 특별히 이해understanding를 의존하는 것들과도 구별된다. 그 대신 정신분석은 설명들explanations을 제공한다.

빈으로 돌아온 하트만은 빈 학회의 엘리트 집단에 들어갔다. 이미 안나 프로이트와 가까웠던 하트만과 그의 아내는 또한 펠릭스 도이치와 헬레네 도이치의 〈검은고양이 클럽〉의 일원이 되었다. 그리고 로베르트 발더와 그의 아내 제니, 어니스트 크리스와 그의 아내 마리안느, 에드워드 비블링과 그의 아내 크레테, 윌리 호포와 그의 아내 헤드윅과 합류했다. 1928년, 폴 쉴더가 빈을 떠나서 존스 홉킨스 대학에 있는 아돌프 마이어와 합류했을 때, 하트만은 빈 분석가들 중에 학문적으로 가장 입지가 좋은 사람이 되었다. 하트만의 성공에도 불구하고, 하트만과 그의 유대인 아내 도라는 1933년의 사건들 이후에 이민을 고려하고 있었다. 또 다른 미래의 빈의 지도자를 잃을 것 같은 예측으로 속상해 하던 지그문트 프로이트는 하트만에게 만약 그가 오스트리아에 머문다면 그를 개인분석으로 받아들일 것이라고 제안했다. 하트만은 이미 분석을 받았지만, 이것은 그가 거절할 수 없는 제안이었다. 1933년, 하트만은 지그문트 프로이트와 분석에 들어갔고, 정신과 클리닉에서의 학문적 경력을 포기하고 풀타임 정신분석적 진료소를 열었다.

같은 해에 하트만은 안식기간 동안 그를 사로잡았던 질문들로 돌아갔다. 정신분석의 핵심은 무엇인가? 이 질문은 1926년 이후로 형태가 변하고 있었다. 경쟁하는 사회과학, 신경생물학, 심리학에서 제기되었던 도전은 정치적 이데올로기들이 행사하는 압박들로 대체되어 있었다. 하트만은 프로이트가 그에게 오토 페니헬의 직무를 맡아 달라고 부탁했을 때, 자신이 그러한 정치적 주도권 싸움 가운데 있다는 것을 발견했다. 당시 '교수님'은 페니힐이 "라이히의 볼셰비키 정책"의 편을 들자 그를 〈심리학 학술지〉의 편집자에서 해고했다.

1933년에 빌헬름 라이히, 오토 페니헬, 그리고 다른 사람들은 마르크스주의 정신분석을 확고히 하고자 했다. 칼 융은 인종 심리학에 무게를 두었고, 마티아스 괴링은 반이상향적 시각에서《나의 투쟁》을 기반으로 하는 마음의 과학을 요청했다. 도대체 몇 개의 정신분석이 있을 수 있을까? 혁명적인 것, 인종적인 것, 파시즘적인 것. 어떤 기준이 이러한 정치화된 마음의 연구들을 잠재울 수 있을까? 정신분석은 이러한 침입들을 올바르게 걸러낼 수 있는 자연과학인가, 아니면 그것은 단지 또 하나의 "세계관Weltanschauung"인가?

백 년 넘게, 학자들은 'Weltanschauung'의 의미에 대해서 논쟁해 왔다. 이것은 "세계관"에 해당하는 독일어다. 바이마르 공화국 시대 동안, 이 단어는 그 사회에 없는 무엇인가를 논의하기 위해서 폭넓게 사용되었다. 과학은 자아를 무시했고, 니체는 신은 죽었다고 선언했던 그런 세상에서 의미 체계를 세우자는 공동의 필요가 있었다. 극우와 극좌의 이론가들은 이런 새로운 세계관이 요구되는 것에 동의했다. 때마침 독재자들이 나서서 이러한 요구를 채우고 있을 때, 정신분석가들은 그들의 과학이 그 간격을 채울 수 있는지의 여부를 궁금해 했다.

1929년, 로베르트 발더는 정신분석이 새로운 계몽적 세계관이 될 수 있다고 주장했다. 합리주의는 "비합리성 안에 내재된 진실과 윤리적 가치를 구제하고, 그것들을 면밀히 살펴볼 수 있게 해준다." 정신분석은 이성에 대한 계몽주의의 편협한 주장의 수정안과 개선책이었다. 1933년, 프로이트는 이러한 주장을 거부했다. 프로이트에게 정신분석이란 어떤 특정한 세계관이 아니라 단지 과학적 세계관의 한 부분이었다. 정신분석은 과학의 규정들에 의해서 정해지고, 당시의 종교적 그리고 마르크스주의적 세계관들에 반대하는 입장에 있다고 주장했다.

1933년, 하인츠 하트만 역시 정신분석이 하나의 세계관인가를 고민했다. 프로이트와는 다르게, 하트만은 과학과 정치 사이에 벽을 치기를 거부했다. 더 이상 정신분석이 그 안에 이미 깊게 들어있는 도덕적 또는 정치적 가치들을 가지고 있지 않다고 주장하는 것은 무익한 것이었고, 모든 사회적, 정치적 목표들로부터 떨어져 있는 것으로 정신분석을 이야기하는 것은 불가능했다. 이럴 때일수록 분석가들은 그들의 가설들을 분명하게 말하는 것이 필요했다.

정신분석은 합리주의, 경험주의, 자연주의에 기초를 두고 있었고, 그것의 도덕률은 행복의 증대와 고통의 경감이었다. 정신분석가들은 이러한 목표들에 도달하기 위해서 사회에 전문적인 수단을 제시할 수 있지만, 정신분석적 지식 자체는 한 공동체의 윤리관을 따르기 위해서 비틀 수도, 비틀어서도 안됐다. 정신분석을 정치적 이데올로기로 변형시키고자 하는 사람들에게 하트만은 이렇게 답변했다. 라이히는 틀렸고, 융도 틀렸고, 괴링도 틀렸다. 마르크스주의 정신분석도, 유대인 정신분석도, 나치 정신분석도 존재하지 않는다. 오로지 정신분석만 있을 뿐이다. 좀 더 정확히 말하면, 합리주의, 경험주의, 사실주의의 정신분석이었다.

유럽 전역에서 정치적 급진주의자들이 과학과 예술이 혁명에 기여해야 한다고 요구하고 있을 때 이러한 노력이 어떻게 살아남을 수 있을까? 나치 독일에서 아인슈타인의 연구는 유대인 물리학으로 묵살당했다. 소련에서 마르크스주의-레닌주의 이론은 인간 행동의 객관적인 과학이 되었고, 1931년까지 파블로프의 반사학reflexology은 유일하게 진실한 심리학으로서의 영예를 차지했는데, 혁명에 진실하다는 것이었다. 도대체 혁명과 반혁명 사이에서, 어떤 입장을 취하지 않는 것이 가능한가?

이러한 딜레마를 프랭크푸르트학파 사회학자들 중의 한 명인 카를 만하임이 능숙하게 다루었다. 《이데올로기와 유토피아》에서, 만하임은 인간의 의식에 사회적 삶이 스며들기 때문에 진실에 대한 어떤 주장이라도 사회적 정황은 필수적인 것이라고 말했다. 지식은 언제나 상황과 얽혀 있다. 각 시대는 그 시대의 진실들과 그 시대의 세계관을 생산한다. 이것들은 이데올로기라는 카테고리로 분류할 수 있는데, 그러한 이데올로기들은 과거의 지나친 이상화를 사용하고, 현재의 상황을 정당화하기 위해 안정성을 지나치게 강조하거나, 또는 급진적 변화를 정당화하는 미래의 환상을 고무시키는 유토피아를 강조한다. 이데올로기와 유토피아의 입장 차이에 대한 유일한 희망은 집착하지 않는 지식인들에게서 왔다. 그들은 개인적 신념들로부터 자신들을 자유롭게 할 수 있었고, 그럼으로써 그들이 처한 세계를 더욱 명확하게 이해할 수 있었다고 만하임은 말했다.

하인츠 하트만은 만하임에게 깊은 영향을 받았다. 하트만은 그의 할아버지와 아버지처럼 진보주의자였다. 그는 과학자들이 그들의 연구를 정치적 지지를 위해 타협하는 것을 성토했고, 이러한 부패를 형질유전에 대한 정신의학 논쟁에서 이미 감지했었다. 하트만은 정신의학과 정신분석은 정치의 위장된 형태여서는 안 된다고 믿었다. 하지만 전쟁을 준비하면서 양극화되고 있는 세계에서 그런 길은 어디에 있는가?

하트만은 안나 프로이트의 작업이 좋은 출발점이라고 생각했다. 그는 안나 프로이트가 바그너-야우렉 클리닉에 교육을 받기 위해서 방문했을 때 친분을 쌓았고, 심리적 감독으로서의 "자아"에 대한 그녀의 묘사를 매우 좋아했다. 이러한 접근은 지나치게 세분화될 수 있는 자기self의 전체성을 회복시켜줄 수 있다고 그는 믿었다. 이론가들은 경험주의의 권위에 다시 헌신하고, 그러므로 아동기 발달을 면밀히 연구해야 한다는 안나 프로이트의 요구는 하트만의 희망과 일치했다. 하트만은 그가 그 당시에 대학의 심리학 출신의 아동 관찰자들과 정신분석가들을 연결할 수 있는 개념적인 다리들을 세우고자 노력했었다고 후에 회상했다.

또한, 하트만은 개인들을 그들의 사회 안에 놓고 생물학적 유기체들을 환경 안에 놓는 공통된 기반을 찾아내려고 애썼다. 1937년 11월 17일, 하트만은 빈 학회에서 그의 생각들을 공개했고, 2년 후에 《자아 심리학과 적응의 문제 *'I' Psychology and the Problem of Adaoptation*》을 출판했다.

적응adaptation에 대한 하트만의 개념은 다윈의 것도 라마르크의 것도 아니었다. 그는 종족의 적응에 대해서가 아니라 개인의 적응에 대해서 생각했다. 그러한 이론을 발전시키기 위해서, 하트만은 일란성 쌍둥이에 대한 자신의 연구로 돌아갔다. 1920년대에 과학자들은 다른 환경에서 자란 일란성 쌍둥이들이 타고난 것과 양육에 의한 것이 어떻게 기여하는지를 비교할 수 있는 놀라운 기회를 제공한다는 것을 깨달았다. 하트만은 쌍둥이 연구에 착수했다. 그는 다른 환경들이 쌍둥이의 지성에 영향을 주지는 않지만 그들의 성격에는 영향을 준다는 것을 발견했다. 하트만은 지적능력은 생물학적으로 부여되고, 성격의 구조는 주어진 사회적 세계에 적응을 통해서 만들어진다고 결론 내렸다.

프로이트의 30년 전의 성심리psychosexuality 개념처럼, 적응에 대한 하트만의 개념은 외적 그리고 내적 힘들, 추동들drives과 사회적 요구들, 생물학과 정치를 통합하는 종합적인 것이었다. 그러한 견해는 정신분석을 자격을 제대로 갖춘 심리학으로 확장시키는 듯 했고, 기억, 지각, 합리적 행동, 의지, 인식 같은 정신적 기능들에 빛을 던져주었다. 이전에는 분석가들은 이러한 것들이 무의식적 힘들과 절충되는 것으로 보일 때에만 관심을 기울였다. 하지만 하트만은 발더의 연구 위에 자신의 이론을 세워 가면서, 오직 정신분석만이 이러한 정신적 활동들이 다양한 기능들에, 건강한 적응들을 포함하여, 어떻게 기여하고 있는지에 대해서 씨름할 수 있다고 주장했다. 지적으로 처리하는 것intellectualization은 본능적인 위험에 대한 방어로 작용할 수 있고, 현재의 상태를 유지시키는 힘이 될 수도 있다. 하지만 그것은 또한 현실을 파악하기 위한 근본적인 필요조건이기도 하다. 이와 같이 환상으로의 방어적 후퇴 역시 현실을 부인하는 것만으로 생각하기는 어렵다. 그것은 또한 새로운 가능성들을 상상하는 씨앗들을 가질 수도 있고, 문제를 해결하는 적응적인 성질로 기능할 수도 있다.

이러한 설명에서, 하트만은 카를 만하임의 기본구조를 반영했다. 하지만 심리적인 방어와 소망 사이에, 그리고 사회적 이데올로기와 유토피아 사이에 좀 더 명확한 세계의 이해로 가는 길은 어디에 있을까? 만하임의 고립된 냉철한 사람들 같이, 하트만은 마음에 제한적인 장소를 만들었는데, 즉 추동들drives과 방어들에게 영향을 받지 않는 자아의 "갈등 없는" 영역이었다. 이러한 마음의 영역에서 도덕적, 정치적 행동은 적어도 이론상으로는 이성과 현실에 근거를 두고 있었다.

적응은 하트만이 멜라니 클라인과 빌헬름 라이히가 가진 극단적 입장들 사이에서 "자아" 심리학이 항해해 가는 데 사용했던 나침반이었다. 적응은 어떤 심리적 기능이 클라인의 내부 악마들demons과 라이히의 사회적 결핍 둘 모두에 대응하는 데 필요했다. 자율적인 "자아"의 기능은 이러한 필요를 위해 기능했고, 일반적인 조직화 목표, 즉 개인의 적응 아래서 결합된다. 사람은 그의 환경을 형성하고 그것에 의해서 형성되어진다. 이것은 생물학, 심리학, 사회학 사이에 아주 매끄러운 연속성을 만들어 냈다. 위험한 충동들을 방어하고, 어머니에게 어찌할 도리 없이 밀착되어 있고, 걷기와 셈하기를 배우고, 전쟁기간 동안 살아남고, 이 모든 것들이 적응인 것이다.

하트만의 접근은 정신분석을 더욱 확장시켰고, 일반적으로 대학의 심리학이 확보해 둔 인지 과정들을 받아들였다. 갈등이 없는 자율적인 영역을 "자아"에 더함으로써 하트만은 정신분석의 경계들을 다시 정의했는데, 그래서 그것이 발달 생물학, 심리학, 사회학과 어울리도록 만들었다. 갈등이 없는 "자아"는 또한 분명한 정치적 메시지를 전달했다. 몇몇 마르크스주의 분석가들이 인간을 사회적 힘들에 의해 통제당한다고 보았다면, 멜라니 클라인은 인간을 자신들의 추동drives의 지배 아래 있다고 보았다. 그리고 하인츠 하트만은 내부와 외부 사이의 변증법적 요소를 복원시키려 했고, 그러한 과정에서 사람들이 어떤 제한적인 방법에서라도 자유로울 수 있는 가능성을 만드는 갈등이 없는 영역을 가정했다. 사람들은 기계적인 인형들이 아니고, 단지 짐승도 아니다. 그들은 그 이상의 잠재성을 가지고 있는데, 제한적이지만 창조성과 적응의 실제 능력을 가지고 있기 때문이다.

하트만의 연구는 그 자체가 유럽에서의 자유주의 몰락으로 만들어진 문제들에 대한 적응이었다. 그는 마음 안에 이성과 자유 의지가 지배하는 공간이 있다고 주장했다. 이것은 그의 친구였던 로베르트 발더의 그리 성공적이지 않은 노력을 따르는 것이었는데, 그는 1934년에 정신분석을 인간의 자유의 견지에서 정의하려고 노력했다. 프로이트는 분석의 목표는 "그것이 있는 곳에, 자아가 있어야 한다."로 선언한 반면, 다양한 기능들의 이론가였던 발더는 한 영역에 있는 자유는 다른 영역에서는 다른 어떤 것을 의미할 수 있다는 것을 말하고 싶어 했다. 만약 건강이 많은 필요들 사이에서 힘들여 만들어진 타협이라면, 그것 안에 자유는 어디에 있는가? 이러한 곤경을 해결하기 위해서 발더는 인간의 자유를 기능이라고 정의했는데, 이 기능은 "자아-위에서"와 관련되어 있다고 주장했다. 마음에서 자기self를 세심히 살피는 부분과 자기self를 조절하는 부분은 사람을 본능에 의해서 작동하는 동물적 존재 그 이상으로 부상하게 해준다.

이것은 새롭게 포장한 오래된 대답이었다. 철학자들은 오랫동안 도덕적 그리고 윤리적 자기 성찰이 인간 존재를 구별한다고 믿었다. 하지만 발더의 견해는 즉각 그의 동료들에게 문제가 되는 부분이 있었다. 알렉산더를 따라서 많은 이들은 "자아-위에서"가 무의식적 공격성에 차 있다고 생각했다. 그들은 그것이 비합리적으로, 때론 잔인하게 운용된다고 생각했다. 발더의 손에서, 그것은 인간의 선량함의 부분이 되었다. 인간의 자유를 설명하기 위한 발더의 부자연스러운 시도는 "자아" 안에 있는 자율성의 새로운 영역을 가정한 하트만의 결정의 견실함을 두드러지게 했다.

하인츠 하트만은 자율성과 자유 같은 정치적 그리고 철학적 개념들을 취하였고 "자아" 심리학에서 그것들을 재정의했다. 이러한 공식화가 얼마나 많은 임상적 효과를 제공하는지는 분명하지 않았다. 하지만 그것이 요점은 아니었다. 이렇게 입장을 재정립하는 것으로 이 정신분석가는 자신의 분야가 "그 시대의 병폐, 즉 본능을 숭배하고 이성에 경멸을 퍼붓는 것"과 타협하지 않는 이미지를 제시했다. 하트만은 그러한 시대적 경향이 매우 공격적인 그리고 정치적인 모양을 가장하고 있다고 말했다.

1936년 마리엔바드에서 열린 제14회 회합에서, 회장 어니스트 존스는 민주적인 체코슬로바키아에 온 198명의 참가자들을 환영했다. 그곳은 독재자들이 없는 "자유의 섬"이었는데, 자유로운 연구가 과학적 작업을 가능케 했다. 하인츠 하트만은 정신 안에 자유의 작은 영역을 배치했고, 정신분석이 이 공간을 보호하고 확장하는 것으로 보았다. 그는 인간의 자유의 잠재성을 옹호했는데, 그러는 동안 유럽의 자유의 섬들은 잠식당하고 있었다. 하트만, 발더, 그리고 그들의 추종자들에게, 정신분석은 개인들이 순응하도록 돕는 것이 아니라, 복잡하고 변화하는 환경들 안에서 자기 자신의 적응을 발견하게 돕는 하나의 방법이라고 보았다. 그들의 이론은 곧 시험대에 놓이게 되었는데, 오스트리아, 체코슬로바키아, 그리고 유럽의 다른 나라가 급변하고 있었기 때문이었다.

영국과 빈의 저명한 정신분석가들이 그들의 심리-정치적 견해들을 국가 연맹 같은 위엄 있는 단체들에 전달하고 있을 때, 마르크스주의 분석가들은 어둠 속에서 속삭였다. 소련은 그들을 비난했고, 나치는 그들의 정치정당을 금지했다. 국제정신분석협회도 그들을 공격했다. 많은 사람들이 망명생활을 했고, 그들이 유럽의 안전하지 않은 국경을 헤매게 되는 것을 원치 않는다면 극도로 주의해야만 했다.

그들은 또한 정신분석의 중심에 자유주의가 아니라 마르크스주의적 인간의 가치를 넣기 위해서 정신분석을 재정의하려고 노력했다. 오슬로에 둥지를 튼 오토 페니헬은 분산되어 있는 마르크스주의적 저항이 계속 진행되도록 노력했다. 페니헬은 항상 사람들을 함께 묶는 조직자이며 합의를 만드는 사람이었는데, 마르크스주의에 대한 그의 마음은 강했다. 확고부동한 페니헬은 죽음의 추동drive을 비평하는 글을 출판한 라이히의 권리를 지지했고, 〈심리학 학술지〉의 편집자로서의 그의 일의 상실을 보상했다. 프로이트의 독재적인 반응은 페니헬을 우위에 있고 고귀하게 보이게 만들었다. 게다가, 그에게는 많은 협력자들이 있었는데, 그들은 그의 해박한 지식과 거대한 작업을 존중했다. 나치가 독일을 장악하게 되자 페니헬은 오슬로로 피했다. 그곳에서, 그는 유럽 전역이 파시즘으로 넘어갈 것을 확신했고, 좋든 싫든 간에 정신분석의 미래는 미국에 있었다. 페니헬에게 이것은 또 다른 재앙이었는데, 이는 그가 미국에서의 정신분석 지식의 상태가 최악이라고 생각했기 때문이었다.

오토 페니헬과 베르타 본스타인, 1936년 마리엔바드 회합(신원을 확인할 수 없는 여인, 중간). 1933년 베를린에서 도피한 페니헬은 극좌파 정신분석가들의 비밀모임의 중심에 있었다.

망명 중에, 페니헬은 사랑했던 이 분야를 나치, 파시즘 신봉자들과 미국인의 무지로부터 보호하려고 애썼다. 그 노력의 결과가 《임상적 정신분석의 개요》였고, 미국으로 보내서 출판하게 했다. 이 백과사전 같은 책에서, 페니헬은 방대한 양의 임상적 글들을 어떻게 해서든 통합하려 했다. 그 글들의 저자들은 프로이트, 아브라함, 랭크, 융, 존스, 페렌치, 알렉산더, 라도, 호나이, 라이크, 라이히, 실러, 아이크혼, 클라인, 페데른, 눈베르크 등등 그 목록은 계속 되었다. 거의 5백 페이지의 책이 나오게 되었을 때, 그것은 현대판 노아가 홍수에 대비에서 모든 정신분석가들을 방주로 이동시키려 하는 것처럼 보였다.

동시에 페니헬의 작은 무리의 좌파 분석가들은 특별히 라이히와 불화를 빚고 있었다. 1934년 후, 라이히는 오르가즘의 중요성뿐만 아니라 근육과 신체적 몸의 에너지에 더욱 무게를 두었다. 라이히가 환자들에게 하는 공격적인 기법들은 페니헬을 염려시키기 시작했다. 게다가 그는 라이히의 가차 없는 공격으로 타격을 받아서 우울증에 빠졌던 환자들을 보아왔다. 이러한 염려들을 무시하고, 지나치게 확신에 찬 라이히는 그의 추종자들에게 라이히학파 분석가들이 되라고 압박하기까지 했다. 그중 게오르그 게로는 그러한 충성 맹세를 거부했다. 게로는 회보를 받는 회원들에게 편지를 써서 라이히가 그의 진정한 신봉자가 되기를 요구하며 더욱 열려 있는 과학적 연구와 토론에 참여하고자 하는 사람들을 공격했다고 전했다. 1935년 봄, 노르웨이에서 라이히를 따르는 사람들과 페니헬 같이 국제정신분석협회에서 회원 자격을 유지하고 있는 사람들은 완전히 서로 결별했다.

오토 페니헬은 프라하로 옮겼고 빈 사람들과 더욱 가깝게 일하기 시작했다. 빈 사람들의 대부분은 베를린 동료들처럼 정치적으로 급진적이지 않았지만, 페니헬은 빈 사람들과 함께 공통의 적들, 특별히 멜라니 클라인의 반동적 reactionary 이론들에 대항한 연합전선을 만들 수 있다고 믿었다. 1935년 2월, 페니헬은 비밀로 서신을 왕래하는 사람들에게 안나 프로이트가 영국학교에 반하여 확고한 입장을 취했다고 보고했다. 페니헬 자신도 이 전투에 들어갔고, 에드워드 글로버가 현실과 동떨어진 방식으로 전쟁에 대해서 입으로만 논하고 있다고 비난했다. 빈 사람들은 페니헬의 비위를 맞추기 시작했다. 지적 복종에 대한 라이히의 요구와 반동적 클라인 추종자들 사이에서, 오토 페니헬은 빈 사람들이 주로 중산층 진보주의자들이고 전혀 혁명적이지 않다고 생각하고 있었음에도 불구하고 의지할 곳이 없었다. 개인적으로, 페니헬은 마르크스와 프로이트를 융합하려는 시도를 계속했지만 공개적으로는 정신분석의 미래를 지키려고 애썼다.

안나 프로이트의 통합에 강한 흥미를 갖게 된 페니헬은 빈 학회에서 이러한 생각들에 대해서 강의하고 주말에 수업을 인도할 수 있는지 물었다. 1936년 10월, 오토 페니헬은 정신분석 기법을 가르치기 시작했다. 페렌치와 랭크의 책이 나온 이 후로 상당수의 분석가들이 그 주제에 대한 교과서를 만들려고 시도했다. 예를 들면, 1932년 여름, 에드워드 글로버는 분석가들을 대상으로 기법에 대한 견해들을 조사하는 설문지를 공들여 만들었다. 그 설문지는 적극적인 방법, 중립성, 어느 정도까지 이론이 해석에 영향을 주는지, 회기 중에 담배를 피워도 되는지 포함하고 있었다. 그는 답변들을 대조해서 현장에서 쓰는 실질적인 기법을 반영하는 교과서를 만들기 희망했지만 글로버의 프로젝트는 완성하기 전에 쓸모없는 것이 되어버렸다. 그의 설문지는 라이히의 저항 분석이나 안나 프로이트의 방어에 대한 연구, 또는 멜라니 클라인의 변화에 대해서는 아무런 언급도 없었고 8년 후에 그의 연구가 출판되었을 때, 그것은 더 이상 쓸모가 없었다.

그럼에도 불구하고 1936년, 오토 페니헬은 일관성 있는 정신분석 기법을 세우기 시작했다. 빈 연구소에서의 그의 수업에서, 다른 사람들의 입장들을 자세히 살펴보았고, 변증법적인 방식으로 앞으로 나아갔다. 페렌치를 인용하면서 페니헬은 그 기법 이론은 어길 수 없는 규칙을 말하는 것이 아니라 그것보다는 충고라고 동료들에게 말했다. 그는 공식화된 기법의 가능성에 반론하는 테오도르 라이크의 주장을 단호하게 거부하면서 규범적인 계율과 안내가 전혀 없는 것 사이에 어떤 방법을 찾을 수 있을 것이라고 생각했다. 또한 페렌치와 랭크의 생각을 반영하면서, 이야기하는 것talking에 지나치게 집중하는 이론들에 반론을 폈고, 감정을 지나치게 주장하는 사람들에게도 동정심을 거의 갖지 않았다. 그는 어느 정도의 절제에 대한 논의들을 제시했지만 페렌치의 적극적인 치료법을 제시하지는 않았다. 전이와 저항 분석을 강조했지만 분석을 그것에 제한하려는 사람들을 거부했다. 그는 라이히의 개척자적인 작업을 칭송했지만 성격의 방어들을 파괴하려는 그의 방법을 비판했다.

이러한 많은 입장들을 조직화하기 위해서, 페니헬은 안나 프로이트의 등거리에 대한 생각에 관심을 돌렸고 분석가는 어떤 단일한 마음의 영역에 자신을 맞추어 조정해서는 안 된다고 요청했다. 그러한 중립성을 추구하면서 분석가가 나무처럼 되든지 생명이 없는 것 같이 되어서는 안 된다고 주의를 주었다. 분석가는 거울이 되려고 해서는 안 된다. "환자는 분석가의 '인간적인 면'에 언제나 의지할 수 있어야 한다."고 페니헬은 주장했는데, 몇몇 환자들은 그렇게 항상 할 수 있는 것은 아니라는 것을 분명히 했다.

이 마르크스주의자는 또한 정신분석의 기법에서 적응의 위치에 무게를 실었다. 하트만을 언급하지 않은 채, 페니헬은 어떤 분석가들은 그들의 환자들이 그들의 환경을 바꿀 수 없다고 여기게 될 때 치료가 되었다고 보는 경향이 있다며 이를 주의해야 한다고 말했다. 이러한 극심하게 보수적인 적응에 대한 생각(이것이 하트만의 연구를 공정하게 평가했다고 볼 수 없을 것이다.)은 잘못되었다고 페니헬은 경고했다. 적응은 사회적 환경에 항복하는 것으로써가 아니라, 그것보다는 현실을 판단하고 그것에 따라 행동할 수 있는 개인의 능력에 의해서 측정되어야만 했다. 후에 페니헬은 하트만의 연구를 재검토하고, 적응에 대한 그의 견해를 부분적으로 "특정한 사회의 사회적 구조"에 의존하는 것으로 평가하게 되었다.

페니헬은 150페이지 정도의 분량으로 정신분석 기법에 대한 전례 없는 종합을 만들어 냈고, 이것은 글로버, 엘라 샤프의 책들과 같은 이전에 출판된 좀 더 편협한 기법적 논문들을 넘어서는 것이었다. 오토 페니헬은 정치적으로 그리고 개인적으로 집단의 공동 목적에 헌신한 사람이었다. 그렇게, 그는 자신을 선지자가 아니라 오케스트라 지휘자로 보았다. 그는 책을 끝마친 후에, 그것을 많은 사람들에게 보냈고, 라이크를 포함해서 많은 사람들에게서 온 불평에 잘 대처했다. 부다페스트에 있는 어떤 사람은 그가 그들의 혁신들을 경시했다고 말했고, 가장 눈에 띄는 누락은 멜라니 클라인의 최근 연구에 대한 논의였다. 안나 프로이트 처럼, 페니헬은 많은 입장들에 대해서 의견을 말했지만, 멜라니 클라인의 추종자들에게는, 빈 사람들이 침묵에 의한 죽음이라고 불렀던 것만 있었다.

오토 페니헬은 유럽의 몰락과 함께 정신분석도 어둠의 시대로 사라질 것을 염려했다. 그는 자신의 작은 책을 신세계에 보냈고, 1938년에 그곳에서 《정신분석적 기법의 문제들》이 출판되었다. 이것은 그 후 50년 이상 미국의 정신분석가들에게 권위 있는 안내서가 되었다. 이 책은 페니헬이 두려워했던 것처럼 유럽대륙에서 정신분석이 죽어가고 있었기 때문에 유럽에서는 출판되지 않았다.

나치의 빈을 떠난 지그문트 프로이트와 안나 프로이트는 1938년 파리에 도착했다.

IV.

오스트리아는 결국, 1938년 3월 11에 아돌프 히틀러에게 함락되었다. 나치의 탱크들이 학수고대했던 합병을 위해 빈으로 들어올 때, 군중들은 환호하며 환영했다. 놀랍게도 나머지 세계는 아무것도 하지 않았다. 긴박했던 몇 주 후, 1938년 6월 4일에 지그문트 프로이트는 오리엔트 특급을 타고 빈을 영원히 떠났다. 오이디푸스 왕의 비극의 해석자는 충실한 딸인 "안나-안티고네 Antigone"(프로이트가 한 번 그녀를 그렇게 불렀다)와 함께 망명길에 올랐다. 나이 든 프로이트는 오스트리아를 뒤로 하고 떠났다. 오스트리아는 독일 나치들에게 유대인을 어떻게 위협하는지를 보여주었다. 오스트리아 사람들이 그들의 이웃이었던 유대인들을 때리고 빼앗던 뻔뻔스러운 태도에 깊은 인상을 받은 베를린 당국은 곧 유대인 주민에게서 무엇이든지 빼앗을 수 있는 몰수법을 통과시켰다. 히틀러와 그의 수뇌부는 또한 유럽에서 유대인들을 체계적으로 제거할 계획을 실행하기 시작했는데 프로이트와 다른 정신분석가들은 유대인 대학살을 뒤에 두고 몸을 피했다.

하루 저녁에 정신분석의 발생지에는 극히 소수만이 남게 되었다. 빈 학회는 해산되었다. 그 학회의 소수의 비유대인 회원 중의 한 명인 리하르트 슈테르바는 베를린의 뮐러브라운슈바이크에 의해서 들어 왔는데, 그의 뒤를 따랐고 유대인이 없는 빈 학회의 지도자가 되었다. 슈테르바는 이 학회가 유대인 회원들을 제거한 뒤 괴링의 연구소와 합병될 것이라고 통보받았다. 어니스트 존스는 슈테르바와 협력해서 일하기를 간절히 바랬지만, 존스가 프로이트와 다른 유대인 분석가들을 돕기 위해서 빈에 도착했을 때 슈테르바가 스위스로 도망친 것을 발견하고는 격노했다. 뮐러브라운슈바이크는 슈테르바에게 간청했지만 그는 그 계획에 참여하는 것을 다시 거절했다. 1938년 봄, 빈에는 더 이상 조직화된 정신분석은 없었다.

빈에서 파리로 가는 열차에서, 지그문트 프로이트는 반세기 전에 미래를 찾아서 프랑스로 갔을 때의 여정을 회고했다. 그는 더 이상 젊고, 실패한 과학자가 아니었고, 세계적으로 유명한 사상가이자 의사인 "프로이트"였다. 그는 이제는 알려지지 않은 사람으로 파리에 홀로 도착하는 것이 아니었으며, 가족과 그가 공들여 만든 학문 분야의 회원들이 따르고 있었다. 파리에서, 언론과 마히 보나빠르뜨 공주가 그를 맞이했다. 프로이트의 자유는 부분적으로 마히 공주와 그녀가 지불한 몸값 그리고 어니스트 존스의 공들인 작업 덕분이었다. 그리고 주프랑스 미국 대사 윌리암 뷸리트William Bullitt와 영국의 내무 장관 사무엘 호어Samuel Hoare 경 같은 강력한 친구들의 개입이 프로이트의 자유를 보장했다.

그렇게 해서 프로이트는 리보, 샤르코, 자네의 고국인 파리로 돌아왔다. 그 장소는 한때 그에게 영감을 주었던 곳이다. 그는 빈에는 더 이상 정신분석이 없다는 것을 알았고, 입장이 미묘했다. 오랫동안 정신분석을 저항했던 파리에는 의사 분석가들을 중심으로 세워진 정신분석가 그룹이 성장하고 있었고, 미학적 진보주의자들의 새로운 세대는 초현실주의자들을 오게 했다. 파리에서 잠시 머문 후에 프로이트와 그의 측근들은 계속 움직였는데, 멜라니 클라인과 그녀의 추종자들에게는 당황스럽게도 '교수님'과 그의 딸은 런던에 정착하기로 결정했다.

프로이트는 유럽 대륙을 거쳐 항해하면서, 이미 피신한 많은 유럽 분석가들의 뒤를 따라갔고, 오스트리아, 체코슬로바키아, 폴란드, 덴마크, 프랑스, 헝가리를 곧 떠날 수많은 분석가들 보다는 앞섰다. 분석가들은 외국으로 가는 부두로 모여들기 시작했다. 안나 프로이트는 윌리 호퍼와 그의 부인 헤드윅, 로베르트 발더와 그의 부인 제니, 에드워드 비브링과 그의 부인 그레테, 에른스트 크리스와 그의 부인 마리안느, 오토 이자코보와 그의 부인 살로메아, 그리고 프로이트의 의사인 막스 슈르Max Schur를 포함한 학회의 다른 회원들의 무리와 함께 런던에 도착했다.

프로이트학파에 대한 충성심이 강한 파울 페데른은 시카고, 디트로이트, 톨레도에서 병원 직책을 확보하는 데 실패한 후에 뉴욕 정신분석학회에 합류했다. 프로이트가 아끼던 하인츠 하트만은 뉴욕으로 갔다. 그곳에서 그는 비자를 발급받았는데 교사들을 위한 뱅크 스트리트 학교에 그를 위한 자리가 마련되었다. 베를린 공산주의 분석가였고 페니헬의 동료였던 에디트 제이콥슨Edith Jacobson은 그녀의 반 나치 활동으로 2년 이상의 감옥살이를 해야 했으며, 프라하에서 뉴욕으로 왔다. 파리정신분석학회 창시자들 중에 한 명이었던 루돌프 뢰븐슈타인Rudolph Loewenstein이 뉴욕 그룹에 합류했고, 헝가리 분석가이고 인류학자인 게자 로하임Géza Róheim도 그렇게 했다. 1938년 후, 베르타 본스타인, 마리안 크리스 같은 다수의 빈 아동정신분석가들 또한 뉴욕 학회에 합류했다. 파리를 경유해서 온 헝가리인 마가레트 말러-쇤베르크Margarethe Mahler-Schõnberger, 르네 스피츠는 말할 것도 없었다. 폴란드 정신분석의 지도자 구스타프 비초비스키Gustav Bychowski는 이탈리아 정신분석의 지도자 에도아르도 바이스와 함께 1939년에 뉴욕에 도착했다. 프로이트의 카드놀이 일원이었던 공산주의자 루트비히 제켈스는 호주를 통해서 왔고, 의사가 아닌 사람의 분석에 대한 논쟁을 불러일으켰던 테오도르 라이크도 그렇게 했다. 1938년과 1941년 사이에, 놀랄만한 수의 정신분석 인재들이 뉴욕 정신분석학회에 합류했다.

다른 이들은 내륙이나 위의 해안 지방으로 갔다. 그레테와 에드워드 비브링은 에두아르트 히치만과 로베르트 발더 부부(그들은 곧 필라델피아로 이사 가게 된다.)와 함께 보스턴에 정착했다. 리하르트 슈테르바와 그의 아내 에디타는 1939년에 디트로이트로 갔다. 지크프리트 베른펠트는 샌프란시스코로 갔고, 오토 페니헬은 그의 베를린 친구들인 에른스트 짐멜과 후고 스타우브를 따라 로스앤젤레스로 갔다.

분석가들이 유럽 대륙을 떠나게 되면서, 그들은 옛날의 동지와 적을 다시 조우하게 되었다. 그중 빌헬름 슈테켈은 1938년 잉글랜드로 피했지만 2년 후에 자살했다. 알프레트 아들러와 오토 랭크는 1935년 미국에 도착했지만 아들러는 1937년에 죽었고, 2년 후에 랭크, 오이겐 블로일러, 해브록 엘리스도 죽었다. 빌헬름 라이히도 가까스로 미국으로 피했다. 그가 뉴욕의 항구에 상륙했을 때, 예전의 피분석가가 그를 맞이했는데, 그는 그의 분석가의 변화에 충격을 받았다. 라이히는 깨지고 우울해 보였다. 빌헬름 라이히는 퀸즈의 포레스트 힐스에 있는 그의 집 지하에 연구실을 만들었다. 그는 모든 생명의 원기왕성한 원천을 발견했다고 믿게 되었다. 그는 그것을 오르곤이라고 불렀는데, 오르곤에 근거한 새로운 분석은 라이히를 정신분석에서 더욱 멀어지기 했고, 새로운 추종자들과 미국 정부 당국의 관심을 확보했다. 그는 사기로 감옥에 갇히게 되었고 1957년에 감옥에서 죽었다.

1940년 즈음, 유럽 대륙에서의 정신분석 공동체는 완전히 붕괴되었다. 정신분석가들의 훈련, 그들의 과학적인 출판, 그들의 임상을 지탱했던 개인들과 단체들의 거대한 네트워크는 사라졌다. 정신분석은 그것의 출생지를 잃었다. 세계 대전 이후 대규모 탈출은 번창하던 정신분석 공동체의 끝을 말했다. 제1차 세계 대전 이후 베를린, 빈, 부다페스트뿐만 아니라, 다른 작은 센터들에서도 정신분석 공동체는 성장해서 꽃을 피웠지만, 그 위대한 센터들 중에서 오직 런던만 남았다.

이러한 망명인들은 그들의 고향과 모국어를 잃었다. 정신분석은 항상 언어적 뉘앙스에 커다란 관심을 보였는데, 표현의 미묘함이 심리에 대한 실마리를 가지고 있다는 신념을 가지고 있었다. 그들은 지금 강한 억양을 가진 이민자들로 외국 땅에서 일하고 있었다. 게다가, 분석가들이 내적 세계를 묘사하고 명명하기 위해서 만들었던 언어는 번역에서 새로운 삶을 시작해야 했다. 1941년에는 어떤 독일어 정신분석 출판도 존재하지 않았다. 〈심리학 학술지〉, 〈이

마고〉, 〈정신분석 연감〉, 〈정신분석 운동〉, 〈정신분석적 교육 학술지〉는 모두 죽었다. 히틀러의 승리가 계속되면서, 정신분석의 언어는 다른 언어로 살아남아야 했다.

정신분석적 용어들과 개념들은 프랑스, 미국, 영국에서 오랜 역사를 가지고 있었다. 하지만 1938년 전에는 이러한 번역들은 보조적이었고 이 분야의 의미를 근본적으로 변경할 정도로 위협적이지는 못했다. 오스트리아의 몰락은 그 균형을 바꾸었다. 이민자들이 영국과 미국으로 몰려들어 올 때, 영어 번역들이 무엇을 채택했는지를 고려하는 것이 중대한 것이 되었다.

프로이트의 영어 번역자들이 직면했던 많은 어려운 선택들 중에 가장 결정적인 것이 된 것은 작은 단어들이었다. 프로이트는 그의 "자아" 심리학을 안내하기 위해서 일상의 언어들을 사용했다. 그는 독일어 'Es'와 'Ich'를 사용했다. 그것은 단순하게 "그것"과 "나"였다. 그는 이러한 선택을 분명하게 변호했다.

> 당신은 아마도 우리가 두 개의 기능들 또는 영역을 묘사하기 위해서 그럴싸하게 보이는 이름을 선택한 대신에 단순한 대명사를 선택한 것에 대해 항의할 것이다. 그러나 정신분석에서 우리는 널리 퍼져있는 생각의 유형과 접촉하기를 원하고, 그러한 개념들을 거부하기 보다는 그것들이 과학적으로 사용되기를 원한다. 이러한 것이 용이하지 않을 수도 있다. 하지만 우리는 이러한 방향을 취해야만 한다. 왜냐하면 우리의 이론들은 우리의 환자들이 이해해야만 하고 그들은 종종 매우 지적이기도 하지만 항상 배운 사람들은 아니기 때문이다.

프로이트가 이러한 글을 썼을 때, 어니스트 존스는 영국 정부당국에 의해서 정신분석이 수용되게 하기 위해서 싸우고 있었다. 1924년 겨울, 존스는 그의 피분석가였던 조앤 리비에르에게 프로이트의 《자아 그리고 그것》를 번역해 달라고 요청했다. 그들은 어휘 위원회의 의견을 들었다. 그 위원회는 제임스 스트레이치를 포함하고 있었고, 그는 그의 부인 알릭스에게 그 모임에 대해서 이야기 했다.

> 나는 오늘 2시에서 3시까지 존스 그리고 리비에르와 매우 지루한 시간을 가졌소. 그 작은 짐승(만약 내가 그에 대해서 묘사한다면)은 정말 매우 짜증났소. …… 우리의 이름이 속표지에 제외될 것이오. 나의 말을 잘 들어보시오. 그들은 "das Es"를 "이드the Id"로 부르길 원하오.

존스와 리비에르가 그로덱과 프로이트의 "그것"을 의학 어감의 라틴 단어인 "이드"로 사용하기로 결정한 것은 스트레이치 부부에게는 우스운 일이었지만, 존스와 리비에르는 프로이트의 일반적인 'Ich'에 대해서도 비슷한 선택을 했다. 그들은 라틴어 "에고ego"라고 번역하기로 결정했고, 그래서 'Über-Ich'는 "수퍼-에고"가 되었다. 'Ich'의 이러한 번역은 새로운 것은 아니었다. 이 독일어 용어의 철학적 사용에서 "에고" 용어를 채용하는 전통이 있었다. 하지만 그 번역은 쉽게 이해할 수 있는 일반적인 단어들을 사용하려고 했던 프로이트의 목표를 좌절시켰다. 1926년, 요한 리크만은 호가스 출판사 발행자인 레오나르드 울프에게 편지를 써서 불평했다. "나는 그 제목이 전혀 만족스럽지 않습니다. 나는 문자 그대로의 번역인 《나 그리고 그것》이 더 괜찮다고 느낍니다." 그럼에도 불구하고 리비에르의 번역 《에고 그리고 이드》가 1927년에 세상에 나오게 되었다. 그때부터 대단히 영향력 있는 제임스 스트레이치의 프로이트 작업의 〈표준 번역판〉에서 그리고 영어를 말하는 세계에서 "자아" 심리학은 에고심리학으로 알려지게 되었다.

수퍼-에고, 에고와 이드는 분명하게 자아-위에서, 자아, 그것과는 달랐다. 이 라틴어의 용어들은 평범한 내면의 경험과의 어떤 연결성도 제거했다. "자아the I" 심리학의 한 부분이 번역 중에 상실되었다. 에고ego의 기술적인 의미들을 일상의 말로 쉽게 연결할 수 있는 다리는 없었다. 수퍼-에고super-ego와 우리를 지켜보는 존재를 느끼고 들었을 때의 정신적 삶의 보편적인 부분 사이에 분명한 연결도 없었다. 이러한 철학적인 용어들은 정신분석을 아동 관찰자들과 심리학자들로부터 분리시켰다. 에고심리학, 바로 이 이름이 이론적인 학문 분야를 제시했다. 실증적 경험에 근거를 둔 것이 아닌 것이었다.

프랑스 사람들은 좀 더 글자 그대로의 번역을 고수했다. 그들은 독일어 Ich를 le moi 또는 "나"로 만들었다. 전쟁이 끝난 후에, 프랑스는 카리스마 있는 자크 라캉Jacques Lacan에 의해서 이끌어졌는데, 미국에서의 에고심리학에 대한 강한 비판을 발전시켰다.

정신분석가들은 그들의 출생지를 잃었고, 그들의 모국어를 잃었고, 그리고 소란스러웠던 시기에 그들에게 어느 정도의 안정감을 제공했던 조직마저도 붕괴의 벼랑 끝에 있었다. 정치적 혼란의 시기 동안, 국제정신분석협회는 흔들림 없는 영향력을 가지고 있었다. 1932년 이후로, 어니스트 존스가 런던에서 그 그룹을 관장하고 있었다. 정신분석의 유럽의 각 중심지들은 자체적으로는 붕괴되었지만, 국제정신분석협회는 이 분야의 관심을 보호하려고 노력했다. 1938년, 미국 정신분석협회와 함께 일하려는 국제정신분석협회의 취지는 전에 없이 더욱 명백해졌다. 이 두 조직은 유대인 분석가들을 유럽에서 나오게 하는 것으로 많은 생명들을 살렸다.

1938년 8월 1일, 국제정신분석협회는 파리에서 제15회 회합을 열었다. 리셉션이 살몽 드 로칠드 호텔에서 열렸다. 그곳에서 프랑스의 교육부 장관 대리자가 환영인사를 했다. 당시 회원들은 알 수가 없었지만, 이 모임 이후 정신분석가들은 10년 동안 다시 모일 수 없었다. 어니스트 존스는 정신분석의 모든 학회들의 모체는 더 이상 존재하지 않는다는 소식으로 개회했다. 하지만 그는 정신분석은 유아기에서 성장해서 어떤 반대도 견딜 수 있게 되었다고 용감하게 선언했다. 게다가, 102명의 분석가들 중 6명을 제외한 모든 사람들과 빈의 훈련생들 모두가 구조되었다는 반가운 소식을 발표했다. 나치와 협상하는 것이 매우 복잡했던 것을 생각해볼 때 이것은 엄청난 성과였다.

존스에게는 파시즘은 정신분석이 끝나기를 기다리는 어떤 것이었다. 그는 나치의 통치 아래서 베를린에 있는 정신분석을 유지하려고 열심히 노력했고, 분석이 이러한 재앙의 시대보다 오래 살아남기를 바라는 소망으로 일하고 있다고 공개적으로 말했다. 존스는 베를린에 남아 있는 독일계 분석가들을 지지했지만, 나치가 좋은 시민이 되는 것을 기대하지는 않았다. 그래서 그는 무대 뒤에서 더욱 냉혹한 가능성들에 대비해서 부지런히 준비했다. 국제정신분석협회의 회장으로서 존스는 오스트리아에서 상황이 악화될 경우에 유대인 분석가들을 피난시킬 계획을 만들었다. 그리고 그날이 오자, 많은 수의 분석가들이 어니스트 존스와 국제정신분석협회 덕분에 살게 되었다.

독일과 오스트리아에서의 정신분석의 붕괴에도 불구하고, 국제정신분석협회가 위험에 처하게 될 것이라고 생각할 만한 이유는 없었다. 하지만 파리에서의 사무회의에서 존스는 충격적인 일을 발표했다. 의회 모임 바로 전에, 그는 미국 정신분석협회의 회장으로부터 보고서를 받았다. 37페이지의 문서는, 존스의 말에 의하면 "국제정신분석협회는 행정적, 법률 집행 기관으로 존재하지 말아야 하고, 그 자체를 전적으로 과학적 목적만을 위한 의회로 변형시켜야만 한다."라고 제시했다. 미국인들은 특별히 국제훈련위원회를 해산시키고, 오래 지속되고 있었던 의사가 아닌 사람의 정신분석의 문제에 대한 논쟁을 끝내기를 간절히 원했다. 극도로 불안정한 상황에서, 미국인들은 국제정신분석협회가 효력이 없고 무익하다고 선언하기로 결정했다. 그들은 협회의 권위에 따르지 않을 것을 분명히 했다.

미국인들을 무시하는 것은 더 이상 선택이 아니었다. 1938년, 국제정신분석협회의 30퍼센트가 미국에서 살았고, 그 비율은 기하급수적으로 증가하고 있었다. 정착할 필요가 있는 약 100여 명의 빈의 분석가들 중 4명을 제외한 모두가 영어로 말하는 나라로 갔다. 영국이 몇 명만을 받아들 수 있었기 때문에 대부분은 미국으로 가게 되었고, 국제정신분석협회에서 미국인의 보유분은 거의 50퍼센트까지 올라갔다. 만약 이민자들이 의사가 아닌 분석가였고 국제정신분석협회에서 보호를 받지 못한다면 그들은 미국에서 정신분석을 할 수 없었다. 약해진 국제정신분석협회와 폐허 속의 유럽대륙에서의 정신분석과 함께 존스는 무력했다. 그는 망명한 유럽인들을 정착시키기 위해 미국인들의 도움이 필요했다. 위원회를 소집하여 두 그룹 간에 협상을 하려고 했지만 국제정신분석협회의 미래는 어둡기만 했다.

그들의 고향, 그들의 언어, 하나로 된 공동체의 어떤 모양도 더 이상 존재하지 않았다. 게다가 바로 그 순간 그들은 지그문트 프로이트마저 잃었다. 런던의 메어스필드 가든스Maresfield Gardens에 정착한 83세의 프로이트는 턱의 악성종양이 재발했다. 그는 또 한 번의 수술 후에 계속적인 고통에 시달렸고, 상처는 부패해 갔으며 악취를 내뿜었다. 프로이트의 의사 막스 슈르는 이미 오래 전에 프로이트와 그의 때가 오면 불필요한 고통을 주지 않기로 동의했었다. 프로이트가 그의 마지막 요구를 했을 때, 슈르에게 안나와 의논하라고 말하는 것을 잊지 않았다. 1939년 9월 23일, 의사 슈르는 프로이트에게 치명적인 양의 모르핀을 주사했다.

프로이트는 인간의 역사에서 가장 잔인한 싸움의 시작을 볼 때까지 살았다. 1939년 9월의 첫째 날 아돌프 히틀러는 핀란드를 침략했다. 이것으로, 영국과 프랑스 정부는 오랫동안 참아 왔던 전쟁을 선언했다. 계속되는 전란은 세계 전체로 퍼져갔고, 어마어마한 수의 사람이 죽었으며 유럽에서만 3,500만 명 이상이었다. 그리고 독일, 프랑스, 오스트리아, 폴란드, 덴마크, 네덜란드, 헝가리, 체코슬로바키아, 노르웨이, 벨기에, 그리고 다른 나라들이 나치의 지배 아래로 들어갔다.

정신분석은 유럽에서 태어났다. 그것은 유럽문화의 자식이고, 자연과학과 인문과학, 칸트 이후의 철학, 신낭만주의, 성 개혁으로부터 영양분을 받았다. 그것은 독일과 프랑스 사이의 창의적인 긴장감에서 영감을 얻었고, 유럽의 의학 기관들과 자유로운 도심지들에서 성장했으며 파리, 빈, 취리히, 베를린, 프랭크푸르트, 뮌헨, 프라하, 부다페스트에서는 문학, 철학, 예술운동 같은 급진적인 현대 미학을 생겨나게 했다. 정신분석은 정신의 복잡한 활동들을 독일어로 명명한 빈의 한 의사의 놀라운 통합적 작업에 의해서 세워진 학문 분야였다. 하지만 이제 정신분석에 자양분을 주었던 그 세계는 사라지고 없었다.

그럼에도 결국 어니스트 존스는 옳았다. 정신분석은 빈의 공동체가 파괴되었어도 결코 죽지 않았다. 책들은 불살라지고, 추종자들은 박해를 받고, 쫓겨나고, 살해를 당했어도, 정신분석 이론들과 방법들은 유럽의 재앙에서 빠져나와서 멀리 떨어진 곳에서 비옥한 토양을 발견했다. 1939년 이후, 질문은 정신분석이 계속 살아남느냐가 아니었다. 그보다는 그렇게 많은 것을 잃은 후에 그것이 어떤 형태를 취하게 되느냐 였다.

에필로그

I.

1949년, 전쟁 이후 첫 번째 국제정신분석협회의 모임이 취리히에서 열렸다. 이 운동의 끈질긴 전사였던 어니스트 존스는 변형된 풍경을 관찰했다. 많은 것을 잃었고, 많은 것들이 파괴되었다. 나치는 유럽계 유대인들의 대학살을 감행했고, 좌파들과 성 "도착자", 부족해 보이거나, 정신적으로 건강하지 못해 보이는 사람들을 대량 학살했다. 나치의 테러 동안에, 오직 네덜란드 사람들만이 정신분석의 비밀 그룹을 유지할 수 있었다. 프랑스, 이탈리아, 헝가리, 독일의 정신분석 공동체들은 파괴되었거나 흩어졌거나 해산되었거나 나치화되었다. 많은 유럽의 도시들은 폭탄을 맞아 산산조각이 났다. 프라하, 부다페스트와 베를린의 절반은 전쟁에서 살아남았으나 전체주의 소비에트 세력 범위 안으로 들어갔다. 그래서 전쟁이 끝나기를 기다렸다가 한 때 정신분석을 가능케 했던 곳으로 돌아가고자 했던 존스의 소망은 대부분의 분석가들에게는 불가능한 것이었다.

회합과 회합 사이에 죽은 몇몇 국제정신분석협회 회원들을 기리는 말을 하는 것에 익숙했던 어니스트 존스는 지금은 추도를 하기 위한 매우 긴 이름들의 목록을 가지고 있었다. 나치에 의해 살해된 15명과 전쟁 이전의 창립자들과 이 운동의 지도자들이었던 지그문트 프로이트, 막스 에이팅곤, 아브라함. 브릴,

에른스트 짐멜, 오토 페니헬, 한스 작스, 폴 쉴더, 수잔 아이자크스, 후고 스타우브 등이 ㅗ 죽은 사람들 가운데 있었다. 파울 페데른은 병이 들어서 여행할 수 없었다. 1908년, 잘츠부르크에서 만났던 최초의 그룹 중에서 오직 어니스트 존스와 에두아르트 히치만이 남아 있었다.

유럽에서의 참화에도 불구하고, 국제정신분석협회는 회원이 800명으로 놀라운 성장을 보였다. 그들 중 절반 이상이 미국인들이었다. 협회의 거의 4분의 3이 영어권에서 왔고, 어니스트 존스는 20개의 새로운 협회들을 위한 신청서를 받았다고 자랑스럽게 발표했다. 이탈리아, 빈, 벨기에, 아르헨티나, 칠레에서 온 신청서들은 승인을 받은 반면, 그리스, 아일랜드, 몬트리올, 프라하, 브라질, 요하네스버그에 대해서는 임시적인 자격이 주어졌다. 미국에 대해서는 다섯 개의 새로운 연구소가 승인을 받았다. 디트로이트, 로스앤젤레스, 토피카, 샌프란시스코, 그리고 뉴욕에서의 두 번째 연구소였다. 뮐러브라운슈바이크와 펠릭스 뵘이 독일 협회를 재개하고자 보낸 신청서에 대해서는 문제가 제기되었다. 존스와 독일인들에게는 실망스럽게도 그 노력은 거절되었고 심의위원회로 넘겨졌다.

존스가 조사를 계속했을 때 유럽대륙으로부터의 대규모 이동이 이 분야의 지형을 바꾼 것은 분명해졌다. 세계에서 가장 큰 다섯 개의 정신분석 공동체 중에 네 개가 이제는 미국에 있었다. 존스가 간접적으로 언급했지만, 정신분석의 가장 큰 중심지인 뉴욕과 런던은 많은 유럽 이민자들의 도착으로 혼란에 빠진 상태였다. 그 이민자들 중에 이 학문 분야의 주요한 이론가들과 실세들이 있었다. 런던과 뉴욕에 도착한 그들은 통제권을 위한 투쟁에 불을 붙였는데, 오래된 질문들을 다시 시작했으며, 서양세계에서 정신분석이 주관적 경험의 유력한 심리학으로 확장되는 것이 숙명적이라는 것을 입증했다.

1934년과 1938년 사이에 주요한 분석 센터들은 빈과 런던에 있었다. 정신분석적 세계는 그들의 이론적 차이점들을 허용하는 공간을 만들었고, 이 두 공간의 지리학적 거리와 자율성이 그러한 자유로움을 지탱했다. 하지만 1938년이 되자 빈 사람들과 런던 사람들이 같은 연구소의 회원으로 복도를 사이에 두고 서로를 보게 되었다.

멜라니 클라인이 빈 사람들의 도착으로 불안하게 된 것은 이해할 만했다. 갑자기, 그들은 영국 협회에서 견실한 소수 그룹을 구성했다. 존스가 그 후 몇 년 동안 이러한 이민자들이 미국으로 이주하는 것을 돕는 것을 계획하고 있을 때, 안나 프로이트는 런던에 머물렀고, 그녀의 존재가 맹렬한 논쟁에 불을 붙였다.

프로이트가 죽기 바로 전에 영국 협회에 축하장을 보냈고, 런던을 "정신분석 운동의 주된 현장이고 중심"으로 생각하고 있다고 말했다. 이러한 의사 표시에는 비애감이 전혀 없지는 않았다. 수년 간 프로이트는 비슷한 느낌을 취리히의 지도자들에게 표현해 왔고, 그 다음은 부다페스트, 그 다음은 베를린이었고, 그러한 중심들이 그를 버리든지 아니면 붕괴되는 것을 지켜보았다. 이제는 이 분야의 미래가 런던에서 무슨 일이 생기는가에 크게 의존되어 있다는 것이 의심할 여지가 없었다. 런던에서 에고ego 심리학에 대한 안나 프로이트의 열린 시각은 약간의 도움만 되었는데, 그녀의 큰 텐트 안에 자리를 만들어 주기 원치 않는 한 학파와 불편하게 함께 있었다. 상황은 더욱 어렵게 되었는데, 멜라니 클라인은 1938년에 그녀의 이론을 더욱 확장시켰다. 클라인은 우울적 태도에 대한 생각을 확장했는데, 어느 면에서 오이디푸스 콤플렉스를 상관없는 것이 되게 했다. 클라인의 새로운 이론은 이미 자신의 지지자들과의 사이를 멀어지게 했는데, 그들은 그녀의 연구가 프로이트학파의 것이 아니라고 수군댔다.

런던 대공습이 시작되었을 때, 멜라니 클라인과 그녀의 충직한 추종자 몇 명은 지방으로 피신했다. 어니스트 존스는 서섹스Sussex에 있는 집으로 서둘러 갔다. 하지만 외국인 이민자들로서 빈 사람들은 이동의 자유가 없었다. 꼼짝없이 남아 있는 동안, 그들은 영국 협회 모임들에 참석하게 됐고 아이러니하게도 다수로 자리매김 하게 되었다. 멜라니 클라인과 그녀의 추종자들이 1941년 말에 런던으로 돌아왔을 때, 대담해져 있던 빈 사람들은 준비가 되어 있었다.

제임스 스트레이치는 충돌을 예상했고, 멜라니 클라인의 적대자들 중에서 가장 소란스러웠던 에드워드 글로버에게 편지를 썼다.

> 나는 어떠한 희생을 치르더라도(만약 마지막 결전으로 치닫는다면) 타협하기를 매우 강하게 원한다는 것을 당신이 알기를 바랍니다. 문제는 양쪽 모두의 극

> 단적인 경향이라고 봅니다. 나의 견해는 클라인은 정신분석에 매우 중요한 기여들을 했지만, (a) 그것들이 전체 주제를 다루고 또는 (b) 그것들의 타당성이 자명하다는 것을 주장하는 것이 어색합니다. 다른 한편으로, 나는 정신분석이 프로이트 가계에 속해 있는 야생보호구역이고, 클라인의 생각은 완전히 체제를 전복시키는 것이라고 주장하는 것도 똑같이 우스운 것이라고 생각합니다.

스트레치의 온건한 접근은 그 날을 넘기지도 못했다. 1942년의 시작과 함께, 양쪽은 마지막 결전을 준비했고, 그것은 "논란이 많은 토론들"로 알려지게 되었다.

독일의 공습 위협 중에 움직이고 있던 두 진영은 그들 협회의 미래를 결정하기 위해서 모였다. 처음에는 악의가 없는 것으로 시작했지만 곧이어 클라인학파가 정신분석의 일부인가에 대한 논쟁으로 발전되었다. 물론 이 질문은 참석자들이 정확하게 정신분석 공동체가 무엇을 의미하는지를 정의하도록 요구했다. 클라인의 사위이며 적인 발터 슈미트베르크Walter Schmideberg는 영국 협회에게 그것의 목표가 "프로이트학파의 정신분석"을 증진시키고 그것으로부터 일탈하는 것들을 다루는 것임을 확언하라고 요청했다. 그는 프로이트의 정신분석을 거스르는 어떤 글의 출판도 협회에 의해서 검열되어야만 한다고 주장했다. 그것은 국제정신분석협회의 학술지인 〈국제정신분석학술지〉도 포함했다.

적절한 조치를 요구하는 슈미트베르크의 요청은 1910년이었다면 아마도 통했을 것이다. 그러나 32년 후, 그의 호소는 효과가 없었다. 슈미트베르크는 "프로이트학파"가 무엇을 의미하는지 구체적으로 설명하지 않았고, 그것은 문제가 있었다. 왜냐하면 여러 다른 프로이트가 있었고, 멜라니 클라인이 주장할 수 있는 프로이트와 안나 프로이트가 주장할 수 있는 프로이트가 있었다. 게다가, 지그문트 프로이트는 죽었고, 더 이상 이러한 전투적인 주장들을 판결할 수가 없었다. 슈미트베르크의 호소에는 또 다른 위험스러운 면이 있었다. 만약 정신분석이 엄격하게 프로이트학파의 분야가 되는 것으로 돌아가는 것이라면, 지그문트 프로이트의 죽음은 어떤 근본적인 방식에서 이 분야 자체도 반드시 끝이 난다는 것을 의미하기도 했다.

슈미트베르크의 통렬한 비난은 무시되었다. 1918년 이후로, 여러 가지 생각을 가진 정신분석 공동체는 이 학문 분야의 범위를 변경하였는데, 어느 곳보다도 런던에서 더욱 그랬다. 그곳에서 선두적인 분석가들은 오랫동안의 그들의 충절은 정신분석에 향한 것이지 단지 프로이트가 아니라는 것을 분명히 했다. 어니스트 존스는 공개적으로 의사가 아닌 분석가의 분석, 라마르크학파의 유전, 여성성의 본질, 그리고 멜라니 클라인의 이론들 같은 문제들에 대해 프로이트의 견해에 동의하지 않았다. 이러한 독립적인 공동체는 순전한 프로이트로 돌아가자는 슈미트베르크의 요청에 쉽게 흔들리지 않았다. 클라인의 협력자인 수잔 아이자크스가 나서서 지그문트 프로이트의 권위에 대한 호소를 거절했다. 아이자크스는 협회가 존재하는 것은 프로이트를 증진시키는 것이라기보다는 "정신분석적 과학" 이라고 주장했다. 클라인의 추종자들 중에 조앤 리비에르는 프로이트학파 앞에 과학을 놓는 것에 신중했는데, 협회는 "프로이트에 의해서 창시된 정신분석의 과학을 경작하고 증진시키기 위한 것"이라고 주장했다. 프로이트학파의 정신분석이 아니라 정신분석적 과학이 프로이트에 의해서 창시되었다. 이 두 개의 다른 표현에는 다른 세계가 존재했다.

과학적 자유에 대한 클라인학파 사람들의 요청은 강력했다. 실비아 페인Sylvia Payne이 지적한 것 같이, 그 당시 영국의 소년들은 자유를 위해서 싸우고 있었다. 하지만 모든 자유는 남용될 수 있다고 그녀는 경고했고, 민주주의와 과학적 협회들은 그러한 착취에 대비한 안전장치를 제시해야만 한다고 주장했다. 발터 슈미트베르크는 자신은 "나의 선생님, 지그문트 프로이트 교수님"의 정신에 입각해서 행동하고 있다고 외쳤다. 그의 장모에 대해서 말하자면, 그녀는 표절자이고 더 나쁠 수도 있다고 고발했다. 클라인의 이론은 마치 "거울나라의 엘리스를 따라가는 것"처럼 느끼게 만든다고 씩씩댔다. "우리는 반드시 어딘가에는 선을 그어야만 한다."고 동료들에게 간곡히 호소했다. 클라인의 그룹에서 재능 있는 회원이었던 도날드 위니캇Donald Winnicott은 '교수님'은 "진리를 향한 우리의 탐구를 제한하는" 것을 결코 원치 않았을 것이라고 항의했다. 그는 또한 협회에게 이 그룹의 목표는 "프로이트가 창시한 과학의 정신분석적 분과"를 증진시키는 것이라고 설명하는 말을 채택하라고 요청했다.

이러한 의미론상의 모든 언쟁이 아이러니가 없는 것은 아니었다. 클라인학파 사람들은 과학의 우선성을 주장했는데, 그들의 지도자는 기본적인 과학적 원칙들에서 급격하게 벗어나 있다고 비난 받고 있었다. 예전의 프로이트학파 사람들 같이, 클라인학파 사람들은 무의식적 정신적 삶은 경험적으로 알 수가 없다는 신념의 옹호자들이 되었다. 그럼에도 불구하고, 클라인학파 사람들은 자유 연구의 원칙들로 자신들을 감쌌다. 이전의 다른 사람들처럼, 그들도 과학적 추구의 자유가 수반하는 책임을 받아들이지 않고 자유만을 원하는 것으로 보였다.

아이러니는 거기에서 끝나지 않았다. 안나 프로이트를 따르던 빈 분석가들은 정신분석 이론을 더욱 경험적인 것으로 만들려고 노력했고, 더욱 개방된 정신분석 공동체를 육성하기 위해서 노력했다. 그들은 지금 보수정통으로 돌아갈 것을 요구하는 영국의 협력자들의 옹호를 받고 있었다. 발터 슈미트베르크가 자신이 이상한 나라에 있다고 생각했다면, 안나 프로이트는 자신이 뒤죽박죽의 세계로 들어가고 있다고 느꼈을 것이다. 한 때, 존스와 클라인으로부터 제멋대로의 분석가라고 공격 받았던 안나는 분석적 보수정통과 검열을 비난하는 것으로 응수했었는데, 지금 그녀는 검열을 포함한 보수정통을 위한 호소에 의해서 열심히 보호받고 있었다.

안나 프로이트는 자신을 발터 슈미트베르크의 검열을 위한 요청으로부터 분리시켰지만, 과학적 논의들이 정신분석의 경계 안에 누가 합법적으로 있는지 밝혀줄 것이라고 말했다. 영국 협회에서의 과학적 차이점들은 행정적인 변화들이 채용되기 전에 반드시 해결되어야만 했다. 그렇지 않으면 그것은 "누가 집 안에 살기를 원하는지 알기도 전에 그 집을 고쳐 만드는 것"과 같은 것이었다.

영국 협회는 두 학파 사이의 과학적 차이점에 대한 광범위한 토론을 시작했다. 10개의 토론 시리즈가 1943년 1월 27일에서 1944년 5월 3일까지 벌어졌다. 환상과 초기 아동기의 본질에 대한 실질적인 논의들이 몇몇 사람들의 마음을 바꾸었다. 그들 중에는 클라인의 제안들을 믿는 사람들도, 그렇지 않은 사람들도 있었다. 또 다시, 제임스 스트레이치는 동료들을 곤경에서 구하려고 시도했다. 어떤 정신분석학회도 다양한 생각들을 견뎌야만 하지만 분명하게 한계선은 있어야 하고, 만약에 그것이 침해당하면 이 분야 밖에 있는 것으로 규정할 수 있어야 한다고 스트레이치는 말했다. 그는 보편적인 정신분석적 연구 방법을 중심으로 이론들의 경계에 대한 평가와 통일성을 공식적으로 요청했다. 정해져 있는 기법에 대한 그의 강조는 무질서 상태를 조장하지 않고, 이론에 대한 건전한 과학적 차이점들을 고려할 수 있게 해주리라 생각했다.

불행하게도, 학구적인 스트레이치는 협회에서 거의 영향력이 없었다. 그의 말은 안나 프로이트에 의해서 무시되었는데, 그녀는 아마도 그녀의 입장의 인기를 잘못 평가했을 것이다. 기법과 이론은 함께 있다고 안나는 주장했다. 클라인학파 사람들은 꿈, 연상, 기억을 분석하는 것을 손상시키면서 전이를 지나치게 강조했다. 게다가, 공개 토론회에 대한 영국인들의 생각이 클라인에게 열려 있었지만, 다른 주요한 유럽의 정신분석가들에게는 그렇지 않다고 안나는 덧붙였다.

영국 협회의 통제권은 누구나 차지할 수 있었다. 1943년, 프로이트학파 사람들은 승리할 수 없었고 영국 협회는 분열로 가는 듯했다. 에드워드 글로버가 1944년 2월 2일 협회에서 사임했다. 안나 프로이트는 훈련위원회에서 사임했고 협회의 활동들에게 물러났다. 영국 훈련위원회에 빈의 어떤 회원들도 없었다. 멜라니 클라인과 그의 지지자들이 이겼던 것이다.

그 다음에 대단히 흥미로운 뜻밖의 일이 전개되었다. 거기에는 항상 실비아 페인같이 안나 프로이트에게도 멜라니 클라인에게도 헌신하지 않은 건전한 회원들이 있었는데, 그들은 자신들을 정신분석의 과학에 헌신한 것으로 보았다. 페인은 1944년에 협회의 회장직을 맡았는데, 다른 온건한 회원들과 함께 클라인학파 사람들의 생존을 보장하고 동시에 안나 프로이트와 그의 추종자들에게 근거지를 주는 타협을 중재했다. 이 타협안은 안나 프로이트와 멜라니 클라인이 분리된 교육 방식에서 후보자들을 훈련시킬 수 있게 허용했다. 협회는 어느 쪽에도 밀착되지 않은 독립된 사람들의 제3그룹과 함께 클라인과 안나 프로이트의 훈련 방식을 유지했다. 지나치게 한 쪽의 영향을 받는 것으로부터 후보자들을 보호하기 위해서, 각 학생에게 어떤 형식에 있건 상관없이 독립적인 중간 그룹에 있는 두 번째 임상감독자에게 임상감독을 받아야 했다.

실제로, 이 같은 타협안은 유럽의 정신분석의 잃어버렸던 풍경을 다시 만들어주었다. 런던에서, 빈 학교는 어느 정도의 자율성과 안전성을 지닌 근거지를 갖게 되었고, 영국 학교도 그랬다. 두 학교 사이에, 독립적인 분석가들을 위한 넓은 공간이 있었다. 타협안은 영국 협회를 안정화시켰고, 협회는 전쟁 이후에 성장하고 번성하게 되었다. 이 협회는 존 볼비John Bowlby, 도널드 위니캇, 마이클 발린트Michael Bálint, 윌프레트 비온Wilfred Bion, 파울라 하이만Paula Heimann과 같이 상당수의 창의적인 이론가들에게 근거지를 제공하게 되었다.

영국 협회와는 달리, 미국의 분석 공동체는 변호할만한 주요 이론 학파가 없었다. 대신에, 미국인들은 정신위생 운동, 대학의 정신의학, 그리고 의학이 만든 기회들을 활용하면서 천천히 자신들의 정체성을 만들어 갔다. 인원수가 증가함에 따라 미국인들은 점점 이 분야의 미래가 그들의 것이라고 추측했다. 1938년, 프란츠 알렉산더는 그의 회장 연설인 "정신분석이 성년이 되다"를 미국 정신분석협회의 회원들에게 전달했다. 시카고를 기반으로 하고 있던 이 분석가는 미국의 새로운 방향이 정신분석을 한 발은 의학에, 다른 한 발은 사회과학에 넓은 학문 분야로 만들 것이라고 주장했다. 정신분석은 그 자체에서 모호한 이론적 상부구조들을 제거하고, 관찰에 새로운 토대를 마련하게 될 것이다. 이것은 더 이상 세계관이 아니라, "좀더 과학적 성격"을 취하게 될 것이라고 알렉산더는 강조했다.

이런 확신이 커가면서, 미국인들은 국제정신분석협회의 뜻에 그렇게 적극적으로 따르지 않게 되었다. 1938년 1월, 뉴욕 학회의 회장인 로렌스 큐비Lawrence Kubie와 교육 감독인 산도르 라도는 미국 정신분석협회가 임명한 다른 4명의 분석가들과 함께 만났다. 큐비의 위원회는 미국인들과 국제정신분석협회 사이의 문제를 다루라고 요청받았었다. 1938년 1월, 그들은 이러한 갈등을 완전히 해결하기로 결정했다. 그것은 그들이 훈련 필요조건들을 가지고 국제정신분석협회로부터 독립한다는 것을 의미했다. 8개월 후, 그들은 파리에서 정확하게 그렇게 했다. 하지만 1월에 만났을 때는 그것이 위원회의 주요 문제였지만, 두 달 후에는 사정이 바뀌었는데, 오스트리아의 합병이 그들 눈앞에서 이루어졌다. 큐비는 서둘러서 이 그룹을 재소집 했고, 나치로부터 유럽인 동료들을 구하는 심각한 이슈를 다뤄야 했다. 3월 19일, 위원회는 이 긴박한 임무를 할 수 있는 〈구조와 이민을 위한 긴급위원회〉를 구성하기에 이르렀다.

이 위원회가 직면하고 있던 문제들은 쉬운 것은 아니었다. 1938년까지 10

년 동안, 약 1,400명의 독일인, 오스트리아인, 이탈리아인 의사들이 미국으로 이민을 갔다. 그러나 오스트리아의 합병 후에 미국에 도착한 피난자의 수는 1938년에만 1,400명 이상이었다. 미국이 거대한 공간이었지만, 42개 주에서 외국인 의사들이 의료행위를 하는 것을 시민권자가 될 때까지 금지해야 했다. 5년에서 6년이 걸리는 이 과정은 이민자들을 효과적으로 몇몇 장소에 제한시킬 수 있었고, 대부분은 통관항인 뉴욕이었다. 큐비는 한 장소에 전문가들을 집중시키는 것이 경제적으로 재앙이라는 것을 인식했고, 분석가들을 전국으로 보내기 위한 계획을 시작했다.

더욱 복잡한 문제는, 미국 국무성이 진술서와 3, 4명 되는 이민 가족에게 5,000달러의 보증금을 요구한 것이었다. 큐비는 미국 분석가들에게 간청했다. 그들이 유럽 분석가들을 살리려고 한다면 많은 돈이 필요했다. 많은 분석가들이 한 달에 5, 10, 또는 20달러씩 기부했지만, 필요가 그러한 재원보다 훨씬 더 많았다. 마침내 긴급위원회가 47,000달러 이상을 모았다. 존스와 협력하면서, 큐비와 미국인들은 약 68명에게 재정적 지원을 했고, 82명을 위해서 진술서를 제공했고, 또 다른 136명의 사람들과 접촉하고 있었다. 1943년 즈음, 149명의 망명한 정신분석가들과 정신과 의사들이 미국의 어디엔가 재배치되었다.

이러한 대이동은 가장 성공한 분석가들 중의 몇 명을 미국으로 오게 했다. 그들은 소유한 것도 없고 돈도 거의 없었지만, 자랑스럽게 여기는 정체성을 가지고 왔다. 그들은 위대한 문명의 대사들이었다. 지금은 어둠의 시대가 그들의 고향을 삼키고, 그들의 연구를 가능하게 했던 문명을 위협했다. 오토 페니헬을 포함한 많은 이들은 돈에 미친 미국에서 정신분석이 죽지 않게 하는 것이 그들의 임무라고 믿었다. 자신들이 이 분야의 미래라고 믿고 있었던 미국인들에게 그런 유럽인들은 박탈당한 특권을 사칭하는 것으로 보였다. 문제가 생길 수밖에 없었다.

미국의 정신분석가들은 유럽 동료들의 경멸로 오랫동안 괴로워했던 터다. 그렇지만 미국인들은 신세계가 과학에는 가망이 없는 곳이라는 프로이트의 편견에 논박을 거의 하지 못했다. 1925년, 클라렌스 오벤도프는 정신분석에 대한 그의 나라의 기여를 개관하면서 독창적인 연구가 거의 없다고 인정했다. 1930년 이후, 그러한 견해는 베를린의 엘리트였던 알렉산더, 라도, 호나이, 작스,

짐멜과 헬레네 도이치와 파울 쉴더 같은 빈 사람들이 도착하면서 변하기 시작했다. 1937년, 라도는 정신분석의 힘이 "여러 해 동안 미국에 집중되고" 있기 때문에 국제정신분석협회로부터의 분리가 어떤 위험도 주지 않을 것이라고 말했다.

미국에서 인재들의 주요 집결지는 뉴욕 정신분석학회였다. 뉴욕 학회는 1931년에 훈련연구소를 열었다. 2년 후에, 산도르 라도가 베를린에서부터 교육지도자로 오게 되었고 이론 수업을 맡았다. 라도의 강의들은 아브람 카디너, 데이비드 레비, 조지 다니엘스, 버트럼 레빈Bertram Lewin 같은 미국인들의 연구로 보완되었다. 이 사람들이 관심을 다양하게 만들었고, 큐비, 쉴더, 알렉산더와 함께 정신분석을 더욱 과학적으로 만들려고 했다. 큐비는 파블로프의 조건반사학을 정신분석과 융합하는 것에 관심이 있었고, 카디너는 인류학을 이용해서 정신분석 이론들을 강화하기 원했으며, 데이비드 레비는 아동들에 대한 광범위한 연구를 지휘했다. 라도는 소위 말하는 '싸우느냐 도망가느냐 반응fight or flight reactions'인 월터 B. 캐넌Walter B Cannon의 정서의 생리학에 관심이 있었으며, 그것을 사용해서 어떻게 자아가 불안에 대비해서 자신을 보호하려고 하는지 모델을 만들었다.

미국 상황에서의 다른 사람들과 같이, 라도는 자연과학으로서 정신분석의 미래에 대해서 대단한 열정을 가지고 말하면서 교실에서 이러한 견지를 진보시키려고 노력했다. 그는 정신분석을 개혁하려고 결심하고 있었고 과거에 그것을 쪼개지게 했던 분열을 피하려고 애썼다. 왜 정신분석에서는 분열이 일어나고, 물리학과 화학에서는 일어나지 않았는가? 라도는 물었다. 이론이 사실보다 중요하게 될 때, 과학은 견해상의 문제가 되고, 차이점들은 의지의 싸움으로 돌변한다. 그리고 "경쟁적인 권위자들은 같은 지붕아래 있는 것을 원하지 않는다." 그는 말을 이었다. "그들 중의 한 명은 떠나야만 한다. 그리고 그렇게 되었을 때 그는 자신의 학파를 창시하고 자신을 떠나게 했던 그 권위주의자처럼 그도 권위주의자가 될 수 있다." 라도의 말은 그가 프로이트, 융, 아들러 사이에서의 분열로부터 교훈을 얻었음을 보여주었다. 하지만 이 같은 말은 100년 전의 콩트에 의해서도 쓰여질 수 있었다. 그때 그는 내적 삶에 대한 모든 과학이 직면하는 위험에 대해서 이미 묘사했었다.

미국에서, 라도는 이론을 두드러지지 않게 하고, 비평적인 것, 경험적인 것, 과학적인 것을 강조하는 것으로 상황을 완화시키려 했다. 그가 서둘러 미국생활에 적응하고 스스로 미국인임을 자청하고 나서자 유럽인 동료들은 놀라는 분위기였다. 그 때 이 유럽인들은 겨우 뉴욕에서 그들의 짐을 막 풀기 시작하고 있었다. 1939년, 큐비와 라도의 뉴욕 연구소는 27명의 교수진을 가지고 있었고, 일 년 뒤에는 19명의 새로운 교수들을 추가했다. 트라우마를 경험하고 쫓겨 온 유럽인들의 영향을 충분히 느끼기까지는 몇 년이 걸리겠지만, 갈등의 초기 징후가 파울 페데른의 성격에서 보였다.

페데른의 신랄한 태도는 빈에서는 전설적이었고 그 세대의 학생들조차 적대감을 갖게 했다. 그는 프로이트에 대한 절대적인 충성심을 자랑스럽게 여겼고, 그런 면에서 바뀌지 않은 골수 프로이트학파였다. 페데른은 뉴욕에 도착한 후 뉴욕 학회에 합류했고 그와 라도 사이의 긴장감은 거의 즉시 시작되었다.

라도는 1939년 5월 2일에 뉴욕 의학아카데미와 뉴욕 신경학 학회에 초청연설을 하게 되었다. 청중을 고려해서, 라도는 폭 넓은 주제인 신경증의 분석적 치료에 대해서 언급했다. 의학계 군중들 앞에서 그는 거리낌 없이 분명히 말했다. 프로이트가 신호signal로서의 불안으로 전환한 것은 지극히 중요했지만 그 이상의 설명은 그의 죽음의 추동drive에 의해서 방해를 받았다. 죽음의 본능은 "매우 추론적인 가설이고 매우 모호하고 희미해서 그 가치가 미심쩍게 되었다."라고 언급하면서 라도는 최근에 분석가들은 에고ego에 대한 연구에서 사실들로부터 형이상학을 가려내려고 노력하고 있다고 주장했고, 이것을 월터 B. 캐넌의 연구에 기초한 자신의 위험 통제 이론으로 설명했다.

라도의 강의는 뉴욕 연구소의 협력자들에게서 갈채를 받았다. 조지 다니엘스는 그를 축하하며 같은 방식으로 정신분석을 다시 만들자고 분석가들에게 제안하기도 했다. 그들은 본능에 대한 낡은 이론의 흔적들을 없애기 위해서 생물학을 고려하고 있었다. 잠깐, 본능의 낡은 이론이라고? 데이비드 레비는 지난 10년간의 미국의 정신분석은 라도가 가고 있는 그 방향에 있는데, "정신분석 안에 있는 권위주의에 반대한" 반응이라고 덧붙였다. "프로이트에 대한 경의의 단계"는 그의 이론의 자유로운 사용으로 바뀌게 되었다. "프로이트에 대한 경의?" 실례로서, 레비는 자랑스럽게 프란츠 알렉산더, 아브람 카디너, 캐런 호나이가 실행한 연구를 지목했다.

이젠 오직 한 명의 토론자만 남아 있었다. 파울 페데른은 수염을 기른 족장이고, 그는 가방에 빈 정신분석학회의 의사록을 가지고 미국으로 온 규범의 전달자였다. 페데른은 자신이 방금 들은 것 때문에 격노했다. 그 다음에 일어난 일은 뜨거운 논쟁이었지만, 일찍이 빈 학회 회의들을 주관했던 페데른을 보았던 사람들에게 이것은 그리 놀랄 일도 아니었다. 페데른은 빈에서 새로운 이론이라고 추정되는 것을 공격하기 위해서 여러 번 그랬던 것처럼 토론에 참가했다. 그의 영어 억양이 너무 심해서 속기사는 그가 말하는 대부분을 따라갈 수가 없었다. 기록에 의하면 페데른이 라도가 추동drive이론에서 떠난 것을 비난했고, 프로이트와 무의식 모두를 떠난 것을 힐난했다고 진술했다. 라도는 오해라며 자신이 무의식을 무시하고 있다는 생각은 당치않다고 해명했다. 하지만 라도는 자신이 프로이트를 넘어서 움직이고 있다는 데는 동의했다. 더불어 "그 당시의 가능한 연구 수단 너머에 있었기 때문에 증명할 수도 없고, 논박할 수도 없는" 정신분석 이론들을 과학적 방법의 범위에 들어가는 이론들로 대체하는 것의 합법성을 변호했다.

몇 달 후, 라도는 곧 발표하게 될 모임의 기록 조판 교정쇄를 받았다. 당황스럽게도, 페데른의 논의가 총력을 기울여서 라도를 이단자로 비난하는 것을 포함하고 있다는 것을 발견했다. 페데른은 이렇게 이야기한 것으로 되어 있었다.

> 몇 년 전, 라도는 가학성의 의미와 중요성을 조금은 유치한 방법에서 확장했었다. 지금 그는 가학-피학적 단계가 없고, 성적 추동에 다른 요소들이 없다는 것을 발견했다고 생각한다. 나는 굳이 그가 프로이트를 버리려는 자세한 내막을 캐고 싶은 마음은 없다. 하지만 나는 아들러, 융, 랭크의 사례에서 그 비슷한 버림을 보아왔다. 게다가 라도는 뉴욕 정신분석 연구의 주요한 지도자로 떠오르고 있고, 그가 학교를 자신의 뒤에 세우려고 하기 때문에 그는 반드시 저지되어야만 한다.

이 기록에는 이 비난을 받았던 사람으로부터 이러한 통렬한 비난에 대한 어떤 해명도 없었는데, 라도의 기억에 의하면 그 이유는 페데른이 그 모임에서 그러한 말들을 하지 않았기 때문이라고 했다. 페데른이 그 필기록을 조작했다고 확신한 라도는 그의 적대자가 비윤리적으로 행동했다고 비난했다. 로렌스 큐비가 중재하려고 했지만 처음에 페데른은 어떤 변경이 생긴 것에 대해서 부인했다. 데이비드 레비가 그 소동에 뛰어들어 라도의 편에 섰다. 결국 밝혀진 것은 어리둥절했던 속기사가 자신의 기록을 이해할 수가 없어서 "페데른 의사 선생님"에게 그의 대답을 직접 써달라고 요청했다. 페데른은 자유롭게 그 요청을 들어주었다.

이 불쾌한 작은 싸움은 앞으로 일어날 일의 시작이었다. 라도, 레비, 카디너와 캐런 호나이는 개방적이고 다양성 있는 정신분석을 유지하기를 원했는데, 그 정신분석은 실용주의와 형이상학적 유럽인들의 이론에 대한 의심 위에 세워졌다. 페데른이 발견한 것 같이, 그들 모두는 프로이트의 추동drive이론을 버리는 것을 지지했고, 무의식적 리비도와의 강한 연결을 끝내는 것으로 정신분석을 재정립하기를 원했다. 카디너, 호나이, 해리 설리반 같은 몇몇 미국인들은 사회적 환경을 고려해서 성격의 새로운 사회학을 만들고자 했다. 라도와 알렉산더 같은 사람들은 그들의 노력을 단단히 하려고 새로운 생리학적 발견들에 관심을 돌렸다. 그리고 갑자기, 그들이 정신분석에 대한 그들의 견해들을 부지런히 재정립하고 있을 때, 의견을 달리하던 파울 페데른이 이끄는 빈 그룹과 직면하게 되었다.

뉴욕 정신분석학회 안에 긴장감이 맴돌았다. 데이비드 레비는 과학적 정신분석에 대한 미국인들의 헌신이 이 새로운 사람들에 의해서 타협되는 것을 두려워했다. 그는 큐비에게 편지를 보냈다.

> 빈에서 온 고참자들은 경전으로 시작하는 것의 위험성을 보여 주는 좋은 예이다. …… 그들은 결코 "무엇이 진실인가?" 같은 질문을 하지 않는다. 그보다 그들은 이렇게 묻는다. "그가 프로이트에 동의하는가?" 이것은 "프로이트 외에는 진실이 없다."는 것을 의미한다. 그리고 그것이 왜 토론들이 철저하게 변증법적인 경험주의에 거의 기초하고 있지 않는지 보여주는 이유이다.

큐비는 레비에게 참아달라고 요청했고, 이러한 태도는 부분적으로 프로이트에게 충직한 것이지만, 또한 "가지고 있었던 모든 것과 알고 있었던 모든 것이 완전히 없어지고, 더 나은 것으로 대체된 것을 느끼지 않으려는 피난민의 특징"이라고 말했다.

인내가 점점 한계에 이르렀다. 큐비는 더욱 고압적인 태도로 행동하기 시작했는데, 한 분석가가 그를 "작은 히틀러"가 되었다고 말할 정도였다. 큐비가 라도와의 갈등에서의 페데른의 행동을 부정확하게 전한 것이 분명해지자, 데이비드 레비는 격노했다. 보통 때는 단정하고 반듯한 큐비도 레비가 "페데른을 비방"하고 있다고 비난했다. 레비는 이미 큐비가 정통보수로 간주되는 사람들에게 가르치는 자리를 많이 내주고 있다고 비난했었다. 곧 그는 아동정신분석에 대한 자신의 과목이 빈 분석가 베르타 본스타인에게 넘어간 것을 알게 된다.

그러는 동안, 뉴욕 정신분석학회는 페데른뿐만 아니라 루트비히 제켈스, 반 오푸이젠Van Ophuijsen, 애니 라이히, 그리고 에디트 제이콥슨, 에른스트 크리스와 그의 부인 마리안느, 하인츠 하트만 같은 초청강연자들을 갖게 되었다. 헤르만 눈베르크는 의사가 아닌 분석가의 분석을 승인하지 않는 것에 맹세하기를 거부하면서 회원 자격을 받지 않고 있었지만 그 학회의 모임들에는 참석했다. 한 회원이 기억하고 있는 것처럼, 1939년 뉴욕 학회 모임에서는 영어보다 독일어를 훨씬 많이 들을 수 있었다. 한 때, 막 태어난 연구소에 무게를 더하기 위해서 라도가 필요했던 학회는 지금 경험의 깊이를 가지고 있었다. 큐비는 더 이상 라도를 따라서 빈 사람들과의 싸움으로 들어갈 필요가 없다고 결정했다. 1940년 12월, 그는 산도르 라도를 교육 감독에서 해임시키는 것을 주도했고, 이 조치는 "우리는 어떤 이론적 이슈들에서 그와 의견을 달리 하게 되었다."는 큐비의 주장으로 정당화되었다.

큐비는 라도가 지금 "텐트 안에서 아킬레스"처럼 발끈하고 있다는 것을 알고 있었다. 카디너와 레비는 사람들을 불러들이는 큐비의 방법이 몹시 맘에 들지 않았다. 긴장감이 격화되면서, 캐런 호나이는 이 학회를 흔들만한 급진적인 수정을 추진하기 시작했다. 그녀는 그녀의 정체성을 베를린 정신분석 공동체 안에서 형성했는데, 프로이트 앞에서 맹종하는 아첨으로부터의 자유는 자긍심의 문제였다. 그녀는 알렉산더를 따라 시카고로 간 후, 1934년에 뉴욕으로 왔고 그곳에서 학회에 합류했다. 1937년, 그녀는《우리 시대의 신경증적 성격》을 출판했고, 그 책에서 문화적 힘들이 신경증의 형식을 준다고 주장했다. 몇몇 사람들이 이러한 문화적 강조가 여전히 정신분석인지 묻게 될 것을 그녀는 이미 알고 있었다.

> 만약 어떤 이가 정신분석이 전적으로 프로이트가 제안한 이론들의 요지로 구성된다고 믿는다면, 여기에서 말하고 있는 것은 정신분석이 아니다. 그러나 만약 정신분석의 본질적인 것이 무의식의 과정들의 역할과 그것들이 어떤 방법으로 표현되는가와 관련된 생각의 기본적인 경향들, 그리고 이러한 과정들을 인식할 수 있게 해주는 치료적 과정의 형태 안에 놓여 있다고 믿는다면, 내가 말하는 것도 정신분석이다.

베를린 이주민들처럼, 많은 미국인들도 1937년의 이러한 선언에 서명했을 것이다. 2년 후, 호나이는 정신분석의 근본적인 것들을 비평하는《정신분석의 새로운 방식들》을 발표했다. 이 책은 지나치게 급진적이었다. 호나이는 리비도 이론, 오이디푸스 콤플렉스, 신경증의 아동기의 기원, 반복 강박의 개념, 그리고 전이를 거부했다. 그녀는 수퍼에고, 에고, 이드의 개념을 받아들이지 않았고, 다수의 다른 작은 이론들은 언급하지 않았다. 호나이는 성격과 신경증은 아이의 자신과의 관계와 다른 사람의 관계를 어렵게 하는 환경적인 영향 때문이라고 생각했다. 뉴욕 학회는 호나이에게 그녀의 새로운 이론들을 과학적 모임에서 발표해달라고 요청했다. 이 모임에서 호나이는 그녀 생각의 중요한 부분을 감추고 있다고 비난을 받았고 호된 질책을 받았다. 아브람 카디너는 큐비에게 편지를 써서 이 모임에서 호나이의 이론이 그녀의 신경증에서 기인한다는 반복된 주장을 포함하여 큐비가 허용한 공격들에 대해 항의했다. "이것이 과학인가 아니면 협박인가?" 카디너는 화를 냈다. "나는 내가 클럽이 아니라 과학적 학회의 회원이라는 환상 속에 있었다."

평론들이 나오면서 호나이는 다른 곳에서도 거의 지지를 받지 못했다. 비판적인 비평이 오토 페니헬에 의해서 쓰여졌다. 페니헬은 보수정통 프로이트 학파 사람들에 대한 호나이의 혐오감은 공유했지만 내적 추동들drives에 대한 그녀의 거부에는 호의적일 수 없었고, 그것이 정신분석이론의 핵심적 주장들 중 하나를 제거하는 것이라고 믿었다. 이러한 때에, 그는 그의 회보를 보는 동료들과 정신분석이 해산되는 것을 막는 것에 대해서 의논했다. 페니헬은 호나이의 책을 공격했다. 그녀가 모든 것을 거부한 후에 남아 있는 것은 무엇인가? 그는 물었다. 또 다른 참담한 평론이 베를린의 협력자였던 프란츠 알렉산더에게서 나왔다. 그는 30페이지를 할애해서 그녀의 주장들을 하나하나 반박했다. 알렉산더는 호나이가 만화 같은 일차원적인 프로이트를 만들었고, 그 후에 그녀의 일차원적 반론을 제시했다고 말했다. 리비도와 문화 사이에, 무의미한 단어가 다른 것을 대체했다. 정신분석은 생물학과 환경, 현재와 과거, 가족과 문화 양쪽 모두에 관심을 기울여야만 한다. 호나이는 허수아비에 대항하여 논쟁하면서 과오들의 정반대, 즉 진실이 아니라 다른 과오들로 가득 찬 이론을 만들었다고 알렉산더는 주장했다.

뉴욕 학회에서 한때는 불같이 진보적이었고 지금은 불같이 보수적인 프리츠 비텔스는 캐런 호나이에 대해서 큰 소리를 내며 비판했다. 1910년, 빈 학회에서 사임한 후에 비텔스는 1927년에는 프로이트의 호감을 다시 얻었다. 뉴욕 이민 후에 그는 학회에 합류했고, 호나이 같은 이단자들과의 싸움을 시작했다. 1940년, 그는 큐비에게 편지를 썼다. "이슈는 프로이트이냐 아니면 프로이트가 아니냐이다." 호나이의 학생들은 "그들이 과학적 단체에서 민주적인 방법이라고 불렀던 것을 주장하는 것으로 우리를 조롱했다." 만약 어떤 내과의사가 세균이 말라리아를 일으키지 않는다고 주장하고, 그의 동료들이 이 견해에 찬성한다면 어떻게 될까? 호나이는 주장을 철회하든지, 사임해야 한다고 비텔스는 요구했다.

큐비는 다른 입장이었다. 유럽인들이 도착하기 전에, 그는 정신분석 안에서 과학의 규범을 지키는 사람이 되려고 했다. 그는 라도, 호나이, 카디너와 다른 사람들이 미국에 알맞게 정신분석을 개혁하려고 조용히 작업하고 있을 때 그들을 지지했다. 그는 비텔스에게 말했다. "나는 기본적으로 과학적 단체에서 어떤 형태의 숙청도 반대한다." 큐비는 지적 자유가 학생들에게 이론을 주입하는 권한을 수반하지 않는다는 것에 동의했다. 호나이의 추종자들은 교실에서의 위협에 대해서 불평했다. 그들 중의 어떤 이들은 정신분석 과학의 진보가 위원회에 의해서 심각하게 방해받고 있다고 언급하는 탄원서에 서명했다.

1941년 6월, 호나이는 강사로 강등되었고, 훈련시키는 그녀의 특권은 취소되었다. 본질적으로 해고를 당한 호나이는 다른 4명의 교수들과 14명의 학생들과 함께 학회를 사임하고 〈정신분석의 진보를 위한 협회Association for the Advancement of Psychoanalysis〉와 〈미국 정신분석 연구소American Institute for Psychoanalysis〉를 만들었다. 호나이는 산도르 페렌치의 학생이었던 클라라 톰슨Clara Thompson과 함께 떠났고, 그 둘은 다른 곳에서 협력자를 발견했는데 미국에서 자란 분석가인 워싱턴의 해리 설리반도 포함되어 있었다. 아돌프 마이어와 윌리암 알리슨 화이트William Alanson White의 지도 아래서 설리번은 성적 추동drive과 전이 해석 기법을 뒤로 한 상호관계이론interpersonal theory을 발전시켰다. 그는 인간관계의 병리에 초점을 맞추었다. 프랑크푸르트학파 분석가인 에릭 프롬과 함께 설리반은 호나이의 새로운 그룹을 지지했다. 그들 모두는 정신분석을 사회과학으로서 실용적이고 비밀스럽지 않은 안정된 분야로 만드는 것으로 진보하기를 원했다. 하지만 이 분석가들은 의사가 아닌 분석가의 분석을 찬성했던 반면 호나이는 그것에 대해서는 단호하게 반대하였는데, 이런 일이 분열 안에서 분열을 만들었고, 또 다시 학문적 자유에 대한 수사학이 가득 찼다. 결국, 톰슨, 프롬, 설리반은 호나이와 결별하고 윌리암 알라슨 화이트 연구소를 1942년에 설립했다.

캐런 호나이와 그의 협력자들이 떠난 후에도 뉴욕 학회 안에서의 교조주의dogmatism와 이단에 대한 고발은 끊이지 않았다. 라도, 레비, 다니엘스, 카디너 같은 불만스러운 분석가들은 한 때는 뉴욕 연구소의 핵심 교수였지만 이제는 탈퇴를 도모했다. 라도와 레비는 의대 안에 정신분석센터를 세우기 위해서 알렉산더의 도움을 얻고자 했고, 그렇게 해서 정신분석과 의학 사이의 관계를 구체적으로 확립하고자 했다. 아돌프 마이어의 도움으로 라도와 그의 조력자들은 콜롬비아 대학에 새로운 분식센터를 개원하여 1945년에 후보자들을 훈련시키기 시작했고, 1949년에는 국제정신분석협회에서 받아들여졌다. 얼마 지나지 않아서 이 연구소의 지도자인 산도르 라도가 과학적 자유의 이름 아래 자신의 가르침을 중심으로 학교를 설립했다는 비난이 생겨나기 시작했다.

1945년 이후, 무대는 준비되었다. 빈에서 온 이민자들은 "보수정통 프로이트학파 사람들"이 되었고 "신-프로이트학파"로서 알려진 베를린에서 온 사람들과 미국인들을 반대했다. 후자를 신-프로이트학파로 부른 그 자체가 실패였다. 호나이, 라도, 카디너는 정신분석적 과학의 일부가 되기를 원했고, 그들이 넘어서고자 했던 사람의 망령의 그늘에 영원히 가려지기를 원치 않았다. 몇십 년이 지난 후에, 산도르 라도가 어떤 글을 발표한 후에, 청중으로부터 프로이트의 견해에 대해 질문을 받았다. 진력이 난 그는 이렇게 대답했다. "30년 동안 라도는 라도에 의한 강의들을 했지만 30년 동안 라도는 프로이트에 대한 질문들을 받았다."

뉴욕, 워싱턴, 필라델피아, 시카고, 그리고 다른 곳에서 보수정통 프로이트학파 사람들은 신-프로이트학파 사람들과 대립했다. 로렌스 큐비는 쫓겨날 수도 있었다. 뉴욕 학회의 새로운 지도자 하인츠 하트만은 나무랄 데 없는 빈의 자격들을 가지고 있었고 그의 분석적 계보는 프로이트까지 올라갈 수 있었는데, 그는 '교수님'의 마지막 훈련 사례들 중의 한 명이었다. 하인츠 하트만은 교육 감독으로 일했고, 뉴욕 학회 회장과 국제정신분석협회 회장이 되었다. 빈과 파리에서 온 옛 동료들인 에른스트 크리스와 루돌프 뢰븐슈타인과 함께 하트만은 앞으로의 30년 동안의 한 미국 에고심리학을 위한 이론적인 안건을 마련했다. 적응에 대한 그의 개념들은 자립에 대한 미국인의 가치와 잘 맞았다. 그리고 정신분석을 대학의 심리학과 연결하고자 했던 그의 소망은 데이비드 라파포트David Rapaport 같은 협력자들이 감당하게 된다. 그는 또한 런던에 있는 프로이트의 유산 상속자인 안나 프로이트의 지지를 의지할 수 있었는데, 그녀의 방어 분석에 대한 강조는 에고심리학자들에게 중심적인 것이 되었다.

신-프로이트학파에 반대했던 하트만은 또한 오토 페니헬과 숨어있던 좌파 분석가들의 공동체의 지지도 얻게 되었다. 미국에서 공개적으로는 마르크스주의 정신분석적 사회학을 주장하지 않던 페니헬은 개인적으로는 하트만의 에고심리학을 무시했지만, 더 큰 위험이 호나이와 카디너의 반응적인 상호인간관계와 문화적 연구와 라도의 추동drive 없는 모델에 있다고 결론지었는데, 그들 모두는 프로이트의 성 이론의 주제들을 버렸다. 그는 편지를 주고받는 동료들에게 지금의 유일한 선택은 보수정통 편에 있는 것이라고 조언했다. 그의 편지를 받던 공동체가 1945년에 깃발을 세우기 시작하자, 그는 돌려보는 편지를 종결하고 엄격한 의학 인턴을 시작했는데, 미국의 의학 라이센스를 갖기 위해서였다. 하지만 그는 그것을 끝마치기 전에 죽었다.

에고심리학자들과 보수정통 프로이트학파 사람들의 연합은 1946년 즈음에는 미국 정신분석협회를 지배했다. 4년 전에 뉴욕 학회는 처음으로 그 학회가 정신분석가를 위한 자격증과 졸업장을 수여할 수 있는 권한을 갖는 결의안을 제안했다. 뉴욕 그룹은 또한 학회로부터의 사전승인 없는 어떤 탈퇴도 금지하는 수정안을 통과하도록 노력했는데, 그 수정안은 탈퇴의 본질을 잘못 이해한 것처럼 보였다. 제2차 세계 대전 이후, 망명자들로 인해 활기차게 된 뉴욕 학회는 지금은 그들에 의해서 좌우되고 있었다. 미국 정신분석협회는 느슨하게 결합된 연맹에서 나라 전체에 규범들을 단속하는 중앙 권력으로 변형했다. 이 협회는 가르침과 훈련에 규범들을 시행했고, 더 이상 이러한 문제들에 대해서 지방 학회들에게 권한을 넘기지 않았다. 이렇게 미국 정신분석에서 하트만의 시대가 시작되었다.

반세기 이상의 작업 후에, 정신분석은 서구 세계가 만들어 낸 가장 풍요로운 내적 세계의 체계적인 묘사로 등장했다. 그것의 이론들은 성, 사랑, 죽음, 그리고 아동기, 육아, 가족, 그리고 잔인성, 두려움, 질투, 시기심, 증오, 그리고 정체성, 양심, 성격 그리고 욕망과 애도 같은 근본적인 문제들을 다루었다. 게다가, 정신적 고통을 완화시키는 방법들을 통하여 정신적 삶의 심층적 검사를 할 수 있는 새로운 사회적 공간을 창출했다. 그러나 아직, 이러한 생각들은 사회적 흐름에 면역되어 있는 시간을 초월한 진실들은 아니었다. 정신분석은 서구와 중앙 유럽에 뿌리를 두고 있었고, 그 문화가 정신분석의 논리와 가정들에 퍼져있었다. 외국인 땅에 이주하게 된 이상, 그 지식 체계가 부분적으로 다시 만들어지는 것은 피할 수 없는 일이었다.

제2차 세계 대전 이후, 유럽에 존재했던 정신분식 공동체는 하나의 기억이 되었고, 이민자의 작은 무리들은 새로운 정착지에서 적응했다. 런던에서, 교착 상태와 정치적 타협은 안나 프로이트파 사람들과 클라인파 사람들이 그들 자신의 연구를 추구하도록 허용했으며, 같은 집을 공유할 수 있도록 했다. 하지만 잠은 다른 방에서 잤다. 미국에서 에고심리학자들은 프로이트의 외투를 입고 있었고, 프로이트학파, 에고심리학자, 정신분석가 사이의 차이점을 무너뜨리려고 했다. 실제의 경험과 연결된 "자아" 심리학은 하트만의 손에서 추상적이고 비인격적인 에고심리학으로 돌연변이가 되었다. 새로운 프로이트학파 보수정통의 지지 속에서, 지그문트 프로이트에 대한 자기 정당화의 신화들이 안나 프로이트, 에른스트 크리스, 에른스트 페데른, 커트 아이즐러 같은 빈의 망명자들에 의해서 제기되었고 프로이트를 종종 반대했던 런던사람 어니스트 존스도 함께 했다. 그들은 고독한 천재로서의 프로이트의 전설을 만들었는데, 동시대 사람들의 도움을 받지 않고, 학자인 체 하는 사람들과 종종 거대한 정신적 병들로 고생하던 반항적인 추종자들에게서 공격을 받으면서, 눈부신 고독 속에서 정신분석을 만들어 낸 것으로 묘사했다.

계승자라고 생각하는 프로이트학파 사람들에게 반대하여 자신들의 정치적인 신념을 비밀로 간직한 작은 수의 좌파 분석가들과 변두리로 밀려나게 된 신프로이트학파 사람들은 저항했다. 프란츠 알렉산더와 산도르 라도 같은 몇몇은 국제정신분석협회 안에 남아 있었고, 캐런 호나이 같은 다른 사람들은 그렇지 못했다. 이런 모든 그룹들은 서로에게서 멀어졌고, 그들 자신들의 토론의 현장에서 발표했다. 정확하게 1914년 이전의 프로이트학파 세계로 돌아가는 것은 아니었지만, 이것은 세계 대전 시기의 다양한 이론의 장은 아니었다. 다른 진영들 사이에 전면적인 전쟁은 없었을지라도, 평화롭고 활발한 경쟁이 있었던 것은 아니었다. 서구 세계의 많은 부분 같이, 정신분석은 냉전의 시대로 들어갔다.

이러한 각각의 공동체들은 이 분야가 시작된 이래로 계속 괴롭혔던 질문에 동의할 수 없었다. 무엇이 정신분석을 규정하는가? 이 질문은 지그문트 프로이트가 여러 학문 분야의 웅대한 통합을 만들기 시작했을 때부터 생겨났다. 그것은 불화, 경쟁, 분열을 야기했던 혼동으로 이어졌다. 1920년 이후, 공통된 방법과 교육적 제도의 창설에 대한 강조는 이러한 긴장된 질문들을 완화시키고 조절했다. 그렇지만 유럽에서 망명이 발생하고 전투가 최고조에 이르렀을 때, 분석가들은 다시 이론적인 차이점들을 해결하고 합의를 세울 수 있는 규범들을 발견하고자 애써야 했다. 그들은 어떻게 그들의 분야를 안정화할 수 있을까? 카리스마적 권위? 그들을 매우 불편하게 하고, 그들이 반드시 지켜야만 했던, 그렇지만 아직도 증명할 수 없는 “진실들”에 대한 강요된 헌신? 연구에 대한 공통된 방식? 경험주의에 대한 엄격한 헌신? 그 위에, 분석은 아는 것knowing 또는 하는 것doing, 발견 또는 치료에 대한 필수적 과제들을 중심으로 형성되어야만 하는가? 이것은 자연과학, 인문과학 또는 새로운 세계관이 되고자 힘써야 하는가?

1945년 즈음에 이러한 많은 질문들에 대한 어떤 단일한 대답도 불가능했다. 인간의 주관성에 대한 과학의 엄청난 복잡성과 자기 모순된 것들이 너무 많았고, 예비적이거나 실용적이거나 그렇지 않으면 정치적인 방법으로만 담겨질 수 있었다. 여전히 분석가들 각각이 제안했던 해답들이 추종자들을 만들었다. 그렇지만 공동체의 불안전한 경계선에도 불구하고, 정신분석은 정신분석적 생각의 설명적인 힘 덕분에 번창했다. 런던과 뉴욕에 있는 센터들로부터 쏟아져 나온 많은 관심이 모든 학파들을 이롭게 했고, 경쟁적인 그룹들이 구별된 비전들을 추구할 수 있게 해주었다. 제2차 세계 대전 후에 클라인학파 사람들은 남아메리카의 대부분에서 비옥한 토양을 발견했고, 하인츠 하트만과 그의 협력자들은 북아메리카 전역에 그들의 이론의 영향을 주었다. 파리에서는 자크 라캉이 새로운 정신분석적 종합물을 제공했는데, 그는 국제정신분석으로부터 추방되었음에도 불구하고 그의 이론의 인기는 증가했다.

정신분석은 전쟁 이후의 유럽의 돌무더기로부터 선두적인 현대의 마음의 이론으로 출현했다. 무의식적 열정에 대한 모델들, 방어와 내적 갈등에 대한 개념들, 자기-기만을 풀어나가는 방법들은 종교처럼 자기 이해의 전통적인 자원들로 스며들어갔다. 미국에서, 정신분석은 법정, 학교, 병원으로 들어갔고 문학, 영화, 텔레비전, 신문잡지, 극장, 예술에게 지식을 주었다. 정신분석의 생각들은 대중적인 격언들, 상투적인 말들, 농담들로 퍼져갔다. 정신분석가들이 퍼지게 되면서 의도적이건 의도적이지 않건, 칸트의 문화와 정신과학의 가정들과 유럽의 고전적인 교육을 함께 가져왔고, 그리고 진화론적 생물학, 실증주의, 뉴턴의 물리학과 리보, 샤르코, 베른하임, 브로이어, 브렌타노, 크레프티에빙, 플리스, 브뤼케, 헬름홀츠, 마흐, 쉘링, 페히너, 헤링, 헤켈, 에렌펠스, 포렐, 블로일러, 융, 그로스, 아들러, 슈테켈 새드거, 랭크, 페렌치, 아브라함, 호나이, 알렉산더, 페니헬 그리고 많은 사람들을 함께 데리고 왔다. 그렇지만 이러한 선구자들의 대부분은 점점 사라졌고, 잊혀졌고, 또는 무시되었다. 대신에, 유령 같은 존재가 그동안 전해 내려오고 파괴되어진, 모든 가능성과 모든 상실을 운반하게 되었다. 정신분석을 낳았던 그 문화는 묘지가 되었다. 그것은 더 이상 존재하지 않았다. 새로운 땅에서 망명한 생존자들과 추종자들은 한 단어, 한 이름, 하나의 부적, 즉 프로이트와 함께 그들의 미래의 거대함으로 들어갔다. 이처럼 한 사람이 한 역사를 대변했고, 하나의 상징으로서 그는 앞으로도 계속 살아남아서 그의 아들들과 딸들, 그의 적들과 친구들에게 계속 나타날 것이다.

인덱스

ㅂ

ㅅ

ㅇ

ㅈ

ㅊ

ㅋ

ㅌ

ㅍ

ㅎ

마음의 혁명
REVOLUTION IN MIND

초판인쇄 2015년 5월 28일
초판발행 2015년 6월 5일

저자 조지 마카리
역자 한동석
펴낸이 김성배
펴낸곳 도서출판 씨아이알

책임편집 정은희
디자인 김나리, 정은희
제작책임 황호준

등록번호 제 2-3285호
등록일 2001년 3월 19일
주소 100-250 서울특별시 중구 필동로 8길 43
전화 02-2275-8603(대표) 팩스번호 02-2265-9394
홈페이지 www.circom.co.kr

ISBN 979-11-5610-132-1 93180
정가 26,000원